Klumbies/Borchardt · Ernstfall Umwelt

Ernstfall Umwelt

Ein Leitfaden
für Behörden und Betroffene

von

Martin Klumbies

und

Ulrich Borchardt

VERLAG DEUTSCHE POLIZEILITERATUR
GMBH

Die Deutsche Bibliothek — CIP-Einheitsaufnahme

Klumbies, Martin:
Ernstfall Umwelt : ein Leitfaden für Behörden und Betroffene / von Martin Klumbies und Ulrich Borchardt. – Hilden/Rhld. : Verl. Dt. Polizeiliteratur, 1993
ISBN 3-8011-0256-4
NE: Borchardt, Ulrich:

Der Inhalt dieses Buches wurde auf chlorfrei gebleichtem Papier gedruckt.

Satz: CONZEPKE, Monheim/Rhld.
Druck u. Bindung: Gater KG, Düsseldorf
Printed in Germany
ISBN 3-8011-0256-4

Vorwort

Unsere Umwelt befindet sich in einem beklagenswerten Zustand - global, national, regional. Es gibt zwar bereits einige Lichtblicke, aber insgesamt verschlechtert er sich zusehends - wo man auch hinschaut. Wir alle sind Verursacher und Opfer der Umweltbelastungen, wir müssen uns gleichermaßen einschränken und wehren. Immer mehr Menschen versuchen schon, ihren individuellen Beitrag zur Umweltbelastung zu reduzieren. Das ist so notwendig wie lobenswert, doch es reicht nicht, die Umwelt auf Dauer in einem erträglichen Zustand zu halten. Erforderlich wären kraftvolle, international abgestimmte Handlungen. Doch zu komplex sind die Probleme, zu zögernd, begrenzt, halbherzig, egoistisch, kurzsichtig sind die Maßnahmen zu ihrer Lösung in Deutschland und anderen Ländern. Die Politik, die Wirtschaft, die Wissenschaft, alle Menschen müßten entschiedenere Leistungen vollbringen. Die meisten Probleme sind analysiert, zahllose Lösungsvorschläge liegen auf dem Tisch. Wer wissen will, worum es geht, braucht nur in den vielen internationalen und nationalen Veröffentlichungen nachzulesen. Wir beziehen uns in diesem Buch auf etliche von ihnen.

Allerdings wäre es vermessen von uns, das gesamte Spektrum des Umweltschutzes abdecken zu wollen. Das vorliegende Buch ist thematisch vielmehr begrenzt aufgrund von Erfahrungen, die wir in unserer beruflichen Tätigkeit und vor allem im Rahmen zahlreicher Seminare gewonnen haben, die wir seit vielen Jahren (zusammen mit anderen) für Vertreter von Umweltbehörden und Sachverständige durchführten. Dort verdeutlichte sich allmählich ein Bedarf an bestimmten Sachinformationen, aber auch an neuen Formen der Aufgabenbewältigung. Heute existiert zwar auf fast allen staatlichen Ebenen eine Organisationsstruktur, die den Namen Umweltverwaltung verdient; die Umweltverwaltung bewältigt auch ihre Aufgaben zunehmend besser. Trotzdem aber gibt es immer noch Anlaß zu berechtigter Kritik. Unsachlich und ungerecht wäre es jedoch, die Ursachen für die Kritik nur bei der Verwaltung zu suchen.

Wir wenden uns an die Mitarbeiter der Umweltverwaltung, und zwar besonders an die für den Boden und das Wasser verantwortlichen, die aktiv werden müssen, wenn Schadensereignisse Maßnahmen erfordern, die zeitlich dringlich sind, Maßnahmen, die sich auch später noch als sachlich und rechtlich richtig erweisen müssen.

Das Buch richtet sich aber auch an die behördeninternen Mitarbeiter anderer Fachbereiche, die in sinnvoller Weise und situationsadäquat ihr spezielles Wissen und Können ihren Kollegen zur Verfügung stellen müssen, wenn es „brennt".

Es spricht außerdem diejenigen an, die extern sonst in irgendeiner Weise als Akteure auftreten, sei es als Sachverständige, Verursacher, Polizisten, Betreiber von Anlagen, Juristen, Versicherer usw.

Besonders erfreulich wäre es jedoch, wenn auch die auf den „Rängen" als Zuschauer plazierten Mitbürger bzw. diejenigen, die über Ereignisse berichten, ab und an im Buch blättern würden, um das Treiben der Akteure besser beurteilen zu können.

In diesem Buch wollen wir thematisieren, was allgemein in der Fachliteratur vernachlässigt wird oder was sonst allzu isoliert, spezialisiert oder (im Hinblick auf unseren Adressatenkreis) zu tiefschürfend dargestellt wird.

Es wird versucht, einige tragende Elemente des Umweltschutzes zu erörtern, wichtige Hintergründe hervorzuheben, Zusammenhänge darzulegen, für mehrere Bereiche

Geltendes zusammenzufassen, Perspektiven zu eröffnen, den Blick über die engen Grenzen der eigenen Aufgaben und Zuständigkeiten hinaus zu ermöglichen. Uns geht es im wesentlichen darum, Verständnis für die Aufgaben und Probleme der jeweils anderen Fachkreise zu wecken und Informationen zu vermitteln, die eine vertrauensvolle Kooperation beteiligter Personen untereinander begünstigen. Keineswegs ist es Anliegen dieses Buches, Experten Neues auf ihrem jeweiligen Fachgebiet zu erschließen. Ein nicht unbedeutender Teil dieses Buches wird einer besonders extremen Form der Umweltgefährdung gewidmet: der Umweltkriminalität. Die Notwendigkeiten und Möglichkeiten der Kooperation von Polizei und Umweltverwaltung werden eingehend erörtert.

Als wir das Buch schrieben, ließen wir uns von folgenden Gedanken leiten:

- Offenbar verlangt staatlicher Umweltschutz weitaus mehr als einige organisationsstrukturelle Veränderungen der Verwaltung.
- Es bedarf nunmehr einer besonderen Einstellung der in der Umweltverwaltung arbeitenden Menschen zu ihrer Aufgabe, es stellen sich Fragen nach der Motivation, nach Anforderungsprofilen, Ausbildungsinhalten und neuen Arbeitsformen.
- Wichtig ist letzten Endes, daß zum Wohle der Umwelt alle Akteure um die Möglichkeiten und Grenzen der anderen wissen, um im konkreten Fall koordiniert und kooperativ arbeiten zu können.
- Zur Bestimmung der eigenen Position und zur Entwicklung einer Perspektive in größeren Zusammenhängen ist ein Einblick in die gesellschaftlichen und politischen Grundbedingungen erforderlich - auch in einem globalen Rahmen. Dies ist ebenfalls nötig zur Kommunikation zwischen den verschiedenen Akteuren, wodurch letztlich nur positive Arbeitsbedingungen gefördert werden.
  Aber auch unter einem anderen Aspekt ist ein gewisses Hintergrundwissen wichtig: Immerhin kann es unter Akteuren gelegentlich kontrovers zugehen. Gar nicht selten ist Taktik im Spiel, die darauf abhebt, einen vermeintlichen Kontrahenten zu verunsichern, ihn „an die Wand zu diskutieren". Umfassend informiert zu sein ist dabei eine wichtige Voraussetzung, um bestehen zu können.
- Im II. Teil des Buches soll der Leser sich über die Probleme orientieren können, die sich ergeben, wenn Schäden im Boden, Grundwasser oder Oberflächenwasser beseitigt werden müssen. Abgehoben wird im wesentlichen auf Schadensereignisse durch Unfälle, weil diese direkt vor Ort die richtige Entscheidung verlangen. Parallele Handlungsweisen zur Problematik der Altlasten ergeben sich zwangsläufig. Ansonsten bleiben weiterführende Aussagen zur Altlastbearbeitung weitgehend ausgespart, weil sonst der Rahmen dieses Buches gesprengt würde.

Wohl unvermeidlich werden sich allen, die mit Umweltproblemen befaßt sind, schließlich ethische Fragen aufdrängen, Fragen nach dem Wesen des Menschen, nach Gerechtigkeit, nach den absoluten Grenzen des Zulässigen oder Verbotenen u.v.m. Diese Fragen konnten in diesem Buch selbstverständlich nicht ihrer Bedeutung entsprechend diskutiert werden; wir wollten aber auch nicht durchgängig so tun, als gäbe es sie nicht.

Dieses Buch kann und soll nicht mit Gesetzessammlungen und entsprechenden Kommentaren konkurrieren; vielmehr wird vorausgesetzt, daß diese jedenfalls in Fachkreisen zur Verfügung stehen.

Wir halten uns auch nicht mit Dingen auf, die allmählich nahezu überall zufriedenstellend durch Dienstanweisungen, Richtlinien und checklistenartige Vordrucke geregelt sind: Zuständigkeiten, Maßnahmen bei diversen Schadensereignissen, Probenahmen etc. Gründlicher eingegangen wird jedoch auf Bereiche, die dort trotz thematischer Nähe meistens vernachlässigt werden: Eigensicherung beispielsweise.

Die von uns zitierte Literatur verstehen wir gleichsam als Empfehlung für weitergehende Vertiefungen der jeweiligen Problemfelder.
Bei ihrer Auswahl ließen wir uns davon leiten, daß die Mehrheit unserer Leser nicht ohne weiteres über spezialisierte Bibliotheken verfügen kann und die dienstlichen wie privaten Mittel zur Beschaffung von Fachliteratur allgemein beschränkt sind. Davon ausgehend orientierten wir uns an folgenden Kriterien für die hier verwendete Literatur: fachliche Kompetenz, allgemeinverständliche Ausdrucksweise, kostenlose oder kostengünstige Bezugsmöglichkeit, ein vermutlich hoher Verbreitungsgrad in den von uns anvisierten Fachkreisen (die Reihenfolge entspricht in etwa einer Werteskala).

Das Buch ist in einen I. Teil und einen II. Teil gegliedert. Die Teile sind aus fachlichen und praktischen Gründen in sich geschlossen.
Für den I. Teil zeichnet allein Martin Klumbies, für den II. Teil allein Ulrich Borchardt verantwortlich.
Im Anhang dieses Buches befinden sich ein kleines Lexikon und ein Stichwortverzeichnis, welche dem besseren Verständnis und der leichteren Handhabung des Buches dienen mögen. Eine Literaturübersicht soll die vertiefende Bekanntschaft mit der Thematik des II. Teils erleichtern.

Ulrich Borchardt Martin Klumbies

Abkürzungsverzeichnis

AbfG	Gesetz über die Vermeidung und Entsorgung von Abfällen (Abfallgesetz)
Abschn.	Abschnitt
AbwAG	Abwasserabgabengesetz
Anm.	Anmerkung
Art.	Artikel
B	Betroffeneninteressen
BGB	Bürgerliches Gesetzbuch
BGHZ	Entscheidungen des Bundesgerichtshofes in Zivilsachen
BimSchG	Bundes-Immissionsschutzgesetz
BImSchV	Bundes-Immissionsschutzverordnung
BNatSchG	Bundesnaturschutzgesetz
BUND	Bund für Umwelt und Naturschutz Deutschland e.V.
CAS	Chemical Abstracts Service
ChemG	Chemikaliengesetz
DEV	Deutsche Einheitsverfahren
DGB	Deutscher Gewerkschaftsbund
DJT	Deutscher Juristentag
DVO	Durchführungsverordnung
ebd.	ebenda
ECE	Economic Commission for Europe
EG	Europäische Gemeinschaft
EStG	Einkommensteuergesetz
EWG	Europäische Wirtschaftsgemeinschaft
FAO	Food and Agriculture Organization of the United Nations (Sonderorganisation der UN für Ernährung und Landwirtschaft)
GATT	General Agreement on Tariffs and Trade (Allgemeines Zoll- und Handelsabkommen)
GefStoffVO	Gefahrstoffverordnung
GG	Grundgesetz
GGVS	Gefahrgutverordnung Straße
H_E	Helferinteressen Entsorgung
H_S	Helferinteressen Substitution
IBC	Intermediate Bulk Container
IHK	Industrie- und Handelskammer
IMDG-Code	International Maritime Dangerous Goods-Code
IW	Immissionswert
Jit	Just in time
Kap.	Kapitel
KTU	Kriminaltechnischer Untersuchungsdienst
LTwS	Lagerung und Transport wassergefährdender Stoffe

NRO	Nicht-Regierungsorganisationen
NW	Nordrhein-Westfalen
öbv	öffentlich bestellt und vereidigt
OECD	Organization for Economic Cooperation and Development (Organisation für wirtsch. Zusammenarbeit und Entwicklung)
OK	Organisierte Kriminalität
OSP	Ozonschädigungspotential
OWiG	Gesetz über Ordnungswidrigkeiten
PD	Polizeidirektion
PPP	Polluters Pays Principle
PPPP	Prevention of Potential Polluters Principle
Rat	Rat von Sachverständigen für Umweltfragen
RE	Rechnungseinheiten
RiStBV	Richtlinien für das Strafverfahren und das Bußgeldverfahren
SRU	Rat von Sachverständigen für Umweltfragen
StA	Staatsanwaltschaft
StGB	Strafgesetzbuch
StPO	Strafprozeßordnung
TA	Technische Anleitung
TUIS	Transport-Unfall-Informations- und Hilfeleistungs-System der chemischen Industrie in der BRD
UBA	Umweltbundesamt
UGB	Umweltgesetzbuch
UGB-E	Entwurf zum UBG
UN	United Nations
UNICEF	United Nations International Children's Emergency Fund (Weltkinderhilfswerk der UN)
UVP	Umweltverträglichkeitsprüfung
UVP-IBN	Informations- und Beratungsnetz zur Umweltverträglichkeitsprüfung
UVV	Unfallverhütungsvorschrift
V	Verursacherinteressen
VbF	Verordnung über brennbare Flüssigkeiten
VCI	Verband der Chemischen Industrie e.V.
VDI	Verein Deutscher Ingenieure e.V.
Verf.	Verfasser
vgl.	vergleich
VO	Verordnung
VwV	Verwaltungsvorschrift
WA	Washingtoner Artenschutzabkommen
WGK	Wassergefährdungsklasse
WHG	Wasserhaushaltsgesetz
ZEBS	Zentrale Erfassungs- und Bewertungsstelle für Umweltchemikalien

Inhaltsverzeichnis

I. Teil: Grundlagen des Umweltschutzes

1 Sprechen und Verstehen

Viel zu lange wußten die Menschen gar nichts. Dann dämmerte ihnen, daß die Umwelt der anderen bedroht war.

Nur allmählich wurde ihnen ihre eigene Gefährdung bewußt und daß sie selbst eines Tages Opfer sein könnten. Gleitend wie dieser Prozeß der Bewußtwerdung entwickelte sich das Bedürfnis der Menschen, sich mit dem nunmehr wahrgenommenen Phänomen einer bedrohten und bedrohlichen Umwelt sprachlich adäquat auseinanderzusetzen. Die Umgangssprache wurde bald durch eine Terminologie belebt, die vorher spezialisierten Wissenschaftlern vorbehalten war.

Einige Begriffe werden nun geradezu inflationär benutzt, und trotzdem ist nicht immer eindeutig, was der jeweilige Anwender denn genau darunter versteht. Außerdem verbergen sich oftmals in der Sprache verschiedener wissenschaftlicher Disziplinen unter denselben Begriffen ungleiche Bedeutungen; Grundwasser beispielsweise ist bei Geologen nicht dasselbe wie bei Juristen.

Im Verwaltungsalltag auftretende Fragen können häufig einfach durch einen Blick in die einschlägigen Gesetze bei den Paragraphen, die die Zweck- und Begriffsbestimmungen behandeln, beantwortet werden. Aber das hilft nicht immer. Gelegentlich mag vielleicht das kleine Lexikon im Anhang weiterhelfen. Aber eine Eindeutigkeit ist damit nicht garantiert.

Die Sprache kann äußerst vielfältig benutzt werden. Nicht immer wird mit ihr seriös umgegangen. Sprache kann manipulativ und sogar „betrügerisch" eingesetzt werden, wie der englische Philosoph Ken A. Gourley, u.a. auch Herausgeber des „Jahrbuches" beim „Britischen Beratungsausschuß für Meeresverschmutzung", meint. Er nennt beispielsweise: „**Euphemismen** (Beschönigungen), die harte Wirklichkeiten verschleiern sollen, **technische Kunstwörter**, die den Leser mit ihrem Anspruch auf Wissenschaftlichkeit verwirren, und ... **Fachjargon**, die abgegriffene Sprache der Spezialisten, die die Fähigkeit zum unmißverständlichen Ausdruck verloren haben."(1) Er gibt eine Vielzahl von Beispielen, u.a.: Verschmutzung statt Vergiftung, Verminderung der Annehmlichkeiten statt Verminderung der Wasserqualität auf Null, Überblick über die Gesundheit der Meere statt Überblick über die Krankheit der Meere; Eutrophie, thermoklin, benthal, euphotisch, biogeochemisch, Diagenese ...

Der Kritik wird wohl jeder privat oder beruflich an Umweltfragen interessierte Mensch zustimmen mögen, der versucht hat, sich qualifiziert zu informieren, und nicht selbst wissenschaftlicher Experte auf einem Umweltgebiet ist. Vor allem Wissenschaftler, die sich in politischem Auftrag sachverständig äußern, sollten weitaus mehr die Abhängigkeit der interessierten Bürger sowie auch vieler Mitarbeiter in der Umweltverwaltung von ihren Texten bedenken und eine verständlichere Sprache, sowohl im Satzbau, als auch in der Wortwohl benutzen; ich verzichte hier darauf, dies durch ubiquitäre, anthropogene Logogriphen und deren dissensuale Synergismen zu exemplifizieren!

Aber auch umweltsprachliches Allgemeingut ist nicht unproblematisch. Das sollen die nachfolgenden Beispiele der drei häufig verwendeten Worte Umwelt, Ökologie und

Ökosystem verdeutlichen; gleichzeitig mögen nebenbei eventuell verblichene ökologische Grundkenntnisse aufgefrischt werden.

1.1 Umwelt - Mitwelt

Offenbar ist der Begriff Umwelt vielen Menschen in Politik, Wirtschaft, Medien etc. so eindeutig gewesen, daß er nicht gerade häufig erläutert oder problematisiert wurde. Mit ihm, so scheint es, wurde oftmals ebenso gedankenlos umgegangen wie mit dem, was er bezeichnen sollte.

Eine stehende Floskel ist „unsere Umwelt" - diese unsere Umwelt ist - je nachdem - in Gefahr, muß gerettet werden, ist auf dem Wege der Besserung usw. Meistens ist damit wohl die Umwelt des Menschen gemeint. Aber gelegentlich wird auch von der Umwelt von bestimmten Tieren oder von Pflanzen gesprochen. Umwelt ist bezugsabhängig. Lutz Wicke, Volkswirtschaftslehrer an der Technischen Universität Berlin, bezieht die Definition der Umwelt auf den Menschen: „In der weitesten Fassung bedeutet Umwelt die Gesamtheit der existenzbestimmenden Faktoren, also der Faktoren, die die physischen, psychischen, technischen, ökonomischen und sozialen Bedingungen und Beziehungen des Menschen bestimmen." Als „Teil-Umweltbegriffe" unterscheidet er den Umweltbegriff nach soziologischen, räumlichen und biologischen bzw. ökologischen Gesichtspunkten.(2)

Nicht auf den Menschen, sondern auf Organismen überhaupt hebt Hartmut Bick, Professor an der Universität Bonn, ab. Nach ihm ist Umwelt im ökologischen Sinn „die Summe aller Umweltfaktoren, die direkt oder indirekt auf Organismen einwirken ... Umweltfaktoren können auf verschiedene Weise zu Gruppen zusammengefaßt werden. Man kann natürliche, d.h. auch ohne Zutun des Menschen vorhandene Umweltfaktoren und anthropogene Umweltfaktoren unterscheiden. Letztere umfassen solche, die es ohne den Menschen nicht gäbe; z.B. synthetisch hergestellte Stoffe, die sonst in der Natur nicht vorkommen. Zum zweiten gehören hierher solche, die auch natürlicherweise vorkommen, aber vom Menschen in ihrer Konzentration so wesentlich erhöht werden, daß Umweltschäden auftreten."(3)

Damit wird es dann schon problematisch: Soll Umwelt auf den Menschen bezogen werden oder auf alle Organismen? Die Umwelt muß - wie jeder weiß - geschützt werden. Doch wessen Umwelt soll das sein? Die des Menschen oder z.B. die der Ameise? Oder ist das gar kein Problem? Haben Mensch und Ameise dieselbe Umwelt? Oder haben beide eine begrenzte Umwelt? Ist die Umwelt des Menschen die Stadtrandsiedlung und die der Ameise der Ameisenhaufen? Wie verhält es sich mit äußeren Einflüssen? Gefährden etwa Löcher in der Ozonschicht die Zukunft von Mensch und Ameise gleichermaßen? Bedroht der saure Regen Mensch und Ameise? Ist Umwelt da, wo der saure Regen fällt, oder auch dort, wo dessen Bestandteile entstehen? Bedroht der Mensch die Umwelt der Ameise, kann nicht aber auch die Ameise die Umwelt des Menschen stören? Ist es für die Ameise besser, wenn der Mensch ausstirbt? Ist der Mensch bedroht, wenn es der Ameise dreckig geht? Vermögen Maßnahmen, die die Umwelt des Menschen schützen, auch gleichzeitig die der Ameise zu schützen - und umgekehrt?

Solche Bezugs- und Abhängigkeitsfragen lassen sich für alle Individuen der Fauna und Flora stellen. Selten nur wird es einfache Antworten geben. Generell lassen sich einige eher mystische Ansätze finden: Die Umwelt der Lebewesen ist begrenzt – und grenzenlos; jedes Lebewesen hat seine eigene Umwelt und die der anderen; Lebewesen bedrohen die Umwelt und die Umwelt bedroht die Lebewesen ...
Doch verlassen wir hier die „Diffusität des Umweltbegriffs", wie Prittwitz es ausdrückt (4), und wenden wir uns einer quasi offiziellen Erklärung zu.

Der „Rat von Sachverständigen für Umweltfragen" (im folgenden SRU oder Rat) hat seit Dezember 1971 den ständigen Auftrag, für die Bundesregierung die Situation der Umwelt in der Bundesrepublik Deutschland periodisch zu begutachten und Vorschläge zu machen. In seinem Gutachten, das 1987 veröffentlicht wurde, heißt es zur Umwelt: „Der Begriff Umwelt umfaßt eine Gesamtheit vielfältiger räumlich-struktureller und funktioneller Gesichtspunkte. Der heute gängige Begriff der Umwelt bezieht sich, bewußt oder unbewußt, stets auf die Umwelt des Menschen. Umweltpolitik trägt heute schon mehr und mehr der Erkenntnis Rechnung – und muß dies in Zukunft noch verstärkt tun –, daß fast alle anderen Lebewesen die menschliche Umwelt, wenn auch in unterschiedlicher Weise, mitgestalten und daß daher auch die Umwelten dieser Lebewesen berücksichtigt werden müssen. ‚Umwelt' ist demnach die Vereinigungsmenge vieler ‚Umwelten'." (5)

Diese Interpretation der Umwelt, die nicht mehr bedingungslos den Menschen ins Zentrum aller Betrachtungen stellt, scheint beeinflußt von den Einsichten der Evolutionstheorie, wonach „wir mit allen anderen Wesen auf der Erde eines Stammes sind."(6)

Solche Sicht bekräftigt schließlich ebenfalls Meyer-Abich, der extra einen neuen Begriff in die Diskussion einführt und als „wichtig" erklärt, „daß wir mit Umwelt unsere natürliche Mitwelt meinen. Das Wort ‚Umwelt' paßt leider in einer unglücklichen Weise zu dem anthropozentrischen Verhalten der Industriegesellschaft, so, als ginge es letztlich nur um uns Menschen (anthropoi) in der Mitte (Zentrum) und als sei der Rest der Welt nichts als für uns da, um uns herum, griffbereit zur Deckung unserer Bedürfnisse oder was wir dafür halten."(7)

Vom rein anthropozentrischen Ansatz ist auch der Gesetzgeber gelegentlich schon abgewichen, so ist es beispielsweise Anliegen des Bundes-Immissionsschutzgesetzes (§ 1), „Menschen, Tiere und Pflanzen, den Boden, das Wasser, die Atmosphäre sowie Kultur- und sonstige Sachgüter" zu schützen.

Umweltpolitisch wird die verdeutlichende Auffassung des SRU von der Umwelt allgemein Beachtung finden: „Der Rat hält es für richtig, die zahlreichen Bedeutungen von Umwelt auf eine Definition einzuengen. Danach wird unter Umwelt der Komplex der Beziehungen einer Lebenseinheit zu ihrer spezifischen Umgebung verstanden. Umwelt ist stets auf Lebewesen oder – allgemeiner gesagt – biologische Systeme bezogen und kann nicht unabhängig von diesen existieren oder verwendet werden."(8)

Interessant ist in diesem Zusammenhang, daß im Entwurf zu einem Umweltgesetzbuch (UGB – auf dessen rechtskräftige Veröffentlichung wir sicher noch sehr lange werden warten müssen) – Allgemeiner Teil – Umwelt immerhin definiert wird, und zwar auf erfrischend einfache Art: „Im Sinne dieses Gesetzes sind 1. Umwelt – der Naturhaushalt, das Klima, die Landschaft und schutzwürdige Sachgüter. 2. Naturhaushalt – Boden,

Wasser, Luft und lebende Organismen (Naturgüter) sowie das Wirkungsgefüge zwischen ihnen."(9)

In der Begründung wird zwar einer rein ökozentrischen Betrachtungsweise eine klare Absage erteilt (u.a. aus Verfassungsgründen), gleichwohl wird die anthropozentrische Sicht relativiert, weil „auch" auf den Menschen abgehoben wird, der „vornehmlich" Maßstab staatlicher Entscheidungen sei.(10)

Zweifellos kann man streiten, in welchem Ausmaß der biblische Auftrag an den Menschen, sich die Erde untertan zu machen, zum bedrohlichen Zustand der Umwelt beigetragen hat. Ganz unbedeutend dürfte sein Einfluß nicht gewesen sein. Jedenfalls scheint zunehmend mehr Menschen zu dämmern, wie grotesk es ist, die Umwelt weiterhin auszubeuten und mit Schadstoffen zu belasten und sich gleichzeitig dadurch die Lebensgrundlagen zu zerstören.

Ähnliche Überlegungen mögen auch die Verfasser der Rio-Deklaration bewegt haben, als sie zwar die Menschen ausdrücklich in den Mittelpunkt stellten, aber deren „Recht, ein gesundes und produktives Leben zu führen", insoweit relativierten, als dies „in Einklang mit der Natur" geschehen müsse. (Vgl. Grundsatz 1 der Rio-Deklaration - Abschn. 2.2)

Das selbstzerstörerische Gebaren des Menschen, sein despotisches Verhalten gegenüber der Mitwelt, muß sich unzweifelhaft in positiver Richtung verändern. Mit einigem Optimismus darf man davon ausgehen, daß Wissen eine dafür geeignete Voraussetzung ist. Dieses zu verschaffen und schließlich auch zu vermitteln, ist unter anderem Aufgabe der Ökologie.

1.2 Ökologie

Das Wort Ökologie ist in den letzten Jahren in verstärktem Maße populär geworden. Ausdrücke wie Anbau, Freak, Bewußtsein, Denken, Handel, Laden, Produkt, Didaktik oder System werden durch die schlichte Vorsilbe „Öko-" sogleich aufgewertet und mit einem freundlichen Grünschimmer überzogen.

Fragen wir nach **der** Bedeutung des Begriffes Ökologie, so werden die Worte „belebte und unbelebte Natur" am häufigsten assoziiert.(11) Andererseits läßt sich wohl auch nicht leugnen, daß die „Termini ‚Natur' und ‚Umwelt' (sich) überschneiden".(12)

Natur ist auch heute noch (glücklicherweise!) mehr als nur eine nostalgische Erinnerung aus Omas früher Jugendzeit. Einen Eindruck von der Worthülse „Natur", den verschiedensten Füllungen wohlfeil, vermittelt nicht ganz spottfrei der Bamberger Soziologieprofessor Beck: „Wer das Wort ‚Natur' in den Mund nimmt, müßte eigentlich mit der Frage: welche? gestichelt werden."(13) Er bietet eine umfassende Auswahl: natürlich gedüngter Kohl, industriell geschundene Natur, Landleben der fünfziger Jahre, Bergeinsamkeit, Natur der Naturwissenschaft, Nicht-Chemie-Natur, Natur der Gartenpflegebücher, wilde Natur, Erdbeben vor seinem Ausbruch ...

Wenn also Ökologie, diese Bezeichnung, die von so vielen so unbeschwert im Munde geführt wird, mit der Natur zu tun hat, aber Natur scheinbar nicht zu definieren ist, wie läßt sich denn dann sagen, was Ökologie ist?

Am wenigsten verfänglich ist da sicherlich, einfach auf denjenigen zurückzugehen, der den Begriff erfand, den deutschen Zoologen Ernst Haeckel, der bereits 1866 definierte:

„Unter Oecologie verstehen wir die gesamte Wissenschaft von den Beziehungen des Organismus zur umgebenden Außenwelt, wohin wir im weiteren Sinne alle ‚Existenzbedingungen' rechnen können."(14)

Lange Zeit wurde diese Wissenschaft als Teilbereich der Naturwissenschaften verstanden – als biologische Ökologie.

Heute ist Ökologie eher als eine Querschnittswissenschaft zu verstehen, die u.a. folgende Bereiche mehr oder minder stark berührt: Biologie, Geologie, Chemie, Physik, Genetik, Mathematik, Geographie. Spezialgebiete innerhalb der Ökologie sind die Autökologie (untersucht den einzelnen Organismus oder die einzelne Pflanzen- oder Tierart im Hinblick auf ihre Lebensbedingungen) und die Synökologie (untersucht die Gemeinschaften von Lebewesen im Hinblick auf ihre Umwelt und die Beziehungen der einzelnen Arten und Rassen untereinander).

Es war nicht von Anfang an so, aber inzwischen ist überwiegend akzeptiert, den Menschen mit in die Untersuchungen einzubeziehen, wobei eine lange Zeit nicht nur dies unter den Wissenschaftlern heftig umstritten war. Noch weit über 100 Jahre, nachdem Haeckel seine Definition niedergeschrieben hatte, machte Günter Eulefeld in einem Aufsatz mit Bezug auf zahlreiche Wissenschaftler einen Vorstoß zur Klärung: „Die (späte) Erkenntnis von Politikern und Sozialwissenschaftlern, daß der Mensch in seiner Existenz von den natürlichen Systemen und vom Zustand der gesamten Biosphäre abhängt und daß dieser Zustand sich ständig verschlechtert, führte in den 60er und 70er Jahren zu einer z.T. scharfen Kritik an den bisherigen Konzepten, Prognosen und Lösungsvorschlägen ... Moderne Ökologie ist angewandte Ökologie ... Angewandt – für wen oder im Hinblick auf was?" (15) Er fordert umfassende Analysen, in denen Aussagen aus der Sicht verschiedener betroffener Disziplinen zusammengearbeitet werden. Aufgezeigt werden müßten etwa in einem Genehmigungsverfahren für ein Kraftwerk Auswirkungen auf das Klima, die Luftzusammensetzung, die Wasserversorgung und -entsorgung, die Lärmbelästigung, den Nutzungs-, Freizeit- und Erholungswert der Landschaft, auf die psychische und die soziale Situation betroffener Menschen, auf die Wirtschaft einer Region, die Beschäftigungslage und den durchschnittlichen Verdienst der Beschäftigten, auf die Verkehrssituation, auf Folgelasten durch Veränderung der Infrastruktur, der Bevölkerungszahl und ihrer altersmäßigen Zusammensetzung und auf die mit all diesen Faktoren zusammenhängende Veränderung der Existenzbedingungen, der Gesundheit und Lebensfähigkeit von Pflanzen, Tieren und Menschen. Damit kommt Eulefeld dem nahe, was später als Umweltverträglichkeitsprüfung (UVP) in bestimmte Genehmigungsverfahren eingeführt wird. (Vgl. Abschn. 4.8.1)

Die Diskussion um die Abgrenzung der verschiedenen Disziplinen ist nicht abgeschlossen. Teils wird unter Ökologie „nur die naturwissenschaftliche Variante der Umweltlehre"(16), teils wird sie „als synoptische Wissenschaft mit methodischen Grundlagen und Forschungsansätzen verschiedener Fächer und Wissensbereiche" oder sogar „als Brücke zwischen den Natur- und Sozialwissenschaften" verstanden.(17)

Eine derart komplexe Wissenschaft erfordert unter anderem ihr eigene methodische Ansätze und Denkweisen. Zur Beschreibung natürlicher Ökosysteme bedient sie sich dynamischer und vernetzter Modelle mit Rückkopplungsmöglichkeiten. Mit Hilfe von Rechnern und unter Mitwirkung ganzer Gruppen von Wissenschaftlern werden ökologische Gegebenheiten festgehalten und aus den gespeicherten Daten Modellfälle konstruiert.

Erhebliche Probleme bereitet noch die modellhafte Darstellung von Menschen gesteuerter Systeme; hier prognostische Sicherheit zu gewinnen, hätte größte Bedeutung für eine ökologische Strukturanpassung von Wirtschaft, Technik und Politik.

Eine wichtige Voraussetzung für eine moderne Entwicklung der besonderen Wissenschaft Ökologie ist ein ihr adäquates Denken.

„Ein Denken in wissenschaftlichen, politischen und geografischen Schubladen ohne ständige Rückkopplung auf das Ganze, also ohne Berücksichtigung der jeweiligen ‚Umwelt' dieses Denkbereiches (kann) zu verheerenden Folgen führen und führt auch tatsächlich dazu."(18)

Gefordert ist ein „inklusives Denken"(ebd.), ein Denken in Zusammenhängen und (mehrdimensionalen) Vernetzungen, was unter Ökologen etwas scherzhaft mit dem Kunstwort AHMAZ (Alles Hängt Mit Allem Zusammen) bezeichnet wird.

1.3 Ökologische Systeme

Man kann nur schwerlich Umweltfragen diskutieren, ohne auch auf ökologische Systeme oder - wie sie üblicherweise bezeichnet werden - Ökosysteme zu sprechen zu kommen.

Eine einfache Definition lautet: „Ein Ökosystem entsteht durch das Zusammenwirken von Biotop und Biozönose. Ein Biotop ist ein Lebensraum, die Gesamtheit der unbelebten Faktoren eines Ortes. Die Biozönose ist die Lebensgemeinschaft von Pflanzen und Tieren in einem bestimmten Lebensraum."(19)

Zu den unbelebten Faktoren zählen:
- Klima (Temperatur, Niederschläge, Licht, Wind),
- Lage,
- Boden (Bodenart, Nährstoffgehalt etc.),
- Luft,
- bauliche und technische Anlagen.

Zu den belebten Faktoren werden gerechnet:
- Pflanzen,
- Tiere,
- Menschen.

Bei den belebten Faktoren haben die Konkurrenzen der Arten untereinander und mit den anderen Arten besondere Bedeutung. Wesentlich sind auch die vom Menschen erzeugten Wirkungen z.B. durch Abgase, Abwässer, Pflanzenschutzmittel und Düngung.

Grundsätzlich werden ökologische Systeme wie folgt unterschieden:

1. Natürliche oder naturnahe Ökosysteme: marine (Ozean, Korallenriff, Binnensee), limnische (See, Tümpel, Fluß), halbterrestrische (Moor), rein terrestrische Ökosysteme (Wald, Gebüsch, Tundra).

   Vielfach sind die Grenzen zwischen den Ökosystemen unscharf, sie gehen allmählich ineinander über (z.B. bei einem Flußlauf mit Süß-, Brack- und Salzwasserzonen und entsprechend angepaßter Fauna und Flora).

2. Urban-industrielle Ökosysteme: Siedlungs- (Städte, Dörfer), Nutz- (Forste, landwirtschaftliche Flächen) und sonstige Mensch-organisierte Ökosysteme.(20)

Aber auch bei solcher Systematisierung darf der AHMAZ-Grundsatz nicht vergessen werden: „Ökosysteme, seien sie klein wie ein Tümpel oder groß wie eine Vegetationszone, haben ihren Platz in dem übergreifenden Ökosystem Erde und ihrer Atmosphäre, der Weltökologie."(21)

Hier soll nicht ausgiebig diskutiert werden, ob es überhaupt noch irgendwo auf der Erde natürliche Ökosysteme gibt. Sogar an den Polkappen finden sich Ablagerungen von Stoffen, die mit Luftströmungen aus weit entfernten Gegenden dorthin transportiert wurden; es zeigt sich daran, welchen Optimismus es bedürfte, sich auf die Suche nach unverfälschten Ökosystemen zu begeben.

Mit ziemlicher Sicherheit kann die Existenz natürlicher Ökosysteme für das Gebiet der Bundesrepublik Deutschland ausgeschlossen werden. Zwar kennzeichnete das ehemalige Grenzgebiet zwischen BRD und DDR aus bekannten Gründen eine gewisse Unberührtheit, die jedenfalls eine üppige Artenvielfalt in Fauna und Flora ökologisch begünstigte, dennoch lassen die überall sich auswirkenden Verunreinigen der Luft, des Bodens und der Gewässer kaum zu, selbst in diesen nahezu entmenschten Gebieten noch natürliche Oasen zu erwarten.

Auch Gebiete, die uns in ihrer heutigen Existenz als „natürlich" erscheinen, können schon vor vielen hundert Jahren ihrer tatsächlichen Natürlichkeit beraubt worden sein. Beispiele sind die in ihrer kahlen Eigenart imponierenden Felsen an der Westküste Schwedens, die fast nackten Karstgebiete im Vorderen Orient und in Südosteuropa sowie die reizvoll anmutende Lüneburger Heide.

Menschen haben in all diesen Gebieten Wälder und reichen Baumbestand gerodet, um Ackerflächen zu gewinnen, Schiffe zu bauen, die Köhlerei oder andere Tätigkeiten zu betreiben. Die Schutzfunktion für Böden und Wasserhaushalt ging dabei verloren; Wind und Regen wehten und schwemmten den natürlichen Boden davon.

Schon jetzt zeigt sich wohl, daß die eingangs zitierte Definition eines Ökosystems dessen tatsächlicher Komplexität nur höchst oberflächlich entspricht. Dies dürfte noch deutlicher werden, wenn wir uns einige Hauptelemente eines Ökosystems wenigstens in einer groben Darstellung ansehen. Stichworte dazu sind: Energie, Photosynthese, Produzenten, Konsumenten, Destruenten, Nahrungskette.

Alle Vorgänge in einem Ökosystem, sowohl des belebten wie des unbelebten Teils (in der Sprache der Ökologen häufig biotisch bzw. abiotisch genannt) sind ohne Energie nicht denkbar. Die Sonne ist die (umweltfreundliche) Quelle der notwendigen Energie.

Die Sonnenstrahlen bewirken unter anderem einen chemischen Prozeß, ohne den der Planet kalt und leer wäre: Photosynthese. Der Prozeß ist noch nicht völlig erforscht.

Fest steht jedenfalls, daß im grünen Teil der Pflanzen, und zwar in den Zellen, Kohlendioxid und Wasser zu Sauerstoff und Traubenzucker umgewandelt werden. Die Sonnenenergie wird in den Pflanzen gespeichert, was gelegentlich auch als „biochemisch verfügbare Energie" bezeichnet wird. Kohlendioxid, sonst mit gutem Grund als besonderer Umweltbuhmann betrachtet (u.a. Treibhauseffekt), ist für die Pflanzen lebensnotwendig und kann sogar für sie wie Dünger wirken. Die mineralischen Nährstoffe werden in energiereiche Stoffe umgewandelt. Die grünen Pflanzen sind also die Produzenten von Nahrung sowie Sauerstoff und speichern Energie.

Als Konsumenten werden Lebewesen bezeichnet, die die von den Produzenten erzeugten Stoffe verzehren und umsetzen, also ein großer Teil der Tiere und „seine Herrlichkeit der Mensch". Dabei entstehen nun freilich Abfallprobleme, die aber weitgehend gelöst werden durch sogenannte Destruenten (Zersetzer), indem sie das immer noch energiereiche Material, obwohl im Zuge der Nahrungskette Energie teilweise verbraucht wurde, zu einfachen mineralischen Nährstoffen umsetzen. Das Abfallmaterial sind im wesentlichen Exkremente, absterbende und tote Produzenten und Konsumenten, also U.a. Blätter, Pflanzen, Tiere und Menschen. Aktiv wirken Bakterien und Pilze, Aasfresser, Mistkäfer, Regenwürmer und viele andere Lebewesen bei der Umwandlung mit. Dann beginnt der Kreislauf von neuem - mit Hilfe der Sonnenenergie.

Pflanzen bilden das erste Glied in der Nahrungskette. Da alle Glieder den ersten beiden Hauptsätzen der Thermodynamik unterworfen sind (alles verteilt sich, nichts verschwindet), muß in jedem System auf die Dauer soviel Energie abgegeben werden, wie aufgenommen wird. Die von primären Konsumenten mit der Nahrung aufgenommene Energie wird nicht voll weitergegeben: U.a. wird Unverdauliches mit dem Kot abgegeben, ein Teil wird zur Harnabscheidung aufgewendet, ein großer Anteil wird im Stoffwechsel veratmet. Auch geht bei jeder Weitergabe eine bestimmte Menge Energie in Form von Wärme „verloren". Man spricht in weiterem Zusammenhang davon, daß Ökosysteme offen sind, weil sie ständig Energie verlieren, die also ununterbrochen zugeführt werden muß: durch Sonnenstrahlen. Die Energieabnahme in der Nahrungskette bezeichnet man auch als Energiepyramide - an der Basis stehen die Produzenten, darüber (die Pyramide wird schmaler - die Energie nimmt ab) primäre, sekundäre und weitere Konsumenten.

Im Gegensatz zur Energie steigern sich Schadstoffe in der Nahrungskette (sogenannte Schadstoffakkumulation). Da die meisten Menschen sich von Lebewesen ernähren, die sich bereits fast am Ende der Nahrungskette befinden (die kleinen wurden von größeren und diese von den großen gefressen), nehmen sie auch hohe Schadstoffanteile auf, was u.a. durch Gewebe- und Muttermilchproben nachgewiesen wurde.

Wegen der Abhängigkeit der Photosynthese vom Licht ergeben sich im Rhythmus der Tages- und Jahreszeiten natürliche Schwankungen der Kohlendioxidaufnahme und der Sauerstoffproduktion sowie aller weiteren Effekte. Staub oder Ruß in der Luft beispielsweise hindern die Sonneneinstrahlung, und das hat negative Konsequenzen. Dabei ist es unwesentlich, wodurch die Partikel in die Atmosphäre gerieten, ob durch Wüstensturm, Vulkanausbruch, Industrieproduktion, heimelige Kaminfeuer, Atombombenexplosion oder „Saddams Rache" - die Biozönose verändert ihren Charakter. Einige Lebewesen können in ihrer Existenz gefährdet, während andere möglicherweise sogar begünstigt werden; letzteres wird allerdings nicht auf den Menschen zutreffen.

In einem natürlichen Ökosystem geht nichts verloren, wenn sich auch alles in einer Art Kreislauf der Umwandlung befindet. Dieser Sachverhalt veranlaßte bereits Ernst Haeckel, der schon das Wort Ökologie geschöpft hatte, von der „Ökonomie der Natur" zu sprechen. Als „typisch für natürliche Ökosysteme" wird angesehen, daß die Grenze für das Anwachsen von Populationen in der gegebenen „Umweltkapazität" bzw. der „Belastbarkeit des Systems" liegt. Verminderte oder erhöhte Zugänge (Sterblichkeit und Abwanderung bzw. Geburten und Zuwanderung) bewirken ein Gleichgewicht in einem stabilen Ökosystem. „Die funktionelle Geschlossenheit natürlicher Ökosysteme bewirkt also ein hohes Maß an internen Rückkopplungen, an Vernetzungen, die eine ‚dynamische Stabilität' zur Folge haben: Effiziente Nutzung vorhandener Stoffe und Energiemengen führt zu Stoffkreisläufen, zu einem ‚natürlichen Recycling' und bedeutet für die Umgebung des Systems ein Minimum an Belastungen durch Stoff- und Energieemission. Die Überlebensfähigkeit eines natürlichen Ökosystems erfordert also Stabilität. Stabilität wiederum entsteht über Mechanismen der Selbstregulation des Stoff- und Energieeinsatzes, das heißt, der Schonung der zur Verfügung stehenden Ressourcen."(22)

Diese Beschreibung eines Ökosystems stammmt von dem Ökonomen Professor Udo E. Simonis, dessen wissenschaftliche Arbeit aber auch stark mit ökologischen Fragen verknüpft ist.

Eine übergreifende Betrachtung von Problemfeldern scheint sehr angebracht. Wir dürfen uns nicht darin verlieren, die Gesamtökoproblematik auf Teilproblemchen zu reduzieren (die Wiese, den Teich, den Bachabschnitt, ein Bodenstück etc.). Auch wenn sich im Verwaltungsalltag häufig die praktische Arbeit auf Teilbereiche reduzieren wird, ist doch notwendig, daß inklusiv gedacht und entsprechend gehandelt wird.

1.4 Ein systemisches Ganzes

Das Handeln des einzelnen mag ökologisch unbedeutend erscheinen. Aber gerade in solchen Beiträgen haben nicht selten wahrnehmbare ökologische Effekte ihren Ursprung, da sie sich summieren. Wichtig ist dabei, stets zu wissen, was man eigentlich tut. Die tatsächliche Dimension unseres Handelns mag durch folgendes Zitat beleuchtet werden: „Je genauer Wissenschaftler das Leben und seine Evolution betrachten, desto weniger sehen sie sich dazu in der Lage, eine scharfe Trennungslinie zu ziehen zwischen ‚Leben' auf der einen Seite und unbelebter ‚Umwelt', in der dieses Leben existiert, auf der anderen."(23) Beispielsweise macht Jonathan Schell darauf aufmerksam, daß es Grund zur Annahme gibt, das Leben habe sich die Umwelt in all ihrer Kompliziertheit zum eigenen Nutzen konstruiert und eingerichtet. Das Leben scheine sogar die chemische Umwelt der Erde in einer Weise zu regulieren und zu erhalten, die letztlich seinen Bedürfnissen entspreche. Das Leben selbst würde durch Geburt, Stoffwechsel und Verfall einen wesentlichen Anteil an der Aufrechterhaltung des Gleichgewichts der lebenswichtigen Elemente der Atmosphäre (Sauerstoff, Kohlenstoff und Stickstoff) haben. Viele Wissenschaftler seien der Überzeugung, die Erde sei – wie die einzelne Zelle oder der einzelne Organismus – ein systemisches Ganzes. Daraus leite sich die Furcht ab, jede größere vom Menschen verursachte Störung der natürlichen Prozesse auf der Erde könnte zu einem katastrophalen Zusammenbruch des ganzen Systems führen.(ebd.)

In solche schon beinahe philosophische Sphären stößt der Rat der Sachverständigen nicht vor. Er äußert sich in seinem Gutachten von 1987 in einer Weise, die man als pragmatisch bezeichnen könnte: „Geht man vom Lebewesen aus, so steht eine räumlich-strukturelle Betrachtung im Vordergrund. Dazu wird in der Regel das Gesamtsystem Umwelt in Teilsysteme, die Ökosysteme, untergliedert. Der Ort eines bestimmten, räumlich fixierten Ökosystems heißt Ökotop, populär oft Biotop genannt.

Wenn die Untersuchung von Wirkungen auf Lebewesen ausgeht, so ergibt sich ein ,Wirkungsgefüge' mit vielfältigen Verknüpfungen und ergänzt die räumlich-strukturelle Betrachtung der Umwelt gleichrangig durch eine funktionelle."(24) Die Wirkungsgefüge untersucht der Rat unter dem Gesichtspunkt von „Umweltfunktionen". Dabei unterscheidet er unter besonderem Bezug auf den Menschen vier Hauptfunktionen:

- Produktionsfunktionen (Versorgung der Gesellschaft mit Produkten und Gütern der natürlichen Umwelt),
- Trägerfunktionen (Aktivitäten, Erzeugnisse und Abfälle menschlichen Handelns müssen von der Umwelt aufgenommen und „ertragen" werden),
- Informationsfunktionen (Austausch von Informationen zwischen Umwelt und Menschen bzw. Gesellschaft sowie anderen Lebewesen),
- Regelungsfunktionen (wichtige Vorgänge des Naturhaushalts sollen im Gleichgewicht gehalten werden).

Das Gutachten des Rates wurde vom amtierenden Bundesumweltminister, Klaus Töpfer, als „bedeutender Beitrag"(25) für die Diskussion im Umweltschutz bezeichnet. Die Ansichten des Rates werden sich vermutlich noch einige Zeit in der politischen Diskussion und in der Gesetzgebung niederschlagen. Ob das auf längere Sicht auch hinsichtlich der recht konventionellen Betrachtung der „Wirkungsgefüge" und „Umweltfunktionen" so sein wird, ist zweifelhaft. Denn alle müssen umdenken, auch der Rat. Weil es ums Überleben geht.

Erforderlich ist, was das World Watch Institute so ausdrückt: ein Wandel der Werte und daß wir uns selbst als Teil der Natur, nicht von ihr abgetrennt, betrachten sowie unsere Abhängigkeit von den natürlichen Systemen und Ressourcen der Erde und ihren Gütern und Dienstleistungen anerkennen müssen.(26)

2 Die Zukunft retten

Es ist heute eine wohlbekannte Tatsache:
Die Umweltbedingungen auf der Erde entsprechen nicht mehr den Grundbedürfnissen der Menschen sowie der meisten Tiere und Pflanzen. Die Grundbedürfnisse sind: reine Luft, sauberes Wasser, ausreichend Nahrung, Freiheit von belastendem Lärm und eine Atmosphäre, die vor schädlichen Strahlen aus dem All schützt und für eine ausgewogene Wärmebilanz auf unserem Planeten sorgt.

Allerdings beweisen täglich Milliarden Menschen, daß sich auch unter weniger optimalen Bedingungen leben läßt. Ihnen bleibt dabei keine Wahl, und sie leben nicht so gut und auch nicht so lange, wie sie es unter anderen Voraussetzungen könnten. Täglich sterben bereits Zehntausende an qualitativen Mängeln der Umwelt. Offenbar ist dies in den Entwicklungsländern, aber auch in den Industrienationen sterben schon viele Menschen durch die Umwelt. Der Tod schlägt bis jetzt noch überproportional in den Entwicklungsländern zu; es ist nicht sicher, daß das so bleibt. Unüberschaubar groß ist die Zahl der Menschen, deren Gesundheit aufgrund verschlechterter Umweltbedingungen geschädigt wird.

Die Umwelt verändert sich unter menschlichem Einfluß dramatisch, und zwar schneller, als sich vor allem die Menschen selbst evolutionär anpassen können. Es ist hohe Zeit, entschieden zu handeln.

2.1 Die Zukunft hat erst begonnen

Um überhaupt bewerten zu können, was der Umwelt bisher geschehen ist und welcher Qualität unsere Maßnahmen sein müssen, scheint es angebracht, unsere heutige Position zu bestimmen.

Buchstäblich aus dem Nichts, so das derzeit noch anerkannte Erklärungsmodell der Wissenschaft, entstand mit dem Urknall (auf englisch: Big Bang) das Universum. Das war nach Schätzungen der Wissenschaftler vor ca. 15 Milliarden Jahren.

Die Erde bildete sich aus einem rotierenden Gasnebel vor gut 4,5 Milliarden Jahren. Nach etwa einer Milliarde Jahren entstand die erste lebende Zelle auf unserem Planeten. Es folgten Bakterien, Algen, dann weitere Pflanzen und zunächst niedere, dann höhere Formen von Tieren, die aber noch im Wasser lebten. Der Sauerstoffgehalt in der Atmosphäre stieg erst vor rund 1,5 Milliarden Jahren von einer Konzentration nur wenig über Null auf ungefähr 21 %.

Die ersten Landtiere gab es vor etwa 150 Millionen Jahren und die ersten Wesen, die wir als vernunftbegabte Menschen (Homo sapiens) bezeichnen können, wandelten vor ungefähr 500.000 Jahren auf der Erde. Vor ca. 400.000 Jahren lernten die sogenannten China-Menschen zu zündeln, eine ursprünglich segensreiche Fähigkeit, die aber aus heutiger Sicht eine der Hauptursachen für die Bedrohung der Umwelt darstellt.

Vielleicht ist es einfacher, unseren Standort zu bestimmen, wenn wir uns das gesamte Erdalter zu einem Jahr komprimiert vorstellen. Dann hätte das, was wir Zivilisation nennen, vor ca. einer Minute begonnen, und die Industriegesellschaft vor ca. zwei Sekunden. Vor weniger als zwei Sekunden begann die sogenannte Bevölkerungsexplosion. Wer heute wissen will, was ein Neugeborenes zu erwarten hat, muß etwa ½ Sekunde in die Zukunft schauen können. Wir befinden uns also am Silvesterabend und hören den letzten Glockenschlag des Erdenjahres.

Doch kann man hoffen, daß die Erde sich auch Neujahr noch weiterdreht. Wie es allerdings auf ihr aussehen wird, das liegt weitgehend in unserer Verantwortung. Dieser werden wir wohl am ehesten durch ein maßvolles Verhalten und Bescheidenheit gerecht. Dazu kann vielleicht hilfreich sein, die Erde und uns in der rechten Dimension zu sehen.

Hoimar v. Ditfurth wies in einer Betrachtung darauf hin, daß die Welt nach 15 Milliarden Jahren erst am Anfang der evolutionären Entwicklung stehe und ihr noch mindestens 60 Jahrmilliarden zur Verfügung stünden. Dies veranlaßte ihn zur „Deutung“: „Die Welt ist noch nicht fertig. Sie hat das Ziel ihrer Geschichte noch vor sich. Und auch wir selbst sind ‚unfertige Wesen‘. Denn auch die biologische Stammeslinie, als deren bislang höchstentwickelte Vertreter wir uns mit gutem Recht ansehen dürfen, ist bei weitem noch nicht am Ende ihrer Entwicklungsmöglichkeiten angekommen.“(1)

2.2 Alle können es wissen

Umweltprobleme sind nicht neu. Aber erst 1972 gab es ein Werk, das die Menschen weltweit aufrüttelte: „Nur eine Erde“. Das Buch von Ward und Dubos diente als Grundlage für die Konferenz der Vereinten Nationen über die menschliche Umwelt, die 1972 in Stockholm stattfand; sie wird üblicherweise als Stockholmer Konferenz bezeichnet.

Die Konferenz fand auf dem ganzen Globus große Publizität. Seitdem müssen zumindest politisch aktive Menschen für Umweltprobleme sensibilisiert sein.

Auf der Stockholmer Konferenz wurde der Gegensatz von Nord und Süd deutlich. Die Industrieländer erwarteten als Ergebnisse: „Eine weltweite Kampagne zur Verminderung von Verschmutzung und zur Erhaltung von Ressourcen (eingeschlossen die freilebende Tierwelt) und das Schaffen einer Basis für ein sorgfältigeres Management dieser Ressourcen."(2) Die Entwicklungsländer jedoch sahen ihre Probleme darin nicht reflektiert. Sie litten unter Armut, niedriger Lebenserwartung, lebensgefährlichen Infektionskrankheiten, Mängeln in der Trinkwasserversorgung, der sanitären Entsorgung u.v.m. Ihnen erschien eine schnelle Industrialisierung verlockend - dies auch (zumindest zunächst) unter Vernachlässigung der Umweltauswirkungen. Sie befürchteten, daß „Umweltschutzüberlegungen Entwicklungsanstrengungen in der dritten Welt verzögern könnten."(3) Auf der Konferenz wurde hervorgehoben, daß das schlimmste aller Umweltprobleme die „Verschmutzung durch Armut" sei. Schon ein Jahr vorher hatte sich auf einer Konferenz in Founex in der Schweiz herauskristallisiert, daß alle Länder (also auch die Industrieländer) sich weiterentwickeln müßten und daß man überall Umweltplanung und -management betreiben müsse. In Stockholm verständigte man sich dann hauptsächlich über die Notwendigkeit von Umweltbewertung (eine sogenannte „Erdüberwachung"), Umweltmanagement und flankierende Maßnahmen (Bildung, Ausbildung und Information der Öffentlichkeit, organisatorische Verbesserungen, finanzielle und andere Hilfen).(4)

Fünfzehn Jahre später fand wieder ein Ereignis statt, das von interessierten Menschen nicht unbemerkt bleiben konnte; diesmal in Buchform. Wahrscheinlich ist es wirklich „das bedeutendste Dokument dieses Jahrhunderts für die Zukunft unserer Welt", wie es auf dem Klappentext des Brundtland-Berichtes „Unsere gemeinsame Zukunft" steht. Herausgeber des Berichtes ist die Weltkommission für Umwelt und Entwicklung. Die Kommission war von den Vereinten Nationen eingesetzt und von der norwegischen Ministerpräsidentin Gro Harlem Brundtland geleitet worden. Das Fazit des Berichtes ist eindeutig:

„Wir stellen keine Prognose - wir sprechen eine Warnung aus. Eine dringliche Warnung, die auf den neuesten und modernsten wissenschaftlichen Erkenntnissen basiert und deren Hauptaussage darin besteht, daß die Zeit reif ist, um die für die Erhaltung der Lebensgrundlagen dieser und künftiger Generationen notwendigen Entscheidungen zu treffen."(5) Das Werk wurde 1987 veröffentlicht.

Im Bericht wurden die Entwicklungsprobleme unseres Planeten analysiert und Wege aufgezeigt, „auf dem die Völker der Welt zu einer umfassenderen Zusammenarbeit gelangen können."(ebd.)

Dieser Bericht hatte eine Reihe wichtiger Vorläufer, die größte Beachtung in der Öffentlichkeit, bei der Wissenschaft und in der Politik verdient hätten. Nicht minder interessiert sollten sie aber in Wirtschaftskreisen gelesen und dann aus innerer Demut heraus bei künftigen Entscheidungen beherzigt worden sein. Zumindest an letzterem hat es gemangelt. Die Rolle der Wirtschaft bzw. Industrie wurde in fast allen Veröffentlichungen beleuchtet, und niemals ergab sich, daß sie an der Umweltbelastung keinen entscheidenden Anteil hatten.

Erinnert sei an die Berichte des Club of Rome, die Berichte der Nord-Süd-Kommission unter Willy Brandt sowie den UNEP-Bericht „UMWELT-WELTWEIT". Letzterer kam schon 1983 in deutscher Übersetzung heraus und legte das Schwergewicht auf die tatsächlichen ökologisch relevanten Gegebenheiten der 70er Jahre und weniger auf „Vorhersagen oder Spekulationen"(6) für die Zukunft. Gleichwohl wurden am Schluß jeden Kapitels unter der Überschrift „Zukunftsaussichten" handfeste Ratschläge gegeben.

Vorhersagen wollte aber der Präsident der USA, Jimmy Carter, haben. Bereits 1977 beauftragte er mehr als ein Dutzend Behörden und Institutionen, eine einjährige Untersuchung über die voraussichtlichen Veränderungen der Bevölkerung, der natürlichen Ressourcen und der Umwelt auf der Erde bis zum Ende dieses Jahrhunderts durchzuführen. Das Ergebnis wurde schließlich mit Verspätung im Jahre 1980 Präsident Carter vorgelegt. Unter den Umwelt-Berichten ist „Global 2000 - Der Bericht an den Präsidenten" ein besonders gewichtiger Klassiker.

In „Global 2000" wurde kompakt zusammengefaßt, was es an Wissen um die ökologischen Verhältnisse auf der Erde gab. Daraus leitete man Prognosen bis zum Jahr 2000 ab.(7) Aufgrund der Datenlage wurde prognostiziert, daß die Welt am Ende dieses Jahrhunderts noch übervölkerter, verschmutzter, ökologisch noch weniger stabil und für Störungen noch anfälliger als zum Zeitpunkt der Studie sein würde.(8)

Auf die neuesten Publikationen „Die globale Revolution" des Club of Rome (1991) und „Zur Lage der Welt 1992. Daten für das Leben unseres Planeten" des World Watch Institute (1992) sei ausdrücklich hingewiesen.(9) Sie zeigen, wie auch schon der Brundtland-Bericht, allenfalls in wenigen Teilbereichen gewisse Verbesserungen. Im übrigen aber hat sich die ökologische Gesamtlage nicht verbessert, sondern höchstens nur etwas weniger schnell verschlechtert. Die Beleuchtung der Fakten, die Schlußfolgerungen, die Strategievorschläge und das, was tatsächlich geschieht, belegen das Wort des Philosophen Hans Jonas: „Die Einsichtsfähigkeit des Menschen nimmt zu. Die Fähigkeit, danach zu handeln, nimmt jedoch ab."(10)

Zwanzig Jahre nach Stockholm bildete dann die Konferenz der Vereinten Nationen für Umwelt und Entwicklung im Juni 1992 in Rio de Janeiro den absoluten Höhepunkt der internationalen Umweltpolitik. Es war das bisher größte Gipfeltreffen von Staats- und Regierungschefs in der Geschichte der Menschheit. Die Konferenz fand unter lebhafter Beteiligung zahlreicher Umweltorganisationen der Industriestaaten und, dies in bisher nie geschehenem Ausmaß, der Dritten Welt statt. Die Umweltorganisationen hatten schon weit im Vorfeld ihre Kräfte aktiviert. Diese sogenannten NRO (Nicht-Regierungsorganisationen) haben versucht, auf die Ergebnisse der Konferenz Einfluß zu nehmen, und waren nicht ganz erfolglos. Die Ergebnisse der Konferenz wurden höchst unterschiedlich beurteilt. Zufriedenheit oder Frustration über das Ergebnis der Rio-Konferenz hängen u.a. auch von sehr subjektiven Faktoren ab, z.B. ob man eher optimistisch oder pessimistisch veranlagt ist. Ob die Ergebnisse der Konferenz den Beginn einer notwendigerweise, radikalen Umweltpolitik bedeuten oder aber starken Kräften die Möglichkeit eröffnen, gerade solche Politik zu verhindern oder zu verzögern, wird sich zeigen.

Neben den schwer erfaßbaren, möglicherweise dennoch sehr wichtigen Effekten der Kontakte und des Meinungsaustausches der NRO gibt es Beschlüsse, die offen auf dem Tisch liegen. Beschlossen wurden: die sogenannte „Rio-Deklaration", ein Aktionsprogramm (die sogenannte „Agenda 21" [Agenda = Liste von Verhandlungspunkten, Anm. d. Verf.]), eine „Klimakonvention", eine „Konvention zum Schutz der Artenvielfalt", eine „Walderklärung". Beschlossen wurde außerdem, vor allem auf Druck afrikanischer Staaten, daß eine „Konvention zur Desertifikation" (Wüstenausbreitung) vorbereitet und 1994 unterzeichnet werden soll. Die Beschlüsse wurden gefaßt „trotz heftiger Auseinandersetzungen zwischen den Industriestaaten und der Gruppe der Entwicklungsländer und auch beträchtlicher Differenzen unter den Industriestaaten".(11) Keine Beschlüsse gefaßt wurden zur Verschuldung der Nicht-Industriestaaten, zur Bevölkerungsentwicklung und den Militärausgaben; diese Komplexe wurden von vornherein gar nicht erst auf die Tagesordnung gesetzt.

Als wichtigstes Dokument muß die „Deklaration von Rio über Umwelt und Entwicklung vom 14. Juni 1992" gelten. Sie wird gelegentlich auch als „Erdcharta" oder „Grundgesetz der Erde" bezeichnet. Die Deklaration besteht aus einer Präambel und 27 Grundsätzen. Allerdings ist sie völkerrechtlich nicht verbindlich. Es ist also fraglich, ob, wo und wie sie in praktische Politik umgesetzt wird. Zu überschäumendem Optimismus besteht somit kein Anlaß. Gleichwohl muß man nunmehr davon ausgehen, daß die Politik unter Druck gerät, weil sie sich ab jetzt an den Grundsätzen der Rio-Deklaration messen lassen muß. Insbesondere kann Umweltpolitik nun nicht mehr zur bloßen Ressortpolitik verniedlicht werden. Die Verknüpfung von u.a. Umwelt-, Entwicklungs-, Wirtschafts-, Finanz- und Friedenspolitik stehen dem entgegen. Die Bundesregierung erklärte folgerichtig: „Es kommt entscheidend darauf an, daß Umweltbelange in alle Politikbereiche integriert werden. Nur eine umweltverträgliche Ausrichtung insbesondere der Wirtschafts-, Energie-, Verkehrs- und Landwirtschaftspolitik kann die Lebensgrundlagen für eine weiterhin dramatisch ansteigende Weltbevölkerung sichern. Dies erfordert auch eine Änderung unserer Wirtschafts- und Lebensweise."(12)

Wegen ihrer Bedeutung wird die Rio-Deklaration nachstehend im Wortlaut dokumentiert:

Deklaration von Rio über Umwelt und Entwicklung vom 14. Juni 1992

(Wortlaut)

Präambel

Die Konferenz über Umwelt und Entwicklung der Vereinten Nationen,
Zusammengekommen in Rio de Janeiro vom 3. bis 14. Juni 1992,

Unter Bekräftigung der Deklaration der Konferenz der Vereinten Nationen über die menschliche Umwelt, angenommen in Stockholm am 16. Juni 1972, und in dem Bemühen, auf ihr aufzubauen,

Mit dem Ziel, eine neue und gerechte globale Partnerschaft durch die Schaffung eines neuen Niveaus der Kooperation zwischen Staaten, Schlüsselsektoren der Gesellschaften und zwischen den Völkern zu etablieren,

Hinarbeitend auf internationale Vereinbarungen, die die Interessen aller respektieren und die Integrität des globalen Umwelt- und Entwicklungssystems schützen,

In Anerkennung der integralen und interdependenten Natur der Erde, unserer Heimat,

Erklärt:

Grundsatz 1: Die Menschen stehen bei dem Bemühen um nachhaltige Entwicklung im Mittelpunkt. Sie haben das Recht, ein gesundes und produktives Leben in Einklang mit der Natur zu führen.

Grundsatz 2: Die Staaten haben – in Übereinstimmung mit der Charta der Vereinten Nationen und den Grundsätzen des Völkerrechts – das souveräne Recht, ihre eigenen Ressourcen gemäß ihrer eigenen Umwelt- und Entwicklungspolitik zu nutzen, und die Verantwortung, sicherzustellen, daß Aktivitäten, die ihrer Rechtssprechung oder Kontrolle unterliegen, der Umwelt anderer Staaten oder anderer Gebiete jenseits der Grenzen nationaler Zuständigkeit keinen Schaden zufügen.

Grundsatz 3: Das Recht auf Entwicklung soll so wahrgenommen werden, daß die Entwicklungs- und Umweltbedürfnisse jetziger und zukünftiger Generationen gleichermaßen erfüllt werden.

Grundsatz 4: Um eine nachhaltige Entwicklung zu erreichen, soll der Schutz der Umwelt ein integraler Bestandteil des Entwicklungsprozesses sein und kann nicht isoliert davon betrachtet werden.

Grundsatz 5: Alle Staaten und Völker sollen bei der grundlegenden Aufgabe zusammenarbeiten, die Armut zu beseitigen – ein unverzichtbares Erfordernis für nachhaltige Entwicklung –, um die Ungleichheit des Lebensstandards zu verringern und die Bedürfnisse der Mehrheit der Menschen der Welt besser zu befriedigen.

Grundsatz 6: Der besonderen Situation und den speziellen Bedürfnissen von Entwicklungsländern, vor allem den am wenigsten entwickelten und in ihrer Umwel am meisten verletzbaren Ländern, muß besondere Priorität gegeben werden. Internationale Maßnahmen auf dem Gebiet von Umwelt und Entwicklung sollen auch die Interessen und Bedürfnisse aller Länder berücksichtigen.

Grundsatz 7: Die Staaten sollen im Geist globaler Partnerschaft zusammenarbeiten, um die Unversehrtheit und Integrität des Ökosystems der Erde zu bewahren, zu schützen und wiederherzustellen. Mit Blick auf die unterschiedlichen Anteile an der globalen Umweltzerstörung haben die Staaten gemeinsame, aber differenzierte Verantwortlichkeiten. Die entwickelten Länder anerkennen die Verantwortung, die sich hinsichtlich des internationalen Strebens nach nachhaltiger Entwicklung tragen, angesichts der Belastungen ihrer Gesellschaften für die globale Umwelt und der technologischen und finanziellen Ressourcen, über die sie verfügen.

Grundsatz 8: Um nachhaltige Entwicklung und eine höhere Lebensqualität für alle Menschen zu erreichen, sollten die Staaten nichtnachhaltige Produktionsweisen und Formen des Konsums reduzieren und eliminieren und eine angemessene Bevölkerungspolitik fördern.

Grundsatz 9: Die Staaten sollten zusammenarbeiten, um den Aufbau endogener Kapazitäten nachhaltiger Entwicklung zu stärken, durch Verbesserung des wissenschaftlichen Verständnisses mittels Austausch von wissenschaftlichen und technologischen Kenntnissen und durch Verbesserung der Entwicklung, der Anpassung der Verbreitung und Übertragung von Technologien, einschließlich neuer und innovativer Technologien.

Grundsatz 10: Umweltangelegenheiten werden am besten unter Beteiligung aller betroffenen Bürger der jeweils relevanten Ebene behandelt. Auf nationaler Ebene soll jeder angemessenen Zugang zu Informationen über die Umwelt haben, die die Behörden besitzen, einschließlich Informationen über gefährliche Stoffe und Aktivitäten in ihrer jeweiligen Gemeinde, sowie die Gelegenheit erhalten, an Entscheidungsprozessen zu partizipieren. Effektiver Zugang zu juristischen und Verwaltungsverfahren, einschließlich Wiedergutmachung (redress) und Rechtsmittelbehelf (remedy), soll bereitgestellt werden.

Grundsatz 11: Die Staaten sollen eine wirksame Umweltgesetzgebung erlassen. Umweltstandards, wirtschaftliche Ziele und Prioritäten sollten den Umwelt- und Entwicklungskontext widerspiegeln, an den sie sich wenden. Standards, wie sie von einigen Ländern festgelegt werden, können für andere Länder unangemessen sein und ungerechtfertigt hohe wirtschaftliche und soziale Kosten verursachen, insbesondere für Entwicklungsländer.

Grundsatz 12: Die Staaten sollen zusammenarbeiten, um ein unterstützendes und offenes internationales Wirtschaftssystem zu fördern, das zu wirtschaftlichem Wachstum und nachhaltiger Entwicklung in allen Ländern führt, um die Probleme der Umweltschädigung besser angehen zu können. Handelspolitische Maßnahmen im Zusammenhang mit Umweltzwecken sollen kein Mittel zur willkürlichen oder ungerechtfertigten Diskriminierung oder der versteckten Beschränkung des internationalen Handels darstellen. Unilaterale Handlungen, die sich mit Umweltherausforderungen außerhalb der Rechtsprechung des importierenden Landes befassen, sollten vermieden werden. Umweltpolitische Maßnahmen, die sich mit grenzüberschreitenden oder globalen Umweltproblemen befassen, sollten, soweit wie möglich, auf internationalem Konsens beruhen.

Grundsatz 13: Die Staaten sollen nationale Gesetze in bezug auf die Haftung sowie die Entschädigung der Opfer von Umweltverschmutzung und anderen Umweltschäden entwickeln. Die Staaten sollen ebenfalls schnell und in einer entschlossenen Weise zusammenarbeiten, um weitere internationale Gesetze in bezug auf die Haftung und Entschädigung für negative Folgen von Umweltschäden zu entwickeln, die von Aktivitäten innerhalb ihrer Gerichtsbarkeit oder Kontrolle auf Rechtsprechung herrühren und sich auf Gebiete außerhalb ihrer Gerichtsbarkeit auswirken.

Grundsatz 14: Die Staaten sollten effektiv zusammenarbeiten, um die Verlagerung und Überführung jeglicher Aktivitäten und Substanzen, die schwere Umweltschäden verursachen oder als schädlich für die menschliche Gesundheit erkannt worden sind, in andere Staaten zu erschweren oder zu verhindern.

Grundsatz 15: Um die Umwelt zu schützen, soll der vorbeugende Ansatz von den Staaten gemäß ihrer Fähigkeiten umfassend angewandt werden. Wo ernste und irreversible Schäden drohen, soll das Fehlen letzter wissenschaftlicher Sicherheit nicht dazu genutzt werden, kostenintensive Maßnahmen zur Vermeidung von Umweltschäden zu verzögern.

Grundsatz 16: Nationale Behörden sollten sich bemühen, die Internalisierung von Umweltkosten bei der Anwendung ökonomischer Instrumente zu fördern, unter Berücksichtigung des Ansatzes, daß der Verursacher prinzipiell die Kosten von Verschmutzung zu tragen hat, unter Beachtung des öffentlichen Interesses und ohne Verzerrung des internationalen Handels und der Investitionen.

Grundsatz 17: Umweltverträglichkeitsprüfungen sollen, als nationales Instrument, für solche ins Auge gefaßten Aktivitäten angewandt werden, die wahrscheinlich eine bedeutsame negative Auswirkung auf die Umwelt haben; sie sind Gegenstand der Entscheidung einer kompetenten nationalen Behörde.

Grundsatz 18: Die Staaten sollen andere Staaten unverzüglich von Naturkatastrophen und anderen Notfällen in Kenntnis setzen, die vermutlich unerwartete negative Folgen für die Umwelt jener Staaten haben.

Grundsatz 19: Die Staaten sollen andere potentiell betroffene Staaten vorrangig und rechtzeitig über Aktivitäten in Kenntnis setzen und sie mit relevanten Informationen versorgen, die grenzüberschreitend schwere negative Folgen für die Umwelt haben könnten, und sich mit diesen Staaten in einem früheren Stadium und vertrauensvoll konsultieren.

Grundsatz 20: Frauen haben eine entscheidende Rolle bei der Erhaltung der Umwelt und bei der Entwicklung. Ihre volle Beteiligung ist deshalb wesentlich, um nachhaltige Entwicklung zu erreichen.

Grundsatz 21: Die Kreativität, die Ideale und der Mut der Jugend der Welt sollten mobilisiert werden, eine globale Partnerschaft herzustellen, um nachhaltige Entwicklung zu erreichen und eine bessere Zukunft für alle zu sichern.

Grundsatz 22: Ureinwohner und ihre Gemeinschaften sowie andere lokale Gemeinschaften haben aufgrund ihrer Kenntnisse und ihrer traditionellen Gewohnheiten eine entscheidende Rolle bei der Erhaltung der Umwelt und bei der Entwicklung. Die Staaten sollten ihre Identität, Kultur und Interessen anerkennen und ausreichend unterstützen und ihre effektive Partizipation bei der Erreichung nachhaltiger Entwicklung ermöglichen.

Grundsatz 23: Die Umwelt und die natürlichen Ressourcen von Völkern, die unter Unterdrückung, Fremdherrschaft und Besatzung leben, sollen geschützt werden.

Grundsatz 24: Krieg ist zerstörerisch für nachhaltige Entwicklung. Die Staaten sollen deshalb die internationalen Gesetze achten, die für den Schutz der Umwelt bei bewaffneten Konflikten sorgen, und bei deren Weiterentwicklung soweit notwendig zusammenarbeiten.

Grundsatz 25: Frieden, Entwicklung und Umweltschutz hängen voneinander ab und sind untrennbar.

Grundsatz 26: Die Staaten sollen ihre Umweltstreitigkeiten friedlich und durch geeignete Mittel in Übereinstimmung mit der Charta der Vereinten Nationen lösen.

Grundsatz 27: Die Staaten und Völker sollen vertrauensvoll und in partnerschaftlichem Geist bei der Erfüllung der in dieser Erklärung enthaltenen Grundsätze und bei der Fortentwicklung der internationalen Gesetze auf dem Gebiet nachhaltiger Entwicklung zusammenarbeiten.

Quelle: Blätter für deutsche und internationale Politik (13)

Das Aktionsprogramm „Agenda 21" umfaßt 40 Kapitel und gilt gleichermaßen für Industrie- und Entwicklungsländer. An dieser Stelle sollen nur einige Punkte hervorgehoben werden, die auch für die Einstellung der Umweltverwaltung Bedeutung haben müssen. So betont die „Agenda 21" den übermäßigen Konsum und Ressourcenverbrauch in den nördlichen Ländern als Ursache der globalen Umweltkrise; es werden weitreichende Änderungen der Agrar-, Energie- und Verkehrspolitik erwartet; die Unterzeichnerstaaten werden zu mehr Energieeffizienz und zum vermehrten Einsatz erneuerbarer Energiequellen wie Wasserkraft, Wind- und Solarenergie und zur Reduzierung von Treibhausgasen wie Kohlendioxid aufgefordert. Ein sehr wichtiger Punkt ist, daß eine permanente „UN-Kommission für nachhaltige Entwicklung" gegründet werden soll, die die Umsetzung der „Agenda 21" zu überwachen und an den Wirtschafts- und Sozialrat der Vereinten Nationen (ECOSOC) Bericht zu erstatten hat.

Die „Klimakonvention" wurde u.a. von deutscher Seite kritisiert, weil sie nicht weit genug gehende Reduzierungspflichten für CO_2 und andere Treibhausgase und keine entsprechenden Zeitvorgaben enthalte. Die Zukunft muß weisen, welche praktischen Konsequenzen diese Konvention haben wird. Es gibt aber immerhin ernstzunehmende Vermutungen, daß sie wirkungsvoller sein wird, als viele ihrer Kritiker annehmen. Udo E. Simonis beispielsweise stützt sich dabei besonders auf die in der Konvention formulierten Klima-Stabilisierungsbedingungen:

1. Die durchschnittliche Erhöhung der globalen Erdtemperatur darf nur in einem Umfang erfolgen, daß natürliche Ökosysteme in ihrer Funktionsweise nicht tangiert werden,
2. die Nahrung muß für alle Menschen (auch die zukünftig hinzukommenden) gesichert sein,
3. die wirtschaftliche Entwicklung in den ärmsten Ländern darf nicht behindert werden.

„Diese Bedingungen klingen unscheinbar, sind aber, wenn sie verifiziert werden, von gravierender Bedeutung, insbesondere für die Energie-, die Verkehrs-, die Agrar- und Wirtschaftspolitik."(14) Erste politische Ansätze werden schon sichtbar. So fordert der Vorsitzende des Bundes für Umwelt und Naturschutz Deutschlands (BUND), Hubert Weinzierl, bereits die Einführung einer Energiesteuer und eines Tempolimits auf deutschen Autobahnen.(15)

Täglich sterben viele Arten aus.(Vgl. Abschn. 3.2) Die „Konvention zum Schutz der Artenvielfalt" ist daher von größter Bedeutung. Sie wurde von 154 Staaten unterzeichnet, allerdings nicht von den USA. Diese verweigerten ihre Unterschrift wegen eventueller Konsequenzen für die Entwicklung der Biotechnologie und der Patentierung von Lebewesen.

In Rio wurde lediglich eine „Walderklärung" verabschiedet. Eine, politisch höherwertigere, „Waldkonvention" kam nicht zustande, weil vor allem Tropenwaldländer wie Indonesien und Malaysia nationalstaatliche Souveränitätseinbußen in der Nutzung ihrer natürlichen Ressourcen fürchteten.

Jeder aufgeschlossene Mensch weiß heute, daß es um die Umwelt schlecht bestellt ist. Allenfalls fehlen Detailkenntnisse. Jedem ist es jedoch leicht möglich, sich bei Bedarf genauere Informationen zu beschaffen, was allgemein begrüßt werden dürfte. Fraglich ist nur, was man antworten soll, wenn eines Tages Kinder oder Enkelkinder sagen: „Du hast das doch alles gewußt. Was hast du gegen die Zerstörung der Umwelt unternommen?" Keiner wird uns abnehmen, wir hätten es nicht gewußt. Viele von uns werden sich an das peinliche Schweigen oder die würdelosen Ausflüchte erinnern, als sie ihre Eltern oder Großeltern fragten, allerdings nach anderen Sachverhalten. Damals ging es um das Schicksal von Mitmenschen der Gegenwart. Das ist auch heute so. Aber es geht außerdem um das Schicksal von Menschen in der Zukunft, und es geht auch um das Los derer, die uns fragen werden.

2.3 Versager und Hoffnungsträger: Wissenschaft, Politik und „Wir"

In den letzten 2 Sekunden des Erdenjahres ist etliches schiefgegangen. Die Lage, in der wir uns befinden, beschrieb die niederländische Königin Beatrix mit würdigen Worten: „Langsam stirbt die Erde, und das Unvorstellbare – das Ende des Lebens selbst – wird nun vorstellbar."(16) Ähnlich, wenn auch knapper, konnten wir es kürzlich im „Spiegel" lesen: „Die Menschheit ist am Ende" und „Es geht ums Überleben".(17) Bevor man nun im Bemühen zu retten, was noch zu retten ist, sofort aktiv wird, sollte man erst versuchen, etwas aus der Vergangenheit zu lernen. Natürlich ist interessant, wie es soweit kommen konnte und was falsch gemacht wurde. Zu Anfang ist aber vielleicht noch interessanter, wer denn dafür verantwortlich ist. Den Verantwortlichen müßte man zukünftig wohl mehr auf die Finger sehen.

Ohne Risiko für eine Falschbeschuldigung können plakativ Wirtschaft, Industrie und Banken als bedeutende Mitverursacher des „Unvorstellbaren" genannt werden. Allerdings ist es nicht unproblematisch, Verantwortung zuzuweisen. Dies zeigt sich, wenn man näher hinsieht. Denn abgesehen von kriminellen Handlungen, die es ja auch gibt, verhalten sich die meisten in diesen Bereichen systemimmanent und tun, was von ihnen erwartet wird, d.h. man macht Geschäfte und versucht, das Kapital zu mehren. Werden als Folge der legalen Tätigkeit beispielsweise der Tropenwald abgeholzt und leseunkundige Plantagenarbeiter, die also keine Warnetiketten entziffern können, durch Pestizide geschädigt oder gar getötet, so wäscht man seine Hände in Unschuld. Außerdem haben häufig gerade die Kräfte, die die negative Entwicklung der Umwelt mitverursacht haben, auch ihren positiven Beitrag geleistet. Die Verantwortung teilt sich vielfach in Licht und Schatten. In vielen Einzelfällen lassen sich direkte Ursache-Wirkung-Beziehungen feststellen, wo Verursacher und Begünstigter/Opfer benannt werden können. Meistens aber sind die Verhältnisse so komplex, daß dies nicht möglich ist. Da kann dann beispielsweise ganz allgemein die „Chemische Industrie" angeführt werden, und zwar im positiven wie im negativen Sinne.

Die Ambivalenz des Agierens läßt sich durch ein Zitat aus dem 1987 erschienenen Bericht der Weltkommission für Umwelt und Entwicklung (Brundtland-Bericht) verdeutlichen: „Erfolge und Grund für Optimismus gibt es reichlich: Die Kindersterblichkeit sinkt, die Lebenserwartung steigt; der Anteil der Analphabeten nimmt ebenfalls weltweit ab. Immer mehr Kinder besuchen eine Schule, und die Weltnahrungsproduktion wächst schneller als die Bevölkerung.

Dieselben Prozesse jedoch, welche diese positiven Entwicklungen ausgelöst haben, sind auch für Entwicklungen verantwortlich, die diesen Planeten und seine Bewohner auf Dauer überfordern."(18)

Aus der langen Reihe von Akteuren, die auf die eine oder andere Weise zum heutigen Zustand der Umwelt beigetragen haben, betrachten wir abwechslungsweise einmal solche, die zumindest vordergründig nicht kapitalfixiert sind: die Wissenschaft, die Politik und uns selbst.

„Wissenschaft ist eine Flut, die ständig steigt."(19) Doch vor steigenden Fluten muß man auf der Hut sein. Von der Wissenschaft kann man sagen, daß sie wohl am entschiedensten über ihre Rolle reflektiert. Der international geschätzte Biochemiker Isaak Asimov beschreibt in seinem populärwissenschaftlichen Werk „Die exakten Geheimnisse unserer Welt" die Problemlage so: „Unsere industrialisierte Gesellschaft beruht auf den wissenschaftlichen Fortschritten der letzten beiden Jahrhunderte, aber unsere Gesellschaft muß nunmehr feststellen, daß ihr unerwünschte Nebenwirkungen der eigenen Erfolge schwer zu schaffen machen."(20)

Diese „Nebenwirkungen" haben es offenbar in sich. International werden nun, wie sich auch auf der Rio-Konferenz zeigte, allmählich und notgedrungen schwerwiegende Probleme diskutiert, u.a.: Maßnahmen zum Schutz der Ozonschicht; Energie und Umwelt; Schutz der Wälder weltweit, besonders der Tropenwaldschutz; Schutz der Erdatmosphäre; Klimaschutz und Biologische Vielfalt; Meeresumweltschutz; Bekämpfung der Wüstenbildung; Bioethik und Umweltethik.

Angesichts des Ausmaßes der Umweltbedrohungen (und diese schließen bereits weitgehende Schädigungen ein), verwundert es nicht, wenn die Wissenschaft versucht, Schuld von sich zu weisen. Erfreulich ist allerdings, daß im Erschrecken über den Zustand der Umwelt innerhalb der Wissenschaft die Bereitschaft wächst, das eigene Wirken selbstkritisch zu hinterfragen. Die Reflexion innerhalb der Wissenschaft ist einerseits natürlich ein Indiz dafür, daß sie ihre Unschuld verloren hat, andererseits mag man aber aus ihrer möglichen Bereitschaft, aus Fehlern zu lernen, auch Hoffnung für die Zukunft schöpfen.

Asimov verwahrt zwar die Wissenschaft und Wissenschaftler dagegen, daß ihnen, wie er sich ausdrückt, die Umweltbelastungen in die Schuhe geschoben würden; er merkt aber selbst an, die Wissenschaft habe sich nicht ihrer „kommunikativen Verantwortung" gestellt, nämlich ihr wissenschaftliches Arbeitsgebiet den Außenstehenden zu erklären.(21) Fraglich erscheint jedoch, ob die Wissenschaft nur aus Unkenntnis ihrer Kritiker in Verdacht gerät. Immerhin gehen die internen Diskussionen der Wissenschaft über ihre Rolle und Verantwortung schon erheblich weiter.

Zu unterscheiden ist prinzipiell zwischen der sogenannten reinen Wissenschaft und der angewandten Wissenschaft. Unterstellt wird, die reine Wissenschaft suche um der Erkenntnis willen nach neuen Naturgesetzen, während die angewandte Wissenschaft bereits entdeckte Naturgesetze zur Lösung praktischer Probleme verwende.(22)

Nun hat ja das Wörtchen „rein" vielfältige Bedeutungen, und in dem hier erwähnten Zusammenhang ist es wohl ein Synonym für „unbefleckt", „unschuldig" und „unberührt". Wird ein neues Naturgesetz entdeckt, liegt es nicht in der Verantwortung der reinen Wissenschaft, was dann andere eventuell damit anstellen. Somit ist die reine Wissenschaft im unschuldigsten Sinne verantwortungslos. Das wirft nun die Frage auf, was denn dann angewandte Wissenschaft ist. Diese ist jedenfalls nicht unbedingt ein Gegensatz zur reinen Wissenschaft. Vielmehr kann auch ihre Arbeit mit den Entdeckungen der reinen Wissenschaft „unbefleckt" sein. Kritisch zu betrachten ist wohl weniger die Anwendung der Naturgesetze an sich, als vielmehr, welche praktischen Probleme die Wissenschaft mit ihnen zu lösen versucht.

Die Erkenntnisse der Atomphysik anzuwenden, um Krebszellen zu bestrahlen, wird wohl von allen akzeptiert. Werden aber ihre Erkenntnisse angewandt, um Herrschaftsprobleme zu lösen, dürfte die Zustimmung wesentlich geringer sein. Vielfach wird es zu allgemein unerwünschten, auch nicht von der Wissenschaft gewollten Resultaten kommen, selbst wenn die angestrebte Lösung eines Problems als im Allgemeinwohl liegend angesehen wird. Ein Beispiel für diese „Mischform" bietet wiederum die Anwendung der Erkenntnisse der Atomphysik: Einerseits geht es um die wünschenswerte Lösung des Energieproblems, andererseits sind die „Nebenwirkungen", wie die Verstrahlung weiter Land- und Meeresgebiete sowie immer größer werdender Mengen vagabundierenden Strahlenmaterials, ungewollte Resultate. Jedoch darf diese noch recht wohlwollende Betrachtung der Wissenschaft nicht dazu verführen, gänzlich die Augen vor Abarten der angewandten Wissenschaft zu schließen. Für Abarten liefert gerade die deutsche Geschichte zahlreiche Belege, wobei die Entwicklung und Produktion von Giftgasen durch das ganze 20. Jahrhundert hindurch ein bis in unsere Tage aktuelles Beispiel ist. Wissenschaftliche Arbeit (Sprengstoff, Kriegschemikalien, synthetisches Benzin) war schließlich auch die Basis für die außerordentliche Expansion der Chemischen Industrie in Deutschland. Daß die Chemische Industrie, insbesondere die IG-Farben, dann mit den menschenverachtenden Nazis zusammenarbeiteten und gut daran verdienten, wird man nicht **der** Wissenschaft anlasten können.(23)

Einen Hinweis auf das „Klima", in welchem sich möglicherweise Mitarbeiter der Umweltverwaltung werden bewegen und bewähren müssen, gibt das Ergebnis einer Untersuchung, die von der „Forschungsgruppe Gesundheitsrisiken und Präventionspolitik" am Wissenschaftszentrum Berlin durchgeführt wurde. Erhellt wurde das Zusammenspiel von Wissenschaft, Behörden und Industrie im Falle einer Gruppe von Arbeitern, die durch Dioxine geschädigt wurden:„Ein Großteil der sogenannten ‚Drecksarbeit' – sei es als Beschwichtigungsarbeit oder als wissenschaftliche Scharlatanerie bzw. Betrügerei – wird, zumindest in der Bundesrepublik Deutschland, von Seiten etablierter Wissenschaftler geleistet. Dabei ist ein weitgehender Verfall von wissenschaftlicher Ethik in Teilen der sogenannten ‚klassischen Arbeitsmedizin' und der ‚Toxikologie' festzustellen." Die Gruppe hält u.a. eine „klarere Gewaltentrennung von Behörden, Wissenschaft und Industrie" für notwendig.(24)

Zweifellos handelt es sich bei dem zitierten Beispiel um die Pervertierung wissenschaftlicher Arbeit. Bedenklicher erscheint jedoch ein offenbarer Grundzug der Wissenschaft, in zweifelhafter Weise dienstbar zu sein. Schon 1970 mußte der frühere Generalsekretär der Vereinten Nationen, U Thant, feststellen: „Menschliche Kreativität und ungeheure Materialreserven wurden für destruktive statt für konstruktive Zwecke eingesetzt."(25) Ähnlich und klar adressiert konstatiert fast zwanzig Jahre später der Essener Physiker und Philosoph Meyer-Abich, daß sich die Naturwissenschaftler in der Vergangenheit viel zu wenig dafür interessiert hätten, was für die Erhaltung der Lebensgrundlagen wissenswert gewesen wäre. Statt dessen hätten sie ein Übermaß an Zerstörungswissen angehäuft, wie es sich in der Umweltbelastung und in den modernen Vernichtungswaffen gleichermaßen zeige.(26)

Es mag den Tatsachen entsprechen, daß Wissenschaftler sich nicht an gesellschaftlichen Zielsetzungen orientierten und gewöhnlich nicht wußten, welche gesellschaftlichen Konsequenzen ihre Entdeckungen haben würden, wie Jonathan Schell schreibt.(27) Immerhin gibt es doch Veranlassung zu der Annahme, daß diese Orientierungs- und Ahnungslosigkeit nicht mehr durchgängig in Wissenschaftskreisen akzeptiert wird. Auf einem Symposium der Freien Universität Berlin wurde jedenfalls Ende der 80er deutlich getadelt: „Da sei

- der Ökonom,der zuwenig von der Natur, nicht viel vom Menschen, kaum etwas von der Geschichte verstehe und eigentlich auch keine Ideen darüber habe wie die Welt eigentlich aussehen sollte;
- der Politikwissenschaftler, der seine potentielle Stärke als Spezialist für Gesamtzusammenhänge nicht nutze;
- der Zoologe, der sich mit Bodentieren befasse, aber die Umweltprobleme am Horizont nicht aufziehen sehe;
- der Toxikologe, der eine Seite des ‚Buches der synthetisierten Stoffe' entziffern lerne, während die chemischen Synthetisierer schon wieder zehn neue Seiten zu diesem Buch hinzugeschrieben hätten;
- die Jurisprudenz, deren ‚Augenbinde' angesichts der eingetretenen und täglich neu geschehenden Umweltzerstörung befremdlich anmute;
- und da sei schließlich die sträfliche Vernachlässigung der Frage der Sozial- und Umweltverträglichkeit in der naturwissenschaftlichen Forschung und Entwicklung."(28)

Die wissenschaftliche Arbeit wird auch auf dem Umweltsektor immer noch von der Forderung nach der Werturteilsfreiheit und dem Prinzip der fachlichen Spezialisierung bestimmt. Nunmehr werden diese Grundpfeiler wissenschaftlicher Arbeit jedoch infrage gestellt. So auch von Udo E. Simonis, Professor für Umweltpolitik am Wissenschaftszentrum Berlin. Es müsse ökologisch gedacht und gehandelt werden, meint er. Ökologisches Denken und Handeln seien jedoch nicht wertneutral, aber: „Die Tatsachen müssen stimmen – und die Werte müssen begründet sein." Die Wissenschaftler müßten mehr und besser ausdiskutiertes „Bewahrungswissen" produzierten, statt ihre Pluralität zu kultivieren.(29)

Die Unzufriedenheit mit dem konventionellen Wissenschaftssystem verbindet Berlin mit Bamberg. Dort wirkte der Soziologieprofessor Ulrich Beck. In einem Spiegel-Essay fragt er: „Was heißt die gute alte ‚Wertfreiheit' eigentlich noch, wenn chemische und physikalische Formeln, angesiedelt in der Wortwüste der Zahlen, eine politische Sprengkraft entfalten, die selbst apokalyptische Formulierungen von Sozialwissenschaftlern niemals erreichen."(30)

Zur Erläuterung dieses Satzes, mehr noch aber zur hoffentlich fruchtbaren Verunsicherung aller, die als Akteure bei Umweltschäden, als Sanierer, als Garanten für die Sicherheit der Allgemeinheit, als Juristen oder Ermittler von Sachverhalten auf die Unterstützung von Wissenschaftlern und deren Arbeitsergebnisse angewiesen sind, sei zitiert, was Beck an anderer Stelle schreibt: „Das vorherrschende wissenschaftstheoretische Selbstverständnis besagt: Die Wissenschaften können mit der Autorität ihrer Rationalität keine Werturteile fällen. Sie liefern sogenannte ‚neutrale' Zahlen, Informationen, Erklärungen, die als ‚unparteiische' Entscheidungsbasis für unterschiedlichste Interessen dienen sollen. Jedoch: **welche** Zahlen sie auswählen, auf **wen** oder **was s**ie Ursachen projizieren, **wie** sie die Probleme der Gesellschaft deuten und **welche** Art von Lösungen sie ins Blickfeld rücken - dies sind alles andere als neutrale Entscheidungen."(31)

Bei aller (Selbst)- Kritik der Wissenschaft, so berechtigt sie sein mag, muß doch hervorgehoben werden, daß es Wissenschaftler waren, die immer wieder warnten und erhebliche Anstrengungen unternommen haben, um die Öffentlichkeit und insbesondere auch Politiker auf alarmierende Erkenntnisse und bedrohliche Entwicklungen hinzuweisen. Außerdem fördern dankenswerterweise zahlreiche Wissenschaftler das kritische Potential in der Bevölkerung, indem sie z.B. ihr Wissen und Können Bürgerinitiativen zur Verfügung stellen. Schließlich wirken Wissenschaftler auch bei Aktivitäten von Umweltschutzgruppen wie Greenpeace und Robin Wood mit.

In die Reihe der Positiv-Beispiele gehört zweifellos auch der Club of Rome. Schon 1968 bildete sich diese legendäre Vereinigung, in der sich über 70 Wissenschaftler aus verschiedenen Ländern und etlichen Wissenschaftsrichtungen organisierten. Der Club of Rome publizierte etliche Darstellungen des gegenwärtigen und zukünftigen Zustandes der Welt in wirtschaftlicher und ökologischer Hinsicht, u.a. das Buch „Grenzen des Wachstums" und als vorerst letztes Werk, wie schon erwähnt, 1991 „Die globale Revolution", eine umfassende Darstellung der Umweltproblematik und von Lösungsstrategien.

Im Jahre 1971 richteten mehr als 2000 Wissenschaftler aller Disziplinen von Menton aus eine Botschaft an die Vereinten Nationen, in der sie appellierten: „Wir müssen nunmehr die Erde, die uns bisher unerschöpflich schien, in ihrer Beschränktheit sehen. Wir leben in einem geschlossenen System, wir sind total abhängig voneinander und von der Erde, und das gilt sowohl für unser Leben als auch für das der kommenden Generationen. Alles, was uns trennt, ist viel unwichtiger als das, was uns eint, und das ist vor allem die Gefahr, vor der wir stehen."(32)

Seither hat es vielfache Aktionen von Wissenschaftlern gegeben, die alle darauf gerichtet waren, Öffentlichkeit sowie Politiker aufzurütteln.

Einer der wohl aufwendigsten Einsätze startete vor einiger Zeit in Schweden. Auf Initiative eines bekannten Krebsforschers schufen zahlreiche Wissenschaftler eine leicht verständliche Broschüre, in der die Grundlagen und die Entwicklung allen Lebens sowie Maßnahmen zum Schutz der Umwelt dargestellt wurden. Die Broschüre wurde zusammen mit einer erläuternden Tonkassette an alle schwedischen Haushalte verschickt. Für das ganze Unternehmen hatte der schwedische König die Schirmherrschaft übernommen. Erklärter Zweck war, die politischen Entscheidungsträger zu zwingen, sich endlich selbst ein Grundwissen anzueignen, da ja nun alle Bürger über ein solches verfügen konnten, und die Politiker fürderhin Gefahr liefen, bei anhaltender Ignoranz elementarer naturwissenschaftlicher Bedingungen vor dem Wahlvolk eine schlechte Figur abzugeben.(33)

Dieses Beispiel eignet sich gut, um von der Wissenschaft zur Politik überzuleiten. Es zeigt, daß Politiker (ganz bestimmt nicht nur in Schweden) auch nur Menschen sind, die aufgrund ihrer Mängel an Wissen, Beurteilungsvermögen, Vernunft und Handlungsbereitschaft, die Umwelt in einen beängstigenden Zustand geraten ließen, zur Verzweiflung vieler Wissenschaftler und vielleicht auch etlicher Wähler.

Allerdings wäre es völlig verfehlt, in Politikern nur Ignoranten der Umweltprobleme zu sehen. Jedenfalls spricht vieles dafür, daß immerhin heutige Politiker ein Umweltbewußtsein haben. Ob und wie sich dies in der Praxis auswirkt, ist eine andere Frage. Lobend erwähnt seien hier stellvertretend für eine ganze Anzahl Politiker, die sich schon frühzeitig den Problemen stellten, der ehemalige amerikanische Präsident Carter, der 1977 „Global 2000" in Auftrag gab, und Willy Brandt wegen seiner Arbeit in der Nord-Süd-Kommission und etlicher aufklärender und oftmals geradezu beschwörender Veröffentlichungen.

Mittlerweile wagt wohl kein Politiker von Bedeutung mehr, die Umweltproblematik weder im nationalen noch im internationalen Rahmen zu bagatellisieren. Bis aber die Umweltproblematik angemessen und umfassend auf Top-Niveau akzeptiert wurde, verging viel Zeit. Erst auf dem 15. Weltwirtschaftsgipfel im Jahre 1989 haben die Staats- und Regierungschefs der sieben wirtschaftlich stärksten Staaten der Erde in ihrer Politischen Erklärung zu den Menschenrechten eingestanden: „Wir, die heutige Generation, sind verpflichtet sicherzustellen, daß künftige Generationen eine gesunde Umwelt vorfinden."(34) In diesem Zusammenhang nannten sie auch die wichtigsten Umweltprobleme vom Artenschutz bis zur Zerstörung der Ozonschicht. Frühere Veranstaltungen der hohen Politiker zeichneten sich eher durch eine Geringachtung der globalen Umweltproblematik aus. Allerdings scheint nun aber das Ausmaß der Umweltgefährdung weltweit in die Köpfe der höchsten Politiker gedrungen zu sein. An der Konferenz der Vereinten Nationen für Umwelt und Entwicklung, die im Juni 1992 in Rio de Janeiro stattfand, nahmen immerhin weit über hundert Staats- und Regierungschefs teil, darunter auch die Teilnehmer des Weltwirtschaftsgipfels.

In der Erklärung des Weltwirtschaftsgipfels 1989 sind die Verpflichteten recht allgemein bezeichnet (Wir, die heutige Generation ...). Das entspricht durchaus diplomatischen und politischen Gepflogenheiten. Präzisere Formulierungen, Aufgabenzuweisungen und Verpflichtungen könnten hilfreich sein, die Umwelt besser zu schützen. Leider lehrt jedoch die Erfahrung, daß „Grundsatzerklärungen ... häufig auch und gerade auf internationaler Ebene Formen politischen Scheinhandelns (sind)."(35)

Zumindest verschafft sich die Politik möglichst viel Spielraum und sieht zu, daß etliche Hintertüren offen bleiben. Ein Beispiel bietet hier die Analyse der „Deklaration über den Schutz der Nordsee" (1984): „In neun der Sätze wird uns mitgeteilt, daß die Minister sich ‚bewußt' seien, sieben beschreiben, daß sie ‚erkannt' hätten, fünf halten daran fest, daß sie ‚überzeugt' oder ‚unterrichtet' seien, zwei versichern, daß sie ‚besonders betonen', während die restlichen sieben Sätze die Minister als ‚besorgt', ‚hoffend', ‚achtend auf', ‚bestätigend', ‚bekräftigend', ‚ins Gedächtnis rufend' und an die ‚Bedeutung erinnernd' hinstellen. Haben wir mühsam bis hierher durchgehalten, entdecken wir schließlich, was diese bewußten, besorgten, überzeugten usw. Minister tatsächlich tun: sie ‚**erklären ihren festen Entschluß**', verschiedene Aktivitäten zu unternehmen, die dann in einer Reihe von Paragraphen aufgezählt werden, die wie folgt beginnen: ‚entscheidende Anstrengungen zu unternehmen', ‚zu implementieren', ‚zu versichern', ‚zu verhindern', ‚zu entwickeln', usw.; diese Formulierungen bilden einen formalen Gegensatz zu den Eröffnungsphrasen und überdecken mit einem Wortschwall die einfache Tatsache, daß sich keiner von ihnen wirklich dazu verpflichtet, besonders viel zu unternehmen."(36)

Rückblickend, mit dem Fazit in der Hand, kann man nun wirklich nicht behaupten, die Politiker hätten hinreichend ihrem Auftrag, Schaden vom Volke abzuwehren, genügt. Es sind nun einmal die Politiker, denen die Macht gegeben wird, und das Volk muß von ihnen erwarten, daß sie das veranlassen, was notwendig ist, auch um den Preis, unpopulär zu sein. Der bedrohliche, der zum Teil zerstörte Zustand der Umwelt spricht gegen die Politiker. Doch kann man ihnen vorwerfen, daß sie sich verhalten, wie es ihrer Persönlichkeit entspricht? Trifft nicht vielmehr den Wähler eine erhebliche Verantwortung bei der Wahl der Politiker? Oder wirken sich Systemmängel aus? (Vgl. Abschn. 4.4)

In diesem Zusammenhang scheint sehr bedenkenswert, was der Club of Rome in „Die globale Revolution" ausführt: „Die Wahl unserer politischen Führung verlangt größte Aufmerksamkeit. Im Moment erfolgt sie nach dem Prinzip, daß der Stärkste überlebt. Die Folge ist, daß sich eher solche Menschen durchsetzen, die unverhohlen egoistisch und zu gewissen Zeiten sogar bereit sind, das Wohl der Allgemeinheit ihrem persönlichen Ehrgeiz oder den Zielen der Partei zu opfern. Die Eigenschaften, die wichtig sind, um in ein hohes Amt zu gelangen, sind somit häufig Eigenschaften, die den einzelnen für dieses Amt untauglich machen."(37) An gleicher Stelle beschreibt der Club of Rome in einer langen Aufzählung, wie der neue Typ des Politikers aussehen müßte.

Werden die „falschen" Politiker gewählt, liegt dies weitgehend in der Verantwortung des Wahlvolkes. Zu denken geben muß jedem Wähler der Tadel im Bericht „Zur Lage der Welt 1992", daß wir Politiker wählen, die unseren Glauben bestätigen, die Welt sei grundsätzlich in Ordnung.(38) Selbst bei qualitativ besserem Politikerangebot dürfte allerdings das Kreuzchen auf dem Wahlzettel alle vier Jahre nicht ausreichen, den Verfall der Umwelt, soweit er politisch aufgehalten werden könnte, zu vermeiden.

Die tatsächlichen Freiheitsrechte, die jedem garantiert sind, bedeuten angesichts einer bedrohlichen Umweltrealität schließlich auch die Pflicht, diese Rechte anzuwenden, um Einfluß auf die Politik zu nehmen. Mitwirkung in und gezielter Druck auf Parteien, außerparlamentarische Arbeit und etliches mehr sind Möglichkeiten, die über das Wählen hinaus genutzt werden können. Von politischer Bedeutung ist schließlich auch, ob wir uns selbst umweltbewußt verhalten, im privaten Leben und als Verbraucher.

Aber die Punkte, die wir bis jetzt angesprochen haben, scheinen nicht auszureichen, um den Verfall der Umwelt zu erklären. Auffällig ist jedenfalls, daß viele Autoren, die sich besorgt mit Umweltproblemen befassen, sich veranlaßt sehen, dem „Menschen an sich" ihre Aufmerksamkeit zu widmen.

Aurelio Peccei beispielsweise, der ehemalige Präsident des Club of Rome, stellte u.a. folgende Frage: „Sind wir lauter Genies, dazu ausersehen, letzten Endes über alles zu siegen?" Und er fuhr fort: „In Anbetracht des ungeheuren Chaos, das wir geschaffen haben, gibt es kaum einen Anhaltspunkt für die These mit dem Genie. Die gegenteilige These, derzufolge wir Lebewesen sind, die biopsychisch nicht ganz richtig ticken, kann hingegen nicht durch den Augenschein widerlegt werden. Sie hat viele Anhänger, und die sind der Ansicht, daß **seine eigene Natur sich wider den Menschen kehren wird".**(39)

Auch Willy Brandt zweifelte an der Vernunft des Menschen und fragte, ob es denn zuträfe, daß der Mensch zerstörerische Kräfte freigesetzt habe, die im Ergebnis auf den Selbstmord der Gattung Mensch hinausliefen.(40)

Peccei hoffte 1981 „daß **die Menschheit die Krise überwinden und die Zukunft aufbauen kann, die sie will**, wenn sie ihre natürlichen und vor allem ihre menschlichen Ressourcen intelligent zu nutzen weiß. Die 80er Jahre sind die entscheidende Phase."(41) Vielleicht wird sich noch diese Prognose als bittere Wahrheit erweisen. Die 80er Jahre wurden jedenfalls nicht genutzt; hoffentlich haben wir damit nicht zuviel wertvolle Zeit vergeudet.

Schon 1983 erhofften sich zahlreiche Fachleute noch verhältnismäßig zahm eine „Ökologische Wende", 1991 forderte der Club of Rome bereits die „Globale Revolution", und ein Jahr später sah das renommierte Worldwatch Institute die Rettung nur noch in einer „Ökologischen Revolution"(42). So etwas läßt sich jedoch nicht mit dem schmerzfreien Verzicht auf einige Annehmlichkeiten bewerkstelligen. Menschen haben in allen Zeiten immer wieder ihre Fähigkeit bewiesen, trotz unermeßlichen Leidens und unter größten Strapazen um das Überleben kämpfen zu können und die Dinge nicht einfach treiben zu lassen und schließlich aufzugeben. Leider können wir auch gerade in unserer Zeit wieder in vielen Teilen der Erde beeindruckende Beispiele dafür sehen. Vielleicht ist ja der Leidensdruck durch die Umweltzerstörung noch nicht stark genug, um uns so entschieden und aufopfernd handeln zu lassen, wie es notwendig ist.

In der Tat tragen viele die Verantwortung für die jetzige Misere. Nun aber sind „wir" alle gefordert: jeder Bürger, die Wissenschaftler, die Politiker, die Menschen in Industrie, Wirtschaft, Justiz und, nicht zuletzt, die Menschen in der Umweltverwaltung. Erklären wir jetzt die letzten Jahre dieses Jahrtausends zur entscheidenden Phase. Vielleicht haben wir noch Grund zur Hoffnung.

3 Eine Auswahl von Problemen

Spätestens seit der Umwelt-Konferenz in Rio de Janeiro im Juni 1992 dürfte nirgendwo mehr die Verquickung der Umweltpolitik mit etlichen anderen Politikbereichen in Zweifel gezogen werden. Zu erwarten ist, daß die Ergebnisse der Konferenz (vgl. Abschn. 2.2) auch die deutsche Umweltpolitik nach außen und innen erheblich beeinflussen werden. Das wird für die Festsetzung von politischen Prioritäten, die Bereitstellung finanzieller Mittel, die Gesetzgebung, den Erlaß von Verwaltungsvorschriften u.v.m. gelten. Den Menschen der Umweltverwaltung wird in ihrer Arbeitswelt manches verständlicher erscheinen, wenn sie sich einen möglichst umfassenden Überblick auch von den globalen bzw. scheinbar entfernten Umweltproblemen verschaffen. Die schnell anwachsende Weltbevölkerung, die Ernährung der Menschen, die Artenvernichtung und Einwirkungen auf die Atmosphäre sowie das Klima sind wohl zu den besonders gewichtigen Problembereichen zu rechnen, die sich auch sehr konkret auf die Tätigkeit der Umweltverwaltung auswirken werden.

Wesentlich wird sein, ob die Politiker zu neuen Einsichten gekommen sind und ob sie bereit und fähig sein werden, danach zu handeln. Wenigstens zur Einsichtsfähigkeit sind schon hoffnungsvolle Ansätze dokumentiert worden; zum Beispiel in „Umwelt", dem offiziellen Organ des Bundesumweltministeriums. Dort konstatiert ein Staatssekretär des Ministeriums ein wachsendes „Bewußtsein für die Notwendigkeit weltweiter Umweltgemeinschaft" und daß wir in einer „ökologischen Risikogemeinschaft (leben), die nur in weltweiter Partnerschaft gemeistert werden kann. Wir sitzen alle im gleichen ökologischen Boot." „Keine Gewinner" wird es geben, sondern „nur Verlierer", wenn wir nicht „zielorientiert“ usw. handeln. Und sogar radikale Selbstkritik wird geübt: „Der gewaltige Energieverbrauch in unseren Staaten, der hohe Rohstoffeinsatz und die gasförmigen, flüssigen und festen Emissionen und Abfallstoffe unserer industriellen Produktion tragen maßgeblich zur weltweiten Bedrohung der Umwelt bei. Wir haben unser wirtschaftliches Wachstum, unseren Wohlstand subventioniert, indem wir Kosten dieses Wachstums auf Natur und Umwelt abgewälzt haben.“(1)

Das sind wahrlich offene Worte. Aber sie hätten noch ergänzt werden können mit einem Hinweis auf industriestaatliche Praktiken, die Prittwitz als „Formen eines offenen Öko-Kolonialismus“(2) bezeichnet, Praktiken, die zum Teil immer noch legal durchgeführt, zum Teil aber auch schon als organisierte Umwelt- und Wirtschaftskriminalität von deutscher Polizei verfolgt werden, soweit sie in der BRD ihren Ursprung haben. Prittwitz nennt folgende Phänomene:

„- Besonders umweltbelastende Produktionsformen werden in technisch-ökonomisch nachziehende Länder mit geringer entwickeltem Umweltbewußtsein und geringer politischer Abwehrkapazität verlagert.
- Schadstoffbelastete oder radioaktiv verstrahlte Waren, die in den reichen Ländern nur mehr schwer oder nicht absetzbar sind, werden in arme Länder verkauft.
- In den hochindustrialisierten Ländern inzwischen verbotene umweltbelastende Produktionsverfahren werden für die Anwendung in Ländern nachziehender Industrialisierung zugelassen.
- Es entwickelt sich eine globale Abfallbörse zu ökologisch-gesundheitlichen Lasten der Aufnehmer-Länder.
- Schädliche oder risikoreiche Prozesse (so zum Beispiel Atomversuche, Tiefflüge etc.) werden in arme Länder verlagert.“(3)

Nun wissen wir aber, daß auf unserer kleinen und mittlerweile recht eng gewordenen Erde nichts wirklich verschwindet, sondern sich alles verteilt und alles mit allem zusammenhängt: So werden exportierte Schadstoffe (Pestizide usw.) in die reichen Länder reexportiert, zum Beispiel in Nahrungsmitteln; ökologische Katastrophen in den armen Ländern (wie das Abholzen der Regenwälder im Amazonasgebiet) haben weltweite ökologische Auswirkungen; auch in Ländern mit Übernutzung knapper Ressourcen entwickelt sich Widerstand gegen umweltkolonialistische Praktiken, zum Beispiel Giftmülltransporte.(4)

Nicht nur die äußeren Phänomene (von der Artenvernichtung bis zur Zerstörung der Ozonschicht) werden jetzt zur Kenntnis genommen, sondern es werden auch wichtige Ursachen der Umweltbelastung wie Armut, Hunger und Entwicklungsprobleme immer weniger beschönigt. Berufen werden offiziell das „weltweit wachgerüttelte Umweltgewissen“ und die große „Herausforderung, Ökonomie und Ökologie weltweit miteinander in Einklang zu bringen.“(5)

Da wäre es gut gewesen, schon in Rio etwas für eine umweltverträgliche Welthandelsordnung zu tun. Das wurde versäumt. Auch nach Rio, etwa bei den Gatt-Verhandlungen, ist nichts dergleichen geschehen. Dabei gibt es entsprechende Studien; eine war sogar von der Projektstelle der Rio-Konferenz in Autrag gegeben worden. Elemente einer ökologisch vertretbaren Welthandelsordnung könnten u.a. sein:
ökologisch motivierte Produktstandards, Importzölle auf umweltbelastende oder umweltbelastend gefertigte Produkte, eventuell auch entsprechende Importverbote, Sub-

ventionen für umweltfreundliche Produkte, Exportbeschränkungen zum Schutz knapper oder besonders nachgefragter natürlicher Ressourcen.(6)

Wir, die Industrieländer, sind bisher ohne Zweifel „Gewinner“ gewesen, und solange wir auf der Straße der Gewinner wanderten, gab es beispielsweise keinen Weltwirtschaftsgipfel, der Umweltschutz zu seinem Hauptthema erkor, und keine Veranstaltung vom Format der Rio-Konferenz. Wenn nun offiziell geschrieben wird, es würde nur noch „Verlierer“ geben, wenn ... , dann muß die Lage wirklich ernst sein.

3.1 Das „Bevölkerungsproblem“ und die Nahrung

Die Entwicklung der Weltbevölkerung gehört zu den dringendsten Problemen unserer Zeit. Auch auf der Umwelt-Konferenz in Rio wurde dieses Thema behandelt. Seinen zentralen Niederschlag fand es in Kapitel 5 der Agenda 21, ergänzt wurde es besonders in Kapitel 3 (Armutsbekämpfung) und Kapitel 6 (Schutz und Förderung der menschlichen Gesundheit). Kaum etwas anderes wird die künftige Umweltpolitik so stark beeinflussen wie die Ursachen und Folgen der „Bevölkerungsexplosion“.

Bereits „Global 2000“ prognostizierte, daß die Weltbevölkerung in nur einem Vierteljahrhundert (bis zum Jahr 2000) von 4 Mrd. auf 6,35 Mrd. Menschen anwachsen würde. Die Prognose bestätigt sich ziemlich genau, wie sich aus nachstehender Tabelle ergibt:

Derzeitige und prognostizierte Bevölkerungsgröße und Wachstumsraten

	Bevölkerung (Milliarden)			Jährliche Wachstumsrate (%)		
Gebiet	1985	2000	2025	1950 zu 1985	1985 zu 2000	2000 zu 2025
Welt	4,8	6,1	8,2	1,9	1,6	1,2
Afrika	0,56	0,87	1,62	2,6	3,1	2,5
Lateinamerika	0,41	0,55	0,78	2,6	2,0	1,4
Asien	2,82	3,55	4,54	2,1	1,6	1,0
Nordamerika	0,26	0,30	0,35	1,3	0,8	0,6
Europa	0,49	0,51	0,52	0,7	0,3	0,1
UdSSR	0,28	0,31	0,37	1,3	0,8	0,6
Ozeanien	0,02	0,03	0,04	1,9	1,4	0,9

Quelle: Brundtland-Bericht (7)

Die stärksten Wachstumsraten sind in Afrika zu verzeichnen. Die Fernsehbilder des Jahres 1992 aus den Hungergebieten im Osten, Süden und Westen Afrikas haben erschreckend deutlich gemacht, was schon 1983 in dem UNEP-Bericht „UMWELT-WELTWEIT“ betont wurde: Die Armen seien häufig den schlimmsten Erniedrigungen in ihrer Umwelt ausgesetzt, und die unzureichende Befriedigung der grundlegendsten menschlichen Bedürfnisse in einigen Entwicklungsländern zwinge sie, die natürliche Umwelt im Übermaß zu nutzen.(8)

In den Entwicklungsländern hat sich gezeigt, daß sich alsbald ein Teufelskreis bildet: Armut und Hunger führen zu Umweltzerstörung und zur Verschlechterung der Landwirtschaft und somit zur Flucht vor dem Hunger vom Land in die Städte, wodurch es zu explosionartigem städtischen Wachstum und Elend kommt, was wiederum die Probleme der Armut und unzureichender Nahrung verstärkt.(9)

Die Wanderungsbewegung vom Land in die Stadt führt zumindest zu einer partiellen Unregierbarkeit vieler Entwicklungsländer. Denn die meisten Menschen finden in den Städten nicht, was sie suchen: erträgliche Lebensbedingungen. Viele Großstädte sind schon jetzt von einem erstickenden Gürtel elender Slums umgeben und wachsen wild und schnell weiter. So werden im Jahr 2000 folgende Einwohnerzahlen (in Millionen) prognostiziert (in Klammern die Zahlen von 1985): Mexiko-Stadt 25,6 (17,3), Sao Paulo 22,1 (15,9), Kairo 18 (10), Kalkutta 15,7 (11), Bombay 15,4 (10,1), Jakarta 13,7 (7,9), Lagos 8,3 (3,6). Die Umweltprobleme sind „kolossal": Tödliche Luftverschmutzung, wahllose Verschüttung giftiger Abfälle, Absinken einiger Städte wegen der Übernutzung des Grundwassers sind nur einige der Phänomene. Städte wie diese sind soziale und politische Sprengsätze. Es sind Szenarien vorstellbar, nach denen Explosionen hier auch Auswirkungen in den Industrieländern zeigen werden.(10) Wanderungsbewegungen machen allerdings nur in den afrikanischen Städten den Hauptteil des Zuwachses aus; in Lateinamerika und großen Teilen Asiens ergeben sich nur ein Drittel aus der Wanderung und etwa zwei Drittel der Zuwächse aus der Fruchtbarkeit der bereits in den Städten lebenden Menschen.

Aus dem Gegensatz von Nord und Süd, von Wohlstand und Überfluß einerseits und Armut, Hunger und Elend andererseits ergeben sich Spannungen, deren Folgen für die Völker auf der Erde sowie für den Zustand, den wir Frieden nennen, noch nicht abzusehen sind. Bezieht man die vielfach chaotischen politischen, ökonomischen und ökologischen Verhältnisse der Länder des ehemaligen Ostblocks in die Betrachtung ein (politische Machtkämpfe, ethnische Gegensätze, Verbreitung von ABC-Waffen, Mangel an fast allem zur Befriedigung der Grundbedürfnisse des Lebens etc.), so sieht man Spannungen, die in komplizierter Weise zunehmen.

Mehr als 90 % des Bevölkerungswachstums weltweit ist in den Entwicklungsländern zu erwarten.(11)

Das World Watch Institute veranschaulicht im Jahre 1992 die Entwicklung mit folgenden Angaben:

- Jährlich nimmt die Weltbevölkerung um 92 Millionen Menschen zu; davon leben ca. 88 Millionen in Entwicklungsländern;
- eines von drei Kindern ist unterernährt;
- 1,2 Milliarden Menschen fehlt es an sicherem Trinkwasser;
- fast 3 Millionen Kinder sterben jedes Jahr an Krankheiten, die durch Immunisierung vermieden werden könnten;
- jedes Jahr sterben 1 Million Frauen an vermeidbaren geschlechtsbezogenen Gesundheitsproblemen;

- etwa 1 Milliarde Menschen können nicht lesen und schreiben;
- über 100 Millionen Kinder im Volksschulalter gehen nicht in die Schule.(12)

Während man in den westlichen Industrieländern das Anwachsen der Bevölkerung häufig als „Bevölkerungsproblem“ bezeichnet, stellt sich das Problem für diejenigen, die das Wachstum ausmachen, ganz anders dar: Mangel an Nahrung, Trinkwasser, Brennholz, ärztlicher Versorgung, Medizin, Schulen, Kleidung, Hygiene - das Problem heißt Armut, Not, Elend, Ausbeutung und Tod. Dabei gilt: „Jede weitere Person in einem Industrieland verbraucht erheblich mehr und übt erheblich mehr Druck auf die natürlichen Ressourcen aus als jede weitere Person in der Dritten Welt.“(13)

Nicht nur an Stammtischen ist zu hören, „die“ sollten doch endlich Familienplanung betreiben, oder - das ist die zynische Variante dazu - „die“ müßten sterilisiert werden. Dazu muß man wissen, daß es in Indien tatsächlich ein menschenunwürdiges Sterilisierungsprogramm gab, in dessen Verlauf Menschen ohne ihre Zustimmung sterilisiert wurden; auch in China wurden Zwangssterilisationen durchgeführt.(14) Aber nicht nur diesen Ländern schreibt die Brundtland-Kommission ins Stammbuch: „Die Sorge um das ‚Bevölkerungsproblem‘ (muß) auch die Sorge um menschlichen Fortschritt und menschliche Gerechtigkeit wecken ... Die Industrieländer, die sich ernstlich sorgen um das hohe Bevölkerungswachstum in anderen Teilen der Welt, sind verpflichtet, mehr zu tun, als einfach Pakete mit den praktischen Hilfsmitteln zur Familienplanung bereitzustellen.“(15)

Notwendig ist eine „vernünftige und humane Politik der Geburtenkontrolle“, stellt der Club of Rome fest. Einer der sichersten Wege, niedrigere Fruchtbarkeitsziffern zu erzielen, sei der wirtschaftliche Fortschritt, denn dieser löse spontane Prozesse aus, die das Bevölkerungswachstum verlangsamten.(16)

Das Wachstum der Bevölkerung kann u.a gemindert werden durch:
- Verbesserungen der Gesundheit (u.a. sauberes Wasser, Hygiene, Bekämpfung von Parasiten),
- Verbesserung der Erziehung, die insbesondere den Status der Frau hebt,
- Bekämpfung der Armut, denn Familien, deren Einkommen, Beschäftigung und soziale Sicherheit unzureichend sind, brauchen Kinder, die zuerst arbeiten und später die alternden Eltern unterhalten,
- deutliche Erhöhung des Anteils der öffentlichen Entwicklungshilfegelder, die in die Hilfe für die Bevölkerung gehen.(17)

Ein großes Problem ist die Kindersterblichkeit.

Am empfindlichsten sind die Kinder unter fünf Jahren. Das belegt Jahr für Jahr UNICEF mit seinen Berichten. Die nachfolgenden Angaben beziehen sich jeweils auf ein Jahr; sie sind dem UNICEF-Bericht 1992 entnommen. Sehr schwierig ist das Überleben für die Säuglinge. Dann kommt der gefährliche Übergang zur Festnahrung und schließlich sind die drei größten Todesgefahren zu überwinden: Masern (800 000 Opfer), schwere Diarrhö (3 Millionen Opfer) und Lungenentzündung (3,5 Millionen Opfer). Die Kindersterblichkeit ist am größten in Afrika. 1992 führten folgende fünf Länder die Todesliste an: Angola, Mocambique, Afghanistan, Sierra Leone und Guinea-Bissau. Die Todesrate für Kinder unter fünf Jahren liegt dort zwischen 24 % bis 29 %. Zum Vergleich: Mit 0,5 % ist die Kindersterblichkeit in Schweden weltweit am geringsten. Insgesamt sterben jährlich mindestens 12,9 Millionen Menschen unter fünf Jahren. Da jedoch viele Todesfälle in Orten ohne medizinisches Personal nicht erfaßt werden, sollte man sich auch weiterhin die welt- und wohlbekannte Zahl von **40 000 unnötigen Todesfällen täglich** merken. Hilfe wäre möglich, und zwar einfach und billig. Eine Zucker-Salz-Lösung, die ein Kind bei Diarrhö rettet, kostet einige Pfennige; Antibiotika gegen Lungenentzündung kosten etwa vier Groschen pro Kind; der Impfstoff gegen Masern kostet etwa sieben Groschen. Außerdem könnte man die Kinder noch billig mit Jod und A-Vitamin versehen und ebenso billig Maßnahmen gegen Blindheit, Entwicklungsstörungen usw. ergreifen. Die Befriedigung der grundlegenden Bedürfnisse der Kinder an richtiger Ernährung, reinem Wasser und Gesundheitspflege würden pro Jahr etwa das kosten, was man in Europa pro Jahr für Wein ausgibt, und es wäre weniger als das, was die US-Amerikaner für Bier und die Japaner für Repräsentation und Unterhaltung im Geschäftsleben aufwenden. Und um allzu clevere Mitmenschen gar nicht erst auf „pragmatische" Irrwege geraten zu lassen, sei UNICEF-Chef James Grant zitiert, der Hilfen für die Armen anmahnt: „Konzentriert man sich auf das Überleben der Kinder der Armen, führt das zu einer Minderung der Bevölkerungsexplosion. Denn Eltern, deren Kinder überleben, entscheiden sich selbst für weniger Kinder, wie die Erfahrung lehrt."(25)

Schwerwiegend ist aber auch die Unterernährung. Wer überlebt, lebt noch längst nicht gut. Die Unterernährung ist dort verbreitet, wo nicht so viele Kinder sterben: in Südasien. In Indien und Bangladesch beispielsweise sind 60 % aller Kinder unter fünf Jahren unterernährt.

Die katastrophale und gleichermaßen skandalöse Kindersterblichkeit und Unterernährung der Kinder veranlaßt zunehmend Menschen, die in der Entwicklungshilfe arbeiten, den Zustand eines Landes nicht mehr am Bruttosozialprodukt zu messen, sondern an der Sterblichkeit der Kleinkinder.

Die explosive Entwicklung der Weltbevölkerung drängt auch die Frage in den Vordergrund, wie denn die Massen ernährt werden können. Bei einem Rückblick werden durchaus Erfolge sichtbar; die Nahrungsmittelproduktion nahm weltweit seit 1950 beträchtlich zu, wobei jedoch regional erhebliche Unterschiede zu verzeichnen waren. Die Zunahme der Produktion war hauptsächlich bedingt durch:

„- den Gebrauch neuer Samenarten, die die Erträge maximieren, Mehrfachernten erleichtern und widerstandsfähig gegen Krankheiten sind;
- die Anwendung von chemischen Düngern, deren Verbrauch um das Neunfache angewachsen ist;
- den Gebrauch von mehr Pestiziden und ähnlichen Chemikalien, deren Gebrauch um das 32fache angewachsen ist;
- die Vergrößerung der bewässerten Gebiete, die sich verdoppelt haben."(19)

Nahrungsmittelüberschüse in Nordamerika und Europa wurden hauptsächlich durch Subventionen und andere Anreize erzielt, die die Produktion auch bei mangelnder Nachfrage anregten. Die Kosten zur Unterstützung landwirtschaftlicher Betriebe sind in der EG von 6,2 Milliarden Dollar im Jahre 1976 auf 21,5 Milliarden Dollar im Jahre 1986 gestiegen.

Die stark subventionierten Produktionssysteme der Industrieländer führen jedoch allmählich zu negativen Folgen für die Umwelt:

- Die Bodenqualität nimmt durch intensive Bodennutzung und übermäßigen Gebrauch von chemischem Dünger und Pestiziden ab; dadurch sinkt auch die Produktivität;
- die Landschaft wird zerstört durch Entfernung von Hecken, Grüngürteln und anderen Schutzschichten und durch die Einebnung und Kultivierung von Grenzland und Wasserschutzgebieten, und
- subventionierte Nitratdünger werden im Übermaß gebraucht und führen zu einer Nitratverschmutzung von Grundwasser.(20)

Ebenso wie schon „Global 2000“ konstatiert auch der - aktuellere - Brundtland-Bericht einen Verfall der landwirtschaftlichen Ressourcenbasis auf fast allen Kontinenten. Verantwortlich macht er eine „kurzsichtige Politik“ und den „engen Blickwinkel der Agrarpolitik“(21), wodurch u.a. eine vermehrte Produktion auf Kosten der Umwelt gefördert wurde.

Gravierend ist ein weiterhin fortschreitender Prozeß der Verwüstung in fast allen Regionen auf dem Globus. Besonders zerstörerisch ist dieser in den Trockenländern Südamerikas, Asiens und Afrikas. Einige der Ursachen sind das schnelle Anwachsen der Bevölkerung und Tierwelt, schädliche Landnutzung (insbesondere Entwaldung), Auseinandersetzungen in der Bevölkerung und ungünstige internationale Handelsbedingungen.(22)

Der Brundtland-Bericht prognostiziert häufigere und schlimmere Nahrungsmittelknappheit durch Umweltzerstörung. Dem kann durch dauerhafte landwirtschaftliche Entwicklung entgegengewirkt werden. Dennoch wird es wetterbedingte Schwankungen geben, und auch die Abhängigkeit von wenigen Saatarten kann infolge von massenhaftem Schädlingsbefall die Agrarerträge mindern. Zum Ausgleich ist u.a. eine Vorratshaltung erforderlich. In den meisten Entwicklungsländern lebt man aber allenfalls von der Hand in den Mund. Reserven gibt es praktisch nicht.

Nicht zuletzt dies hat seit 1970 zu einer Verdoppelung des Handels mit Agrarprodukten geführt. Die Nahrungsmittelproduktion in den nahrungsmittelknappen Ländern muß gesteigert werden. So empfiehlt beispielsweise der Brundtland-Bericht Preisanreize, Subventionen und andere Maßnahmen, um in bedrohten Gebieten Landwirten zu erleichtern, Boden und Wasser zu erhalten, nitratfreie Düngemittel zu verwenden und zu ökologisch dauerhaftem Gartenbau überzugehen.

Geschieht dies in größerem Umfang, wird der Handel reduziert werden. Die Überschüsse des Nordens werden dann weiterhin zunehmen, wenn nicht handels-, agrar- und subventionspolitische Maßnahmen ergriffen werden.(23)

Die verschiedenen vorstehend zitierten Berichte bieten Strategien an, die in der Tendenz in etwa übereinstimmen. Für die Zukunft gelte, die Nahrungsmittelproduktion entsprechend der Nachfrage zu steigern, aber dabei die „ökologische Intaktheit des Produktionssystems“ zu bewahren.

„Ein ganzheitlicher Ansatz ist erforderlich, der die Ökosysteme auf nationaler, regionaler und globaler Ebene betrachtet und die Landnutzung darauf abstimmt sowie Wasserverbrauch und Forstnutzung sorgfältig plant. Das Ziel ökologischer Sicherheit sollte fest verankert sein in den FAO, anderer UNO-Organisationen, die sich mit Landwirtschaft befassen, und allen anderen entsprechenden internationalen Einrichtungen.

Weiterhin wird eine Verbesserung und Neuorientierung der internationalen Entwicklungshilfe nötig sein."(24)

Die Förderung der Landwirtschaft und der ländlichen Entwicklung wird in der Agenda 21 (Kapitel 14) umfassend behandelt. Angeregt werden u.a. die Beteiligung der Menschen und Förderung ihrer Fähigkeiten, eine Verbesserung der landwirtschaftlichen Produktion durch Diversifizierung und Infrastrukturentwicklung, Landressourcen-Planung, Bodenerhaltung und -verbesserung, Erhaltung und nachhaltige Nutzung genetischer Ressourcen, integrierte Schädlingsbekämpfung, nachhaltige Pflanzenernährung, Einsatz von kosteneffektiven fossilen und erneuerbaren Energien, Untersuchungen der Auswirkungen der UV-Strahlung auf Pflanzen und Tiere.

Ein umfangreicher Maßnahmenkatalog (Kapitel 32 der Agenda 21) dient zur Stärkung der Rolle der Bauern, worunter die ländliche Bevölkerung verstanden wird, die von Landwirtschaft, Fischfang oder der Nutzung der Waldressourcen lebt.

3.2 Artenvernichtung

Die Vernichtung und die Gefährdung (als Vorstufe der Vernichtung) von immer mehr Pflanzen und Tieren sind die Ursache für umweltpolitische Maßnahmen, die offiziell unter der Bezeichnung Artenschutz firmieren. Artenschutz umfaßt die Sorge für das Überleben der Fauna und Flora, von Bakterien und Blumen, Schmetterlingen, Bäumen, Walen, Lurchen, Robben, Pilzen und vielem mehr. Trotz gewisser Erfolge geht das Aussterben weiter. Artenschutz ist die Summe aller Maßnahmen, die dazu dienen, der Artenvernichtung Herr zu werden. Artenschutz bedeutet, die Voraussetzungen zu erhalten bzw. (wieder) zu schaffen, die den Arten gestatten, sich in einem einigermaßen ausgewogenen Verhältnis stets zu erneuern, wie einfach oder komplex auch die Organismen der jeweiligen Art sein mögen.

Menschenschutz wird üblicherweise nicht unter dem Begriff Artenschutz geführt. Jedoch steht auch der Mensch nicht außen vor; obwohl sein Verhalten Artenschutz erst notwendig macht, ist er aufgrund der lebensbedrohenden Umweltbedingungen gleichzeitig auch Objekt des Artenschutzes (AHMAZ). Unstrittig ist, daß der Mensch nicht allein überleben kann; er bedarf des Unterbaus. Artenschutz ist insoweit Eigennutz.

Als Endglied in der Nahrungskette und Schlußstein in der Energiepyramide ist der Mensch äußerst leicht verwundbar. Dabei ist zweifellos richtig, „daß wir für die Stabilität der Biosphäre entbehrlich sind".(25) Das dürfte jedoch im konkreten Ernstfall als weniger tröstlich empfunden werden. Der Überlebensinstinkt der meisten Menschen ist vermutlich schon gereizt: Menschenschutz tut not! Und zwar nicht nur als immanentes Ergebnis des Umweltschutzes, sondern sehr konkret und gezielt. (Vgl. Abschn. 3.1)

Wenden wir uns nun dem Artenschutz im konventionellen Sinne zu. Die auf der Rio-Konferenz beschlossene Artenschutzkonvention sieht ausdrücklich „In-situ-Schutz" und „Ex-situ-Schutz" vor. Unter In-situ-Maßnahmen sind Maßnahmen zum Schutz von Ökosystemen und die Wiederherstellung lebensfähiger Populationen in ihrer natürlichen Umgebung zu verstehen; unter Ex-situ-Maßnahmen der Schutz von Bestandteilen der biologischen Vielfalt außerhalb ihrer natürlichen Lebensräume. Solche Maßnahmen hat es bereits vorher in der BRD gegeben. Wahrscheinlich ist aber eine Intensivierung nötig, um der Artenschutzkonvention gerecht zu werden. Für die Praxis der

Umweltverwaltung mag gelegentlich zur Argumentation hilfreich sein, was in der Präambel der Artenschutzkonvention nunmehr als international gültig festgeschrieben wurde, nämlich „daß die biologische Vielfalt ein Wert an sich ist und daß sie und ihre Bestandteile ökologische, genetische, soziale, wirtschaftliche, wissenschaftliche, erzieherische, kulturelle, freizeitbezogene und ästhetische Werte darstellen." Betont werden die „Bedeutung der biologischen Vielfalt für die Entwicklung und den Erhalt der lebenserhaltenden Systeme der Biospäre" und daß der Schutz der biologischen Vielfalt ein gemeinsames Anliegen der Menschen sei.

In der Wissenschaft herrscht wachsende Einigkeit darüber, daß auf der Erde ein Artenschwund nie zuvor beobachteten Ausmaßes eingesetzt hat. Optimismus verbreitend wird regelmäßig darauf hingewiesen, die Entwicklung ließe sich jedoch noch aufhalten.

Das ist zwar, wenn man es genau nimmt, richtig formuliert. Aber verdeutlichen wir: Bei den bereits verschwundenen Arten läßt sich nichts aufhalten, die sind weg - auf ewig. Und das sind kostbare Verluste für die normale Funktion eines Öko-Systems und der Biosphäre in ihrer Gesamtheit. Kostbar sind diese nicht nur im ideellen Sinne, denn das Erbmaterial wildlebender Arten garantiert der Weltwirtschaft Jahr für Jahr zusätzliche Einnahmen in Höhe von mehreren Milliarden Dollar durch Neuzüchtungen von Feldfrüchten, neue Medikamente und Arzneimittel sowie Rohmaterialien für die Industrie. Dabei sind noch längst nicht alle Arten erfaßt. Gar wissenschaftlich erforscht sind nur 1 % der Pflanzenarten und ein erheblich kleinerer Anteil der Tierarten.(26)

Viele Arten sterben aus, bevor sie überhaupt erkannt wurden, z.B. mit der Vernichtung der Tropenwälder, die übrigens nicht nur im Amazonasgebiet voranschreitet, sondern auch in Afrika und Südostasien. Die hohe Verschuldung der Entwicklungsländer führt dazu, auf die Tropenwälder als einziger verfügbarer Ressource zurückzugreifen, durch die die Tilgungs- und Zahlungsverpflichtungen gegenüber den Industrienationen wenigstens ansatzweise beglichen werden können. Die Idee, Schulden in dem Maße zu erlassen, wie Wald nicht abgeholzt wird, scheint eine vielversprechende Umweltschutzmaßnahme zu sein; leider findet sie kaum Befürworter in verantwortlichen Kreisen.

Weltweit sind bisher 1,1 Millionen wildlebende Tierarten beschrieben. In der BRD sind etwa 45 000 Tierarten erfaßt, darunter etwa 5 000 Einzeller (Protozoen), die zum Teil als Übergang zwischen Tier- und Pflanzenwelt zu betrachten sind, sowie ca. 40 000 vielzellige Tiere (Metazoen). Lediglich 600 Arten in der BRD sind Wirbeltiere, während die Weltfauna knapp 42 000 Arten von Wirbeltieren umfaßt.

Zur Weltflora gehören ca. 371 500 Arten. Pilze nehmen dabei eine Sonderstellung ein; etwa 50 000 Arten sind bekannt, nach Schätzungen sind es doppelt bis sechsmal soviel.(27)

In „Global 2000" wurden warnende Prognosen bis zum Jahr 2000 abgegeben. Die Warnungen sind damals überwiegend reaktionslos verhallt. Erst jetzt kommen die entscheidenden Themen auf die Tagesordnungen wie z.B. beim Weltwirtschaftsgipfel 1989 und bei der Umweltkonferenz 1992 in Rio. Die damaligen Prognosen von Global 2000 sind angesichts der heutigen ökologischen Verhältnisse auf der Erde gleichsam ein Dokument politischer Ignoranz. „Global 2000" belegte im Jahr 1980 nicht nur mit erschreckenden Zahlen, was heute leider verwirklicht ist, sondern stellte auch schon Zusammenhänge her und verdeutlichte die Konsequenzen.

Die BRD stand nicht im Zentrum der Untersuchungen von „Global 2000". Dennoch gab es keinen Grund anzunehmen, deren Gebiete seien ökologische Oasen von unbedrohter Artenvielfalt.

In der BRD sind die alle zwei Jahre vom Umweltbundesamt herausgegeben „Daten zur Umwelt" eine umfassende Informationsquelle. Sie bietet der Umweltverwaltung eine hervorragende Grundlage, ihre mannigfaltigen Aufgaben sachkundig zu erledigen, seien es die Beurteilung von Genehmigungsanträgen, die Durchführung von Sanierungen oder die prioritierende Planung von Programmen zur Überwachung umweltgefährdender Betriebe und Anlagen. Angesichts der Angaben muß man kein verbissener Stadtmensch sein, um auf die Idee zu kommen, daß der Landwirtschaft sowohl in ihrem legalen als auch in ihrem möglicherweise illegalen Treiben viel Aufmerksamkeit gewidmet werden sollte.

Der Grad der Seltenheit und der Bedrohung von gefährdeten Arten wurde erstmals 1977 und 1984 in einer erweiterten und überarbeiteten Fassung der 'Roten Liste der gefährdeten Tiere und Pflanzen in der Bundesrepublik Deutschland' dargestellt. Sie weist folgende Gefährdungsstufen aus:

0 Ausgestorben oder verschollen
1 Vom Aussterben bedroht
2 Stark gefährdet
3 Gefährdet
4 Potentiell gefährdet

Die Listen gefährdeter Arten werden alle 7-10 Jahre überprüft.(28)

Ende der 80erJahre ergab sich in der BRD (West) folgender Artenbestand der Flora:

- Farn- und Blütenpflanzen: 2728
- Moosflora: 1000
- Flechten: ca. 1850
- Großpilze: 2337
- Algen: 66 (29)

Die Übersicht auf Seite 51 zeigt Pflanzenformationen (Schwerpunktvorkommen in überschaubaren und gut charakterisierten Lebensräumen), die festgestellte Anzahl Pflanzenarten, die Anzahl der verschollenen bzw. gefährdeten Arten und den Anteil in Prozenten verschollener und gefährdeter Arten am gesamten Artenbestand der Formation.

Die Umweltverwaltung muß ihr Augenmerk auf besonders gefährdete Arten richten; dazu zählen besonders Lebensgemeinschaften feuchter bis nasser und nährstoffarmer Standorte. Zur Beurteilung von Sachverhalten und zur Bildung von Arbeitsschwerpunkten können die vom Umweltbundesamt herausgefundenen Hauptursachen für den gravierenden Artenrückgang und die akute Bestandsbedrohung dienen:

- Eutrophierung der Oberflächengewässer und Beseitigung kleiner Stillgewässer,
- Regulierung und Aufstau von Fließgewässern, Änderung der Fischteichbewirtschaftung,

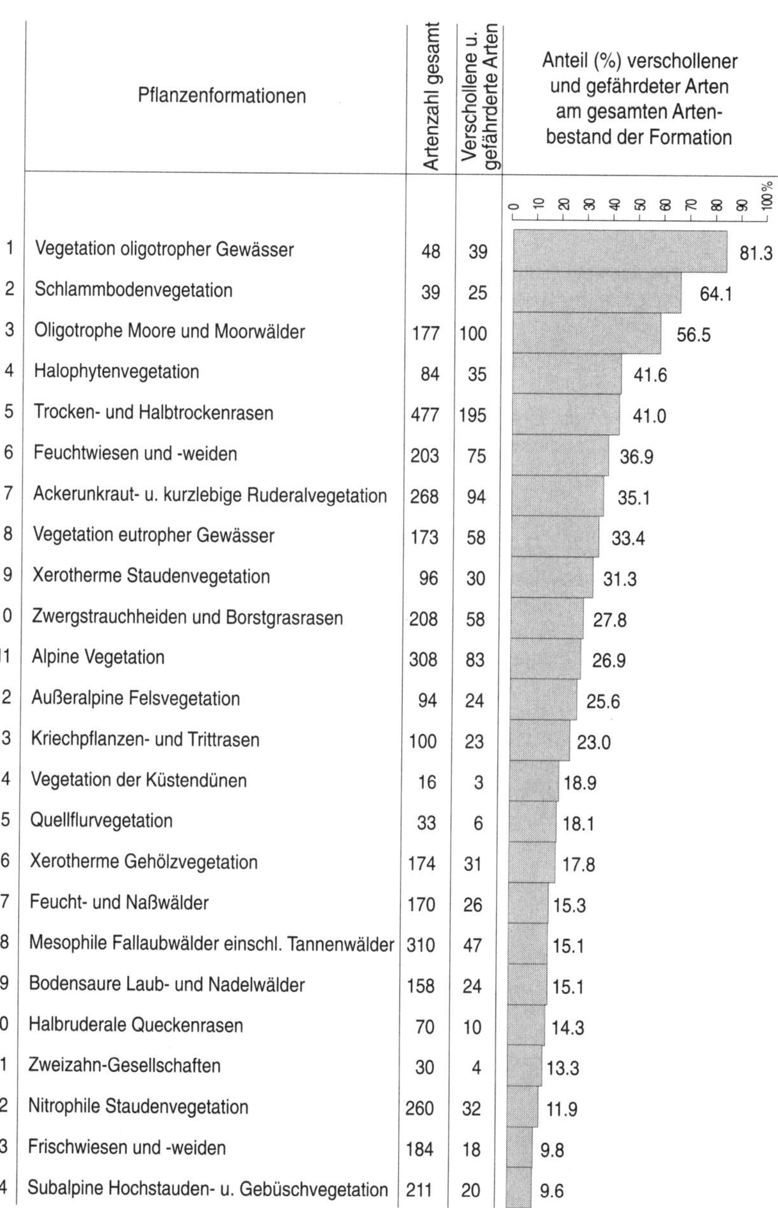

	Pflanzenformationen	Artenzahl gesamt	Verschollene u. gefährderte Arten	Anteil (%) verschollener und gefährdeter Arten am gesamten Artenbestand der Formation
1	Vegetation oligotropher Gewässer	48	39	81.3
2	Schlammbodenvegetation	39	25	64.1
3	Oligotrophe Moore und Moorwälder	177	100	56.5
4	Halophytenvegetation	84	35	41.6
5	Trocken- und Halbtrockenrasen	477	195	41.0
6	Feuchtwiesen und -weiden	203	75	36.9
7	Ackerunkraut- u. kurzlebige Ruderalvegetation	268	94	35.1
8	Vegetation eutropher Gewässer	173	58	33.4
9	Xerotherme Staudenvegetation	96	30	31.3
10	Zwergstrauchheiden und Borstgrasrasen	208	58	27.8
11	Alpine Vegetation	308	83	26.9
12	Außeralpine Felsvegetation	94	24	25.6
13	Kriechpflanzen- und Trittrasen	100	23	23.0
14	Vegetation der Küstendünen	16	3	18.9
15	Quellflurvegetation	33	6	18.1
16	Xerotherme Gehölzvegetation	174	31	17.8
17	Feucht- und Naßwälder	170	26	15.3
18	Mesophile Fallaubwälder einschl. Tannenwälder	310	47	15.1
19	Bodensaure Laub- und Nadelwälder	158	24	15.1
20	Halbruderale Queckenrasen	70	10	14.3
21	Zweizahn-Gesellschaften	30	4	13.3
22	Nitrophile Staudenvegetation	260	32	11.9
23	Frischwiesen und -weiden	184	18	9.8
24	Subalpine Hochstauden- u. Gebüschvegetation	211	20	9.6

Quelle: Umweltbundesamt (30)

- Entwässerung, Abtorfung und Kultivierung der Moore,
- Düngung, Aufforstung oder Nutzungsänderung bei Magerrasen,
- Entwässerung, Düngung und sonstige Nutzungsintensivierung bei Feuchtgrünland,
- Düngung, Saatgutreinigung und vor allem Herbizidanwendung bei Ackerunkräutern.(31)

Betrachtet man den Rückgang bzw. die Bedrohung verschiedener Arten der Fauna und Flora, so ergibt sich überall ein gleich gruseliges Bild, seien es Brutvögel, Reptilien, Amphibien, Wirbellose oder Schmetterlinge, deren Da- oder Fortsein untersucht wurde.

Gravierend ist auch die Gefährdungssituation der Süßwasserfischfauna. Nach den Roten Listen der gefährdeten Fischarten „liegt der Anteil gefährdeter Arten bzw. Unterarten am Gesamtartenspektrum weit über 50 %. Im Durchschnitt sind 27 % der Gebietsfaunen in die Gefährdungstufen ‚ausgestorben' oder ‚vom Aussterben bedroht' eingeordnet."(32)

Aufschlußreich sind die Ursachen (Ökofaktoren) und Verursacher (Landnutzer und Wirtschaftszweige) des Artenrückgangs.

Am nachfolgenden Beispiel der betroffenen Pflanzenarten der Roten Listen lassen sich Ursachen und Verursacher auch für so ziemlich alle anderen bedrohten Arten ablesen.

Neben nationalen Bestimmungen dienen auch internationale Konventionen dem Artenschutz. Auf letztere beziehen sich zum Teil die nationalen Vorschriften, wobei die Artenschutzkonvention von Rio noch nicht berücksichtigt ist. Das „Internationale Übereinkommen zur Erhaltung der wandernden wildlebenden Tierarten", auch Bonner Abkommen genannt (die BRD hatte einer Empfehlung der Stockholmer Umweltkonferenz von 1972 folgend alle Staaten zu einer Konferenz nach Bonn eingeladen) sowie das „Übereinkommen über den internationalen Handel mit gefährdeten Arten freilebender Tiere und Pflanzen" allgemein Washingtoner Artenschutz-Übereinkommen (WA) genannt, und das „Übereinkommen über die Erhaltung der europäischen wildlebenden Pflanzen und Tiere und ihrer natürlichen Lebensräume", Berner Übereinkommmen, wurden in der BRD durch Gesetz zu geltendem Recht. Die zu schützenden Pflanzen und Tiere sind jeweils in Anhängen zu den Übereinkommen aufgeführt.(34)

Dem Schutz und der Pflege der wildlebenden Tier- und Pflanzenarten in ihrer natürlichen und historisch gewachsenen Vielfalt dienen umfangreiche Bestimmungen des Bundesnaturschutzgesetzes. (Vgl. § 20 ff. BNatSchG). Es sieht für Verstöße Bußgelder, Geldstrafen und sogar erhebliche Freiheitsstrafen vor. Außerdem gibt es entsprechende landesrechtliche Bestimmungen, die bußgeldbewehrt sind.

Im übrigen finden zahlreiche weitere Aktivitäten auf internationaler und nationaler Ebene statt, die im weiteren Sinne zum Artenschutz gerechnet werden können: Forschungsprojekte über Waldökosysteme und ihre genetische Vielfalt gehören dazu ebenso wie die Erfassung von Waldschäden, Maßnahmen der Reinhaltung von Boden, Wasser und Luft, die Ausweisung von Nationalparks, Naturparks, Naturschutzgebieten und Landschaftsschutzgebieten. Ökologisch sinnvoll ist dies jedoch nur, wenn andere Ansprüche abgewehrt werden. Der Tourismus beispielsweise hat sich als ein erheblicher Gefährdungsfaktor erwiesen, ob es sich nun um Safaris in Afrika, Massenwandern in den Bergen oder um Motorbootfahren und Wasserski auf deutschen Binnenseen

Ursachen und Verursacher des Artenrückgangs nach Zahl der betroffenen Pflanzenarten der Roten Liste

Ursachen (Ökofaktoren) des Artenrückgangs[1]

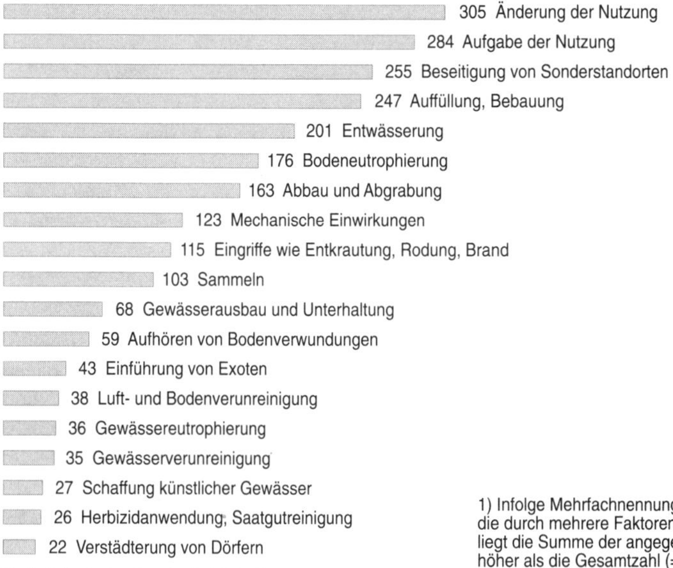

1) Infolge Mehrfachnennungen der Arten, die durch mehrere Faktoren gefährdet sind, liegt die Summe der angegebenen Zahlen höher als die Gesamtzahl (=711) der untersuchten Arten

Verursacher (Landnutzer und Wirtschaftszweige) des Artenrückganges

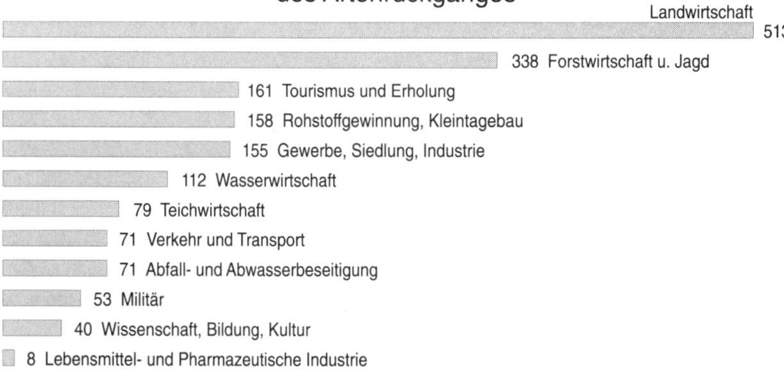

Quelle: Umweltbundesamt (33)

handelt. Jedoch werden nun zunehmend „sanfte“ Formen des Tourismus angestrebt (vgl. auch Abschn. 4.8.1).

Wie sich am letzten Beispiel zeigt, ist es notwendig, Einstellungen sowie gewohnte Denk- und Verhaltensmuster zu verändern, nicht nur um die Arten zu erhalten, sondern um die Umwelt insgesamt zu schützen. Diesen Änderungsprozeß nach innen und außen beharrlich zu betreiben ist eine der Aufgaben der Umweltverwaltung.

Dienstlich bedeutsam sind die Artenschutz-Vorschriften hauptsächlich für die jeweils in den gesetzlichen Bestimmungen als zuständig bezeichneten Behörden, Naturschutzbehörden sowie Zoll- und andere Grenzkontrollstellen, daneben kann insbesondere das WA in Verbindung mit dem Naturschutzgesetz für die Polizei interessant sein (Handel auf Märkten etc. - Ordnungwidrigkeiten/Straftaten).(35)

Die Umweltverwaltung hat jedoch ein besonderes Augenmerk darauf zu richten, daß sie selbst, von ihr überwachte Betreiber von Anlagen, Sanierer sowie beauftragte Sachverständige die Vorschriften zum Schutz von Arten beachten.

3.3 Atmosphäre und Klimaänderung

Klimaveränderung, Treibhauseffekt, eine löchrige Ozonschicht - kein Massenmedium mit Selbstachtung, das nicht Ursachen, Vorgänge, Wechselwirkungen und mögliche Folgen beschrieben hätte. Dabei orientierte man sich allerdings gelegentlich an den prognostischen Obergrenzen, obwohl schon eine ausgewogenere Berichterstattung aufsehenerregend gewesen wäre. Auch bei seriöser Betrachtung ist das Fazit eindeutig: „Keine glücklichen Aussichten für den Menschen“, so der Klimaforscher Hartmut Graßl. Der Prozeß der Klimaveränderung scheint unaufhaltsam zu sein.(36) Allerdings besteht keine Einigkeit oder gar Gewißheit über den Zeitpunkt, das Ausmaß und die Verteilung der Wirkungen von Klimaveränderungen. Das tatsächliche Vorhandensein eines Treibhauseffektes kann frühestens im Jahre 2000 festgestellt werden.(37) Was aber schon heute bekannt ist, ist so bedrohlich, daß die Rio-Konferenz u.a. mit der Verabschiedung einer, aus deutscher Sicht unzureichenden, Klimakonvention abgeschlossen werden konnte.

Konzentrieren wir uns darum auf einige Aspekte, die der Umweltverwaltung bei der Beurteilung von Sachverhalten und der Entwicklung von Strategien nützlich sein können.

Die Bedrohungen erwachsen aus der Verbrennung fossiler Energieträger (Erdöl, Kohle, Erdgas und Holz, sofern es nicht mehr nachwächst) zur Energiegewinnung und im Verkehr, aus der Landwirtschaft, der Zerstörung von Wäldern sowie der Verwendung voll- und teilhalogenierter Kohlenwasserstoffe, hauptsächlich Fluorchlorkohlenwasserstoffe (FCKW).

Zur Beurteilung der globalen Klimaproblematik werden zwei Emissionskategorien angewandt: die absoluten Emissionen und die Emissionen pro Kopf der Bevölkerung. Nach Ansicht von Klimaforschern reichen diese jedoch nicht zur Chrakterisierung aus. An einer Fortentwicklung wird gearbeitet.

Von zentraler Bedeutung sind die durch die Verbrennung fossiler Stoffe entstehenden CO_2-Emissionen. Eine weitere wichtige Quelle von Kohlendioxid (CO_2) ist die Rodung. Kohlendioxid aus der Verbrennung fossiler Energieträger macht mit rund 40 % den größten Teil der Treibhausgasemissionen aus. Derzeit verursacht die Bevölkerung der industrialisierten Länder, die nur ein Viertel der Weltbevölkerung ausmacht, etwa 80 % der CO_2-Emissionen. 1986 trugen die USA ca. 24 % zu den weltweiten CO_2-Emissionen bei (19,7 t pro Kopf), die EG (einschließlich der DDR) ca. 16 % (9,4 t pro Kopf).(38)

Weitere Treibhausgase sind: Ozon (O_3) - u.a. Brandrodung; Distickstoffoxid (N_2O) - Verbrennung von Kohle und Erdöl, Stickstoffdüngung; Methan (CH_4) - Brandrodung, Rinderzucht, Reisanbau, Kohlebergwerke, Erdgasverluste und Mülldeponien; FCKW - ausschließlich vom Menschen hergestellt als Dämmstoff, Lösungs- und Reinigungsmittel, Hart- und Weichschaum sowie für Kälteanlagen.

Die wichtigsten anthropogenen Treibhausgase ergeben sich aus folgender Übersicht:

Die wichtigsten anthropogenen Treibhausgase

Gas	Volumenanteil 1991 in Millionstel (ppm)	Zunahme in den achtziger Jahren in Prozent pro Jahr	derzeitige Verweildauer der anthropogenen Emissionen in der Atmosphäre (in Jahren)	Treibhauspotential (gemessen am CO_2)	Anteil am derzeitigen anthropogenen Treibhauseffekt (in Prozent)
Kohlendioxid (CO_2)	355	0,5	100[a]	1	55
Methan (CH_4)	1,75	0,7-1,0	10[a]	27	15
Fluorchlorkohlenwasserstoffe - gesamt (FCKW)	ca. 0,001				21
F11	0,0003	5	60	11000	5
F12	0,0005	6	130	14000	10
Lachgas (N_2O)	0,31	0,3	150	200	5

a grobe Schätzung
Die Beiträge des troposphärischen Ozonanstiegs und des stratosphärischen Wasserdampfanstiegs sind nicht aufgeführt

Quelle: Das Parlament (39)

Aufgrund der Treibhausgase werden befürchtet: ein Anstieg der Weltdurchschnittstemperatur um 2 bis 5 Grad Celsius innerhalb des nächsten Jahrhunderts, der von einem Anstieg des Meeresspiegels um 35 bis 100 cm sowie eine dadurch ausgelöste Überflutung niedrigliegender Küstengebiete und Inseln begleitet wird, d.h. Millionen Menschen vor allem in den Entwicklungsländern werden ihre Lebensgrundlagen verlieren; eine Beinträchtigung der landwirtschaftlichen Produktion; der Verlust einer Vielzahl biologischer Arten, die Vernichtung von Wäldern; eine weitere Verbreitung bestimmter Krankheiten; die verringerte Verfügbarkeit von Trinkwasser; Veränderungen der Meeresströmungen; Verschiebungen von Fischereizonen usw. Daraus könnten sich Konflikte und sogar die Gefahr von Kriegen ergeben.(40)

Bei unveränderten Energieverbrauchsstrukturen wäre mit einer Verdoppelung des CO_2-Gehaltes der Atmosphäre innerhalb der nächsten 40 bis 70 Jahre zu rechnen. Der Beitrag anderer Treibhausgase nimmt noch schneller zu als der von CO_2.

Der Hauptanteil der Treibhausgase liegt im Energieanteil. Neben den schon genannten Stoffen sind Stickstoffoxide (NO_x), Kohlenmonoxid (CO) und flüchtige organische Verbindungen (VOC) zu nennen.

Die Emissionen klimarelevanter Schadstoffe und den Anteil der energiebedingten Emissionen in der BRD (1985) zeigt die nachstehende Übersicht:

Schadstoff	insgesamt Mio t/a	Anteil Energie %
CO_2	740	98
CH_4	4	40
$NO_x(NO_2)$	3	99
CO	8	87
VOC (ohne CH_4)	2	53

Quelle: Umweltbundesamt (41)

Die energiebedingten CO_2-Emissionen in der BRD stellten sich im Jahre 1987 so dar:

Sektoren	CO_2-Emissionen in Mio t	Anteil an den energiebedingten CO_2-Emissionen in der BRD
Kraftwerke	252	35,2 %
Haushalte und Kleinverbraucher	186	26,0 %
Verkehr	137	19,1 %
Industrie[1)]	120	16,7 %
Sonstiger Umwandlungsbereich	21	3,0 %
	716	100 %

[1)] einschließlich Hochofenprozeß

Quelle: Umweltbundesamt (42)

Vor diesem Hintergrund strebt die Bundesregierung an (ab 1990), die CO_2-Emissionen bis zum Jahre 2005 um 25 bis 30 %, bezogen auf 1987, zu reduzieren. In Arbeitskreisen ließ sie ökonomische, fiskalische, nichtfiskalische und sonstige Maßnahmen für die Bereiche Energieversorgung, Verkehr, Gebäude, Technologien, Land- und Forstwirtschaft erarbeiten.(43)

Eine solche Maßnahme ist aber nicht ausreichend, auch nicht im internationalen Rahmen. Sebastian Oberthür stellt klar: „Sie stellt nicht mehr als eine **Verringerung der Zunahme** des Risikos eines globalen Klimawandels dar."(44) Tatsächlich wäre eine Reduzierung um über 60 % für Kohlendioxid notwendig. Würden alle Treibhausgase einbezogen werden, wären die getroffenen, auf CO_2 bezogenen, Maßnahmen erst recht nicht problemadäquat. Oder: „Würden die OECD-Staaten ihre energiebedingten CO_2-Emissionen auf der Stelle um 20 Prozent senken, so würde dies nur einer Verringerung der weltweiten Treibhausgasemissionen um drei bis vier Prozent entsprechen."(45)

Außer dem Treibhauseffekt gilt die internationale und nationale Aufmerksamkeit der zeitweiligen Zerstörung der stratosphärischen Ozonschicht. Wirksam werden hier bestimmte FCKW, Chlorkohlenwasserstoffe und Halone. FCKW und Halone, die auch im erheblichen Umfang zum Treibhauseffekt beitragen, sind widerstandsfähig gegen biotischen und abiotischen Abbau und gelangen daher unzersetzt in die Atmosphäre. In der Stratosphäre schädigen sie die Ozonschicht. Wurde dieser Effekt zunächst nur über der Antarktis beobachtet, zeigt er sich seit einiger Zeit auch in nördlichen Breiten. Besonders bemerkenswert ist die **schnelle** Zunahme der Beeinträchtigungen der Ozonschicht. Diese sind so rapide, daß die Politik, zumindest zeitweilig, den Anschluß verloren hatte. Im Hinblick darauf heißt es in der Begründung zur FCKW-Halon-Verbots-Verordnung, „daß die im Montrealer Protokoll im Jahr 1987 festgelegten Reduzierungsquoten und Reduzierungsfristen nicht ausreichen, einen weiteren Abbau der Ozonschicht wirksam und rechtzeitig zu verhindern."(46) Es mußte also nachgebessert werden.

Wissenschaftler warnen:„Es ist belanglos, wo die Emissionen erfolgen, die Emission an sich stellt die Umweltgefährdung dar."(47) Die Schädigung der Ozonschicht führt zu einer Zunahme der UV-B-Strahlungsintensität, 1% Ozonabbau läßt rund 2% mehr Ultraviolett-B-Strahlung zur Erdoberfläche durchdringen. Nachgewiesen sind negative Auswirkungen auf das aquatische Ökosystem. Auch sind Schädigungen terrestrischer Systeme (Feldfrüchte, Erblindung von Tieren etc.) sowie gesundheitliche Auswirkungen beim Menschen zu erwarten; bei einem um 10 % verminderten Ozongehalt wäre allein in der BRD mit 20 000 zusätzlichen Hautkrebsfällen pro Jahr (ohne Melanome) zu rechnen.(48) Neben Krebs wären eine Schwächung des menschlichen Immunsystems und die Zunahme bestimmter Augenerkrankungen zu befürchten.(49)

Die Liste der namentlich genannten ozonschichtgefährdenden Stoffe wurde im Laufe der Zeit immer länger.(50) Über die bei den Treibhausgasen genannten Verwendungen hinaus werden ozonschichtgefährdende Stoffe jeweils sehr unterschiedlich beispielsweise als Löschmittel (Halone), in Chemiereinigungs- und Textilausrüstungsanlagen sowie Extraktionsanlagen und in Oberflächenbehandlungsanlagen eingesetzt. Für etliche Stoffe ist das relative Ozonschädigungspotential (OSP) bestimmt worden. Das OSP wird auf Trichlorfluormethan (R 11) = 1 bezogen. R 11 ist ausschließlich industriell hergestellt, kommt also nicht natürlich vor. Verschiedene Halone haben z.B. ein OSP von zwischen 3 und 10.

Wegen der Langlebigkeit der FCKW blieb der gleichförmige Anstieg der Konzentrationen in den letzten Jahren bestehen, obwohl aufgrund gewisser Maßnahmen die Emissionen bereits abgenommen haben. Ferner ist von Bedeutung, daß weltweit an allen Meßstationen das Konzentrationsniveau in etwa gleich groß ist; da FCKW hauptsächlich von Industrieländern emittiert werden, zeigt dies ihren schnellen hemisphärischen Transport an.

Als wichtige internationale Instrumente sind das Wiener Übereinkommen zum Schutz der Ozonschicht von 1985 als Rahmenkonvention und das Montrealer Protokoll über Stoffe, die die Ozonschicht schädigen, von 1987 als inhaltliche Vorschrift (u.a. Reduktionsquoten und Fristen) zu nennen. Die Verträge zeichnen sich durch eine hohe Flexibilität aus, da Änderungen von Reduktionsquoten und -fristen ohne erneute Ratifikationen in Kraft treten. Vielfach wurde darum das „Ozon-Modell" (Rahmenkonvention +

Protokolle) als Vorbild auch für den Klimaschutz gesehen. Hervorzuheben ist allerdings, daß Maßnahmen zum Schutz der Ozonschicht leichter erreicht werden können, weil die entsprechenden Stoffe nicht so große Bedeutung für das Funktionieren unserer Gesellschaften haben wie das bei den Quellen der Treibhausgase der Fall ist; bei der Energieversorgung oder der Mobilität beispielsweise sind Veränderungen wesentlich schwieriger durchsetzbar als im Reinigungsgewerbe.(51) Ein internationaler Fond soll insbesondere den Entwicklungsländern ermöglichen, Maßnahmen zum Schutz der Ozonschicht zu ergreifen.

Auf nationaler Ebene sind in Ergänzung der internationalen sowie der EG-weiten Verpflichtungen die schon erwähnte FCKW-Halon-Verbots-Verordnung sowie die 2. BImSchV (Verordnung zur Emissionsbegrenzung von leichtflüchtigen Halogenkohlenwasserstoffen) zu nennen. Erwähnenswert sind auch die „Selbstverpflichtungen" der Firmen Hoechst AG und Kali-Chemie AG. Danach sollen die Produktion von FCKW nach und nach verringert und 1995 vollständig eingestellt sowie FCKW und Kälteöle aus Kälte- und Klimageräten zurückgenommen und verwertet werden.(52)

Inzwischen hat sich gezeigt, daß die vorstehenden Regelungen tatsächlich realisierbar sind, weil etliche Problemstoffe nunmehr ersetzbar sind. Als Ersatzstoffe erhalten natürliche Bestandteile der Luft (Stickstoff, Sauerstoff, Kohlendioxid, Edelgase) sowie leicht abbaubare und nichttoxische Stoffe (z.B. viele der Kohlenwasserstoffe) den Vorzug bei der ökologischen Bewertung.(53) Vielleicht war aber die mögliche Substitution erst die Voraussetzung für Verbote und Verzichte.

Zweifellos sind Menschen vom Treibhauseffekt, von Klimaveränderungen und dem Ozoabbau bedroht. Aber auch hier muß man etwas genauer hinsehen; Joachim Kahlert warnt: „Hüten wir uns vor der falschen Gleichmacherei jener, die von den Gefahren für ‚die Menschheit' reden. Der Temperaturanstieg mag weltweit zu mitteln sein – die Folgen sind es nicht: Die zu erwartenden Konflikte um die verbleibenden Ernteerträge, um besiedelbares und landwirtschaftlich nutzbares Land werden die reichen Länder für sich entscheiden. Vom Anstieg des Meerespiegels sind besonders die tropischen Küstenländer, allen voran Bangla Desh und Java, bedroht, wo schon heute die Mittel fehlen, um die Küsten mit Deichen zu sichern."(54)

3.4 Ausblick

Viele der Umweltgefährdungen sind globaler Natur und haben vielfältige Ursachen. Es spricht wenig dafür, daß genügend Menschen sowie politische Repräsentanten über die notwendige Reife verfügen, die gebotenen Maßnahmen aus ethischen Gründen Realität werden zu lassen. Das ist zwar bedauerlich, aber es wäre auch schon viel erreicht, wenn die Menschen wenigstens so vernünftig wären, nüchtern die Lage zu beurteilen und weitsichtig eigennützig zu handeln.

Fakten liegen genügend auf dem Tisch, ebenso begründete Prognosen. Etliche Prognosen betreffen Vorgänge, die von einem bestimmten Zeitpunkt an nicht mehr umkehrbar sind. Typische Beispiele sind die Zerstörung der Ozonschicht, der Treibhauseffekt, die Klimaveränderung. Hier muß schon entschieden gehandelt werden, auch wenn noch Restzweifel bestehen, ob denn wirklich wird, was sich prognostisch abzeichnet.

Bisher wurde die den Prognosen innewohnende Restunsicherheit nur allzu oft und bereitwillig zum Vorwand genommen, um mit mühsam gewahrtem Anstand nichts oder aber zu wenig für die Zukunft zu tun. Nun hat die Zukunft uns und insbesondere viele Menschen in der Dritten Welt schon eingeholt. Der nächste große Umweltbericht wird mit Sicherheit nüchterne Feststellungen enthalten, die nichts anderes bedeuten als: zu spät.

Gelten wird dies für etliche Pflanzen- und Tierarten, große Flächen tropischen Waldes und vor allem für Millionen von Menschen, die vorzeitig an ihrer Umwelt starben.

Wird ohne endgültigen Beweis entschieden und wirksam gehandelt, so werden zwar immer Restzweifel bleiben, ob denn die Maßnahmen tatsächlich notwendig waren. Aber damit müssen dann Politiker und sonstige Verantwortliche leben – und viele Millionen Menschen würden somit wenigstens überleben.

Die Arbeit der Umweltverwaltung wird vordergründig nicht von den großen globalen Zusammenhängen bestimmt sein. Man wird sich auf den jeweiligen konkreten Einzelfall konzentrieren, auf Energiefragen, Wasserbelastungen, Luftemissionen, Technikprobleme, Straßenbau, Müllverbrennung, Viehhaltung, Unfälle, Altlasten u.v.m. Anzuwenden sind dabei Gesetze, Verordnungen, Richtlinien und Standards. Dennoch sollte man sich gelegentlich immer mal wieder vor Augen führen: So begrenzt auch das eigene Betätigungsfeld ist, letztlich hat es doch – im Guten, wie im Bösen – seine globale Dimension.

4 Umweltpolitik

4.1 Nicht handeln, wenn man muß, sondern zögern, bis man „kann“

Die Belastungen der Umwelt beschweren zunehmend die Politik – Umweltpolitik belegt ein breites Feld im Politikspektrum. Das gilt sowohl im Weltmaßstab, obwohl die Umweltproblematik bei weitem noch nicht überall den ihr gebührenden Rang einnimmt, als auch ganz besonders in Deutschland. In deren westlichem Teil und insbesondere in großen Gebieten der ehemaligen DDR werden sich unter dem Druck der teilweise katastrophalen Umweltsituation noch sehr lange Profilierungsmöglichkeiten für Politiker bieten, allerdings auch etliche Fallgruben.

In der BRD, hier beschränkt auf das alte Westgebiet, findet Umweltpolitik erst seit etwa zwei Jahrzehnten in nennenswertem Umfang statt. Was aus der Zeit davor, mit heutigen Augen betrachtet, wie Umweltreglementierung aussieht, war viel eher eigentums- und ordnungsrechtlicher Art (u.a. Fischerei, Jagdwesen, Wasserhaushalt).

In der DDR fand nur wenig statt, was den Namen Umweltpolitik verdiente.(1) (Vgl. Abschn. 4.9)

Es drängt sich somit die Frage auf, ob es in der BRD (West) nicht schon früher Anlaß gegeben hätte, umweltpolitisch aktiv zu werden, und warum faktisch überhaupt nichts in der ehemaligen DDR geschah, trotz unübersehbarer und deutlich spürbarer Umweltbelastungen?

Gab es nicht gar schon Anlaß genug, eine Umweltpolitik zu entwickeln, lange bevor überhaupt die Gebilde BRD und DDR existierten? Immerhin verzeichneten Ärzte schon vor über hundert Jahren in Deutschland Krankheiten und zahlreiche Todesfälle, die auf Luftverschmutzungen zurückzuführen waren, und Förster und Chemiker wiesen bereits damals auf Entwicklungen und Tendenzen hin, die wir heute als Waldsterben erleben.(2)

Staatliche Organe ließen aber keine Handlungen erkennen, die als Umweltpolitik hätten identifiziert werden können.

Eine Erklärung für die verspätete Umweltpolitik bietet der Gesellschaftswissenschaftler von Prittwitz, der an den Beispielen der Smogalarme ab 1979 und des Strahlenschutzes Verhältnisse untersuchte, deren Konsequenzen er mit dem bemerkenswerten Begriff „Katastrophenparadox" belegte:

„Als die Umweltbelastung katastrophal hoch war, kam keine Umweltpolitik zum Schutz vor der Katastrophe zustande; Umwelt- und Gesundheitsgesichtspunkte wurden verdrängt oder politisch unterdrückt. Gezielte Umweltpoltik entwickelte sich dagegen in Phasen, in denen die Umweltbelastung deutlich sank bzw. vergleichweise niedrig lag. Die verbreitete Vorstellung, Umweltpolitik sei lediglich eine Reaktion auf steigende Umweltbelastung ... geht also fehl. Umweltpolitik verläuft häufig anders, als es nach einer naturwissenschaftlich-technischen Problemanalyse zu erwarten wäre".(3)

Er verwirft die Belastungs-Reaktions-These anderer Wissenschaften und führt auch einige Beispiele an, die nach diesem einfachen Erklärungsmuster hätten zu weitgehenden politischen Reaktionen führen müssen, es aber nicht taten (die Umweltsituation in mittelalterlichen Städten; die über Jahrhunderte unerträglichen Arbeitsbedingungen in Papiermühlen mit bestialischem Gestank und hohen Krankheits- und Todesraten der Arbeiter; die unübersehbar schweren Waldschäden heutiger Zeit in der Tschechoslowakei und in Polen aufgrund der Industrieabgase; der immer noch ansteigende Verbrauch von toxischen Stoffen in der Landwirtschaft von Ländern der Dritten Welt, obwohl Pflanzen, Tiere und Menschen durch Pestizide in weiten Landstrichen belastet sind).(4)

Soweit läßt sich also sagen, daß aus Umweltbelastungen resultierender Problemdruck nicht ohne weiteres zum Entstehen von Umweltpolitik führt. Prittwitz kam vielmehr zu der Einsicht, daß Umweltpolitik praktisch erst möglich sei, wenn sie auch technisch und ökonomisch getragen werden könne. Sie erwachse primär aus vorhandenen Kapazitäten zur Bewältigung von Umweltproblemen.(5)

Verstanden werden darunter Handlungskapazitäten „technisch-ökonomischer Art" sowie „politisch-institutioneller Strukturen", also - vereinfacht ausgedrückt - müssen vorhanden sein: technische Fähigkeiten und Anlagen, Möglichkeiten für Wandlungsprozesse des allgemeinen Bewußtseins, der politischen Entscheidungsinhalte und Entscheidungsabläufe sowie Offenheit und Flexibilität für neue Auffassungen und Werte, wie sie üblicherweise zunächst von gesellschaftlichen bzw. politischen Minderheiten vertreten werden.(6)

4.2 Umweltbewußtsein

Umweltschutzbelange artikulieren am stärksten und frühesten „weniger betroffene Menschen, die aber von ihrer Ausbildung und ihrer Einkommenssituation her in der Lage sind, umweltpolitisch aktiv zu werden. Auch die Tatsache wird verständlich, daß in

Ländern, in denen sozioökonomische Ressourcen fehlen oder Kritik rigide unterdrückt wird, wirksame Umweltpolitik nur zögernd oder überhaupt nicht zustandekommt."(7)

Inwieweit aber Belange der Umwelt zu demonstrativen Handlungen einzelner Bürger führen, beantwortet sich wohl eher aus einer Bemerkung des Soziologieprofessors Ulrich Beck: „Wer protestiert, tut dies ... nicht, wenn er die Umwelt, sondern dann, wenn er seine Eigenwelt gefährdet sieht."(8)

Wer aber Umwelt zum Beispiel als Mitwelt (Meyer-Abich) versteht, für den ist mit deren Gefährdung auch die Eigenwelt gefährdet.

Sichtbare Waldschäden, Nitrat im Brunnen, Pseudo-Krupp, Gift in der Milch, unterm Häuschen und auf dem Teller - Smog, Schmutz, Ozonlöcher und tote Seehunde in allen Medien brachten die Umweltdiskussion in der BRD in Fahrt.

Zahlreichen Demonstrationen gegen den Betrieb von Kernkraftwerken, den Bau von Startbahnen oder Kanälen, die Zerstörungen von Landschaft und Natur wurde zwar häufig von riesigen Polizeiaufgeboten rigide entgegengetreten, eine Rigidität, die zweifellos viele an sich protestbereite Bürger von öffentlichen Manifestationen abschreckte. Dazu trug wohl auch bei, daß teilweise Presse und Politiker diejenigen als „Chaoten" verunglimpften, die unangenehme Informationen verbreiteten und unliebsame Auffassungen vertraten. Letztlich war es aber doch möglich - und viele mutigere Menschen haben es bewiesen -, demonstrativ und auf andere Weise umweltpolitisch aktiv zu werden.

Der Mechanismus der drei Affen (nichts hören, nichts sehen, nichts sagen) hat in der BRD immerhin für eine qualifizierte Bürger-Minderheit sowie für den Gesetzgeber nicht gegriffen; Umweltpolitik ist ein wichtiges Element der Gesamtpolitik, „in der Umweltgesetzgebung hat es teilweise geradezu einen Aktionrausch gegeben".(9) Die Verwaltung geriet in Zugzwang. Ohne Umweltbewußtsein wäre all das nicht passiert.

Das Umweltbewußtsein des Bundesbürgers (West) bewegt sich auf hohem Niveau. Wirksamer Umweltschutz wird von 66,7 % der Befragten (1987) als „sehr wichtig" eingestuft. Im Vergleich mit vorherigen Befragungen (jährlich seit 1984) ergibt sich ein nur geringfügiger Rückgang von 4,2 %. Wirksamer Umweltschutz nimmt damit einen vorderen Rang ein bei Umfragen zur Bedeutung politischer Aufgaben und Ziele. Nach der Erhebung von 1987 werden nur die Bekämpfung der Arbeitslosigkeit (72,2 %) und die Sicherung der Renten (67,2 %) von noch mehr Bürgern als sehr wichtig eingestuft. Datenschutz z.B. rangiert mit 37,2 % auf dem vorletzten Platz.

Fragte man nach der wichtigsten Umweltschutzaufgabe, so wurde in der Vergangenheit die Luftreinhaltung am höchsten (55 %) bewertet, gefolgt vom Gewässerschutz mit 18 %. Bodenschutz, Lärmminderung und Abfallentsorgung hatten nur geringe Bedeutung für die Befragten.(10)

Doch wer für Umweltschutz ist, handelt nicht immer selbst nach seiner Überzeugung. Zwar sammelten und entsorgten mehr als dreiviertel der Befragten Altglas, Pfandflaschen, Altpapier und Metallabfall getrennt, aber beim ‚Sondermüll' aus Haushaltungen sah es anders aus: Nur ca. ein Drittel der Befragten benutzten die dafür eingerichteten Sammelstellen. Bei jedoch rund 55% der Befragten waren solche Einrichtungen nicht bekannt.(11)

Dies Ergebnis korrespondiert in etwa mit dem einer Bürgerbefragung, die vom Institut für Politikwissenschaft der Universität Münster durchgeführt wurde, wo sich insbesondere herausstellte, daß „zwischen verbal geäußertem Umweltbewußtsein und einem, das auch konkrete Auswirkungen für Alltagshandeln hat, bedeutsame Differenzen zu konstatieren (waren)."(12)

„Handeln und Verhalten" sind aber nach Meinung des SRU am wichtigsten, und zwar „wichtiger als Einstellung und Wissen". Das ausgeprägte Umweltbewußtsein der Bevölkerung ließe sich dann in umweltschonendes Handeln umsetzen, „wenn geeignete Anreize gegeben sind und die Wirksamkeit umweltschonenden Handelns für den einzelnen einerseits erkennbar wird, andererseits gesichert ist, daß sein Beitrag nicht durch ‚Freifahrerverhalten' anderer entwertet wird".(13)

Einen richtungweisenden Denkansatz, auch für die Öffentlichkeitsarbeit der Verwaltung, gibt der SRU mit folgendem: „Für die Zukunft ist allerdings fraglich, ob einzelne Verhaltensänderungen ausreichen oder ob nicht eine tiefgreifende Überprüfung und eine entsprechende Änderung bestimmter Lebensgewohnheiten erforderlich sein werden."(14) Nach der Rio-Konferenz ist dies nun wahrhaftig keine Frage mehr und wird entsprechend auch beispielsweise vom deutschen Umweltminister ausdrücklich betont. (Vgl. Kap. 2, Abschn. 2, Anm. 12)

Nicht weit entfernt von dieser Position befindet sich Meyer-Abich, der jedoch zunächst in der Entwicklung des Umweltbewußtseins der Öffentlichkeit die entscheidende Voraussetzung sieht, daß es auf mittlere und längere Sicht zu einer durchgreifenden Umweltpolitik kommt.(15) Aber es gibt auch einen Aspekt, der in dieser nüchternen Zeit leicht vernachlässigt wird. Umweltbewußtsein hat auch mit Gefühlen zu tun.(16) Noch hat man wohl kein Gen „Naturliebe" entdeckt, aber eine Sympathie für „Natur" ist sicher aus Urzeiten in den Menschen angelegt. Diese Empfindungsbereitschaft wird sicher verstärkt, wenn vor allem Kinder unter angenehmen Formen Natur erleben, sich im Wald, in den Bergen, an der See aufhalten, selbst etwas säen und ernten. Sich in die Natur zu sehnen und Natur als etwas Schönes, als Bereicherung, erleben zu können ist für viele Menschen mit Sicherheit auch ein Antrieb, sich umweltpolitisch zu engagieren. Dieses Element, so scheint es, wird noch viel zu sehr in der Politik und zur Bewußtseinsbildung außer acht gelassen. Geradezu verletzend ist da eine sprachliche Verrohung, auf die Meyer-Abich hinweist. Er wendet sich gegen eine Rationalität, „nach der Bäche nicht Wasserläufe, sondern Wasserabläufe und allenfalls noch Vorfluter für Abwässer seien."(17)

Er kritisiert auch ein Bewußtsein in der Wirtschaft, das mit Umweltschutz wenig und mit Mangel an Offenheit und Flexibilität viel zu tun hat. Er bescheinigt der Wirtschaft „Hartschaumköpfigkeit", weil sie z.B. trotz Kenntnis aller Fakten über die Wirkungen von FCKW (Zerstörung der Ozonschicht, Klimaänderung etc.) lange gegen Verbote dieser Stoffe damit argumentierte, sie seien „lebensnotwendig", und zwar als Blähmittel für Hartschäume zur Kühlschrankproduktion.(18)

Es handelt sich dabei um kurzsichtige Reaktionen im Bereich der Wirtschaft, die dem aufmerksamen Bürger nicht untypisch erscheinen mögen. Forderungen, umweltschützende Maßnahmen zu ergreifen und umweltverträgliche Verfahren einzuführen sowie gefährliche Produkte zu ersetzen etc., wurde und wird allzu häufig phantasielos und stereotyp damit begegnet, sie seien utopisch, systemfeindlich, unrealistisch oder unbezahlbar. Immerhin ist es nun aber zu sogenannten Selbstverpflichtungen von Teilen der chemischen Industrie gekommen (vgl. Abschn. 3.3, Anm. 52). Diese kamen zustande, nachdem eine Substitution gewisser Stoffe möglich war. Es bestätigt sich damit die o.g. These von Prittwitz.

Aus einer Expertenbefragung ergab sich: „Der Umweltschutzgedanke spiele zwar in der Industrie eine Rolle, sei aber nicht unbedingt entscheidend für das Verhalten, da der Umweltschutzgedanke überlagert werde von ‚angestammten' Zielen der Wirtschaft wie der Erzielung von Gewinn und der Schaffung von Arbeitsplätzen."(19) Die Befragten aus der Industrie allerdings sahen die Rolle der Industrie wesentlich positiver.

Inzwischen ist der Umweltschutz in der Wirtschaft offenkundig ein wichtiger Konkurrenzfaktor. Mit ins Spiel geraten sicher auch Befürchtungen, daß Umweltversäumnisse der Wirtschaft zu später doch notwendigen und dann erhöhten Investitionssummen sowie zu eventuellen Bußgeldern und gar Strafen führen und außerdem auch Ansehenskredite bei Konsumenten kosten können. Und schließlich lernte man, daß sich Umwelttechnik und Umweltkenntnisse direkt vermarkten lassen. Vor allem aber scheint strategisches Denken sich auszuwirken: Es ist besser, selbst zu steuern, als gesteuert zu werden - Selbstverpflichtungen der Wirtschaft zu umweltgerechtem Verhalten und Produzieren etc. und entsprechende Absprachen mit der Regierung sind gesetzlichen Initiativen und direkten Verboten vorzuziehen. Jedoch wird sich noch erweisen müssen, ob das Umweltbewußtsein bei der Industrie wirklich tief genug verankert ist, so daß es auch in wirtschaftlich angestrengten Zeiten in praktischem Handeln wirksam wird. Vielleicht hatte man ja bei der Industrie nur grüne Rollos angebracht, die man hochschnellen läßt, wenn die Sonne hinter Rezessionswolken verschwindet.

Zur Förderung des Umweltbewußtseins bedarf es vieler Maßnahmen. Als ein Mittel wird vielfach die Umwelterziehung propagiert. Im Hinblick auf einen Ausdruck besonders unterentwickelten Bewußtseins - der Umweltkriminalität - heißt es bei Wittkämper und Wulff-Nienhüser: „Erst mit einer Erziehung, die Wissen um Umwelt, aber auch Werte wie soziale Verantwortung vermittelt, sei langfristig eine Veränderung zu erreichen".(20) Dabei sollte aber, wie oben bereits erwähnt, die emotionale Seite nicht vernachlässigt werden.

Offenbar auf die Kombination von Bewußtsein und Mündigkeit des Bürgers setzt schließlich Meyer-Abich mit dem Hinweis, daß das Konsumverhalten die Sprache sei, die die Wirtschaft noch am besten verstünde. Er empfiehlt, man solle sich, aber auch die Verkäufer und Produzenten, bei jedem Kauf fragen, ob das Produkt der Umwelt schade oder seine Produktion der Umwelt geschadet habe.(21) Der Grundgedanke ist wohl gut, allein mir fehlt der Glaube, eine wahrheitsgemäße Antwort zu bekommen. Selbst bei gutem Willen ist es, gelinde gesagt, schwierig, eine „richtige" Bewertung vorzunehmen. Die ökologische Produktbewertung von der Wiege über die Nutzung bis ins Grab (sprich: Wiederverwendung/Entsorgung) hat sich inzwischen als äußerst komplex erwiesen. Vieles in der Diskussion deutet darauf, daß man es jedenfalls nicht der Industrie allein überlassen dürfe, die Antworten zu suchen. Nicht einmal die Fragestellung sollte man ihr überlassen, denn ihr Interesse richtet sich nicht primär auf den Schutz der Umwelt.(22)

4.3 Zwei Jahrzehnte Umweltpolitik

Umweltpolitik läßt sich nicht einfach so ins Blaue hinein betreiben. Sie bedarf bestimmter Voraussetzungen, u.a. eines Bewußtseinwandels in der Öffentlichkeit. Außerdem sind klare Zielbestimmungen, ein umfassendes Programm und der Wille und die Fähigkeit zu dessen Durchführung erforderlich. Damit wurde es jedenfalls nichts, als Willy Brandt im Bundestagswahlkampf 1961 den „blauen Himmel über der Ruhr" forderte bzw. versprach; er konnte damit beim Wähler nicht Furore machen. Die Zeit war wohl nicht reif, die Umwelt zu favorisieren, andere Probleme erschienen wichtiger. (Vgl. Abschn. 4.1) Eine konservative Politik, die die Umwelt im ökologischen Sinne nicht zu ihrem Betätigungsfeld erkor, setzte sich noch weitere acht Jahre fort.

Erst 1969, nach dem Antritt der sozial-liberalen Koalition, wurde dem Umweltschutz eine besondere Bedeutung auch von Regierungsseite zugemessen. 1971 schließlich legte die Bundesregierung ein erstes Umweltprogramm vor, dessen Hauptpunkte so lauteten: Umweltpolitik soll

1. dem Menschen eine Umwelt sichern, wie er sie für seine Gesundheit und für ein menschenwürdiges Dasein braucht,
2. Boden, Luft und Wasser, Pflanzenwelt und Tierwelt vor nachteiligen Wirkungen menschlicher Eingriffe schützen und
3. Schäden und Nachteile aus menschlichen Eingriffen beseitigen.(23)

Dieses Programm blieb auch ab 1982, nachdem die konservativ-liberale Koalition die Regierung übernommen hatte, die Grundlage der Umweltpolitik. Eine „Wende", unter diesem Schlagwort war die neue Regierung angetreten, fand zumindest in der Umweltpolitik nicht statt.

Eine Untersuchung der ersten sechs Jahre (bis 1988) ergab:
„Im historischen Vergleich zur Umweltpolitik der sozial-liberalen Regierung (1969 – 1982) wird festgestellt, daß von der jetzigen Regierung keine umweltpolitischen Innovationen entwickelt worden sind: Das umweltpolitische Konzept und das Regelungsinstrumentarium wurzeln immer noch im schon 1971 entwickelten Umweltprogramm."(24) Festgestellt wird aber doch, „daß die Bundesregierung seit etwa 1982 in wichtigen Bereichen der Luftreinhaltepolitik auf internationaler Ebene, im Rahmen der EG sowie aufgrund der Maßnahmen im eigenen Lande zu einem ‚Vorreiter' geworden ist: ... Großfeuerungsanlagen-Verordnung, die Novellierung des BImSchG, ... der Technischen Anleitung Luft, ... die Senkung des Schwefelgehalts im leichten Heizöl und Dieselkraftstoff auf 0,2%".

Es gab weitere Verbesserungen: „Im Vergleich zur früheren Umweltpolitik sind die neuen Vorschriften und Programme in stärkerem Maße **effektorientiert** gestaltet, so daß auch weitgehend mit Vollzugsmaßnahmen gerechnet werden kann, die den Zielsetzungen entsprechen."(25)

Die „Politik des hohen Schornsteins" der 70er Jahre, die nicht die Emission begrenzte, sondern diese nur in hohe Luftschichten wirbelte und somit zu einer weiträumigen Verteilung der Schadstoffe führte und u.a. Wälder in Mittelgebirgen und Seen in Skandinavien schädigte, wurde geändert.

Dies für die Luftreinhaltepolitik positive Ergebnis wird jedoch für andere Bereiche der Umweltpolitik eingeschränkt.

Auch Beck stellt - für beide politische Lager - Kritisches heraus, indem er besonders die Gefährdung des hochentwickelten Industriestaates Bundesrepublik hervorhebt, in dem „trotz mehr als 15 Jahren bewußter Umweltpolitik mit einem Spektrum an Aktivitäten und einigen Erfolgen die Zerstörungen insgesamt bestenfalls verlangsamt, keineswegs jedoch aufgehalten oder rückgängig gemacht werden konnten".(26)

Der SRU vermerkt 1987 erste größere Erfolge allgemeinen Umweltschutzes, erkennt aber „doch ebenso klar Mängel, Mißerfolge und Verzögerungen auf dem Weg in eine bessere Umwelt. Der eingeschlagene Weg erweist sich als richtig, muß aber konsequenter beschritten werden".(27)

Diese grundsätzliche Kritik dürfte auch heute noch berechtigt sein, obwohl deutliche Anstrengungen der Bundesregierung - geschubst und gestützt durch parlamentarische und außerparlamentarische Kräfte, gefordert auch auf internationalem Parkett - für weitere Verbesserungen nicht von der Hand zu weisen sind. Zu nennen sind u.a.: die gesetzliche Einführung der Umweltverträglichkeitsprüfung (UVP), die Verbesserung der Wirkungsweise der Abwasserabgabe, die Verbesserung der Umweltinformation der Konsumenten durch Ausweitung der Produktpalette und Präzisierung des „Umweltengels", die zunehmende Forderung nach dem Stand der Technik in verschiedenen Umweltbereichen (anstelle der - mindere Anforderungen stellenden - Regeln der Technik), die Einführung einer Umwelthaftung (Gefährdungshaftung für Boden, Wasser, Luft), der Grundsatz, die Lösung von Umweltproblemen in einem Umweltbereich nicht durch die Schaffung neuer Probleme in anderen Bereichen zu erkaufen.

4.4 Umweltpolitik und Staatsform

Je energischer heute umweltpolitisch gehandelt wird, um so weniger abrupt werden die letztlich doch unvermeidbaren Kursänderungen und Bremsmanöver der Umweltpolitik in Zukunft ausfallen können.

Kann unser politisches System den Anforderungen, die eine bedrohte Umwelt stellt, genügen? Die Ausgangslage ist recht schlicht: Es muß, denn es existiert kein besser geeignetes. Und es gab auch nie eine wirkliche Alternative. Vielleicht ist aber eine Wandlung notwendig; wird es dazu fähig sein? Etliches was jetzt noch als Zukunftsproblem gehandelt wird, abgetan als eine eher moralische Frage, ob man kommenden Generationen eine negativ veränderte Umwelt hinterlassen dürfe, wird in absehbarer Zeit als unabweisbare Realität der Gegenwart wahrgenommen werden müssen. Welche Konsequenzen werden sich für unser politisches und wirtschaftliches System ergeben, wenn sich erst die Auswirkungen des Treibhauseffektes, der Schäden in der Ozonschicht und der Klimaveränderungen konkret darstellen? Wird das Katastrophenparadox erneut bestätigt werden? Wird die Wirtschaft demokratisiert werden? Wird die uns vertraute repräsentative Demokratie sich zu einem autoritären System oder, ganz im Gegensatz, zu einem offeneren entwickeln? Können überhaupt die notwendigen Entscheidungen noch auf nationaler Ebene gefällt werden? Werden Organisationen wie EG, EFTA und UN eine tragende Rolle übernehmen können oder wird man etwas ganz Neues suchen müssen?

Bereits abgeschrieben ist jedenfalls das Modell des real existierenden Sozialismus. Kein Staat, keine Organisation dürfte wohl dessen Neuauflage versuchen wollen, um die Schrecken der Umweltbedrohung zu bannen. Denn spätestens nach dem Zusammenbruch des politischen Systems in den Ländern des Ostblocks bestätigte sich die folgende Aussage: „Der real existierende Sozialismus lähmt durch die Fesselung des Profitinteresses das Privatinteresse und bewirkt dadurch nicht nur eine relative Senkung des Lebensstandards, sondern auch eine fatale Verringerung des Schutzniveaus, das die Umwelt erfährt."(28) In diesem Zusammenhang sei an das Katastrophenparadox und die Voraussetzungen für Umweltpolitik erinnert (s. Abschn. 4.1).

Doch es läßt sich aus dem realsozialistischen Umweltfiasko nicht zwangsläufig auf die Effizienz einer marktwirtschaftlich orientierten demokratisch-parlamentarischen Staatsform schließen, Umweltschäden im **notwendigen** Maße zu vermeiden bzw. zu beheben. Gerade hochentwickelte Industriestaaten, die den vorgenannten Kriterien entsprechen wie beispielsweise Frankreich, Großbritannien, die USA oder auch die Bundesrepublik Deutschland, sind es, die nicht nur ihre eigene und nahe Umwelt erheblich schädigen, sondern auch kräftig zur globalen und sphärischen Umweltmisere beitragen.

Die kapitalistische Marktwirtschaft hat hinreichend bewiesen, zu welchen brutalen Folgen sie führen kann. Nicht von ungefähr wurde nach dem 2. Weltkrieg in der BRD (West) die sogenannte soziale Marktwirtschaft kreiert.

Der Club auf Rome stellt in „Die Globale Revolution" die Marktwirtschaft wohl zutreffend als eine denkbar ungeeignete Hüterin der Umwelt dar: Langzeitfolgen, das Wohl künftiger Generationen oder Ressourcen, die Gemeingut sind, würden sie nicht kümmern.(29) Dagegen reagiert der Markt im wesentlichen auf kurzfristige Signale, was natürlich Schlüsse auf langfristige Erfordernisse mit einem hohen Unsicherheitsfaktor belegt. Der Club of Rome scheut sich nicht, das Wesen der Marktwirtschaft auf den Punkt zu bringen: Wettbewerb, und der fördere den Eigennutz und letztlich die Habgier. Doch das System der Marktwirtschaft könne sich bis zu einem gewissen Grad selbst regulieren, indem Industrie und Handel mit der Forderung der Gesellschaft übereinstimmen, daß man sich auf bestimmte ethische Grundsätze einigen muß, die dem Markt Grenzen setzen.(30) Es mag ja sein, daß die sogenannte soziale Marktwirtschaft unter dem Eindruck der tatsächlichen Umweltbedingungen zu einer sogenannten ökologischen Marktwirtschaft mutiert. Und vielleicht wird schon bald für uns alle die „zentrale umweltpolitische Frage" (Wicke) sein: Umweltschutz und/oder Wirtschaftswachstum?(31)

Blickt man zurück, so wird man zwar auf dem Umweltsektor eine Überlegenheit unserer demokratisch-parlamentarischen Staatsform im Vergleich mit der real-sozialistischen konstatieren können, aber eine Zuversicht darin, daß sie auch den besonderen umweltschützenden Anforderungen der heutigen Zeit genügen wird, findet jedenfalls keine Verankerung in der rauhen Wirklichkeit. Allzu sehr begrenzen zum Beispiel die kurzen Wahlperioden den politischen Zeitraum, auf den Politiker ihre Wirksamkeit einrichten. Die Folge davon ist, daß sie die Stolpersteine vor ihren Füßen, aber nicht das drohende Unwetter am Horizont, beachten. Dabei weisen immer mehr Experten auf die schrumpfende Zeitspanne hin, in der überhaupt noch entschiedene Kursänderungen mit Aussicht auf Erfolg vorgenommen werden können. Der berühmte US-amerikanische Zukunftsforscher Meadows, dessen Buch „Grenzen des Wachstums" 1971 bei vielen erst ein Umweltbewußtsein weckte, sagte 1992, daß wir höchstens noch 20 Jahre hätten, um eine ökologische Umrüstung vorzunehmen.(32) Wo sind die Politiker, die rechtzeitig die ökologisch-ökonomischen Veränderungen innerhalb des vorgegebenen institutionellen Rahmens initiieren und durchführen werden?

Vor diesem Hintergrund halten wir uns das von Prittwitz formulierte Faktum vor Augen: „Formen parlamentarisch-demokratischer Willensbildung waren über lange Zeit hinweg institutionelle Begleitbedingungen wirtschaftlicher Expansion zu Lasten der Natur und gesundheitlicher, psychischer und ästhetischer Bedürfnisse des Menschen. Erst in dem Maße, wie Umweltprobleme - zuerst meist von gesellschaftlichen Minderheiten - politisch thematisiert werden, beginnen sich demokratische Strukturen von Staat und Gesellschaft als umweltpolitische Handlungskapazität zu erweisen."(33) Also auch im parlamentarisch-demokratischen System muß das Umweltkind erst in den Brunnen fallen, bevor politische Hilfe geleistet wird, und dies dann auch nur zögernd und meistens erst nach Alarmrufen von Nichtpolitikern. Im Hinblick auf eine tatsächlich notwendige „ökologische Revolution" (World Watch Institute) vor Optimismus zu strahlen, wäre jedenfalls eher ein Symptom manischer Depression als eine reale Einschätzung politischer und ökologischer Gegebenheiten.

Dabei sind schon Veränderungen der Entscheidungsstrukturen im Gange, und es zeigt sich, daß Politiker die Entwicklung, möglicherweise entgegen ihrer eigenen Ansicht, nicht mehr voll im Griff haben. Beispielsweise sieht Wolfgang Sachs eine neue Generation von Experten und Planern, die weltweit die Ressourcenströme kartiert, verrechnet und überwacht, um die Balance zwischen Entnahmen/Emissionen und Regeneration der Natur auszutarieren. Er sieht eine Gleichschaltung der Welt heraufziehen, eine „Ökokratie", die im Namen der „einen Erde" agiert, und leicht zu einer Bedrohung für lokale Gesellschaften und ihren Lebensstil werden kann.(34)

Auch Ulrich Beck hebt im Rahmen einer Diskussion über eine „ökologische Demokratie" einen Sachverhalt hervor, der angesichts einer rasanten Entwicklung auf etlichen naturwissenschaftlichen Gebieten eine deutliche Schwäche unseres Systems charakterisiert: „Technologen haben grünes Licht, die Welt umzukrempeln. Selbst Verfassungsänderungen des Lebens, wie sie mit der Humangenetik hereinrutschen, sind keinerlei Legitimationszwängen unterworfen ... Doch wer es wagen sollte, darüber nachzudenken, ob dieses unerschöpfliche Füllhorn technologischer Weltverbesserung auch eines gesellschaftlichen und gesellschaftswissenschaftlichen Gegen- und Mitspielers bedarf, der sieht sich schnell in den Schatten des Verfassungsbruchs gerückt."(35)

Eine weitere sehr wichtige Frage, die Beck aufwirft, ist, wie etwa Forschung, die Tod und Leben neudefiniert, zu kontrollieren wäre. Als Voraussetzungen der Kontrolle nennt er Vorschriften oder parlamentarische Entscheidungen und als „wesentliche Hintergrundbedingungen ... starke und unabhängige Gerichte und eine starke und unabhängige Medienöffentlichkeit mit allem, was dieses voraussetzt."(36)

Zwar wird es vornehmlich Aufgabe der Medien sein, für die Information der Öffentlichkeit zu sorgen, aber man sollte ihnen im Interesse einer sachlichen und umfassenden Information unter die Arme greifen. Ist die Medienarbeit eine wichtige Hintergrundbedingung der Kontrolle, so ist dazu eine von mehreren Voraussetzungen zweifellos, daß die in der Verwaltung meist aus dem vordemokratischen preußischen Beamtenrecht abgeleiteten regiden Relikte der Vertraulichkeit bzw. Geheimhaltung überdacht werden. Denn die notwendigen gesellschaftlichen Veränderungen sind nur möglich, wenn der Öffentlichkeit Informationen im größtmöglichen Rahmen zugänglich sind; auf die bei der Verwaltung vorhandenen Informationen wird man insoweit nicht verzichten können.

Ausgehend von der derzeitigen realpolitischen Situation, der herrschenden Verfassungswirklichkeit und der momentanen sowie prognostizierten Umweltentwicklung sind nur bescheidene Hoffnungen auf erträgliche Lebensbedingungen auch für künftige Generationen berechtigt. Künftig sind äußerst eingeschränkte Lebensverhältnisse des einzelnen wahrscheinlich. Der Gedanke der Vorsorge (vgl. Abschn. 4.6.1) ist zwar in die Umweltpolitik eingeführt, es ist aber mehr als fraglich, ob damit schon die Zukunft künftiger Generationen gesichert ist. Vielmehr häufen sich aufgrund der Umweltbedrohungen die Zeichen, daß das Grundrecht auf Leben und körperliche Unversehrtheit immer mehr zu einem bloßen Programmsatz ausgehöhlt wird, der zwar noch den Schutz vor Angriffen mit Axt und Faust gewährleistet, aber nicht den vor Umweltverschlimmerungen.

Ob unsere Staatsform den Anforderungen der nahen Zukunft genügt, scheint eine offene Frage zu sein. Eine Antwort darauf kann eigentlich nur in einem internationalen Rahmen gesucht werden. Beschränken wir uns aber auf die nationale Ebene, so gründen sich hoffnungsvolle Erwartungen darauf, daß eine Bürgerschaft umfassend über Entwicklungen, Planungen und deren eventuelle Folgen informiert ist, daß Widersprüche, Erwartungen und Bedürfnisse der Bürger beachtet werden, daß die Menschen interessiert, aufmüpfig und protestbereit sind, daß Parlamente und Regierungen insbesondere naturwissenschaftlichen und technologischen sowie ökologischen Entwicklungen nicht mehr hinterherhecheln, sondern sensibel und weit vorausschauend agieren, daß die Wissenschaft viel mehr Erhaltungswissen produziert als bisher, daß die Wirtschaft einer klugen Mischung aus Fremd- und Selbstbeherrschung unterworfen ist, daß Gerichte die Zukunft künftiger Generationen höher bewerten als Geheimhaltungsbedürfnisse und den Schutz des Eigentums der jetzigen und daß die Verwaltung neben mehr Offenheit als bisher einen kräftigen Vollzugswillen und eine qualifizierte Vollzugsfähigkeit entwickelt.

4.5 Ziele der Umweltpolitik

4.5.1 Der internationale Rahmen

Die Konferenz der Vereinten Nationen über die menschliche Umwelt, die 1972 in Stockholm stattfand, verabschiedete eine Erklärung, in der es hieß, daß „der Mensch das Grundrecht auf Freiheit, Gerechtigkeit und angemessene Lebensbedingungen hat in einer Umwelt, die ein Leben in Würde und Wohlergehen erlaubt." (Prinzip 1 der Erklärung)

Weiterhin wurden die Regierungen verantwortlich erklärt, die Umwelt für die gegenwärtigen und künftigen Generationen zu schützen und zu verbessern. Die Frage nach der für diese Aufgabe geeigneten Staatsform wurde im vorigen Abschnitt gestellt.

Hier ist festzustellen, daß immerhin ein vielversprechender internationaler Apparat existiert. Die UN haben etliche Sonderorganisationen und Unterorganisationen gebildet, die mit Umweltfragen im weiteren und engeren Sinne befaßt sind. Genannt werden können beispielsweise:

FAO – Ernährungs- und Landwirtschaftsorganisation, gegründet 1945; IBRD – Internationale Bank für Wiederaufbau und Entwicklung, Weltbank, gegründet 1944; IDA – Internationale Entwicklungs-Organisation, gegründet 1960; UNCTAD – Konferenz der UN für Handel und Entwicklung, Welthandelskonferenz, gegründet 1964; UNDP – Entwicklungsprogramm der UN, gegründet 1965 ; UNEP – Umweltprogramm der UN, gegründet 1972.

Eineinhalb Jahrzehnte nach der Stockholmer Konferenz gab es immer noch Anlaß zu Mahnungen. Im Brundtland-Bericht heißt es: „Die Staaten haben gegenüber ihren eigenen Bürgern und gegenüber anderen Staaten die Verantwortlichkeit:

- die Ökosysteme und die damit verbundenen ökologischen Prozesse zu erhalten, die für die Intaktheit der Biosphäre wesentlich sind;
- die biologische Vielfalt zu erhalten, indem sie das Überleben aller Arten von Fauna und Flora sicherstellen und deren Erhaltung fördern;
- das Prinzip des optimalen dauerhaften Ertrags bei der Ausbeutung lebender Ressourcen und Ökosysteme zu beachten;
- beträchtliche Umweltverschmutzung oder Umweltschäden zu verhindern oder zu vermindern;
- angemessene Umweltschutzmaßnahmen aufzustellen; vorherige Prüfungen zu unternehmen oder zu fordern, damit neue Richtlinien, Projekte und Technologien zu dauerhafter Entwicklung beitragen; und
- alle wichtigen Informationen ohne Verzögerung zu veröffentlichen in jeglichem Fall von schädlichem oder möglicherweise schädlichem Freiwerden von Schadstoffen, insbesondere radioaktiver Art."(37)

Ähnliche Zielsetzungen wie der Brundtland-Bericht formulierte die EG.(38) Die EG ist umweltpolitisch ernst zu nehmen. Die Verlagerung von immer mehr Entscheidungen auf die EG-Ebene bedeute u.a. die Chance, die Ziele der Umweltpolitik „auch über Widerstände einzelner Nationalstaaten hinweg in der ganzen Gemeinschaft" zu verfolgen, meint von Prittwitz, wobei „die grundsätzlichste und ‚politischste' institutionelle Weiterentwicklung" der EG darin bestehe, den laufenden Gang der EG-Politik öffentlich zu machen.(39) Die kritische Begleitung der nationalen Umweltpolitik durch die Öffentlichkeit sei relativ gut entwickelt, während die Umweltpolitik der EG leider bisher weitgehend vom öffentlichen Interesse unbehelligt geblieben zu sein scheine.

Ein gewisser Fortschritt auf internationaler Ebene war die UN-Konferenz „Umwelt und Entwicklung" (UNCED), die im Juni 1992 in Brasilien stattfand. Wichtigste Ziele der BRD und der EG waren eine wirksame Klimakonvention und ein Maßnahmen- und Strategiekonzept für alle Bereiche der internationalen Umweltpolitik. Die Grundsätze der Rio-Deklaration (vgl. Abschn. 2.2) sind wesentlich weitreichender und natürlich politisch gewichtiger als die o.g. Forderungen der Brundtland-Kommission. Der Brundtland-Bericht war aber mit Sicherheit zur Vorbereitung dieser Erklärung von großer Bedeutung.

Hinsichtlich der Klimakonvention wurde seitens der BRD nicht mit großen Erfolgen gerechnet, da „die USA derzeit noch nicht bereit sind, konkrete Verpflichtungen zum Klimaschutz ... einzugehen. Dabei wäre es notwendig, daß die USA als führende Industrienation ebenso wie die EG und die Bundesrepublik Deutschland konkrete nationale Maßnahmen ergreifen, um wirkungsvolle Maßnahmen zur Lösung des Klimaproblems zu erreichen."(40) Nach der Wahl eines neuen Präsidenten in den USA wird deren Klimapolitik künftig vielleicht von höherer Einsicht geprägt sein.

4.5.2 Bundesdeutsche Ziele

Bei der Beschreibung ihrer Umweltpolitik betonte die Bundesregierung recht originell, daß verantwortliches Handeln für die Umwelt die Erfüllung des ökologischen Generationenvertrages sei.(41)

Mit dieser sprachlichen Anleihe bei der Sozialpolitik (die künftige Rente der jetzt arbeitenden Generation wird von der nächsten Generation bezahlt) meinte die Bundesregierung sicherlich nicht, daß die heutige Generation die Umwelt verschmutzen könne, für die dann die nächste aufkommen müsse, obwohl vielfach gerade das als gängige Praxis beklagt wird. Tatsächlich orientierte die Bundesregierung die Beschreibung des Zieles ihrer Umweltpolitik im wesentlichen an den internationalen Vorgaben.

Das Ziel ist, in Teilzielen formuliert, den Zustand der Umwelt so zu erhalten und zu verbessern, daß
- bestehende Umweltschäden vermindert und beseitigt werden,
- Schäden für Mensch und Umwelt abgewehrt werden,
- Risiken für Menschen, Tiere und Pflanzen, Natur und Landschaft, Umweltmedien (Luft, Wasser, Boden) und Sachgüter minimiert werden,
- Freiräume für die Entwicklung der künftigen Generationen sowie Freiräume für die Entwicklung der Vielfalt von wildlebenden Arten sowie Landschaftsräumen erhalten bleiben und erweitert werden.(42)

Die nachfolgenden Abschnitte erläutern ansatzweise, wie versucht wird, sich den Zielen der Umweltpolitik zu nähern.

4.6 Prinzipien der Umweltpolitik

Die Umweltpolitik in der Bundesrepublik wird erklärtermaßen von drei Prinzipien bestimmt: **der Umweltvorsorge, dem Verursacherprinzip und dem Prinzip der Kooperation.**(43)

„Erfinderin" dieser Prinzipien, soweit es jedenfalls die deutsche Politik angeht, ist die sozial-liberale Koalition der 70er Jahre (44), aber deren Nachfolgerin hat diese Prinzipien teilweise ausgeweitet.

4.6.1 Das Vorsorgeprinzip

Die Bundesregierung hat 1986 in einer Leitlinie zur Umweltvorsorge für alle Umweltbereiche gültige politische Maßstäbe formuliert, an denen sich stoffspezifische Aktionsprogramme, Rechts- und Verwaltungsvorschriften und sonstige Maßnahmen zur stufenweisen Verminderung von Stoffeinträgen durch den Menschen ausrichten müssen.(46)

Grundsätzlich wird der Umweltpolitik ein weiter Vorsorgebegriff zugrundegelegt. Umweltvorsorge umfaßt alle Handlungen, die konkrete Umweltgefahren abwehren, die im Vorfeld der Gefahrenabwehr Risiken für die Umwelt vermeiden und vermindern und die vorausschauend unsere zukünftige Umwelt gestalten, indem sie insbesondere die natürlichen Lebensgrundlagen schützen und entwickeln.(47)

Danach handelt es sich also bei der Umweltvorsorge um Gefahrenabwehr, Risikovorsorge und Zukunftsvorsorge, und zwar in dieser Reihenfolge. Diese deckt sich auch mit anderen Veröffentlichungen der Bundesregierung.(48)

Den Ausführungen zur „Zukunftsvorsorge" entnehmen wir folgende Gedankensplitter: „Vorausschauende Gestaltung der menschlichen Lebensformen ... Freiräume für die Entfaltung zukünftiger Generationen erhalten ... Nicht nur auf Gefahren und Risiken für die Umwelt reagieren ... Der Umwelt wird am besten dadurch gedient, daß umweltschonende Produktionsprozesse und Produkte entwickelt werden, die Emissionen von umweltbelastenden Stoffen erst gar nicht entstehen lassen oder zumindest so weit wie möglich vermeiden."(49)

Das Vorsorgeprinzip wird fortlaufend politisch und gesetzgeberisch bestätigt. Allerdings sollte man sich nicht vom Prinzip Vorsorge blenden lassen. Es ist inhaltlich nicht präzise, und seine praktische Verwirklichung ist zeitlich offensichtlich wandelbar. Immerhin galt in den 70er Jahren die Politik des hohen Schornsteins, also die weiträumige Verteilung von Dreck, auch als Realisierung des Vorsorgeprinzips.

Mittlerweile ist es nicht mehr nur in politischen Programmen zu finden, sondern es hat auch Eingang in gesetzliche Bestimmungen und Verwaltungsvorschriften gefunden. Dabei taucht es mal direkt als Stichwort „Vorsorge" auf, mal etwas getarnter als „Besorgungstatbestand" (s.u.), mal zeigt es sich, indem mit einer Gesetzesänderung ein höherer Sicherheitsstandard vorgeschrieben wird.

Standards, Grenzwerte etc. spielen eine große Rolle. Im Grundsatz herrscht da weitgehend Einigkeit; im Immissionschutzbericht von 1988 heißt es:
„Emissionswerte sind aus Vorsorgegründen entsprechend den wissenschaftlichen Kenntnissen und dem technischen Fortschritt fortzuschreiben und durch konkrete Umweltqualitätsziele zu ergänzen."(50) (Vgl. Kapitel 6)

Zwar werden nach heutiger Praxis Grenz-, Höchst- und Belastungswerte für etliche Stoffe festgesetzt, wobei natürlich immer diskutiert werden kann, ob diese ausreichend sind, aber das Hauptproblem liegt darin, daß viele Stoffgruppen überhaupt nicht in den entsprechenden Verzeichnissen aufgeführt und folglich einer vorsorglichen Begrenzung und Kontrolle entzogen sind.

Radikalere Geister fordern daher auch ein Prinzip, wonach potentielle Verunreiniger im voraus von umweltschädlichen Maßnahmen abgehalten werden, indem nicht mehr nur – wenn überhaupt – die Schädlichkeit potentieller Schadstoffe wissenschaftlich bewiesen werden muß, sondern ihre Harmlosigkeit, sonst dürfen sie eben nicht produziert oder verwandt werden. Dieses auf englisch genannte Prevention of Potential Polluters Principle (PPPP) hat sich jedoch in der Realpolitik (noch nicht) durchgesetzt.(51) Insoweit kann auch eine gewisse Kritik nicht verwundern: „Umweltpolitik wurde so zu einer Ressortpolitik, welche die Umweltprobleme, die durch den Produktionsprozeß erzeugt werden, zu beheben sucht, indem man sich um die bereits geschädigte Umwelt ‚sorgt' ... Die Nachsorge dominiert, über Vorsorge wird viel geredet."(52)

Tatsächlich kommen wir nicht umhin, beim Umweltschutz ein starkes Übergewicht der Nachsorge im Vergleich mit der Vorsorge festzustellen. Zwar wird das Vorsorgeprinzip seit einigen Jahren durchaus auch praktisch umgesetzt, dennoch bilden notgedrungen reparierende und nachsorgende Maßnahmen den überwiegenden Teil der umweltschützenden Aktivitäten. Vielfach geht es um nichts weniger als Gesundheit und Leben. Dazu stellt Ernst Benda, ehemaliger Präsident des Bundesverfassungsgerichtes, klar: „Wo Gesundheit oder Leben bereits betroffen sind, gibt es keine Vorsorge, sondern allenfalls eine notwendig unzulängliche ‚Nachsorge'."(53)

Zwar sollen rein rechtliche Probleme in diesem Buch möglichst nicht erörtert werden, insoweit wird nachdrücklich auf die einschlägigen zahlreichen Kommentare zum Umweltrecht verwiesen, dennoch werden wegen ihres besonderen Gewichts und ihrer zweifellos zukunftweisenden Bedeutung einige Bemerkungen zitiert. Denn Vorsorge im Umweltschutz ist nicht nur Ausdruck eines politischen Prinzips und seiner rechtlichen Umsetzung, sondern sie hat auch einen verfassungsrechtlichen Ursprung.

Benda stellt fest: „Der aus Art. 1 GG hergeleitete Anspruch auf ein Maximum an menschenwürdiger Umwelt (ist) vor allem das aus Art. 2 Abs. 2 GG folgende Grundrecht auf Leben und körperliche Unversehrtheit ... Einwirkungen auf die Umwelt, die zu lebens- und gesundheitsgefährdenden Folgen für die Menschen führen, verstoßen gegen Art. 2 Abs. 2 GG."(54) Der Staat müsse sich schützend vor die in Art.2 Abs. 2 GG gewährleisteten Rechtsgüter stellen, sie also auch vor rechtswidrigen Eingriffen Dritter bewahren. Dabei stelle sich die Frage, ob das Recht auf körperliche Unversehrtheit sich nur auf den physischen Zustand des Menschen beschränke oder auch sein psychisches Wohlbefinden einschließe. Benda verweist auf die weite Definition des Gesundheitsbegriffs durch die Weltgesundheitsorganisation. Danach sei Gesundheit nicht nur die Abwehr von Krankheit, sondern ein „Zustand des vollständigen körperlichen, geistigen und sozialen Wohlbefindens". Er betont, daß das Bundesverfassungsgericht zu dieser weiten Auffassung neige.

Auf das Bundesverfassungsgericht berufen sich auch die Verfasser eines Umweltgesetzbuches (UGB). Danach könne die verfassungsrechtliche Schutzpflicht den staatlichen Organen gebieten, die Gefahr von Grundrechtsverletzungen nach Möglichkeit einzudämmen.(55) Im Hinblick auf die unterschiedliche Intensität der Beeinträchtigung unterscheiden sie vier Stufen: Belästigung, (Umwelt-)Risiko, (Umwelt-)Gefahr und Schaden: „Unbestritten ist, daß Schäden nicht in Kauf genommen werden dürfen, sie also praktisch ausgeschlossen sein müssen. Dagegen führen bloße Unannehmlichkeiten und Belästigungen nicht zu einer Grundrechtsverletzung, da sie als sozialadäquate Zivilisationslasten angesehen werden."(56)

In einer Vielzahl von Fällen der Gefahrenabwehr und Schadensbehebung gewinnt also das Verwaltungshandeln Verfassungsqualität. Das mag der Verwaltung zur Ehre gereichen. Die Medaille hat aber auch eine Kehrseite: Unterlassene oder unzureichende Maßnahmen geraten schnell in die Sphäre des Verfassungsbruchs. Dies um so eher in dem Maße, wie ein Zustand der Umwelt auf der Gefährdungsskala von der Belästigung weg zur Markierung Schaden rückt.

Die Tätigkeit der Umweltverwaltung wird nicht selten einer Gratwanderung gleichen. Auf der einen Seite befinden sich die Freiheitsrechte der Bürger und ihr Anspruch, vom Staate nicht behelligt zu werden, auf der anderen aber stehen die Erwartungen der Bürger, vom Staat vor mehr oder minder in der Zukunft lauernden Bedrohungen wirksam geschützt zu werden. Die Verwaltung muß im Einzelfall entscheiden, wann sie noch nicht tätig werden darf, ab wann vorsorgliche Maßnahmen möglich und wann sie unabweisbar geboten sind. Im UGB heißt es dazu: „Selbst wenn wegen der Unsicherheiten der naturwissenschaftlichen Wirkungs- und Kausalanalyse ein Schadenseintritt nur als möglich zu bezeichnen ist, also quasi ein 'Besorgnispotential' besteht, ist staatlich Vorsorge möglich und gegebenenfalls verfassungsrechtlich geboten."(57)

Das Vorsorgeprinzip gerät somit in die Nähe des ‚Vorsichtsprinzips'. Danach soll eine potentiell umweltbelastende Verhaltensweise schon dann unterbunden werden, wenn ihre Umweltschädlichkeit ‚nicht unwahrscheinlich' oder bloß ‚denkbar' ist. Das Vorsichtsprinzip wiederum wird durch die grundsätzliche Akzeptanz von Restrisiken begrenzt.(58)

Das Vorsorgeprinzip greift also, wenn eine Umweltschädlichkeit einer Verhaltensweise mehr als „bloß denkbar" ist und sich konkreter darstellt, als daß man sie nur als „nicht unwahrscheinlich" bezeichnen kann. Für die Verwaltungspraxis sind leider keine klaren definitorischen Abgrenzungen möglich. Dem hohen Anspruch des Vorsorgeprinzips, und damit den verfassungsrechtlichen Verpflichtungen, wird man am ehesten genügen, wenn man die gesetzlichen Bestimmungen im Zweifelsfall extensiv auslegt.

Ob es sich nun um die Erklärung des Weltwirtschaftsgipfels, den Brundtland-Bericht oder das Programm der Bundesregierung handelt, die Sorge um künftige Generationen wird stets geäußert. Vorsorge für angemessene Lebensbedingungen derer, die zu übernehmen haben, was ihre Vorgänger ihnen hinterlassen haben, ist wohl für jeden normal empfindenden Menschen eine selbstverständliche moralische Pflicht. Es wäre aber weltfremd, wollte man die Augen davor verschließen, daß es auch Menschen gibt, die nach der Devise leben: „Nach mir die Sintflut!" Diese Sicht mag dem Individuum gestattet sein, dem Staat aber nicht. Die Staatsaufgabe, die Existenz der Menschen zu sichern, umfaßt auch künftige Generationen. Da die Zukunft keine Lobby hat, wie es im UGB-Entwurf heißt, ist der Staat zu ihrem Schutz aufgerufen.(59)

Schon in den 80er Jahren, teilweise auch früher, fanden sich in etlichen Umweltbestimmungen Formulierungen, die Ausdruck des Vorsorgegedankens waren; seitdem nehmen entsprechende Texte immer breiteren Raum ein.

Im Wasserhaushaltsgesetz beispielsweise begründen die Verbote vermeidbarer Beeinträchtigungen sowie mangelnder Sorgfalt (§ 1a) und von Handlungen, die die Verunreinigung eines Gewässers besorgen lassen („Besorgungstatbestände" - §§ 26, 32 b, 34), die Vorsorge. In einer Erläuterung zu § 7a WHG etwa führt die Bundesregierung 1985 aus: „Die Minimierung von Schadstoffen möglichst an der Quelle und die Durchführung von Vorbehandlungsmaßnahmen... entsprechen dem Gebot der Vorsorge."(60)

Auch nach dem BImSchG (§ 1) sollte schon damals das, was letztlich die Umwelt ausmacht, geschützt werden „vor Gefahren, erheblichen Nachteilen und erheblichen Belästigungen" - also im Vorfeld von Schäden -, und „vorzubeugen" war dem Entstehen schädlicher Umwelteinwirkungen. § 5 verpflichtete sogar ausdrücklich den Betreiber von Anlagen zur „Vorsorge" (durch Maßnahmen nach den Stand der Technik - worauf nunmehr auch der UGB-Entwurf, neben der „vorausschauenden Planung", abhebt [§ 4 UGB]). Ordnungswidrig ist das Errichten einer Anlage ohne die notwendige Genehmigung (WHG, BImSchG, AbfG), strafbar bereits das bloße Betreiben (§ 327 StGB). In keinem Fall ist zur Verwirklichung des jeweiligen Tatbestandes eine konkrete Gefährdung oder gar ein Schaden erforderlich; die Verfolgbarkeit ist vorsorglich weit in den Vorraum – als abstrakte Gefährdung formuliert – verlegt; alles Ausdruck des Vorsorgeprinzips.

Einige recht brauchbare Hinweise zur programmatischen Gestaltung des Verwaltungsalltags hat die Bundesregierung in ihrer Bodenschutzkonzeption 1985 gegeben, indem sie als dem Vorsorgeprinzip entsprechend bezeichnete: „über die dauerhafte Sicherung der Produktion unbedenklicher Nahrungsmittel, Futtermittel und Rohstoffe hinaus vor allem

- die Erhaltung oder Wiederherstellung eines ausgewogenen Wasserhaushalt, vor allem im Hinblick auf Menge und Güte des Grundwassers,
- die Erhaltung von Faktoren zur Stabilisierung des Klimas,
- die Erhaltung der Stoffkreisläufe,
- die Erhaltung der Filterfunktion des Bodens für den Abbau von Stoffen und die Regeneration geschädigter ökologischer Systeme,
- die Erhaltung der Arten und der genetischen Vielfalt von Fauna und Flora,
- die Sicherung von Erholungsfunktionen durch Erhalten oder – soweit möglich – Wiederherstellen naturnaher Landschaften.“(61)

Vielleicht erscheint das Vorsorgeprinzip dem Verwaltungspraktiker eher politisch und rechtstheoretisch bedeutsam zu sein, aber nicht für seinen Alltag. Dafür spricht einiges. Natürlich ist gemeinhin den Gesetzen, Verordnungen, Technischen Anleitungen, Verwaltungsrichtlinien usw. zu folgen. Allerdings sind doch etliche Fälle denkbar, wo sich Ermessensspielräume ergeben, die so oder so ausgefüllt werden können. Das gilt etwa nach einem Schadstoffunfall, für den ja typisch ist, daß es zunächst um eine Nachsorge geht, aber gleichzeitig oder sehr bald auch vorsorglich gedacht werden muß, z.B. wenn Schadstoffe sich in Boden, Luft und Gewässern ausbreiten oder ausbreiten können und somit eine Situation im Vorfeld einer Schädigung entstehen lassen. Bei der Sanierung schließlich ist häufig schnell die Frage akut: Was ist genug? Welche (Rest-) Kontamination kann toleriert werden? Eine Verinnerlichung des Vorsorgeprinzips kann da hilfreich sein, tragbare Verwaltungsentscheidungen zu treffen.

4.6.2 Das Verursacherprinzip

„Nach dem Verursacherprinzip muß derjenige Kosten der Vermeidung oder Beseitigung von Umweltbelastungen tragen, der für deren Entstehung verantwortlich ist. Eine volkswirtschaftlich effiziente und schonende Nutzung der Naturgüter wird am besten erreicht, wenn die Kosten zur Vermeidung, zur Beseitigung oder zum Ausgleich von Umweltbelastungen möglichst vollständig dem Verursacher zugerechnet werden.“(62) So drückte es die Bundesregierung 1986 in den „Leitlinien Umweltvorsorge“ aus.

Das Verursacherprinzip ist inzwischen weitgehend anerkannt, international wird es zumindest diskutiert. Auf englisch heißt es Polluter Pays Principle (PPP).

Zur Lösung von Umweltproblemen sollen die Leistungskraft und Innovationsfähigkeit der Marktwirtschaft genutzt werden. Wie die Bundesregierung schon 1985 ausdrückte, sollen den einzelwirtschaftlichen Kosten künftig auch die Kosten hinzugerechnet werden, die in der Regel der Allgemeinheit zum Ausgleich von Umweltbelastungen entstehen.(63)

Schädigungen an der Gesundheit der Bevölkerung, des Waldes sowie an Gebäuden zum Beispiel, die überwiegend aus anonymen Quellen herrühren, müßten bei der Kostenberechnung berücksichtigt werden. Die Frage ist natürlich, wie so etwas in der Praxis im Rahmen einer rechtsstaatlichen Ordnung geschehen kann. Bisher hatte das Verursacherprinzip jedenfalls überwiegend nur deklamatorisch Bedeutung. Was vielfach mit diesem neuen umweltpolitischen Prinzip etikettiert wurde, erwies sich meistens als uralter ordnungsrechtlicher Hut: Verhaltens- oder Zustandshaftung, polizeirechtliche Gefahrenabwehr, Störerhaftung.

Klar dem Verursacherprinzip zuzuordnen war immerhin die sogenannte Abwasserabgabe nach dem AbwasserabgabenG. Das trifft u.a. auch für die Anforderungen an das Einleiten von Abwasser nach § 7a Wasserhaushaltsgesetz zu; übrigens gilt diese Bestimmung ebenfalls als Ausdruck für das Vorsorgeprinzip (64).

Die bisherige (überwiegend ordnungsrechtliche) Praxis ließ eine deutliche Lücke zwischen Wirklichkeit und Anspruch und damit Platz für Kritik: „Folgelasten ökologischer und ökonomischer Art werden (überwiegend) nicht von den Verursachern getragen, sondern ... auf die Gesellschaft, auf zukünftige Generationen und die Natur abgewälzt.“(65)

So soll es aber nicht weitergehen. Im Bestreben, der Umwelt zu nützen und sie zu schützen, wird so manches weiter- oder neuentwickelt, was sich u.a. an der Umwelthaftung und der Umweltverträglichkeitsprüfung (UVP), über welche später mehr berichtet wird, zeigt; allerdings fließen hier Vorsorge- und Verursacherprinzip ineinander.

Rechtlich ist das Verursacherprinzip nicht definiert. Es ist aber „rechtlich zulässig, politisch sinnvoll, wenn auch nicht verfassungsrechtlich geboten.“(66) Im Entwurf zum UGB werden verschiedene Systeme und Prinzipien zu seiner Ausgestaltung diskutiert, auf die hier nicht eingegangen werden soll.

Einleuchtend ist freilich, daß das Verursacherprinzip sich am Gemeinlastprinzip reibt und es im politischen Raum noch zu erheblichen Drängeleien kommen wird im Bestreben, mehr Platz für das eine oder andere Prinzip zu schaffen. Denn: „Das Gemeinlastprinzip bildet das Gegenstück zum Verursacherprinzip. Es besagt zunächst (als Kostenzurechnungsprinzip), daß die Kosten des Umweltschutzes über den Staatshaushalt finanziert und über das Steuersystem verteilt werden. Maßnahmen im Sinne des Gemeinlastprinzips sind sowohl die staatliche Eigenvornahme im Umweltschutz (soweit nicht deren Kosten auf Private abgewälzt werden) als auch – direkte und indirekte – Transferleistungen im öffentlichen Bereich (z.B. Finanzhilfen, Darlehen, staatliche Bürgschaften, Steuerbegünstigungen).“(67)

Wer Verursacher ist, also materiell-rechtlich zur Verantwortung gezogen werden kann, bestimmt sich nach den jeweiligen rechtlichen Bestimmungen. Im UGB-Entwurf konzentriert man sich auf den ordnungsrechtlichen und den abgaberechtlichen Verursacherbegriff. Zum ersten werden die verschiedenen Rechtskriterien angesprochen (Rechtswidrigkeit personalen Verhaltens, unmittelbare Verursachung der Überschreitung der Gefahrengrenze, Pflichtwidrigkeit und Risikozurechnung), zum zweiten verschiedene Abgabeformen (Gebühr, Beitrag, Zwecksteuer, Sonderabgaben) und die Möglichkeiten ihrer rechtlichen Verwirklichung.(68)

Maßnahmen der Verwaltung müssen selbstverständlich durch (geltendes) Recht und Gesetz gedeckt sein. Sehr häufig dürfte sich aber bei genauerer Prüfung der Lage als zutreffend erweisen, was in § 5(2) des (noch nicht rechtskräftigen) UGB so ausgedrückt wird: „Ist ein Verursacher oder ein sonstiger Verantwortlicher nicht vorhanden, nicht oder nicht rechtzeitig feststellbar oder seine Inanspruchnahme unbillig, so ist die Allgemeinheit verantwortlich.“ Sanierungskosten lassen sich eben nicht von einer in Konkurs gegangenen Firma eintreiben; das gleiche gilt auch bei der Sanierung von Altlasten, wo verantwortliche Firmen schon seit langem nicht mehr existieren oder ursprünglich Verantwortliche verstorben sind.

Verursacher kann natürlich auch der Staat sein; auch er ist Besitzer oder Eigentümer von Betrieben, Klärwerken, Müllverbrennungsanlagen, Deponien etc.; das Verursacherprinzip ist somit auch voll auf ihn anwendbar.

Im Gebiet der ehemaligen DDR können sich recht komplizierte Konstellationen ergeben. (Vgl. Abschn. 4.9) All die umweltsündigen staats- und volkseigenen Betriebe haben eine Umweltlast hinterlassen, die enorm kostenträchtige Sanierungsbemühungen erfordert.

Der verursachende Staat hat sich allerdings aufgelöst. Was jedoch geblieben ist, ist das Volk – die Allgemeinheit, nunmehr eingegangen in und verstärkt durch Staat und Volk der alten BRD. Es gilt, so drückt es das Bundesumweltministerium in einer Info-Schrift aus, den „Weg aus der ökologischen Krise“(69) zu beschreiten. Grundsätzlich gelten hier nach dem Staatsvertrag, dem Umweltrahmengesetz der DDR und dem Einigungsvertrag neben dem Vorsorge- auch das Verursacherprinzip. Dies freilich mit Einschränkungen: „Bis zu dem Zeitpunkt, zu dem Unternehmen, Kommunen und private Haushalte ihre volle wirtschaftliche Leistungsfähigkeit erreicht haben, kann daher auf eine staatliche Unterstützung nicht verzichtet werden.“(70)

Noch bedenklicher, ökonomisch und ökologisch, sieht es weiter östlich aus. Polen z.B. ist in Schweden berüchtigt, weil es der Ostsee mit seinen nahezu ungereinigten Abwässern stark zusetzt und die skandinavischen Einwohner mit seinen Exporten übermäßig verunreinigter Luft traktiert. Schweden, pragmatisch wie eh und je, tut was ökologisch nützt und wirtschaftspolitisch (Polen ist ein wichtiger Handelspartner für Schweden) zumindest nicht schadet: Es investiert großzügig in umweltschützende Technik in Polen, dabei hoffend, daß sich die Ostsee vielleicht doch noch retten läßt und die Bekämpfung von Emissionen effizienter ist, als Maßnahmen gegen importierte Immissionen im eigenen Land. Dieses Verfahren wird irreführenderweise „Nutznießerprinzip“ genannt. Tatsächlich handelt es sich um die Umkehrung des Verursacherprinzips. Joseph Huber bezeichnet diesen Vorgang wohl zutreffend, wenn er ihn „eine Art Geschädigtenlastprinzip (victim pays principle)“ nennt.(71) Dennoch wird es auch von anderen Ländern als Schweden gegenüber Verschmutzern praktiziert.

Damit eng verwandt, wird nun allmählich eine weitere Variante, eine nüchterne Kosten-Nutzen-Abwägung, in politische Praxis umgesetzt. Anstatt auf nationaler Ebene enorme Summen z.B. in Reinigungstechnologien zu investieren, um ein bereits niedriges Emissionsniveau der eigenen Wirtschaft noch weiter zu reduzieren (was nur mit unverhältnismäßig großem Aufwand möglich ist), werden die entsprechenden Mittel Ländern ohne oder mit nur geringen Reinigungskapazitäten als Entwicklungs- oder gebundene Wirtschaftshilfe zur Verfügung gestellt.

4.6.3 Das Kooperationsprinzip

Kaum verändert hat sich das Kooperationsprinzip unter dem Einfluß konservativ-liberaler Politik. Noch 1986 heißt es in den „Leitlinien Umweltvorsorge": „Das Kooperationsprinzip verlangt ein faires Zusammenwirken aller staatlichen und gesellschaftlichen Kräfte im Willenbildungs- und Entscheidungsprozeß sowie bei der Realisierung umweltpolitischer Zielsetzungen ... Die Kooperation zwischen staatlichen und gesellschaftlichen Stellen hat freilich auch Grenzen. So kann der Staat nicht auf ihm von der Verfassung oder durch Gesetz zugewiesene Kompetenzen verzichten. Wohl aber kann er gesellschaftliche Gruppen und den einzelnen Bürger mitverantwortlich an der Umweltgestaltung beteiligen."(72) Auch 1988 wird das noch so bestätigt.(73)

Im Umweltbericht 1990 scheint sich aber eine gewisse Veränderung anzudeuten, und zwar verschiebt sich der Akzent von „Eigentlich bestimmen wir - die staatlichen Stellen!" hin zu „Tragt ihr - die Nichtstaatlichen - gefälligst auch euren Teil an der Verantwortung (denn alleine schaffen wir es nicht)!" Im Bericht liest sich das so: „Dabei versteht sie (Anm. d. Verf.: die Bundesregierung) Kooperation vor allem auch als **Einfordern der Umweltverantwortung** der Bürger, der Umweltorganisationen, der Wissenschaft und nicht zuletzt der Wirtschaft. Denn Umweltschutz ist nicht nur Aufgabe des Staates; vielmehr trägt jeder in unserer Gesellschaft Verantwortung für die Erhaltung der natürlichen Umwelt."(74)

Außer dem Druck, den eine hochgefährdete Umwelt von sich aus darstellt, wirkt sich hier offenbar auch eine häufig geübte Kritik außerparlamentarischer Kreise aus. Seinerzeit wurden nicht ausreichende Partizipationsmöglichkeiten von Umweltschutzorganisationen und -verbänden (keine Verbandsklage, beschränkte Rechte zur Akteneinsicht u.a.) einerseits sowie offenbare einseitige Begünstigungen wirtschaftlicher Interessengruppen im umweltrelevanten Willensbildungs- und Entscheidungsprozeß andererseits beklagt. Mitwirkungswillige, aber ungefragte Umweltorganisationen erlebten, daß diesbezüglich aus der Wirtschaft und von Teilen der Verwaltung bei der Demokratisierung umweltpolitischer Entscheidungsprozesse Widerstand geleistet wurde.(75) Angesichts des starken Problemdrucks scheint die Bundesregierung aber nunmehr an einer breiteren Verteilung der Verantwortung, soweit es die Verfassung zuläßt, interessiert zu sein.

Auch im UGB-E wird darauf abgehoben, „daß staatlicher Umweltschutz auf die Mitwirkung der einzelnen Bürger und der gesellschaftlichen Gruppen angewiesen bleibt".(76) Ein Umweltschutz gegen den Willen der Betroffenen könne vermehrt zu Freiheitsbeschränkungen führen; das erfolgreiche Zusammenwirken von Staat und Gesellschaft im Umweltschutz setze ein Umweltbewußtsein bei den Betroffenen voraus. Umweltschutz im notwendigen Maße wird nicht schmerzfrei zu realisieren sein. Erforderlich sind, wie alle großen Umweltberichte belegen, umwälzende Veränderungen und Verzichte auf gewohnten Standard und eingeübte Verhaltensweisen. Eine Akzeptanz dafür setzt u.a. ein entsprechendes Bewußtsein, Mitgestaltungsmöglichkeiten und gleiche und gerechte Betroffenheit aller voraus. Läßt sich diese Akzeptanz nicht erreichen, wird sich vermutlich die Prognose des UGB-E bestätigen, und der Staat muß zu Machtmitteln auf Kosten der Freiheitsrechte der Bürger greifen oder er läßt die Dinge mehr oder minder laufen. Letzteres bedeutet aber nichts anderes als: frei ins Verderben.

Kooperation hat sich allmählich als unabdingbares Prinzip erwiesen; es genügt nicht, es auf nationaler Ebene zu realisieren. Dies ist von einer Vielzahl von Staaten anerkannt. Die Rio-Deklaration ist der neueste Beweis dafür. Etliche ihrer Grundsätze basieren auf dem Kooperationsprinzip.

Das Kooperationsprinzip auf internationaler Ebene hatte auch der Brundtland-Bericht groß herausgestellt: „Die Staaten sollen mit den betroffenen Staaten zusammenarbeiten bei der Beobachtung, bei wissenschaftlicher Forschung und Normsetzung im Hinblick auf grenzüberschreitende natürliche Ressourcen und Umweltstörungen.“(77)

Allerdings ist gesagt noch nicht getan, aber es darf gehofft werden.

Auf bundesdeutschem Niveau gilt, daß das Kooperationsprinzip nicht ins Uferlose ausgedehnt werden darf: Das Grundgesetz und die darauf beruhenden demokratischen und rechtsstaatlichen Prinzipien setzen Grenzen für die Kooperation „gesellschaftlicher“ Einrichtungen im Prozeß staatlicher Normsetzungs- und Kontrollverfahren; der Staat kann sich nicht unter Hinweis auf das Kooperationprinzip seiner Schutzpflichten entledigen.(78) Unterhalb dieser Ebene sind jedoch zahlreiche Mitwirkungsmöglichkeiten von Verbänden und Individuen möglich. Richtig ist insoweit, wenn die Bundesregierung auf der Mitwirkung aller beharrt: „Nachhaltige Erfolge im Umweltschutz können nur erzielt werden, wenn jeder in seinem Bereich seinen Beitrag zum Umweltschutz leistet.“(79)

Diese Bereitschaft wird nun auch z.B. von der Chemieindustrie artikuliert. In deren Umwelt-Leitlinien (1990) erklärt sie: „Für ihre Produktion trifft die chemische Industrie in eigener Verantwortung die erforderlichen Maßnahmen zum Schutz von Mensch und Umwelt ... Wenn es die Vorsorge für Gesundheit und Umwelt erfordert, wird sie ungeachtet der wirtschaftlichen Interessen auch die Vermarktung von Produkten einschränken oder die Produktion einstellen. Dies gilt auch für die sogenannten Altstoffe, wobei die Bewertung in Zusammenarbeit mit Wissenschaft, Behörden und Berufsgenossenschaft erfolgt.“(80) Damit lehnt sich die chemische Industrie wahrhaftig erfreulich weit aus dem Fenster. Als Beispiel für die Ernsthaftigkeit ihrer Versprechen nennt sie, daß seit 1985 kein Pentachlorphenol (PCP) mehr in Holzschutzmitteln eingesetzt wird und die Aerosolindustrie ab 1989 auf den Einsatz von FCKW (Fluorchlorkohlenwasserstoffe) als Treibgas für Sprays verzichtet habe. „Freiwillig.“(81) Wie freiwillig dies geschah, soll hier nicht näher behandelt werden; es wäre zu spekulativ. Immerhin hatte die Politik sich schon früher ziemlich deutlich geäußert; so z.B. die Bundesregierung 1985 in ihrer Bodenschutzkonzeption: „Das Kooperationsprinzip hat sich daneben durch Branchenvereinbarungen mit der Wirtschaft als nutzbringend erwiesen; es verlangt allerdings von seiten der Wirtschaft mehr als nur das Einbringen ökonomischer Interessen. Kooperation von Staat und Wirtschaft, d.h. Verzicht auf enge staatliche Reglementierungen zugunsten größerer Freiheit für wirtschaftliches Handeln nimmt die Wirtschaft folglich in die Pflicht, bessere, schnellere oder kostengünstigere Lösungen zu realisieren, als dies mit Hilfe staatlicher Maßnahmen allein erreicht werden könnte.“(82)

Umweltschützende Innovationen von der Wirtschaft erhofft sich die Regierung durch „die Vorgabe mittel- und längerfristiger Zielsetzungen für die Wirtschaft ... Selbstverpflichtungen und Zusagen der Wirtschaft, Absichtserklärungen über zukünftige Regelungen oder auch rechtliche Fixierungen zukünftiger Anforderungen.“(83)

Die Haltung gegenüber der Wirtschaft verhärtete sich allmählich. So schreibt die Bundesregierung 1989: „Die Schadensereignisse der letzten Jahre und die mit ihnen einhergehenden Umweltbelastungen vor allem in der chemischen Industrie haben die vielfältigen Gefahren, die die Nutzung moderner Technik mit sich bringt, deutlich gemacht ... Es ist vor allem geboten, die Eigenverantwortung der Betreiber für die Sicherheit ihrer Anlagen zu stärken. Staatliche Stellen können einen umweltverträglichen Anlagenbetrieb allein nicht gewährleisten, da diese nicht die gleichen Detailkenntnisse haben können wie die Betreiber selbst."(84) Die „Verantwortung zu stärken" heißt im Klartext nichts anderes, als die Betreiber einem erheblichen Druck auszusetzen und, wie ergänzend der Bundesrat meint, „sie zu einer effektiven Selbstüberwachung anzuhalten. Die staatliche Überwachungstätigkeit sollte mehr und mehr auf eine Kontrolle der innerbetrieblichen Kontrolleure (Betriebsbeauftragte für Immissionsschutz und Störfallbeauftragte) beschränkt werden ... Deshalb sind dem Störfallbeauftragten ... selbst öffentlich-rechtliche Pflichten aufzuerlegen."(85) Was bisher jedoch nicht geschehen ist. (Vgl. Abschn. 9.2.2.5)

Die Kontrolle der Arbeit der Kontrolleure erschließt in der Tat interessante Ansätze für das Handeln der Verwaltung im Umweltschutz. Die Kontrolle kann durchaus unter dem Stichwort Kooperation eingeordnet werden, denn der Druck von der Verwaltung stärkt die Stellung des Betriebsbeauftragten gegenüber seinen Vorgesetzten und dient somit dem Umweltschutz. Aber das allein dürfte noch nicht genügen. Eine erfolgreiche Arbeit der Umweltverwaltung ist nicht vorstellbar ohne eine lebhafte Kooperation mit anderen Behörden, Sachverständigen, Versicherern, ja, sogar – in rechtlich vertretbarem Rahmen - mit Verursachern. (Vgl. Kap. 9)

4.6.4 Das Allgemeinwohlprinzip

Nicht ausdrücklich als Prinzip der Umweltpolitik ausgeworfen ist das „Wohl der Allgemeinheit". Zahlreiche Gesetze und Verordnungen zum Schutze der Umwelt enthalten jedoch gerade diesen Passus, die Verwaltung oder einzelne verpflichtend, bei allen Maßnahmen das Wohl der Allgemeinheit zu beachten, zu tun, was diesem dient, oder zumindest zu unterlasssen, was es beeinträchtigen könnte.

Da das Wohl der Allgemeinheit vielfältig in Umweltbestimmungen berufen wird, hat es faktisch einen den „offiziellen" Prinzipien der Umweltpolitik gleichrangigen Status. Leider mangelt es jedoch an eindeutigen, gar offiziellen Definitionen. Aber es finden sich immerhin einige Puzzlestücke, die ein hinreichend klares Bild entstehen lassen.

Das Wohl der Allgemeinheit hat in Verbindung mit den Eigentumsbestimmungen aus Art. 14 GG Verfassungsrang. Eigentum verpflichtet, d.h. auch das an Grund und Boden sowie an Produktionsmitteln; sein Gebrauch soll zugleich dem Wohle der Allgemeinheit dienen (Art. 14,2 GG). „Unbestimmt" nennt schon vor zwanzig Jahren der Verfassungsrechtler Richard Schmidt diesen Satz und erklärt: „Die Formel ‚zum Wohle der Allgemeinheit' bedarf und verträgt ... keine Definition, sie ist jeder vernünftigen Auslegung offen, die allerdings von der wirtschaftspolitischen Orientierung des Auslegers abhängen wird."(86)

Ziemlich einhellig ist immerhin die Auffassung über den Begriff Allgemeinheit. Darunter wird eine „unbestimmte Mehrheit von Personen, die sich aus der Bevölkerung eines bestimmten Gebietes zusammensetzt" verstanden.(87)

Zwar offiziell, aber vage und keine Definition, ist folgende Erläuterung der Bundesregierung: „Das Wohl der Allgemeinheit ist ein unbestimmter Rechtsbegriff, der vielfältigen Abwägungen Raum läßt."(88) Auch in Rechtskommentaren überwiegt diese Meinung, wobei der Begriff des Wohls der Allgemeinheit gelegentlich ausdrücklich dahingehend interpretiert wird, daß er seiner Eigenart nach auch einen Ermessensspielraum der Verwaltung bedeute.(89)

Vereinzelt läßt sich sein Wesensgehalt aus gesetzlichen Bestimmungen heraus konkretisieren. Nach § 6 WHG ist z.B. „insbesondere eine Gefährdung der Wasserversorgung ... (als) eine Beeinträchtigung des Wohls der Allgemeinheit" zu bewerten.

Das Wohl der Allgemeinheit begründet „die Absage an eine Eigentumsordnung, in der das Individualinteresse den unbedingten Vorrang vor den Interessen der Gemeinschaft hat."(90) Diese Entscheidung des BVerfG von 1967 wurde zur Sozialpflichtigkeit des Bodens ausdrücklich unter der Berücksichtigung gefällt, daß der Boden „... unvermehrbar und unentbehrlich" ist, wobei die Abwägung gegenüber „anderen Vermögensgütern" erfolgte. Die vielfältigen ökologischen Funktionen des Bodens und sein daraus resultierender Wert für die Allgemeinheit fanden, ganz dem Öko-Koma der damaligen Zeit entsprechend, keine Berücksichtigung. Heute ist jedoch ein Spruch denkbar, wonach das Individualinteresse gerade aus ökologischen Gründen hinter das Wohl der Allgemeinheit zurückzutreten habe.

Entscheidungen der Verwaltung bewegen sich häufig naturgemäß im Grenzbereich von Individualinteresse und dem Wohl der Allgemeinheit. Der Gesetzgeber sieht hier Instrumente zur Regelung vor: Genehmigungen, Erlaubnisse, Bewilligungen, Auflagen und Bedingungen. Dazu mehr in Kapitel 9. Zunächst haben wir uns dem Problem zu stellen, daß Entscheidungen der Politik wie auch der Verwaltung oft im Spannungsfeld von Interessen gefällt werden.

4.7 Interessen und Umwelt

4.7.1 Regelung von Interessengegensätzen

Gleichgültig welches Raster man wählt, ob man den Nahbereich näher betrachtet oder sich mehr global orientiert, es läßt sich nicht daran vorbeisehen, daß sich die Umwelt in einem nicht gerade erfreulichen Zustand darstellt. Bei genauerer Untersuchung treten Ursachen zutage, die auf verschiedene handfeste Interessen zurückgeführt werden können. Schon in „UMWELT-WELTWEIT" (dort u.a. Kapitel 11 und 16) wurde darauf vor rund zehn Jahren näher eingegangen. Privates oder auch staatliches Interesse, natürlich gepaart mit Machtausübung durch Kapital und Militär, zeitigt schließlich seine verödenden und tödlichen Folgen.

Bei der Thematik Interessen und Umwelt gibt es eine große Zahl von Bezugspunkten zu den vorstehend diskutierten Prinzipien der Umweltpolitik. Der Brundtland-Bericht etwa verdeutlicht Ende der 80er Jahre, daß zum Wohle der Umwelt eine Stärkung des allgemeinen Interesses notwendig sei. Dem stünde aber das enge Eigeninteresse des einzelnen entgegen. Eine Änderung gäbe es nicht, weil man nicht damit rechne, daß die anderen sich derart sozial wünschenswert verhalten würden. Damit hebt auch der Brundtland-Bericht auf ein Phänomen ab, das bereits der SRU herausgestellt hatte:

Der Verdacht auf „Freifahrerverhalten" anderer stabilisiert eigenes umweltschädigendes Handeln. (Vgl. auch Abschn. 4.2) Die Verfasser des Brundtland-Berichtes sehen aber Einwirkungsmöglichkeiten: „Gemeinden und Regierungen können gegen diese Vereinzelung mit Gesetzen, Erziehung, Steuern, Subventionen und anderen Methoden vorgehen. Rechtskräftige Vorschriften und strikt verpflichtende Gesetzgebung können schädliche Nebeneffekte einschränken. Am wichtigsten aber ist es, daß die Gemeinden an Entscheidungsprozessen teilnehmen und dabei ihr gemeinsames Interesse artikulieren und durchsetzen."(91)

Eigeninteressen zeigen sich aber nicht nur bei den Individuen, Kommunen, Stadtverwaltungen, Landkreisen, politischen Zusammenschlüssen etc., sondern auch bei Nationen. Im Brundtland-Bericht wird auf das rapide Wachstum in der Produktion, die physikalischen und wirtschaftlichen Folgeerscheinungen und auf die zunehmende globale und regionale Verschmutzung hingewiesen. Interessengegensätze können sich z.B. in den mehr als 200 internationalen Flußgebieten und in der großen Anzahl der gemeinsamen Meeresflächen zeigen. Konflikte ergeben sich durch verschiedene Nutzungsinteressen: z.B. Trinkwassergewinnung, Feldbewässerung, Fischfang, Energiegewinnung (Staudämme), Abwassereinleitung, Schadstoffdeponierung, „Regulieren", Aufstauen oder Ableiten von Flußläufen.

Die Durchsetzung des gemeinsamen Interesses scheitere oft daran, daß politische Rechtsgebiete und die Gebiete des Einflusses nicht übereinstimmten. Energiegesetze in einem Land verursachten sauren Niederschlag in einem anderen. Fischereiregelungen in einem Staat würden den Fischfang in einem anderen betreffen. „Es gibt keine übernationale Autorität, die solche Probleme löst, und das gemeinsame Interesse läßt sich nur durch internationale Zusammenarbeit artikulieren."(92)

Gemeinsame Interessen würden allgemeiner anerkannt werden, wenn wirtschaftliche Macht und Vorteile des Außenhandels gerechter verteilt wären und alle Entwicklungs- und Umweltprobleme Lösungen zeigen würden, die für alle vorteilhaft wären. Dies sei jedoch selten der Fall, und gewöhnlich gäbe es Gewinner und Verlierer. Viele Probleme resultierten aus ungleichem Zugang zu Ressourcen. Die „Verlierer" in Umwelt-/Entwicklungskonflikten litten mehr als angemessen an den Kosten der Verschmutzung, die für Gesundheit, Eigentum und Ökosystem entstünden. „Unsere Unfähigkeit, das gemeinsame Interesse an dauerhafter Entwicklung voranzutreiben, ist also oft eine Folge davon, daß wirtschaftliche und soziale Gerechtigkeit innerhalb und zwischen den Nationen vernachlässigt sind."(93)

In Deutschland, wie auch in anderen Ländern mit ähnlich freiheitlicher Struktur, wirken sich auf die Umweltpolitik – und somit auf Gesetze und Verordnungen – Interessen verschiedenster Art aus. Interessen, die sich in Gruppen, Vereinen, Verbänden, Parteien usw. bündeln, oder die man aber auch versteckter zu verwirklichen versucht; politkriminelle „Parteispenden" sind nur eine Spielart, andere sind u.a. die Einrichtung gesponserter Bildungseinrichtungen, eine zielorientierte sogenannte Öffentlichkeitsarbeit sowie Aktivitäten in der Lobby.

Im allgemeinen, will man hoffen, bewegt sich die Interessenwahrnehmung auf den nationalen Ebenen wie auch international in einem legitimen Rahmen. Für viele Interessengegensätze gibt es Regelsysteme, teilweise auch Schiedsstellen. Allerdings ist fraglich, ob wir als Menschen damit auf die Dauer am Leben bleiben können. Denn vielfach geht es bei der Regulierung von Interessengegensätzen bestenfalls wie auf dem Spielfeld bei Mannschaftswettkämpfen zu: Unter der Aufsicht eines Schiedsrichters versuchen eine Anzahl Spieler und Gegenspieler für sich Vorteile und den Gegner Nachteile, für sich den Sieg und die anderen den Verlust des Spieles zu erreichen. Dabei geht es darum, unter Beachtung bestimmter Regeln selbst zu gewinnen und die anderen verlieren zu lassen. In dem großen Umweltspiel, das schon vor geraumer Zeit angepfiffen wurde und von dem wir nicht wissen, wie lang die Spielzeit ist, gilt jedoch, daß alle gewinnen müssen, verliert einer, bedeutet es höchstwahrscheinlich auch den Untergang des anderen. Dieses Spiel erfordert darum ein Regelsystem, das auf den Ausgleich von Gegensätzen und die Wahrung übergeordneter, gemeinsamer Interessen abhebt. Ein solches Regelsystem wird allenfalls erst in Anfängen erkennbar. (Vgl. Kap. 3)

4.7.2 Interessen in Theorie und Praxis

Prittwitz hat gründlich und wissenschaftlich nüchtern die im Spannungsfeld Umweltbelastung und Umweltpolitik wirksamen Interessen dargelegt.

In seinem Buch „Das Katastrophenparadox" unterscheidet er: „Verursacherinteressen, Betroffeneninteressen und Helferinteressen (Interessen Dritter).

Verursacherinteressen sind darauf gerichtet, eine umweltbelastende bzw. ressourcenverbrauchende Tätigkeit oder Struktur zu erhalten und auszubauen, daraus möglichst viel und anhaltend Nutzen zu ziehen und dafür mit möglichst geringen (ökonomischen, politischen, psychischen etc.) Kosten belegt zu werden.

Betroffeneninteressen sind darauf gerichtet, Umweltschäden möglichst rasch und vollständig zu beseitigen und deren Reproduktion zu verhindern.

Helferinteressen (Interessen Dritter) schließlich bestehen darin, möglichst großen Nutzen aus dem Vorgang der umweltpolitischen Problembewältigung an sich zu ziehen, also von der Rolle als Helfer (ökonomisch, politisch, psychisch) zu ‚profitieren'."(94)

Wenn wir nun schlaglichtartig Beispiele anleuchten, dann sehen wir: Verursacherinteressen bei der Industrie, besonders der chemischen, Betroffeneninteressen bei von den Verursachern Gefährdeten oder Geschädigten, Helferinteressen bei den Umweltbehörden, Rechtsanwälten und Sachverständigen.

Der Leser wird selbst weitere Beispiele suchen und es vielleicht reizvoll finden, die Interessenbereiche mit real existierenden Namen zu etikettieren.

„Das Verursacherinteresse, eine umweltbelastende Tätigkeit oder Struktur aufrechterhalten zu können, und das Betroffeneninteresse, eben diese Belastung möglichst schnell zu beseitigen oder deren Reproduktion zu verhindern, stehen offensichtlich zueinander in diametralem Gegensatz. Die Helferinteressen heben sich von den Verursacher- und Betroffeneninterssen dadurch ab, daß sie sich nicht auf den Prozeß der Umweltbelastung an sich beziehen, sondern lediglich auf die Form der Problembewältigung. Damit Hilfe notwendig wird, muß ein Schaden oder ein Problem bestehen (insoweit stehen Helfer- den Verursacherinteressen nahe), aber auch Betroffenheit politisch relevant sein (insoweit verbinden sich Helfer- und Betroffeneninteressen)."(95)

Aus dieser Konstellation konstruierte Prittwitz ein „umweltpolitisches Interessendreieck":

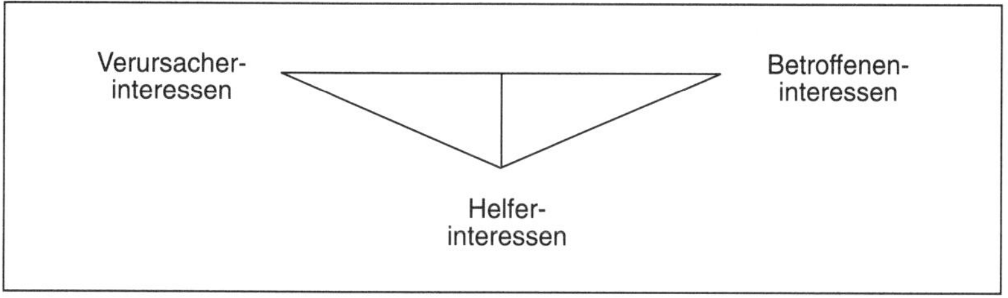

Quelle: Das Katastrophenparadox(96)

Natürlich sieht die Praxis nicht so idealtypisch aus, was Prittwitz auch an Hand verschiedener Beispiele verdeutlicht. Ergänzend sei hier nur auf das Faktum hingewiesen, daß ein bekannter Chemiekonzern seinerzeit viel Geld an Phosphaten als Waschmittelzusatz verdiente, aber nicht minder an Fällmitteln, um eben diese Phosphate in den Kläranlagen aus dem Wasser zu beseitigen. Kaufmännisch wahrlich ein Geniestreich und natürlich eine Verquickung der Interessen von Verursachern und Helfern, wobei sogar Betroffeneninteressen mit hineinspielen mochten, denn auf längere Sicht konnte selbst derjenige kein Interesse an der trotz allem stattfindenden Eutrophierung der Gewässer haben, der an den Stoffen verdiente.

Besonders deutliche „Verkuppelungen umweltpolitischer Interessen" registriert Prittwitz bei Parteien, Parlamenten und gewählten Exekutivorganen, die unter dem Druck verschiedener umweltpolitischer Interessenfraktionen stehen und dementsprechend in aller Regel Kompromißpositionen vertreten würden.(97) In diesem Zusammenhang findet Prof. Meyer-Abich klare Worte: „Regierungen sind dazu da, um Verantwortung wahrzunehmen, und nicht, um die Chancen ihrer Wiederwahl zu verbessern ... Wenn eine Regierung einem Wirtschaftsinteresse von Unternehmen, Beschäftigten oder beiden den Vorrang vor dem Umweltschutz gibt, ausdrücklich oder indem sie für diesen nichts tut, dann will sie das auch."(98)

Die Helferinteressen sind für die Verwaltung aufgrund ihrer eigenen Rollenfunktion und der Notwendigkeit, mit Helfern zu kooperieren, bedeutsam. Prittwitz unterscheidet zwei Gruppen:

1. Solche Helfer, die sich auf Maßnahmen der Entsorgung, des Filterns und Messens orientieren und somit grundsätzlich am Fortbestand der Umweltbelastung interessiert sind: Helferinteressen Entsorgung (H_E), und
2. solche Helfer, die schädliche Stoffe durch ungefährliche ersetzen wollen und somit grundsätzlich an der Beseitigung der Umweltbelastung interessiert sind: Helferinteressen Substitution (H_S).

Um deutlich zu machen, was sich „verbal nicht mehr anschaulich und präzise ausdrücken (läßt)"(99), nämlich die im allgemeinen gemischten und verschieden stark ausgeprägten Interessen der umweltpolitischen Akteure, entwickelt Prittwitz insgesamt 16 Interessenprofile, die er zeichnerisch darstellt.

Das typische Profil der Umweltverwaltung könnte z.B. durch schwache Betroffenen- und Verursacherinteressen, aber starke Helferinteressen (H_S oder H_E oder H_S und H_E) geprägt sein:

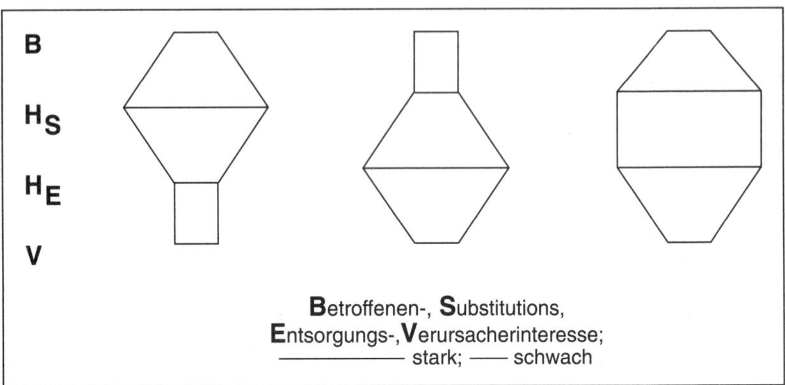

Auch das Interessenprofil eines Sachverständigen würde durch Helferinteressen markant betont werden. Da aber in die Sachverständigentätigkeit oftmals - in Personal-, Büro- oder Firmenunion - gerade aufwendige und teure Meß- und Analysekapazitäten eingehen, die ausgelastet werden müssen, dürfte wohl die Komponente H_E überwiegen.

Es kann ganz aufschlußreich sein, Äußerungen von Verbänden der Industrie, der Verwaltung oder der Sachverständigen etwa zu Gesetzesvorhaben vor dem Hintergrund des jeweiligen Interessenprofils zu betrachten.

4.8 Instrumente der Umweltpolitik

Erneut betont der Club of Rome in seiner jüngsten Publikation „Die globale Revolution" die Notwendigkeit zu einem Wandel in den Denk- und Argumentationsweisen mit einem Hinweis auf den Grundsatz: „Global denken, lokal handeln". Die Verfasser beschreiben die für den Bereich der Ökologie wechselseitigen Auswirkungen zwischen regionaler beziehungsweise globaler Situation und Individuum. Alles sei eben miteinander verknüpft. Ein bedeutsames Resultat, und zwar von mehr als nur symbolischem Charakter, sei erreichbar, „wenn sich viele zusammentun, um gemeinsam auf einen besseren Umweltschutz hinzuarbeiten, und wenn sie durch ihren Einfluß auf die Gesellschaft weitere Unterstützung gewinnen."(100) Das World Watch Institute, das die Rettung des Planeten in einer „ökologischen Revolution" sieht, kommt zu einem ähnlichen Schluß: Überwunden werden müsse die menschliche Trägheit, „die Rettung des Planeten ist kein Zuschauersport."(101)

Relevant sind in diesem Zusammenhang der Entwicklungsgrad von Wissen und Umweltbewußtsein bei Bürgern und Repräsentanten eines Staates sowie die Offenheit oder Repression eines Staatswesens. (Vgl. insbesondere Abschnitte 4.2 und 4.4).

Mit einigen Vorbehalten läßt sich vielleicht sagen, daß in der Bundesrepublik Deutschland neben den wichtigen Prioritätssetzungen außerparlamentarischer Kräfte bereits Parteien und vor allem der Gesetzgeber eine bündelnde und ordnende Funktion auf dem Gebiet des Umweltschutzes ausgeübt haben. Wünschenswert ist trotzdem, daß die Gesetzgebung sich mehr als bisher von den lebenserhaltenden Ergebnissen der

Forschung und Wissenschaft sowie Bürgerwünschen hinsichtlich der Umweltqualität und den zukünftigen Bedürfnissen der Menschen inspirieren läßt. Die Zukunft der Menschen im eigenen Land wird wesentlich bestimmt sein von den Lebensbedingungen der Menschen in anderen Regionen der Erde. Die komplizierten Folgen der „Einwanderung" großer Menschenmassen aus Gebieten des Hungers oder der ökologischen Bedrohung seien als ein Beispiel genannt, das direkt die Eigeninteressen der Menschen berührt. Der deutschen Politik, insbesondere der Gesetzgebung, möchte man für alle Bereiche (Umwelt, Wirtschaft, Entwicklungshilfe etc.) das Motto empfehlen: Global denken, lokal lenken. Auf diese Weise könnte dann eventuell auch die Kritik des Club of Rome eliminiert werden, wonach „ethische Gesichtspunkte, ... in Politik und Wirtschaft bisher, vorsichtig ausgedrückt, nicht besonders wichtig (waren)" und Gesetze, Abkommen, Kontrollen, Verhaltenskodexe in den westlichen Ländern bisher überwiegend dazu dienten „... das glatte Funktionieren der kapitalistischen Gesellschaft sicherzustellen."(102) Darauf mag sich tatsächlich der primäre Sinn der Tätigkeiten der Menschen an den Schalthebeln beschränkt haben, kurzsichtig auch das eigene Interesse an beherrschbaren innenpolitischen Verhältnissen ignorierend. Wahrscheinlich spielt hier aber auch eine gehörige Portion Unwissenheit der Verantwortlichen mit hinein. Vermutlich trifft auch auf die Wirtschaft zu, was der Club of Rome anmerkte: „Nur wenige Politiker sind sich der globalen Natur der anstehenden Probleme ausreichend bewußt, und sie haben kaum eine Ahnung von den Wechselwirkungen dieser Probleme."(103) Zweifel an deren Lernfähigkeit und -bereitschaft sind aufgrund der bisherigen Erfahrungen berechtigt; fraglich ist somit, ob denn wohl ein Instrumentarium geschaffen werden kann, mit dem die Umweltprobleme tatsächlich bewältigt werden können.

Dabei sind in der BRD, wenn man den Ausführungen über das Katastrophenparadox folgt (vgl. Abschn. 4.1), die Voraussetzungen für eine effiziente Umweltpolitik sowie zur Schaffung eines geeigneten Instrumentariums nicht ungünstig. Im wesentlichen mit der vorausgegangenen Umweltpolitik übereinstimmend, schlug der SRU 1987 vor:
„- ordnungsrechtliche Instrumente (Gebote, Verbote),
- ökonomische Anreizinstrumente (z.B. Kompensationsregeln, Abgabenlösungen, Zertifikate) und
- sonstige Instrumente (z.B. Eigentumsrechte, Absprachen, Haftungsrecht, Steuervergünstigungen, Subventionen, Umweltinformationen und -beratung, Umweltzeichen)."(104)

Es sind dies „harte" und „weiche" Maßnahmen, sie dienen einer mittelbaren oder unmittelbaren Lenkung umweltgerechten menschlichen Verhaltens" und sollen „ökologisch wirksam" und „ökonomisch effizient" sein.(105)

Im Rückblick auf die 70er und 80er Jahre tendierte die Entwicklung des Instrumentariums zu einer ständigen Verdichtung und Verfeinerung des Rechts (Rechts- und Verwaltungsvorschriften, Technische Regeln, Umweltstandards), zu einer Überwindung eingeschränkter Handlungsansätze (auf Boden, Wasser, Luft) durch z.B. eine umfassende Umweltverträglichkeitsprüfung, zu einer Harmonisierung (z.B. Genehmigungsverfahren, Betriebsbeauftragte, Entwurf des UGB), zu einer weiteren Aktivierung des Eigeninteresses und marktwirtschaftlichen Verhaltens (z.B. Umweltabgaben, verschärfte Umwelthaftung).

Allmählich wuchs das Arsenal des umweltpolitischen Instrumentariums zu einem beachtlichen Umfang an. Einen näheren Überblick bieten u.a. die Veröffentlichungen des Umweltbundesamtes („Jahresbericht 1989" u. „Jahresbericht 1990", „Daten zur Umwelt 1988/89") sowie des Bundesumweltministeriums („Umweltbericht 1990", „Umwelt '90. Umweltpolitik. Ziele und Lösungen").

Beispiel für das Umweltinstrument „Aufklärung" - der Umweltengel:

4.8.1 Umweltverträglichkeitsprüfung

Weil sie ein besonders aktueller und richtungweisender Beleg für die sich nunmehr auch in der Umweltpolitik durchsetzende ganzheitliche Sichtweise (die natürlich auch in der Verwaltung selbstverständlich werden muß) und die Verfeinerung des Instrumentariums ist, soll hier die Umweltverträglichkeitsprüfung (UVP) näher erörtert werden. Dabei stellt sich auch in jedem Einzelfall die Frage nach der erforderlichen oder angestrebten Umweltqualität.

Bei vordergründiger Betrachtung mag es scheinen, als wäre mit den Zielen der Umweltpolitik (vgl. Abschn. 4.5) auch schon die angestrebte Qualität der Umwelt beschrieben. Tatsächlich ist die Umweltqualität damit aber keineswegs erfaßt; vielmehr hat sich gezeigt, daß es schwierig ist, diese zu definieren. Der SRU beispielsweise stellte 1987 fest: „Umweltschutz muß auf Ziele ausgerichtet sein. Im Vordergrund müssen **Umweltqualitätsziele**, d.h. auf die Immissionen bezogene Ziele, stehen."(106) Der SRU schlug eine „Doppelstrategie" vor: Grobsteuerung durch Emissionsbegrenzung und regionale Feinsteuerung durch Festlegung von Immissionsstandards, sogenannte Gefährdungs- und Schutzwürdigkeitsprofile. Also eine Abwägung, wieviel Schmutz wo akzeptabel sein sollte.

Dem mochte die Bundesregierung 1990 nicht mehr folgen, sie strebte einen wesentlich weitergehenden vorsorgenden Umweltschutz an und prioritierte eine konsequente Emissionsminderung.(107) Damit wurde zwar versucht, weitere Belastungen der Umwelt möglichst zu eliminieren oder gering zu halten, aber eine Aussage darüber, welcher Qualität die Umwelt im Einzelfall sein sollte, wurde damit nicht getroffen.

Inzwischen ist in der BRD seit 1990 eine medien- und sektorübergreifende UVP gesetzlich vorgeschrieben. Das deutsche UVP-Gesetz geht auf eine EG-Richtlinie von 1985 (85/337 EWG) zurück.

Die UVP ist erforderlich für größere private und öffentliche Projekte wie Kraftwerke, Anlagen der chemischen Industrie, Abfallentsorgungsanlagen, Flugplätze, Bahnstrecken, Autobahnen, Bundesstraßen und Anlagen der Massentierhaltung.

Zu untersuchen sind die Auswirkungen und Wechselwirkungen in bezug auf Menschen, Tiere und Pflanzen, Boden, Wasser, Luft, Klima, Landschaft, einschließlich der jeweiligen Wechselwirkungen, sowie Kultur- und Sachgüter. Im Rahmen der UVP sollen nicht Einzelbelastungen z.B. des Wassers oder der Luft bewertet werden, sondern alle Umweltauswirkungen querschnittsorientiert und integrativ in einer Gesamtschau; dabei ist die Öffentlichkeit in gewissem Rahmen zu beteiligen.

Ein besonderer Vorzug der neuen Regelung mag sein, daß für Vorhaben, die mehrerer Zulassungsentscheidungen bedürfen, die Funktion einer „federführenden Behörde" eingeführt wird, die inhaltliche und zeitliche Koordinierungsaufgaben wahrzunehmen hat. Als solche sind bestehende Landesbehörden einzusetzen; nach einer Forderung des Deutschen Bundestages wurde absichtlich vermieden, neue Verfahren und Behörden zu schaffen. Hier hat man wohl lobenswerterweise über den Zaun bzw. Teich geschaut.

Die UVP wird nämlich schon seit langem in Holland sowie in Kanada und in den USA, dort „Environmental Impact Assessment" genannt, praktiziert.

Nach dortigen Erfahrungen ist von entscheidender Bedeutung, daß sich alle Verfahrensberechtigten **vorher** auf Untersuchungsmethoden, die Begrenzung und Qualität der Untersuchungen sowie den Untersuchungsgegenstand selbst einigen und somit das leidige Spiel von Gutachten, Gegengutachten und Obergutachten vermieden wird.

Die „federführende Behörde" soll u.a. vor Beginn der Zulassungsverfahren den Untersuchungsrahmen der UVP festlegen und am Ende der Prüfungen alle Informationen über die Umweltauswirkungen eines Vorhabens in einer zusammenfassenden Darstellung aufbereiten.

Mit dem UVP-Gesetz und entsprechender Anpassungen des Bundesberggesetzes und des Raumordnungsgesetzes sowie der 9. BImSchV (Grundsätze des Genehmigungsverfahrens) und der Verabschiedung der Allgemeinen Verwaltungsvorschrift zur Ausführung des Gesetzes über die Umweltverträglichkeitsprüfung (UVPVwV) stimmt die BRD auch mit internationalen Forderungen von außerhalb der EG überein; so steht beispielsweise im Brundtland-Bericht: „Die Staaten sollen vorherige Umweltverträglichkeitsprüfungen von vorgeschlagenen Aktivitäten durchführen oder fordern, die auf die Umwelt oder die Nutzung einer natürlichen Ressource erheblich einwirken könnten."(108) Dort werden auch „kooperative Vereinbarungen über Umweltverträglichkeitsprüfung und Umweltschutz" gefordert. Entsprechend weitgehende Verfahren sind laut Artikel 14 Artenschutzkonvention vorgesehen.

Im Februar 1991 wurde im Rahmen der UN-Wirtschaftskommission für Europa (ECE) eine Konvention über die Umweltverträglichkeitsprüfung in grenzüberschreitendem Zusammenhang unterzeichnet, was z.B. für das Errichten von grenznahen Abfallentsorgungsanlagen bedeutsam sein kann. Auch in weiteren Konventionen finden sich Bestimmungen über die UVP (z.B. für Vorhaben des Tiefseebergbaus oder Maßnahmen in der Antarktis).

Die UVP, hauptsächlich Ausdruck der Umweltvorsorge, realisiert somit in gewisser Weise auf nationaler und internationaler Ebene auch das Kooperationsprinzip.

Problematisch ist die praktische Durchführung einer UVP, weil es schwer ist, Umweltqualitätsziele und Umweltstandards zu konkretisieren.

Bisher zeigte sich, daß Standards entweder fehlen oder aber vorhandene nur mangelhaft auf den speziellen UVP-Fall angewandt werden konnten.

Das Umweltbundesamt (UBA) hat die Arbeiten zur Entwicklung solcher Grundlagen intensiviert. Bei einer Untersuchung im Bereich Wesermarsch/Wilhelmshaven wurden „regionsspezifische, ökologisch angepaßte Belastungs- und Potentialprofile durch die Identifizierung und Diskussion von regionalisierten Umweltqualitätszielen und -standards festgelegt. Damit ergab ... sich als Summe der regionalisierten Umweltqualitätsziele ein ökologisches Leitbild der Region, an dem sowohl heutige als auch zukünftige Belastungen sowie eventuelle Sanierungsanforderungen zu messen sind.“(109)

Dies sind jedoch nur erste Erfahrungen. Klar zu sein scheint, daß die UVP zunächst eine Bewertung der vorhandenen Umweltsituation erfordert, und zwar (aus ökonomischen Gründen) in einer Art ‚intelligenter Beschränkung‘ auf bestimmte Schlüsselparameter (ebd.), und dann müssen Umweltqualitätsziele festgelegt werden. Solche sind bisher vor allem für den Boden und den Naturschutz nicht ausgewiesen.

Aufgrund eines vom UBA vergebenen Forschungsauftrages werden 1992 Ergebnisse erwartet, die die Basis bilden können, „ein in sich geschlossenes, ökologisch begründetes ... System von Umweltqualitätszielen im Rahmen eines Umweltinformationssystems aufzustellen“. Im „Jahresbericht 1990“ des UBA heißt es dazu: „Eine Umweltverträglichkeitsprüfung läßt sich nur dann effizient durchführen, wenn zum einen genügend Informationen über die zu untersuchende Maßnahme (z.B. eine industrielle Anlage) und die Umwelt im Auswirkungsgebiet vorliegen und zum anderen Fachkenntnisse über die gegenwärtig existierenden Prüfmethoden und -maßstäbe bestehen ...

Zur Unterstützung der Praxis wird deshalb zur Zeit ein EDV-gestütztes Informations- und Beraternetz zur Umweltverträglichkeitsprüfung (UVP-IBN) entwickelt, das es erlauben soll, die Informationen zentral abzurufen ... Das UVP-IBN soll danach zweisprachig (deutsch und englisch) angelegt werden und den Zugang zu Informationen

- der Bundesrepublik Deutschland,
- der Europäischen Gemeinschaft und
- des internationalen Bereichs und anderer Länder ermöglichen. Für jede dieser Ebenen sollen die Module
- Allgemeine Übersichten,
- Datenbanken,
- Methodenbanken und
- Schnittstellen

zur Verfügung stehen; sie sind ihrerseits in Teilmodule untergliedert.“(110)

Die Nutzung des UVP-IBN soll noch vor Mitte der 90er Jahre beginnen können.

Weitere Untersuchungen sollen die Methodik der UVP weiterentwickeln (u.a. Umweltbelastungen einer geplanten Hausmüllverbrennungsanlage, Flächenbewertung im

Rahmen der Planung von Neubautrassen, ökologische Bilanzierung bezüglich Flurbereinigungsverfahren). (111)

Aufgrund ökonomischer Überlegungen wird davon ausgegangen, daß bis zum Jahr 2000 folgende Projekttypen relativ häufig vorkommmen:
- Autobahnen/Schnellstraßen,
- Kraftwerke/Heizkraftwerke (Industriekraftwerke),
- Sonderabfalldeponien,
- Anlagen zur Sonderabfallverbrennung,
- Feriendörfer/Hotelkomplexe/Golfplätze.

Für diese Projekte wurden „Projektspezifische Frageleitfaden" sowie ein „Frageleitfaden Standort" erstellt. Mit diesen Hilfen sollen schließlich der Bedarf an Basisinformationen konkretisiert und in Indikatoren umgesetzt, die Verfügbarkeit von Daten und Informationen geprüft und Methoden zu ihrer „Generierung" (svw. Erzeugung, Anm. d. Verf.) dargestellt sowie auf Informationsquellen hingewiesen und dann - letzter Schritt - Empfehlungen abgeleitet werden.(112)

Die zur Durchführung der UVP-Bestimmungen geschaffenen Grundlagen und insbesondere das UVP-IBN dürften sich in der Zukunft auch bei der Sanierung von Schadensfällen noch als sehr hilfreich erweisen.

4.8.2 Umwelthaftung

Auch die nun geltenden Bestimmungen zur „Umwelthaftung" entsprechen einem umweltpolitischen Geist, der fortschrittlich genannt werden kann. Darum ist es angemessen, ihr ein Kapitel zu widmen, dies um so mehr, als gerade Haftungsfragen in der Praxis der Umweltverwaltung eine erhebliche Rolle spielen.

Seit der Schaffung des Bürgerlichen Gesetzbuches (BGB) im Jahre 1896 werden in Deutschland Haftungsfragen auf hohem rechtlichen Niveau behandelt. Grundlage ist dafür vor allem § 823 BGB. Doch die hier festgeschriebene Verschuldenshaftung erwies sich nicht für alle Schadensfälle im Wasserbereich als befriedigend. Darum hat der Gesetzgeber in § 22 WHG „eine besondere privatrechtliche Grundlage für Schadensersatzansprüche geschaffen. Die Vorschrift regelt eine weitreichende Gefährdungshaftung für ‚Änderungen der Beschaffenheit des Wassers'."(113)

Aber allmählich wurde auch diese Haftungsregelung als unzureichend empfunden, weil sie sich nur auf das Wasser beschränkte und nicht den Schadensersatzerfordernissen entsprach, die aus den umweltbelastenden multisektorellen Erscheinungsformen resultierten. Auch die im wesentlichen auf das Jahr 1978 zurückgehenden Bestimmungen des Haftpflichtgesetzes konnten dem an Umweltgefährdungen orientierten Rechtsbewußtsein nicht genügen. „Im Zuge der Diskussion um die Fortentwicklung des individuellen Umwelthaftungsrechts wurde immer deutlicher, daß Schäden aus summierten und entfernten Schadensquellen, insbesondere im Zusammenhang ubiquitärer Schadstoffbelastung der Luft, nur durch kollektivrechtliche und solidarische Haftungsmodelle einem gerechten Schadensausgleich zugeführt werden können."(114)

Die einer traditionellen Rechtsauffassung entspringenden Schadensersatzregelungen des BGB, WHG und Haftpflichtgesetzes bedurften einer Art „Japanisierung": Als Folge der enormen Luftverpestung in Japan bis in die 70er Jahre mit den entsprechenden Schädigungen von Gesundheit und Sachen, wurde dort eine Umkehr der Beweislast eingeführt. Nun mußte nicht mehr das Opfer nachweisen, aus welchem Schornstein die gefährliche Dosis kam, sondern es genügte ein sogenannter Plausibilitäts- bzw. epidemiologischer Kausalitätsbeweis. Wenn mehrere Schornsteine als Quellen der Immissionen infrage kamen, so mußten die entsprechenden Werke gesamtschuldnerisch und gesamthaftend für den Schaden aufkommen, und zwar sogar auch dann, wenn sie die zugelassenen Grenzwerte eingehalten hatten. Dieses Verfahren erwies sich als ausgezeichnetes ökologisches Steurerungsinstrument. Das erhöhte „Risiko" eines Schadensersatzes führte zu großen Anstrengungen der Wirtschaft, die zugelassenen Grenzwerte „von sich aus" zu unterschreiten.

In der BRD verursachten die Erfahrungen mit der Brandkatastrophe von Basel im November 1986, in deren Verlauf große Mengen giftigen Löschwassers den Rhein belasteten, sowie eine merkwürdige Häufung wassergefährdender Einleitungen durch chemische Werke auf deutscher Seite unmittelbar nach dem Baseler Brand (wurde die „Gunst der Stunde" genutzt, sich seiner unangenehmsten Reststoffe zu entledigen?), einen Regelungsbedarf für zunächst störfallrechtliche Bestimmungen (vor allem Sicherheits- und Meldepflichten seitens des Betreibers von Anlagen). Darüber hinaus ergab sich dann der Anlaß, auch das Umwelthaftungsrecht sowie das Umweltstrafrecht zu überprüfen.

Schon in seinem Umweltgutachten von 1987 hatte der SRU „die Gefährdungshaftung als ein der Marktwirtschaft adäquates, sich auf das Verursacherprinzip stützendes Grundprinzip" angesehen.(115) 1990 verkündete dann Bundesumweltminister Klaus Töpfer mit sehr positiv klingenden Worten, die wohl dennoch nicht alle potentiellen Verursacher entzückt haben mögen, die Einführung der Umwelthaftung diene „der Stärkung der Verantwortung der Verursacher" und bedeute zugleich „einen wirtschaftlichen Anreiz zu Vorsorgemaßnahmen gegen Umweltschäden."(116)

Am 1.1.1991 trat schließlich das Umwelthaftungsgesetz in Kraft. Offiziell wurde erklärt: „Es soll im Zivilrecht den Umweltschutz und die Rechtstellung von Geschädigten nachhaltig verbessern und bestehende Regelungslücken im Umwelthaftungsrecht schließen."(117)

Vorrangig ist die Gefährdungshaftung; sie greift verschuldensunabhängig, also auch bei bloßem technischen Versagen, und umfaßt nun – neben dem Wasser – medienübergreifend auch die Bereiche Boden und Luft. Der Ersatzpflicht sind zahlreiche Anlagen unterworfen, die als besonders umweltgefährdend angesehen werden (Kraftwerke, Anlagen der Stahl- und Eisenerzeugung, der chemischen Industrie, zur Abfallbehandlung etc.).

Um sicherzustellen, daß Geschädigte ihre Ansprüche nicht nur geltend machen, sondern auch tatsächlich realisieren können, werden die Inhaber besonders risikoreicher Anlagen verpflichtet, vorsorglich z.B. eine Haftpflichtversicherung abzuschließen. Anlagen, die der Haftpflicht unterliegen bzw. eine Deckungsvorsorge gewährleisten müssen, sind in Anhängen zum Umwelthaftungsgesetz aufgeführt.

Grundsätzlich betrifft die Haftung auch Schäden aufgrund von Umwelteinwirkungen im störungsfreien, behördlich genehmigten (bestimmungsgemäßen) Normalbetrieb der

Anlagen. Ersatzfähig sind Verletzungen von Körper, Gesundheit oder Eigentum. Ausgeschlossen sind ortsübliche Bagatellschäden, die auf Umwelteinwirkungen infolge des Normalbetriebes beruhen.

Von größerer Bedeutung ist zweifelllos, daß ein Schädiger auch für sogenannte Öko-Schäden, d.h. für Beschädigungen eines Grundstücks aufkommen muß, wenn diese sich zugleich als eine Beeinträchtigung der Natur oder der Landschaft darstellen, und zwar auch dann, wenn die Aufwendungen für die Wiederherstellung den Sachwert übersteigen. Der Schädiger kann sich nicht mehr darauf berufen, daß die Wiederherstellung unverhältnismäßig sei.

An dem Erfordernis der Kausalität wird zwar auch weiterhin im Grundsatz festgehalten, aber der bisher notwendige Kausalitätsbeweis, der sogenannte Vollbeweis über die Verursachung, der in der bisherigen Praxis nur sehr schwierig zu führen war, wird nun durch eine Ursachenvermutung zurückgedrängt. Ist nach den Gesamtumständen der Betrieb einer Anlage geeignet, den entstandenen Schaden zu verursachen, dann wird die Ursächlichkeit unterstellt. Dies jedoch dann nicht, wenn eine Anlage im rechtmäßigen Normalbetrieb gefahren wurde oder wenn ein anderer Umstand als der Betrieb der Anlage geeignet war, den Schaden zu verursachen.

Auskunftsansprüche des Geschädigten gegenüber dem Inhaber einer Anlage gehen einher mit solchen gegenüber den zuständigen Genehmigungs- und Aufsichtsbehörden sowie gegenüber Behörden, die allgemeine Einwirkungen auf die Umwelt überwachen. Der Anspruch auf Auskünfte ist nur davon abhängig, daß ernsthafte Anhaltspunkte für die Schadensursächlichkeit einer Anlage vorhanden sind.

Auch weiterhin bleiben Rechte des Anlageninhabers auf Geheimhaltung in einem gewissen Rahmen bestehen.

Aus dem Auskunfts- und (Akten-)Einsichtsrecht gegen Behörden wird wohl auch eine gewisse Erwartung potentiell Geschädigter an die Qualität und Verständlichkeit von Auskünften sowie die Übersichtlichkeit der Unterlagen erwachsen. Dem positiven Geist des neuen Bürgerrechts entspricht, daß die Umweltverwaltung sich offen gegenüber dem Bürger zeigt und nicht etwa „mauert".

Dennoch wird es der Rechtsprechung obliegen, das neue Umwelthaftungsrecht auszugestalten und in Zweifelsfragen aufzuzeigen, wo jeweils die Grenzen in den bis jetzt noch recht frei interpretierbaren Bereichen verlaufen. Unzweifelhaft verbessert es die Position potentiell und tatsächlich Geschädigter. Gleichwohl ist zu vermuten, daß nach einiger Zeit rechtliche Veränderungen erforderlich werden, die noch weitergehender sind. Immerhin gab es z.B. schon im Bundestag einen von den Grünen eingebrachten Gesetzesvorschlag, der die Errichtung eines einheitlichen, verursacherfinanzierten Schadensfonds vorsah, aus dem alle Umweltschäden unabhängig von der Ersatzpflicht nach dem Umwelthaftungsrecht ausgeglichen werden sollten.(118) Auch außerparlamentarisch, so auf dem DGB-Kongreß 1990, wurden weitgehende Forderungen gestellt, von denen man annehmen darf, daß sie nicht der Vergessenheit anheimgegeben werden: Beweislastumkehr, Umwelthaftpflichtversicherung ohne Deckungsgrenzen, ein Umweltschadenersatzfond (hauptsächlich zur Entschädigung von Summations- und Distanzschäden.(119)

In der Diskussion bleiben vor allem – und irgendwann werden diese auch eine rechtliche Lösung erfordern – die sogenannten Schäden aus summierten und entfernten Schadensquellen (Distanzschäden). Das Waldsterben, offiziell feinsinnig mit „neuartige Waldschäden" umschrieben, ist ein typischer Summations- und Distanzschaden, der keinem individuellen Schädiger (allein) zugerechnet werden kann und somit immer noch haftungsfrei bleibt. Gleiches gilt für allgemeine Schäden, die die Allgemeinheit berühren, wie z.B. daß Ökosysteme beeinträchtigt und die Möglichkeiten eingeschränkt werden, die Natur zur Erholung zu nutzen oder sich einfach an ihr zu erfreuen. Immerhin hat eine hohe Instanz den Gesetzgeber bereits in einem speziellen Sachverhalt unter Druck gesetzt: „Das Waldschadensurteil des Bundesgerichtshofs (BGHZ 102, 350 362) hat ausdrücklich den Gesetzgeber aufgerufen, Vorschriften über den Ausgleich von unzumutbaren, durch Primärrechtschutz nicht abwendbaren Vermögenseinbußen zu schaffen, die den Waldeigentümern durch den Vollzug des ... BImSchG erwachsen."(120)

Nach dem UGB-E (§ 130) sollen die Länder verpflichtet werden, einem Geschädigten, der aus Rechtsgründen keinen Ersatz erlangen kann, einen billigen Ausgleich für unzumutbare Umweltschäden zu gewähren. Bei unzumutbaren Schäden handele es sich „nicht mehr um das mit der technisch-industriellen Zivilisation verbundene allgemeine Lebensrisiko, sondern um echte Sonderopfer."(121)

4.9 Die ehemalige DDR – alte Last, neues Recht

Mit dem Umweltrahmengesetz, das am 1.7.1990 in Kraft trat, wurde Umweltbundesrecht nahezu vollständig im Gebiet der damals noch existierenden DDR anwendbar. Dieses Gesetz vollführte die sogenannte Umweltunion zwischen beiden deutschen Staaten, die mit dem Staatsvertrag über die Wirtschafts-, Währungs- und Sozialunion angestrebt wurde. Der Beitritt der DDR zur BRD, seine Voraussetzungen und Folgen, wurden im Einigungsvertrag geregelt, der am 31.8.1990 unterzeichnet wurde.

Der Einigungsvertrag knüpfte an den 1. Staatsvertrag an. Mit Art. 34 Einigungsvertrag wird der Bundesgesetzgeber aufgerufen, „die natürlichen Lebensgrundlagen des Menschen unter Beachtung des Vorsorge-, Verursacher- und Kooperationsprinzips zu schützen und die Einheitlichkeit der ökologischen Lebensverhältnisse auf hohem, mindestens jedoch dem in der Bundesrepublik Deutschland erreichten Niveau zu fördern."(122)

Nach Art. 8 des Einigungsvertrages ist grundsätzlich das gesamte Bundesrecht auch in der ehemaligen DDR wirksam geworden. Näheres regeln die Anlagen I und II des Einigungsvertrages. Enthalten sind dort von der Überleitung ausgenommene Rechtsvorschriften, die Aufhebung, Änderung oder Ergänzung geltenden Rechts sowie die Maßgaben, nach denen bestimmte Rechtsvorschriften im Gebiet der bisherigen DDR in Kraft treten; außerdem wird fortgeltendes DDR-Recht aufgeführt. Wenn auch nunmehr das Bundesrecht in der DDR gilt, ist doch möglich, daß über längere Zeit Gesetzeslücken in Bereichen bestehen, die in die Kompetenz der Länder fallen, weil die Gesetzesmaschinerie schlichtweg ihre Zeit braucht.

Der Handlungsbedarf auf dem Gebiete des Umweltschutzes in den neuen Bundesländern ist enorm. In der DDR dominierten kurzfristige Planerfüllungsziele über Umweltschutzmaßnahmen, Verursacher und Kontrolleure waren vielfach identisch, es wurde nicht in umweltschützende Anlagen investiert, die Landwirtschaft wurde ohne Rücksicht auf die Umwelt betrieben u.v.m. Die ersten Bestandsaufnahmen weisen für Wasser, Luft, Abfall, Altlasten, Naturschutz, Radioaktivität und Gesundheit überwiegend deprimierende Verhältnisse aus.

Dies mögen einige Angaben verdeutlichen: „Die Lebenserwartung in den fünf neuen Bundesländern liegt bei den Männern 2 Jahre und bei den Frauen 3 Jahre unter dem EG-Durchschnitt (EG: Männer 72 Jahre; Frauen 75 Jahre; Bundesrepublik [alt]: Männer 72 Jahre, Frauen 78 Jahre)."(123) Hier spielen sicher viele Ursachen mit, aber Umwelteinflüsse dürften dabei eine erhebliche Bedeutung haben. Immerhin erhalten von den 16,6 Millionen Einwohnern der neuen Länder ca. 9,6 Mio. Einwohner zeitweise oder ständig qualitativ beeinträchtigtes Trinkwasser, und 6 Mio. Einwohner leben in Gebieten mit Grenzwertüberschreitungen bei Schwefeldioxid; in Hauptbelastungsgebieten ist die Schwefeldioxidbelastung teilweise zehnmal so hoch wie in den westdeutschen Industriezentren; Pflanzenschutzmittel wurden flächenbezogen im Vergleich mit den westdeutschen Bundesländern etwa in doppelter Menge eingesetzt; etwa 30 000 Verdachtsflächen mit Altlasten ergab eine vorläufige Bestandsaufnahme; weitere gravierende Probleme ergeben sich in Gebieten des Uranbergbaus durch überhöhte Radonkonzentrationen in Häusern.(124)

Die Abfallentsorgung erfolgte in der DDR weitgehend ungeordnet und nicht den verfügbaren technischen Mitteln entsprechend: Etwa 10 000 Deponien für Siedlungsabfälle müssen als ungeordnet gelten; von ca. 55 Mio. Tonnen industrieller Abfälle, die im Jahre 1989 beseitigt werden mußten, wurden fast 38 Mio. Tonnen auf sogenannte nicht „berichtspflichtige Deponien" abgelagert. Höchstens 200 000 Tonnen industrieller Abfälle wurden vor der Ablagerung vorbehandelt, d.h. verbrannt oder entgiftet.(125)

Bei den CO_2-Emissionen pro Kopf liegt die DDR im Weltmaßstab an der Spitze.

Erste Umfragen unmittelbar nach dem Zusammenschluß der beiden deutschen Staaten belegen eine Wertschätzung für eine intakte Umwelt auch bei den Bürgern der ehemaligen DDR. Dem Umweltschutz als politischer Aufgabe räumen 97 % der Befragten einen hohen Stellenwert ein. „In Übereinstimmung damit wird die Qualität der Umwelt eingeschätzt: 43 % der Befragten bewerten sie als schlecht, 32 % als mittelmäßig und nur 13 % und 12 % als gut bzw. sehr gut."(126)

Für die Verwaltung in den neuen Bundesländern ergeben sich grundsätzlich keine anderen Arbeitsschwerpunkte als in den alten Bundesländern (abgesehen davon, daß sie noch dringender und mit noch höherer Intensität angegangen werden müssen), denn auch in der alten BRD zeichnet sich auf dem ökologischen Sektor ein eher düsteres Bild.

Im wesentlichen geht es um folgendes:
- Abwehr von Gefahren für die Bevölkerung, insbesondere von akuten (konkreten) Gefährdungen,
- Ermittlung, Bewertung und Sanierung von Altlasten,
- Umweltvorsorge durch die Anwendung schrittweise erhöhter Standards in Genehmigungsverfahren,
- wirksame Überwachung von Anlagen und Betrieben.

Konkret handelt es sich um zweierlei Sofortmaßnahmen, nämlich solche, „die akute Gefährdungen direkt bannen (z.B. Stillegungen, Schließungen, Sicherung bzw. Versiegelung von Flächen u.a.)" und solche, „mit denen weiteren Gefährdungen begegnet werden kann (z.B. Verbote, Verordnungen, Auflagen und Sofortprogramme ...

Der teilweise dramatische Zustand der Umwelt in der ehemaligen DDR erfordert über die Soforthilfen hinaus dringend mittelfristige Sanierungsmaßnahmen in allen Bereichen."(127)

Wie erfolgreich die Arbeit der Umweltverwaltung in den neuen Bundesländern sein wird, hängt von zahlreichen Faktoren ab; bedeutsam dürften politische Vorgaben, die Bereitstellung entsprechender Mittel und die Entwicklung von Konzepten für alle Umweltbereiche mit kurz-, mittel- und langfristigen Zielsetzungen sowie die quantative und qualitative Besetzung entsprechender Dienststellen sein.

Schon vor der Vereinigung beider deutscher Staaten hatte der Bundesumweltminister politische Orientierungspunkte gegeben:
„Ziel ist es, spätestens bis zum Jahre 2000, das bestehende Umweltgefälle zwischen beiden Teilen Deutschlands auf hohem Niveau vollständig auszugleichen ... Der Schlüssel zum Erfolg ist die Generalüberholung der gesamten Wirtschaft der DDR auf der Grundlage einer ökologischen und sozialen Marktwirtschaft ... Ab 1. Juli 1990 müssen alle Neuinvestitionen die hohen Umweltschutzanforderungen des bundesdeutschen Umweltrechts erfüllen ... bei wirtschaftlichen Investitionen in der DDR (gibt es) keinen Rabatt auf die Umwelt ... der ‚Umwelt-Hinterhof DDR' (ist) zu einem Modell für die ökologische Erneuerung in Osteuropa zu machen."(128)

Angesichts der tatsächlichen Verhältnisse in der ehemaligen DDR (u.a. leere Kassen in den neuen Bundesländern, weitgehend ungeklärte Eigentumsverhältnisse an Grund und Boden und Produktionsmitteln, anhaltende Abstinenz westlicher Investoren) erscheint die Erklärung des Bundesumweltministers vielleicht doch wie das tapfere Singen eines Kindes im finstern Walde. Jedoch ist die Lage nicht vollends hoffnungslos.

Das wirtschaftliche Fiasko mit der Folge zahlreicher Betriebsstillegungen erweist sich (ungewollt) als hervorragendes Steuerinstrument der Umweltpolitik: Stillgelegte Betriebe sind zumindest nicht mehr aktiv umweltgefährdend; dies jedenfalls dann nicht, soweit sich auf ihrem Gelände keine Altlasten verbergen.

4.10 Einige Einsichten

Umweltpolitik wird seit etwa 20 Jahren (Stockholmer Konferenz 1972) in größerem Stile betrieben. Die Probleme sind seither nicht einfacher geworden, sie sind eher noch gewachsen. Der Brundtland-Bericht weist trotz allem und wohl auch mit Recht an verschiedenen Stellen auf Fortschritte hin und versucht Optimismus zu verbreiten, wobei allerdings Anlaß besteht, internationale Defizite hervorzuheben: „Die Reaktion der Regierungen auf das Tempo und den Umfang des globalen Wandels war bisher gekennzeichnet von dem Widerstreben, daraus in ausreichendem Maße Schlüsse für das eigene Verhalten zu ziehen ... Die Mehrzahl der Institutionen arbeitet indes ohne Bezug und isoliert vor sich hin ... Gleichzeitig aber verzeichnen die internationalen Organisationen einen Vertrauensverlust."(129)

Die Bundesregierung immerhin betont nun, die „globale Herausforderung“ läßt sich „... nicht allein durch nationale Maßnahmen bewältigen.“(130) Außerdem sei die Materie zu komplex, als daß sie noch von einem Ressort gemeistert werden könnte.

Der Wirtschafts- und Sozialwissenschaftler Joseph Huber beobachtet: „Ökologie wird gegenwärtig zu einem Betätigungsfeld der Diplomatie, als Teil der Außenpolitik, der Handelspolitik, der Entwicklungspolitik, aber auch als integrierter Teil der politischen Tätigkeit internationaler Körperschaften wie der EG, der UNO, des Internationalen Währungsfonds oder der Weltbank.“(131)

Huber hebt als Grund hervor, daß sich die natürlichen Ökosysteme um die politischen Grenzen wenig kümmern würden und kommt zu dem Schluß, daß eine erfolgreiche Umweltpolitik ohne internationale Orientierung und Einbettung undenkbar sei.

Es dürfte deutlich geworden sein: Die Umwelt ist bedroht; zu ihrem Schutz muß überall und auf allen Ebenen gehandelt werden, Entscheidungen sind gefordert. Doch sollte jeder, der seine Aufgabe erfüllt, sich gelegentlich vor Augen führen, was Joachim Kahlert im Kursbuch 96 schrieb: „Es gibt keine Entscheidungen im Interesse der Gesellschaft oder gar der Menschheit, und wer immer so redet, lenkt von der Herausarbeitung der eigentlichen Probleme ab. Was wir auch tun oder lassen, wir spielen nicht Schicksal, wir verteilen es.“(132)

5 Ökonomie und Ökologie

5.1 Auferstehen aus Ruinen

Nach dem 2. Weltkrieg ging es in Deutschland zunächst nur um eines: Auferstehen aus Ruinen! Schon nach wenigen Jahren bildeten sich aus allgemein bekannten Gründen die BRD und die DDR. Die Besonderheiten der DDR gestatten nicht, einen einfachen Überblick über ihre ökonomische und ökologische Entwicklung zu vermitteln. Eingegangen wird hier und in den weiteren Abschnitten nur auf die Verhältnisse in der BRD.

Dort wurden schon bald weitgesteckte Ziele markiert: Wohlstand für alle, Wirtschaftswachstum, technischer Fortschritt. Nach und nach drängte sich auch anderes auf die politische Tagesordnung: Forderungen nach Humanisierung der Arbeitswelt, mehr Freizeit, Mitbestimmung im Betrieb und Teilhabe an öffentlichen Planungsprozessen. Umweltschutz oder eine irgendwie geartete Sorge um den Bestand der Umwelt war offenbar bei keiner der politisch agierenden Gruppen im Bewußtsein verankert: nicht bei den Arbeitgebern, nicht bei den Arbeitnehmern sowie deren Organisationen und auch nicht bei den Politikern.

Allmählich ging es wirtschaftlich aufwärts; die Versagungen der Hungerjahre während des Krieges und der Nachkriegszeit wurden mit der „Freßwelle“ überkompensiert und bald waren auch neue Bedürfnisse geweckt: Es wurde gereist, genossen und konsumiert. Spät erst nahm man wahr, was selbst bei gewollter Anstrengung nicht mehr übersehen werden konnte: Mit der Umwelt ging es abwärts – Fischsterben, eutrophe Seen, Schaumberge auf Flüssen, Schadstoffe in der Luft und und und ...

Zunächst vereinzelt, dann immer zahlreicher – hauptsächlich außerparlamentarisch – und zunehmend energischer forderten Menschen, die Umwelteinwirkungen zu begrenzen, belastende Maßnahmen zu unterlassen und Schäden zu beheben; man wollte einfach eine lebenswerte Umwelt behalten bzw. wieder bekommen. Dabei regierte häufig das Sankt-Florians-Prinzip: Baue, produziere, emittiere nicht gerade hier, aber gerne woanders! Vor anderthalb Jahrzehnten wandte sich darum der Schriftsteller Carl Amery gegen diese Art ökologischer Kurzsichtigkeit und schlug vor, das bisher praktizierte Prinzip aufzugeben und statt dessen „... grundsätzlich frontal zu argumentieren, ... den örtlichen Widerstand zu verstärken". Gleichzeitig mahnte er: „Produzenten sind wir alle", und er wies - recht amüsant zu lesen - anhand einer Reihe einfacher Maßnahmen ökonomische Konsequenzen und ökologische Vorzüge sowie auch mögliche Veränderungen der Motivationen der Wirtschaftsbürger nach.(1)

Manche Politiker versuchten entschlossen, aber nicht gerade weitsichtig, die Entwicklung umweltpolitischen Bewußtseins aufzuhalten, die sie heute wohl selbst als richtig und notwendig erachten dürften. Beispielsweise rief noch 1976 der damalige Forschungsminister Matthöfer (SPD) einem Opponenten im Bundestag empört zu: „Sie können doch nicht einigen hundert Naturschützern zum Munde reden!"(2)

5.2 Irre an der Quantität

Das konventionelle Dogma vom Wirtschaftswachstum und die überkommene Energiepolitik bekamen zunehmend legitimatorische Schwierigkeiten.

Stark beeinflußt wurde das allgemeine Bewußtein, neben kollektiven Manifestationen, auch von einzelnen, wie z.B. Erhard Eppler (SPD), der 1972 als Orientierungsmarke für viele die „Qualität des Lebens" in die öffentliche Diskussion mit der Begründung einführte: „Wir sprechen von Qualität, weil wir an der Quantität irre geworden sind."(3)

Das Wirtschaftswachstum war (nicht zuletzt auch für Politiker) aufgrund betriebswirtschaflicher Zielsetzungen und der ökonomischen Steigerungen eine quantitative Größe, die keinen Raum ließ etwa für Langzeitkosten an verbrauchter Natur sowie Preise für Schäden an Gesundheit und Bauten und die millionenfach beschränkte Freizeitgestaltung aufgrund einer belasteten Umwelt.

Die Forderung nach der Qualität des Lebens brachte bald einen Ableger zur Welt: die Qualität des Wachstums. Doch die Meinungen über die Bedeutungen dieser Begriffe waren bei weitem nicht einhellig, obwohl sie bald fleißig, rasch an Popularität gewinnend, in allen politischen Lagern und auch in Kreisen der Wirtschaft benutzt wurden. Allmählich wuchs das Bedürfnis, die ausgehöhlten Begrifflichkeiten mit Substanz zu füllen.(4)

Das Bewußtsein in den Unternehmensführungen hat sich stark gewandelt. In einer Untersuchung für das Umweltbundesamt, bei der rund 600 Betriebe bundesweit befragt wurden, ergaben die ersten Zwischenergebnisse ein für den Umweltschutz überwiegend positives Ergebnis.

In weiteren Untersuchungen sollten u.a. die Kosten der Umweltbelastungen auf einer wissenschaftlich belastbaren Grundlage ermittelt, und es sollte gezeigt werden, daß effiziente und durchdachte Umweltschutzmaßnahmen einen oftmals wesentlich höheren Nutzen in Form von vermiedenen Schäden stiften, als sie kosten. Die Untersuchungen wurden im wesentlichen 1990 abgeschlossen. „Verschiedene Untersuchungsergebnisse zeigen, daß den Aufwendungen für den Umweltschutz beträchtliche volkswirtschaftliche Nutzen in Form vermiedener Schäden (z.B. Gesundheit, Materialien, Fauna, Flora) gegenübergestellt werden können ... Die Untersuchungen machen außerdem deutlich, daß eine konsequente Umweltpolitik keineswegs gegen wirtschaftliche Prosperität bestimmter Branchen gerichtet sein muß. Im Gegenteil: Eine ganze Reihe von Wirtschaftszweigen braucht für ihre Waren- und Dienstleistungen besonders günstige Umweltbedigungen. Eine unzerstörte, möglichst weitgehend naturbelassene und intakte Umwelt ist beispielsweise für die Fischereiwirtschaft, die Trinkwasserversorgungsunternehmen und die Fremdenverkehrswirtschaft von ganz hohem Stellenwert."(5)

5.3 Ökologische Buchhaltung

Viel Beachtung fand Anfang der 80er Jahre die Arbeit von Ruedi Müller-Wenk, der in der Absicht, die ökologischen Auswirkungen traditioneller Ökonomie erfaßbar zu machen, die Theorie von einer „ökologischen Buchführung" entwickelte.(6)

Kontinuierlich und nach einem für alle einheitlichen System sollten alle Einwirkungen auf die natürliche Umwelt gemessen werden. Die „ökologische Buchhaltung" erfaßt die Einwirkungen in folgenden „Kontoklassen":

- Materialverbrauch,
- Energieverbrauch,
- feste Abfälle,
- gas- und staubförmige Abfälle,
- Abwasser,
- Abwärme,
- Denaturalisierung von Boden.(7)

Die Befürworter dieser Buchhaltung meinten, sie könnte Möglichkeiten eröffnen:

- als unternehmensinterne Entscheidungshilfe,
- als öffentliches Informationsinstrument,
- zur Operationalisierung und Förderung des qualitativen Wachstums,
- zur Kontingentierung von Umwelt, d.h. eine Zuteilung von knappen Ressourcen über ein Abgabesystem.(8)

Müller-Wenk fand auch eine Definition des sonst sehr diffus gebrauchten Begriffes „qualitatives Wachstum" im Hinblick auf die natürliche Umwelt: „Qualitatives Wachstum ist Wachstum der Wertschöpfung eines Unternehmens bei nichtwachsendem Verbrauch von Rechnungseinheiten (RE) gemäß ökologischer Buchhaltung."(9)

Um auf Rechnungseinheiten zu kommen, wird zunächst physikalisch gemessen und gezählt: nach kWh, kg, m^3 etc. Dann wird für jede Einzelgröße ein Umrechnungsfaktor bestimmt, z.B. für SO_2 1,12 Rechnungseinheiten/t. 81 000 kg SO_2 ergeben also 91 RE. Aus der Summe der RE eines Betriebes, einer Stadt, Institution oder eines privaten Haushaltes läßt sich deren Totaleinwirkung auf die Umwelt ablesen. Dieses System wird aber von Kritikern wie dem Wirtschafts- und Sozialwissenschaftler Joseph Huber verworfen, weil es „einen zeitlichen, personellen und finanziellen Aufwand (verursacht), der zu nichts mehr in einem vernünftigen Verhältnis stünde."(10)

5.4 Ökologische Prüfsteine

In der Praxis ist man noch nicht zu einer irgendwie gearteten ökologischen Buchhaltung gekommen.

Tatsächlich wurden in Versuchen auch andere Varianten im Rahmen eines „ökologischen Informations-, Berichts- und Prüfwesens" angewandt, wobei sich zeigte, daß teilweise erhebliche Kostenvorteile bei gleichzeitiger Umweltbegünstigung erzielbar waren. Aber: „Es gibt kein universales Einheitsverfahren für alles. Ein solches wäre eine bürokratische Monstrosität. Man wird in der Praxis immer einen Kompromiß finden müssen zwischen der Bedeutung des Anlasses und dem betrieblichen Aufwand, eine Abwägung zwischen relevanter Informationsfülle und Handhabbarkeit. Man wird sich immer gezwungen sehen, selektiv vorzugehen. Damit ist verbunden, zu begründen, warum man diesen und nicht einen anderen analytischen Raster erstellt. Man schafft sich somit Klarheit über seine Kriterien und Bewertungsmaßstäbe. Und dies ist das eigentlich Wichtige, auf das es ankommt: über ökologische Prüfsteine zu verfügen."(11)

Diesem Ziel wird man näher rücken, falls rechtskräftig wird, was in § 14 des UGB-Entwurfs vorgesehen ist. Danach sollen gewisse Betreiber und gewisse genehmigungsbedürftige Anlagen, in der Regel Großunternehmen, verpflichtet werden, „einmal jährlich über die wesentlichen Auswirkungen auf die Umwelt einschließlich der Reststoffe und Abfälle, die von den Anlagen und den in ihnen hergestellten Produkten verursacht werden, und die zu ihrer Vermeidung oder Verminderung getroffenen Maßnahmen ... öffentlich zu berichten." In dieser „Umweltrechnungslegung im Unternehmen" sehen die Verfasser des UGB-Entwurfs „Auswirkungen ... von großer gesamtgesellschaftlicher Bedeutung". Wegen der Sozialpflichtigkeit des Eigentums sehen sie auch keine verfassungsrechtlichen Bedenken. Der „Sinn" dieser Vorschrift sei, „umweltverträgliches Wirtschaften anzuregen."(12)

5.5 Umweltökologische Gesamtrechnung

Weniger mit den einzelnen Betrieben etc. wird sich ein 1990 vom Bundesumweltminister berufener Beirat „Umweltökonomische Gesamtrechnung" befassen. Aufgabe des Beirates, dem auch das Umweltbundesamt angehört, wird es sein, „die vorliegenden Konzeptionen für eine ‚Umweltökonomische Gesamtrechnung' zu bewerten und Empfehlungen für das weitere Vorgehen zu geben ... ‚Bausteine' (sollen) Angaben über die Entnahme und den Verbrauch regenerierbarer und nichtregenerierbarer Ressourcen, die Lage der Umwelt und ihre Veränderung ... , die durch Produktion und Verbrauch hervorgerufenen Emissionen und Umweltbelastungen sowie über den Schadstoffverbleib" enthalten.(13) Nach einem ersten Zwischenbericht empfiehlt der Beirat, sich zunächst auf die Sammlung sogenannter physischer Daten (z.B. Emissions- und Immissionsdaten, Daten zum Flächenverbrauch) zu konzentrieren und diese in weiteren Schritten miteinander zu verknüpfen. Festgestellt werden noch ungelöste methodologische Probleme, weswegen monetäre Bewertungen von Umweltdaten sowie die Berechnung eines „Ökosozialprodukts", das die ökologische und ökonomische Leistungsfähigkeit der Gesellschaft analog zum Bruttosozialprodukt in einer einzigen Zahl ausdrücken würde, noch nicht sinnvoll erscheinen.(14)

Um welche Dimensionen es sich dabei handeln kann, zeigt eine „Ökologische Schadensbilanz der Bundesrepublik Deutschland", die Lutz Wicke 1986 in seinem Buch „Die ökologischen Milliarden" vorlegte. Danach kommt er für das Basisjahr 1984 zu dem Ergebnis, daß „die derzeit bestehenden Umweltbelastungen in der Bundesrepublik Deutschland mindestens Schäden in Höhe von 103,5 Milliarden Mark pro Jahr verursachen." Berücksichtigt sind dabei: Luftverschmutzung mit rund 48,0 Mrd. DM (Gesundheitsschäden, Materialschäden, Tierschäden, Schädigung der Freilandvegetation, Waldschäden), Gewässerverschmutzung mit weit über 17,6 Mrd. DM (Ertragsausfälle der Fischereiwirtschaft, Kosten der Trink- und Brauchwasserversorgung, verringerter Freizeit- und Erholungswert, Ästhetikverluste bei den Anwohnern, Seevogelopfer, Tankerunfälle), Bodenbelastung mit weit über 5,2 Mrd. DM (Tschernobyl, Altlastensanierung, Kosten der Biotop- und Arterhaltung, sonstige Bodenkontaminationen), Lärm mit über 32,7 Mrd. DM (Produktivitätsverluste, ‚Lärmrenten', Wohnwertverluste).(15)

5.6 Umweltmarketing

Einen wahrlich ausgleichenden Effekt im Spanungsfeld von Ökonomie und Ökologie nimmt das Umweltmarketing ein. Nicht nur die „grüne" Seife kam (wieder) zu Ehren. Besonders Präparate mit der Vorsilbe „Bio-„ verkaufen sich gut. Dies nützt den Unternehmen und schont - wenn auch nicht in jedem Fall, so doch relativ häufig - die Umwelt. Doch das Umweltbundesamt wollte es genauer wissen und beauftragte das Institut für Marketing der Universität Münster, den unternehmerischen Erfolg des Umweltmarketings zu untersuchen.

„Unter umweltorientiertem Marketing werden alle Maßnahmen der betrieblichen Absatzpolitik verstanden, die Umweltaspekte in den Vordergrund stellen und Umweltbelastungen weitgehend vermeiden:

- Bei der umweltorientierten Produktpolitik geschieht dies über den Verzicht auf umweltbelastende oder gesundheitsschädliche Produkte im Sortiment und eine besonders umweltfreundliche Produktpalette.
- Bei der umweltorientierten Preispolitik geht es darum, die Preisgestaltung so vorzunehmen, daß der Absatz der relativ umweltfreundlicheren Produkte begünstigt wird.
- Die umweltorientierte Vertriebspolitik umfaßt die Schaffung von Rücklaufsystemen für ausgediente Produkte, Reststoffe oder Verpackungen, die Wahl umweltschonender Transportmittel und die Erschließung neuer umweltbewußter Marktsegmente (z.B. durch spezialisierte Verbrauchermärkte, Bioläden etc.).
- Die umweltorientierte Kommunikations- und Informationspolitik von Unternehmen schließt alle Maßnahmen der Verbraucherinformation ... ein, die Umweltaspekte bewußt in den Vordergrund stellen, um auf diese Weise ein positives Umweltimage aufzubauen und den Absatz zu erhöhen."(16)

Die Untersuchung zeigte einen überwiegend positiven Einfluß des Umweltmarketings; festgestellt wurden vor allem günstige Auswirkungen für die Wettbewerbsposition und das Wachstumspotential, was sich in einer Steigerung der Marktanteile und des Umsatzes zeigte. Der kurzfristige Einfluß auf den Gewinn war allerdings neutral.

5.7 Ökologie und Arbeitsplätze

Der sehr schlichten „Argumentation" früherer Jahre, Umweltschutz würde Arbeitsplätze kosten, wurde schon 1983 durch eine vom Bundesinnenminister mit einer entsprechenden Untersuchung beauftragten Expertenkommission entschieden begegnet: „Die Vermutung ... ist durch nationale und internationale Studien inzwischen widerlegt. Sie sollte daher vom Tisch sein."(17)

Nach einem Projekt im Auftrag des Umweltbundesamtes werden die Beschäftigungswirkungen von Umweltschutzmaßnahmen und die Qualifikationsstrukturen der Beschäftigten im Umweltbereich untersucht; die Untersuchungen beziehen sich auf das Jahr 2000, und zugrunde gelegt werden zwei Trendszenarien (unveränderte Tendenz bzw. verstärkte Anstrengungen der Umweltpolitik). Berücksichtigt werden folgende Bereiche von Umweltschutzmaßnahmen:

- Öffentliche Hand (Abwasserbeseitigung, Abfallentsorgung, Altlastensanierung, Grünanlagen und Kleingärten, Lärmschutzeinrichtungen an Straßen),
- Energie,
- Verkehr,
- Land- und Forstwirtschaft,
- Luftreinhaltung (Verarbeitendes Gewerbe),
- Gewässerschutz (Verarbeitendes Gewerbe), und
- Abfallbeseitigung (Verarbeitendes Gewerbe).(18)

Vermutlich werden auch hier überwiegend positive Ergebnisse zu verzeichnen sein, wie sie sich schon bei ähnlichen Untersuchungen in Schweden gezeigt hatten.

Der tragische Zustand der Umwelt in den neuen Bundesländern wird arbeitsmarktpolitisch positive Effekte zeitigen; ob die Bürger in der ehemaligen DDR davon profitieren, wird im wesentlichen von ihrer – eventuell nacherworbenen – Qualifikation bestimmt werden. Der Bedarf an Arbeitskräften ist jedenfalls groß: „Insbesondere der Bau von Kläranlagen, die notwendige Erneuerung der Kanalisation oder die Schaffung eines umweltfreundlichen Verkehrssystems werden zusätzliche Arbeitsplätze in der Bauwirtschaft speziell der östlichen Bundesländer und den vor- und nachgelagerten Wirtschaftssektoren schaffen", prognostiziert das Umweltbundesamt.(19)

Die Mäkelei an umweltpolitischen Maßnahmen aus der angeblichen Sorge um die Arbeitsplätze sollte wahrhaftig seit langem beendet sein. Eine Studie des Ifo-Institutes weist aus, daß bereits 1984 in der BRD 180 000 Arbeitsplätze von Umweltschutzaufgaben abhängig waren, dabei sind mittelbare Effekte nicht berücksichtigt. Insgesamt kam man auf über 430 000 Arbeitsplätze, die durch Umweltschutz gesichert und geschaffen worden waren.(20) Nach neueren Schätzungen des Ifo-Institutes ergeben sich etwa 445 000 Arbeitsplätze im Umweltschutz, davon ca. 100 000 in den Gebietskörperschaften.

Bemerkenswert ist der hohe Anteil der Nachfrage bei Handwerk, Industrie und Dienstleistungen (255 000) und der unmittelbar in der Privatwirtschaft Beschäftigten (92 000).(21)

Lutz Wicke weist, bezogen auf das Jahr 1984, darauf hin, daß in den Umweltschutzbereichen „etwa zwei Prozent aller Erwerbstätigen in der Bundesrepublik Deutschland, also fast so viele Menschen wie für den Wirtschaftsbereich ‚Energiewirtschaft, Wasserversorgung und Bergbau' tätig sind". Auch unter Berücksichtigung eventueller Investitionsstaus, von Auslandsinvestitionen infolge von strengen Umweltschutzbestimmungen im Inland und von Kostensteigerungen infolge von Umweltschutzmaßnahmen bleibt die Beschäftigungsbilanz eindeutig positiv.(22)

Die Bundesregierung führt die Arbeitsplätze im Umweltschutz auf ihre „anspruchsvolle Umweltpolitik" zurück, durch die „seit geraumer Zeit eine blühende Umweltschutzindustrie“ entstanden sei. Sie kommt, unter Berufung auf das Statistische Bundesamt, auf 190 000 Arbeitnehmer, die in der unmittelbaren Produktion von Umweltschutzgütern arbeiten.(23) Hier verfällt die Bundesregierung aber möglicherweise in eine „übersteigerte Euphorie“ (G. W. Wittkämper), wenn man diese Zahl in Relation zu den mehr als 25 Millionen Erwerbstätigen in der BRD (alt) stellt.

In bezug auf alle „Umweltbeschäftigten“ warnt Wittkämper:„Nimmt man Umweltverknappung und Umweltschutz nicht ernst, so kommt es nicht nur zur Gefährdung dieser Beschäftigungswirkungen, sondern auch noch zur Gefährdung weiterer Beschäftigter, die von der Umweltverknappung betroffen werden.“(24)

5.8 Ökologische Marktwirtschaft – ein Prinzip der Freiwilligkeit?

Die Marktwirtschaft wird nunmehr nirgendwo ernsthaft in Frage gestellt. Geradezu eifrig beschwört Joseph Huber die Rolle der Marktwirtschaft und der in ihr agierenden Unternehmer. Im marktwirtschaftlichen Unternehmen sieht er die „Schaltstelle des ökologischen Umbaus“. Er konstatiert, „daß es eine Ökologisierung an der Industrie vorbei nicht geben kann, schon gar nicht gegen sie, nicht ohne sie, nur mit ihr, wenn auch häufig genug in Auseinandersetzung mit ihr. Denn dort, wo viele der Umweltprobleme sinnfällig in Erscheinung treten – in der industriellen Produktion und Produktverwendung –, dort ist auch das größte Wissen über diese Probleme vorhanden und somit eine große Kompetenz zu ihrer Lösung.“ In den Hauptakteuren der „ökologischen Marktwirtschaft“, den Herstellern und Verbrauchern, sieht er „Umweltpartner“, die den Preis einer hohen Umweltqualität unter sich aushandeln, „nicht ohne Umstände und Anpassungsprobleme, aber es geht.“(25)

Solche Partnerschaft kann freilich trügerisch sein; denn die eine Seite, die Konsumenten, das sind Opfer. Jedenfalls sieht Ulrich Beck das so. Nach ihm glaubten und bewiesen zwar „alle“ noch vor wenigen Jahren, daß es im Kapitalismus keinen Sinn machen würde, die Konsumenten, die alles schlucken und bezahlen sollten, zu vergiften. „Doch die Wirklichkeit widerlegt selbst die schlüssigsten Beweise.“(26) Erklärbar ist dies Paradoxon kapitalistischen Verhaltens nur mit einer Einstellung, die kurzfristigen Gewinn als einzige Maxime geschäftlichen Erfolges kennt. All die unausweichlichen Belastungen für den Menschen, von der Küche bis in den Kosmos, sind ja nicht nur das Produkt von Ahnungslosen, die nichts als das Beste wollten, sondern auch das Ergebnis des Verhaltens von Leuten, die sich lange gegen alle Warnungen blind und taub stellten (vgl. Abschn. 4.2, Anm. 18 ff.).

Die ökologische Lage ist objektiv wenig ermutigend. Aber vielleicht ist es gerade deshalb nötig, Optimismus zu verbreiten. Huber schreibt u.a.: „Immerhin 30 Prozent der Unternehmen haben mittlerweile ausdrückliche Umweltschutz-Leitlinien aufgestellt. Unternehmen, die im Umwelt- und Ressourcenschutz eine Vorreiterrolle beanspruchen, organisieren sich zum Beispiel im B.A.U.M. (Bundesarbeitskreis für umweltbewußtes Management) oder im ‚Förderkreis Umwelt Future‘. Andere beteiligen sich an einer Unterschriftenaktion zur Bekräftigung der ‚Tutzinger Erklärung‘, derzufolge Umweltschutz die Zukunft der Unternehmen sichert, notwendiger Teil der Unternehmenspolitik und Aufgabe der Unternehmensführung ist, alle MitarbeiterInnen angeht und einbezieht usw. Die Weltvereinigung der Ingenieurverbände hat 1986 einen ‚umweltethischen Kodex für Ingenieure‘ verabschiedet, eine Art ökologischen Eid des Hippokrates für Maschinenbauer, Elektrotechniker oder Bauingenieure."(27) Dies alles sind zweifellos ermutigende Anzeichen für ein Umdenken im Lager der Wirtschaft, obwohl sie noch nicht den notwendigen Bewußtseinswandel auf breiter Front signalisieren. Sie mögen aber ein Anfang dazu sein.

Auch der Verband der Chemischen Industrie (VCI) gibt Anlaß zur Hoffnung, indem er den „Schutz der Mitarbeiter, Nachbarn, Kunden und Verbraucher sowie der Umwelt vor Gefahren und Risiken bei Herstellung, Lagerung, Transport, Vertrieb, Anwendung und Entsorgung" als wichtiges Ziel erklärt.(28)

Der VCI verweist auf eine lange Liste „freiwilliger" Vereinbarungen, die Reduzierungen oder Beschränkungen von gefährlichen Stoffen enthalten.

Die sich hier ausdrückende Einstellung entspricht im übrigen auch den Intentionen der derzeitigen Bundesregierung (1991). „Selbstverpflichtungen und Zusagen sind besonders geeignet zur Vermeidung und Verminderung von Belastungen durch chemische Stoffe und zur Vermeidung, Verringerung und Verwertung von Abfällen, ... so etwa bei der Verringerung des Einsatzes von Asbest im Hochbau, von PCB, von bestimmten Waschmittelstoffen, von Lösemitteln in Lacken sowie FCKW in Spraydosen ... Mit Selbstverpflichtungen und Zusagen können die Verursacher eigenverantwortliches Handeln und Eigeninitiative für die Umwelt unter Beweis stellen. Die Bundesregierung macht, wo dies nicht geschieht, vom Erlaß von Ge- und Verboten Gebrauch."(29)

Der letzte Satz sollte nicht vergessen werden, wenn nun gelegentlich gar heftig die Fahne der Marktwirtschaft geschwungen und gleichzeitig laut das Prinzip der Freiwilligkeit berufen wird; insoweit ist vielleicht angebracht, auf das umweltpolitische Instrumentarium (vgl. Abschn. 4.8) zu verweisen. Dessen zumindest motivierende und steuernde Wirkungen, die ja ausdrücklich gewollt sind, begrenzen, so darf man hoffen, die Freiheit der sich auf dem Markt Tummelnden auf ein sozialadäquates Maß.

Im Streben nach einem Schutz der Umwelt werden auch Steuerbegünstigungen eingesetzt, die diesbezügliche freie Entscheidungen der Unternehmer stimulieren sollen: „Für Investitionen im Umweltschutz können seit 1975 bis Ende 1985 nach § 7d EStG erhöhte Abschreibungen in Anspruch genommen werden. § 7d ist für Wirtschaftsgüter anwendbar, die zu mehr als 70 % dem Umweltschutz dienen, indem sie

- den Anfall von Abwasser oder Schädigungen durch Abwasser oder Verunreinigungen der Gewässer durch andere Stoffe als Abwasser oder
- Verunreinigungen der Luft oder
- Lärm oder Erschütterungen verhindern, beseitigen oder verringern oder
- Abfälle nach den Grundsätzen des Abfallgesetzes beseitigen ... Das Volumen der Investitionen, für die erhöhte Abschreibungen in Anspruch genommen werden können, betrug 1985 knapp 4 Mrd. DM ... und 1987 4,58 Mrd. DM."(30)

Ob nun Einsicht, Anreiz oder Zwang die einzelne Umweltinvestition beeinflußt haben mag, kann doch in manchen Bereichen auf beeindruckende Leistungen verwiesen werden. So betrug das Bruttoanlagevermögen des Produzierenden Gewerbes für Umweltschutz 1986 3,3 %, das der Mineralölverarbeitung sogar 13,1 % und das der Chemischen Industrie immerhin 9,1 %. „49 % des Anlagenbestandes dienten der Luftreinhaltung, 35 % dem Gewässerschutz und jeweils 8 % der Abfallbeseitigung und der Lärmbekämpfung. Bei der Energie- und Wasserversorgung, der Herstellung von

Kunststoffwaren, Gewinnung und Verarbeitung von Steinen und Erden sowie der Metallerzeugung und -bearbeitung entfielen mit 64 bis 70 % des Anlagebestandes auf die Luftreinhaltung. In der Chemischen Industrie stand der Gewässerschutz mit 55 % im Vordergrund. Auffällig ist beim Baugewerbe der hohe Anteil bei der Lärmbekämpfung mit 44 %. Bei der öffentlichen Hand dominiert eindeutig der Gewässerschutz (95 % des öffentlichen Anlagevermögens für Umweltschutz)."(31)

Druck auf die Wirtschaft durch den Gesetzgeber, die öffentliche Meinung, das Selbstschutzinteresse (wer die Umwelt schädigt, läuft Gefahr, mittelfristig sein eigenes Opfer zu werden) sowie die Notwendigkeit, ein umweltschutzbetonendes Marketing zu praktizieren, reichen nicht aus für einen Umweltschutz im notwendigen Umfang. Darum fährt die Bundesregierung fort, Investitionsförderungsprogramme aufzulegen. Nachdem damit positive Erfahrungen auf dem Gebiet der Luftreinhaltung (seit 1979) gesammelt worden waren, „wurde das Programm ab 1985 im Interesse der dringend notwendigen übergreifenden Umweltentlastung insbesondere bei Altanlagen durch Einbeziehung von Demonstrationsvorhaben zur Wasserreinhaltung, Abfallwirtschaft und Lärmminderung wesentlich erweitert. 1987 wurde der Bereich Bodenschutz miteinbezogen. Zunehmend werden Demonstrationsprojekte mit der Zielrichtung der Vermeidung von Umweltbelastungen gefördert."(32)

All dies darf nun aber nicht zu der Ansicht verführen, daß damit jetzt alles seinen umweltschützenden Gang gehen würde. Umweltkummer bereiten, sicherlich nicht als einzige, kleine und mittelständische Betriebe. Eine Untersuchung der Umweltprobleme solcher Betriebe in „Gemengelagen" (Gebiete mit einer Nutzungsmischung von Wohnen und Arbeiten), ergab u.a. „als Regelfall, daß die Umweltschutzinvestitionen erfolgten, um den eventuellen juristischen Sanktionen zu entgehen und um Anordnungen zu vermeiden, die die technischen und finanziellen Dispositionsspielräume einengen würden. Nur in besonderen Fällen wurden Aufwendungen für den Umweltschutz als unternehmensstrategisch geplante Maßnahme durchgeführt. Daraus wird gefolgert, daß es eine Strategie der Unternehmen ist, die Umweltschutzaufwendungen, denen kein Ertrag gegenüberstehen kann, mit den allgemeinen produktbezogenen Investitionen zu verbinden."(33)

Beachtlich ist vor allem, „daß die zahlreichen Investitionshilfen von Bund und Ländern im Umweltschutz kaum dazu beitragen, die Betriebe zu freiwilligen Umweltschutzinvestitionen zu bewegen ... Viele Unternehmen, die sich nicht aktiv über die Fördermöglichkeiten informieren, steigen in den ‚Förderdschungel' erst dann ein, wenn die mit den Umweltschutzauflagen verbundene Finanzierungslast zu drücken beginnt."(34)

Die Kenntnis von den Verhältnissen in der Wirtschaft bedeutet zweifellos viel für das Beurteilungsvermögen der Umweltverwaltung und die Auswahl steuernder Maßnahmen im Umweltschutz. Hilfreich dürften insoweit auch die Ergebnisse einer Untersuchung sein, die von 1986 bis 1989 als Modellversuch unter der Bezeichnung „Verstärkte Berücksichtigung mittelstandspolitischer Gesichtspunkte im Rahmen der Umweltpolitik" durchgeführt wurde:

„Umweltschutz wird in diesen Betrieben zu sehr als ein ausschließlich technisches Problem betrachtet. Demzufolge sind Informationdefizite bezüglich einer vorausplanenden Einbeziehung umweltbezogener Aspekte in betriebliche Abläufe festzustellen. Insbesondere kleine Betriebe klagen über mangelnde Transparenz der umweltpolitischen

Vorschriften und Anforderungen."(35) Empfohlen wird, zur Verbesserung des betrieblichen Umweltschutzes direkt auf die Betriebe zuzugehen und diese durch eine unabhängige, weder der Vollzugsbehörde noch den Anbietern von Umweltschutztechnologien zuzuordnende Orientierungsberatung zur frühzeitigen Berücksichtigung der rechtlichen, technischen und ökonomischen Umweltschutzaspekte zu bewegen. Gefördert werden müßten neben einer unabhängigen und umfassenden Beratung zur Orientierung im Umweltschutz auch die Einrichtung von Informationsvermittlungsstellen, etwa bei den Industrie- und Handelskammern. Darüber hinaus seien aber auch die vorzeitige Ankündigung geplanter Vollzugsschwerpunkte durch die Vollzugs- und Aufsichtsbehörden sinnvoll.

Kaum unter Druck geraten ist bisher ein sich immer mehr ausbreitendes System, das die Umwelt belastet. Es besteht darum Anlaß, in das System von Förder- und Belastungsmaßnahmen, einzubeziehen, was sich in den letzten Jahren in vielen Industrieländern – und auch in Deutschland – entwickelt hat: das Logistik-Prinzip „Just-in-time" (gerade zur rechten Zeit).

Viele Industriebetriebe halten heute keine riesigen Lager mehr vorrätig, sondern benötigte Waren oder Teilprodukte werden nach ausgetüftelten Verkehrs- und Zeitplänen gerade in dem Moment angeliefert, wenn sie gebraucht werden; die Kapitalbindung durch Lagerkosten entfällt damit. Immer enger gewordene Preisspielräume können so besser genutzt werden. Dieses System ist besonders entwickelt innerhalb der internationalen Konkurrenz, die Autobranche ist ein herausragendes Beispiel. Die so erreichte Effektivisierung der Wirtschaft hat freilich ihre ökologische Kehrseite, und auf der klebt bisher noch kein Preisschild oder allenfalls ein Ausverkaufspreis. „Just-in-time" ist ein Umweltproblem: „Die neuen Logistikkonzepte greifen tief in ökologische Zusammenhänge ein. Um räumlich verteilte Produktionsvorgänge eng miteinander verzahnen zu können, ist ein effektives Verkehrssystem notwendig, das Teil des großen Räderwerkes ist. Da schienengebundene Fahrzeuge kaum die erwünschte Flexibilität aufweisen, ist weiterhin eine drastische Zunahme des Lastwagenverkehrs zu erwarten."(36) Gerechnet werden muß mit einem weiteren Verbrauch an Flächen für das Verkehrsnetz, dies besonders in den Ballungsgebieten; da die Lagerhaltung zunehmend auf der Straße stattfindet, wird das auch negative Effekte für die Verkehrsdichte bedeuten. Besonders in Mitteleuropa, wo auf relativ engem Raum effektive Produktionsverbünde errichtet wurden, werden die Menschen durch den dichteren Verkehr unter Abgasen, Lärm und Dichtestreß leiden. Natürlich muß auch mit weiteren Landschaftszerstörungen und nachteiligen Auswirkungen auf die Atmosphäre gerechnet werden. Aber es zeigt sich auch ein ökologischer Silberstreif am Himmel, da die Autobranche als ein Hauptanwender des Jit-Systems an ihren eigenen Überkapazitäten zu ersticken beginnt, wie sich schon 1992 u.a. bei Volvo und VW zeigte. Betriebsschließungen und Kurzarbeiten mögen in vielerlei Hinsicht bedauerlich sein, für die Umwelt sind sie ein Gewinn.

Auch eine ökologische Marktwirtschaft ist nur eine Marktwirtschaft. Freiwillig wird nicht auf Gewinne verzichtet. Keines der vorgenannten Beispiele berechtigt zu Erwartungen, Produzenten oder Konsumenten würden sich zum Wohle der Umwelt selbstlos verhalten. Vielmehr sind das Streben nach Gewinn und Eigennutz dominant. Darin liegt eine Hauptursache für die bisherige Belastung der Umwelt und unterlassene Umweltschutzmaßnahmen. Jedoch hat sich bis jetzt nirgendwo eine der Umwelt mehr dienende Alternative gezeigt. (Vgl. Abschn. 4.4) Solange, trotz Aufklärung und Information, die tatsächlich bestehenden Bedrohungen der Umwelt nicht überall die selbstverständliche und alles entscheidende Grundlage für alle Überlegungen, Planungen, Berechnungen und Erwartungen sind, müssen wohl „Gewinn- und Eigennutzstreben", diese „stärkste Triebfeder der Marktwirtschaft" (Prof. L. Wicke) genutzt werden, um dem Umweltschutz zu dienen.(37)

5.9 Grenzlose Brisanz

Die Spannungen und Wechselwirkungen zwischen Ökonomie und Ökologie sind natürlich kein nur auf die Bundesrepublik beschränktes Phänomen; sie treten früher oder später überall und in allen politischen Systemen auf (vgl. Kap. 4).

Aus dem Konflikt Ökonomie - Ökologie erwächst eine nationale und kontinentale Grenzen überspringende politische Brisanz. Verunreinigungen der Luft, von Flüssen, der Ostsee, des Mittelmeeres und der Ozeane beispielsweise sowie der Export besonders gefährlicher Abfälle haben ihren Ursprung hauptsächlich in unterlassenen Umweltschutzinvestitionen - was hier ökonomisch „gespart" wird, führt andernorts zum ökologischen Schaden.

Aus der zunehmenden Verflechtung von globaler Wirtschaft und globaler Ökologie ergeben sich Probleme, die sich vor allem in den Entwicklungsländern zur Bedrohung von Leib und Leben verdichten, was die Brundtland-Kommission beispielhaft hervorhebt: „Wohl nichts verdeutlicht anschaulicher, in welch zerstörerischer Weise Ökonomie und Ökologie zusammenwirken und letztlich eine Katastrophe auslösen können, als die jüngste Hungersnot in Afrika." Zu den Ursachen dafür gehörten neben Fehlern der Politik in den betroffenen Ländern aber auch ein „Wirtschaftssystem, das aus einem armen Kontinent mehr herausholt als es in ihn hineinsteckt ... Von den reichen Ländern - und zunehmend auch von den Entwicklungsländern selbst - errichtete Handelsbarrieren erschweren es den afrikanischen Ländern, ihre Waren zu vernünftigen Preisen zu verkaufen, und erhöhen damit zusätzlich den Druck auf vorhandene Ökosysteme. Von den Geberländern geleistete Hilfe erwies sich in der Vergangenheit meist nicht nur als unzureichend, sondern spiegelte auch nur allzuoft die Prioritäten der Geber- und weniger die Bedürfnisse der Empfängerstaaten wider."(38)

Nichts kann sich als so trügerisch erweisen wie der Gedanke, das sei ja alles so weit weg. Kriegerische Handlungen können leicht ausbrechen und zu einem nicht kontrolierbaren Flächenbrand führen, der sich auch in der „Festung Europa" verheerend auswirken kann. Über mögliche Ursachen dafür ist man sich bei den UN im klaren:
„Umweltbelastung ist Ursache und Folge politischer Spannungen und militärischer Konflikte."
Der „Wettbewerb" um nicht erneuerbare Ressourcen kann „internationale Spannungen und Konflikte" hervorrufen.(39)

Aus einer ganzen Reihe weiterer Probleme ist die Verknappung der Umweltgüter hervorzuheben, die „Anpassungsnotwendigkeiten" erfordern kann. Gerhard W. Wittkämper mahnt diesbezüglich einen internationalen Konsens über die Harmonisierung an: „Diese Anpassungspolitik wird verhindern müssen, daß in den hochindustrialisierten Ländern die technologieintensiven Produktionen landen, die mit weniger Immissionen verbunden sind, und in den Entwicklungsländern die rohstoffintensiven Produktionen, die eine hohe Emissionsintensität aufweisen."(40)

5.10 Ausblick

Der Gegensatz von Ökonomie und Ökologie zeigt sich heute am gravierendsten in der Unbalance von Industrieländern und Dritter Welt. Für die Zukunft des Lebens auf der Erde wird das Verhältnis der Industrienationen zu den Entwicklungsländern entscheidend sein. Dieses muß von Ausgleich geprägt sein, und zwar aus der Einsicht, daß die Industrieländer ihr ökologisches Konto ungeheuerlich überzogen haben. Die Industrieländer verbrauchten die Ressourcen über die Maßen, sie verpesten den Globus mit einem gigantischen Autoverkehr, sie haben FCKW in zerstörerischen Mengen freigesetzt, sie haben ihre eigenen Wälder durch Abholzen und Umweltgifte zerstört. Warum sollen die notleidenden Länder sich anders verhalten, als die Industrienationen es ihnen vorgemacht haben? Warum sollen sie auf Kühlschränke unter Verwendung von FCKW verzichten? Warum sollen sie ihre Urwälder in Südamerika, Afrika und Hinterindien unangetastet lassen? Natürlich, weil es notwendig ist für das Überleben, für das Überleben aller! Das aber heißt für die Industrieländer, eine Schuld begleichen! Die Industrieländer müssen ihr überzogenes Konto ausgleichen. Es ist zu zahlen mit Geld und der Preisgabe von Wissen und Erfahrungen. Dies ist eine große Aufgabe; sie hat wenig mit Mildtätigkeit, wenig mit Altruismus, wenig mit Großmut zu tun, sondern sehr viel mit vernünftigem Egoismus – Ökonomie und Ökologie zu versöhnen dient dem eigenen Überleben.

Innerhalb einiger Staaten hat sich der früher offenbare Konflikt zwischen Ökonomie und Ökologie zweifellos schon entschärft; Deutschland wird man zu den insoweit fortgeschrittenen Ländern rechnen können. Das heißt aber noch lange nicht, daß nun überall in deutschen Landen der grüne Friede ausgebrochen sei und die Adjektive „ökonomisch" und „ökologisch" getrost synonym verwandt werden könnten. Aber man ist auf dem Weg. Vielleicht hat hier bei den bestimmenden Menschen die Kombination aus Information über ökologische Fragen und die Neigung, die individuelle genetische Eigenart zu erhalten und fortzupflanzen, schon erste positive Effekte gezeigt.

Wahrscheinlich lassen sich Hoffnungen für künftige Generationen letztlich nur auf die Einsicht der Mächtigen in der Welt gründen, daß sich die Schadstoffe allmählich und gleichmäßig in der Luft, im Boden und im Wasser ausbreiten und ihnen schließlich keiner entgehen kann, daß auch Macht und Privilegien auf die Dauer nicht vor den umweltbedingten Risiken schützen, die das Atmen, Essen und Trinken sowie der Aufenthalt im Freien mit sich bringen.

Insbesondere den Verantwortlichen in der Industrie fällt insoweit ein hohes Maß an Verantwortung zu. „Tue Gutes und rede darüber", ist wahrhaftig kein Satz, den man der hiesigen Industrie erst mühsam vorbuchstabieren müßte. Was von den Informationsabteilungen der Betriebe und Verbände herausgegeben wird, teils immer noch auf verräterischem Hochglanzpapier, teils – Indiz geläuterter Gesinnung – auf nur etwas weniger prächtigem „Öko-Papier", zeugt von einem hohen Kenntnisstand und ist vor dem Hintergrund der bekannten Fakten durchaus seriös. Natürlich besteht für staatliche Stellen kein Grund, gute Absichten der Industrie nicht zu unterstützen. „Glaubwürdigkeit" strebe seine Branche an, schreibt beispielsweise der Präsident des Verbandes der Chemischen Industrie, und die „Mitbürger ... wollen davon überzeugt sein, daß Herstellung, Verwendung und Entsorgung unserer Erzeugnisse sicher und umweltverträglich geschehen."(41) Das ist wohl wahr.

Genau dies zu überwachen ist Aufgabe der Umweltverwaltung. Aber trotz aller guten Vorsätze in den großen und kleinen Betrieben wird die Verwaltung immer wieder in den Konfliktbereich von Ökonomie und Ökologie geraten. Hier beharrlich dem Wohl der Bürger zu dienen hilft letztendlich auch der Industrie, ihren Intentionen gerecht zu werden. Der Umweltverwaltung stellt sich ohne Zweifel eine große Aufgabe.

6 Standardisierte Umwelt

Das haben inzwischen wohl alle eingesehen: Sollen die Menschen sich noch über eine längere Zeit auf diesem Globus halten, so müssen sie die Bedingungen akzeptieren, die ihnen die Natur stellt; umgekehrt geht es nicht.

Die Umweltpolitik der UN, EG und etlicher Nationalstaaten versucht, dem wenigstens annäherungsweise Rechnung zu tragen. Formulierte Ziele und Prinzipien, hauptsächlich das Vorsorgeprinzip, bringen dies zum Ausdruck.

In der BRD versucht man u.a. mit technischen Standards und Grenz-, Höchst- bzw. Richtwerten das Vorsorge- und auch das Verursacherprinzip zu realisieren.

Doch die Effekte des Instrumentariums der Standards und Grenzwerte sind nicht eindeutig positiv. Gefährdungen bestehen weiter, die Umwelt wird weiterhin verschmutzt, freilich in abgeschwächter Weise.

Selten hat sich gezeigt, daß Grenzwerte objektiv zu niedrig bemessen waren; das Gegenteil ist die Regel; dabei lehrt die Geschichte der Bewertung von Schadstoffen - Asbest und Dioxin sind auch der Allgemeinheit bekannte Beispiele -, daß neue Erkenntnisse - gar nicht so selten unterdrückte alte Erfahrungen -, häufig nur gegen den hinhaltenden Widerstand potenter Interessenkreise durchgesetzt werden konnten.

Herstellern oder Einführern von Stoffen obliegen nach dem Chemikalienrecht erhebliche Prüf- und Meldepflichten, was beispielsweise zur Erfassung von immer mehr umweltgefährlichen Stoffen führt.

Ebenfalls nach dem Chemikalienrecht oder nach dem Wasserhaushaltsgesetz (WHG) ergeben sich besondere Pflichten für den Umgang mit sogenannten gefährlichen Stoffen bzw. für wassergefährdende Stoffe.

Ob man mit dem System der Umweltstandards und Grenzwertfestsetzungen, der Erfassung und Bewertung von Chemikalien sowie gewisser entsprechender Maßnahmen der Natur weit genug entgegenkommt, darf als offene Frage bezeichnet werden.

6.1 Technische Standards

Technische Standards sind wesentliche Merkmale der Umweltgesetzgebung. Inzwischen gibt es in Gesetzen, Verordnungen und Technischen Anleitungen eine ganze Reihe von technischen Standards, die alle dazu dienen sollen, den Schutz der Umwelt zu verbessern, also das Risiko für Mensch und Mitwelt zu vermindern.

Zu unterscheiden sind prinzipiell: allgemein anerkannte Regeln der Technik, Stand der Technik, Stand von Wissenschaft und Technik, Stand der Sicherheitstechnik (und künftig auch – als neuester Standard – Stand der Sicherheit).

Die Einführung eines „höheren" Standards wird von den Politikern gerne, und dies mit einigem Recht, als Beweis für ein erneut ausgeweitetes Vorsorgeprinzip gewertet.

Der Gesetzgeber bedient sich mit dem Hinweis auf Standards, die Betreiber von Anlagen oder Behörden bei Genehmigungen, Überwachungen etc. nach den jeweiligen Vorschriften zu berücksichtigen haben, eines „Kniffs", der ihn in der Regel der Schwierigkeit enthebt, für tausenderlei Einzelfälle im Zusammenhang beispielsweise mit der Abwassereinleitung, der Emissionsbegrenzung von Luftschadstoffen, der Beurteilung von Lärmimmissionen oder dem Betreiben eines Kernkraftwerkes technische Detailregeln zu erlassen.

Was jeweils konkret im Einzelfall unter einem Standard zu verstehen ist, läßt der Gesetzgeber fast immer von anderen bestimmen: den Verordnungsgebern oder von Menschen, die völlig außerhalb des Behördenapparates stehen. Gemessen an demokratischen Prinzipien ist es ein problematisches Verfahren, und arbeitsökonomisch ist es – wohl unvermeidbar – aufwendig.

Für den Erlaß von allgemeinen Verwaltungsvorschriften über Mindestanforderungen, die den allgemein anerkannten Regeln der Technik für das Einleiten von Abwasser entsprechen, hat die Bundesregierung (sie ist nach § 7a WHG zum Erlaß der Verwaltungsvorschrift verpflichtet) z.B. „60 Arbeitsgruppen eingesetzt, die mit Vertretern der Verwaltung, der Wirtschaft und des naturwissenschaftlich-technischen Sachverstandes besetzt sind ... Die relativ hohe Zahl dieser Arbeitsgruppen beruht auf einem sachlichen Zwang zur Spezialisierung. Die Vielzahl von Produktions- und Abwasserbehandlungsverfahren läßt die Formulierung allgemeingültiger Mindestanforderungen an das Einleiten von Abwasser unmöglich erscheinen. Hinzu kommt, daß auch der Entwicklungsstand von Verfahren, Maßnahmen und Regeln zur Begrenzung der Abwasseremission in den einzelnen Bereichen der Wirtschaft und Technik sehr unterschiedlich ist."(1)

Der hier angesprochene Zwang, Spezialisten einzusetzen, um einen Standard zu konkretisieren, gilt natürlich nicht nur für Abwassereinleitungen, sondern auch für andere Bereiche.

„In der Bundesrepublik Deutschland (entscheiden de facto) private Organisationen und Gremien (z.B. der Verein deutscher Ingenieure, das Institut für Normung), eine Handvoll Gutachter darüber, was allen an Gefahren zugemutet wird."(2)

Der Gesetzgeber begibt sich hinsichtlich der Ausfüllung der Standards seiner Definitionsmacht, die nicht demokratisch legitimierten Menschen zufällt.

„In allen zentralen Fragen gilt durchgängig, daß – von der Reaktorsicherheit über die Luftreinhaltung, dem Wasser- und Lärmschutz bis zur medizinischen Lebensgestaltung – **nicht** die Parlamente, **nicht** die Regierungen, auch **nicht** die Gerichte die Feder führen, sondern die **Techniker** und **Mediziner**."(3)

Von ihnen werden Entscheidungen getroffen, die Leben oder Tod, Gesundheit oder Siechtum bedeuten können. Denn es geht nicht nur um die Feinheiten des gewöhnlichen Industriealltags, sondern es kann auch darum gehen, unter welchen Bedingungen Anlagen betrieben werden dürfen, die die Quelle von Großgefahren sein können, oder welche Schadstoffgrenzwerte von einer großen Anzahl Menschen toleriert werden müssen - im Trinkwasser, in Lebensmitteln - oder welche Konzentrationen bestimmter Stoffe im Grundwasser oder im Boden enthalten sein dürfen oder, dies ist besonders interessant, welche Stoffe oder Stoffgruppen ignoriert werden, obwohl ihre Unbedenklichkeit nicht erwiesen ist.

Die herrschenden Verhältnisse begünstigen in der Regel die Verantwortlichen für unterbliebene Grenzwertreduzierungen - nicht sie haben die Beweislast, daß Beeinträchtigungen der Gesundheit durch Umwelteinflüsse nicht epidemiologisch und auch nicht in Einzelfällen auftreten können, sondern die Advokaten des Allgemeinwohls sitzen in der Klemme: sie müssen beweisen, was schwer beweisbar ist - Gesundheitsschäden aufgrund von Umwelteinflüssen.

In Japan immerhin hat man gezeigt, daß der Industrie zum Wohle der Umwelt und potentiell Geschädigter sehr viel mehr als bisher bei uns zugemutet werden kann, ohne daß die Industrie wirtschaftlich in die Knie geht.(4) Aber auch in Deutschland ist man schon ein gutes Stück weitergekommen. (Vgl. insbesondere Schlußbemerkungen in Abschn. 4.8.1 zum UVP-IBN.)

Es muß nicht immer nur Krebs sein, der Bedenklichkeit weckt; Luftwegsinfektionen, Kopfschmerzen, Schwächung des Immunsystems, Erbgutveränderungen u.v.m. sind schließlich auch Beeinträchtigungen der Gesundheit und persönlichen Integrität. Aber wer erfaßt diese und untersucht deren Ursachen? Und wer konkretisiert Standards und Grenzwerte entsprechend?

Es kann verhängnisvoll sein, Standards nicht hinreichend zu konkretisieren, obwohl Gefährdungen von Menschen und Mitwelt nicht ausgeschlossen sind. Gründe dafür sind Erkenntnismängel und „Sachzwänge", die eine weitere Reduzierung von Emissionen verhindern. Sachzwänge ergeben sich beispielsweise, wenn als notwendig erachtete Verbesserungen technisch nicht möglich oder nur schwer machbar sind bzw. die Kosten nicht als tragbar erscheinen. Hinter „Sachzwängen" verbergen sich aber auch Interessen besonderer Art: Es geht um die Verteidigung von Herrschaftsbereichen. Im UGB-E wird die komplexe Problematik wie folgt kommentiert: „Abgesehen von der Frage nach dem Verhältnis zwischen Parlament und Exekutive im Umweltrecht läßt sich ein weit verbreitetes Unbehagen gegenüber einer unkontrollierten Rezeption technischer Regelwerke privater und öffentlich-rechtlicher Organisationen durch die Exekutive im Rahmen der Konkretisierung unbestimmter Gesetzesbegriffe des Umweltrechts feststellen. Technische Regelwerke sind mehr oder weniger stark von privaten Interessen geprägt, wobei oft zusätzlich von einer Dominanz der Großindustrie auszugehen ist; sie sind keine reinen technisch-wissenschaftlichen sachverständigen Aussagen zu Fragen der Umweltqualität, sondern haben immer auch Wertungen zum Gegenstand." Dies fanden jedoch die Verfasser bedenklich, aber: „Hieraus folgt freilich nicht der Verzicht auf solche Regelwerke. Sie erscheinen zur Entlastung der exekutiven Rechtssetzung im Hinblick auf die dynamische technische Entwicklung und den begrenzten Sachverstand der Exekutive weiterhin unerläßlich."(5)

Diese Problematik, die an sich schon lange das Interesse der Öffentlichkeit hätte finden müssen, wurde bisher überwiegend im Elfenbeinturm der Rechtswissenschaft diskutiert.(6) Inzwischen wird sie aber auch andernorts aufgegriffen. Der Soziologe Ulrich Beck meint kritisch, daß die Gewichte der Verantwortung nicht mehr richtig verteilt sind:

„Was um die Jahrhundertwende, in der Frühphase des Industrialismus, plausibel und begründet erschien, nämlich die Fragen der Sicherheit den Technikern zu überlassen, hat sich mit dem Übergang in das Atomzeitalter zum politischen Privileg gemausert, die Überlebensbedingungen in der wissenschaftlich-technischen Zivilisation verbindlich für alle zu definieren. Das Recht und die rechtlichen Ordnungsmodelle sind den historisch veränderten Sachverhalten, die sie regeln, nicht gefolgt."(7)

Aus einem anderen Blickwinkel betrachtet Huber die Problematik der Standards. Er sieht u.a. in ihnen den Grund für einen „unflexiblen ordnungsrechtlichen Umweltschutz". Der Stand der Technik sei für alle gleichermaßen vorgeschrieben und erbringe „bei gleichen Kosten an einem Ort einen unter Umständen viel geringeren Nutzen an einem anderen, oder anders gesagt, er kommt die einen (meist kleineren Betriebe) viel teurer zu stehen als andere Betriebe."(8)

Die darin steckende Unverhältnismäßigkeit werde durch Ausnahmen von der unflexiblen Regel ausgeglichen, was aber nicht der Umwelt diene (Übergangsfristen, Altanlagen verschmutzen weiter); die Vorschriften versprächen Großartiges, würden aber nur ein Geringes davon halten.

Dagegen meinen die Verfasser des UGB-E: „In der Praxis haben sich aus der Delegation der Setzung von Umweltstandards an die Exekutive keine besonderen Schwierigkeiten ergeben."(9) Insbesondere habe sich das Instrumentarium des bisherigen Rechts als flexibel genug erwiesen. Tatsächlich scheinen manche Kritiker die Flexibilität des Systems der Standards zu unterschätzen, denn es bedeutet, wenn die Verwaltung ihren Aufgaben gerecht wird, durch die ständige Anpassung an die Entwicklung der Technik eine stete Erneuerung der konkreten Anforderungen an Anlagen etc.

Im wesentlichen werden folgende Kritikpunkte vorgebracht:
- Funktionsverlust des Parlaments; wichtige Entscheidungen werden von der Exekutive getroffen.
- Vielfach keine oder mangelhafte Vorschriften über eine Beteiligung der Öffentlichkeit.
- Verhältnis der unbestimmten Gesetzesbegriffe (Standards) zu technischen Regelwerken privater oder öffentlich-rechtlicher Organisationen ist nicht allgemein geregelt.
- Die Umweltgesetze haben keine wirkliche Leitfunktion.

Dagegengehalten wird:
- Eine ‚Vergesetzlichung' laufe der Eigenart der Regelungsmaterie zuwider (u.a. Technizität des Rechts, fehlende Arbeitskapazität und fehlender Sachverstand des Parlaments, Notwendigkeit fortwährender Anpassung an neue Gefahrenlagen).(10)

Schließlich blieben das Bundesumweltministerium und das Umweltbundesamt von der Kritik nicht unbeeindruckt. In seinem Jahresbericht 1990 schreibt das UBA viele Kritikpunkte auf, die für die Arbeit der Umweltverwaltung symptomatisch sind: „In den letzten beiden Jahren ist es zu einer erheblichen Intensivierung der Diskussion über Umweltqualitätsziele und Umweltstandards gekommen, vor allem aus folgenden Gründen:
- In den sektoralen Umweltpolitikbereichen fehlt vielfach für Fachplanungs- und Vollzugszwecke ein geschlossenes System von Standards und Grenzwerten ...

- Die Entstehung, der Aussagewert, die gesellschaftliche Reichweite von Standards und Grenzwerten werden in der öffentlichen Diskussion problematisiert. Ihre Bedeutung wird zunehmend in Frage gestellt.
- Die etablierten Planungssysteme im Bereich der räumlichen Planung (Stadt-, Regional- und Landesplanung) entwickeln zunehmend Ansprüche und Bedarf für raumbezogene, unmittelbar für ihre Zwecke verwendbare Standard- und Grenzwertkataloge.
- Es werden immer mehr Umweltverträglichkeitsprüfungen (UVP) erstellt, bei denen das Fehlen von Standards für den methodischen Arbeitsschritt der Bewertung oder ihre mangelnde Anwendbarkeit auf den speziellen UVP-Fall offenbar werden.
- Die bundesweiten Immissionswerte z.B. der TA Luft erscheinen für viele UVP-Zwecke nicht hinreichend differenziert, nutzungsorientiert und regionalisiert. Es entstehen Überlegungen zur stärkeren raum- und wirkungsspezifischen Differenzierung von Standards."(11)

Die Verfasser des UGB-E, die an den bisherigen Standards keine harsche Kritik übten, halten folgerichtig an den „drei Grundtypen" fest:

„- die konventionalen (‚allgemein anerkannten') ‚Regeln der Technik',
- den fortgeschrittenen pragmatischen ‚Stand der Technik' und
- den besonders anspruchsvollen (maximalen) ‚Stand von Wissenschaft und Technik'".(12)

Die Umweltverwaltung hat unter Beachtung der Verhältnismäßigkeit den Gesetzen sowie beachtlichen Entscheidungen der Rechtsprechung zu folgen, wobei natürlich die Kommentare eine wichtige Richtschnur sein können. Die Standards wirken in alle Bereiche der Umweltverwaltung hinein; das gilt heute, und das wird auch noch morgen gelten.

Mit den nachfolgenden Erklärungen wird versucht, einen Anhalt für die aktuelle Praxis zu bieten. Sie erübrigen jedoch nicht den Blick in die jeweils anzuwendende Vorschrift.

6.1.1 Allgemein anerkannte Regeln der Technik

Der Begriff „allgemein anerkannte Regeln der Technik" wird so bestimmt: „Prinzipien und Lösungen, die in der Praxis erprobt und bewährt sind und sich daher bei der Mehrheit der Praktiker durchgesetzt haben."(§ 2,10 UGB-E)

Diese Definition folgt der Auslegung dieses Begriffes, die sich in Rechtsprechung und Literatur durchgesetzt hat. Dieser Standard soll verwandt werden, wo das Risikopotential des zu beurteilenden Gegenstands überschaubar ist und die notwendigen Schutzvorkehrungen aufgrund eines breiten technischen Erfahrungswissens bestimmt werden können.(13)

„Objektiv nachprüfbare Erfahrungssätze" seien damit ausgeschlossen. Entscheidend sei die subjektive Anerkennung durch die Mehrheit der betreffenden technischen Praktiker. Es genüge nicht, daß eine technische Regel im Fachschrifttum vertreten und etwa von der Wissenschaft theoretisch gebilligt sei. Verbreitete Mißbräuche oder Nachlässigkeiten, die als solche für den Fachmann erkennbar seien, würden eine allgemeine Anerkennung nicht ausschließen. Die Regel müsse noch nicht bei der Mehrzahl der in Betracht kommenden Handlungen praktisch angewandt werden.(14) „Der Standard der allgemein anerkannten Regeln der Technik (bleibt hinter) demjenigen des Standes der Technik zurück ... Es kommt nicht auf die herrschenden Auffassungen der Fachleute, sondern auf das an der jeweiligen Front des technischen Fortschritts als geeignet, notwendig, angemessen oder vermeidbar Erkannte an."(ebd.)

Besonders in wasserrechtlichen Bestimmungen (u.a. §§ 7a und 19g WHG), aber auch im StGB (§ 330,1 Nr. 3) wird der Begriff noch benutzt. Höchstwahrscheinlich wird er auch in einem künftigen UGB zu finden sein.

Die Bundesregierung hat Verwaltungsvorschriften über „Mindestanforderungen an das Einleiten von Abwasser in Gewässer" erlassen. Inzwischen sind rund ein halbes Hundert Abwasser-Verwaltungsvorschriften (Abwasser-VwV) zur Konkretisierung der allgemein anerkannten Regeln der Technik ausgearbeitet worden; für Abwasser bestimmter Herkunftsbereiche aber müssen die Abwasser-VwV dem Stand der Technik entsprechen (s. unten Abschn. 6.1.2). Abwasser-VwV existieren u.a. für Gemeinden, Milch-, Fisch- oder Kartoffelverarbeitung, Fleischwirtschaft, Brauereien, Tierkörperbeseitigung, Lederherstellung, Steine und Erden, Wasseraufbereitung, Arzneimittel, Herstellung von Perboraten, Bariumverbindungen oder Kohlenwaserstoffen, Metallverarbeitung, Herstellung von mineralischen Düngemitteln außer Kali ...(15)

Auch UVV, DIN-Vorschriften, VDI-Richtlinien und Erlasse können eine Konkretisierung der allgemein anerkannten Regeln der Technik darstellen. Weder durch diese noch durch die Abwasser-VwV ist absolut geklärt, was die allgemein anerkannten Regeln im Einzelfall sind. Die Texte können über das Ziel hinausschießen oder sie entsprechen schon nicht mehr dem, was aktuell den Stand der allgemein anerkannten Regeln der Technik ausmacht. Die Verwaltung ist jedenfalls nicht die abschließende Entscheidungsinstanz, sondern dies sind im Zweifelsfall die Gerichte.(16)

6.1.2 Stand der Technik

Auch hier greifen wir auf die Begriffsbestimmung des UGB-E zurück. Dies ist deswegen unbedenklich, weil das UGB-E selbst sich einer „alten" Formulierung bedient, nämlich der in § 3,6 Bundes-Immisssionsschutzgesetz.

Stand der Technik „ist der Entwicklungsstand fortschrittlicher Verfahren, Einrichtungen oder Betriebsweisen, der die praktische Eignung einer Maßnahme zur Begrenzung von Emissionen gesichert erscheinen läßt. Bei der Bestimmung des Standes der Technik sind insbesondere vergleichbare Verfahren, Einrichtungen oder Betriebsweisen heranzuziehen, die mit Erfolg in der Praxis erprobt worden sind."(§ 2,11 UGB-E)

Auf den Stand der Technik soll, so empfiehlt das UGB-E für künftige Gesetze, verwiesen werden, wenn „eine Beurteilung des Gegenstandes wegen seines großen, besonders komplexen Risikopotentials schwierig (ist) und sich die technischen Kenntnisse und Verfahren zur Abschätzung und Beherrschung der fraglichen Risiken in der Weiterentwicklung (befinden)".(17)

Man darf davon ausgehen, daß auch bei den bereits jetzt geltenden Gesetzen prinzipiell nach diesen Kriterien der Stand der Technik gefordert worden ist.

Im Gegensatz zu den allgemein anerkannten Regeln der Technik setzt der Stand der Technik keine Betriebserprobung voraus, sondern nur „vergleichbare Verfahren" müssen mit Erfolg im Betrieb erprobt worden sein. (18) „Die erfolgreiche Erprobung in der

Praxis (ist) zwar ein Indiz, nicht aber Bedingung für die Erreichung des Standes der Technik."(19)

Gefordert sind fortschrittliche Verfahren; das müssen nicht unbedingt die fortschrittlichsten sein, sondern dem wirksamsten angenäherte, optimale, technisch vernünftige Verfahren. Berücksichtigt werden müssen auch ausländische Entwicklungen.(20)

Der Stand der Technik wird gefordert im BImSchG u.a. zur Emissionsbegrenzung und Vermeidung schädlicher Umwelteinwirkungen (§§ 5 und 22 BImSchG). Natürlich nehmen auch die TA Luft und die TA Lärm darauf Bezug.

Auch im WHG wird in gewissen Zusammenhängen der Stand der Technik gefordert, z.B. für das Errichten und Betreiben von Abwasseranlagen. (§ 18 WHG)

Enthält Abwasser bestimmter Herkunftsbereiche „gefährliche Stoffe", müssen insoweit die Anforderungen in den allgemeinen Verwaltungsvorschriften dem Stand der Technik entsprechen. (s. § 7a WH)

Laut Abwasserherkunftsverordnung gehören dazu: Galvanikbetriebe, Gießereien, Kopieranstalten, mineralölverarbeitende Anlagen, Malereibetriebe, Lackierbetriebe etc.

Der Stand der Technik hat auch ins Abfallrecht Eingang gefunden (§ 4,5 AbfG). Aufgrund der neuen TA Abfall ist der Stand der Technik für die Sonderabfallentsorgung festgelegt.

6.1.3 Stand von Wissenschaft und Technik

Der Stand von Wissenschaft und Technik „ist der Entwicklungsstand derjenigen fortschrittlichen Verfahren, Einrichtungen oder Betriebsweisen, der nach den anerkannten Ergebnissen wissenschaftlicher Forschung zum Schutze der Umwelt erforderlich ist."(§ 2,12 UGB-E)

Dieser Maßstab „kann nur auf einen Beurteilungsgegenstand Anwendung finden, dessen Risikopotential so groß ist, daß die Anforderungen potentiell sogar über das technisch ‚Machbare' hinausgehen dürfen."(21)

Dieser Standard wurde lange Zeit nur im Atomrecht gefordert; nunmehr taucht er, z.T. in variierter Formulierung, in etlichen Bestimmungen auf: Im Abwasserabgaben-Gesetz wird die Bundesregierung ermächtigt, Verfahren zur Bestimmung der Schädlichkeit von Abwasser nach dem jeweiligen Stand der Wissenschaft und Technik vorzuschreiben; im Chemikaliengesetz wird verschiedentlich „ein nach dem Stand der wissenschaftlichen Erkenntnisse begründeter Verdacht" angesprochen; der nach der Gefahrstoff-Verordnung berufene „Ausschuß für Gefahrstoffe" hat u.a. die Aufgabe, „dem jeweiligen Stand von Wissenschaft, Technik und Medizin entsprechende Vorschriften vorzuschlagen" (§ 44 GefStoffV); in der TA Luft wird u.a. eine Beurteilung nach dem „Stand der Wissenschaft und der allgemeinen Lebenserfahrung" gefordert (Ziff. 2.2.1.3).

Der Stand der Wissenschaft und Technik fordert diejenige Vorsorge, „die nach den neuesten wissenschaftlichen Erkenntnissen für erforderlich gehalten wird".(22)

Es „gehen im Zweifelsfalle die wissenschaftlichen Kriterien dem technischen Standard vor. Die erforderliche Vorsorge wird dabei durch das gegenwärtig technisch Machbare nicht begrenzt, so daß im Falle der Nichtrealisierbarkeit der zur Vorsorge erforderlich gehaltenen Maßnahmen die Handlung nicht durchgeführt werden darf ... Wie sich aus der Formulierung ‚anerkannt' ergibt, kann nur die gesicherte Erkenntnis Stand der Wissenschaft sein. Entgegen einer verbreiteten Ansicht, derzufolge nur die allgemein anerkannten (d.h. die von der herrschenden Meinung der Fachleute als richtig akzeptierte Theorie) als gesichert angesehen werden kann, genügt es, daß eine Hypothese mit den gebräuchlichen wissenschaftlichen Methoden sorgfältig überprüft und verifiziert oder zumindest gegen Falsifizierung hinreichend abgesichert ist."

Die Erkenntnis muß von einem Wissenschaftler gewonnen worden sein, d.h. im wesentlichen von Professoren im Rahmen ihres Faches.(23)

6.1.4 Stand der Sicherheitstechnik

Dieser Standard wird im Bundes-Immissionschutzgesetz und in der Störfall-VO genannt. Er „ist der Entwicklungsstand fortschrittlicher Verfahren, Einrichtungen und Betriebsweisen, der die praktische Eignung einer Maßnahme zur Verhinderung von Störfällen oder zur Begrenzung ihrer Auswirkungen gesichert erscheinen läßt. Bei der Bestimmung des Standes der Sicherheitstechnik sind insbesondere vergleichbare Verfahren, Einrichtungen oder Betriebsweisen heranzuziehen, die mit Erfolg im Betrieb erprobt worden sind." (§ 2,3 Störfall-VO)

Nach dem Bundes-Immissionsschutzgesetz schlägt ein besonders ausgebildeter „Technischer Ausschuß für Anlagensicherheit" dem Stand der Sicherheitstechnik entsprechende Regeln, sogenannte sicherheitstechnische Regeln, vor, die im Bundesanzeiger veröffentlicht werden können. (Vgl. § 31 a BImSchG)

Der Stand der Sicherheit genehmigungsbedürftiger Anlagen soll künftig auf der Grundlage sicherheitstechnischer Regelwerke festgelegt werden.(24)

Die Ausführungen unter 6.1.2 sind sinngemäß übertragbar.

6.2 Grenzwerte: Die Politik lenkt, die Wissenschaft senkt

„Kernstück" bzw. „zentrale Aufgabe" der Umweltpolitik sind Grenz- und Richtwerte für Emissionen und Immissionen (Umweltstandards), verkündet die Bundesregierung.(25) Damit kann sie sicherlich in weiten Kreisen Zustimmung erwarten, denn allgemein verbreitet ist der Eindruck, Grenzwerte seien objektiv und absolut, wer Grenz- und Richtwerte festsetzt, tut etwas für die Umwelt. Würden sie nur eingehalten werden, gäbe es keine Gefahr für die Gesundheit der Menschen, für Pflanzen, Tiere, den Boden, das Wasser, die Luft und die weitere Umwelt des Menschen. Diese Annahme ist jedoch irrig. Zumindest ansatzweise bestätigt dies die Bundesregierung auch selbst:

„Umweltstandards stützen sich auf wissenschaftliche Analysen und Bewertungen; ihre Festlegung ist aber letztlich eine politische Entscheidung."(26)

Die politische Einwirkung wird begünstigt durch die objektiven Schwierigkeiten, Grenzwerte zu finden, die die notwendige Schutzfunktion erfüllen, aber nicht überzogen sind. Wird bestimmt, daß von einem gewissen Grenzwert an konkrete Maßnahmen ergriffen werden sollen, wird dieser Wert häufig auch als Handlungswert bezeichnet. Politische Einflüsse werden dabei keineswegs nur auf der eher abstrakten Ebene bei der Bestimmung von Verordnungen und Richtlinien etc. ausgeübt, sondern auch sehr konkret vor Ort: Im Falle einer Cadmiumbelastung von Gartenböden im Bielefelder Raum (es handelte sich um eine Altlast) ging es um die Frage des Bodenaustausches in Abhängigkeit eines Grenzwertes von 2 oder 3 mg/kg. Gesetzlich festgelegte Kriterien für die Bewertung von Meßdaten gab es nicht. Die Diskussion konzentrierte sich darauf, die „richtige" Handlungsschwelle für das Schwermetall Cadmium zu finden. Im Rahmen einer Befragung führte der zuständige Umweltdezernent aus: „Grenzwerte sind letztlich politische Größen. Auch als Naturwissenschaftler kann ich Ihnen nicht sagen, um wieviel das Gesundheitsrisiko für die ... Bewohner sinkt oder steigt mit Änderung des Handlungswertes."(27)

Die Unbestimmtheit von Werten bzw. der Rückgriff auf Werte, die ursprünglich für andere Bereiche festgesetzt waren (Lebensmittel, Futtermittel, Klärschlamm usw.), kann – insbesondere im Falle von „Neulasten" – bei repressionsorientierten Ermittlern (Ordnungswidrigkeiten, Straftaten) bzw. allgemeinwohlverteidigenden Verwaltern zu Rechtszweifeln führen. Leicht tauchen nagende Fragen auf: Wieviel ist genug? Warum gerade dieser Grenz-, Schwellen- oder Handlungswert? Welche Motive und Interessen führten zur Bestimmung der jeweiligen Werte? Der vielfach unklare Status von Verwaltungsvorschriften, die Zweifel über die rechtswirkende Konkretisierung von Normen sowie über deren gerichtliche Nachprüfbarkeit machen die Sache nicht gerade besser.(28)

Tatsächlich ergeben sich etliche Schwierigkeiten bei der Festsetzung von Grenzwerten. Beispielsweise stellt die Anzahl der zu untersuchenden Stoffe ein großes Problem dar. Dessen mögliches Ausmaß verdeutlicht sich aus nachstehenden Angaben:
„Etwa 8 Millionen definierte, größtenteils neue synthetische Chemikalien registrierte der Chemical Abstract Service bisher, 800 bis 1000 kommen weltweit **täglich** dazu, d.h. etwa 300 000 pro Jahr. Nicht gerechnet sind dabei die bei jeder Synthese anfallenden Nebenprodukte, Abfallstoffe, deren mögliche toxikologische Bedeutung am Beispiel der ‚Dioxine' in den letzten Jahren besonders deutlich geworden ist. Auch wenn nur ein kleiner Teil dieser vom Menschen synthetisierten, in der Natur nie dagewesenen Stoffe umweltrelevant ist oder wird, ist dieser Teil noch zu groß, um toxikologisch sicher bewertet werden zu können."(29)

Nicht weniger kompliziert wird die Lage durch das „erhebliche Risiko der Kombinationseffekte (Synergismen), die wegen der großen Zahl chemischer (und radioaktiver) Stoffe sowie deren Arten und ihrer unterschiedlich empfindlichen Individuen und deren Entwicklungsstufen beliebig zahlreich sein können."(30)

Während vorstehende Zitate eher die quantitative Seite der Problematik verdeutlichen, empfehlen andere Wissenschaftler eine Strategie, wie sie etwa bei Punktstreiks angewandt wird: minimaler Aufwand, große Wirkung. Aufmerksam machen sie auf folgendes: „Es ist eben nicht so – wie Naive immer wieder behaupten –, daß etwa 100 000 Schadstoffe existieren, deren Gefahr in den nächsten 50 Jahren nicht im einzelnen bestimmt werden kann, womit Nicht-Regulierung gerechtfertigt wird, sondern es sind vielleicht 100 Schadstoffe, die in der Produktion so entscheidend sind, daß ihre Regulierung Tausende von anderen Schadstoffen mitregulieren würde. Einer dieser Stoffe ist Dioxin."(31)

Bisher ist das PPP-Prinzip (Prevention of Potential Polluters Principle) nicht favorisiert, wonach nur solche Stoffe produziert oder angewandt werden dürften, deren Harmlosigkeit nachgewiesen wurde. (Vgl. Abschn. 4.6.1)

Auch die Forderung nach der Nullemission wird von den etablierten Kräften nicht offiziell erhoben.

Der SRU beispielsweise drückt deutlich aus, was er meint: Wer eine „Null-Emission" verlange, nehme „die Haltung eines Rigorismus" ein, verstecke „die wirklichen Probleme" hinter einer „unerfüllbaren Forderung". Der SRU nennt auch die wirklichen Probleme: „Entscheidung über Güterkollisionen, Bewertung von Nutzen und Risiken einzelner Techniken, Entwurf und Durchsetzung kalkulierbarer, realistischer Handlungskonzepte ...

Nur mit den Mitteln der technisch-industriellen Zivilisation können die Probleme, die diese Zivilisation geschaffen hat, erkannt und überwunden werden."(32)

Übrigens stimmt die Bundesregierung dieser Darstellung ausdrücklich zu.(33)

Wird die Null-Emission als unerfüllbar angesehen, bleiben also die Fragen zu beantworten, welche Stoffe bewertet werden sollen, wieviel über Null als genug, zulässig bzw. zumutbar erklärt werden soll.(34) Was schließlich festgesetzt wird, impliziert eine „Restverschmutzung". In diesem Zusammenhang sind beispielsweise die Verteilung von Beweislasten und Haftungsfragen wichtig.

6.2.1 Wertevariationen

Die technischen Standards konkretisieren sich vielfach in Angaben, die hauptsächlich als Grenz-, Höchst- oder Richtwerte ausgewiesen werden und in deren Begleitung sich wiederum etliche, vielfach undifferenziert benutzte Begriffsvarianten finden (u.a. Überwachungswerte, Schwellenwerte, Handlungswerte, Kontrollwerte).

Ein **Grenzwert**, so läßt sich aus der allgemein üblichen Benutzung dieses Wortes ableiten, bezeichnet Konzentrationen für bestimmte Stoffe in bestimmten Medien, die grundsätzlich nicht überschritten werden dürfen, ohne daß Schädigungen oder nachteilige Auswirkungen zu befürchten sind.

Der Begriff Grenzwert wird manchmal als eine Art Oberbegriff zu den anderen o.g. Begriffen benutzt, auch scheint er gelegentlich synonym verwandt zu werden (Grenzwert = Höchstwert oder Überwachungswert). Das Schrifttum ist üppig und natürlich widersprüchlich; diskutiert wird u.a., ob der Grenzwert lediglich ein erstrebenswerter Zielwert sei, eine bloße Warnfunktion erfülle oder eine (strafrechtliche) Sanktionsschwelle darstelle.(35)

Grenzwerte sind z.B. in der Trinkwasserverordnung festgesetzt. Auch die TA Lärm enthält Grenzwerte, d.h. es werden Emissionswerte in Dezibel (A) für Binnenschiffe, Kraftfahrzeuge, Flugzeuge u.a. angegeben.

Gelegentlich werden als Grenzwerte auch Frachten angegeben, z.B. die zulässige Schmutzfracht für den Zu- oder Ablauf einer Kläranlage oder die in einem Gewässer zugelassene Schadstoffmenge pro Zeiteinheit (= Zeitfracht, z.B. kg/sec) oder Produkteinheit (= produktionsspezifische Fracht, z.B. kg/t Produkt).

Höchstwerte sind solche Werte, die in keinem Fall überschritten werden dürfen. Höchstwerte können nebst Regel- und Bezugswerten in Bescheiden zur Abwassereinleitung nach dem Abwasserabgabengesetz (alte Fassung – vor dem 1.1.1989) enthalten sein.(36) Nach dem neuen Abwasserabgabengesetz werden Überwachungswerte, Schwellenwerte und Konzentrationsmengen festgesetzt.(37)

Auch in der TA Luft sind Höchstwerte festgelegt; der Immissionswert (IW) 1 charakterisiert die Langzeitbelastung, der IW 2 die Kurzzeitbelastung.

Ansonsten ist noch der Begriff **Höchstmengen** von Bedeutung, der sich auf Maximalmengen von Rückständen in Lebensmitteln bezieht, wobei davon ausgegangen wird, daß sie selbst bei lebenslanger Aufnahme nicht zu nachweisbaren Schäden führen. Inzwischen existieren etliche sogenannte Höchstmengenverordnungen (u.a. für tierische Lebensmittel, Pflanzenschutz, pflanzliche Lebensmittel, Quecksilber in Fischen, Aflatoxin, Trinkwasser).

Richtwerte haben keinen bindenden Charakter, sondern sie sind ein Zielwert für das Handeln von Behörden oder andere Institutionen im Rahmen von Entscheidungsspielräumen; die EG gibt in ihren Richtlinien vielfach neben Grenzwerten zielorientierende Richtwerte vor. Generell geben sie die Grenze für tolerable Konzentrationen an, deren Überschreitung zur Ursachenermittlung und -vermeidung führen soll.

Richtwerte werden auch vom Bundesgesundheitsamt für Schwermetalle in Lebensmitteln herausgegeben und sollen der Lebensmittelwirtschaft und -überwachung Anhaltspunkte für den Grad der Kontamination von Lebensmitteln bieten.(38) Richtwerte, sogenannte Immissionsrichtwerte, sind u.a. auch für Baumaschinen festgelegt.(39)

Der changierende Begriff Grenzwert mitsamt seinen legitimen und illegitimen Abkömmlingen mag Kommentatoren beschwerliche Arbeit oder auch Lust bescheren, den nichtjuristischen Praktiker vor Ort dürfte eher Verwirrung befallen (Konfusion-Diskussion-Konfusion?). Dem werden gewisse Auswertungsverfahren nicht gerade entgegenwirken; angewandt werden u.a. Mittelwert- und Perzentilkonzepte. Diese Konzepte berücksichtigen die Schwierigkeiten, beim Betrieb von Anlagen etc. stets und ständig festgesetzte Werte einzuhalten; tatsächlich sind sogenannte Ausreißer oder gelegentliche Überschreitungen angestrebter Werte häufig im Betriebsablauf prozeßbedingt nicht vermeidbar. Andererseits ergeben sich daraus bedeutende Kontrollschwierigkeiten. Vielfach wird nunmehr versucht, einen akzeptablen Ausgleich zu finden, indem etwa in wasserrechtlichen Erlaubnissen einem Konzept wie unten beschrieben gefolgt, aber außerdem als absolute Obergrenze ein Höchstwert festgesetzt wird.

Nach dem **Mittelwertkonzept** ist z.B. ein wasserrechtlicher Bescheid dann nicht eingehalten, „wenn das arithmetische Mittel aus den letzten fünf Einzelwerten und der letzte Einzelwert den Überwachungswert überschreiten ...

Beim **Perzentilkonzept** wird zum Vergleich mit dem Überwachungswert der Wert genommen, der von einem vorher festgelegten Prozentsatz (= Perzentil, z.B. 80 %) aller bei der Überwachung gefundenen Werte überschritten wird."

Eine Spezialform des Perzentilkonzeptes ist das **4-von-5-Konzept**, dies insofern, „als es die Anzahl der der Beurteilung jeweils zugrunde gelegten Einzelwerte konstant auf fünf beschränkt ... Ein Überwachungswert (gilt) dann als eingehalten, wenn vier von fünf aufeinanderfolgende, bei der Überwachung gefundene Werte diesen Wert nicht überschreiten ...

Eine Variante des Perzentilkonzeptes bezieht den Perzentilwert nicht auf die Anzahl der bei der Überwachung gefundenen Einzelwerte, sondern auf die sog. ‚Grundgesamtheit‘ aller möglichen Meßwerte innerhalb eines vorgegebenen Untersuchungszeitraumes; die über Einzeluntersuchungen gewonnenen Perzentilwerte lassen danach nur mit einer bestimmten ‚statistischen Sicherheit‘ Aussagen über die entsprechenden Kenngrößen der Grundgesamtheit zu.

Das **Mediankonzept** ist eine andere Spezialform des Perzentilkonzeptes. Der **Medianwert** ist identisch mit dem 50-Perzentilwert, dem Wert also, der in der Mitte einer Reihe von Werten liegt, die der Größe nach geordnet sind.“(40)

Bei z.B. einer immissionsschutzrechtlichen Untersuchung könnte etwa ein Wert von 95-Perzentil oder Perzentil (95) ausgewiesen werden; dies würde besagen, daß die angegebenen Konzentrationen in 95 Prozent der Meßuntersuchungen unterschritten wurden und dementsprechend nur 5 Prozent über dem Wert lagen. Bei vergleichenden Untersuchungen über die Schadstoffbelastungen der Organe von im Wald lebenden Tieren könnte z.B. ein 98-Perzentil angegeben werden, was eine Konzentration bedeuten würde, die von 98 % der Proben unterschritten wurde.

Für die Teile der Verwaltung, die hauptsächlich mit Aufgaben im Bereich des Bodens und des Wassers befaßt sind, werden vor allem Grenzwerte im Sinne von Höchst- und Überwachungswerten bedeutend sein. Allerdings wird auch gelegentlich von **Handlungswerten** die Rede sein; damit sind Werte gemeint, die Handlungen erfordern, wenn sie erreicht sind. Handlungswerte leiten sich in der Regel von Vergleichsdaten aus dem Umfeld einer Schadstoffquelle ab. Bezugsdaten müssen lokalen Belastungskatastern, so es sie denn gibt, entnommen werden. So gewonnene Handlungswerte sind flexibler als überregional geltende Grenzwerte; sie fallen in unbelasteten Gebieten niedriger, in stärker kontaminierten Gebieten höher aus.

Manchmal werden auch **Schwellenwerte** ins Spiel gebracht. Wird der Schwellenwert überschritten, drohen gewisse Konsequenzen wie z.B. Maßnahmen zur Minderung von Immissionen oder das Verbot, bestimmte Pflanzen anzubauen. Die Überschreitung eines Schwellenwertes bedeutet nicht, daß nun zwangsläufig ein Schaden zu erwarten ist und sein Unterschreiten kann nicht als ungefährlich bewertet werden. (Näheres s. Abschn. 6.2.3.1)

6.2.2 Grenzwerte im Wandel

Grenzwerte sind einem ständigen Wandel unterworfen. Alle Grenzwertlisten weisen einen klaren Trend aus: Ständig werden weitere Stoffe aufgenommen, bestehende Werte werden nach unten korrigiert, und manche Stoffe wechseln sogar den Katalog und sind dann unter dem Stichwort „krebserzeugend“ zu finden. Dieser Trend ist zumindest ungebrochen oder anders ausgedrückt: Viele der heute noch nicht erfaßten Stoffe werden noch erfaßt werden müssen, etliche bereits erfaßte Stoffe sind vermutlich freundlicher eingestuft, als sie es verdienen.

Höhere politische Einsicht, neue Erkenntnisse, verbesserte Möglichkeiten der Technik sowie der Analytik werden einige der Gründe für Veränderungen sein.

Aus der Sicht von Leuten, die Verursacherinteressen vertreten, wird die Problematik freilich etwas anders dargestellt; ein Beispiel aus der Chemie-Industrie: „Die meisten Menschen reagieren mit Erschrecken auf die Information, daß z.B. DDT oder Dioxin in Verdünnungen von Milliardstel-Gramm und weniger nachgewiesen worden sind, weil sie die kleinen Zahlen nicht richtig einordnen können. Die moderne chemische Analytik, die Wissenschaft vom Nachweis der Stoffe und der Bestimmung von Konzentrationen, ist in Spurenbereiche vorgedrungen, die sich der Vorstellungskraft weitgehend entziehen. Während man vor 40 Jahren noch alle Stoffmengen jenseits von einem Zehntel Promille als ‚Null' betrachten mußte, können heute Milliardstelgramm aufgespürt werden."(41)

Diese Darstellung ist nicht in der Sache zu beanstanden, wohl aber deren vermutlich beabsichtigte Suggestion (kleine Zahl = k[l]eine Gefahr); Zweifel an dieser Sichtweise können am Beispiel des Wassers verdeutlicht werden: „Unscheinbare Stoffmengen verursachen schleichend auftretende, diffuse Krankheitsbilder. Insofern hat sich seit den neunzig Jahre zurückliegenden Typhus-Epidemien einiges geändert. Das seuchenorientierte Krisenmanagement von damals funktioniert nicht mehr; weder lassen sich die Chemikalien so einfach im Wasser nachweisen wie die Typhuserreger, noch zeigen sie eine so dramatisch durchschlagende Wirkung wie die mikrobiologischen Krankheitserreger. Ob die Wirkung der in ‚Ultraspuren' auftretenden Pollutantien aber geringer ist, wird auch von seiten der Wasserwirtschaft bezweifelt." Tatsächlich seien Grenzwerte z.B. der Trinkwasserverordnung „keine ‚Gefahrenabwehrwerte', sondern nur ‚Vorsorgegrenzwerte'. Es läßt sich nicht ausschließen, daß diese geringe Stoffmenge Krankheiten verursacht."(42)

Auch die chemische Industrie selbst beleuchtet die Situation, wahrscheinlich unbeabsichtigt, kritisch; sie beruft „eine ständige Verbesserung bestehender Regelungen wie z.B.

- Herabsetzen von Grenzwerten nach dem neuesten Stand der Technik,
- Neuaufnahme von Stoffen in Warnlisten mit Beschränkungen oder Verboten."(43)

Auf diesem Gebiet etwas „ständig" zu verbessern, ist zweifellos lobenswert, aber auch ein Indiz für die Unsicherheit der jeweils akuten Lage.

Manchmal wirkt das Verhalten des Gesetzgebers sowie derjenigen, die Grenzwerte festsetzen, etwas zweifelhaft; es erinnert an einen Wanderer in einer sommerlichen Moorlandschaft, der sich mit einer Fliegenklatsche der Mückenschwärme zu erwehren sucht. Reagiert wird oftmals auf punktuelle Ereignisse oder neuartige Erkenntnisse – häufig entscheidet der Zufall über den Gegenstand des Interesses. Zugeschlagen wurde beispielsweise ziemlich heftig bei einigen Stoffen: Vinylchlorid, DDT, PCB, Quecksilber, Aflatoxin und andere Stoffe sind verboten, in Höchstmengenverordnungen begrenzt, in Richtlinientabellen an den Pranger gestellt; die Aufnahme von Stoffen in die Listen der Gefahrstoffe, der umweltgefährlichen oder wassergefährdenden Stoffe wird man wohl niemals abschließen können. Es gibt zu viele Mücken.

6.2.3 Es bleibt noch viel zu erforschen

Neben der Forschung zur Analytik und Bewertung von Stoffen an sich ist inzwischen in Deutschland eine umfangreiche Forschung bezüglich der Wirkungen von Schadstoffen auf Ökosysteme, Tiere und Pflanzen in Gang gekommen, was ein Blick in den Jahresbericht 1990 des Umweltbundesamtes zeigt: „Ernteverluste durch Luftschadstoffe ..., Phytotoxische Wirkungen von Ozon und Schwefeldioxyd (z.B. auf Raps und Gerste, antagonistische Wechselwirkungen, IW 1 der TA Luft für SO_2 zu hoch) ..., Schadstoffbelastungen in Haus- und Kleingärten (u.a. überhöhte Gehalte von einigen Schwermetallen) ..., Belastung von See- und Küstenvögeln mit chlorierten Kohlenwasserstoffen und Quecksilber ..., Wasserqualitätsziele für Schwermetalle ..., Hintergrundwerte in der ehemaligen DDR".(44)

Auch an dieser Aufzählung zeigt sich ein Manko der Umweltforschung: „Bisher können Ökosysteme nicht spekulativ verwendet werden, d.h. um die Wirkung von Schadstoffen vorherzusagen. Sie werden lediglich als reaktive Indikatoren benutzt, d.h. man sieht erst etwas, wenn die Katze schon in den Teich gefallen ist."(45)

Natürlich werden auch immer umfassendere Untersuchungen der Wirkungen auf den Menschen angestellt; zu den neuesten Forschungsprojekten gehören: Toxikologische Bewertung von Feinstaub ..., Rußpartikel ..., ultrafeine Aerosole ..., saure Aerosole ...., Vorkommen und Wirkung von Umweltmutagenen (aufgrund einer Literaturstudie wurden als wahrscheinliche erbgutverändernde Stoffe Malathion, Thiram, Trichlorethylen, 1,2-Dichlorethan, Kaliumchromat sowie u.a. Aluminiumchlorid, Diethylhexylphthalat, Lindan, Methylacrylat, Toluol herausgefunden).(46)

Auch bezüglich der Wirkungen auf Materialien versucht man, zu Erkenntnissen zu kommen. Um die Einwirkung von Luftschadstoffen auf Metallobjekte von kulturhistorischer Bedeutung zu erfassen, läuft ein internationales Materialexpositionsprogramm. Ein anderes Projekt befaßt sich mit der kartographischen und phänomenologischen Erfassung von Umweltschäden an Außenputzen.(47)

Mit diesen Untersuchungen gehen vielfältige Forschungen zur Ausweitung und Verbesserung der Analytik einher.

Wie die vorstehenden Beispiele belegen, werden erhebliche Anstrengungen unternommen, den Kenntnisstand über die Wirkungen von Stoffen zu verbessern. Dies zeigt aber auch, welch große Wissenslücken noch bestehen.

6.2.3.1 Dosis/Wirkung-Beziehung

Wissensdefizite bestehen insbesondere für komplexe Zusammenhänge wie die möglichen Befindlichkeits- oder Gesundheitsstörungen infolge von Schadstoffwirkungen; dazu sagt u.a. der Toxikologe Otmar Wassermann: „Durch Festlegung von Grenzwerten für einige definierte Schadstoffe versucht man Vergiftungen zu vermeiden ... Dennoch lassen sich bei bestimmten Krankheitskomplexen chemische Einwirkungen als eine wesentliche Ursache belegen (z.B. bei Allergien, Krebs, Atemwegserkrankungen). Bei Fruchtbarkeitsstörungen, Schäden des Immunsystems oder Mißbildungen gibt es zwar Anhaltspunkte für die Beteiligung von chemischen und/oder physikalischen Einwirkungen, für eine eindeutige kausale Zuordnung fehlen jedoch umfassende Studien. Bei den vielfältigen Symptomen psychischer und psychosomatischer Befindlichkeitsstörungen könnten Fremdstoffeinwirkungen ebenfalls eine auslösende Rolle spielen.

Wenn Ärzte komplexe Schadstoffwirkungen bei ihrer Diagnostik berücksichtigen würden, bestünde die Möglichkeit, durch eine generelle Verminderung der Schadstoffbelastung eine Besserung des Gesundheitszustandes zu erwirken. Das Monokausalitätsprinzip ‚ein Schadstoff – eine Wirkung', wie es für akute Vergiftungen gelegentlich zutreffen kann, muß bei solch komplexen, sich langsam entwickelnden Krankheitsbildern jedoch versagen."(48)

Das Problem der Beziehung von Dosis (aufgenommene Menge eines Stoffs pro Zeiteinheit) und Wirkung auf Mensch, Tier oder Pflanze verdient eine besondere Beachtung. Eine mögliche Schadwirkung hängt ab von dem chemischen Aufbau des jeweiligen Stoffes, der Menge, der Einwirkungsart sowie der Einwirkungsdauer; außerdem können sich, wie bereits vorher angesprochen, Kombinationswirkungen im Zusammenspiel mit anderen Stoffen ergeben.

Die Bewertung der Dosis/Wirkung-Beziehung erfordert „nicht nur genaue Kentnisse über die zu prüfenden Substanzen, sondern auch detailliertes Wissen über die Organismen, auf welche sie einwirken. Die verschiedenen Organe eines Lebewesens, deren optimales Zusammenwirken die Grundlage für das Phänomen ‚Leben' ist, sind ihrerseits hochkomplizierte Systeme ... Der Eingriff bereits **eines** Umweltschadstoffes in ein derart kompliziertes und im Laufe der Evolution seit Millionen Jahren etabliertes und optimiertes Netzwerk kann weitreichende Folgen haben. Die meisten Folgen bleiben zunächst unsichtbar – ‚unterschwellig' ist dafür ein beliebter Ausdruck, was allerdings oft mit ‚unschädlich' verwechselt wird."(49)

Auf Fehlbewertungen von Tests und Ergebnissen weisen auch andere Wissenschaftler hin: „Der Begriff Ökotoxikologie wird meist für Tests an Versuchsorganismen verwendet, die in Ökosystemen von Bedeutung sind. So wird im Zuge der Chemikalienprüfung die Prüfung mit Daphnien und Fischen durchgeführt. Der Begriff vermittelt die Illusion, die Wirkung auf Ökosysteme beurteilen zu können."(50)

Aus verständlichen Gründen stellt die Belastung von Nahrungsmitteln und Trinkwasser ein Problem dar. U.a. ist hier die Situation dadurch erschwert, daß auch sogenannte Risikogruppen berücksichtigt werden müssen (z.B. Säuglinge, Schwangere, Kranke, Alte). Besonders schwierig wirkt sich insoweit, abgesehen von der allgemeinen Getreideerhebung, eine lückenhafte und z.T. veraltete Datenlage zur Rückstandssituation von Schadstoffen in Lebensmitteln aus. Ansprechpartner ist die Zentrale Erfassungs- und Bewertungsstelle für Umweltchemikalien (ZEBS) des Bundesgesundheitsamtes. Schwermetalle, vor allem Blei, Cadmium und Quecksilber, sowie persistente organische Verbindungen (chlorierte Kohlenwasserstoffe – Pflanzenschutzmittel) und Perchlorethylen (PER) wurden bisher besonders beachtet.(51)

Seit der Angleichung der bundesdeutschen Trinkwasserverordnung an die Vorstellungen der EG, was eine qualitative Verbesserung der Trinkwasserüberwachung im deutschen Lande bedeutete, wird hier neben altbekannten Stoffen wie Arsen, Blei, Cadmium, Chrom, Fluorid, Nitrat, Quecksilber, Selen, Sulfat, Zink und Zyanid nun u.a. auch nach krebserzeugenden polyzyklischen Aromaten, organischen Chlorverbindungen, Pflanzenschutzmitteln wie Atrazin und Triazin, polychlorierte bzw. polybromierte Biphenyle und Terphenyle gesucht.(52) Die fortschreitende Chemisierung der Umwelt erfordert immer aufwendigere Untersuchungen bei gleichzeitig wachsendem Aufwand für die Aufbereitung von Wasser zu Trinkwasser.

Zur Beurteilung von Schadstoffkonzentrationen in einem Umweltmedium werden auch sogenannte Belastungspfade berücksichtigt, um Schwellenwerte abzuleiten. Dabei werden die Wege ermittelt, die ein Schadstoff aus einem Umweltmedium zu einem Akzeptor nimmt. Akzeptoren sind Organismen oder Ökosystemteilbereiche, zu denen der Schadstoff gelangt. Akzeptoren können Menschen, Tiere, Tierprodukte, Pflanzenprodukte, Trinkwasser sein. Für manche Akzeptoren und einige Schadstoffe bestehen

Höchstmengenbegrenzungen (s. Abschn. 6.2.1). Bei den meisten Schadensfällen sind diese aber eigentlich nicht anwendbar. Dennoch wird auf sie in der Praxis in Ermangelung besserer Unterlagen zurückgegriffen. So werden beispielsweise bei Bodenkontaminationen durch Blei, Cadmium, Chrom, Kupfer, Nickel, Quecksilber, Zink immer wieder Werte der Klärschlammverordnung herangezogen, obwohl es sich bei den aktuellen Verunreinigungen nicht um Bestandteile in Klärschlämmen und bei den verunreinigten Böden auch nicht um landwirtschaftlich, forstwirtschaftlich oder gärtnerisch genutzte Böden handelt, für die die Klärschlammverordnung gilt.

Die nachstehende Übersicht zeigt Belastungspfade am Beispiel des Bodens:

Belastungspfade – Wege, auf denen Schadstoffe wirken

Außer Bodenlösung und Bodenluft stellen die anderen Ökosystemkompartimente und der Mensch die Akzeptoren dar, zu denen Schadstoffe aus dem Boden gelangen.

Boden ➡ Mensch
Boden ➡ Pflanze ➡ Pflanzenprodukt ➡ Mensch
Boden ➡ Pflanze (Futtermittel) ➡ Tier ➡ Tierprodukt ➡ Mensch
Boden ➡ Tier ➡ Tierprodukt ➡ Mensch
Boden ➡ Pflanzengesellschaft und Tierpopulation
Boden ➡ Bodenfauna und -flora
Boden ➡ Bodenlösung ➡ Pflanze ➡ Pflanzenprodukt ➡ Mensch
Boden ➡ Bodenlösung ➡ Pflanze (Futtermittel) ➡ Tier ➡ Tierprodukt ➡ Mensch
Boden ➡ Bodenlösung ➡ Tier ➡ Tierprodukt ➡ Mensch
Boden ➡ Bodenlösung ➡ Pflanzengesellschaft und Tierpopulation
Boden ➡ Bodenlösung ➡ Bodenfauna und -flora
Boden ➡ Atmosphäre ➡ Mensch
Boden ➡ Atmosphäre ➡ Pflanze ➡ Pflanzenprodukt ➡ Mensch
Boden ➡ Atmosphäre ➡ Pflanze (Futtermittel) ➡ Tier ➡ Tierprodukt ➡ Mensch
Boden ➡ Atmosphäre ➡ Tier ➡ Tierprodukt ➡ Mensch
Boden ➡ Atmosphäre ➡ Pflanzengesellschaft und Tierpopulation
Boden ➡ Atmosphäre ➡ Bodenfauna und -flora
Boden ➡ Bodenluft ➡ Atmosphäre ➡ Mensch
Boden ➡ Bodenluft ➡ Atmosphäre ➡ Pflanze ➡ Pflanzenprodukt ➡ Mensch
Boden ➡ Bodenluft ➡ Atmosphäre ➡ Pflanze (Futtermittel) ➡ Tier ➡ Tierprodukt ➡ Mensch
Boden ➡ Bodenluft ➡ Atmosphäre ➡ Tier ➡ Tierprodukt ➡ Mensch
Boden ➡ Bodenluft ➡ Atmosphäre ➡ Pflanzengesellschaft und Tierpopulation
Boden ➡ Bodenluft ➡ Bodenfauna und -flora
Boden ➡ Bodenlösung ➡ Pflanze ➡ Pflanzenprodukt ➡ Mensch
Boden ➡ Bodenlösung ➡ Pflanze (Futtermittel) ➡ Tier ➡ Tierprodukt ➡ Mensch
Boden ➡ Bodenlösung ➡ Pflanzengesellschaft und Tierpopulation
Boden ➡ Bodenlösung ➡ Bodenfauna und -flora
Boden ➡ Bodenlösung ➡ Grundwasser ➡ Trinkwasser ➡ Mensch
Boden ➡ Bodenluft ➡ Grundwasser ➡ Trinkwasser ➡ Mensch
Boden ➡ Boden
Boden ➡ Bodenlösung ➡ Boden
Boden ➡ Oberflächenwasser

Quelle: Forum Wissenschaft (53)

Andreas Ruck, wissenschaftlicher Mitarbeiter an der TU Berlin im Projekt „Fachliche Grundlagen für eine TA – Boden“, zeigt die Schwierigkeiten auf, einen Schadstoff unter Berücksichtigung der Belastungspfade zu bewerten: „Die Auswahl eines einzigen

Pfads erleichtert zwar die Arbeit wesentlich, jedoch kann man nie sicher sein, für einen bestimmten Schadstoff und eine bestimmte Expositionssituation den ‚richtigen' Pfad getroffen zu haben. Will man die zulässige Schadstoffkonzentration im Boden auf der Basis aller Schadstoffpfade bestimmen, so müßte man entweder die Summe der auf verschiedenen Wegen den Akzeptor erreichenden Schadstoffe berechnen oder zumindest den jeweils wichtigsten Pfad (höchster Transfer - empfindlichste Reaktion) identifizieren. Dazu müssen aber alle Pfade soweit quantifiziert werden, daß es möglich wird, überhaupt zu beurteilen, welcher Pfad vorausichtlich den größten Einfluß auf den Akzeptor hat oder den limitierenden Faktor für die Bodenkonzentration darstellt ..."(54) Weitere Komplizierungen ergeben sich durch Beeinflussungen des Transfers durch Bodeneigenschaften, Pflanzenart, Witterungsverhältnisse etc.

Nicht weniger problematisch ist die ebenfalls in der Praxis angewandte Methode, den schlimmsten Fall anzunehmen (Worst-Case-Abschätzungen); „die Unterscheidung zwischen Annahmen, die ‚ungünstig' (d.h. zu berücksichtigen) oder ‚unrealistisch' (d.h. nicht zu berücksichtigen) genannt werden, ist stets willkürlich."(55) Ruck schlägt ergänzend zu den Worst-Case-Abschätzungen stochastische (wahrscheinlichkeitstheoretische) und empirische (auf Erfahrung beruhende) Schwellenwerte bzw. eine Kombination dieser drei Bewertungsmöglichkeiten vor, um die Tolerierbarkeit einer Schadenstoffkonzentration beurteilen zu können. (56)

Die Wirkungsforschung voranzutreiben (neben der Analytik) ist ein ausdrückliches Anliegen der Bundesregierung; allerdings sieht sie diesbezüglich „eine wesentliche Verantwortung der Hersteller und Inverkehrbringer von Stoffen, die bei der Herstellung oder durch Gebrauch in die Umwelt gelangen".(57) Hier vereinen sich also Verursacher- und Vorsorgeprinzip, aber inwieweit und auf welchem Wege das zu konkreten Ergebnissen führt, bleibt abzuwarten. Vor allem darf man wohl annehmen, daß die von der Bundesregierung ins Auge gefaßten verantwortlichen Kreise nicht besonders enthusiastisch den heimlichen Belastungspfaden, kombinierten Wirkungen und langzeitlichen Folgen geringer Dosen nachspüren werden. Zwar wird man diese Kreise nicht gerade zu den Quellen neuer Erkenntnisse tragen müssen, aber einen ordentlichen Schubs werden sie, nach den bisherigen Erfahrungen, schon immer mal wieder benötigen.

6.2.3.2 Vergleichbarkeit

Verunreinigungen müssen vergleichbar sein.

Der Nachweis von Verunreinigungen muß nach standardisierten Verfahren durchgeführt werden, um regionale, nationale und internationale Vergleichsmöglichkeiten zu gewährleisten sowie überhaupt die Einhaltung von Grenzwerten sinnvoll überprüfen zu können. Der Standard muß sich auf Probenahme und Analyse erstrecken, die grundsätzlich eine Einheit bilden. Probenahme- und Analysevorschriften finden sich z.T. in Verordnungen selbst oder in Verwaltungsvorschriften (dort häufig auch nur Hinweise auf anzuwendende Unterlagen) bzw. in DIN-Vorschriften, Technischen Anleitungen (Luft/Lärm), Deutsche Einheitsverfahren usw. Arbeiten zur Vereinheitlichung und Vergleichbarkeit laufen u.a. im Rahmen der OECD und der EG.

6.2.3.3 Nachweisgrenzen

Im Rahmen der Analytik spielen Nachweisgrenzen eine Rolle. Die immer weiter verfeinerten Möglichkeiten können immer weiter absinkenkende Grenzwerte bewirken. Die chemische Industrie macht auf einen aus ihrer Sicht wichtigen Aspekt aufmerksam: „Heute (werden) Substanzen auch dort gefunden, wo sie vorher niemand vermutet hätte. Sie konnten früher nur nicht nachgewiesen werden. Die heutigen Erfassungsgrenzen liegen in den meisten Fällen weit unter den für einen unbedenklichen Umgang festgesetzten Werten und sind für eine Gefahrenabschätzung daher von geringer Bedeutung."(58)

Das wird von Wissenschaftlern, die nicht mit der chemischen Industrie liiert sind, natürlich differenzierter gesehen: „Weitverbreitet ist der Irrtum, die chemische Nachweisgrenze eines Schadstoffes, d.h. die apparative Leistungsfähigkeit der Analytik, mit dessen Wirkungsschwelle gleichzusetzen. Nicht erst die chlorierten Dioxine lehrten uns, daß Gesundheitsschäden durch Chemikalien bereits in niedrigsten Konzentrationen verursacht werden, die weit unter der jeweiligen Nachweisgrenze liegen. Nicht nur bei Laien ist das Mißverständnis weitverbreitet, daß die immer leistungsfähiger werdende Analytik ‚schuld' sei an der wachsenden Lawine unbequemer Erkenntnisse auf dem Gebiet der Umwelttoxikologie. Auch der Wert eines ‚no effect level', auf welchen gelegentlich schwerwiegende Entscheidungen z.B. bei der Festlegung von ‚tolerierbaren Höchstmengen' von Schadstoffen in Luft, Wasser, Boden und Nahrungsmitteln gestützt werden, ist ein fragwürdiges Instrument. Selbst in seiner Modifikation als ‚no observable effect level' (bzw. als ‚no toxic effect level') ist ein solches Maß immer nur so gut wie seine Untersucher, die Nachweisempfindlichkeit ihrer Methoden, die biologische Empfindlichkeit und Relevanz des als Kriterium herausgegriffenen Meßsystems."(59)

6.2.3.4 Hintergrundwerte

Ebenfalls als Problem bedeutsam sind Hintergrundwerte, Hintergrundbelastungen bzw. Hintergrundkonzentrationen. Sie können natürlichen Ursprungs oder auf menschliche Einflüsse zurückzuführen sein (z.B. [Benzin-]Bleiablagerungen im Autobahnbereich).

Besonders wenn es etwa darum geht, Verunreinigungen zu bewerten und Sanierungsmaßnahmen abzuwägen, kann der Spielraum für verantwortbare Toleranzen nahezu unbefindlich sein. Beispielsweise zeigte sich bei Arbeiten über Schwermetalle für das Aktionsprogramm Rhein vom „Bund/Länder-Arbeitskreis Qualitätsziele", der Zielwerte zum Schutz aquatischer Lebensgemeinschaften etc. entwickelt hatte, daß bei längerfristiger Wirkung für die meisten Schwermetalle die Wirkungsschwellen der empfindlichsten Organismen im Bereich der natürlichen Hintergrundkonzentration oder nur wenig darüber liegen.(60)

6.2.3.5 Abbaubarkeit

Geraten Chemikalien durch Unfälle oder aus anderen Gründen in die Umwelt und bereitet ihre Entfernung Schwierigkeiten (kostenträchtig ist sie ohnehin fast immer), ist die biologische Abbaubarkeit von großem Interesse. Aufgrund international standardisierter Tests (OECD-, EG-Richtlinien) werden Chemikalien auf biologisch leichte Abbaubarkeit geprüft. „Je nach Richtlinie wird als Prüfparameter die Abnahme des gelösten organischen Kohlenstoffs der Testsubstanz, die durch den Abbau verursachte Sauerstoffabnahme oder das dabei entstehende Kohlendioxid gemessen. Diese Summenparameter sind unter den Testbedingungen Indizien für vollständigen Abbau. Der biologische Abbau erfolgt durch nicht adaptierte Mikroorganismen aus kommunalen Kläranlagen, die in entsprechender Menge zugesetzt werden.

Wird im Verlauf von 28 Tagen unter den relativ ungünstigen Testbedingungen ein Abbau erzielt, bei dem die Abnahme des gelösten organischen Kohlenstoffs 70 % und mehr beträgt, bzw. bei dem mehr als 60 % des ursprünglich vorhandenen Kohlenstoffs in Kohlendioxid umgesetzt wurden, kann davon ausgegangen werden, daß die Substanz auch in der Umwelt problemlos und vollständig abgebaut werden kann. Erfolgt der Abbau in dieser Zeitspanne nicht nur vollständig, sondern zusätzlich - nachdem er nach einer mehr oder weniger langen Anwachsphase der Mikroorganismen erst einmal eingesetzt hat - in einem kurzen Zeitintervall, bekommt die Substanz das Prädikat ‚biologisch leicht abbaubar'. Definiert wird dieser Begriff durch das sogenannte ‚10-Tage-Fenster': Das Abbauziel (70 % bzw. 60 % Abbau, s.o.) muß binnen 10 Tagen nach Überschreiten der 10 %-Schwelle erreicht werden. Nur unter dieser Voraussetzung, um die es international viele Diskussionen gab, darf eine Substanz als biologisch leicht abbaubar eingestuft werden ...

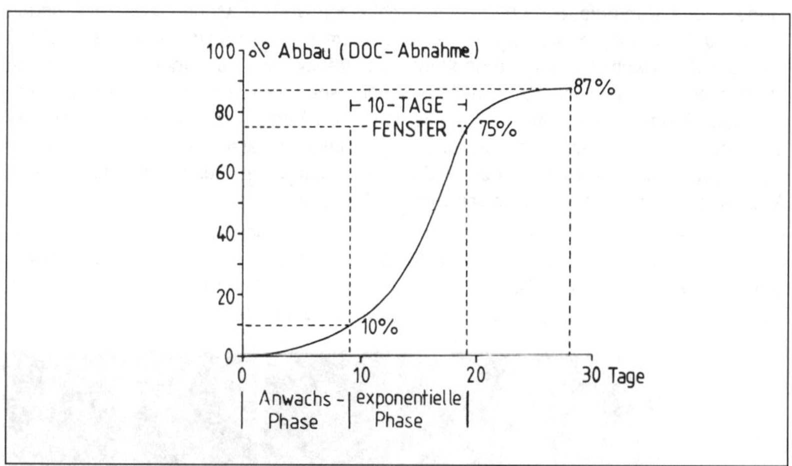

Idealisierte Abbaukurve und Konzept des 10-Tage-Fensters
Quelle: Umweltbundesamt

Der Abbau wird durch die Abnahme von gelöstem organischen Kohlenstoff (DOC=Dissolved Organic Carbon) charakterisiert. Nach Überschreiten der 10 %-Schwelle am 9. Tag wird innerhalb von 10 Tagen bis zum 19. Tag ein Abbau von 75 % und bis zum 28. Tag von 87 % erzielt. Die Kriterien 70 % in 28 Tagen und die Bedingungen des 10-Tage-

Fensters sind somit eingehalten. Die Substanz darf als biologisch leicht abbaubar eingestuft werden.

Wird das Abbauziel nach 28 Tagen nicht erreicht oder wird das 10-Tage-Fenster nicht eingehalten, wird die Substanz zunächst als biologisch nicht leicht abbaubar eingestuft."(61)

Der Wissenschaft eröffnet sich ein weites Feld hinsichtlich der Erforschung von Abbaubarkeit oder Persistenz von Chemikalien in der Umwelt.

6.3 Grenzwerte kontrollieren

Ziemlich einfach ist es, Grenz-, Höchst- und Überwachungswerte in Genehmigungen und Erlaubnisse aufzunehmen und Betreiber von Anlagen etc. zu verpflichten, diese zu beachten; schwierig ist es, solche Werte einzuhalten. Während des Betriebes einer Anlage können Störungen nicht immer vermieden werden, und somit werden auch Werte leicht überschritten; sogar im ungestörten, kontinuierlichen Betrieb stellt die Einhaltung der Werte ein Problem dar.

Ob die Werte eingehalten werden, bedarf natürlich der Kontrolle – etwa als Selbstüberwachung durch den Betreiber oder durch zuständige Behörden bzw. Sachverständige im Auftrag des Betreibers oder der Behörde. Abweichend vom Normalfall sollten aber auch Kontrollen auf das einwandfreie Funktionieren der Geräte, Dosier- und Meßeinrichtungen etc. durchgeführt werden. Abgesehen von technischen Fehlern können menschliche Manipulationen nicht ausgeschlossen werden. Generell wird sich sagen lassen, daß die Aufgabe der Umweltverwaltung, im Zuge der Genehmigungsverfahren oder der Überwachung für die Einhaltung von Grenzwerten zu sorgen, im großen und ganzen beherrschbar ist. Verordnungen, Technische Anleitungen, DIN-Vorschriften, Deutsche Einheitsverfahren, der Katalog wassergefährdender Stoffe etc. mögen hier einen hinreichenden Anhalt geben. Doch gibt es faktisch verschiedene Schwierigkeitsgrade – vom einfachen Ablesen eines Gerätes bis zur komplizierten Probenahme und Analyse sowie der kritischen Bewertung der Ergebnisse.

Relativ einfach ist es z.B., den Grenzwert für Rauch zu bestimmen. Durch Verwendung einer Karte mit Sehschlitz oder eines Gerätes mit gefärbten Gläsern werden unterschiedliche Grauwerte der Rauchfahnen mit den Grauwerten der sogenannten Ringelmannskala verglichen. (Vgl. 1. BImSchV und entsprechende VwV).

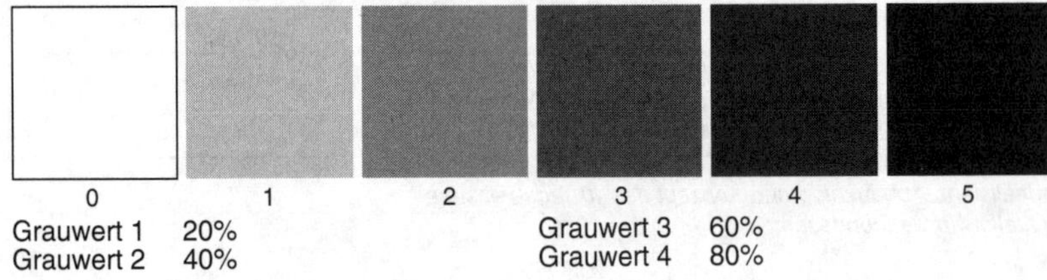

Ringelmann-Skala, Quelle: 1. DVO/BImSchG, Anl. I

Wenig problematisch ist auch die Bestimmung des Schwärzungsgrades der Staub- und Rußemission von Rauchgasen innerhalb einer Feuerungsanlage. Zur Bewertung des

Staub- und Rußgehaltes im Abgas wird eine Rußzahl ermittelt. Hierzu wird eine vorgeschriebene Abgasmenge mit Hilfe einer Rußpumpe durch ein weißes Filterpapier gesaugt. Die Rußpartikel bleiben auf dem Filter haften und führen zu einer Schwärzung, die durch Vergleich mit der sogenannten Bacharach-Skala bewertet wird. Der Schwärzungsgrad benachbarter Felder unterscheidet sich jeweils um 10%.

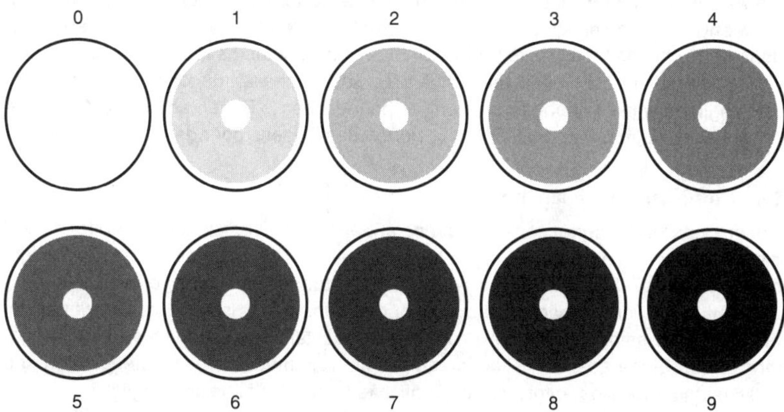

Rußzahl-Vergleichsskala

Bacharach-Skala, Quelle: 1. DVO/BImSchG, Anl. II

Bei anderen vorgeschriebenen Meßwerten liegt das Problem weniger in der Kontrolle an sich – die beschränkt sich im wesentlichen auf das Ablesen von Werten oder das Auswerten von aufgezeichneten Werten –, als vielmehr im apparativen Aufwand, etwa hinsichtlich der Meßtechnik für kontinuierliche Messungen (z.B. der Massenkonzentrationen an Kohlenmonoxid oder Emissionen von Schwefeldioxid oder gasförmigen anorganischen Fluorverbindungen – vgl. TA Luft).

Ähnlich gelagert ist die Problematik zur Ermittlung von Geräuschemissionen. Hohe Anforderungen sind hier an Schallpegelmesser, Registriergeräte für Schallpegel und Magnetbandgeräte gestellt. Aber auch die Durchführung der Messungen und vor allem deren Auswertung erfordern schon hohen Sachverstand (vgl. TA Lärm).

Sehr aufwendig können sich beispielsweise die Kontrollen der Überwachungswerte für Abwassereinleitungen nach § 7a WHG gestalten. Nicht nur daß eine ganze Anzahl von Parametern kontrolliert werden müssen, können sich auch die Probenahme und vor allem die Analyse recht kompliziert darstellen. Vorgeschrieben sein können Stichproben, 2-h-Proben, 24-h-Mischproben sowie Untersuchungen auf z.B. absetzbare Stoffe, abfiltrierbare Stoffe, chemischen Sauerstoffbedarf, biochemischen Sauerstoffbedarf, Fischtoxizität, Temperatur, pH-Wert etc. sowie einzelne Stoffe wie Cadmium, Blei, Kupfer, Nickel, Quecksilber, Phosphor, Stickstoff, organische Halogenverbindungen; vielfach müssen schon die Proben mit bestimmten Zusätzen stabilisiert werden, um Veränderungen zwischen den Zeitpunkten der Probennahme und Analyse zu verhindern (z.B. könnten Bakterien den Sauerstoffgehalt beeinflussen).

Probenahmen und Analysen haben nach genau vorgeschriebenen Verfahren zu erfolgen (z.B. DIN-Vorschriften oder Deutsche Einheitsverfahren).(62)

Handelt es sich insoweit um überwiegend geordnet arbeitende Anlagen und entsprechende Verfahren, wo die Beachtung von Grenzwerten für Stoffe in überschaubaren und kontrollierten Bereichen und mit einer gewissen Routine erfolgen kann, so werden die Aktionsverwaltung und sonstige ermittelnde Behörden gelegentlich mit ungleich schwierigeren Problemkonstellationen konfrontiert: aktuelle Ereignisse, die entschiedene und schnelle Maßnahmen erfordern, u.a. aufgrund eines Unfalles, einer Störung im Betriebsablauf oder einer unvermutet als gefährlich wahrgenommenen Situation, die möglicherweise schon lange latent vorhanden war (z.B. neu entdeckte Altlast bei Ausschachtungen oder sonstige Immissionen des Bodens oder des Grundwassers).

6.4 Stoffe und Eigenschaften

Gesetz- und Verordnungsgeber haben es augenscheinlich nicht leicht, Stoffe, die auf die Umwelt einwirken können, hinreichend differenziert zu benennen. Ziemlich weitgehend werden die Begriffe „Stoffe" oder „Zubereitungen"verwandt; diese Stoffe oder Zubereitungen können nach Auffassung der vorgenannten Sprachschöpfer wassergefährdend oder gefährlich (im Sinne des Wasserrechts) oder gefährlich oder umweltgefährlich (im Sinne des Chemikalienrechts) sein. Kommunikationsschwierigkeiten und Mißverständnisse sind aufgrund der Ähnlichkeit der Begriffe leicht möglich.

Vorab ist vor Analogieschlüssen zu warnen, und zwar insbesondere in Verbindung mit einer weiteren Ausdrucksvariante – den gefährlichen Gütern nach dem Beförderungsrecht (vgl. Abschn. 9.2.2.2). „Flüssiger Sauerstoff" z.B. ist ein Gefahrgut, aber kaum ein wassergefährdender Stoff. Etliche Schwermetallsalze sind umweltgefährlich, aber nicht als Gefahrgut im Sinne der Beförderungsvorschriften eingestuft.

6.4.1 Wassergefährdende Stoffe

Den Begriff wassergefährdende Stoffe gibt es schon seit fast drei Jahrzehnten im WHG. Seit 1986 ist der Paragraph 19 g WHG überschrieben: „Anlagen zum Umgang mit wassergefährdenden Stoffen". In seinem Absatz 5 wird eine recht ausfüllungsfähige, beispielhafte Aufzählung gegeben, was wassergefährdende Stoffe sind. Hier wird der Bundesminister für Umwelt, Naturschutz und Reaktorsicherheit aber auch ausdrücklich ermächtigt und zugleich verpflichtet, allgemeine Verwaltungsvorschriften zu erlassen, „in denen die wassergefährdenden Stoffe näher bestimmt und entsprechend ihrer Gefährlichkeit eingestuft werden".

Dieser Pflicht wurde nachgekommen.(63)

Die Verwaltungsvorschrift enthält eine alphabetische Bezeichnung der Stoffe, denen Kenn-Nummern und die jeweilige Wassergefährdungsklasse (WGK) zugeteilt wurden:

„WGK 3: stark wassergefährdend
WGK 2: wassergefährdend
WGK 1: schwach wassergefährdend
WGK 0: im allgemeinen nicht wassergefährdend (in Abhängigkeit von Stoffmenge und örtlichen Gegebenheiten können auch Stoffe der WGK 0 wassergefährdend sein).

Die ‚Kommission Bewertung wassergefährdender Stoffe' (KBwS) des Beirates Lagerung und Transport wassergefährdender Stoffe beim Bundesminister für Umwelt, Naturschutz und Reaktorsicherheit wird wassergefährdende Stoffe auf Anforderung der für die Wasserwirtschaft und das Wasserrecht zuständigen obersten Landesbehörden vorrangig der Bewertung unterziehen."(64)

Die Verwaltungsvorschrift wurde durch den „Katalog wassergefährdender Stoffe" (LTwS-Nr. 12), letzte Ausgabe Januar 1991, ergänzt.(65)

Besonders bemerkenswert ist folgender Hinweis in der Verwaltungsvorschrift: „Die Einstufung der Stoffe gemäß ihrem Wassergefährdungspotential kann auch wichtige Anhaltspunkte für die Beurteilung von Schadensfällen mit wassergefährdenden Stoffen geben."

Zur Bewertung des Wassergefährdungspotentials werden ausschließlich Stoffeigenschaften herangezogen. In erster Linie sind dies die akute Toxizität insbesondere gegenüber Säugetieren, Bakterien und Fischen, das Abbauverhalten, ggf. Algen- und Daphnientoxizität sowie Langzeitwirkungen und Verteilungsverhalten. Maßgebliche Entscheidungsgründe werden von der KBwS seit einigen Jahren in Stoffdatenblättern dokumentiert.

Die Einteilung der Stoffe in Wassergefährdungsklassen ermöglicht angemessene Sicherheitsvorkehrungen zum Schutz der Gewässer bei Anlagen zum Umgang mit wassergefährdenden Stoffen (Lagern, Abfüllen, Herstellen, Behandeln, Verwenden, Umschlagen und Befördern).

Diese Sicherheitsvorkehrungen können in allgemein differenzierenden Regelanforderungen, z. B. an Behältnisse, Lagervolumen, Anlagenausstattung, Überwachungs- und Anzeigepflichten zum Ausdruck kommen. Die Bundesländer erlassen hierzu Verordnungen für Anlagen zum Umgang mit wassergefährdenden Stoffen. Grundsätzlich sollen die WGK abgestufte Sicherheitsvorkehrungen für den Umgang mit technischen Produkten (z. B. lose Ware) in Anlagen ermöglichen; sie sind jedoch nicht für Kleingebinde (z. B. Haushaltspackungen) gedacht ...

Es ist offenkundig, daß bei der Bewertung des Wassergefährdungspotentials eines Stoffes der Vielschichtigkeit möglicher Wirkungen auf Gewässer nur begrenzt Rechnung getragen werden kann. Im Einzelfall sind deshalb bei der Beurteilung der Wassergefährdung über die WGK hinaus noch weitere Gesichtspunkte zu berücksichtigen ...

Stoffe, die nicht im Katalog aufgeführt sind, sind vorsorglich als in WGK 3 eingestuft anzusehen, wenn sie nicht offensichtlich (z. B. Steine, Holz) oder nachweislich (z.B. Selbsteinstufung mit nachvollziehbarer Datendokumentation in eigener Verantwortlichkeit) einer niedrigeren WGK zugeordnet werden können ...

Eine Selbsteinstufung hat auf der Grundlage des Bewertungsschemas LTwS Nr. 10 des Beirates LTwS zu erfolgen. Kurzinformationen können dem „Bewertungsmuster zur Stoffeinstufung in WGK i.S. von Stoffen § 19 g WHG" und dem „Konzept zur Selbsteinstufung von Stoffen und Zubereitungen in Wassergefährdungsklassen" des Verbandes der chemischen Industrie e.V. entnommen werden. Eine Selbsteinstufung ist eindeutig als solche zu kennzeichnen und muß nachvollziehbar dokumentiert sein (z. B. im Sicherheitsdatenblatt nach DIN 52 900) .... (66)

Der Katalog enthält zahlreiche Tabellen, denen eine Vielzahl von Informationen entnommen werden kann, die insbesondere bei Schadensfällen als Informations- und Beurteilungshilfen herangezogen werden können: außer den bereits oben zitierten Eigenschaften sind dies u.a. Wassergefährdungszahlen, Aggregatzustand, Wasserlöslichkeit, UN-Nummern, meeresverschmutzende Eigenschaften, Klassifizierung nach GGVS und VbF sowie eine Auflistung klassifizierter Stoffe zu CAS-Nummern.

Die nachfolgend abgedruckten Unterlagen („Merkblatt für Anträge ...“ und „Bewertungsmuster ...“[S.136]) weisen die Komplexität des Einstufungsverfahrens aus.

Merkblatt für Anträge zur Einstufung wassergefährdender Stoffe i. S. des § 19 g Wasserhaushaltsgesetz (WHG)

– Bek. d. BMU v. 8.2.1987 – U III 5 – 523 074/3 –
(GMBl 1987 S. 99)

Nachstehendes überarbeitetes Merkblatt für Anträge zur Einstufung wassergefährdender Stoffe im Sinne des § 19 g WHG wird hiermit bekanntgegeben. Es wurde von der Kommission Bewertung wassergefährdender Stoffe (KBwS) beim BMU-Beirat „Lagerung und Transport wassergefährdender Stoffe“ erstellt und vom vorgenannten Beirat gebilligt. Ich bitte ab sofort danach zu verfahren.

Das gleichnamige Merkblatt in der Fassung der Bekanntmachung des BMI vom 20.4.1983 – U II 5 – 523 074/3 (GMBl S. 263) – wird hiermit aufgehoben.

Merkblatt für Anträge zur Einstufung wassergefährdender Stoffe i. S. des § 19 g Wasserhaushaltsgesetz (WHG)

1. Allgemeines

Wassergefährdende Stoffe nach § 19 g WHG sind alle festen, flüssigen und gasförmigen Stoffe, die geeignet sind, nachhaltig die physikalische, chemische und biologische Beschaffenheit von stehenden und fließenden Oberflächengewässern sowie des Grundwassers nachteilig zu verändern. Für abgestufte Sicherheitsanforderungen in Anlagen zum Umgang mit wassergefährdenden Stoffen ist eine Unterteilung der Stoffe nach ihrem Wassergefährdungspotential erforderlich.

Die Klassifizierung der wassergefährdenden Stoffe bildet eine der Grundlagen für Bauartzulassungen und Eignungsfeststellungen nach § 19 h WHG sowie für Einzelentscheidungen im wasserrechtlichen Vollzug. Die in der Länderarbeitsgemeinschaft Wasser (LAWA) vertretenen Bundesländer und der Bundesminister des Innern haben auf der Grundlage dieser Konzeption die Einstufung von wassergefährdenden Stoffen in Wassergefährdungsklassen (WGK) durch eine Bewertungskommission in den wasserrechtlichen Vollzug eingeführt [1]. Die „Kommission Bewertung wassergefährdender Stoffe“ (KBwS) ist als ständiger Ausschuß des BMU-Beirats „Lagerung und Transport wassergefährdender Stoffe“ (LTwS) seit 1.7.1982 eingerichtet worden.

Die von der „Kommission Bewertung wassergefährdender Stoffe" in Wassergefährdungsklassen eingestuften Stoffe wurden im Einvernehmen von BMU und LAWA im Gemeinsamen Ministerialblatt des Bundes sowie in den Gesetzblättern der Länder veröffentlicht und eingeführt [2]. Sofern ein Stoff noch nicht im „Katalog wassergefährdender Stoffe" enthalten ist, bedeutet dies keine Aussage über die potentielle Wassergefährdung durch diesen Stoff.

2. Einschalten der Bewertungskommission (KBwS)

Anträge auf Einstufung wassergefährdender Stoffe in die WGK sind an die zuständigen Wasserbehörden oder die Geschäftsstelle des BMU-Beirats „LTwS" beim Umweltbundesamt oder gegebenenfalls an das Institut für Bautechnik (IfBt) in Berlin zu richten. Anträge, die in unmittelbaren Zusammenhang mit einem wasserrechtlichen Antrag stehen, werden mit Priorität bearbeitet. In dem Katalog können Stoffe oder Gemische nicht unter ihren Handelsnamen aufgeführt werden, sondern nur unter einer zur Identifizierung geeigneten Bezeichnung. Wäßrige Lösungen von Stoffen oder Gemischen unterschiedlicher Konzentration werden nicht einzeln klassifiziert.

3. Beizufügende Unterlagen

Die Bewertungskommission bewertet den Stoff im wesentlichen auf der Basis vorgelegter Unterlagen. Diese Unterlagen (Testergebnisse und weitere Angaben) werden auf Validität und Plausibilität sowie gegebenenfalls im Stichprobenverfahren geprüft.

Folgende Angaben sind bei Reinstoffen mindestens erforderlich: (Bei Stoffgemischen sind sinngemäße Angaben zu machen)

3.1 Identität des Stoffes

a) Bezeichnung nach dem System der internationalen Union für reine und angewandte Chemie (IUPAC).
b) Weitere Bezeichnungen, insbesondere allgemeine Bezeichnung, Handelsbezeichnung, Abkürzung.
c) Kennziffern, soweit von Chemical Abstracts Service zugeteilt.
d) Angaben über Reinheit, Verunreinigungen und zugesetzte Hilfsstoffe.

3.2 Physikalisch-chemische Eigenschaften

a) Aggregatzustand unter Normalbedingungen
b) Dichte
c) Wasserlöslichkeit (in mg/l bei 20 °C bzw. Raumtemperatur)
d) Siedepunkt
e) Verteilungskoeffizient n-Octanol/Wasser
f) Kinematische Viskosität bei Raumtemperatur
g) Umsetzungen in Wasser und Luft (z. B. Hydrolyse, Photolyse, Oxidation)

3.3 Testergebnisse

a) Akute orale Säugetiertoxizität
b) Akute Fischtoxizität

c) Bakterientoxizität
d) Biologisches Abbauverhalten

Die Tests sind grundsätzlich mit dem unter Nr. 1 identifizierten Stoff (d. h. einschließlich Verunreinigungen und Zusätzen) durchzuführen. Vorzugsweise sind die in [1] genannten Verfahren einzusetzen. Gegebenenfalls können auch gleichwertige Untersuchungsverfahren zur Anwendung gelangen. Insbesondere bei den Angaben zur Säugetier- und Fischtoxizität kann zur Vermeidung unnötiger Tierversuche auf Literaturangaben zurückgegriffen werden. Die Literatur ist dem Antrag in Kopie beizufügen.

Die Untersuchungen sollen in neutralem Medium durchgeführt werden. Die Neutralisation unterbleibt, wenn die Auswirkungen des pH-Wertes auf das Testergebnis erfaßt werden sollen. Der pH-Wert ist anzugeben.

Als höchste Testdosen werden 10 g/l bei Fischen und 2 g/kg Körpergewicht bei Säugetieren empfohlen.

Bei Ionenverbindungen ist das Testergebnis grundsätzlich auf das Formelgewicht des wasserfreien Salzes zu beziehen.

3.4 Verfügbare Untersuchungsergebnisse oder Literaturangaben über

a) akute Toxizität gegenüber anderen Wasserorganismen, insbesondere Algen und Daphnien
b) chronische Toxizität, Kanzerogenität, Mutagenität etc.
c) Persistenz, Bioakkumulation, Metabolismus, Verhalten im Untergrund etc.
d) sonstige für die Einstufung relevante Eigenschaften.

3.5 Sonstiges

a) Selbsteinschätzung des Stoffes auf der Grundlage des Bewertungsschemas nach [1]. Bei Stoffgemischen sind die in [2] genannten Regeln für die „Zuordnung der WGK bei Gemischen“ zu beachten.
b) Angabe, ob die Antragsunterlagen zur Bestimmung der Wassergefährdung einer behördlichen Stelle bereits zur Bearbeitung zugesandt wurden (gegebenenfalls Angabe der Behörde).
c) Verwendungsbereich des Stoffes.
d) Angaben zu anderen Stoffbewertungen bzw. -einstufungen, insbesondere Klassifizierungen nach VbF und GGVS.

4. Beispiel

4.1 Identität des Stoffes

a) IUPAC-Bezeichnung: Benzenemethanol
b) Weitere Namen: Benzylalkohol, a-Hydroxytoluol, Phenylcarbinol, Phenylmethanol
c) CAS-Nummer: 100-51-6
d) Reinheit: min 99 % (GC)
Verunreinigungen: Benzaldehyd (max. 0,1 %), Wasser (max. 0,1 %)

4.2 Physikalisch-chemische Eigenschaften

a) Aggregatzustand: flüssig
b) Dichte: 1,04 g/ml
c) Löslichkeit: 39 g/l
d) Siedepunkt: 206 °C
e) Verteilungskoeffizient n-Octanol/Wasser: Log K_{OW} = 1,10
f) Kinematische Viskosität: 5,58 cSt (20 °C)
g) Wird durch Luftsauerstoff zu Benzaldehyd oxidiert.

4.3 Testergebnisse

a) Akute orale Säugetiertoxizität: LD_{50} = 1970 mg/kg, durchgeführt an Ratten nach [1]
b) Akute Fischtoxizität: LC_{50} = 646 mg/l, durchgeführt an Goldorfen bei pH 8,0 nach DIN 38 412, Teil 15
c) Bakterientoxizität: EC_{10} > 100 mg/l, durchgeführt mit Pseudomonas putida bei pH 7,5 nach [1]
d) Biologisches Abbauverhalten: 96 % DOC-Abbau nach 21 Tagen, durchgeführt nach OECD-Guideline 301 E (Modifizierter OECD-Screening-Test)

Test a) wurde im Laboratorium für Pharmakologie und Toxikologie ... durchgeführt.
Test b) wurde am Landesamt ... durchgeführt.
Test c) und d) wurden am Institut ... durchgeführt.

4.4 Weitere Untersuchungsergebnisse

a) Algentoxizitität: EC_{10} = 16 mg/l, Testmethode: Zellvermehrungshemmtest mit Scenedesmus subspicatus, durchgeführt im ...
Akute Daphnientoxizität: EC_{50} = 50 mg/l, Testmethode: DIN 38 412, Teil 11 mit Daphnia magna, durchgeführt im ...
E.coli-Bakterien vertragen ohne erkennbare Schädigung 1000 mg/l (Bringmann G., Kühn R.: Gesundheitsingenieur [1959] 80, 115-120)
b) Keine verfügbaren Untersuchungsergebnisse oder Literaturangaben zu chronischen Effekten.
c) Metabolismus: Oxidation zu Benzoesäure, Bindung an Glycin, Ausscheidung als Hippursäure.
d) Keine Angaben verfügbar.

4.5 Sonstiges

a) Selbsteinschätzung: Wassergefährdungsklasse 1
b) Unterlagen zur Bestimmung der Wassergefährdung wurden keiner anderen Behörde zugeleitet.
c) Verwendung (als techn. Produkt): Lösungsmittel in der Lackindustrie, Herstellung von Riechstoffen.
d) VbF:–; GGVS:–

5. Anschriften

- Vorsitzender der „Kommission Bewertung wassergefährdender Stoffe“ (KBwS)

Chemiedirektor Dr. Amann
Bayerisches Landesamt für Wasserwirtschaft
Lazarettstraße 67
8000 München 19

- Geschäftstelle des BMU-Beirats
  „Lagerung und Transport wassergefährdender Stoffe"
  Umweltbundesamt
  Bismarckplatz 1
  1000 Berlin 33
- Institut für Bautechnik (IfBt)
  Reichpietschufer 72-76
  1000 Berlin 30

6. Literatur

[1] Beirat beim Bundesminister des Innern „Lagerung und Transport wassergefährdender Stoffe": Bewertung wassergefährdender Stoffe, Umweltbundesamt (Hrsg.), LTwS-Nr. 10, Berlin, 1979

[2] Bekanntmachung des Bundesministers des Innern vom 1.3.1985 Gemeinsames Ministerialblatt (GMBl) S. 175

Quelle: Umweltbundesamt (67)

6.4.2 Gefährliche Stoffe

6.4.2.1 Wasserrechtlicher Begriff

Mit dem 5. Ändererungsgesetz zum WHG (1986) wurde dort der Begriff „gefährliche Stoffe" eingeführt (§ 7 a WHG). Es sind dies Stoffe oder Stoffgruppen, die wegen der Besorgnis einer Giftigkeit, Langlebigkeit, Anreicherungsfähigkeit oder einer krebserzeugenden, fruchtschädigenden oder erbgutverändernden Wirkung als gefährlich zu bewerten sind. Gefährliche Stoffe sollten aus Gründen des Gesundheitsschutzes und zum Schutz der in den oberirdischen Gewässern anzutreffenden Pflanzen- und Tierwelt so weit wie möglich den Gewässern ferngehalten werden.(68)

In der politischen Diskussion über die Neuformulierung des § 7 a WHG ging es seinerzeit u.a. um die grundsätzliche Frage, ob nun eine stoffbezogene Regelung getroffen werden sollte, indem also die einzelnen Stoffe, die als gefährliche gelten sollten, durch Rechtsverordnung bestimmt werden, oder ob es, wie bisher, bei einer Abwasservorschrift bleiben würde. Schließlich wurde mit Mehrheit für die letzte Alternative entschieden. Die Bundesregierung bestimmte somit durch Rechtsverordnung die **Herkunftsbereiche von Abwasser**, das gefährliche Stoffe enthält.(69) In der Abwasserherhunftsverordnung sind aus den Bereichen Wärmeerzeugung, Energie, Bergbau, Steine und Erden, Baustoffe, Glas, Keramik, Metall, anorganische Chemie, organische Chemie, Mineralöl, synthetische Öle, Druckereien, Reproduktionsanstalten, Holz, Zellstoff, Papier, Textil, Leder, Pelze etc. Herstellungs- und Verarbeitungsanlagen aufgezählt, aus denen gefährliche Stoffe hervorgehen.

Diese nationalen Bestimmungen resultieren zumindest zum Teil aus internationalem Recht (überwiegend EG-Recht); dessen Umsetzungsbedürftigkeit und die damit verbundenen Probleme werden von Rechtskommentatoren eingehend erörtert.(70)

6.4.2.2 Chemikalienrechtlicher Begriff

„Gefährliche Stoffe oder gefährliche Zubereitungen sind Stoffe oder Zubereitungen, die

1. explosionsgefährlich,
2. brandfördernd,
3. hochentzündlich,
4. leichtentzündlich,
5. entzündlich,
6. sehr giftig,
7. giftig,
8. mindergiftig,
9. ätzend,
10. reizend,
11. sensibilisierend,
12. krebserzeugend,
13. fruchtschädigend,
14. erbgutverändernd sind oder
15. sonstige chronisch schädigende Eigenschaften besitzen oder
16. umweltgefährlich sind, ausgenommen sind gefährliche Eigenschaften ionisierender Strahlen.“ (§ 3a,1 ChemG)

Man muß kein Experte sein, um zu erfassen, daß mit dieser Aufzählung noch nicht viel Klarheit darüber gewonnen wurde, was denn „gefährlich“ konkret bedeutet, sondern daß nun die Probleme erst richtig beginnen. Folgerichtig gibt es auch gesondert eine Bestimmung, die dem Rechnung trägt. Mit der Gefährlichkeitsmerkmaleverordnung werden die Gefährlichkeitsmerkmale für Stoffe und Zubereitungen näher bestimmt. Entsprechend den im Chemikaliengesetz verlangten Anmeldeverfahren und Mitteilungen an die Behörden („Anmeldestelle“) werden in der Prüfnachweisverordnung weitere detaillierte Angaben über durchzuführende Prüfungen und entsprechende Nachweise gemacht.

Zur Informationsgewinnung kann der Kontakt mit der Anmeldestelle oder der mit dieser kooperierenden Landesbehörde interessant sein; zumindest die Handelsbezeichnung des Stoffes, seine physikalisch-chemischen Eigenschaften, die Verfahren zur geordneten Entsorgung, zur möglichen Wiederverwendung und Neutralisierung, Empfehlungen über die Vorsichtsmaßnahmen beim Verwenden und über Sofortmaßnahmen bei Unfällen, die Auswertung der toxikologischen und ökotoxikologischen Versuche sowie der Name der für die Versuche verantwortlichen Stelle können dort leicht in Erfahrung gebracht werden, wobei bemerkenswert ist, daß die vorgenannten Angaben **nicht** dem Betriebs- oder Geschäftsgeheimnis unterliegen. (§ 22,3 ChemG)

Augenfällig werden die Auswirkungen insbesondere der Gefahrstoffverordnung, weil nach dieser gefährliche Stoffe mit besonderen Kennzeichen und Gefahrenhinweisen (R-Sätzen) und Sicherheitsratschlägen (S-Sätzen) zu versehen sind. (Vgl. Abschn. 8.1.3.2)

Das Chemikalienrecht spart im wesentlichen Vorschriften hinsichtlich der Beförderung gefährlicher Stoffe aus. Aber natürlich ist auch gerade die Beförderung gefahrenträchtig, und sie ist keineswegs dem Gutdünken von Absendern und Beförderern überlassen.

Bewertungsmuster zur Stoffeinstufung in Wassergefährdungsklassen im Sinne von § 19 Wasserhaushaltsgesetz
Grundlagen: Bewertungsschema LTwS Nr. 10, UBA 1979, und Antragsmerkblatt GMBl, 1987, S. 99

1. VORPRÜFUNG

	Prüfung	Methode
obligatorisch	a) Fischtoxizität	LC_{50} (mg/l), EG L251/146 DIN 38 412 L15; OECD 203
	b) Bakterientoxizität	EC_{10} (mg/l), z.B. nach DIN 38 412 L8 Entwurf
	c) Säugetiertoxizität	LD_{50} Ratte (mg/kg), z.B. EG- oder OECD-Prüfmethode

-log LC_a bzw EC_b (ppm) = BV

LC_a bzw. EC_b	>10 0
BWZ_a bzw. $_b$	≤1,9
LD_{50} (mg/kg)	> 20(
BWZ_c	1

2. NACHPRÜFUNG

	Checkliste von Ergänzungskriterien:		entlastend „positiv" (+)
obligatorisch	d) Toxizitätsvergleich	zunächst Vergleich a-b-c	
	e) Biologische Abbaubarkeit	z.B. nach DIN 38 412 L25, OECD 301E oder EG L251	leicht abbaubar (ready biodegrad.) z.B. zu 70% DOC (28d)
fakultativ je nach Stoffart und Datenlage	f) Daphnlentoxizität Algentoxizität	EC_{50} (mg/l), EG L251/155 oder DIN 38 412 L11 EC_{10} (mg/l), z.B. nach DIN 38 412 L9	
	g) Bioakkumullerbarkeit	BCF z.B. nach OECD 305 oder log Pow, z.B. EG L251/57	
	h) Kanzerogenität Mutagenität Teratogenität	z.B. MAK-Liste oder US Nat.Tox.Progr.	
	i) Ablotische Abbaubarkeit	z.B. Hydrolyse, Photolyse, Oxidation, Reduktion, Neutralisation	z.B. rasche Umwandlung zu indiff. Endprodukten
	k) Bodenmobilität	z.B. phys.-chem. Eigensch. wie, Wasserlöslichkeit, Koc, Rf, Viskosität, Dampfdruck	z.B. rasche Festlegung als indiff. Endprodukt
	l) Sonstiges	z.B. Kontrollierbarkeit, Reparierbarkeit, kritische Metaboliten, Verunreinigung, relativ niedrige NOEC	z.B. leichte Rückholbarkeit

	Stoffbezeichnung	WGK Vorprüfung	entlastend (+)
Beispiele	Natriumthiosulfat	0	i) rasche Umwandlung
	Jod	2	i) rasche Umwandlung
	Nickelchlorid	2	
	Natriumdichromat	2	
	Ethanol	0 ➡	e) gut abbaubar
	Triethanolarin	1	
	Atrazin	1	
	Tetrachlorethen, „Per"	1	
	Polyethylenolycole	0	
	Silicone A	0	
	Heizöl EL	1	
	Braunkohlenteer	2	

Quelle: Umweltbundesamt (67)

WGK i.S. von § 19 WHG
anschaulich vereinfacht durch KBwS

BWZb		
00-10 000	> 1-100	<=1
2-3,9	4-5,9	>=6
200-2000	> 25-200	< 25
3	5	7

$$\frac{BWZ_a + BWZ_b + BWZ_c}{3} = WGZ$$

WGZ	0-1,9	2-3,9	4-5,9	>=6
WGK Vorprüfung	0	1	2	3

belastend „negativ" (-)

herausr. aquat. Tox. ᶻa,b – BWZ_c > 2
ıistent oder schwer ıaubar (not inherent ıeogradable
ıusragende aquatische zität im Vergleich zu ‹ Vorprüfung
BCF >100 oder Pow > 2,7
bei Stoffen der MAK-Kate- e III A oder III B oder bei ande- relevant. Befunden
Bildung besonders gefährl. vandlungsprod.
Grundwasserschäden bekannt . wahrscheinl. PSM mit ‹ennzeichnung
keine angemessene Eliminier- ‹eit oder NOEC:EC <=1:100

3. GESAMTBEWERTUNG

Die entlastenden „positiven" und belastenden „negativen" Ergänzungskriterien können von unterschiedlichem Gewicht sein. Erst ihre zusammenfassende Abwägung bzw. Bewertung führt zu einer Bonus- oder Malusvergabe oder zu einer Bestätigung der bei der Vorprüfung bzw. Anfangseinstufung ermittelten Wassergefährdungsklasse.

WGK 0 = im allg. nicht wassergefährdend
WGK 1 = schwach wassergefährdend
WGK 2 = wassergefährdend
WGD 3 = stark wassergefährdend

belastend (-)		Bonus/Malus	WGK
		(Bonus)	0
		Bonus	1
		Bestätigung	2
ıodenmob. i) beständig		Malus	3
	➡	(Bonus)	0
		Bestätigung	1
ohe Algentox. k) W-Aufl.		Malus	2
eständ. h) MAK III B k) bodenmob.		Malus, Malus	3
		Bestätigung	0
;chwer abbaubar		Malus	1
ıohe aquat. Toxizität		Malus	2
ıohe aquat. Tox h) MAK III A		Malus	3

Vielmehr existieren umfassende nationale und internationale Vorschriften für alle Verkehrsträger. Terminologisch besteht diesbezüglich zwischen dem Chemikalienrecht und dem Beförderungsrecht eine Abweichung: Im allgemeinen wird im Beförderungsrecht von „gefährlichen **Gütern**" gesprochen, obwohl – dummerweise muß man sagen – in den sogenannten Anlagen zu Gefahr**gut**verordnungen von Stoffen und Stoffaufzählung die Rede ist; im übrigen sind gefährliche Güter qualitativ weitgehend mit den gefährlichen Stoffen identisch (vgl. Abschn. 8.1.3.3 und Abschn. 9.2.2.2).

6.4.3 Umweltgefährliche Stoffe

Von großer Bedeutung zur Bewertung von Umweltchemikalien ist deren „Umweltgefährlichkeit"; hier sind als Grundlage die Bestimmungen des Chemikalien-Gesetzes und die darauf erlassenen Verordnungen zu nennen (u.a. Verordnung über die Gefährlichkeitsmerkmale von Stoffen und Zubereitungen nach dem ChemG).

„Umweltgefährlich sind Stoffe oder Zubereitungen, die selbst oder deren Umwandlungsprodukte geeignet sind, die Beschaffenheit des Naturhaushalts, von Wasser, Boden oder Luft, Klima, Tieren, Pflanzen oder Mikroorganismen derart zu verändern, daß dadurch sofort oder später Gefahren für die Umwelt herbeigeführt werden können." (§ 3a,2 ChemG)

Bei der Bewertung der sogenannten Neuen Stoffe wird im Zuge der Grundprüfung und der eventuell vorgeschriebenen Zusatzprüfungen vor allem das Verhältnis von biologischen Wirkkonzentrationen und vorhergesagter Umweltkonzentration mit einbezogen. Zur Beurteilung der Umweltgefährlichkeit werden die Fähigkeit eines Stoffes, sich in Organismen anzureichern und die mangelnde Abbaubarkeit nunmehr stärker berücksichtigt, wodurch langlebige und akkumulierende Stoffe in größerem Umfang langfristigen Prüfungen unterzogen werden.(71)

„Die Umweltgefährlichkeit eines Stoffes hängt davon ab,
- wie groß die Wahrscheinlichkeit ist, mit der biologische oder andere Systeme dem Stoff ausgesetzt (exponiert) sind, und
- ob er allein oder im Zusammenwirken mit anderen Stoffen diese Systeme zu beeinträchtigen oder zu schädigen in der Lage ist."(72)

Innerhalb der EG bemüht man sich, die Beurteilungskriterien zu harmonisieren. Für die BRD ist das Umweltbundesamt federführend beteiligt, wo auch Informationen bezogen werden können (UBA – Gruppe I 2 und Gruppe I 3).

Im Rahmen der EG wurden Kriterienkombinationen zur Einstufung als „umweltgefährlich" erarbeitet. Berücksichtigt werden die aquatische Toxizität (auf Fisch, Daphnie oder Alge nach verschiedenen Merkmalen sowie unter Beachtung der Abbaubarkeit) und andere Erkenntnisse bezüglich Toxizität, Persistenz, Akkumulationspotential und Umweltverhalten. Den Einstufungskriterien können ein oder zwei Gefahrenhinweise (R-Sätze) und/oder Sicherheitsratschläge (S-Sätze) zugeordnet werden (vgl. Abschn. 8.1.3.2 !):

R 50: Sehr giftig für Wasserorganismen
R 51: Giftig für Wasserorganismen
R 52: Schädlich für Wasserorganismen

R 53: Kann in Gewässern langfristig schädliche Wirkungen haben
R 54: Giftig für Pflanzen
R 55: Giftig für Tiere
R 56: Giftig für Bodenorganismen
R 57: Giftig für Bienen
R 58: Kann längerfristig schädliche Wirkungen auf die Umwelt haben
R 59: Gefährlich für die Ozonschicht

S 54: Vor Ableitung in Kläranlagen Einwilligung der zuständigen Behörden einholen
S 55: Vor Ableitung in die Kanalisation oder in Gewässer nach dem Stand der Technik behandeln
S 56: Nicht in die Kanalisation oder die Umwelt ableiten, an genehmigte Sondermüllsammelstelle abgeben
S 57: Durch geeigneten Einschluß Umweltverschmutzung vermeiden
S 58: Als gefährlichen Abfall entsorgen
S 59: Informationen zur Wiederverwendung/Wiederverwertung beim Hersteller/Lieferanten erfragen
S 60: Dieser Stoff und/oder sein Behälter sind als gefährlicher Abfall zu entsorgen.

Im Rahmen der Chemikalienprüfung wird auch dem Bodenschutz verstärkt Bedeutung zugemessen. Untersucht werden das Adsorptions-/Desorptionsverhalten von Substanzen im Boden, um Auskunft über deren Mobilität, Bioverfügbarkeit und Verflüchtigung aus der Bodenmatrix in die Luft zu erhalten; somit läßt sich u.a. die Wahrscheinlichkeit einer Versickerung in den Grundwasserbereich abschätzen.

6.5 Sonstige Werte

Für eine ganze Reihe von Stoffen werden Bewertungen und Wertfestsetzungen aus Gründen des Arbeitsschutzes vorgenommen. Zu nennen sind vor allem MAK-Werte und TRK-Werte. Sie sind für die Umweltverwaltung und sonstige vor Ort agierende Personen insoweit von Interesse, als sie für die Beurteilung der Lage bei akuten Ereignissen, für die Eigensicherung oder bei Sanierungsmaßnahmen von großer Bedeutung sein können. Beispielsweise dürfte die Auswahl von Maßnahmen und Mitteln für eine Sanierung beeinflußt werden, wenn der freigesetzte Stoff als krebserzeugend oder giftig oder ätzend ausgewiesen ist. Der Kontakt zu Fachleuten der Arbeitsschutzbehörden und der Gewerbeaufsicht wird dringend empfohlen, wenn in von Gefahrstoffen kontaminierten Bereichen gearbeitet werden muß.

Auf die Bewertung von besonderen Stoffen (Stäube, organische Peroxide, Lösemittel etc.) sowie auf BAT-Werte (biologische Arbeitsstoff-Toleranz) wird hier nicht eingegangen.

Losgelöst vom Arbeitsschutz werden MIK-Werte festgesetzt (s.u.).

6.5.1 MAK-Wert (Maximale Arbeitsplatzkonzentration)

Verzeichnisse über MAK-Werte erscheinen seit 1968 in jährlicher Korrektur und Ergänzung als empfohlene Richtwerte. Sie werden als Technische Regeln für Gefahrstoffe (TRGS) vom Bundesministerium für Arbeit und Sozialordnung im Bundesarbeitsblatt oder vom Bundesminister für Umwelt, Naturschutz und Reaktorsicherheit im Bundesgesundheitsblatt bekanntgegeben. Die Werte werden von einer Kommission der Deutschen Forschungsgemeinschaft bzw. vom Ausschuß für Gefahrstoffe (AGS) festgelegt.(73)

Der MAK-Wert ist die höchstzulässige Konzentration eines Arbeitsstoffes als Gas, Dampf oder Schwebstoff in der Luft am Arbeitsplatz, die nach dem gegenwärtigen Stand der Kenntnis auch bei wiederholter und langfristiger, in der Regel täglich 8stündiger Einwirkung, jedoch bei Einhaltung einer durchschnittlichen Wochenarbeitszeit bis zu 40 Stunden im allgemeinen die Gesundheit der Beschäftigten nicht beeinträchtigt und diese nicht unangemessen belästigt.

MAK-Werte geben für die Beurteilung der Bedenklichkeit oder Unbedenklichkeit der am Arbeitsplatz vorhandenen Konzentrationen eine Urteilsgrundlage ab. Sie sind jedoch keine Konstanten, aus denen das Eintreten oder Ausbleiben von Wirkungen bei längeren oder kürzeren Einwirkungszeiten errechnet werden kann. Die tatsächliche oder vermeintliche Einhaltung des MAK-Wertes entbindet nicht von der ärztlichen Überwachung des Gesundheitszustandes exponierter Personen. Aus MAK-Werten läßt sich keine festgestellte oder angenommene Schädigung im Einzelfall herleiten. Zur vergleichenden Wertung der Gefährlichkeit verschiedener Arbeitsstoffe sind MAK-Werte ungeeignet.

Maximale Arbeitsplatzkonzentrationen werden für gesunde Personen im arbeitsfähigen Alter aufgestellt. Ob gelegentliche oder häufige Überschreitungen des MAK-Wertes, der z.Z. als Durchschnittswert konzipiert ist, als noch unbedenklich oder potentiell schädigend gelten können, hängt nicht nur von der Höhe, Dauer und Häufigkeit der Überschreitungen ab, sondern auch von den Besonderheiten der Wirkung des betreffenden Stoffes. Der MAK-Wert gestattet keinen Schluß auf die Bedenklichkeit oder Unbedenklichkeit einer kürzeren Exposition höherer Konzentrationen.

Der MAK-Wert gilt in der Regel für die Exposition des reinen Stoffes, er ist nicht ohne weiteres für einen Bestandteil eines Gemisches in der Luft des Arbeitsplatzes oder für ein technisches Produkt, das Begleitstoffe von u.U. höherer Toxizität enthält, anwendbar.

Die Liste ist unterteilt in Stoffe, für die bereits MAK-Werte festgelegt worden sind, und solche, für die noch keine MAK-Werte aufgestellt werden konnten.

Für Arbeitsstoffe mit erwiesener oder potentieller krebserzeugender Wirkung ist ein weiterer Abschnitt angefügt, der folgendermaßen unterteilt ist:

A 1: Stoffe, die beim Menschen erfahrungsgemäß bösartige Geschwülste zu verursachen vermögen.

A 2: Stoffe, die bislang nur im Tierversuch sich nach Meinung der Kommission eindeutig als carcinogen erwiesen haben, und zwar unter Bedingungen, die der möglichen Exponierung des Menschen am Arbeitsplatz vergleichbar sind, bzw. aus denen Vergleichbarkeit abgeleitet werden kann.

Für Stoffe nach A 1, deren Einwirkung nach dem gegenwärtigen Stand der Kenntnis eine eindeutige Krebsgefährdung für den Menschen bedeutet, enthält die Liste IIa keine Konzentrationswerte, da keine noch als unbedenklich anzusehende Konzentration angegeben werden kann. Bei einigen dieser Stoffe bildet auch die Aufnahme durch die unverletzte Haut eine große Gefahr.

B: Daneben erfordern neuere Befunde der Krebsforschung die Berücksichtigung weiterer Stoffe, bei denen ein nennenswertes krebserzeugendes Potential zu vermuten ist.

Bei Sicherheitskräften ist es allgemein üblich, den MAK-Wert oder ein Vielfaches davon als Anhaltspunkt für die Einschätzung einer Gefahrenlage zu berücksichtigen, für Absperrgrenzen, Evakuierungsmaßnahmen etc. Ob z.B. ein Unfallort begangen werden kann oder ob dies nur unter Atemschutz etc. möglich ist, hängt natürlich von sachkundig vorgenommenen Messungen ab.

Da der MAK-Wert ursprünglich dem Arbeitsschutz dient, wird in Fachkreisen zunehmend infrage gestellt, ob er als Grundlage zur Beurteilung von Gefahren außerhalb von Arbeitsplätzen hinreichend geeignet ist. Unter der Federführung der Landesfeuerwehrschule Münster in Nordrhein-Westfalen beschäftigt sich ein Arbeitskreis mit dieser Problematik.

Gewichtige Argumente dafür, den MAK-Wert weiterhin als Beurteilungsgrundlage anzuwenden, sind seine vertraute Berücksichtigung in einschlägigen Kreisen wie Feuerwehr, Polizei etc. sowie seine weite Verbreitung.

Außer in den offiziellen Listen werden MAK-Werte in z.B. Gefahrgut-Handbüchern und Verzeichnissen mit technischen Angaben über Gase (Publikationen der Hersteller von Gasspürröhrchen) veröffentlicht.

6.5.2 TRK-Wert (Technische Richtkonzentration)

Unter der TRK eines gefährlichen Stoffes versteht man diejenige Konzentration als Gas, Dampf oder Schwebstoff in der Luft, die nach dem Stand der Technik erreicht werden kann und die als Anhalt für die zu treffenden Schutzmaßnahmen und die meßtechnische Überwachung am Arbeitsplatz heranzuziehen ist.(74)

Für TRK-Werte werden die gleichen Expositionen wie bei der Festsetzung der MAK-Werte angenommen. TRK-Werte werden für eine Reihe krebserzeugender und erbgutverändernder Arbeitsstoffe festgesetzt, für die keine MAK-Werte ermittelt werden können. Die Gründe dafür sind folgende: Krebs und Mutationen manifestieren sich erst nach Jahren und Jahrzehnten, u.U. erst in künftigen Generationen. Bei langfristiger Einwirkung geringer Dosen dieser Stoffe summieren sich die gesetzten Veränderungen in hohem Maße ... In Tierversuchen lassen sich absolute Wirkungsgrenzdosen bzw. -konzentrationen grundsätzlich nicht ermitteln.

TRK-Werte sind keine MAK-Werte; auch bei Einhaltung der TRK ist eine Gesundheitsgefährdung nicht völlig ausgeschlossen.

6.5.3 MIK-Wert (Maximale Immissionskonzentration)

Von der „Kommission zur Reinhaltung der Luft" des Verein Deutscher Ingenieure (VDI) werden MIK-Werte für verschiedene Luftverunreinigungen vorgeschlagen. MIK-Werte sind Richtwerte ohne Rechtsverbindlichkeit. Es sind diejenigen Konzentrationen in bodennahen Schichten der freien Atmosphäre, die nach den derzeitigen Erfahrungen im allgemeinen für Mensch, Tier, Pflanzen und schutzwürdige Sachgüter als unbedenklich gelten können. Ihr Überschreiten ist jedoch kein Indiz für eingetretene Immissionschäden. Im Gegensatz zu den MAK-Werten heben sie auf dauernde Expositionen ab und berücksichtigen nicht nur gesunde Arbeitnehmer, sondern auch etwa Säuglinge und Kranke.

Die MIK-Werte sind in der VDI-Richtlinie 2310 veröffentlicht.

7 Die Verwaltung der Umwelt – eine multifunktionelle Aufgabe

7.1 Vieles ist geregelt

Umweltpolitische Ziele und Grundsätze, auch die Gegensätze von Interessen, erfahren erst durch das Recht einen Rahmen verbindlicher Regeln. Das Umweltrecht ist hauptsächlich Umweltverwaltungsrecht. Unterschieden wird gemeinhin zwischen dem **Allgemeinen Umweltverwaltungsrecht**, zu dem u.a. die Gesetze über die Einrichtung eines Umweltbundesamtes, über Umweltstatistiken und die Umweltverträglichkeitsprüfung gehören, und dem **Besonderen Umweltverwaltungsrecht**, welches im engeren Sinne ökologisch relevante Bereiche regelt. Genannt werden können vor allem: Gewässerschutz (oberirdische Gewässer, Grundwasser), Immissionschutz (Luftreinhaltung, Lärmbekämpfung), Abfall (Vermeidung, Beseitigung und Verwertung), Naturschutz und Landschaftspflege, Strahlenschutz, Umgang mit und Beförderung von Gefahrstoffen.

Daneben existieren aber auch ein Umweltprivatrecht mit dem Umwelthaftungsrecht und Verbindungen zum Bürgerlichen Gesetzbuch sowie ein Ordnungswidrigkeiten- und ein Umweltstrafrecht.

Die Vorschriften des Umweltverwaltungsrechts enthalten natürlich Ahndungsmöglichkeiten, überwiegend als Ordnungswidrigkeiten und nur zum Teil als Straftaten ausgewiesen (letztere im BNatSchG, AbwAG, ChemG, DDT-Gesetz u.a.); sonst sind die umweltbezogenen Strafvorschriften im wesentlichen seit 1980 im Strafgesetzbuch unter dem neuen Abschnitt „Straftaten gegen die Umwelt" festgeschrieben (§ 324 ff. StGB).

Zum Bodenschutz stehen spezielle bundesrechtliche Vorschriften noch aus; allerdings beginnen nun die Länder das Vakuum zu füllen – z.B. hat Baden-Württemberg im Juni 1991 ein „Gesetz zum Schutz des Bodens" erlassen. Im übrigen berühren die anderen Umweltvorschriften vielfach auch mehr oder minder direkt den Boden, bei Gesetzesnovellierungen werden zunehmend bewußt Belange des Bodens berücksichtigt.(1)

Denkbar ist, daß im Zuge ökologischer Bewußtseinserweiterung demnächst neue Rechtsgebiete erschlossen werden, beispielsweise für das Klima.

Es gibt Bundes- und Landesgesetze sowie Verordnungen, die aufgrund der Gesetze erlassen sind, Technische Anleitungen für die Bereiche Luft, Lärm und Abfall. Rechtlich relevant sein können auch diverse Verwaltungsvorschriften, Richtlinien und Erlasse sowie DIN-Vorschriften.

Es können sich strittige Kompetenzfragen aufgrund der Besonderheiten unserer Gesetzgebung und der Verteilung der Verwaltungsaufgaben ergeben, obwohl vieles im Grundgesetz geregelt ist – ausschließliche Gesetzgebung des Bundes, konkurrierende Gesetzgebung, Rahmenvorschriften (Art. 30 und 70 ff. Grundgesetz), Vorrang des Bundesrechts: „Bundesrecht bricht Landesrecht" (Art. 31 GG), die Kompetenzvermutung für die Länder, wonach die Ausführung der Gesetze in der Regel Sache der Länder ist

(Art. 83 GG), die hauptsächlich den Ländern zufallende Aufgabe, die notwendigen Behörden einzurichten und die Verwaltungsverfahren zu organisieren (Art. 84 GG); zur umfassenderen Information wird auf die einschlägigigen Rechtsbestimmungen und entsprechende Kommentare verwiesen.

Ob der Umweltschutz als Staatsaufgabe im Grundgesetz verankert werden solle, ist eine seit langem diskutierte Frage, die unter dem Eindruck zunehmender Umweltgefahr von starken gesellschaftlichen Kräften immer kategorischer beantwortet wird. So fordert beispielsweise der DGB: „Eindeutige Aufnahme des Umweltschutzes ins Grundgesetz, ohne Gesetzesvorbehalt: Die natürlichen Lebensgrundlagen stehen unter dem besonderen Schutz des Staates."(2)

Wird der Umweltschutz als Staatsaufgabe ins Grundgesetz aufgenommen, bemerkt man im UGB-E, so ergeben sich grundsätzlich positive Auswirkungen politischer Art – Impulsfunktion für Legislative und Exekutive, edukatorische Wirkung für den Bürger, Integrationsfunktion. Eventuelle „Gefahren" und die rechtlichen Auswirkungen könnten aber erst anhand einer ([den UGB-E-Verfassern] noch nicht vorliegenden) konkreten Formulierung beurteilt werden.(3)

Die eigenständischen gesetzgeberischen Möglichkeiten von Bund und Ländern werden zunehmend auch auf dem Umweltsektor durch die stärkere Einbindung in die EG beschränkt. Mit der Einheitlichen Europäischen Akte von 1986 wurden in den EWG-Vertrag von 1957 unter „Titel VII. Umwelt" Bestimmungen über die Umweltpolitik der Gemeinschaft aufgenommen, wonach einerseits „verstärkte Schutzmaßnahmen" beibehalten oder ergriffen werden können, die mit dem Vertrag vereinbar sind, andererseits Verordnungen, Richtlinien und Entscheidungen von den Gremien der EG erlassen werden können: „Die Verordnung hat allgemeine Geltung. Sie ist in allen ihren Teilen verbindlich und gilt unmittelbar in jedem Mitgliedstaat.

Die Richtlinie ist für jeden Mitgliedstaat ... hinsichtlich des zu erreichenden Ziels verbindlich, überläßt den innerstaatlichen Stellen die Wahl der Form und der Mittel."(4)

Im Kollisionsfalle tritt das nationale Recht zurück; die Richtlinien der EG müssen in nationales Recht umgesetzt werden.

7.2 Aufgaben und Organisation der Umweltverwaltung

7.2.1 Gefordert ist „action"

Die Verwaltung, so läßt sich in größter Allgemeinheit sagen, schöpft ihre Aufgaben aus den Gesetzen, und sie hat gleichzeitig dafür zu sorgen, daß die Gesetze befolgt werden. Mit der Anpassung der Gesetze an neue Verhältnisse oder geänderte Auffassungen unterliegt die Verwaltung einem ständigen Wandlungsprozeß.

Besondere Wesenserscheinungen der Verwaltung führten in der Verwaltungstheorie und Rechtswissenschaft zu charakterisierenden Begriffen – u.a. Planende Verwaltung, Innovative Verwaltung, Eingriffsverwaltung, Leistungsverwaltung. Zunehmend ist die Verwaltung auf kooperative Arbeitsformen angewiesen, z.B. zur Kooperation der verschiedenen Verwaltungszweige untereinander und mit Experten, um ihren Informations- und Interpretationsbedarf zu befriedigen, oder mit Bürgerinitiativen und Umweltverbänden, um u.a. die Akzeptanz von umweltrelevanten Maßnahmen zu erhöhen. (Vgl. Abschn. 4.6.3)

Für eine Verwaltung, die die Umweltgesetze vollzieht, ist der Begriff Umweltverwaltung naheliegend. Umweltverwaltung findet in mehr oder minder organisierter Form auf allen Ebenen der Verwaltungshierarchie statt. Dabei ist festzuhalten, daß die Organisationsstrukturen von Bundesland zu Bundesland variieren, was besonders deutlich wird im Vergleich von Flächenländern und Stadtstaaten.

In diesem Buch ist mit Umweltverwaltung hauptsächlich die Untere Verwaltungsebene gemeint und angesprochen. Umweltverwaltung ist dabei als Teil der „Aktionsverwaltung" zu verstehen. Dieser Begriff wurde von Jaedicke, Kern, Wollmann geprägt. In ihrem Buch „‚Kommunale Aktionsverwaltung' in Stadterneuerung und Umweltschutz" verdeutlichen sie, daß die Bezeichnung Aktionsverwaltung keineswegs auf Umweltschutz und Stadterneuerung beschränkt ist.(5)

Im wesentlichen müsse die Umweltverwaltung zumindest der unteren Ebene politisch, aktiv, kommunikativ, interaktiv und kooperativ sein.

„1. Die Verwaltung ist gefordert, in erheblichem Umfang insofern ‚politisch' zu werden, als z.B. das kommunale Umweltamt sich als Advokat für Umweltbelange gegenüber den anderen Verwaltungsteilen, aber auch in der kommunalen Öffentlichkeit Gehör zu verschaffen hat. Das hohe Maß an wissenschaftlichem und technischem Fachwissen, das die Beschäftigten im Umweltschutz ... aufweisen, stärkt die Stellung der Verwaltung gegenüber den kommunalen Vertretungskörperschaften. Aus dieser Eigenständigkeit folgt die Anforderung, daß gerade eine solche Verwaltung partizipative Beteiligungsformen der Bürger und Betroffenen ermutigen und unterstützen sollte.

2. Die Verwaltung darf sich nicht darauf beschränken, lediglich auf Umweltschäden ... zu reagieren. Sie hat vorsorgend und gestaltend tätig zu werden und so ‚aktiv' auf eine Verbesserung der natürlichen ... Umwelt hinzuwirken ...

   An die Bereitschaft und Fähigkeit der Verwaltung, Informationen – auch aus dem Wissenschaftsbereich – einzuholen und zu nutzen, (sind) hohe Anforderungen gestellt ...

3. Da die Verwaltung die von ihr angestrebten komplexen Ziele in der Regel nicht einfach ‚von oben' durchsetzen kann, ... hat sie kommunikative, interaktive und kooperative Verhaltensmuster zu entwickeln."(6)

Bei all dem kann die Umweltverwaltung durchaus unter erheblichen Druck geraten, der von der Politik, der Wirtschaft und/oder einer kritischen Öffentlichkeit ausgeübt wird. Umgekehrt gilt das freilich genauso – die Gesetze machen es möglich, Gesetzesbruch macht es nötig. Aber auch unterhalb des Gesetzesbruches sind Dissonanzen fast natürlich. Dies auch innerhalb der Verwaltung. Eine Ursache dafür können voneinander abweichende Auffasungen sein. Da ergeben sich vielleicht horizontal Probleme von Behörde zu Behörde. Beispielsweise bezeichnen nach einer Untersuchung des Kriminologischen Seminars der Universität Bonn über 90 % der Befragten bei Kripo und oberen Wasserbehörden die Umweltpolitik des Bundes als „zu lasch", womit sie sich „signifikant von den meisten anderen absetzen".(7) Es sind aber auch vertikal Konflikte denkbar, die sich aus verschiedenen Einschätzungen ergeben. So betrachten nach der gleichen Untersuchung, abweichend von den anderen Befragten, immerhin fast 50 % der Kommunalen Spitzenbeamten in Nordrhein-Westfalen (NW) die Landes-Umweltpolitik als „überzogen". Paradoxal genug tun sich offenbar behördenintern Gegensätze von Ökonomie und Ökologie auf: „Es schält sich hier ansatzweise eine Personengruppe heraus, die Kritik an der Umweltpolitik sozusagen aus einer anderen Ecke als der rein ökologischen formuliert, die man eher als die ökonomische Ecke bezeichnen könnte."(8) Erheblich für die Tätigkeit der Umweltverwaltung sind ferner Aktivitäten von u.a. Landwirtschaftskammern, landwirtschaftlichen Verbänden, Industrie- und Handelskammern und Wirtschaftsverbänden, die überwiegend von den Befragten „eher als hinderlich hinsichtlich der Erfüllung ökologischer Aufgaben eingeschätzt" wurden.(9) Dagegen, und das mag Kooperationsenthusiasten erfreuen, werden „Bürgerinitiativen und Umweltschutzgruppen recht positiv in ihrer Bedeutung" eingeschätzt.(10)

7.2.2 Vielfältige Aufgaben erfordern eine adäquate Organisation

Die Anforderungen an die Umweltverwaltung lassen sich mit der Aufzählung einiger ihrer Aufgaben konkretisieren: Die Verwaltung wirkt mit in Umweltverträglichkeitsprüfungen und Planfeststellungsverfahren; sie erteilt Genehmigungen und Erlaubnisse für Betriebe und Anlagen sowie die Einleitung von Abwasser und überwacht, daß die festgelegten Auflagen und Bedingungen eingehalten werden; sie sorgt für die Aktualisierung von Genehmigungen und Erlaubnissen; sie ist Verfolgungsorgan für Ordnungswidrigkeiten auf dem Umweltschutzsektor; sie berät Bürger und Betriebe; außerdem wird sie aktiv, wenn Altlasten entdeckt werden, bei Unfällen oder wenn sonst etwas schiefgegangen ist - das kann die Leckage eines Fasses mit relativ harmlosem Inhalt, das kann aber auch das Freiwerden wirklich gefährlicher Stoffe in unbeherrschbaren Ausmaßen sein -, und sie organisiert und koordiniert (dann) Sofort- und Folgemaßnahmen.

Wenn man auch noch so sehr zu einer ganzheitlichen Betrachtung aller Umweltproblematiken neigt, so ist dennoch nicht an der Pflicht der Gesetzgebung und damit der Verwaltung vorbeizusehen, daß Aufgaben und Zuständigkeiten geordnet werden müssen. Verantwortlichkeiten müssen schließlich nach innen und außen klar sein. Innerhalb der Umweltverwaltung muß die rechte Hand wissen, was die linke tut; ratsuchende Bürger, Betreiber von Anlagen, Antragsteller auf Genehmigungen usw. müssen leicht einen kompetenten Ansprechpartner innerhalb der Verwaltung finden können. Die Umweltpolitik und die derzeitige Verwaltungsstruktur erscheinen jedoch nicht allen und überall geglückt.

Huber zielt hauptsächlich auf die Umweltpolitik, indem er ihr vorwirft, zuviel bürokratisch mit einer Unmenge von Vorschriften lösen zu wollen, so daß „Mitarbeiter der Behörden und der Industrie die Last der mittlerweile vorhandenen Regelungsdichte kaum mehr zu bewältigen (vermögen)."(11) Seine Bewertung von Aufwand und Nutzwert des „bürokratischen Umweltschutzes führt zu einem niederschmetternden Ergebnis. Er besitzt die sechsfach mißliche Eigenschaft, ineffizient und ungerecht, scheineffektiv, innovationshemmend, kontraproduktiv, inkompatibel und sanktionschwach zu sein."(12) Das versucht Huber dann nachfolgend anhand eher praktischer Beispiele zu beweisen.

Prittwitz beschreibt mehr abstrakt die Organisation von Umweltbehörden, die sich nach den umweltpolitischen Handlungstypen Gefahrenabwehr, Risikomanagement und strukturelle Ökologisierung unterscheiden.(13) Aber auch er sieht in ausgeprägten bürokratischen Verwaltungsformen eher negative Auswirkungen, indem „Bürokratie" unter gewissen Bedingungen umweltbelastende Verhaltensmuster „reproduziert und verstärkt".(14)

Eher handfest praktischen Organisationsfragen gehen Jaedicke und Mitautoren nach. Sie kommen aufgrund eigener und nach Auswertung anderer Untersuchungen zum Ergebnis: „Umweltderzernate und Umweltämter dürften zumindest in den größeren Gemeinden Stabsstellen überlegen sein."(15)

Hier deuten sich aus verschiedenen Blickwinkeln Konfliktpotentiale an, die sich sehr differenziert auch in der Untersuchung der Universität Bonn darstellen. Es sind die schon angesprochenen Gegensätze von Ökologie und Ökonomie auf der politischen Ebene und innerhalb der Behörden einerseits, andererseits aber auch, nicht selten mit dem vorher genannten verknüpft, organisationsstrukturelle Mängel, die den Behördenbediensteten das Leben sauer machen. An Verbesserungen werden u.a. gewünscht: Zentralisierung von Aufgaben in eigenständigen Umweltämtern, Verringerung des Einflusses kommunaler Gebietskörperschaften, mehr Unterstützung durch die Oberbehörden. Einher damit werden wesentliche Aufstockungen des Personals, eine bessere Ausbildung und Ausrüstung gefordert.(16)

Ohne diese Verbesserungen dürften auch weiterhin Vollzugsdefizite zu beklagen sein. Zwar wurden bei dem hier zitierten Forschungsprojekt die Verhältnisse in NW untersucht, aber meine langjährigen Erfahrungen aus Umweltseminaren mit Behördenvertretern aus allen Bundesländern lassen trotz regionaler und sachlicher Unterschiede doch eine Verallgemeinerung zu: Vollzugstätigkeiten werden vernachlässigt, z.T. ergibt sich „ein recht trostloses Bild".(17) Es „vervollständigt sich das Bild von einem doch stark defizitären Umweltrechts-Vollzug. Umweltpolitik und Umweltrechts-Vollzug finden weitgehend lediglich als Reaktion statt, aber kaum als eine planvolle Politik der Umweltvorsorge. Das gilt für den Bereich des Gewässer- wie des Immissionschutzes gleichermaßen."(18) Vollzugsdefizite dürften ein gewisses Niveau nicht übersteigen. Sie bedeuten ja nicht nur Kummer für Behördenbedienstete, die eigentlich ihre Aufgaben erfüllen möchten, sie gefährden und möglicherweise sogar schädigen die Bevölkerung. Je mehr aber das Pendel dahin ausschlägt, desto mehr ist auch eine Verletzung der Verfassung wahrscheinlich. (Vgl. Abschn. 4.6.1)

Ein aktuelles Beispiel der neuzeitlichen Organisation einer Umweltverwaltung verdeutlichen folgende Zitate aus der „Innerdienstlichen Verfügung zur Neustrukturierung des Umweltschutzamtes des Landratsamtes Böblingen" – in Kraft seit 1.12.1991 (mit freundlicher Genehmigung des Leiters des Umweltschutzamtes):
„Das Umweltschutzamt ... ist untere staatliche Verwaltungsbehörde ...
Das Umweltschutzamt besteht aus dem Amtsleiter, den Sachgebieten Wasser- und bodenrechtliche Verfahren, Sanierungen und abfallrechtliche Verfahren, Immissionschutzrechtliche Verfahren, Brand- und Katastrophenschutz sowie einer Zentralstelle für Ordnungswidrigkeiten und dem Verwaltungssekretariat ...

Alle Angehörigen des Umweltschutzamtes mit Ausnahme des Amtsleiters und der VWS-Kräfte nehmen Sachbearbeiterfunktionen wahr. Im Rahmen des ihnen durch den Geschäftsverteilungsplan übertragenen Bereiches erledigen sie ihre Aufgaben eigenverantwortlich und zeichnen im Rahmen der Zuständigkeitsordnung ...

Bei Vorgängen von grundsätzlicher Bedeutung für das Amt und darüber hinaus ist der Amtsleiter einzuschalten ...

Im Sachgebiet wasser- und bodenrechtliche Verfahren werden die dem Umweltschutzamt übertragenen Aufgaben ... wie folgt auf die Sachbearbeiter aufgeteilt:

Abwasserbehandlungsanlagen ohne Hauskläranlagen und Regenüberlaufbecken,

Vollzug der Verordnung zur Lagerung wassergefährdender Flüssigkeiten/Tankanlagen und Wasserschauen,

wasserrechtliche Überwachungsaufgaben,

wasserrechtliche Genehmigungs- und Erlaubnisverfahren, Stellungnahmen nach Bodenschutzgesetz ohne Altlasten und Bauleitpläne,

Gebietsausweisungen und Stellungnahmen zu Bauleitplänen sowie verbleibende Aufgaben in den Gebieten Wasser- und Bodenschutzrecht, insbesondere alte Rechte, Wasser- und Bodenverbandsrecht und Querschnittsaufgaben wie Umweltschutzpreis und Umweltschutzfinanzierung ...

Im Sachgebiet Sanierungen und abfallrechtliche Verfahren werden alle dem Umweltschutzamt übertragenen Aufgaben, welche die (Altlasten-) Sanierung betreffen, unabhängig von deren rechtlicher Zuordnung sowie die Aufgaben der unteren Abfallrechtsbehörde ... wahrgenommen (und) wie folgt aufgeteilt:

Sanierungen ohne kommunale Altlasten,

erste Sachverhaltsfeststellungen und Maßnahmen bei allen Altlasten, kommunale Altlasten und Leitung der Organisation der Rufbereitschaft im Umweltschutzamt ...,

abfallrechtliche Genehmigungs- und Überwachungsverfahren sowie

Genehmigungs- und Verfahrenswesen ‚Sonderabfall' ...

Im Sachgebiet immissionschutzrechtliche Verfahren werden die ... Aufgaben wie folgt aufgeteilt:

genehmigungsbedürftige Anlagen nach ... der 4. Verordnung zur Durchführung des Bundesimmissionschutzgesetzes und alle Anlagen der Firma Porsche, ... der Firmen Mercedes-Benz, IBM, Hecker und Pfinder ...

alle nicht genehmigungsbedürftigen Anlagen."

Es folgen detaillierte Aufgabenzuweisungen zu den weiteren, oben genannten Sachgebieten.

In der Behördenhierarchie des Landratsamtes Böblingen ist das Umweltschutzamt nicht herausragend angesiedelt. Dem Landrat unterstehen sechs Dezernate. Eines davon ist das Umweltdezernat, welches vier Ämter umfaßt (Baurechtsamt, Kreisbaumeisterstelle, Umweltschutzamt, Abfallwirtschaftsamt). Dem Umweltschutzamt unterstehen nicht Naturschutz (der wird vom Baurechtsamt verwaltet) und auch nicht die Abfall-Sachgebiete Technik, Vermeidung, Recycling (diese liegen beim Abfallwirtschaftsamt).

Die hier aufgeführten Verwaltungsstrukturen in Böblingen dürfen wohl als Beispiele dafür gelten, daß die Verwaltung sich ernsthaft ihren Aufgaben stellt, daß Umweltschutz aufgewertet wird und nicht als Anhängsel bestehender Verwaltungsstrukturen ein Kümmerdasein zu fristen braucht. Entscheidend ist aber schließlich die Zielstrebigkeit und Effizienz der Aufgabenerledigung. Die hängt jedoch davon ab, daß keine Einmischungen aus unsachlichen und unökologischen Gründen erfolgen und die personellen und materiellen Voraussetzungen erfüllt sind.

Dabei verdient erwähnt zu werden, daß der Gesetzgeber dem Umweltschutz immerhin einen hohen Stellenwert einräumt; dies mag sich aus der explosionsartigen Entwicklung einschlägiger Vorschriften ablesen lassen (soweit man ihm nicht hektische Alibihandlungen unterstellen möchte) und der Tatsache, daß die Umweltverwaltung gesetzlich befugt ist, sogar in Grundrechte von Bürgern eingreifen zu dürfen, wie z.B. unter gewissen Voraussetzungen Wohnräume, Betriebsgrundstücke und -räume zu betreten. Begleitet werden diese Rechte von aktiven und passiven Pflichten (Mitteilungs-, Unterstützungs- und Duldungspflichten), die Benutzern von Gewässern, Eigentümern, Besitzern und Betreibern von Anlagen, Antragstellern etc. auferlegt sind.(19)

7.2.3 Tendenz zur „vorauseilenden Gefahrenabwehr"

Auf einer abstrakteren Ebene bezeichnen folgende Schlagworte die Aufgaben der Umweltverwaltung:

1. – Schadensbeseitigung,
   – Gefahrenabwehr,
   – Gefahrenprävention,
2. – individualschützende Vorsorge,
3. – Risikovermeidung,
   – Risikominderung,
   – Risikovorsorge.

Die vorstehende enumerative Gliederung ist der Versuch, etwas Ordnung in die in Gesetzen und Kommentaren herrschende, meist recht unübersichtliche, Begriffsvielfalt zu bringen, wenn beschrieben wird, worum es beim Umweltschutz, und damit auch für die Umweltverwaltung, eigentlich geht. Gleich an dieser Stelle sei aber schon darauf hingewiesen, daß die säuberliche Trennung einen falschen Eindruck vermittelt. Denn auch für diesen Komplex gilt der AHMAZ-Effekt. Realistischer wäre eine Darstellung mehrerer sich überschneidender Gebilde, die isolierte und sich überlagernde Bereiche ausweisen würde. Tatsächlich ist die Wirklichkeit der Rechtsbegriffe sehr diffus, wobei außerdem ein Wertewandel, eine neue Organisation von Über- und Unterordnungen, zu verzeichnen ist, was eine realistische Darstellung von Abgrenzungen und Übereinstimmungen der Begriffe sehr erschwert. Um so mehr sind die Bemühungen der Verfasser des Entwurfs zum Umweltgesetzbuch (UGB-E) zu begrüßen, Grenzen zu ziehen.(20)

Die obige Dreiteilung mit der Betonung von Gefahr, Vorsorge, Risiko zeigt, wie sich politische Programmatik, die Gesetzgebung und Aufgaben der Verwaltung fortentwickelt haben. Dahinter steht die Entwicklung von einer vorindustriellen Gesellschaft über die klassische Industriegesellschaft zur industriellen Risikogesellschaft. Die Entwicklung von der klassischen Gefahrenabwehr hin zur Risikovorsorge legt nahe, einen neuen Begriff einzuführen. Wird gelegentlich das Verhalten von Bürokraten etwas hämisch mit dem Begriff „vorauseilender Gehorsam" charakterisiert, könnte man die neue Grundhaltung der Umweltverwaltung als „vorauseilende Gefahrenabwehr" bezeichnen.

7.2.3.1 Gefahrenabwehr

Im allgemeinen Polizei- und Ordnungsrecht wurde die Gefahr als eine Lage definiert, „in der bei ungehindertem Ablauf des Geschehens ein Zustand oder Verhalten mit hinreichender Wahrscheinlichkeit zu einem Schaden an einem polizeilichen Schutzgut führen wird."(21) Es ging darum, „Gefahren für die öffentliche Sicherheit und Ordnung abzuwehren".

Die Abwehr von Gefahren von der öffentlichen Sicherheit oder Ordnung ist ein preußisches Relikt aus dem letzten Jahrhundert, das sich nahezu unverändert in den Polizeigesetzen durch alle deutschen Staatsformen bis heute halten konnte.(22) Eine Ursache dafür lag in der generalklauselbedingten Anwenderfreundlichkeit der Polizeigesetze (durch Polizeibehörden im weiteren Sinne, also auch Ordnungsbehörden); es bildeten sich präventive und repressive Funktionen heraus, die weitgehend schadensverhütend wirksam waren und sich in der Abwehr damaliger Gefahren bewährten. Eingriffsrechte des Staates waren abgestuft nach verschiedenen Gefahrengraden – beispielsweise bevorstehende Gefahr, unmittelbar bevorstehende Gefahr, Lebensgefahr, Gemeingefahr. Abstrakten Gefahren wurde mit Verordnungen, konkreten Gefahren mit Verfügungen begegnet. Adressaten waren im ersten Fall die Allgemeinheit, im zweiten in der Regel einzelne natürliche oder juristische Personen, die als Zustands- oder Verhaltensstörer oder aber als unbeteiligte Dritte im Zuge der Ersatzvornahme dafür zu sorgen hatten, daß die öffentliche Sicherheit und Ordnung wieder hergestellt wurde.(23)

Schädigende Ereignisse, also solche, die nicht mehr nur eine Gefahr darstellen, wurden und werden als Störung der öffentlichen Sicherheit und Ordnung bezeichnet. Die gesellschaftliche Akzeptanz von Zuständen und Ereignissen spielt bei ihrer Bewertung eine erhebliche Rolle. Solche Bewertungen können örtlich verschieden ausfallen, auch sind sie naturgemäß zeitlich wandelbar.

Schadensfälle der sich entwickelnden und schließlich entwickelten Industriewelt (Arbeits- und Produktionsunfälle bis hin zu schadensintensiven Dampfkessel- und Staubexplosionen), sprengten auch dann nicht, wenn sie Todesopfer forderten, den Rahmen der gesellschaftlichen Akzeptanz, dies jedenfalls solange nicht, wie die Ereignisse insofern beherrschbar waren, als man damit rechnen konnte, daß zwar irgendwo irgendwas irgendwie passieren würde, aber die Auswirkungen überschaubar, begrenzbar und vor allem aufräumbar und entsorgbar bleiben würden. Diese Akzeptanzbedingungen gelten auch heute noch für viele Gefahren einer modernen Industriegesellschaft. Die gesetzlichen Bestimmungen sind entsprechend, zum Teil generalklauselartig, ausgelegt.

Umweltpolitik, die ja erst seit etwa zwanzig Jahren betrieben wird (vgl. Kapitel 4), wurde in ihren Anfängen noch als reine Gefahrenabwehr konzipiert; sie stellte darauf ab, „in konkreten Gefahrensituationen zum Schutze der Bürger ordnungsbehördlich einzugreifen. In der Praxis wurden so Schäden kaum verhindert, sondern lediglich eingedämmt, durch Reparaturmaßnahmen notdürftig beseitigt oder durch Kompensationen in ihren Auswirkungen abgemildert ..."(24) Auch wenn man diese Ansicht nicht vollständig teilen sollte, wird man nicht umhin können zuzustimmen, daß das alte Rechtsinstitut Gefahrenabwehr den Anforderungen der neuen Zeit nicht mehr hinreichend genügte. Man denke nur an die weiträumigen Konsequenzen von Giftgasunfällen in Betrieben oder während der Beförderung oder etwa Smoglagen.(25)

Die Verfasser des UGB-E kommentieren die Gefahrenabwehr folgendermaßen:
„Im Rahmen der Gefahrenabwehr gilt, daß der Eintritt von Gefahren praktisch ausgeschlossen sein muß. Der Inhalt der Schutzpflicht hängt nach Ansicht des BVerfG von

der Art, der Nähe und dem Ausmaß möglicher Gefahren, der Art und dem Rang des verfassungsrechtlich geschützten Rechtsgutes ab. Maßstab für das gebotene Handeln soll die ‚praktische Vernunft' sein. Unter Zugrundelegung dieses Maßstabs reicht eine Gefahrenvorsorge aus, die so umfassend ist, daß der Eintritt eines Schadensereignisses nach dem derzeitigen Erkenntnisstand praktisch nicht vorstellbar ist."(26)

Auch heute finden noch etliche gefahrenträchtige Zustände und Praktiken eine Akzeptanz, was eigentlich nur als erstaunlich bezeichnet werden kann. Die vorstehenden Markierungen sind offensichtlich nicht berührt. Aber vielleicht signalisieren in nicht allzu ferner Zukunft folgende Fragen Handlungsbedarf: Was macht es eigentlich unabweisbar akzeptabel, daß Tankstellen sich in Ortschaften befinden und also Benzin durch dicht bewohnte Gebiete transportiert werden muß? Können Flugplätze innerhalb von Städten hingenommen werden, obwohl es bei Start- und Landevorgängen erhöhte Risiken gibt? Kann Öl nicht auch in kleineren oder bautechnisch besseren Schiffen befördert werden, als es derzeit geschieht? Kann es wirklich sein, daß alle Länder die „sichersten" Kernkraftwerke haben, wie immer wieder offiziell verlautet, wenn erneut irgendwo ein Ausstoß radioaktiver Stoffe erfolgte? Kann nicht Plutoniumtransporten zu Wasser und in der Luft geschehen, was immer wieder über Großtanker, Passagierschiffe und Passagierflugzeuge berichtet werden muß: Unfälle mit verheerenden Folgen? Warum atmen eigentlich Gefahrgutexperten immer so hörbar auf, wenn bei einem Verkehrsunfall der Tank eines Gefahrgutfahrzeuges dichtgeblieben ist? Aus dem, was heute akzeptiert wird, ließe sich eine sehr lange Reihe von Fragen ableiten. Bei allen ihnen zugrunde liegenden Sachverhalten soll der Eintritt eines Schadensereignisses offenbar „praktisch nicht vorstellbar" sein. Das ist wirklich sehr beruhigend.

7.2.3.2 Individualschützende Vorsorge

Im Umweltschutz war das Vorsorgeprinzip als politisches Schlagwort zwar bald in Mode, es kam aber faktisch „zunächst nur sehr mühsam auf die Beine".(27) Nun kann das Vorsorgeprinzip jedoch als etabliert gelten. Aber es schließt nicht lückenlos an die Gefahrenabwehr an, vielmehr gibt es eine „Grauzone zwischen Gefahrenabwehr und Vorsorge", und darum soll das UGB einen „Individualschutz" vermitteln(28), den es so bisher noch nicht gibt: „Der einzelne hat ein Recht darauf, daß die zuständige Behörde die nach pflichtgemäßem Ermessen erforderlichen Maßnahmen trifft, um von ihm Umweltgefahren abzuwenden und solche Umweltrisiken zu verringern, die ihn besonders betreffen." (§ 15 UGB-E)

Bei unmittelbarer Gefahr für Leib und Leben eines Betroffenen habe dieser über den sonst bestehenden Anspruch auf fehlerfreien Ermessensgebrauch hinaus Anspruch auf ein Einschreiten der zuständigen Behörde. Wo die Grenzen im einzelnen zu ziehen seien, müsse der künftigen Rechtsentwicklung überlassen bleiben.(29) [Zu weiteren Vorsorgeaspekten vgl. Abschn. 4.6.1] Vorerst gibt es also noch keinen Rechtsanspruch auf einen Individualschutz vor Umweltrisiken.

7.2.3.3 Risikobeherrschung – ein tauglicher Versuch?

„Risiko" ist zwar in der Umweltdiskussion allmählich zu einem gängigen Begriff geworden, aber in den Umweltbestimmungen trat er kaum auf, doch im UGB-E wird „Umweltrisiko" als Rechtsterminus verwandt und auch definiert: „Umweltrisiko ... ist die Möglichkeit des Eintritts einer Umweltbeeinträchtigung, soweit sie nicht aufgrund praktischer Vernunft ausgeschlossen erscheint. Umweltgefahr ist dasjenige Umweltrisiko, welches unter Berücksichtigung des Grades seiner Eintrittswahrscheinlichkeit und des möglichen Schadensumfanges nicht mehr hinnehmbar ist." (§ 2,6 UGB-E)

Gemäß § 1,2 UGB-E sind, um die Umwelt zu schützen, Umweltgefahren abzuwehren und Umweltrisiken zu mindern.

Diese Formulierung scheint auch gut zu beschreiben, was schon nach heute geltendem Recht Aufgabe der Umweltverwaltung ist.

Nach der klarstellenden Auffassung im UGB-E „ist der Begriff des ‚Risikos' der Oberbegriff, d.h. die Gefahr ist ein Unterfall des Risikos."(30) Darin geht die Ansicht ein, daß ein Risiko nicht völlig ausgeschlossen werden kann, was in der Umweltdiskussion unzählige Male in die Worte gekleidet wurde: „Ein Nullrisiko gibt es nicht." Was toleriert werden muß, sind Risiken, „die aufgrund praktischer Vernunft ausgeschlossen erscheinen (das sog. Restrisiko): Mit diesem Begriff ist das rechtlich erlaubte und daher hinzunehmende Risiko bezeichnet."(31) Oder wie der Soziologe Beck es ausdrückt: „Die Bedrohung aller wird legalisiert."(32)

Doch Wertungen sind wandelbar und die Bedeutungen von Begrifflichkeiten mit ihnen. „Risiken sind **soziale Konstruktionen**, die sich technischer Darstellung und Normen bedienen. Ein akzep**tables** Risiko ist letzten Endes ein akzep**tiertes** Risiko. Dabei kann, was heute unhinnehmbar erscheint, morgen schon Alltagsroutine sein, während bisher Alltägliches plötzlich im Lichte neuer Informationen Angst und Schrecken einflößt."(33)

Die gesellschaftliche und politische Akzeptanz von Chemieanlagen, Kernkraftwerken, Gefahrguttransporten usw. wird auf die Dauer nur dann bestehen bleiben, wenn Vorweg-Informationen hinsichtlich der Hinnehmbarkeit des Restrisikos nicht durch die Realität, nämlich aufklärende Informationen nach schädigenden Ereignissen, kontakariert werden. Soll die Autorität des Staates und der ausführenden Behörden nicht Schaden nehmen, werden künftig möglicherweise höhere Anforderungen an die „praktische Vernunft" der Beurteilenden gestellt werden müssen als bisher. Ist bei Anwendung praktischer Vernunft ein Schadensereignis vorstellbar, so die UGB-E-Kommentatoren, ist eine Gefahrenvorsorge zu treffen, die den Schadenseintritt praktisch nicht vorstellbar macht. Dennoch sei die Möglichkeit eines Schadenseintrittes nicht gänzlich ausgeschlossen. Da ist es nun aber wahrhaftig nicht mehr als nur anständig, mögliche Opfer über ihr potentielles Schicksal ins Bild zu setzen. Insoweit ist zu begrüßen, daß schon 1980 Peter Menke-Glückert im vielbeachteten Buch „Im Ernstfall hilflos?" weitaus mehr Information und Aufklärung der Bevölkerung forderte und mahnte: „Zu berücksichtigen ist auch, daß industrielle Großanlagen mit Gefahrenpotentialen oft in der Nähe dicht besiedelter Regionen liegen."(34)

In diesem Zusammenhang wurde 1987 auf einem Symposium des Verbandes der Chemischen Industrie ausgeführt: „Es ist zu diskutieren, ob in ‚Chemiegebieten' die Errichtung von nahegelegenen Schutzräumen, wie sie in der Schweiz im Rahmen des Zivilschutzes während der letzten Jahre aufgebaut wurden, vorangetrieben werden sollte. Es ist keine Frage, daß bei einem Chemiebrand mit Entweichen hochreaktiver Stoffe der Aufenthalt in einem Schutzraum mit Aktivkohle gefilterter Luft die größte Sicherheit ergeben wird."(35) Da „Chemiegebiete", und damit Risiken, ein Faktum sind, das noch lange Bestand haben wird, muß man wohl geeignete Maßnahmen ergreifen, um die Risiken praktisch zu mindern. In Schweden beispielsweise, der Schweiz nicht unähnlich, blickt man allen möglichen Gefahren traditionell realistisch ins Auge: Risikoscheu hat man sich nicht nur seit fast 180 Jahren (seit 1814 nämlich) aus allen Kriegen herausgehalten, sondern in neuerer Zeit auch ein umfassendes Schutzraumbauprogramm realisiert – die Räume sollen auch bei zivilen Schadensereignissen benutzt werden; Häuser mit Schutzräumen sind mit auffälligen Plaketten gekennzeichnet. Außerdem wird nun gefordert, zwischen Verkehrswegen (Schiene und Straße), auf denen gefährliche Güter wie Propan, Butan, Chlor etc. in größeren Mengen befördert werden, und bewohnten Gebäuden einen Mindestabstand von 100 Metern einzuhalten.

Risiken lassen sich anhand einer Formel beurteilen, wobei allerdings die besondere Schwierigkeit darin liegt, im Einzelfall die Faktoren zu konkretisieren:

$$\text{Risiko} = \text{Wahrscheinlichkeit} \times \text{Konsequenz}$$

Zu berücksichtigen sind die Wahrscheinlichkeit des Eintritts eines schädigenden Ereignisses und seine möglichen Auswirkungen. Das Risiko wird gemindert, wenn geeignete Maßnahmen ergriffen werden, die die Wahrscheinlichkeit eines Schadensereignisses verringern; das gleiche ist auch der Fall, wenn durch Maßnahmen die Konsequenzen eines schädigenden Ereignisses gemildert werden können.

Will man solche Maßnahmen einbeziehen, erhält man folgende Formel:

$$\text{Risiko} = \frac{\text{Wahrscheinlichkeit} \times \text{Konsequenz}}{\text{Maßnahmen}}$$

Die Formel stimmt im übrigen mit anderen in Deutschland angewandten prinzipiell überein und ist auch in § 2,6 UGB-E (s.o.) versteckt.

Bei der Beurteilung eines Risikos ist man vielleicht geneigt, „kuriose" Möglichkeiten zu vernachlässigen; davor warnt aber ausdrücklich Hans-Jürgen Danzmann: „Indessen zeigt die Erfahrung im Bereich technischer Gefahren, daß in der Regel die Eintrittswahrscheinlichkeit von Schäden sich umgekehrt proportional zum Schadensausmaß verhält; unter den unwahrscheinlichsten Ereignissen rangieren die schwerwiegendsten."(36)

Nun ist wohl jedem offenbar, daß natürlich auch gerade bei der Beurteilung des Risikos der Teufel im Detail steckt; außerdem gehen schwerwiegende ethische Entscheidungen in die Bewertungen ein – ist ein potentieller Toter zuviel?, sind hundert oder noch mehr Tote akzeptabel?(37)

Bei den Konsequenzen spielen Entfernungen (neben u.a. Witterungsbedingungen, der Bodenstruktur, der Art, dem Aggregatzustand und der Menge freigesetzter Stoffe) eine große Rolle. Die Konzentrationen von giftigen, ätzenden oder explosiven Immissionen können sich mit der Entfernung (und der Zeit) abschwächen; das tun sie auch häufig, aber längst nicht immer und ignorieren damit einfach die schönsten Rechenmodelle (in Florida ereignete sich 1979 ein Eisenbahnunfall, bei dem verschiedene gefährliche Güter in einen Brand verwickelt wurden; eine giftige Gemischwolke stieg sechs Stunden nach dem Unfall auf, trieb in einer Höhe zwischen 100 und 300 Metern und setzte sich dann nahezu unverdünnt in einer Entfernung von über 44 Kilometern vom Unfallort ab.(38)

Ausgangs-, Zwischen- und Endprodukte der Industrie sind oftmals gefährliche Güter, die auch transportiert werden, von irgendwoher zur Anlage bzw. von der Anlage nach irgendwohin. Befördert wird grundsätzlich auf allen Verkehrsträgern (Schiene, Straße, Wasser und Luft). Für die Beförderung gefährlicher Güter gibt es umfangreiche Vorschriften. Die machen den Gefahrguttransport zweifellos sicherer, aber sie machen ihn nicht sicher. Es bleibt wahrhaftig mehr als ein Restrisiko, denn daß Unfälle mit gefährlichen Gütern auf einer Autobahn, in einer Ortschaft oder im Bahnhof mitten in einer Stadt „aufgrund praktischer Vernunft ausgeschlossen erscheinen", kann angesichts zahlreicher tatsächlicher Ereignisse kein vernünftiger Mensch behaupten. Schließlich passieren sogar bei der Beförderung von Menschen immer wieder Unfälle, die auch zahlreiche Leben fordern. Können schon bei der Beförderung des „höchsten Gutes" Unfälle nicht ausgeschlossen werden, so gilt dies noch weniger bei der Beförderung profaner Sachen, seien es auch gefährliche Güter. Jeweils rund 40 Mio. Tonnen Gefahrgüter wurden 1985/1986 von der Bahn bzw. im Straßenfernverkehr befördert.(39) Unfälle mit ihnen können recht unangenehme Szenarien zur Folge haben: Brände, Explosionen, Freiwerden giftiger Gase, ätzender Flüssigkeiten, wasser- und bodengefährdender Stoffe usw. - Schäden und Bedrohungen für Menschen, von Mit- und Umwelt, die „action" von Sicherheitsdiensten und Umweltverwaltung erfordern; kostspielig wird es allemal.

Diese potentiellen Ereignisse bei der Beförderung sind aber nur ausnahmsweise als „Großgefahren" zu bezeichnen. Sie sprengen gemeinhin auch dann nicht, wenn sie Todesopfer fordern, den Rahmen der gesellschaftlichen Akzeptanz, man stellt sich offenbar darauf ein, daß irgendwo irgendwas irgendwie passieren wird, und rechnet damit, daß die Auswirkungen überschaubar, begrenzbar und vor allem aufräumbar und entsorgbar sein werden. Und darauf kommt es wohl an.

Dabei geschieht z.B. bei gefährlichen Gaslagen (Chlor, Schwefeldioxid, Ammoniak, Propan etc.) in Deutschland zur Gefahrenabwehr zwar viel mehr als nichts, aber das Überleben ist immer noch Glückssache: Es heulen die Sirenen, mit Atemschutzmasken versehene Polizisten verlesen über Lautsprecher ihren Mitbürgern vorbereitete Texte, sich nicht im Freien, sondern in Gebäuden - im Keller oder in höheren Stockwerken - aufzuhalten, die Belüftung und Klimaanlagen abzustellen, Fenster und Türen zu schließen usw.; auch das Radio verbreitet solche Hinweise. Einem wohlverstandenen Schutzanspruch der Bevölkerung genügen solche Maßnahmen aber kaum: Wer sich gerade im Grünen oder auf dem Wasser aufhält, hat höchstwahrscheinlich Pech; der Aufenthalt in Häusern ist besser, aber nicht sicher; Schutzräume, gar noch mit Filtereinrichtungen und explosionsgeschützt, gibt es nur für eine verschwindend geringe Anzahl der Bevölkerung, von persönlichen Atemschutzmasken etc. ganz zu schweigen. Tatsächlich sind die Sicherheitsdienste und die Verwaltung primär nicht vorsorgend auf den Schutz der Bevölkerung eingestellt, sondern überwiegend auf nachsorgende Schadensbegrenzungen.

Ein äußerst merkwürdiges Phänomen sind die in den Katastrophenplänen enthaltenen Gefährdungsradien um Kernkraftwerke, Giftgasanlagen etc., die durchweg an die Grenzen größerer Wohngebiete heran-, aber nicht hineinreichen. Dabei hat z.B. Tschernobyl ja wohl überdeutlich gemacht, über welch riesige Gebiete sich radioaktive Freisetzungen verbreiten können. Auch hohe Gaskonzentrationen können sich über wesentlich längere Distanzen ausdehnen als vielfach angenommen. Es drängt sich der Gedanke auf, die Radien sind mehr nach der Einsicht bestimmt wurden, daß größere Wohngebiete sich faktisch nicht, und schon gar nicht schnell genug und auch nicht in sichere Bereiche, evakuieren lassen.

Beim Kalkül der Wahrscheinlichkeit geht auch ein Zeitfaktor ein. Wenn z.B. „berechnet" wird, daß der GAU (größter anzunehmender Unfall) eines Kernkraftwerkes nur einmal alle 10 000 Reaktorjahre zu erwarten sei, dann weiß doch mittlerweile schon jeder Viertkläßler, daß der GAU bereits morgen eintreten kann; nach einem GAU nun „Ruhe" für die folgenden 10 000 Reaktorjahre minus einen Tag zu erwarten, wäre allerdings „töricht" (Fritz Vahrenholt).(40)

Insbesondere die Entwicklung der Kernkraftwerke führte zur wissenschaftlichen Risikoforschung, die auch die Gefahren sonstiger Großtechnologien einschloß. In „Im Ernstfall hilflos?" lesen wir:

„Sie hat nach Meinung von Dr. Jobst Conrad vom Frankfurter Batelle Institut e.V. sechs wesentliche Aufgaben:

- Risiken von Technologien zu identifizieren und nach Möglicheit quantitativ zu berechnen,
- Risiken verschiedener Art miteinander zu vergleichen,
- Risiken und Nutzen von Technologien gegeneinander abzuwägen,
- Kriterien für die Akzeptabilität von Risiken zu entwickeln,
- Einstellungen und Verhalten von Individuen und Organisationen gegenüber Risiken zu analysieren,
- ökonomische und politisch praktikable Verfahren zur Verringerung von Risiken zu erarbeiten."(41)

Diese Aufgaben der „Risikobetrachtung (Risk Assessment)" hat Conrad 1979 beschrieben. Es wäre interessant, einem Meinungsaustausch zwischen ihm und Ulrich Beck zu folgen, der fast ein Jahrzehnt später meinte: „Mindestens ein ‚dreifaches Nicht' trennt die ökologischen, atomaren, chemischen und genetischen Großgefahren von den (fortbestehenden) Risiken primärer Industrialisierung: sie sind erstens örtlich, zeitlich und sozial **nicht eingrenzbar**, betreffen also nicht nur die Produzenten, nicht nur die Konsumenten, sondern auch (im Grenzfall) alle anderen ‚unbeteiligten Dritten', einschließlich der Ungeborenen; zweitens sind sie **nicht zurechenbar** nach den Regeln von Kausalität, Schuld, Haftung, drittens **nicht kompensierbar** (Irreversibilität, Globalität) nach der gängigen Tauschregel ‚Zerstörung gegen Geld', und müssen insofern **nachsorgelos** dem alarmierten Sicherheitsverständnis der Bürger zugemutet werden. Entsprechend versagt das Risikokalkül, auf dem die Gefahrenverwaltung ihre Rationalität und ihr Sicherheitsversprechen gründet."(42)

Wir leben in einer neuen Zeit. Nach dem Zweiten Weltkrieg hat die industriell-technologische Entwicklung zu einem qualitativen Sprung ihrer möglichen Folgen, d.h. ihres Gefährdungspotentials, geführt. Es sind nun Ereignisse vorstellbar, die nicht mehr begrenzbar, aufräumbar und entsorgbar sind. Nicht auszuschließende Unfälle bei Plutoniumtransporten können als ein Beispiel genannt werden. Die Einzigartigkeit unserer Zeit beschreibt Ulrich Beck, indem er feststellt, die zweite Hälfte dieses Jahrhunderts unterscheide sich „durch das Ineinander von Fortschritt und Vernichtungsmöglichkeit ... nicht nur von der ersten Phase des Industrialismus, sondern auch von **allen** unendlich voneinander verschiedenen Kulturen und Epochen in der Geschichte der Menschheit.“(43)

Immerhin hat eine erhebliche Entwicklung des Umweltrechts stattgefunden, die den tatsächlichen Risikozuwächsen in gewisser Weise Rechnung trägt. Betreibern von Anlagen etc. wurden immer mehr Pflichten auferlegt, die der Einschränkung von Gefahren dienen sollen. Ein Beispiel dafür ist die Störfall-Verordnung - anwendbar für gewisse Anlagen und gewisse Stoffe. Zunächst wird dort der Begriff Störfall bestimmt (ein Störfall kann eine „ernste Gefahr“, d.h. u.a. eine Lebensbedrohung für eine große Anzahl Menschen bedeuten). Insoweit verniedlicht das Wort Störfall vielleicht ein wenig, was tatsächlich passieren kann, nämlich Ereignisse katastrophalen Ausmaßes; Seveso, Bhopal, Basel sind nach wie vor überall. Insgesamt ist die Störfall-Verordnung zweifellos ein Fortschritt, sie ist aber auch ein Beispiel für zweifelhafte Wortspielereien des Gesetzgebers angesichts einer eigentlich bestehenden Unverantwortbarkeit von „Großgefahren“ (Beck), die auch von einigen der in der Störfall-VO gemeinten Anlagen ausgehen können: „Der Betreiber einer Anlage hat die ... erforderlichen Vorkehrungen zu treffen, um Störfälle zu verhindern ...“(§ 3 Abs. 1 Störfall-VO). Alles klar, atmet der verängstigte Staatsbürger auf, Störfälle darf es nun von Gesetzes wegen nicht mehr geben! Aber schon in Absatz 3 desselben Paragraphen ist alles vorbei: „Über Absatz 1 hinaus ist Vorsorge zu treffen, um die Auswirkungen von Störfällen so gering wie möglich zu halten.“ Risiko! Das Leben ist doch bedroht. Der Gesetzgeber ist Realist und rechnet weiterhin mit Störfällen. Die Wahrscheinlichkeit des Eintritts eines Schadens kann offenbar nicht auf Null minimiert werden, also wird vorsichtshalber ergänzend durch Maßnahmen in den Anlagen versucht, wenigstens die Auswirkungen zu verringern. Das Restrisiko ist in der Tat legalisiert.

7.2.4 Gesucht: Der multifunktionale Verwalter

Die Umweltpolitik, die Umweltgesetzgebung, die Erwartungen der Bevölkerung stellen erhebliche Anforderungen an das Verwaltungspersonal. Die Umweltverwaltung muß ein sehr breit gefächertes Wissensgebiet abdecken und darüber hinaus, das bringt die Eigenart der Materie mit sich, physische und psychische Stärke entwickeln, wie noch später verdeutlicht wird. Zunächst ist jedoch auf ein „strukturelles Dilemma“ der Umweltverwaltung einzugehen, auf das Jaedicke und Mitverfasser aufmerksam machen: „Einerseits werden Naturwissenschaftler und Techniker bzw. Ingenieure eingestellt, die zwar das notwendige Fachwissen mitbringen, ... sich (jedoch) in der Verwaltung nur schwer zurechtfinden. Andererseits werden Umweltschutzaufgaben durch allgemeines Verwaltungspersonal wahrgenommen, das ... nicht nur über juristische, sondern auch über ökonomische und eventuell sozialwissenschaftliche Kenntnisse verfügt, ..., jedoch nicht in der Lage ist, jene Probleme zu erfassen und zu bearbeiten, für deren Lösung naturwissenschaftliche und technische Grundkenntnisse unbedingt erforderlich sind.“(44)

Für solche - wie man es nennen könnte - halbqualifizierte Besetzungen dürfte auch die häufig starre Auswahl von Mitarbeitern nach Rangdienstalterslisten u.ä. von einiger Bedeutung sein: Einen zu besetzenden Posten erhält nicht, wer am besten geeignet ist, sondern wer „dran" ist. Da landet dann eben schon mal jemand bei der Unteren Wasserbehörde und ist u.a. zuständig für Gift-, Chemikalien- und Ölunfälle, wer vorher jahrelang und sachkundig z.B in der Lebensmittelüberwachung tätig war, aber vom neuen Sachgebiet nicht die blasseste Ahnung hat. Hier zeigt sich eine krasse Verletzung der Fürsorgepflicht gegenüber den versetzten Menschen, denn sie geraten nur allzu leicht in Gefahrenlagen, die sie nicht einmal erkennen, viel weniger noch zu ihrem eigenen Wohl und zum Wohl der Allgemeinheit beherrschen können. Somit wird dann aus übergeordneten, bürokratischen Gesichtspunkten auch noch Schindluder mit dem Allgemeinwohl getrieben.

In einer zweistufigen, schriftlichen Befragung von ungefähr 100 Experten aus den Bereichen Industrie, Medien und Behörden (letztere waren mit 61 Vertretern beteiligt) erhielten Wittkämper/Wulff-Nienhüser Aussagen, die vor allem letzteres stützen. Zwar ging es bei der Untersuchung primär um die Thematik Umweltkriminalität, jedoch war die Befragung so breit angelegt, daß einige Ergebnisse, die 1987 vorgelegt wurden, doch beachtet werden sollten: „Konstatiert werden erhebliche Wissensmängel der Behörden, und zwar Wissensdefizite vor allem im naturwissenschaftlich-technischen Bereich und vor allem bei Polizei und Justizbehörden. Es mangelt den Behörden an Einsicht in und Wissen und Bewußtsein um Umweltbelange. Die Ausstattung der Behörden ist mangelhaft. Die Zusammenarbeit zwischen den verschiedenen Behörden funktioniert nur schlecht."(45) Man wird sich also weiterhin bemühen müssen, die Umweltverwaltung organisatorisch und personell zu verbessern.(46)

Geignetes Personal wird sich leicht finden lassen, wenn folgendes Inserat aufgegeben würde:
„Gesucht wird ein exzellenter Verwaltungsfachmann mit hervorragenden öffentlichrechtlichen, privatrechtlichen und strafrechtlichen Kenntnissen, vertraut mit den Geheimnissen mindestens der Biologie, Chemie, Physik, Geologie, Hydrologie, Land- und Forstwirtschaft sowie aller Zweige der Technik, mit tiefen Einsichten in das Wesen des Menschen und spezieller Variationen wie z.B. Politiker, mit Berufserfahrungen auf allen Ebenen in allen Wirtschaftsbranchen inklusive der Versicherungswirtschaft, eine charismatische Persönlichkeit, dabei doch bescheiden, aber durchsetzungsfähig und kooperativ mit psychologischem Einfühlungsvermögen, der Allgemeinheit ein Freund, der Wirtschaft Partner, Ratgeber, aber auch – wenn es denn sein muß – Zuchtmeister, den Vorgesetzten eine Freude, charmant im Umgang mit den Mitarbeitern, achtbar von allen Fraktionen der Gemeinde, völlig loyal und integer, ideenreich, phantasievoll, kreativ, konfliktbereit und konsensfähig, naturliebend motiviert mit dem Blick fürs Ganze, unglaublich belastbar, widerstandsfähig gegen die meisten Schadstoffe – alternativ mit eigener Schutzausrüstung, Lebensretter aus Leidenschaft, umweltpolitisch versiert, ein ökologischer Neu- und Querdenker und Fan privater Weiterbildung, dem Freizeit nichts, aber Dienst zu ungünstigen Zeiten alles bedeutet, mit privatem Einsatzfahrzeug, eine Persönlichkeit, die Unterbezahlung erst zu Höchstleistungen treibt."

Das vorstehende Inserat ist der Versuch, die Anforderungen an die Umweltverwaltung witzig-übertreibend darzustellen. Doch ich gebe gegenüber allen mit der Sache vertrauten Menschen unumwunden zu: Ich bin gescheitert. Eine Übertreibung ist kaum möglich; damit ist natürlich auch der Witz dahin. Wer sich denn sachlich und wirklich umfassend informieren möchte, dem sei wegen seiner Qualität dringend das etwa 650

Seiten umfassende Werk „Berufsfeld- und Qualifikationsanalyse für Umweltfachleute in der Öffentlichen Verwaltung" empfohlen.(47) Da die tatsächlichen Stellenbesetzungen in der Umweltverwaltung allenfalls in Ausnahmefällen den als notwendig erachteten Anforderungsprofilen entsprechen dürften, findet somit die Kritik an der Umweltverwaltung zumindest aus diesem Blickwinkel heraus ihre logische Erklärung. (Vgl. Abschn. 7.2.2)

8 Bemerkungen zum Verwaltungshandeln im Umweltschutz

8.1 Stets bereit?

Die Aufgaben der Umweltverwaltung sind äußerst umfassend. (Vgl. Kapitel 7) Trotz der genannten noch bestehenden Mängel innerhalb der Umweltverwaltung läßt sich doch feststellen, daß die durchschnittliche Qualifikation der Behördenmitarbeiter im Laufe der Jahre deutlich gesteigert wurde. Die Steigerung der Effizienz der Umweltverwaltung ist u.a. darauf zurückzuführen, daß mittlerweile eine umfassende Fachliteratur und zahlreiche Verwaltungsvorschriften sowie Dienstanleitungen genutzt werden können. Vorhanden bzw. im Aufbau ist überall eine sachgerechte Verwaltungsorganisation mit einer Rufbereitschaft für Öl, Gift- und Chemieunfälle. (Vgl. Abschn. 7.2.2)

Mittlerweile ist also zumindest in den westlichen, und weitgehend auch in den östlichen Bundesländern, ausführlich bestimmt, was bei Fischsterben, Freiwerden radioaktiver Stoffe, Störfällen in Chemieanlagen, Unfällen mit wassergefährdenden Stoffen etc. zu tun ist; Ereignisse überschaubaren Umfanges bis zu Katastrophenlagen – nahezu alles ist geregelt, zu- und angewiesen, in ellenlangen Listen, Alarmkalendern und Katastophenplänen erfaßt, geplant, numeriert und durchbuchstabiert, auf leicht faßbare Spiegelstrichinformation reduziert. Soweit wäre es also überflüssig, hier noch weiteres auszuführen, wenn sich nicht vielfach die Fürsorge der Verfasser aller dieser oben genannten Vorschriften etc. darin erschöpfen würde, den Hinweis „Eigensicherung beachten!" oder „Vorsicht!" zu geben, ohne jedoch näher zu erläutern, wie das denn praktisch bewerkstelligt werden könnte. Immerhin zeigt sich aber auch darin ein gewisses Gefahrenbewußtsein: Ist die Umwelt gefährdet, ist grundsätzlich auch der Umweltschützer gefährdet. Tatsächlich gilt es, die Umwelt zu schützen, ohne die notwendige Eigensicherung zu vernachlässigen. Ist die Eigensicherung aber nicht gewährleistet, ist die Einsatzbereitschaft überhaupt in Frage gestellt.

Hier sollen nun Hinweise gegeben werden, die nützlich sein können zur Aufgabenerledigung bei plötzlich auftretenden Ereignissen, die zeitlich dringende Maßnahmen erfordern. Abgehoben wird hauptsächlich auf Schadensfälle mit insbesondere den Boden sowie oberirdische Gewässer und das Grundwasser kontaminierenden Stoffen, die in Abschnitt 6.4 angesprochen wurden. Jahrelang bestehende Altlasten ohne virulente Phänomene, die also keine Sofortmaßnahmen geboten erscheinen lassen, sowie die den Sofortmaßnahmen folgenden Phasen der Folgenbeseitigung und Sanierungsmaßnahmen, wenn man also alles „im Griff" hat, werden weitgehend ausgespart.

Bezug genommen wird im wesentlichen auf die untere Verwaltungsebene unter starker Berücksichtigung der Kooperation mit anderen Kräften innerhalb und außerhalb des Behördenapparates.

8.1.1 Blockierte Vernunft

Vom heutigen Menschen wird behauptet, er sei vernunftbegabt; die Wissenschaft nennt ihn Homo sapiens. Dabei hat er in vielfältiger Weise seinen mangelnden Respekt vor der Natur und ihren Gesetzen bewiesen, was in vorstehenden Kapiteln wohl verdeutlicht werden konnte. Umwelt und Mitwelt, so wie sie heute aussehen, zeigen nicht gerade, daß der Mensch seine Begabung nutzt. (Vgl. Kapitel 1, 2 u. 3) Beobachtet man Menschen an Einsatzorten, verstärkt sich der Eindruck, daß die wissenschaftliche Bezeichnung unserer Art nur eingeschränkt gültig ist.

Wohl die meisten Menschen meinen, sie seien in der Lage, die Realität, in der sie sich befinden, zu erkennen und zu bewerten. Jedenfalls soweit diese sinnlich wahrnehmbar sei. Tatsächlich sind unsere Seh-, Hör-, Haut- (Tast, Schmerz- und Temperatur-), Geschmacks- und Geruchssinne nicht besonders verläßlich in der Bewertung der Wirklichkeit. Unsere Sinne können uns täuschen, dies u.a. aufgrund „äußerer" oder „innerer" Reize, wobei letztere durch den Zustand und die Absichten des wahrnehmenden Menschen hervorgerufen werden. Wünsche, Ängste, Gefühle, Bedürfnisse und anerzogene Erwartungen verändern die Wahrnehmung der Wirklichkeit. Häufig treten Mischformen der Täuschungen auf. Stete Zweifel über unsere Wahrnehmungen sind durchaus angebracht.

Die Unsicherheit, ob ein Zug, in dem man sitzt, oder der Zug auf dem Nachbargleis oder gar der Bahnsteig „abfährt", befällt ja keineswegs nur „Dummchen" im Kindesalter. Wer sich in der Innenkabine eines Fährschiffes befindet, wird auch nur schwerlich sagen können, in welche Richtung das Schiff sich bewegt. Ganz zu schweigen von subtileren Irrleitungen, denen wir gewollt und häufig genug erfolgreich von der Werbung ausgesetzt werden – zum Kauf verführt von Musik, Farben und Formen sowie raffinierten Appellen an unsere Instinkte.(1) Selbst klare Zeichnungen (Abb. 1 bis 4) können bei verschiedenen Betrachtern zu Meinungsverschiedenheiten darüber führen, was sie eigentlich sehen. Sind die Striche gleich lang und parallel, sieht man einen Pokal oder zwei Profile, eine alte oder eine junge Frau?

In Gefahrenlagen und Streßsituationen zeigt sich immer wieder, daß Menschen von Einflüssen gesteuert werden, die, wie man inzwischen weiß, ihren Ursprung in der evolutionären Entwicklung haben, und zu Handlungsweisen verführen, die bei nüchterner Betrachtung – hinterher, versteht sich – kaum dem hohen Anspruch vernünftigen Handelns genügen.

Plötzlich auftretende, als krisenhaft und gefährlich empfundene Situationen, verursachen physiologische Funktionen, die kaum vom Willen gesteuert werden können. Es ist dabei unerheblich, ob Krisenhaftigkeit und Gefahr echt und realistisch sind, entscheidend ist allein, wie das Individuum die jeweilige Situation „bewertet". Dabei spielt insbesondere eine Rolle, ob das auslösende Ereignis innerhalb oder außerhalb eines – von jedem Individuum verschieden empfundenen – Sicherheitsabstandes passiert.

Was für unsere ziemlich schutzlosen Urahnen das unvermutet auftauchende wilde Raubtier oder der Steppenbrand war, ist für uns moderne Menschen vielleicht der plötzlich explodierende Benzinwaggon, während wir uns über die Lage nach einem Eisenbahnunfall informieren, oder die Giftwolke aus einem Chemiewerk; ob wir uns der Lage angemessen verhalten, ist zweifelhaft.

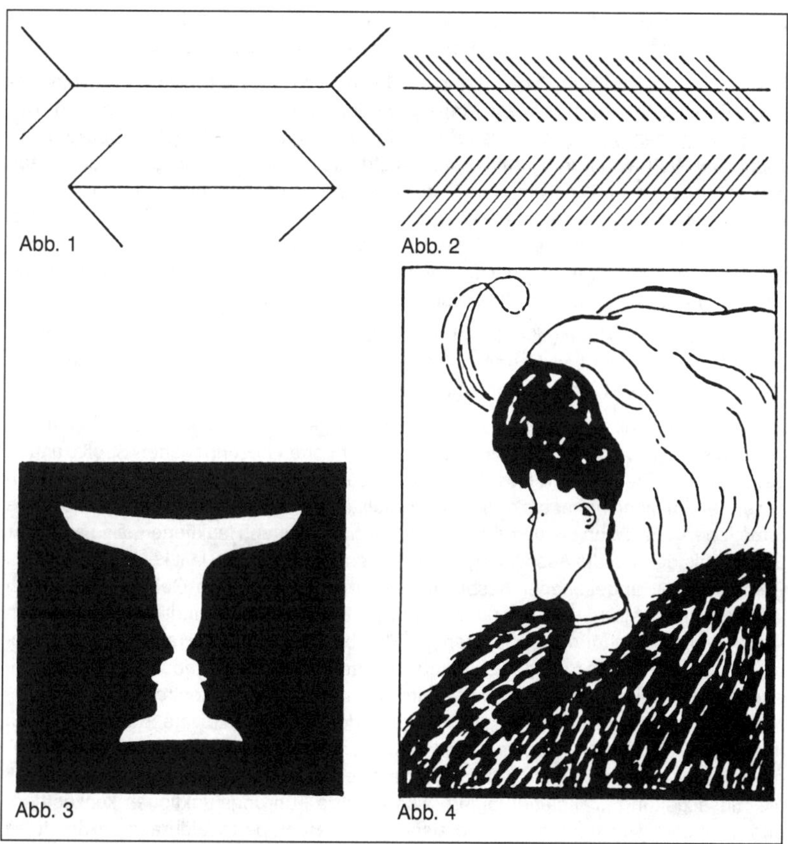

Quelle: Sozialwerk für Seeleute

Wesentlich gesteuert werden wir in der tatsächlichen oder vermeintlichen Schreckenssituation durch eine Schwemme von sogenannten Streßhormonen (Adrenalin und Noradrenalin), die sich, ausgeschüttet vom Nebennierenmark, schlagartig in die Blutbahn ergießen und u.a. eine Erhöhung des Blutzuckers, des Blutdrucks, der Herzfrequenz und der Muskelleistung verursachen. Vereinfacht dargestellt: Der Mensch ist in höchste Bereitschaft versetzt, zu flüchten oder aber anzugreifen; gleichzeitig werden die Synapsen („Schaltstellen") im Gehirn blockiert und die Denkfähigkeit auf ein Minimum reduziert, um den „flight or fight"-Reflex nicht unnötig zu behindern. Das Verhalten erfolgt nach einem ererbten bzw. eingeübten Muster; man spricht von einer repetierenden Steuerung.(2)

Reagiert wird auch auf vermeintliche Gefahren; um zu überleben, konnten unsere Urahnen es sich nicht leisten, erst sorgfältige Untersuchungen bedrohlicher Phänomene vorzunehmen. Ein Erbe, das auch uns noch beeinflußt, ist, daß wir lauten Knall, dunkle Töne oder etwa die Farbe Rot als unheilvoll bzw. als Warnsignal empfinden.

Entsteht also der Eindruck von plötzlicher Gefahr, erfolgen Hormonstoß, Denkblockierung, Bereitschaft zu maximaler Kraftanstrengung und repetierende Steuerung. Der Streß zwingt den Menschen etwas zu tun; Flucht ist die erste Reaktion, Deckung suchen oder sich abschirmen sind Zwischenstufen, der Angriff bzw. die „Flucht nach vorn" kommt in aller Regel als letzte Möglichkeit. Das wird jeder für „vernünftig" halten. Allerdings bereitete dieser „Mechanismus" schon seit jeher aus einsichtigen Gründen Heerführern großen Kummer. Darum wurde und wird beim Militär ein enormer Aufwand betrieben, um die Steuerung der Soldaten (nichts wie weg) im Sinne der Heerführung zu verändern; Schlacht- und Grabfelder bezeugen, daß dies möglich ist.

Bei Unfällen mit Gefahrstoffen bietet der Staat Menschen auf, die auch nicht einfach weglaufen sollen, Feuerwehr und Polizei beispielsweise. Für sie ist im Beamtengesetz die Pflicht verankert, notfalls auch ihr Leben einsetzen.

Bei der Feuerwehr wird auf eine Ausbildung Wert gelegt, die Einsatzmaßnahmen und die Bedienung von Einsatzmitteln auch unter dem oben beschriebenen Streßszenario gewährleistet. Freilich führt dies dazu, daß Einsätze recht starr ablaufen, was den Feuerwehrleuten nicht immer die gebotene Flexibilität in der Reaktion auf streßauslösende Situationen läßt. Denn sie unterliegen den physiologischen Reaktionen, also auch der Denkblockade, und die Ausbildung zu repetierendem Verhalten läßt keinen Spielraum. Georg Krieger, angesehener Ausbildungsfachmann auf diesem Gebiet: „Tatsächlich läßt sich dieses starre Festhalten am vorbedachten und dann gründlich einexerzierten Aktionsablauf oft genug bei schweren Unfällen beobachten ... Die repetierende Steuerung ist unentbehrlich für die Ausbildung und den Einsatz; sie ist jedoch mit größten Risiken verbunden und muß vom Einsatzleiter ständig und rigoros kontrolliert werden. Anzustreben und notwendig – um die Not zu wenden – ist die rationale Steuerung, denn nur sie ist in der Lage, mit Verstand und Vernunft das materielle und personelle Abwehrpotential voll auszuschöpfen." (3) Krieger hebt besonders die Notwendigkeit hervor, daß die Einsatzleitung „kaltblütig" agiert, sich auf ihre Führungsfunktionen konzentriert, und nicht etwa selbst mit der Feuerpatsche in der Hand den Waldbrand bekämpft (so geschehen 1975 in Niedersachsen) und sich damit einer streßauslösenden Situation mit all ihren unerwünschten Konsequenzen aussetzt.

Die folgende sogenannte „psychosomatische Korrelationstabelle" gibt einen Überblick über mögliche Reaktionen bei Gefahr sowie damit zusammenhängende Konsequenzen für Körper und Motorik, Verstand und Bewußtsein, Gemüt und Phantasie.

Wir haben also mit den vorstehenden Ausführungen einen flüchtigen Überblick über Einflüsse bekommen, denen alle Menschen unterliegen. Offenbar sehr praktische Bedeutung haben diese für die Feuerwehr und andere offensive Dienste.

Geht aber all das auch die Umweltverwaltung an? Die Antwort ist „ja", obwohl sich bisher wenig Belege dafür finden lassen, daß dies in ihrer Praxis schon voll durchgeschlagen wäre. Wir reden hier schließlich über Gefahrenzustände durch wassergefährdende, gefährliche oder umweltgefährliche Stoffe, denen Unfälle auf den verschiedenen Verkehrsträgern, „Stör"-Fälle in der Industrie oder auch Kriminalfälle z.B. im Beförderungsgewerbe und in der Industrie („Beseitigen" von Stoffen durch Ablassen oder

Wegkippen in Flüsse, Seen, Kanalisation oder irgendwo in die „Natur") zugrunde liegen. Zwar sind mittlerweile die meisten Umweltverwalter, die vor Ort erscheinen, mit Gummistiefeln, teilweise auch mit Schutzhandschuhen, darüber hinaus sogar mit Funkgeräten sowie dem „Hommel" ausgerüstet, was wohl als Indiz für ein gewisses Gefahrenbewußtsein in den Behörden, offenbar auch auf der ausgabenbewilligenden Ebene, gewertet werden kann. Aber dennoch ist das Verhalten nur allzu oft nicht gefahrenadäquat.

Psychosomatische Korrelationstabelle

Reaktion bei Gefahr	Körper Motorik	Verstand Bewußtsein	Gemüt Phantasie
normal	ausgeglichen	umsichtig	ruhend
aufgeschreckt	flink	konzentriert	angeregt
erschreckt	hastig	gehemmt	aufgeregt
entsetzt	überstürzt	blockiert	ungezügelt

Quelle: Gefährliche Ladung(4)

Natürlich ist es grundsätzlich richtig, sich ein Bild von der Lage vor Ort zu machen – dies muß aber mit Sachkunde und Vernunft geschehen. Es gibt kaum einen akzeptablen Grund dafür, daß Angehörige der Umweltverwaltung selbst Geruch und Konsistenz langsam erstarrenden Kresols prüfen, welches von einem TKW-Fahrer auf einem Autobahnparkplatz abgelassen worden war, oder nach der Entgleisung eines Güterzuges beobachten, wie etliche Tonnen Benzin aus dem Gleiskörper in Wassergräben sickern, oder einem Chemiker, der im Bereich einer undichten Benzolleitung Gasmessungen vornimmt, über die Schulter gucken (und dies ohne Haut- und Atemschutz) oder aus völlig verrosteten, in der Feldmark liegenden Fässern mit der Aufschrift „Cyanide" unverzüglich und ungeschützt Proben entnehmen oder in die Ausschachtungsgrube, in der sich Acrylnitril angesammelt hat, steigen, bevor diese zum Begehen freigegeben worden ist, oder an die Ladefläche eines LKW herantreten, aus dessen beschädigter Faßladung offensichtlich (aufgrund der Kennzeichnung) Säuren in der Kanalisation verschwinden.

Die Pflicht, notfalls das Leben einzusetzen, besteht nicht für die Bediensteten der Umweltverwaltung. Oben beschriebenes Verhalten wäre selbst für die Feuerwehr und Polizei nur bedingt und unter größtmöglicher Beachtung von Grundsätzen der Eigensicherung akzeptabel. Auf jeden Fall sollten die Mitarbeiter der Umweltverwaltung alles vermeiden, was in einer Art Selbstaufopferung enden könnte. Nebenbei würden sie mit solchem Vermeidungsverhalten den Kollegen von Feuerwehr und Polizei auch unnötige Mühen ersparen. Verletzte oder gar tote Behördenvertreter verkomplizieren die Lage nur.

Außerdem sollten die Mitarbeiter der Umweltverwaltung einem Effekt Rechnung tragen, den man wohl am besten als die „suggestive Kraft der Unvernunft" bezeichnet; selbst wenn Feuerwehr und Polizei sich unter Atem- oder gar Vollschutz am Schadensort aufhalten, genügt ein unbedarfter und ungeschützter Behörden-Zivilist, um andere (z.B. unterhaltungslüsterne Zuschauer, Pressevertreter und ums Allgemeinwohl bekümmerte Kommunalpolitiker) zur gefährdenden Nachahmung anzuregen, was trotz bestehender Absperrung nicht immer verhindert werden kann. Solches Fehlverhalten geschieht allerdings nur selten aufgrund von Streßhormonen. Vielmehr belegt es eine erstaunliche physische und psychische Entspannung, wie sie nur aus Ahnungs- und Phantasielosigkeit resultieren kann. Mitarbeiter der Umweltverwaltung sowie Sachverständige sollten also Absperrbereiche nur nach Maßgabe der örtlichen Einsatzleitung betreten und dabei selbstverständlich Atemschutzmasken usw. anlegen und somit auch nach außen die Gefahr der Lage demonstrieren.

Können überhaupt Mitarbeiter der Umweltverwaltung in Gefahrenlagen unter den Einfluß von Streßhormonen geraten? Die Antwort ist auch hier „ja". Dies zum Beispiel ganz einfach in dem Maße, wie die Ahnungslosigkeit über Gefährdungs- und Gefahrenpotentiale abgebaut wird, ein Prozeß, der immerhin schon vielerorts im Gange ist, schließlich wirken sich Fortbildungsmaßnahmen und vielleicht noch stärker die interne „Mischbesetzung" (vgl. Abschn. 7.2.4) der Umweltverwaltung mit Verwaltungsleuten und Menschen mit naturwissenschaftlichem Hintergrund positiv aus – Gefahren werden vorstellbar und erfaßbar, der Weg für Furcht, Angst und Schrecken liegt offen.

Als mögliche streßauslösende Faktoren sind zumindest die Situation vor Ort und die psycho-soziale Befindlichkeit des jeweiligen Mitarbeiters zu nennen.

Für die Situation vor Ort haben Bedeutung:
Der subjektiv als notwendig empfundene Sicherheitsabstand (befindet man sich innerhalb oder außerhalb des Gefahrenbereiches? – der subjektiv empfundene Sicherheitsabstand sagt selbstverständlich nichts über die objektive Bedrohung aus) sowie die „Bewertung" der Gefahr als „bedrohlich" (der Eindruck der Bedrohlichkeit wird durch Hilferufe, Schmerzensschreie, die Bergung verletzter Personen, plötzlich aufflackerndes Feuer, Explosionen, Zerplatzen von Behältnissen, Alarmrufe, Sirenengeheul, lauten Knall, Einstürzen von Schachtgruben, Nachgeben von Eindämmungen, die allgemeine Hektik der Einsatzsituation usw. gesteigert).

Die psycho-soziale Befindlichkeit kann sich ebenso vor Ort wie aber auch weit außerhalb des objektiven Gefährdungsbereiches streßbildend auswirken. Zu nennen sind die als Bürde empfundene Verantwortung sowie das Gefühl der Überforderung bzw. Versagensangst: „die Gefährdung des Ansehens, der Ehre und der hohen gesellschaftlichen Stellung ... Befürchtungen einer zukünftigen Existenzbedrohung."(5)

An Reaktionen ist schlechterdings alles möglich: vor Ort von der mit bloßem Kopf und blanker Hand geleisteten „heldenhaften" Unterstützung der unter Vollschutz arbeitenden Feuerwehr, über den „tapferen" Löschversuch an einem lichterloh brennenden TKW mit dem dienstlich gelieferten 6 kg-Feuerlöscher, bis zur blinden Flucht über Stock und Stein; aber auch weitab des eigentlichen Geschehens kann aus „Kopflosigkeit" etliches passieren – an der Dienststelle bei der Entgegennahme der telefonischen Schreckensmeldung etwa werden notwendige Angaben nicht erfragt und schon gar nicht notiert, es werden keine ergänzenden Informationen über die Eigenschaften eines freigewordenen Stoffes eingeholt, die örtliche Lage wird nicht in Ruhe eruiert, die Gefahrenlage im Verhältnis zur eigenen Ausrüstung nicht abgeschätzt, Benachrichtigungen unterbleiben, es wird überstürzt ausgerückt, die eigene Erreichbarkeit nicht gewährleistet, Kräften werden unsinnige Aufträge erteilt etc.; nicht selten ist auch ein streßbedingtes Versagen auf der Führungs- und Managementebene festzustellen, z.B. im Personaleinsatz (wenig sinnvoll, sogar das Personal unnötig gefährdend, wird die demonstrative Präsenz vor Ort angeordnet, um Handlungskraft zu „beweisen") und in der Öffentlichkeitsarbeit (späte und - gelinde ausgedrückt - beschönigende Information der Öffentlichkeit).

8.1.2 Bereitschaft trainieren

Um unerwünschte Effekte durch Streß auf ein Minimum einzuschränken, muß auch die Umweltverwaltung - wie die Feuerwehr und Polizei - entsprechende Maßnahmen ergreifen. Eine gezielte Ausbildung, die auf eine repetierende Steuerung für streßauslösende Lagen abhebt, ist anzustreben. Übungen im kleineren und größeren Rahmen können hier hilfreich sein; Übungen geringeren Umfangs, die dafür aber häufiger abgehalten werden, sollte der Vorzug gegeben werden.

Es mag banal klingen, aber sehr wichtig ist, daß die **erste Meldung** über ein Ereignis so umfassend wie möglich entgegengenommen wird. Was hier an Informationen versäumt wird, kann häufig im weiteren Verlauf nur unter großen Schwierigkeiten oder gar nicht beschafft werden; Versäumnisse können dabei weitreichende Folgen haben. Bewährt haben sich an verschiedenen Dienststellen Notizblöcke zur Entgegennahme einer Meldung mit leitenden Stichwörtern, z.B.

- Name und Telefon des Meldenden,
- genaue Bezeichnung der Schadensortes,
- Unfall-/Ereigniszeit,
- Unfallart (Betriebsunfall, Verkehrsunfall - TKW, Container, Stückgut, Rohrleitung),
- Name und Menge der Stoffe mit ergänzenden Angaben (Aggregatzustand, Klassifizierung, Kennzeichnungsnummern auf Warntafeln, Hommel-Merkblatt, Parameter etc.),
- Schadensausmaß, mögliche Schadensentwicklung (Gefährdung von Mensch, Tier, Pflanzen, Ausbreitung der Stoffe in Boden, Gewässer, Kanalisation etc.).

Vielfach befinden sich in Alarmkalendern und Katastrophenplänen Hinweise auf den „Inhalt einer Meldung", die die Grundlage zur Entwicklung eines Meldezettels sein können. Natürlich gehören hierzu auch Hinweise über die interne und externe Weitergabe der Meldung, was aber schon fast überall geregelt ist.

Die Zeit, die eine gründliche Information in der Anfangsphase kostet, rentiert sich im weiteren Verlauf um ein Vielfaches.

Immer wieder gezeigt hat sich, daß das Vermögen, **Informations- und Nachschlagemittel** schnell und sicher zu **handhaben**, erheblich überschätzt wird. Zu lange dauert es fast immer, eine falsche Bewertung ist nicht selten, sogar Ratlosigkeit darüber, wie die Mittel anzuwenden sind, sind nicht ungewöhnlich. Hier mehr Sicherheit zu gewinnen ist äußerst einfach zu realisieren - durch Übung, wenn es mal nicht allzu hektisch an der Dienststelle zugeht, Übung, die ggf. lebensentscheidend sein kann.

Als Einstiegsübung wird empfohlen, eine Angabe zu nennen: technische Bezeichnung auf deutsch oder englisch, UN-Nr., Kemler-Zahl, CAS-Nr. ..., und Fragen anzuschließen: nach Wassergefährdung (Wassergefährdungsklasse, Wassergefährdungszahlen), Gesundheitsgefährdung, Verhalten im Boden, Reaktionsvermögen, Klassifizierung,

Flammpunkt, geeigneten Ölbinder, MAK-Wert, Explosionsgrenzen, Dichte, relative Gasdichte, Atemschutz, Vollschutz, sonstige notwendige bzw. geeignete Schutzkleidung etc.

Wichtig ist auch, daß die Mitarbeiter die Möglichkeiten und **Grenzen der verschiedenen Informationsmittel** kennen (wobei als selbstverständlich vorausgesetzt wird, daß zumindest einige Informationsmittel an der Dienststelle vorhanden sind): Was leisten der „Hommel", der Katalog wassergefährdender Stoffe, der IMDG-Code, das Auer-Technikum, die Ölbinder-Richtlinie, ein Ölwehrhandbuch etc.?
Ähnlich zu verfahren ist im Hinblick auf zugängliche Datenbanken.

Durch den verstärkten Einsatz computergestützter Informationssysteme und moderner Mittel der Kommunikation können die Effektivität einer Dienststelle gesteigert und mehr Sicherheit produziert werden. Aber auch bei weniger avancierter Ausstattung lassen sich durch z.B. sogenannte **Backoffice-Funktionen** Verbesserungen erreichen - abgeschirmt, fern des aufregenden Geschehens beschaffen trainierte, versierte Mitarbeiter die notwendigen Informationen, dokumentieren und analysieren die Lage, informieren die vor Ort eingesetzten Kräfte, geben sachdienliche Hinweise und erledigen Routineaufgaben wie Alarmierungen und Meldungen.

8.1.3 Informationsmöglichkeiten

Aus obigen Hinweisen dürfte hervorgegangen sein, daß sich einerseits ein umfassender Informationsbedarf ergeben kann, andererseits aber auch kein Mangel an Informationsmöglichkeiten besteht.

Abgesehen von den weiter unten erläuterten Informationsquellen verfügen generell folgende Behörden und Institutionen über Wissen, das für die Arbeit der Umweltverwaltung hilfreich sein könnte:

Abwassertechnische Vereinigung e.V. – St. Augustin,
Arbeitsgemeinschaft der Großforschungseinrichtungen – Bonn,
Arbeitsgemeinschaft der Verbraucher – Bonn,
Arbeitsgemeinschaft für Umweltfragen e.V. – Bonn,
Biologische Bundesanstalt für Land- und Forstwirtschaft – Braunschweig,
Bundesanstalt für Arbeitsschutz – Dortmund-Dorstfeld,
Bundesanstalt für Gewässerkunde – Koblenz,
Bundesanstalt für Materialforschung und -prüfung (BAM) – Berlin,
Bundesdeutscher Arbeitskreis für umweltbewußtes Management e.V. – Hamburg,
Bundesforschungsanstalt für Naturschutz und Landschaftsökologie – Bonn,
Bundesgesundheitsamt – Berlin,
Bundesministerium für Forschung und Technologie – Bonn,
Bundesministerium für Umwelt, Naturschutz und Reaktorsicherheit – Bonn,
Bundesministerium für Verkehr – Bonn,
Bundesverband Behälterschutz e.V. – Freiburg i. Br.,
Bundesverband der deutschen Entsorgungswirtschaft – Köln,
Bundesverband der Deutschen Gas- und Wasserwirtschaft e.V. – Bonn,
Bundesverband der Deutschen Industrie (BDI) – Köln,

Bundesverband öffentlich bestellter und vereidigter Sachverständiger e.V. - Bonn,
Deutscher Gewerkschaftsbund - Düsseldorf,
Deutscher Industrie- und Handelstag (DIHT) - Köln,
Deutsches Institut für Normung (DIN) e.V. - Berlin,
Ingenieurverband Wasser- und Abfallwirtschaft e.V. - Bonn,
Mineralölwirtschaftsverband - Hamburg,
Rat von Sachverständigen für Umweltfragen - Wiesbaden,
Technische Vereinigung der Großkraftwerksbetreiber - Essen,
Umweltbundesamt - Berlin,
Verband der Chemischen Industrie (VCI) - Frankfurt/M.,
Verband unabhängig beratender Ingenieurfirmen e.V. - Bonn,
Verein Deutscher Ingenieure - Düsseldorf,
Verein Technischer Immissionsschutz-Beauftragter e.V. - Bad Honnef,
Vereinigung der technischen Überwachungsvereine e.V. - Essen.

Vielfach gibt es auf Länderebene Tochterorganisationen bzw. gleichartige Einrichtungen. Sehr ergiebig sein können auch Kontakte zu den Universitäten.

Wenn auch die vorgenannten Behörden und Institutionen ein enormes Wissen repräsentieren und überdies davon ausgegangen werden kann, daß dieses weitgehend nachfragenden Behörden zur Verfügung gestellt wird, so bleibt doch das Erfordernis bestehen, daß die Umweltverwaltung in akuten Fällen sich selbst mit den zur Verfügung stehenden Mitteln die notwendigen Informationen verschafft. Ohne den Anspruch auf Vollständigkeit zu erheben, wird auf nachfolgende Info-Quellen näher eingegangen:

- Produzenten, Betreiber, Beförderer,
- Gefahrstoffkennzeichnungen,
- Gefahrgutkennzeichnungen,
- Warntafeln, Unfallmerkblätter,
- Beförderungspapiere,
- Handbücher u.ä.,
- Einfachere Messungen etc.,
- TUIS,
- Datenbanken.

Wichtig ist vor allem, soviel Informationen wie nur möglich zu beschaffen; insbesondere Gefahrenkennzeichen und Warntafeln sind nur ein erster Anhalt!

Chemische oder physikalische Daten müssen einsatztaktisch bewertet werden, u.a. unter Berücksichtigung der Menge der Stoffe, des Wetters, der Bevölkerungsdichte im fraglichen Gebiet, des schützenswerten Mediums etc.

8.1.3.1 Produzenten, Betreiber, Beförderer

Die intimsten Kenntnisse über Stoffe haben naturgemäß deren Produzenten (vgl. unten TUIS). Das gilt weitgehend auch für die Betreiber von Anlagen, die häufig mit den Produzenten identisch sind, zum Teil auch für Empfänger und Endanwender von Stoffen.

Eine weitere Informantengruppe sind im weitesten Sinne die Beförderer von gefährlichen Gütern. Nach dem Gefahrgutgesetz sind zum Befördern auch Vor- und Nachbereitungshandlungen zu rechnen, so daß also neben dem Spediteur (Beförderer) und Fahrzeugführer auch Absender sowie Empfänger den Informationsvorschriften der Gefahrgutregeln unterliegen. Das Regelsystem der Gefahrgutbeförderung ist so aufgebaut, daß alle Beteiligten, zumindest solange sie selbst mit den Gütern umgehen, aufgrund von Begleitpapieren Namen, Klassifizierungen, Mengen, Eigenschaften, Verhalten der Stoffe und empfohlene Sofortmaßnahmen kennen. Sofern diese potentiellen Informanten nicht vor Ort angetroffen werden, ergeben sich Kontaktmöglichkeiten (Adressen, Telefon) aus den Verladescheinen und Aufträgen sowie auch aus Aufschriften am Fahrzeug, Container oder Tankcontainer. Ähnliches gilt bei der Beförderung von Abfällen.

Der persönliche Dialog mit involvierten Personen ist vorteilhaft, weil sehr genaue, auf die jeweilige Lage bezogene Hinweise erfragt werden können.

Ähnliches gilt für Abfälle, die häufig gleichzeitig auch gefährliche Güter im Sinne des Beförderungsrechts sind. Angaben in Begleitscheinen nach dem Abfallrecht können die Gefahrgutinformationen ergänzen.

8.1.3.2 Gefahrstoffkennzeichnungen

Viele Versandstücke sind nach der Gefahrstoffverordnung und ihren Anhängen mit Symbolen gekennzeichnet oder sogenannten **R-/S-Sätzen** (s.u.) bezeichnet; sie bieten wichtige Hinweise zur Eigensicherung und Gefahrenabwehr.

Die Kennzeichen enthalten auf orangefarbenem Grund **Gefahrensymbole**:

E Explosions-gefährlich

O Brandfördernd

F Leichtentzündlich
F+ Hochentzündlich

T Giftig
T+ Sehr giftig

C Ätzend

Xn Mindergiftig
Xi Reizend

Die Symbole sind folgendermaßen zu bewerten:

E = Stoff kann durch Schlag, Stoß, Reibung, Funkenbildung, Hitzeeinwirkung explodieren.

O = Stoff kann brennbare Stoffe entzünden oder ausgebrochene Brände fördern.

F, F+ = 1. Selbstentzündliche Stoffe: Kontakt mit der Luft vermeiden.
2. Entzündliche gasförmige Stoffe: Bildung zündbarer Gas-Luft-Gemische verhindern und Zündquellen fernhalten.
3. Feuchtigkeitsempfindliche Stoffe: Kontakt mit Feuchtigkeit oder Wasser vermeiden.
4. Brennbare Flüssigkeiten: Offene Flammen, Wärmequellen und Funken fernhalten.

T, T+ = Kontakt mit dem menschlichen Körper, auch Einatmen der Dämpfe, vermeiden, bei Unwohlsein sofort den Arzt aufsuchen.

C = Dämpfe nicht einatmen, Berührung mit Haut, Augen und Kleidung vermeiden.

Xn, Xi = Dämpfe nicht einatmen, Berührung mit Haut und Augen vermeiden.

Neben den Symbolen sind auf den Verpackungen auch Hinweise auf besondere Gefahren (R-Sätze) und Sicherheitsratschläge (S-Sätze) angegeben; es sind auch Kombinationen der Sätze möglich.

Hinweise auf die besonderen Gefahren (R-Sätze)

Die Hinweise haben folgende Bedeutung:

R 1 In trockenem Zustand explosionsfähig.
R 2 Durch Schlag, Reibung, Feuer oder andere Zündquellen explosionsfähig.
R 3 Durch Schlag, Reibung, Feuer oder andere Zündquellen leicht explosionsfähig.
R 4 Bildet hochempfindliche explosionsfähige Metallverbindungen.
R 5 Beim Erwärmen explosionsfähig.
R 6 Mit und ohne Luft explosionsfähig.
R 7 Kann Brand verursachen.
R 8 Feuergefahr bei Berührung mit brennbaren Stoffen.
R 9 Explosionsgefahr bei Mischung mit brennbaren Stoffen.
R 10 Entzündlich.
R 11 Leichtentzündlich.
R 12 Hochentzündlich.
R 13 Hochentzündliches Flüssiggas.
R 14 Reagiert heftig mit Wasser.
R 15 Reagiert mit Wasser unter Bildung leicht entzündlicher Gase.
R 16 Explosionsfähig in Mischung mit brandfördernden Stoffen.
R 17 Selbstentzündlich an der Luft.
R 18 Bei Gebrauch Bildung explosiver/leichtentzündlicher Dampf-Luftgemische möglich.
R 19 Kann explosionsfähige Peroxide bilden.
R 20 Gesundheitsschädlich beim Einatmen.
R 21 Gesundheitsschädlich bei Berührung mit der Haut.
R 22 Gesundheitsschädlich beim Verschlucken.
R 23 Giftig beim Einatmen.
R 24 Giftig bei Berührung mit der Haut.
R 25 Giftig beim Verschlucken.

R 26 Sehr giftig beim Einatmen.
R 27 Sehr giftig bei Berührung mit der Haut.
R 28 Sehr giftig beim Verschlucken.
R 29 Entwickelt bei Berührung mit Wasser giftige Gase.
R 30 Kann bei Gebrauch leicht entzündlich werden.
R 31 Entwickelt bei Berührung mit Säure giftige Gase.
R 32 Entwickelt bei Berührung mit Säure hochgiftige Gase.
R 33 Gefahr kumulativer Wirkungen.
R 34 Verursacht Verätzungen.
R 35 Verursacht schwere Verätzungen.
R 36 Reizt die Augen.
R 37 Reizt die Atmungsorgane.
R 38 Reizt die Haut.
R 39 Ernste Gefahr irreversiblen Schadens.
R 40 Irreversibler Schaden möglich.
R 42 Sensibilisierung durch Einatmen möglich.
R 43 Sensibilisierung durch Hautkontakt möglich.
R 44 Explosionsgefahr bei Erhitzen unter Einschluß.
R 45 Kann Krebs erzeugen.
R 46 Kann vererbbare Schäden verursachen.
R 47 Kann Mißbildungen verursachen.
R 48 Gefahr ernster Gesundheitsschäden bei längerer Exposition.

Beachte: „Umwelt-R-Sätze" in Abschnitt 6.4.3!

Sicherheitsratschläge für gefährliche Chemikalien (S)

S 1 Unter Verschluß aufbewahren.
S 2 Darf nicht in die Hände von Kindern gelangen.
S 3 Kühl aufbewahren.
S 4 Von Wohnplätzen fernhalten.
S 5 Unter ... aufbewahren (geeignete Flüssigkeit vom Hersteller anzugeben).
S 6 Unter ... aufbewahren (inertes Gas vom Hersteller anzugeben).
S 7 Behälter dicht geschlossen halten.
S 8 Behälter trocken halten.
S 9 Behälter an einem gut gelüfteten Ort aufbewahren.
S 10 Inhalt feucht halten.
S 11 Zutritt von Luft verhindern.
S 12 Behälter nicht gasdicht verschließen.
S 13 Von Nahrungsmitteln, Getränken und Futtermitteln fernhalten.
S 14 Von ... fernhalten (Inkompatible Substanzen sind vom Hersteller anzugeben).
S 15 Vor Hitze schützen.
S 16 Von Zündquellen fernhalten – Nicht rauchen.
S 17 Von brennbaren Stoffen fernhalten.
S 18 Behälter mit Vorsicht öffnen und handhaben.
S 20 Bei der Arbeit nicht essen und trinken.
S 21 Bei der Arbeit nicht rauchen.
S 22 Staub nicht einatmen.

S 23 Gas/Rauch/Dampf/Aerosol nicht einatmen (geeignete Bezeichnung(en) vom Hersteller anzugeben).
S 24 Berührung mit der Haut vermeiden.
S 25 Berührung mit den Augen vermeiden.
S 26 Bei Berührung mit den Augen gründlich mit Wasser abspülen und Arzt konsultieren.
S 27 Beschmutzte, getränkte Kleidung sofort ausziehen.
S 28 Bei Berührung mit der Haut sofort abwaschen mit viel ... (vom Hersteller anzugeben).
S 29 Nicht in die Kanalisation gelangen lassen.
S 30 Niemals Wasser hinzugießen.
S 31 Von explosionsfähigen Stoffen fernhalten.
S 33 Maßnahmen gegen elektrostatische Aufladungen treffen.
S 34 Schlag und Reibung vermeiden.
S 35 Abfälle und Behälter müssen in gesicherter Weise beseitigt werden.
S 36 Bei der Arbeit geeignete Schutzkeidung tragen.
S 37 Geeignete Schutzhandschuhe tragen.
S 38 Bei unzureichender Belüftung Atemschutzgerät anlegen.
S 39 Schutzbrille/Gesichtsschutz tragen.
S 40 Fußboden und verunreinigte Gegenstände mit ... reinigen (Material vom Hersteller anzugeben).
S 41 Explosions- und Brandgase nicht einatmen.
S 42 Bei Räuchern/Versprühen geeignetes Atemschutzgerät anlegen (Geeignete Bezeichnung(en) vom Hersteller anzugeben).
S 43 Zum Löschen ... (vom Hersteller anzugeben) verwenden.
S 44 Bei Unwohlsein ärztlichen Rat einholen (wenn möglich dieses Etikett vorzeigen).
S 45 Bei Unfall oder Unwohlsein sofort Arzt zuziehen (wenn möglich dieses Etikett vorzeigen).
S 46 Bei Verschlucken sofort ärztlichen Rat einholen und Verpackung oder Etikett vorzeigen.
S 47 Nicht bei Temperatur über ... °C aufbewahren.
S 48 Feucht halten mit...
S 49 Nur im Originalbehälter aufbewahren.
S 50 Nicht mischen mit...
S 51 Nur in gut belüfteten Bereichen verwenden.
S 52 Nicht großflächig für Wohn- und Aufenthaltsräume zu verwenden.
S 53 Exposition vermeiden – vor Gebrauch besondere Anweisung einholen.

Beachte: „Umwelt-S-Sätze" in Abschnitt 6.4.3!

8.1.3.3 Gefahrgutkennzeichnungen

Nach den Gefahrgutvorschriften für die verschiedenen Verkehrsträger werden neben der technischen Bezeichnung Kennzeichen an Versandstücken, Containern oder Tanks angebracht, sogenannte Gefahrgutlabel, die symbolhaft über die Eigenschaften der beförderten Güter Auskunft geben. Die Label sind nicht für alle Verkehrsträger identisch. Die für den Land- und Binnengewässerverkehr vorgeschriebenen Label stimmen in der Gestaltung im wesentlichen mit den Labeln für den Seeverkehr überein, enthalten aber nur teilweise Inschriften.

An Straßenfahrzeugen und Versandstücken können folgende Gefahrenzettel angebracht sein:

Explosionsgefährlich — *Explosionsgefährlich Unterklasse 1.4* — *Explosionsgefährlich Unterklasse 1.5* — *Nichtbrennbare Gase*

Feuergefährlich (Entzündbare flüssige Stoffe) — *Feuergefährlich (Entzündbare feste Stoffe)* — *Selbstentzündlich* — *Entzündliche Gase bei Berührung mit Wasser*

Entzündend wirkende Stoffe oder organische Peroxide — *Giftig* — *Gesundheitsschädlich* — *Infektiös*

Ätzend — *Verschiedene gefährliche Stoffe* — *Meeresschadstoffe*

Radioaktive Stoffe: Bei Beschädigung der Versandstücke gesundheitsgefährdende Wirkung bei Aufnahme in den Körper, beim Einatmen und beim Berühren freigewordener Stoffe oder kontaminierter Gegenstände. Bei radioaktiven Stoffen, die mit 2 oder 3 roten Balken gekennzeichnet sind, Gefahr oder Strahleneinwirkung auf Entfernung

*	*Angabe der Gefahrenklasse*	**	*Unterklasse und Verträglichkeitsgruppe*
***	*Verträglichkeitsgruppe*	****	*Farbe des Symbols weiß oder schwarz*

Gefährliche Güter, die von See kommen oder über See befördert werden sollen, sind überwiegend nach den seerechtlichen Vorschriften (Gefahrgutverordnung-See/IMDG-Code) verpackt, gekennzeichnet und beschriftet. Die Inschriften weisen in englischer Sprache auf die Haupteigenschaft hin, eine Nummer in einer Ecke bezeichnet die jeweilige Gefahrenklasse nach dem IMDG-Code. So gekennzeichnete Versandstücke, Container und Tankcontainer werden in großer Zahl auch im Binnenland befördert.

Die nachfolgenden Label sind mit der Klassennummer/übersetzten Labelinschrift „untertitelt“:

1/Explosiv

2/nicht entzündbare verdichtete Gase

2/entzündbares Gas

2/giftiges Gas

3/entzündbare Flüssigkeit

4/entzündbarer fester Stoff

4/selbstentzündlicher Stoff

4/gefährlich bei Nässe

5.1/oxidierend wirkend

5.2/organisches Peroxid

6/Gift

6/schädlich

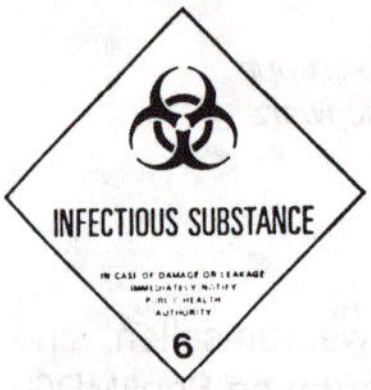

6/ansteckungsgefährlicher Stoff

7/radioaktiv

7/radioaktiv

7/radioaktiv

8/ätzend

1.4/explosiv

9/verschiedene gefährliche Stoffe

1813

UN-Nr.-Aufkleber

(für Kaliumhydroxid, fest-Ätzkali

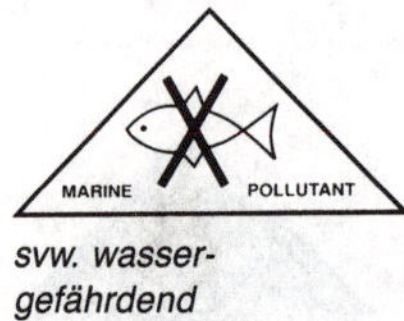

svw. wassergefährdend

Nach dem IMDG-Code gekennzeichnete Versandstücke und Container können neben den Labeln für die Hauptgefahr zusätzliche Kennzeichen enthalten. Diese deuten auf weitere Gefahren des Gutes hin; in den entsprechneden Labeln fehlt die Klassennummer. Ein Tankcontainer könnte z.B. so gekennzeichnet sein:

Das rote Label bezeichnet die Haupteigenschaft: Klasse 3/entzündbare Flüssigkeit; die beiden anderen Label bezeichnen die zusätzlichen Eigenschaften: giftig und ätzend. Welche Eigenschaft allerdings beim Freiwerden des Stoffes von dominanter Bedeutung ist, hängt von den Umständen des konkreten Falles ab.

8.1.3.4 Warntafeln und Unfallmerkblätter

Mit Warntafeln an Fahrzeugen wird auf gefährliche Güter oder Abfälle hingewiesen.

Genehmigungsbedürftige Abfalltransporte auf öffentlichen Straßen (s. Abfallgesetz) müssen vorn und hinten am Fahrzeug mit weißen Warntafeln, die in schwarzer Farbe ein „A" enthalten, gekennzeichnet sein.

Gefahrgutbeförderungen werden mit orangefarbenen Warntafeln gekennzeichnet. Unfallmerkblätter/schriftliche Weisungen müssen vom Fahrzeugführer im Führerhaus mitgeführt werden. Die Pflicht zum Mitführen der Unfallmerkblätter/schriftlichen Weisungen sowie die Kennzeichnung mit Warntafeln sind von bestimmten Voraussetzungen abhängig.

Die Unfallmerkblätter/schriftlichen Weisungen dienen dem Beförderungspersonal und Sicherheitsdiensten zur Information. Auch der Umweltverwaltung können sie wertvolle Hinweise zur Eigensicherung sowie auf umweltrelevante Einwirkungen geben.

Orangefarbene Warntafeln sind mindestens vorne und hinten an Straßenfahrzeugen mit gefährlichen Gütern anzubringen.

Tankfahrzeuge, Trägerfahrzeuge von Aufsetztanks und Tankcontainer müssen jedoch aufgrund der Vorschriften unter bestimmten Voraussetzungen mit Warntafeln gekennzeichnet werden, die in der oberen Hälfte eine Nummer zur Kennzeichnung der Gefahr und in der unteren Hälfte eine zur Kennzeichnung des Stoffes enthalten; die **Gefahrennummern, auch Kemlernummern genannt,** korrespondieren weitgehend mit den Gefahrenklassen der Beförderungsvorschriften, die **Stoffnummern** entsprechen ursprünglich den UN-Nummern des IMDG-Codes. Gefahren- und aufsteigende Stoffnum-

UNFALLMERKBLATT FÜR STRASSENTRANSPORT

CERC TEC (R)-9a
Rev. 1, ED 1
Klasse 8 ADR
Ziff. 2a)

SALPETERSÄURE mit mehr als 70% HNO_3

885
2032

Eigenschaften des Ladegutes: Farblose Flüssigkeit, mit wahrnehmbaren Geruch, entwickelt gelblich-braune Dämpfe
Vollständig mischbar mit Wasser

Gefahren:
Dampf verursacht Vergiftung durch Einatmen
Verursacht schwere Schäden der Augen, Haut und Atemwege
Ätzend
Kleidung wird angegriffen
Kann mit brennbaren Stoffen zu Feuer und Explosion führen und giftige Gase bilden: Nitrose Gase

Schutzausrüstung:
Geeigneter Atemschutz
Dichtschließende Schutzbrille
Handschuhe, Stiefel, Schutzanzug und vollkommener Kopf-, Gesichts- und Nackenschutz aus Kunststoff
Augenspülflasche mit reinem Wasser

NOTMASSNAHMEN **Sofort Feuerwehr und Polizei benachrichtigen**

- Motor abstellen
- Straße sichern und andere Straßenbenutzer warnen
- Unbefugte fernhalten
- Auf windzugewandter Seite bleiben
- Schutzausrüstungen vor Betreten der Gefahrenzone anlegen

Leck

- **Flüssigkeit mit Erde oder dergleichen eindämmen, Fachmann beiziehen**
- **Nicht mit Sägemehl oder anderen brennbaren Stoffen aufnehmen**
- **Falls Produkt in Gewässer oder Kanalisation gelangt ist oder Erdboden und Pflanzen verunreinigt hat, Feuerwehr oder Polizei darauf hinweisen**
- **Dämpfe mit Wassersprühstrahl niederschlagen**

Feuer

- **Bei Feuereinwirkung Behälter mit Wassersprühstrahl kühlen**

Erste Hilfe

- Falls Produkt in Augen gelangt, unverzüglich mit viel Wasser mehrere Minuten spülen
- Mit Produkt verunreinigte Kleidungsstücke unverzüglich entfernen und betroffene Haut mit viel Wasser waschen
- Wegen des verzögerten Vergiftungeffektes Personen, die Rauch oder Dämpfe eingeatmet haben, hinlegen und ruhighalten. Ärztliche Überwachung während mindestens 48 Stunden
- Ärztliche Hilfe erforderlich bei Symptomen, die offensichtlich auf Einatmen oder Einwirkung auf Haut oder Augen zurückzuführen sind
- Auch wenn keine Symptome bemerkbar machen, Arzt zuziehen und dieses Merkblatt zeigen
- Vor Wärmeverlust schützen
- Künstliche Beatmung bei Atemstillstand

Zusätzliche Hinweise des Herstellers oder Absenders:
Achtung: Fluchtfilter schützen nur kurze Zeit. Sie sind bei Freiwerden größerer Mengen ungeeignet zur Bekämpfung von Leckagen und Feuer.

TELEFONISCHE RÜCKFRAGE:

Best.-Nr. 4 161

Gilt nur während des Straßentransports Deutsch

mern sind in den Anhängen zu den Landvorschriften sowie in der Fachliteratur zu finden.

Quelle: Taschenmacher, Polizei und gefährliche Güter. 6. Auflage 1992, Hilden. S. 300

Da im Zugfahrzeug und im Anhänger bzw. in den einzelnen Tankabteilungen verschiedenene Güter befördert werden können, befinden sich häufig auch Warntafeln an den Seiten der Tanks; die Nummern auf den Tafeln vorne, hinten und an den Seiten können verschieden sein.

Deswegen muß bei einem Unfall o.ä. sehr sorgfältig geprüft werden, welche Kennzeichnungen sich insgesamt an der Fahrzeugeinheit befinden. Vor allem bei Leckagen ist das äußerst wichtig, um feststellen zu können, welcher Stoff tatsächlich ausläuft. Ergänzend sollten aber die Begleitpapiere, vor allem die Unfallmerkblätter, die auch Hinweise auf einzelne Tankabteilungen enthalten können, kontrolliert werden. Für die Eisenbahn gelten ähnliche Vorschriften nach der Gefahrgutverordnung-Eisenbahn bzw. dem internationalen RID.

Die Nummer zur Kennzeichnung der Gefahr besteht aus zwei oder drei Ziffern. Die Ziffern weisen im allgemeinen auf folgende Gefahren hin:
2 Entweichen von Gas durch Druck oder durch chemische Reaktion
3 Entzündbarkeit von Flüssigkeiten (Dämpfen) und Gasen
4 Entzündbarkeit fester Stoffe
5 Oxydierende (brandfördernde) Wirkung
6 Giftigkeit
8 Ätzwirkung
9 Gefahr einer spontanen heftigen Reaktion.

Die Verdoppelung einer Ziffer weist auf die Zunahme der entsprechenden Gefahr hin. Wenn die Gefahr eines Stoffes ausreichend von einer Ziffer angegeben werden kann, wird dieser Ziffer eine Null angefügt. Wenn der Gefahrnummer der Buchstabe „X" vorangestellt ist, reagiert der Stoff in gefährlicher Weise mit Wasser. Es gibt Zifferkombinationen, die eine besondere Bedeutung haben.(6)

Ergänzend ist im Hinblick auf Unfälle etc. im Binnenschiffahrtsbereich darauf hinzuweisen, daß dort Gefahrgutbeförderungen am Tage mit blauen Kegeln und nachts mit blauen Lichtern zu kennzeichnen sind; Unfallmerkblätter müssen gemäß der Beförderungsvorschrift ADNR mitgeführt werden. Bei Bedarf können Dienststellen der Wasserschutzpolizei Auskünfte erteilen.

8.1.3.5 Beförderungspapiere

Grundsätzlich müssen bei jeder Beförderung gefährlicher Güter auf allen Verkehrsträgern Begleitpapiere, Beförderungspapiere, Verladescheine, Schiffszettel – die Bezeichnungen sind nicht einheitlich – mitgeführt werden. Falls Genehmigungen, Ausnahmengenehmigungen oder Erlaubnisse nach dem Beförderungsrecht erteilt worden sind, sind auch diese mitzuführen. Die Papiere befinden sich beim jeweiligen Fahrzeugführer. Den Papieren können wichtige Informationen entnommen werden, u.a.: Stoffname, Klassifizierung nach den Gefahrgutvorschriften, Flammpunkt, Stoffeigenschaft, Menge, Verpackung, Absender, Beförderer, Empfänger, ggf. Adressen und Telefonanschlüsse. Die Papiere geben somit wichtige Hinweise auf Verantwortlichkeiten und potentielle Adressaten von Anordnungen, Regreßansprüchen etc. durch die Verwaltung.

Stets sollten die Angaben in den Papieren mit den Nummern auf den Warntafeln verglichen werden. Hier konnten in der Praxis schon häufiger Diskrepanzen festgestellt werden; falsche Informationen können für Maßnahmen der Eigensicherung und der Schadenseindämmung in vielerlei Hinsicht von entscheidender Bedeutung sein. Die Ursachen für solche Fehler sind meist auf den „human factor" zurückzuführen, also auf Irrtum, Nachlässigkeit oder kriminelle Energie.

Das nebenstehende Beförderungspapier ist vorschriftsmäßig für einen internationalen Transport von Formaldehyd 30 %, Klasse 8, Ziffer 63 c ADR, Gefahren-Nr. 80, Stoff-Nr.

2209, Flammpunkt 60 ° C ausgestellt. Beförderungspapiere sind an keine Form gebunden; es kann etwas mühsam sein, die vorgeschriebenen Angaben zu erfassen.

8.1.3.6 Handbücher u.ä.

Der Markt hält ein sehr reichhaltiges Angebot an Handbüchern bereit, die auch für die Umweltverwaltung von Interesse sein können. Das Spektrum reicht von fast reinen Datensammlungen bis zu ausführlichen Beschreibungen, thematisch von Sofortmaßnahmen bei Unfällen bis zur vollständigen Bearbeitung inklusive abschließender Behandlung von Umweltschäden. Mehrere Verlage bieten entsprechende Literatur an.

Unter Berücksichtigung von Kompetenz und Preis sind die vom Umweltbundesamt (UBA) herausgegebenen Publikationen besonders zu empfehlen. In den Jahresberichten des UBA (schon die sind in sich äußerst informativ) werden Veröffentlichungen des jeweils letzten Jahres bekanntgegeben, ansonsten können Fragen direkt an das Umweltbundesamt gerichtet werden. Im Rahmen der Hauptthematik dieses Buches ist insbesondere auf die Veröffentlichungen des Beirates LTwS (Lagerung und Transport wassergefährdender Stoffe) beim Bundesumweltminister hinzuweisen (**Hrsg. UBA** - vgl. beispielsweise Abschn. 6.4.1).

Eine reine Datensammlung ist das „**Auer-Technikum**“, das gegen eine Schutzgebühr von der Firma Auer, Hauptsitz in Berlin, bezogen werden kann. Es wird ständig ergänzt und dem Stand von Gesetzen, Normen etc. angepaßt. Die Ausgabe 12 (1988) beispielsweise enthält 3375 Stoffe mit jeweils 43 Angaben, wovon die meisten auch für die Umweltverwaltung von Interesse sind (u.a.: rel. Gasdichte, WGK, MAK-Werte, R-/S-Sätze, Kennzeichnungen, Explosionsgrenzen, geeignete Atemfilter). Eine umfassende, erklärende Einleitung macht seine Handhabung auch naturwissenschaftlichen Laien möglich. Aufgrund der großen Anzahl von Stoffen, die es enthält, und den detaillierten Angaben sowie seines Westentaschenformates, wodurch es jederzeit verfügbar ist, wird das „Auer-Technikum“ sehr empfohlen.

Aus der Fülle sonstiger Handbücher soll hier nur das „Handbuch der gefährlichen Güter“, nach seinem Verfasser Günter Hommel allgemein „der Hommel“ genannt, angesprochen werden. „Der **Hommel**“ ist fast überall vorhanden, wo gefährliche Güter eine Rolle spielen – in der Industrie, im Beförderungsgewerbe, bei Behörden, Sicherheitsdiensten und Sachverständigen. Das Handbuch enthält weit über 1000 Stoffe und wird laufend ergänzt und überarbeitet. Sein Informationswert ist sowohl im einleitenden Teil als auch hinsichtlich der Stoffdaten hoch. Ein großer Vorteil ist, daß seine Stoffdaten durch kurze Texte ergänzt werden, die farblich mit dem sogenannten Gefahrendiamanten korrespondieren und nicht zuletzt dadurch eine schnelle Information gestatten. Zum Verständnis sind keine besonderen naturwissenschaftlichen Kenntnisse erforderlich. Allerdings erschließt sich sein Leistungsvermögen nur dann optimal, wenn seine Handhabung gründlich geübt wird. Ein Nachteil ist sein übergroßes Format und sein großes Gewicht. Da es so weit verbreitet ist und die Unfallkommunikation vielfach auf die Mitteilung reduziert wird „... siehe Hommel-Merkblatt ...“, sollte es auch an allen Dienststellen der Umweltverwaltung vorhanden sein.

Hoechst
Aktiengesellschaft
Werk Hamburg
Helbingstraße 46 · Hamburg-Wandsbek · Telefon (0 40) 69 43-0
Postfach 70 08 40 · 2000 Hamburg 70

Speditions-Auftrag
Nr.: 13 P0815
Bei Rückfragen unbedingt angeben

Auftrags-Nr. 2 G15 60475 950

Spediteur 43524003B

KLAESER. HANS
HERTEN/WESTF.

Markierung/Signierung

HOECHST
39-60475 50 HH

Warenempfänger 02809212

HOECHST HOLLAND N.V.
VESTIGING WEERT
POSTBUS 44

6000 AA
WEERT
NETHERLANDS

Produktbezeichnung

FORMALDEHYD 30%

Hinweise

MUSTER

Produkt-Nr.	Kunden-Nr.	Kundenbestelldaten	Lager
13 IRCF 005 1	028092121	XXXXXX	

Ausstelldatum	Abgangsdatum	Land	Vers.-Art / Frankatur gewünscht geändert	Vst.	Statistische Waren-Nr.	Gebindeart
1:04:86	1:04:86	280	03 10 03 10	110	2911120	

Frachtberechnung	Transportmittel-Nr.
TEST AM 1.4.86 FUER HERRN PAHLKE / PD 455	TANKZUG

Frankaturtext	Frz.	VbF
FREI HAUS UNVERZOLLT UND UNVERSTEUERT		

Bestimmungshafen/Seeanschluß	Hauptfracht

Gebindemaße in cm	Warenverkehrsbescheinigung	FOB-Wert	Zusammenladung	Hinw. Etikett	Arbeitsstoff-verordnung
					0811

Gefahrenhinweise für den Transport

	Einstufung	Gef.-/Stoff-Nr.	Gefahren-zettel	Unfall-merkblatt	Flammpunkt °C
LKW	ADR 8 /63C	80 2209	C	0062	CA.60 GR.C

Technische Versandbezeichnung	Eigenschaften/Hinweise
	SCHWACH AETZEND

Charge	PM-Anzahl	Packmittel-Nr.	Brutto kg	Tara kg	Netto kg	Lagerort

IM GEFAHRENFALL TEL. AUSKUNFT UNTER 069 - 3056418 SVS-Verbotskunde 00 ⑥

Mit freundlicher Genehmigung der Firma Hoechst AG, Werk Hamburg

Formel: C_4H_4S oder CH=CH / CH=CH > S **Summenformel:** C4-H4-S **U.N.-Nr. 2414** **Merkblatt 901**

Stoffname

Deutsch	*Englisch*	*Französisch*
Thiophen	**Thiophene**	**Thiophène**
Thiofuran	Thiophurane	Thiofuranne
	Thiofuran	

Gefahren-Diamant

3 / 2 / 1

Hazchem-Code: 3 WE

Technische Daten

Siedepunkt	84 °C
Dampfdruck in mbar	80 bei 20 °C
Dampfdichteverhältnis, Luft = 1	2,90
Schmelzpunkt	− 38 °C
Mischbarkeit mit Wasser	sehr geringfügig
Spez. Gewicht, Wasser = 1	1,06
Molare Masse	84,14

Feuerbekämpfungsdaten

Flammpunkt	− 9 °C *
Zündfähiges Gemisch, Vol.-%	1,5–12,5
Zündtemperatur	395 °C

* Nach Angaben MCA und NFPA-USA − 1 °C

Transport- und Gefahrenklasse

IMDG-Code (D-GGVSee): Kl. 3.2 D
E-F 3107-2 UN-Nr. 2414
RID (D-GGVE): Kl. 3 Rn 301 Ziff. 3 b
ADR (D-GGVS): Kl. 3 Rn 2301 Ziff. 3 b
ADNR: Kl. 3 Rn 6301 Ziff. 3 b

Europarat-Gelbes Buch 78/79:
CAS Nr. 110–02–1
EWG-Richtl./D VgAst:
D Land (VbF): A I
GB Blue Book: Infla. L & IMDG-Code E 3107-2
USA CFR 49: § 172.102 Fla. L
ICAO/IATA-DGR: Kl. 3 UN-Nr. 2414

Erscheinungsbild: Farblose Flüssigkeit; charakteristischer, scharfer Geruch.

Verhalten bei Freiwerden und Vermischen mit Luft: Gesundheitsschädliche und brennbare Flüssigkeit. Dämpfe sehr leicht entzündbar. Flüssigkeit verdunstet sehr schnell. Dämpfe bilden mit Luft gesundheitsschädliche, explosionsfähige Gemische. Sie sind schwerer als Luft, kriechen am Boden entlang und können bei Zündung über weite Strecken zurückschlagen. Entzündung durch heiße Oberflächen, Funken oder offene Flammen. Bei Brand oder Erhitzung erfolgt Zersetzung unter Bildung von hochgiftigem Schwefeldioxid.

Verhalten bei Freiwerden und Vermischen mit Wasser: Löst sich nur geringfügig in Wasser und schwimmt auf der Oberfläche. Es bilden sich schnell gesundheitsschädliche und explosionsfähige Gemische mit Luft über der Wasseroberfläche. Entzündung durch heiße Oberflächen, Funken oder offene Flammen.

Gesundheitsgefährdung: Dämpfe führen zu starker Reizung und Schädigung der Augen, der Atemwege, der Lunge und der Haut. Kontakt mit der Flüssigkeit bewirkt sehr starke Reizung und Schädigung der Augen und der Haut. Die Substanz kann auch über die Haut aufgenommen werden. Erregende Wirkung auf das Zentralnervensystem denkbar. Bei Brand oder Erhitzung erfolgt Zersetzung unter Bildung von hochgiftigem Schwefeldioxid (Merkblatt 186). In diesem Fall siehe auch unter diesem Stoff.
Symptome: Brennen und Rötung der Augen, der Nasen- und Rachenschleimhäute sowie der Haut; Reizhusten, Kopfschmerzen.

Geruchsschwelle = MAK-Wert =

Bemerkungen: Der Stoff ist löslich in Alkohol und Ether. Bei Kontakt oder Mischung mit sauerstoffreichem Material (starken Oxidationsmitteln) und konzentrierter Salpetersäure (insbesondere rauchender Salpetersäure) erfolgt sehr heftige bis explosionsartige Reaktion. Bei Kontakt mit festem Calciumhypochlorid tritt heftige Reaktion mit Entzündung ein. Kontakt mit Kalium führt zur Bildung von Kaliumsulfid.

Stoffmerkblatt aus dem Handbuch der gefährlichen Güter.

8.1.3.7 Einfachere Messungen etc.

Gar nicht so selten stellt sich die Frage, ob, wodurch und in welcher Konzentration z.B. ein Boden oder ein Gewässer kontaminiert ist oder welcher Stoff sich in einem verdächtigen Behältnis befindet. Die Hilfsmittel dienen zur Beschaffung von Informationen über Stoffeigenschaften und ihre aktuelle und örtliche Ausbreitung, gelegentlich kann durch ihre Anwendung auch der Verdacht über falsche Angaben von Betreibern, Beförderern etc. entstehen oder entkräftet werden. Die Anwendung der Hilfsmittel schließt ebensowenig die fachkundige Überprüfung von Anlagen wie die qualifizierte Analyse des Inhalts von Verpackungen und Tanks etc. sowie freigewordener Stoffe aus. (Vgl. Abschn. 9.2.3.2.3)

Natürlich können in einer Vielzahl von Fällen die Feuerwehr oder Sachverständige hinzugezogen werden. Qualitative und quantitative Ergebnisse, die auch gerichtsverwertbar sind, wird man in aller Regel erst nach sachkundiger Probenahme und entsprechender Analyse erhalten. Dennoch sollte der Außendienst zumindest mit einigen der nachfolgend genannten Hilfsmittel ausgerüstet sein. Aber schon vor einer eventuellen Anschaffung muß berücksichtigt werden, daß ihre Anwendung nicht ohne Eigensicherung erfolgen sollte, was wiederum eine gewisse Schutzausrüstung erfordert. (Vgl. Abschn. 8.1.4).

Man sollte sich darüber im klaren sein, daß die sichere Handhabung der Hilfsmittel, insbesondere der Geräte, nicht ohne ständige Übung gewährleistet werden kann.

Vor ihrer Anschaffung sollten Erkundigungen über ihre eventuelle Störanfälligkeit eingeholt werden. Es empfiehlt sich auch, sorgfältig zu überprüfen, ob sie der Wartung bedürfen und ob ihre Wartung kompliziert und zeitaufwendig ist (was manpower erfordert), ob es teure „Verschleißteile" gibt (z.B. Goldmembran bei einigen Sauerstoffmeßgeräten) und ob sich überhaupt hinreichend häufig Gelegenheit zu ihrem Einsatz bietet. Ergänzend zu den Angaben des Anbieters sollte bei Anwendern wie Feuerwehr, Wasserschutzpolizei, „Umweltpolizeistellen" oder Sachverständigen über deren Erfahrungen nachgefragt werden.

Beispielhaft genannt werden können folgende Hilfsmittel:
Öl, das ja die freundliche Eigenschaft hat, auf dem Wasser meistens sichtbar zu sein, läßt sich auf einfache Weise auch dann noch nachweisen, wenn es – unsichtbar – in feinsten Tröpfchen im Wasser verteilt ist: mit **Ölnachweispapier**; Kühlwasser, Klärwasser, div. sonstige Einleitungen von Wasser, angeblich ölfreie Leitungen oder sonstige Systeme lassen sich damit überprüfen. Selbst mit Öl kontaminierter Boden kann damit untersucht werden.

Wassernachweispaste ist ebenfalls einfach zu handhaben: Auf einen Peilstab oder ein Winkeleisen wird die Paste aufgetragen; ist Wasser vorhanden, verfärbt sie sich. Der Einsatz ist dann interessant, wenn es darum geht, zu überprüfen, ob sich in Öltanks Wasser befindet (Undichtigkeit des Behälters, Abfüllbetrug, Ladungsunterschlagung o.ä.) oder wie dick eine Ölschicht auf einer Wasserfläche ist.

Mit eine **speziellen Farbe** (flüssig oder in Pulverform), z. B. Uranin, können Kanalisationen, Rohrleitungen oder Siele daraufhin überprüft werden, ob sie verstopft oder offen sind, mit einem Vorfluter o. ä. in Verbindung stehen oder ob angenommene, vorgegebene oder behauptete Strömungswege nachteiliger Substanzen eingehalten wurden oder nicht.

Denselben Zwecken dient auch ein **Universal-Nebelpulver**, das 1985 sehr erfolgreich vom Tiefbauamt der Stadt Porta Westfalica und der nordrhein-westfälischen Wasserschutzpolizei eingesetzt worden war. Das Pulver, ursprünglich zur Erzeugung von Theaternebel gedacht, besteht ausschließlich aus ungiftigen Rohstoffen; gefährliche Stoffe sind in dem Pulver nicht enthalten.

Die Untersuchung z. B. einer Kanalisation verläuft folgendermaßen: In einen freigelegten Schacht wird eine Metallpfanne eingelassen, in der sich das vorher entzündete Nebelpulver befindet. Mit einem Kompressor wird dann der Nebel in die ganze Kanalisation gepreßt. Der Nebel verbreitet sich durch das gesamte System und tritt aus Öffnungen zutage, die mit der Kanalisation in Verbindung stehen; auch aus solchen, die eigentlich nicht mit ihr verbunden sein dürften. Durch Dokumentation und Kooperation mit der Verwaltungsbehörde lassen sich so einfach und relativ billig unerlaubte Einleitungen von Schadstoffen oder die unzulässige Beseitigung von Abfällen etc. nachweisen. Eine Nebelaktion läßt eine wesentlich schnellere und einfachere Überprüfung zu als die o. g. Methode mit Farbe und Wasser.

Sehr einfach zu handhaben und relativ billig sind **Teststäbchen**; pH-Werte (mit sogar differenzierten Abstufungen von 0,2), Aluminium, Ammonium, Cyanid, Eisen, Kupfer, Nitrat; Nitrit, Zink, Zinn u. a. Stoffe sind durch einfaches Eintauchen in die Wasserprobe durch Farbvergleich von Reaktionszonen mit guten Ergebnissen feststellbar und quantifizierbar.

Sehr ausgereift sind die Angebote zur Messung von Gasen mit **Gasspürröhrchen.** Sie werden in Verbindung mit Hand- oder elektrischen Pumpen verwendet, die genau definierte Luftmengen ansaugen. Ihre Anwendung und die Auswertung der meist farblichen Anzeigen erfordern Sorgfalt und eine gewisse Sachkenntnis über die besonderen Eigenschaften von Gasen und sogenannnte Querempfindlichkeiten, auf die allerdings in den Beipackzetteln hingewiesen wird. Die Röhrchen können grundsätzlich über dem Boden, über Wasseroberflächen, in der Kanalisation, in Bohrlöchern (Bodenluft-Messungen) usw. angewandt werden. Die Problemstellung ist relativ einfach zu bewältigen, wenn bekannt ist, welches Gas oder welche Gase freigesetzt wurden.

Häufig ist aber gerade für die Umweltverwaltung (sowie Feuerwehr und Polizei) eine Situation typisch, bei der unbekannt oder unsicher ist, ob und welche gefährliche Stoffe sich in der Luft befinden. Sondermülldeponien, Brände, Chemikalien- oder Transportunfälle, verbotene Einleitungen oder Ablagerungen sind insofern besonders risikoreich. Bevor jedoch weitergehende Gasteste vorgenommen werden, sollte immer geprüft werden, ob sich explosive Gasgemische am Einsatzort befinden. Für solche Messungen gibt es einfachere und auch aufwendigere Geräte.

Anstatt sich dann mit stoffspezifischen Einzelröhrchen mühsam und zeitaufwendig vorzutesten, besteht seit einiger Zeit die Möglichkeit, ziemlich schnell nach einem ausgeklügelten System zu einer Aussage zu kommen. Entwickelt worden sind sogenannte Simultantest-Sets, und zwar derzeit drei verschiedene. Mit ihnen wird gleichzeitig über fünf Röhrchen mit einer Gasspürpumpe Luft angesaugt. Die ersten beiden Tests dienen zur Feststellung von Brandgasen, mit dem dritten kann organischen Dämpfen nachgespürt werden. Einen Einblick in das Verfahren bietet nachstehende Übersicht:

Messung mit Dräger-Röhrchen zur Bestimmung der Konzentrationshöhe und des Konzentrationsverlaufs			
Dräger-Röhrchen		**Meßbereich**	**Farbumschlag**
Anorganische Brand- und Zersetzungsgase			
Set I	1) Salzsäure/Salpetersäure 1/a	1 - 50 ppm	blau nach gelb
	2) Blausäure 2/a	2 - 75 ppm	gelborange nach rot
	3) Kohlenstoffmonoxid 10/b	10 - 3000 ppm	weiß nach braungrün
	4) Ammoniak 5/a	5 - 700 ppm	gelborange nach blau
	5) Nitrose Gase 2/a	2 - 100 ppm	gelb nach blaugrau
Set II	1) Schwefeldioxid 20/a	20 - 200 ppm	braungelb nach weiß
	2) Chlor 0,2/a	0,2 - 3 ppm	weiß nach gelborange
	3) Schwefelwasserstoff 1/c	1 - 200 ppm	weiß nach braun
	4) Kohlenstoffdioxid 0,1 %/a	0,1 - 6 Vol-%	weiß nach blauviolett
	5) Phosgen 0,25/b	0,25 - 15 ppm	gelb nach blaugrün
Phosphorwasserstoff 0,01/a		0,01 - 1,0 ppm	gelb nach rot
Organische Dämpfe			
Set III	1) Aceton 100/b	100 - 12000 ppm	hellgelb nach gelb
	2) Alkohol 25/a	40 - 4500 ppm	braun nach schwarz
	3) Toluol 100/a	100 - 1800 ppm	weiß nach braunviolett
	4) Hexan 100/a	100 - 3000 ppm	orange nach grünbraun
	5) Perchlorethylen 10/b	10 - 500 ppm	grau nach orange

(mit freundlicher Genehmigung der Fa. Dräger, Werk Lübeck)

Bewährt haben sich auch Untersuchungssets auf der Basis chemischer Substanzen, mit denen Wasserüberprüfungen durchgeführt werden können. Auf dem Markt befinden sich von verschiedenen Anbietern **Reagenzien,** die Untersuchungen des pH-Wertes, Sauerstoffgehaltes und diverser Stoffe im Wasser erlauben. Die Reagenzien werden in Einzelpackungen sowie in Zusammenstellungen für mehrere verschiedene Untersuchungen angeboten (sogenannte Wasserlabors oder Wasseranalysenkoffer). Sie ermöglichen – je nach System – halbquantitative oder auch quantitative Bestimmungen der einzelnen Stoffe. Ihre Anwendung ist auch von weniger geübten Leuten ohne besondere Sachkenntnis möglich. Die schriftlichen Anweisungen der Sets sind im allgemeinen klar und gut verständlich. Ein Nachteil ist, daß die Reagenzien zeitlich nur begrenzt haltbar sind. Man sollte vor ihrer Beschaffung prüfen, für welche Stoffe wie häufig Tests notwendig werden dürften.

Sehr umfassend bis zur Unübersichtlichkeit ist der Markt bezüglich elektrischer und elektronischer **Meßgeräte**. Angeboten werden Geräte u.a. für pH-Werte, Sauerstoff, elektrische Leitfähigkeit, Trübung, Temperatur und bestimmte Stoffe im Wasser. Auf dem Markt sind auch verschiedene Geräte zur Feststellung von explosiven oder giftigen Gasen oder radioaktiven Stoffen.

Die meisten Geräte sind leicht zu handhaben.

8.1.3.8 TUIS – Transport-, Unfall-, Informations- und Hilfeleistungssystem

TUIS wird vom Verband der Chemischen Industrie e.V., (VCI) Frankfurt, angeboten. Auf dem 21. Deutschen Verkehrsgerichtstag in Goslar im Jahre 1981 wurde im Arbeitskreis VIII „Schiffahrt- und Gewässerschutz“ u.a. folgende Resolution gefaßt:

„Die Verbände der Hersteller gefährlicher Güter und die Verbände der Verkehrsträger sowie des Verkehrshilfsgewerbes sollen - möglichst international - zusammenwirken, um gemeinsam sicherzustellen, daß in Notfällen den Hilfsorganisationen die notwendigen Erkenntnisse sowie Hilfsmittel zur Verfügung stehen."

Bald darauf wurde TUIS bei den interessierten Kreisen in die Diskussion eingeführt und schließlich 1984 veröffentlicht.

Die Chemische Industrie ist bereit, bei Transportunfällen mit chemischen Produkten auf den öffentlichen Verkehrswegen den für die Schadensbekämpfung verantwortlichen „öffentlichen Diensten" und anderen am Transport beteiligten Einrichtungen Informationen, Ratschläge oder Empfehlungen zu geben und im Rahmen ihrer Möglichkeiten Hilfe zu leisten. Die Hilfeleistung erfolgt ausschließlich auf Anforderung der hierzu in Abstimmung mit den Länder-Innenministerien autorisierten Behörden wie Regierungspräsidium, Polizei und Wasserschutzpolizei, Feuerwehr-Leitstelle, Katastrophenschutzamt sowie auf Anforderung der Deutschen Bundesbahn und der Behörden der Wasser- und Schiffahrtsverwaltung des Bundes.

Diese Hilfe soll jedoch erst dann in Anspruch genommen werden, wenn die Hersteller, Händler oder Warenempfänger, deren Produkte in den Unfall verwickelt wurden, nicht erreichbar sind.

Die Beratung umfaßt: Fernberatung durch Telefon, Beratung am Unfallort, tätige Hilfe vor Ort mit Mannschaft und Gerät.

Die Fernberatung durch Telefon wird unentgeltlich geleistet. In allen anderen Fällen hat die anfordernde Behörde oder Dienststelle die Selbstkosten ohne Rücksichten auf Entfernung zu ersetzen.

Um gleichartige Ersuchen von verschiedenen Stellen beim selben Unfall zu vermeiden, sollen Anfragen bei TUIS möglichst von zentraler Stelle erfolgen:
Darum sollen bei Bedarf Nachfragen durch die Einsatzzentralen der Polizei, Feuerwehr oder sonstiger autorisierter Behörden erfolgen. Die entsprechenden Kommunikationsmöglichkeiten sowie weiteres Informationsmaterial sind allen zuständigen Stellen übermittelt worden.

8.1.3.9 Datenbanken

In den letzten Jahren ist eine beschleunigte Entwicklung von Datenbanken zu beobachten. Teils werden sie von Behörden oder in deren Auftrag, teils privatwirtschaftlich betrieben; teils sind sie nur Behörden und angeschlossenen Institutionen, teils allgemein zugänglich. Für die meisten Datenbanken werden Benutzerkosten erhoben, die gelegentlich aber bei behördeninterner Benutzung der Datenbanken durch Beteiligung an ihren Entwicklungs- und Betriebskosten durch die Länder pauschal abgegolten werden.

Die Angebote sind sehr differenziert. Eine grobe Unterscheidung der Datenbanken ergibt folgende Schwerpunkte:

a) auf Rechtsgebiete orientierte Datenbanken: Umweltchemikalienrecht, Störfallrecht, Wasch- und Reinigungsmittelrecht, Gefahrgutbeförderungsrecht, Gefahrstoff-/Arbeitsschutzrecht;

b) auf Störfälle/Unfälle/Einsatzbedürfnisse bezogene Datenbanken: Erkennen von Stoffen und Zubereitungen, Stoffinformationen, Sofort- und Sicherheitsmaßnahmen, Schutzausrüstungen, Löschmittel, Ölbinder etc.;

c) dem Umweltschutz dienende Datenbanken: Umweltschäden an Denkmälern, Meeresumweltdaten, gewässerkundliche Daten, wassergefährdende Stoffe, Emissionsursachenkataster, Abfallwirtschaftsdaten, Luftimmissionsdaten, Smogfrühwarnsystem etc.;

d) auf Stoffinformationen im Hinblick auf chemische, physikalische, toxikologische Eigenschaften orientierte Datenbanken;

e) anwenderorientierte Datenbanken: Feuerwehr, Polizei, Gefahrgutbeauftragte etc.

f) sonstige Datenbanken: Umweltliteratur, Umweltforschung etc.

Naturgemäß ist die Informationsbreite und -tiefe der Datenbanken unterschiedlich, jedoch in Teilbereichen identisch (verständlicherweise insbesondere hinsichtlich der Stoffdaten und rechtsorientierter Daten). Entsprechend den besonderen Informationsbedürfnissen für bestimmte Anwender (Feuerwehr, Polizei) sind speziell sogenannte Datenmasken erarbeitet worden. Die Literaturdatenbanken liefern auch Informationen über Sanierungsmöglichkeiten, nachdem Stoffe freigeworden sind.

Die große Anzahl von Datenbanken verbietet, sie hier im einzelnen vorzustellen.(7)

8.1.4 Eigensicherung

Unter Eigensicherung sind Maßnahmen zu verstehen, die dazu dienen, die eigene Gesundheit und das eigene Leben zu erhalten. Der Begriff soll deutlich machen, daß es letztlich in jedes Menschen eigener Verantwortung liegt, ob und in welchem Maße er sich Risiken aussetzt. Damit werden jedem ein hohes Maß an Vernunft und Wissen abverlangt. In Gefahrenlagen wiegt keine andere Pflicht von Vorgesetzten so schwer wie die Pflicht zur Fürsorge gegenüber Mitarbeitern; selten aber auch wird die Pflicht der Mitarbeiter, ihre Vorgesetzten zu beraten, dringender.

Analog gilt dies auch für den Fall, wenn etwa Arbeitsaufträge an andere erteilt werden (Schacht-, Reparaturarbeiten etc.). Hier muß nicht nur in Zusammenarbeit mit u.a. der Gewerbeaufsicht für Sicherheits- und Arbeitsschutzmaßnahmen gesorgt werden, sondern es müssen auch die diesbezüglichen Verantwortlichkeiten vor Beginn der Arbeiten klar geregelt sein.

8.1.4.1 Hinweise

Die beste Sicherungsmaßnahme ist, Schadensorte zu meiden. Das wird sich allerdings nicht immer in vertretbarer Weise realisieren lassen.

Ein tödlicher Trugschluß kann es sein, davon auszugehen, daß nur die aktuell freigewordenen Stoffe eine Gefahr darstellen würden. Besonders in Baugruben (Altlasten), Schächten oder Kanalisationen können sich gefährliche Schadstoffe/Gase aus anderen, zum Teil natürlichen Gründen befinden (Faulgase); ebenso kann Sauerstoffmangel bestehen, weil Sauerstoff durch andere Gase verdrängt oder durch sonstige Vorgänge reduziert wurde (in einem „ungefährlichen" Wassertank beispielsweise, der lange verschlossen war, kann infolge Rostens der in der Luft enthaltene Sauerstoff aufgezehrt worden sein).

Grundsätzlich ist es Aufgabe der Feuerwehr, eine Gefahr durch freigewordene Güter zu beseitigen. Solange ein Schadensort von der Feuerwehr bzw. der Polizei nicht freigegeben worden ist, haben andere sich dort nicht aufzuhalten. Allerdings sind Ausnahmen denkbar, etwa erforderliche Erkundungen durch ermittelnde Polizeibeamte und Bedienstete der Umweltverwaltung. Natürlich kann eine Gefährdung weiterbestehen, nachdem die Feuerwehr ihre Aufgabe, die technische Gefahr zu beseitigen, erledigt hat (z.B. kontaminierter Boden dunstet aus). Bei dem Aufenthalt an gefährdenden Orten ist strikt auf Eigensicherung zu achten.

Bevor wir uns näher mit dem Thema Eigensicherung befassen, ist an die Ausführungen in Abschn. 8.1.1 zu erinnern.

In der Praxis hat sich oftmals erwiesen, daß Menschen vor Ort sich **nicht** hüten, mit freigewordenen Gütern in Kontakt zu kommen. Sind Flüssigkeiten, feste, pastöse oder staubende Stoffe ausgetreten, so scheinen manche Menschen geradezu gezwungen, diese zu beriechen, zu befühlen, zu durchschreiten und somit zu verbreiten. Als Nebeneffekt wurden gelegentlich Dienstfahrzeuge und sogar Dienststellen durch anhaftende Schadstoffe kontaminiert.

Zu betonen ist, daß unsere Fähigkeit, Schadstoffe mit den Sinnen wahrzunehmen, beschränkt ist. Für viele Stoffe wird in den Stoffinformationen eine Geruchsschwelle angegeben. Die Geruchsschwelle ist die niedrigste Konzentration eines Stoffes, von der an der Stoff mit dem Geruchssinn wahrgenommen werden kann. Allerdings ist diese Schwelle bei den Menschen individuell verschieden; zudem gibt es etliche Stoffe, die schon in Konzentrationen unterhalb der Geruchsschwelle Gesundheitsschäden verursachen können; außerdem kann bei einer stärkeren Konzentration der Geruchssinn blockiert werden, was den Irrtum erwecken kann, „hier ist wohl nichts", bis andere physiologische Reaktionen die Wahrheit weisen. Blausäure kann nur von etwa 50 % der Menschen gerochen werden. Andere Stoffe (Kohlenmonoxid beispielsweise) sind völlig geruch- und geschmacklos.

Bei zahlreichen Stoffen handelt es sich um sogenannte Hautgifte; die Stoffe selbst oder ihre Gase und Dämpfe werden über die Poren der Haut aufgenommen; ein Atemschutz mit Maske und Filter bietet also keinen ausreichenden Schutz.

Sehr sorgfältig ist darauf zu achten, daß Materialien verwandt werden, die sich mit dem freigesetzten Stoff vertragen - Salpetersäure kann z.B. mit brennbaren Materialien (Sägemehl) zu Feuer und Explosion führen und giftige, nitrose Gase bilden; Benzol löst bei längerer Einwirkung Gummi (übrigens auch Gummistiefel von Behördenbediensteten) und gewisse Kunststoffe auf.

Trotz aller Vorsicht wird sich nicht in jeder Lage ein hoher Grad an Sicherheit garantieren lassen. Fehlende Angaben, unklare Informationen oder bewußte oder unbewußte Falschdeklarationen können dazu beitragen. Da überdies unsere sinnlichen Fähigkeiten sehr begrenzt sind, läßt sich nicht immer ausschließen, daß Menschen nichtsahnend an gefährdenden Orten arbeiten oder sich aufhalten. Sensibel muß darum auf Symptome geachtet werden, die ein Hinweis auf Gefährdungen und ihre ersten Auswirkungen sein können. Unwohlsein, Kopfschmerzen, Atembeschwerden, Augenflimmern, Gehörveränderungen, Augen- oder Hautreizungen sowie Erbrechen sind Anzeichen; ernst wird es vor allem, wenn sie gleichzeitig bei mehreren Personen auftreten. Die Menschen müssen sich daher ungewöhnliche und eigenartige Phänomene mitteilen; sie dürfen diese nicht als individuelles Problem mißverstehen und einfach still weitermachen.

Besondere Aufmerksamkeit ist bei solchen Stoffen nötig, deren Wirkungen beim Menschen verzögert auftreten (z.B. Lungenödem). Sollte es durch diese Stoffe zu Gefährdungen von Menschen gekommen sein, so sind die Betroffenen unverzüglich ins Krankenhaus bringen zu lassen; ebenso wie bei ersten Symptomen aufgrund anderer Stoffe.

Eine möglichst umfassende Information der Ärzte ist für die Behandlung außerordentlich bedeutsam. Darum muß unbedingt versucht werden, den Menschen Unfallmerkblätter, Beförderungspapiere oder Zettel mit den Namen des Schadstoffes, der vermutlich die Gefährdungen bzw. Schäden verursachte, ins Krankenhaus mitzugeben. Nützlich sind darüber hinaus ggf. nachträgliche Informationen über die chemische Formel und den Aggregatzustand des Stoffes, ob, wie lange und unter welchen Umständen jemand ihm ausgesetzt war und ob besondere Umstände wie Feuer, Rauch, Dämpfe u.ä. sich ausgewirkt haben können. Es ist also notwendig und hilfreich, auch mit den Ärzten zu kooperieren.

8.1.4.2 Gase, Dämpfe und Stäube

Gase, Dämpfe und Stäube können u.a. durch einen Störfall in einer Anlage entweichen, bei einem Unfall während der Beförderung oder etwa bei Rohrbrüchen oder Demontagearbeiten freiwerden. Gase und Dämpfe können auch durch chemische und physikalische Prozesse entstehen, besonders Flüssigkeiten können in Abhängigkeit zum Dampfdruck Gase entwickeln. Lagen, in denen Gase, Dämpfe oder Stäube freigesetzt werden oder entstehen, sind zweifellos besonders problematisch.

Zu unterscheiden sind:
- Reizstoffe, von denen einige vorwiegend auf die oberen Atemwege (Ammoniak, Salzsäure, Schwefeldioxid), etliche sowohl auf die oberen als auch auf die unteren Atemwege (Chlor, Brom, Ozon) und andere hauptsächlich auf die unteren Atemwege und Lungenbläschen (nitrose Gase, Phosgen) einwirken.
- Erstickend wirkende Gase (Äthan, Methan, Propan, Nitrobenzol, Anilin).
- Narkotisch wirkende Gase, die eine betäubende Wirkung durch Verringerung des Sauerstoffangebots im Gehirn und Herabsetzung der Reizschwelle des zentralen Nervensystems erzeugen (Äther, Ketone, Alkohole).
- Systemische Gifte, die Schäden an inneren Organen hervorrufen oder die blutbildende Organe schädigen, sowie Nervengifte; auch giftige Metalle und Nichtmetalle und deren Verbindungen müssen hier hinzugerechnet werden (z. B. Blei, Arsen, Cadmium).
- Schwebstoffe ohne Giftstoffe, die aber immerhin Silikose oder Asbestose oder auch allergische Reaktionen hervorrufen können.

Die schädigenden Stoffe gelangen durch
- Einatmen,

- Aufnahme durch die Haut,
- Aufnahme durch den Magen-Darm-Trakt

in den menschlichen Körper.

Der Luftbedarf des Menschen beträgt
- in Ruhe 5 Liter pro Minute,
- bei mittelschwerer Arbeit 30 Liter pro Minute,
- bei größter Anstrengung 100 Liter pro Minute, maximal 150 Liter.

Der Sauerstoffgehalt der Luft liegt bei 21 %, der der ausgeatmeten Luft beträgt immerhin noch 12 % bis 14 %. Sauerstoffmangelsymptome treten allerdings schon bei etwa 17 % auf.

8.1.4.3 Checkliste Gase

Zur Bewertung einer Gaslage sind einige Parameter zu berücksichtigen. Die entsprechenden Angaben können über die in Abschnitt 8.1.3 aufgeführten Quellen gewonnen werden.

Parameter	Konsequenzen
1. Relative Gasdichte (Luft = 1) kleiner als 1	Gas steigt auf
größer als 1	Gas sammelt sich in Boden-, Wassernähe, „fließt“ in Kanalisation und an tiefer gelegene Stellen, bildet „Seen“, Reaktion über große Entfernung möglich
2. Flammpunkt größer als Umgebungstemperatur	geringe Entzündungsgefahr
kleiner als Umgebungstemperatur	Entzündungsgefahr
3. Explosionsgrenzen (Vol-%), untere (UEG)	Konzentration, von der an eine Explosion möglich ist; im Einsatz ist ab 10 % UEG Explosionsgefahr anzunehmen
obere (OEG)	im Einsatz lediglich theoretische Größe
4. Zündtemperatur	Entzündung der Gase an heißen Flächen möglich
5. MAK-Wert bei Überschreitung	Arbeit nur unter Atemschutz; ständige Messungen vor Ort
bei Unterschreitung	ständige Messungen vor Ort; Atemschutz bereithalten
6. Hautresorption	Arbeit nur unter Vollschutz; sonst wie unter 5.

Zum Schutz des menschlichen Körpers gibt es ein sehr differenziertes Programm an Handschuhen, Stiefeln, Filtern, Masken, Preßluftatmern und Anzügen. Auch hier muß berücksichtigt werden, daß die Anschaffung von Schutzkleidung, Masken und Preßluftatmern sinnlos oder gar gefährlich ist, wenn nicht der notwendige Aufwand an Zeit für Ausbildung, Übung, Wartung und Pflege realisiert werden kann. Der Einsatz im Vollschutzanzug mit Preßluftatmer ist überdies nur zulässig für Personen, deren gesundheitliche Eignung ärztlich festgestellt wurde und die besonders ausgebildet worden sind.

Da in der Regel nicht vorhersehbar ist, welche Stoffe bei polizeilichen Einsätzen frei werden, muß natürlich eine Ausrüstung angeschafft werden, die eine möglichst breite Schadstoffpalette abdeckt. Schutzanzüge, die gegen alle Stoffe resistent sind, gibt es nicht. Darum müssen von den Anbietern Listen mit alphabetisch aufgeführten Stoffnamen verlangt werden, die Angaben über die Eignung und Beständigkeit der Materialien enthalten. Ein Vollschutzanzug mag z. B. sehr beständig gegenüber Äthanol, aber nicht resistent gegen Äthanolamin sein, er vermag ausreichend gegen Perchloräthylen, aber kaum vor Schwefelwasserstoff zu schützen.

Die Beständigkeit hängt selbstverständlich besonders davon ab, ob der Anzug mit einer Flüssigkeit direkt oder nur mit ihren Dämpfen in Kontakt kommt, ob es sich um schwache oder starke Konzentrationen handelt und der Schadstoff nur kurzfristig oder längere Zeit einwirken konnte. Wird in den Stofflisten ausgewiesen, daß der Anzug gegen einen bestimmten Stoff nicht beständig ist, schließt das aber nicht aus, den Anzug zur Hilfeleistung bei Lebens- oder großer Gesundheitsgefahr dennoch zu benutzen – eine immerhin auf einige Minuten begrenzte Schutzwirkung dürfte doch vorhanden sein. Hier also muß im Einzelfall abgewogen werden. Um so wichtiger ist aber, daß rechtzeitig präzise Informationen vom Hersteller oder Vertreiber eingeholt wurden.

8.1.4.4 Sofortmaßnahmen am Schadensort

In den Ländern sind meldende Stellen, Meldewege und Meldeinhalte geregelt. Häufig geht die erste Mitteilung über ein schädigendes Ereignis bei der Polizei ein. Veranlaßt wird sodann die Information der Feuerwehr und anderer Stellen, u.a. auch der Umweltverwaltung gemäß der Öl- und Giftalarm-Richtlinien. Zum Inhalt einer Meldung vgl. Abschn. 8.1.2.

Feuerwehr, Polizei und Unfalldienste ergreifen arbeitsteilig und gemäß Zuständigkeit die Sofortmaßnahmen am Schadensort: Erste Hilfe, Bergung, Versorgung und Abtransport von Verletzten, Absperrungen, Warnung und evtl. Evakuierung der Bevölkerung, Beschaffung von Stoffinformationen, Abdichten von Leckagen, Verhindern der Ausbreitung und Auffangen von Stoffen, ggf. Verdünnen von gefährdenden Flüssigkeiten, Niederschlagen von Dämpfen, Verkehrsregelung, erste Ursachen-/Straftatenerforschung etc.(8)

In der Natur der Sache liegt es, daß der erste Absperrbereich nach eher pauschalierten Grundregeln festgelegt wird. Die erste allseitige Absperrung beträgt grundsätzlich 50 Meter. Sie kann bei kleinen Leckagen aus einem Faß, Tank oder einem kleinen Behälter reduziert werden. Bei großen Leckagen können sich schnell Absperr- und Evakuierungsdistanzen als notwendig erweisen, die das individuelle Gefahrempfinden weit übersteigen. Bei einer großen Leckage von Oleum (UN-Nr. 1831) beispielsweise wird eine allseitige Absperrung von zuerst 200 m und dann eine Warnung bzw. Evakuierung in Windrichtung in einer Breite von 2400 m und einer Länge von 4800 m empfohlen.(9)

Bei der Einsatzleitung von Feuerwehr und Polizei können sich sehr bald Informationsbedarfe über den Verlauf von Leitungsschächten und Kanalisationen sowie über geologische, hydrologische und allgemein ökologische Verhältnisse ergeben. In vielen Fällen wird man auf die Dienste der Umweltverwaltung nicht verzichten können. Angezeigt sein kann auch eine Beratung der Feuerwehr durch die Fachbehörde hinsichtlich möglicher ökologischer Konsequenzen ihrer Maßnahmen. Spätestens seit dem Großbrand in Basel ist überdeutlich geworden, daß Löschwasser verheerende Folgen für einen Fluß haben kann. Betroffen sein können natürlich auch der Boden, das Grundwasser, zu schützende Bereiche von Fauna und Flora. Der Grundsatz, Störungen oder Gefährdungen eines Umweltmediums nicht durch Verlagerung in ein anderes zu beheben, muß grundsätzlich auch bei Sofortmaßnahmen gelten. Von diesem Prinzip sollte nur nach sorgfältiger Güterabwägung abgewichen werden.

Die Umweltverwaltung hat allerdings im Einzelfall sorgfältig zu beurteilen, wie und wo sie am besten nützt. Dabei sind natürlich ihre originären Aufgaben als Umweltbehörde im Schadensfall zu berücksichtigen. Grundsätzlich dürfte es wenig hilfreich sein, wenn die Umweltverwaltung so schnell wie möglich ausrückt und sich direkt am Schadensort aufhält. Gelegentlich dürfte sich als sinnvoll erweisen, daß eine Person der Umweltverwaltung zur Einsatzleitung (in sicherer Entfernung vom Schadensort) tritt und notwendiges Kartenmaterial etc. bereithält, während ein unterstützender „Back-Office-Dienst" eingerichtet wird.

8.1.4.5 Checkliste Eigensicherung

Die Risiken an Schadensorten erwachsen aus den Gefahren, die sich durch Explosionen, Brände und Freisetzungen von Giften, ätzenden, strahlenden oder sonstigen gefährlichen Stoffen ergeben. Vorrangig ist zu prüfen, ob man sich überhaupt in eine gefährliche Nähe zum Schadensort begeben muß!

Ansonsten sind grundsätzlich folgende Punkte zu beachten:

1. Stoff identifizieren und Informationen über seine Eigenschaften und Auswirkungen beschaffen; unbekannte Stoffe als gefährlich behandeln.
2. Abstand halten, Abschirmmöglichkeit nutzen – insbesondere bei Explosionsgefahr.
3. Nur mit dem Wind im Rücken sich der Gefahrenstelle nähern, schon bei der Anfahrt darauf achten!
4. Hinreichende Schutzkleidung anlegen (Vollschutz-, Säureschutz-, Schutzmaske, Schutzbrille, Handschuhe, Stiefel – auf Materialbeständigkeit achten).
5. Bei Einsatz von Filtergeräten muß ein Sauerstoffgehalt von mindestens 17 % garantiert sein, die Schadstoffkonzentration darf 1 Vol.-% nicht überschreiten; die Filter müssen für den Schadstoff geeignet sein – keine Filtergeräte in geschlossenen Räumen!
6. Zündquellen fernhalten: Rauchen, Feuer, funkenreißende Werkzeuge, Motore, Pumpen, Funkgeräte, Fotoblitz, elektrostatische Aufladung.

7. Fahrzeuge außerhalb des gefährdeten Bereiches abstellen; darauf achten, daß nachfolgende Einsatzfahrzeuge nicht behindert werden.
8. Flüchten möglichst quer zum Wind, Fluchtwege vorher erkunden oder festlegen!
9. Sicherung am Einsatzort durch ständigen Einsatz von Ex- und Tox-Meßgeräten, ggf. von Verstrahlungsmeßgeräten und Dosimetern.

In vielen Fällen wird es notwendig sein, umluftunabhängige Atemschutzgeräte (Preßluftatmer) zu benutzen (z.B. wegen der Gefahr von zu hohen Gaskonzentrationen); möglicherweise ist ein Einsatz sogar nur unter Verwendung eines Vollschutzanzuges vertretbar (z.B. bei Hautgiften). Solche Ausrüstung kann und darf nur von speziell gesundheitsgeprüften und ausgebildeten Personen benutzt werden. Eine entsprechende Ausrüstung der Umweltverwaltung dürfte wegen des Aufwands an Ausbildung und Wartung sowie den damit verbundenen Kosten und unter Berücksichtigung der insgesamt doch seltenen Anwendungsnotwendigkeiten nicht sinnvoll sein; bei Schadstofflagen müssen dann allerdings bei Anordnungen und im Verhalten die Einsatzbeschränkungen berücksichtigt werden.

8.2 Überlegungen zum Einsatzverhalten

Wohl die meisten Maßnahmen im Verwaltungsalltag werden ohne besondere Überlegungen nach den eingeschliffenen Mustern der Routine ergriffen. Das mag auch noch für Ereignisse gelten, die schon etwas aus dem gewöhnlichen Rahmen fallen. Wird ein Fischsterben gemeldet, so rücken eben wie eh und je ein oder zwei Mitarbeiter aus, ebenso wenn ein Unfall mit einem wassergefährdenden Stoff eintritt. Unterdessen heißt es an der Dienststelle: „Business as usual!"

Glücklicherweise dürfte sich nur selten eine spektakuläre Entwicklung ergeben, die zu Reflexionen über das Einsatzverhalten zwingt. Eine kritische Einsatzauswertung mag sonst zwar häufig beabsichtigt sein, unterbleibt aber wegen dringender Dienstgeschäfte.

Mögliche Mängel in steuerbaren Geschehensabläufen, der Kommunikation, der Kooperation, der Ausrüstung, der Ausbildung etc. werden so überhaupt nicht offenbar oder aus Angst, als nicht kompetent genug zu gelten, oder aus anderen Gründen unterdrückt. Mängel der vorgenannten Art können sich jedoch eines Tages fatal auswirken.

So sehr sich eine ordentliche Auswertung und Nachbereitung von Einsätzen empfiehlt, dürften noch wichtiger vorherige Anstrengungen sein, die erübrigen, gegebenenfalls bittere Lehren zu ziehen.

Dabei könte hilfreich sein, sich an folgendem zu orientieren:
Aus naheliegenden Gründen sollte bei den Überlegungen für ein eventuelles Handeln vom **Anlaß** (Schadensfall, Unfall, Störfall, Altlast etc.) ausgegangen werden. Dazu sind alle Umstände, die von Bedeutung sind oder werden können, festzustellen und auszuwerten. Insbesondere gehören hierzu die Ursachen eines Ereignisses, Art und Eigenschaften freigewordener Stoffe (explosiv, giftig, ätzend ...), Mengen, Verhalten an der Luft, im Wasser oder im Boden, ob das Ereignis abgeschlossen ist oder sich noch fortentwickelt.

Es kann wichtig sein, politische, soziale, wirtschaftliche und psychologische Umstände sowie das Verhalten der Bevölkerung, politischer Kräfte und der Medien mit in die Überlegungen einzubeziehen.

Auch sollten eine **rechtliche Würdigung** erfolgen sowie die Zuständigkeiten und Befugnisse (Verantwortlichkeiten, Adressaten von Anordnungen ...) geprüft werden; insbesondere ist solche Prüfung wichtig bei Ereignissen im Grenzbereich von Bundes- und Landeszuständigkeiten (Schadensfall auf DB/DR-Gelände oder auf einer BAB mit Auswirkungen in den Landesbereich).

Sodann muß Klarheit über die eigenen, kooperierenden und ggf. assistierenden **Kräfte** (andere Behörden, Einrichtungen, Hilfsdienste, TUIS, Sachverständige, Fachfirmen, Transportunternehmen, ggf. sogar private Fähren, Landwirte mit Traktoren ...) gewonnen werden; Merkpunkte sind Anzahl, Verwendungsmöglichkeiten, Ausrüstung, Ausbildung (Ex-Schutz, Atemschutz, sonstige Schutzkleidung, Meß- und Spürmöglichkeiten, leichtes und schweres Gerät, Tankvolumen, Absorbiermittel, Ölsperren, Ölbinder ...); bei länger andauernden Ereignissen gewinnen auch Fragen der Versorgung mit Essen und Getränken, der Unterbringung und Erholung erhebliche Bedeutung.

In die Überlegungen sind auch die **örtlichen Gegebenheiten, Witterungsverhältnisse** und der **Zeitbedarf** einzubeziehen, insbesondere:
- Ereignis in einer Ortschaft, in der Nähe einer Ortschaft oder in freiem Gelände, Geländestruktur (Bebauung, Bewuchs, Bodenverhältnisse, Befahrbarkeit, Leitungen, Kanalisation, Stromversorgung, hydrologische und geologische Besonderheiten);
- bei einem Ereignis am oder auf dem Wasser sind Wassertiefe, Fahrwasserverhältnisse, Strömung/Fließrichtung, Gezeiten, Uferbeschaffenheit, Zufahrten, Übersetzstellen, Übersetzmittel zu berücksichtigen;
- verkehrsmäßige Anbindung, Verkehrsdichte etc.;
- Witterungseinflüsse wie Kälte, Glatteis, Schneefall, Nebel, Temperaturen von Wasser und Luft samt eventueller Veränderungen chemischer und physikalischer Zustände;
- der Zeitbedarf wird wesentlich durch die vorstehenden Gegebenheiten beeinflußt und ist in jedem Einzelfall zu bestimmen.

Alle Überlegungen sind im Geiste der Umweltprinzipien anzustellen (vgl. Abschn. 4.6). Insbesondere sollten analog Kenntnisse und Möglichkeiten im Zusammenhang mit der UVP (vgl. Abschn. 4.8.1) berücksichtigt werden; einzubeziehen sind auch Eingriffskonsequenzen für Fauna und Flora (vgl. Artenvernichtung, Abschn. 3.2) sowie Fragen der Umwelthaftung (vgl. Abschn. 4.8.2).

Am Schluß der Überlegungen ergeben sich in der Regel verschiedene **Handlungsmöglichkeiten**; man sollte sich für die zweckmäßigste entscheiden. Die Entscheidung sollte kurz und einprägsam formuliert und den Mitarbeitern mitgeteilt werden, so daß auch diese zielorientiert planen und handeln können.

Bei größeren Ereignissen sollte ein Durchführungsplan erstellt werden, der Einzelheiten über Aufträge, Leitung, Kräfte, Mittel, Ort und Zeit enthält.

Bei allen Maßnahmen und Anordnungen sind Gesetze, Verordnungen, Verwaltungsvorschriften, Richtlinien, Arbeitsschutzbestimmungen, der Grundsatz der Verhältnismäßigkeit und die Regeln der Eigensicherung zu beachten.

Zu gewährleisten sind ständige Information, Kommunikation, Koordination und die Erreichbarkeit eingesetzter, insbesondere leitender Personen.

9 Konfrontation, stummes Nebeneinander oder Kooperation?

Viele mit Umweltschutz befaßte Menschen wissen zwar, wie es unter einer oftmals geglätteten Oberfläche aussieht, und möchten, daß die Wahrheit ans Licht kommt. Doch schon Pontius Pilatus fragte: „Was ist Wahrheit?" Wer wollte wagen, eine Antwort zu geben? Kaum möglich ist es, die rauhe Wirklichkeit voll zu durchdringen und nuanciert darzustellen, noch schwieriger ist es, immer Roß und Reiter zu benennen.

Darum und weil auch ernste Dinge gelegentlich ein leichtes Lächeln vertragen, mag es auch manchmal eher bitter geraten, sei einleitend zu diesem Kapitel gestattet, einen Moment in das Nationale Umwelttheater zu schauen. Gespielt wird der Dauerbrenner „Ökologonomie"; ob sich da nun eine Tragödie, Komödie oder nur eine miese Schmiere vor unseren Augen abspielt, ist auf die Schnelle nicht zu erfassen.

Auf der Bühne jedenfalls wirbelt alles in einem bunten Gegen-, Neben- und Miteinander, eine Turbulenz von Moral, Macht, Angst, Geld, Gier, Recht und Prestige. Dort tummeln sich viele Figuren, aber die zentrale Rolle verkörpert eindeutig die Umweltverwaltung. Sie tritt auf in vielen Gestalten und Kostümen, wirkt wechselnd bestimmt, unsicher, beweglich, starr, aktionistisch, blind, unsensibel, energisch, devot, naturliebend, technokratisch, herrisch aufbrausend und dienernd lahm; ihre schauspielerischen Leistungen schwanken sehr von Szene zu Szene, was nicht verwundern kann, denn aus den Logen heraus soufflieren Gesetzgeber ständig neue Texte, und von den Rängen schreit das Publikum „mehr" und „weniger" und „höher" und „niedriger" und „lauter" und „leiser" und buht und klatscht und schweigt und pfeift und trampelt.

Diese schillernde Erscheinung der Verwaltung kämpft mit tausend Schwierigkeiten, ist Verlockungen und Intrigen ausgesetzt, wird von Industriellen umworben und verhöhnt, von Politikern gelobt und bedroht und hat stets neue und oftmals gefährliche Situationen zu meistern (vgl. Abschn. 7.2.1 und 8.1 ff.); etliche Interessen und Interessenten sind im Spiel (vgl. Abschn. 4.7); viele Typen, kein Charakter nur gut oder nur böse, beleben die Akte (vgl. Abschn. 2.3); Demonstranten füllen schreiend den Hintergrund; ab und zu knallt es, und giftige Schwaden wabern (vgl. Abschn. 8.1.4 ff.); die Feuerwehr tappt im Vollschutzanzug durch die Kulissen (vgl. Abschn. 8.1.4.4); ein Hacker spaziert durch die Datenbanken (vgl. Abschn. 8.1.3.9); Störer chaotisieren das Bühnenbild (vgl. Abschn. 9.2.2.1); ein Richter verdonnert einen ungewaschenen, notorischen Schwarzfahrer zu drei Monaten Gefängnis und stellt anschließend das Verfahren gegen einen Manager, blendendweiß sein Kragen, wegen fortgesetzter Umweltverschmutzung ein – Begründung: alles Bagatellen (vgl. Abschn. 9.2.3.2.6); in einer Ecke zupft die Gerechtigkeit neurotisch an ihrer Augenbinde; ein Polizist ruft ständig „Ordnung!" und schwingt seinen Gummiknüppel, ein anderer schmachtet mit einem Rosenstrauß unter dem Fenster der Umweltverwaltung, ein weiterer sucht nach kriminellem Unrecht und verirrt sich im Gewirr der Industrie, und donnernd stempelt ein bleicher Staatsanwalt Einstellungsverfügungen in seine Akten (vgl. Abschn. 9.2.3); ein Nudist kratzt seine malignen Geschwülste (vgl. Abschn. 3.3), während ein Töpfer strahlenden Auges die Scheibe dreht und mit glitschiger Hand eine Reaktorkuppel formt (vgl. Abschn. 7.2.3.3); freundlich lächelnd vergiftet ein Laborant weiße Ratten (vgl. Abschn. 6.2.3); der Evolution wird von einem Dickwanst im Boss-Anzug ein Strick um den Hals gelegt (vgl. Abschn. 3.2 ff.); Juristen, vom Treiben um sie herum unberührt, feilen an ihren Kommentaren (vgl. Abschn. 9.2.3.2.1); Sachkundige - mal als Nick Knatterton, mal Glücksritter, mal Einstein - treten auf und ab (vgl. Abschn. 9.2.1); in Nebenrollen sehen wir Korrumpierte und Kriminelle (vgl. Abschn. 9.2.3); Arbeiter weigern sich, Gift in den Rhein zu pumpen, und werden entlassen (vgl. 5.7); am Vorhang hebt ein dunkelhäutiges Kind bettelnd sein mageres Ärmchen, und über allem orakelt eine Eule vom nahen Ende (vgl. Kap. 3). Das gemeine Publikum knabbert gelangweilt, falls es nicht gerade aufgeregt schreit, afrikanische Erdnüsse.

Doch begeben wir uns von den Brettern, die die Welt bedeuten, zurück in die Absurdität, die wir Realität nennen.

9.1 Anlässe, Maßnahmen und Zuständigkeiten

Die nicht ganz alltäglichen Ereignisse des Verwaltungsdaseins sind Anlässe, die mehr oder minder spezifische Maßnahmen der „zuständigen Behörden" erfordern.

Jedoch auch in diesem Zusammenhang ist zunächst auf einige terminologische Schwierigkeiten einzugehen, die noch nicht in den Kapiteln 1 und 6 behandelt wurden. Von den Akteuren im Einsatz bzw. von Betroffenen, Tätern etc. werden Begriffe oftmals nicht einheitlich benutzt, was sich allerdings meistens nicht nachteilig auswirkt, weil deren jeweilige Bedeutung sich aus dem Sachzusammenhang ergibt. Gleichwohl erscheint eine gewisse Vereinheitlichung des Vokabulars angezeigt.

9.1.1 Anlässe

Relativ unproblematisch sind beispielsweise Verwendung und Bedeutung des Begriffes (gefahrenträchtige) „Altlast" und seine allgemein übliche Unterteilung in „Altablagerung" und „Altstandort".(1)

Das gilt auch für die Begriffe „Schadensfall" oder „Schadensereignis", womit nur - meist zutreffend - zum Ausdruck gebracht wird, daß sich ein Schaden ereignet hat; auf die Umwelt bezogen also ein Umweltschaden. Die Ursachen können irgendwo im Spektrum zwischen Unvorhersehbarkeit und krimineller Energie liegen.

Schwieriger wird es schon mit dem vermeintlich einfachen Begriff „Unfall". Besonders in der Ölschadenbekämpfung wird synonym vom „Spontanschaden" gesprochen, im Gegensatz zum „schleichenden Unfall" zur Bezeichnung einer älteren Kontamination, wo die eigentliche Zuführung des Schadstoffes schon seit langem abgeschlossen ist, aber nicht dessen Wanderung.(2)

Der LTwS-Beirat beim Bundesumweltministerium definiert: „Unter dem Begriff ‚Unfall' wird hier nicht nur ein plötzliches und unvorhergesehenes Ereignis, bei dem wassergefährdende Stoffe frei werden, verstanden, sondern auch ein über längere Zeiträume hinweg unerkannt und ohne menschliche Mitwirkung erfolgendes Austreten solcher Stoffe, z.B. schleichende Leckagen aus Behältern und Rohrleitungen."(3)

Natürlich ist es in Ordnung, daß der Beirat für seine Zwecke diese Definition verwendet.

Der Begriff Unfall sollte sonst aber auf plötzliche Ereignisse begrenzt werden, was wohl auch einem allgemeinen Sprachgefühl entsprechen dürfte; ob ein Ereignis vorhergesehen wurde oder überhaupt vorhersehbar oder sogar beabsichtigt war, kann in der Regel nicht augenblicklich festgestellt werden, sondern unterliegt einer wertenden Untersuchung.

Manchmal wird mit dem Begriff Unfall umgegangen, als handele es sich bei fast allen ökologischen Schadensfällen um eine Art höherer Gewalt, etwas, was eben passiert, was man hinnehmen müsse, wo es nur darauf ankäme zu sanieren.

Zwar ist verständlich, wenn potentielle Sünder bei einem Schaden durch z.B. einen wassergefährdenden Stoff mit einem bedauernden Schulterzucken erklären: „Ein Unfall!" und abzulenken versuchen von einer Untersuchung darauf, ob etwa Auflagen in einer Genehmigung, Wartungs- oder Überwachungspflichten zuwidergehandelt oder ob etwas vorwerfbar unterlassen wurde, was ursächlich den nun eingetretenen „Unfall" verursachte, ob also Ordnungswidrigkeiten oder sogar Straftaten dem Ereignis zugrunde liegen. Verständlich jedes Bagatellisierungsmanöver, selbstverständlich aber auch, daß die objektiven und subjektiven Ursachen eines tatsächlichen oder vermeintlichen Unfalls erforscht werden.

Gelegentlich definieren Praktiker unter Berücksichtigung einer zeitlichen Komponente einen Unterschied zwischen einem Unfall und einem Schadensereignis bzw. Schadensfall; tritt ein Ereignis plötzlich ein, ist es ein Unfall; dauert es schon länger an, ist es ein Schadensereignis oder Schadensfall. Dabei wird vernachlässigt, daß natürlich auch ein Unfall ein ganz erhebliches Schadensereignis oder ein Schadensfall sein kann.

Manchmal wird auch der Begriff „Störfall" verwendet, wobei außer acht gelassen wird, daß er durch eine Legaldefinition bestimmt und im wesentlichen auf Ereignisse in nach dem Immissionschutzrecht genehmigungsbedürftigen Anlagen, in denen mit bestimmten Stoffen umgegangen wird, beschränkt ist (vgl. § 1 ff. Störfall-Verordnung). Bei einem Tankwagenunfall von einem Störfall zu reden, wäre also irreführend. (Überhaupt sollte sorgfältig berücksichtigt werden, ob Begriffe bereits in Gesetzen und Verordnungen definiert sind, um Mißverständnisse aufgrund unterschiedlicher Bedeutungen allgemeinen Sprachgebrauchs und rechtlicher Definitionen zu vermeiden.)

Die Begriffe Schadensereignis oder Schadensfall sollten zur Bezeichnung einer nicht unerheblichen nachteiligen Veränderung der Umwelt als Oberbegriff benutzt werden, unter den andere übliche Begriffe wie Unfall, Altlast, Störfall, Gewässerverunreinigung, Fischsterben einzuordnen sind.

Das Nonplusultra eines Schadensereignisses ist die „Katastrophe". Die Praxis lehrt allerdings, daß einerseits Kräfte, die vor Ort mit etlichen Schwierigkeiten konfrontiert werden, gelegentlich dazu neigen, ein Ereignis übertreibend als Katastrophe zu bezeichnen, andererseits erwecken manchmal die zur Ausrufung einer Katastrophe autorisierten Amtsinhaber den Eindruck, niemals voreilig, sondern eher nachschleppend zu tun, was ihres Amtes ist. Ob ein Ereignis eine Katastrophe ist, unterliegt der Bewertung bestimmter Kriterien von im Katastrophenrecht bestimmten Institutionen und Personen (Oberer Kreisdirektor, Behörde für Inneres, Bezirksverwaltung etc.). Ein katastrophales Ereignis ist im Sinne der Katastrophengesetze der Länder erst dann eine Katastrophe, wenn es als Katastrophe ausgerufen wird. Damit nehmen dann die Dinge günstigenfalls eine formalisierte Entwicklung; alle Maßnahmen laufen nach weitgehend vorbereiteten Katastrophenplänen usw. ab, es setzt sich eine gewaltige Maschinerie in Bewegung, was zu erheblichen Konsequenzen führen kann (u.a.: Führungsstäbe treten zusammen, Einschränkung von Freiheitsrechten, Evakuierungsmaßnahmen, Stillegung von Betrieben); das verursacht natürlich bedeutende Kosten, und die Verantwortlichen wissen das. Eine verantwortungsbewußte Zögerlichkeit bei Entscheidungsträgern ist also verständlich und sogar wünschenswert (die Betonung liegt auf verantwortungsbewußt). Allerdings sollte man ihnen nicht pauschal einen stets klaren Kopf und kühlen Verstand unterstellen, immerhin unterliegt auch das Verhalten von Führungskräften den in Abschnitt 8.1.1 geschilderten Einflüssen; ferner können sachliche Gründe wie unklare Kriterien, Informationsmängel, widersprüchliche Informationen usw. die Zögerlichkeit fördern.(4)

9.1.2 Maßnahmen

Die Maßnahmen nach dem Eintritt eines Schadensereignisses folgen zwar fast immer einem logischen Muster, werden aber nicht immer einheitlich bezeichnet. Allgemein üblich ist jedoch folgende begriffliche Abstufung von Maßnahmen nach Schadensfällen: Alarmierung, Sofortmaßnahmen, Folgenbeseitigung und Überwachung.(5) Häufiger wird anstelle Alarmierung entsprechend den Verordnungen über den Meldedienst in den Ländern der Begriff Meldung verwandt.

Unter Sofortmaßnahmen versteht man in der Regel Maßnahmen, die hauptsächlich darauf gerichtet sind, die Quelle eines umweltschädigenden Stoffes zu verschließen und die Ausbreitung bereits ausgetretener Stoffe zu verhindern (des weiteren vgl. Abschn. 8.1.4.4).

An die Sofortmaßnahmen schließen die Folgenbeseitigung oder Folgemaßnahmen an, wobei die Übergänge fließend sind.

Folgemaßnahmen bezwecken nach allgemeinem Verständnis, zunächst eine weitere Ausbreitung von Schadstoffen zu verhindern - präventive Maßnahmen zum Schutz des Bodens, Grundwassers, Oberflächenwassers etc. -, sodann möglichst viel der ausgetretenen Stoffe wiederzugewinnen und schließlich ggf. bereits eingetretene Schäden zu sanieren: Sanierungsmaßnahmen - reparative Maßnahmen.

Den reparativen Maßnahmen folgen häufig Überwachungsmaßnahmen. Hier geht es u.a. darum, zwecks Kontrolle kontinuierlich Proben dem jeweiligen Umweltmedium zu entnehmen, Grundwasserbeobachtungsstellen zu kontrollieren, den Fortgang biologischer Abbauverfahren oder die Dichtigkeit von Versiegelungen zu überprüfen.

9.1.3 Zuständigkeiten

Als Umweltbehörde bzw. Umweltverwaltung kommen neben den nunmehr so bezeichneten Umweltämtern Gewerbeaufsichtsämter, Bergämter (auch außerhalb der Bergwelt und des Bergbaus zuständig, insbesondere bei Rohrleitungsanlagen), Bauämter, Forstämter, Bundesbahn, Bundeswehr, Wasser- und Schiffahrtsverwaltung, Straßenbauämter, Katasterämter etc. infrage.

Für die Abwehr von Gefahren durch wassergefährdende Stoffe sind grundsätzlich die unteren Wasserbehörden zuständig. Diesen ist landesrechtlich durch Gesetz oder Verordnung als Sonderordnungsbehörde die Aufgabe der Gefahrenabwehr bezüglich des Gewässerschutzes zugewiesen. Unproblematisch ist die Abgrenzung zu den allgemeinen Ordnungsbehörden: Diese dürfen neben den unteren Wasserbehörden grundsätzlich nicht tätig werden. Sollte jedoch die untere Wasserbehörde im Falle eines Unfalls mit wassergefährdenden Stoffen nicht erreichbar sein, so können ausnahmsweise nach den Polizeigesetzen der Länder u.a. auch die sachlich nicht zuständigen Polizei- oder Verwaltungsbehörden bei Gefahr im Verzuge unaufschiebbare Maßnahmen zur Abwehr einer gegenwärtigen erheblichen Gefahr anstelle und auf Kosten der zuständigen Behörde treffen. Die zuständige Behörde ist allerdings unverzüglich, d.h. ohne schuldhaftes Zögern, zu unterrichten. In der Praxis wird es jedoch häufiger genau umgekehrt zugehen: Die untere Wasserbehörde wird tätig im Zuständigkeitsbereich anderer Behörden; der Grund liegt darin, daß die unteren Wasserbehörden eine Rufbereitschaft eingerichtet haben und also leichter außerhalb der allgemeinen Geschäftszeit erreicht werden können.

Für die Beseitigung der technischen Gefahr ist die Feuerwehr zuständig. Sie leitet den Einsatz und bestimmt die Maßnahmen, solange die technische Gefahr besteht. Falls die Polizei vor der Feuerwehr am Ereignisort eintrifft, ergreift sie unaufschiebbare Maßnahmen analog zu der oben beschriebenen Regelung.

Sind für die ersten Sofortmaßnahmen nach Landesrecht grundsätzlich die Feuerwehr und in gewissem Rahmen die Polizei zuständig, so haben für die folgenden Maßnahmen und die Überwachungsphase die Umweltbehörden zu sorgen, wobei auch hier im Einzelfall zu prüfen ist, welche Behörde konkret zuständig ist; die Verwaltung der Umwelt kann auf verschiedene Behörden verteilt sein. Da lehrt die Erfahrung allerdings, daß es Probleme geben kann, besonders zwischen Bundes- und Landesbehörden: manchmal fällt es Landesbediensten sehr schwer, die Zuständigkeit von Bundesbehörden – etwa bei Ereignissen auf Bahngelände oder auf Bundesautobahnen – zu respektieren. Seltener kommt es zu Reibereien zwischen verschiedenen Landesbehörden, sondern eher zwischen verschiedenen Ämtern oder Abteilungen derselben Behörde. Gelegentlich ist eine Art „Platzhirsch-Verhalten“ zu beobachten. Eifersüchtig verteidigen alle gegen alle ihr Revier: die Zuständigen für Abfall oder Naturschutz oder Wasser etc. Von der übergeordneten Ebene aus wird dann häufig bedauerlicherweise nichts unternommen, obwohl sie nicht nur berechtigt, sondern selbstverständlich verpflichtet ist, ordnend und koordinierend einzugreifen.

Solange die Feuerwehr die Führung nicht ausdrücklich abgibt bzw. den Einsatz nicht ausdrücklich beendet, kann die Umweltbehörde nur beratend zur Einsatzleitung hinzutreten. Abgesprochen werden muß, wieweit der Einsatzbereich der Feuerwehr und damit ihre Anordnungshoheit gehen sollen. Schließlich muß die zuständige Umweltbehörde schon von Anfang an eigene Maßnahmen organisieren und eventuell auch anlaufen lassen, dies jedoch tunlichst, ohne dabei mit Maßnahmen der Einsatzleitung der Feuerwehr über Kreuz zu geraten.

Dies gilt entsprechend natürlich auch im Verhältnis zu anderen Behörden, die jeweils in ihrem Zuständigkeitsgebiet tätig sind. Absprachen und Abstimmungen von Maßnahmen der Behörden untereinander gebieten ohnehin schon die Vernunft, aber sie sind auch aufgrund des Kooperationsprinzips geboten (vgl. Abschn. 4.6.3). Noch wichtiger sind Koordinierungen bei Anordnungen gegenüber Adressaten, was sich nicht zuletzt aus dem rechtsstaatlichen Grundsatz des Vertrauenschutzes ableitet.(6)

9.2 Akteure

Ein Schadensereignis ruft zunächst hauptsächlich - wie wir schon gesehen haben - die Feuerwehr, Polizei und die Umweltverwaltung auf den Plan. Aber auch andere sind im Spiel: Sachverständige und Geschädigte, natürlich auch Betreiber, Betriebsbeauftragte, Beförderer und Beseitiger, „Störer" oder gar „Täter" können unter ihnen sein; aufgrund gesetzlicher Pflichten mischen sich eventuell Polizei und Staatsanwaltschaft ein; außerdem gibt es ursprünglich unbeteiligte Dritte, die Aufträge annehmen und erledigen.

Unbestreitbar hat die Umweltverwaltung die wichtigste Aufgabe von allen Akteuren, die sich um den Schutz der Umwelt bemühen. (vgl. Abschn. 7.2 ff.)

Das heißt natürlich nicht, daß die Aufgaben anderer unbedeutend wären; der Beitrag anderer Akteure kann sogar phasenweise außerordentlich wichtig sein, wie wir schon am Beispiel der Feuerwehr gesehen haben. (vgl. Abnschn. 8.1.4.4)

Nachfolgend richten wir die Scheinwerfer auf weitere Figuren im Umweltschutzspiel.

9.2.1 Sachverständige

Schadensfälle mit Konsequenzen für die Umwelt sind häufig so gelagert, daß Sachverständige eingeschaltet werden. Gewöhnlich geschieht dies von einer Seite aus einer besonderen Interessenlage heraus. Auftraggeber sind vielfach Umweltverwaltung, Polizei, Staatsanwaltschaft, Geschädigte, Versicherer, Verursacher/Störer/Beschuldigte, Zivil-, Verwaltungs- und Strafgerichte. Aus der Vielzahl möglicher Auftraggeber erklärt sich, daß gelegentlich mehrere Sachverständige in derselben Sache tätig sind. Die Tätigkeit des Sachverständigen mündet in der Regel in ein Gutachten. Für die Sachverständigen- und Gutachtertätigkeit bestehen umfassende formalrechtliche Vorschriften, die in einem reichen Schrifttum dargelegt und kommentiert werden. Informationen halten u.a. die Industrie- und Handelskammern bereit.

9.2.1.1 Ungleiche Sachkunde

Insbesondere in Gerichtsverfahren kann jemand aufgrund seiner Sachkunde als Sachverständiger bestellt werden, obwohl er persönlich nicht im Traum daran dachte, als solcher tätig zu werden. Andererseits bieten sich gar nicht selten Menschen als Sachverständige an, obwohl sie nur höchst zweifelhaft über ausreichende Sachkunde verfügen. Grundsätzlich ist es jedem freigestellt, sich als Sachverständiger zu bezeichnen. Eine gewisse Gewähr für ausreichende Sachkunde bieten beispielsweise von den Industrie- und Handelskammern (IHK) öffentlich bestellte und vereidigte (öbv) Sachverständige. Jedoch hatten die IHK bei der Auswahl nicht immer eine glückliche Hand, als der Umweltschutzgedanke begann, sich immer kraftvoller zu entfalten.

Als intimer Kenner äußert sich der ehemalige Präsident des Bundesverband Behälterschutz e.V., Rudolf Schlatterer:

„So geschah es eben, daß auch die fachliche Qualifikation vieler bis Mitte der siebziger Jahre bestellten Sachverständigen gewiß nicht den überdurchschnittlichen Anforderungen entsprach, die grundsätzlich nach den Richtlinien der Kammern von einem öffentlich bestellten und vereidigten Sachverständigen verlangt werden ... Da waren derweil bedauerlicherweise die Sachverständigen der Kammern nicht etwa für das Sachgebiet Heizölverbrauchertankanlagen allein bestellt worden – obwohl sie noch nicht einmal dieses fachgerecht beherrschten –, sondern wohlklingend, aber völlig verfehlt, auch als Sachverständige für ‚Tank- und Gewässerschutz'. Mit dieser Bezeichnung wurde den Sachverständigen Qualifikation für Kraftstoff- und Lösemitteltankanlagen sowie Heizölverbrauchertankanlagen und selbst für Tankanlagen für nichtbrennbare wassergefährdende Stoffe bescheinigt.
Darüber hinaus waren diese Sachverständigen plötzlich auch Fachleute für ‚Unfallschäden mit wassergefährdenden Stoffen', was naturgemäß nicht nur ein fundiertes Wissen über chemische Stoffe voraussetzt, sondern auch ein geologisches Wissen mit speziellen Kenntnissen und Erfahrungen über das Verhalten wassergefährdender Stoffe im Untergrund, das viele dieser Sachverständigen weder zum Zeitpunkt ihrer Bestellung besessen haben noch heute besitzen."(7)

Schließlich wurden Maßnahmen notwendig, um die Verläßlichkeit und Qualität im Sachverständigenwesen zu heben. Der Ausschuß „Aus- und Fortbildung" des Beirates „Lagerung und Transport wassergefährdender Stoffe" beim Bundesminister des Innern (heute beim Bundesministerium für Umwelt, Naturschutz und Reaktorsicherheit) erarbeitete drei Richtlinien, die 1985 bekanntgemacht, während veraltete Richtlinien gleichzeitig aufgehoben wurden. Mit den Richtlinien werden die wichtigen Umweltbereiche Boden, Oberflächen- und Grundwasser samt kritischer Technikgebiete abgedeckt. Die IHK bestellen und vereidigen Sachverständige nach folgenden Richtlinien:

1. Richtlinie für Sachverständige zur Beurteilung von Unfällen mit wassergefährdenden Stoffen,
2. Richtlinie für Sachverständige für Tankanlagen und Tankschutz,
3. Richtlinie für Sachverständige für Heizölverbrauchertankanlagen.(8)

Die Richtlinien beschreiben ausführlich jeweils Aufgaben und Tätigkeitsbereich des Sachverständigen, und sie fordern ein Mindestalter von 30 Jahren, im Regelfall ein adäquates Studium und einschlägige Berufserfahrung sowie allgemeine und besondere fachliche Kenntnisse.

Im konkreten Fall sollte sorgfältig geprüft werden, welche Art Sachverstand benötigt wird. Natürlich lassen sich nicht alle Problemfelder mit öbv Sachverständigen nach den vorgenannten Richtlinien abdecken. U.a. Universitäten und Technische Hochschulen können hochkarätigen Sachverstand aufbieten (Ökologen, Hydrologen, Geologen, Biologen, Chemiker, Physiker, Ingenieure, Techniker etc.). Das gilt auch für die in Abschn. 8.1.3 genannten Behörden und Institutionen sowie nach der Gewerbeordnung anerkannte Sachverständige z. B. für die Prüfung von Tanks, Druckgefäßen oder Trägerfahrzeugen von Aufsetztanks. Schließlich verfügen naturgemäß auch die Industrie sowie Umweltschutzverbände (Greenpeace, Robin Wood, BUND etc.) über hervorragenden Sachverstand, der – ganz im Geiste des Kooperationsprinzips – z.B. für die Entwicklung von Maßnahmenkonzepten herangezogen werden kann. Besonders die potentielle Gegensätzlichkeit der Interessen von Industrie und Umweltverbänden können der Wahrheitsfindung über die Ursachen und Folgen eines Ereignisses förderlich sein; damit wird unterstellt, daß sich zwar alle Sachverständigen um Objektivität bemühen, aber nicht immer allen vergönnt ist, dies hohe Ziel zu erreichen.

9.2.1.2 Auftrag

Kein Sachverständiger wird ohne Auftrag und auch nicht nur aus dem Grunde tätig, der Menschheit einen Dienst zu erweisen; Auftrag und Verdiensterwartungen sind der natürliche und legitime Antrieb seines Handelns. Ein sehr weit gefaßter Auftrag ist dem Sachverständigen in der Regel willkommen; ein solcher Auftrag kann allerdings später dem Auftraggeber bei der Präsentation der Rechnung erheblichen Kummer bereiten. Es empfiehlt sich daher, den Auftrag möglichst präzise, aber im Interesse der Effizienz auch nicht zu eng, abzufassen. Erfahrene Sachverständige dringen ohnehin auf einen klaren und praxisgerechten Auftrag sowie auf komplettierende Angaben.

Ein Auftrag kann eine einzelne Sachfrage (ist das Grundwasser durch den Schadstoff kontaminiert worden?) oder aber auch den gesamten Komplex von den Sofortmaßnahmen, über die Folgenbeseitigung bis zur Schlußüberwachung einschließlich Beweissicherung und Dokumentation betreffen.

Der Sachverständige kann – abhängig vom Auftrag – eine Beraterfunktion erfüllen, als Gehilfe des Auftragsgebers oder selbständiger Helfer bei der Wahrheitsfindung oder als freier Sanierer fungieren.

Im Zusammenhang mit der konkreten Auftragserteilung sind soweit wie möglich anzugeben: der Anlaß zum Auftrag, die genaue Lage des Schadensortes sowie seine Erreichbarkeit, bisher bekannte Ursachen, potentielle Verursacher, gefährdete Objekte (Brunnen-, Grundwassernutzung, Wasserschutzgebiet, bewohntes Gelände ...), bisher ergriffene Maßnahmen einschließlich solcher, die eventuell die Proben/Analysen verfälschen (z.B. Bindemitteleinsatz), Analyseverfahren, die die Proben nicht zerstören, bzw. Sicherstellung von Parallelproben, bereits erfolgte Benachrichtigungen, was und wieviel freigeworden ist, Erkenntnisse über evtl. Gesundheitsschäden, Stoffeigenschaften, ggf. hydrogeologische Umstände wie Bodenbeschaffenheit, Bodennutzung, Grundwasserflurabstand, stehendes/fließendes Gewässer; auszuhändigen sind möglichst ein Zeitplan (Eintritt des Ereignisses, Benachrichtigungen, Probenahmen, Feststellungen etc.), Begleitpapiere, Beförderungserlaubnis, Abfallnachweise etc., Genehmigung zum Einleiten, Grundstücksplan, Kartenmaterial, Versicherungsunterlagen; zu gewährleisten ist die Kommunikation zwischen dem Sachverständigen und dem Auftragsgeber ... (vgl. analog Abschn. 8.2).

Insbesondere bei Aufträgen durch die Umweltverwaltung oder die Polizei/Staatsanwaltschaft können sich rechtsbezogene Fragestellungen ergeben. Hier ist, wie schon erwähnt, die Fachterminologie verschiedener Wissenschaftsgebiete nicht immer identisch: wasserwirtschaftsrechtlich beispielsweise ist unter **Grundwasser** zu verstehen „...das gesamte unterirdische Wasser, soweit es nicht in Rohren, Leitungen oder auf ähnliche Weise künstlich gefaßt ist ..."(9) Geologen hingegen bezeichnen die Gesamtmenge des im Boden vorhandenen Wassers als **Bodenwasser** und schließen vom Begriff des Grundwassers Sickerwasser und u.U. Haftwasser aus. Vorsicht ist z.B. geboten, wenn etwa in einem Gutachten von „nicht schützenswertem Grundwasser" die Rede ist. Diese Bezeichnung ist mit dem Gewässerbegriff des WHG nicht vereinbar; eine entsprechende Differenzierung des Wassers unterhalb der Erdoberfläche kann aber in bezug auf die Verhältnismäßigkeit der zur Gefahrenbeseitigung geforderten Maßnahmen beachtlich sein.

In der Praxis hat sich als vorteilhaft erwiesen, dem Sachverständigen Kopien der infrage stehenden Paragraphen sowie der entsprechenden Kommentare zu übergeben und ausführlich auftragsbezogen zu erläutern. In diesem Zusammenhang ist auch zu berücksichtigen, um welche Art technischen Standards es ggf. geht (vgl. Abschn. 6.1).

Erörtert werden sollte auch in aller Offenheit, ob der Sachverständige vielleicht befangen sein könnte, weil er früher schon Aufträge erhalten hatte oder in Zukunft erwartet von denjenigen, gegen die sich nun Ermittlungen und Untersuchungen richten. Im Zweifelsfall sollten Entscheidungen getroffen werden, die eine Befangenheit ausschließen.

Schon bei der Auftragserteilung oder folgenden Kontakten sollte angesprochen werden, daß sich Fragestellungen ergeben können, die Komplexe außerhalb der Sachkunde des Sachverständigen betreffen; hier ist zu klären, ob und von wem weitere Sachverständige eingeschaltet werden sollen. Im übrigen ist es die Pflicht des Sachverständigen mitzuteilen, wenn er die Grenzen seiner Sachkunde erreicht.

9.2.1.3 Ausrüstung

Die letzten Jahre haben bedarfsbedingt (möglicherweise auch schon über Bedarf) zu einer starken Zunahme von Sachverständigenbüros auf dem Umweltsektor geführt, die teilweise als Ein-Mann-Betrieb, zum Teil aber auch als Unternehmen mit mehreren Dutzend Mitarbeitern tätig sind; manche haben sich in verschiedenen Teilen der Republik niedergelassen, einige machen „alles", andere haben sich auf Teilbereiche spezialisiert (nur Ölschäden oder nur Probennahme und Analytik ...). Über das qualitative Leistungsvermögen ist damit nichts gesagt.

Ohne eine gewisse (Mindest)-Ausrüstung ist auch die beste Sachkunde nicht optimal umzusetzen. Für eine Sachverständigentätigkeit im Bereich wassergefährdende Stoffe wäre folgende Ausrüstung ein Indiz für eine gewisse Professionalität:

Für die Bodenuntersuchung

- Stromaggregat mit Kabeltrommel und Zubehör
- Schlitzsonde für geringe Tiefen
- kleiner Schlaghammer
- Bohrgestänge für größere Tiefen
- schwerer motorbetriebener Schlaghammer
- Ramm- und Drucksondiergerät nach DIN 4094
- Kugelschlag-Prüfgerät (Schmidt-System) zur Prüfung von Beton mit dichtem Gefüge nach DIN 4240
- Gerät zur Messung des Feuchtigkeitsgehalts (Hammer-Elektrode oder Carbid-Methode)
- Gefäße für Bodenproben (Kunststoff- und Blechdosen, Weithals-Glasflaschen)

- Gerät zur Entnahme von ungestörten Bodenproben
- Spaten und Spitzhacke

Für die Geländevermessung

- Nivellierinstrument zur Höhenmessung im Gelände
- Bandmaße und Zollstock
- Fluchtstäbe

Für die Wasseruntersuchung

- Tiefenlot zur Messung des Grundwasserspiegels
- kleine Unterwasserpumpe mit Schlauch
- Schöpfgerät (Edelstahl oder Messing) für Probenahme von der Grundwasseroberfläche
- Tiefenprobenheber für Entnahme von Grundwasser aus tieferen Zonen
- Gerät zur Messung der Dicke aufschwimmender Ölphasen
- Gerät zur Messung der Dicke untenliegender Schadstoffphase (Dichte > 1)
- Polyethylen- und Glasflaschen mit Schraubdeckel bzw. Schliff
- Scheidetrichter, Erlenmeyerkolben, Meßzylinder und andere Kleingeräte
- Feldphotometer mit Reagentien zur Schnelluntersuchung von Ort
- pH- und Leitfähigkeitsmeßgerät
- Wassernachweispaste
- Mikrometer zur Dickenmessung
- Robuste Feinwaage

Kleine Bibliothek mit diversen Vorschriften, geologischen und hydrogeologischen Karten, Wasserhaushaltsgesetz, Landeswassergesetz, Altölgesetz, Abfallgesetz, Abfallarten-Katalog, Öl- und Giftalarmrichtlinien, Leitfaden zur Beurteilung und Behandlung von Mineralölunfällen, Handbuch der gefährlichen Güter und andere Datenquellen, Katalog wassergefährdender Stoffe, Skizzenblock

Fotoausrüstung (möglichst Mittelformat) zur Beweissicherung und Dokumentation

Sonstige Kleinwerkzeuge wie Hammer, Meißel, Zange, Säge, explosionsgeschützte Lampe usw.

9.2.1.4 Gutachten

Die Erledigung des Auftrages wird mit einem Gutachten abgeschlossen. Es sollte zumindest auf folgende Punkte eingehen:

Inhalt und Aufbau eines Gutachtens

Auftrag
Ablauf der Geschehnisse
Entstandene Schäden
Sofortmaßnahmen
Sanierungsmaßnahmen

Kosten
Ortsbesichtigungen
Untersuchungen und Ergebnisse
Beweissicherung und Schadensursache

Anlagen
Schriftlicher Auftrag
Protokolle, Meldungen
Lageskizze
Tabellen
Fotos
Kopien von Dokumenten

Quelle: LTwS-Nr. 16

Das Gutachten soll einen hohen Informationswert haben. Es sollte auch verdeutlichen, welche Methoden/Maßnahmen von anderen Fachvertretern angewandt werden, welche verschiedenen Auffassungen diese vertreten und warum jeweils davon abweichend entschieden wurde.

9.2.2 Adressaten

Die Vielschichtigkeit der Umweltproblematik hat mittlerweile ebenso vielschichtige Vorschriften hervorgebracht. Aus diesen ergeben sich mehr oder minder umfassende Aufgaben und Pflichten, manchmal sogar Rechte. Aufgaben und Pflichten, somit also auch Verantwortlichkeiten, erschließen sich überblicksweise durch die Paragraphen der Umweltgesetze, die die Ordnungswidrigkeiten und ggf. die Straftaten behandeln, aufschlußreich ist auch das Strafgesetzbuch (hauptsächlich §§ 324 ff. StGB).

In den Vorschriften sind differenzierte, teilweise definierte oder aus anderen Rechtsgebieten übernommene Begriffe enthalten; betroffen sein können juristische oder natürliche Personen – „wer" etwas tut oder unterläßt, Inhaber einer Bewilligung, Erlaubnis, Genehmigung, Betreiber, Absender, Beförderer, Fahrzeugführer, Empfänger, Gewässerschutzbeauftragter, Abfallbesitzer, Abfallentsorger, Betriebsbeauftragter für Abfall, Eigentümer, Besitzer, Betriebsbeauftragter für Immissionsschutz, Störfallbeauftragter usw.

Es liegt auf der Hand, daß hier nicht auf alle sozusagen juristischen Funktionen detailliert und in verschiedenen Zusammenhängen eingegangen werden kann. Sofern nicht genauere Bezeichnungen erfolgen, werden entsprechende „Funktionsträger" Adressaten (von Pflichten, Aufgaben) genannt.

Grundsätzlich sind Adressaten wichtige Informationsquellen (vgl. Abschn. 8.1.3.1).

Mit einiger Anstrengung kann das Verhältnis der involvierten Parteien Umweltverwaltung – Adressaten als kooperativ bezeichnet werden. Grundsätzlich sollte davon ausgegangen werden, daß auch Adressaten dem Umweltschutzgedanken positiv gegenüber stehen, aber ... (vgl. u.a. Abschnitte 4.2 und 5.2).

9.2.2.1 Störer

Adressaten können jedoch auch ein Schadensereignis verursacht oder dazu beigetragen haben, so daß Informationen und weiterführende Maßnahmen überhaupt erst notwendig werden. Da ist es deren herausragende Pflicht, zunächst alles zu tun, eine Schadensminderung zu erreichen.

Maßnahmen zur Gefahrenabwehr sind grundsätzlich gegen diejenigen zu richten, die für das ordnungsgemäße Verhalten von Personen (Verhaltensverantwortlichkeit) und/oder für den ordnungsgemäßen Zustand von Sachen (Zustandsverantwortlichkeit) verantwortlich sind. Inhalt der polizeirechtlichen Verantwortlichkeit ist, daß Personen ihr Verhalten und ihre Sachen so einrichten, daß Gefahren nicht entstehen. Nur diejenige Person, deren Verhalten oder deren Sache die Gefahr unmittelbar verursacht, ist grundsätzlich verantwortlich. Es muß eine Unmittelbarkeit im Sinne eines engen Wirkungs- und Verantwortungszusammenhanges zwischen Verhalten oder Sachzustand einerseits und der Gefahr andererseits vorliegen.

Notwendige ordnungsrechtliche Anordnungen sind also hauptsächlich an die Verhaltens- oder Zustandsstörer zu richten. Nicht selten kommen jedoch mehrere Personen als Störer infrage. Wen die Umweltverwaltung heranzieht, steht in ihrem pflichtgemäßen Ermessen. Gesichtspunkte der Störerauswahl sind:
- möglichst einfaches und endgültiges Erreichen des Erfolgs;
- örtliche Schadensnähe;
- Anteil an der Verursachung;
- persönliche und sachliche Leistungsfähigkeit;
- Ausmaß des Verschuldens;
- rechtliche und tatsächliche Einwirkungsmöglichkeit;
- Grad von Nachteilen für den Maßnahmeadressaten;
- zeitliche Priorität.

Bei der Ermessensausübung ist zu berücksichtigen, daß einerseits dem Gebot der größtmöglichen Gerechtigkeit durch Inanspruchnahme vorrangig Verantwortlicher, andererseits der Forderung nach größtmöglicher Wirksamkeit der Maßnahme, d.h. einer möglichst schnellen, sicheren, einfachen und billigen Beseitigung des umweltstörenden Zustandes, Geltung verschafft werden sollte.

Deshalb kann die Störerauswahl unterschiedlich ausfallen, je nachdem zu welchem Zeitpunkt sie erfolgt:
Soll der Pflichtige die Gefahr beseitigen, steht der Gesichtspunkt der Gefahrbeseitigung im Vordergrund. Die Umweltverwaltung handelt deshalb nicht ermessensfehlerhaft, wenn sie den Zustandsstörer in Anspruch nimmt, weil der Handlungsstörer nicht festgestellt werden kann oder trotz seiner Feststellung nicht gewährleistet ist, daß die Störung unverzüglich beseitigt wird. Hier braucht sich die Behörde auch nicht darauf einzulassen, zunächst eine schwierige und zeitraubende Beweiserhebung über die tatsächliche Verursachung der Gefahr durch den Handlungsstörer abzuwarten oder selbst vorzunehmen.

Soll hingegen nur Kostenersatz für eine Maßnahme verlangt werden, welche die Behörde bereits selbst durchgeführt hat (Ersatzvornahme oder unmittelbare Ausführung einer Maßnahme der Gefahrenabwehr), so dürfte in der Regel nur die Inanspruchnahme des Verhaltensstörers ermessensfehlerfrei sein. Aber auch dies gilt nicht ausnahmslos. Denn Auswahlkriterium ist auch die finanzielle Leistungsfähigkeit des Störers. Dabei spricht für die Pflichtigkeit des Zustandsstörers, falls dieser durch eine Versicherung abgedeckt ist, wenn er wirtschaftliche Vorteile aus der Verpachtung u.ä. an den Verhaltensstörer gezogen hat.

Die Zustandsverantwortlichkeit knüpft an das Eigentum oder die Innehabung der tatsächlichen Gewalt an, wobei es für die Beurteilung, wer Zustandstörer ist, nicht auf den Zeitpunkt der Entstehung der Störung, sondern auf den Zeitpunkt des behördlichen Einschreitens ankommt.

Nach traditionellem Polizei- und Ordnungsrecht soll dabei unerheblich sein, durch welche Umstände eine Sache gefährlich geworden ist. Gerade unter dem Eindruck spektakulärer Altlastenfälle, wie die ehemalige, mit Wohnhäusern bebaute Chemieschlammdeponie in Bielefeld-Brake, oder die auf einem ehemaligen, stark kontaminierten Bergwerks- und Kokereigelände errichtete Wohnsiedlung in Dortmund-Dorstfeld, aber auch im Hinblick auf von außen auf Grundstücke einwirkende Veränderungen (Kriegseinwirkungen, Naturkatastrophen, Flugzeugabsturz, Tankwagenunfall) wird zunehmend die Auffassung vertreten, daß es zu gravierenden Unbilligkeiten führe, hier den Eigentümer, der selbst Opfer ist, notfalls bis zum finanziellen Ruin in Anspruch zu nehmen.

Es verdeutlicht sich die Tendenz in der Literatur, die Verantwortlichkeit des Zustandstörers entweder durch Eingrenzung der Störerqualifikation (Primärebene) – Übermaßverbot, Zumutbarkeitsgrenze, Differenzierung der Verantwortlichkeit nach Sachlage, Reduzierung auf Duldungspflicht etc. – oder durch Eingrenzung der Kostenertragspflicht (Sekundärebene) zu begrenzen.

Als „Faustregel“ könnte man also die Verantwortung des Zustandsstörers so zusammenfassen:

- Hat der Eigentümer oder Besitzer/Pächter eines Grundstücks die Kontamination nicht verursacht, nicht gefördert, nicht gebilligt noch voraussehen, noch abwehren können, so befindet er sich in einer reinen Opferposition; er ist nur zur Duldung der Sanierungsmaßnahmen verpflichtet; die Kosten sind nach dem Gemeinlastprinzip von der Behörde zu tragen;
- hat der Eigentümer Ablagerungen oder den Umgang mit wassergefährdenden Stoffen durch Verpachtung oder Vermietung seines Grundstücks geduldet und/oder daraus wirtschaftliche Vorteile gezogen, so bleibt er als Zustandsstörer verantwortlich.

Als Randnotiz nur sei vermerkt, daß auch ein Bundesland, ein Kreis, eine Gemeinde usw. Störer sein können.

Die vorstehenden Hinweise zur Störerproblematik beziehen sich auf die neuere verwaltungsgerichtliche Spruchpraxis und die entsprechende Literatur. Die Hinweise können vielleicht im konkreten und eiligen Fall hilfreich sein, Ermessensspielräume auszufüllen. Ihre Eignung dafür dürfte um so größer sein, wie sie im Geiste des Vorsorge- und Verursacherprinzips umgesetzt werden (vgl. Abschnitte 4.6.1 und 4.6.2).

Anordnungen gegen „Störer", deren haftungsrechtliche Verantwortung (vgl. 4.8.2), auch deren Pflicht, für in der Regel recht massive Kostenentwicklungen für präventive und reparative Maßnahmen aufzukommen, können sehr leicht ursprünglich gedeihliche Beziehungen stören. In solcher Situation hat es auch gar keinen Zweck, eine Art Harmonie anzustreben, die sich nur als unecht, als verlogen, möglicherweise als illegal oder gar kriminell erweisen kann. So selbstverständlich Höflichkeit im persönlichen Umgang ist, so deutlich müssen die Grenzen in der Sache gewahrt bzw. gezogen werden - Grenzen extern gegenüber dem Störer, aber auch intern gegenüber potentiellen Einflußnehmern.(10)

9.2.2.2 Gefahrgutbeförderer

Zahlreiche Gefährdungen und Beeinträchtigungen der Umwelt ergeben sich aus Vorkommnissen bei der Beförderung gefährlicher Güter. Damit sind auch Gefahrgutbeförderer im weitesten Sinne potentielle Störer.

Aus den Umweltstatistiken stechen besonders die TKW-Unfälle mit Mineralölprodukten hervor, aber natürlich werden auch andere Gefahrgüter freigesetzt, wobei die Folgen und Kosten sehr groß sein können. Neben eigentlichen Straßenverkehrsunfällen sind Überfüllungen beim Beladen, Planschereien beim Laden und Füllen von Tanks, Beschädigungen an Verpackungen, Containern oder IBC's, Tankcontainern und Tanks, Mißachtung von Füllvorschriften (Schwalleffekte in Kurvenfahrt), Verwendung nicht zugelassener Tanks etc. zu nennen.

Gravierend auswirken können sich auch scheinbare Bagatelldelikte wie die Benutzung durch Verkehrszeichen oder aufgrund von Auflagen in einer Erlaubnis für die Beförderung besonders gefährlicher Güter verbotener Wege.(11)

Vom Gesetzgeber und der Bundesregierung wird versucht, angesichts der hohen Transportrisiken möglichst viele Transportleistungen über die als sicherer angesehenen Verkehrsträger Schiene und Binnenwasserstraße abzuwickeln; der Hauptgrund: Neuere Risikoanalysen für Gefahrguttransporte belegen, daß bezogen auf die Fernverkehrs-Gefahrgutmengen die Schiene ca. 14mal weniger unfallbehaftet ist.(12)

Noch mehr Sicherheit dürfte die Binnenschiffahrt bieten, die darüber hinaus wenig umweltbelastend ist.

Doch für die Umweltverwaltung ist es letztlich ziemlich gleichgültig, ob es sich bei einem akuten Fall um ein statistisch nahezu unmögliches oder um ein zu erwartendes Ereignis handelt - sie hat die konkrete Situation zu meistern.

Aus den Gefahrgutvorschriften ergibt sich, was gefährliche Güter sind (zur Unterscheidung von ähnlichen Begriffen vgl. Abschn. 6.4). Die Vorschriften dürfen ohne Übertreibung als umfangreich, unzureichend harmonisiert und wenig anwenderfreundlich bezeichnet werden. Die eigentlichen Vorschriften werden zudem durch eine Vielzahl von allgemeinen und technischen Richtlinien ergänzt und verkompliziert. Zur Verkomplizierung bei der Anwendung der Vorschriften und eventueller Kontrollen trägt auch bei, daß die Güter gar nicht selten von einem Verkehrsträger auf einen anderen wechseln - z.B. von der Straße auf ein Binnenschiff oder von der Bahn ins Seeschiff -, wo dann die jeweils spezifischen Regeln beachtet werden müssen, aber in gewissem Ausmaß auch „artfremde" Bestimmungen einbezogen werden dürfen.

Nachstehende Übersicht führt die wichtigsten Vorschriften auf (GGV=Gefahrgutverordnung, IMDG=International Maritime Dangerous Goods, die übrigen Abkürzungen gehen auf zumeist sehr lange französische Titel zurück, die hier nicht genannt zu werden brauchen):

	Straße	Schiene/Eisenb.	Binnenschiffahrt	Seeschiffahrt
national	Gefahrgutgesetz			
	GGVS	GGVE	GGVBinSch	GGVSee
international	ADR	R.I.D	ADNR	IMDG-Code

Für die in Deutschland anwendbaren Vorschriften bildet das Gefahrgutgesetz (GGG) die Grundlage. Anwendbar sind unter bestimmten Voraussetzungen alle oben genannten Bestimmungen. Übersetzungen des ADNR bzw. des IMDG-Code sind Anlagen zur GGVBinSch bzw. GGVSee. Unberührt bleiben „Rechtsvorschriften über gefährliche Güter, die aus anderen Gründen als aus solchen der Sicherheit im Zusammenhang mit der Beförderung erlassen sind" (§ 1,2 GGG), also z.B. die Gefahrstoffverordnung.

Der Begriff Beförderung ist nach dem GGG (§ 2,2) sehr weit definiert und umfaßt nicht nur den Vorgang der Ortsveränderung, sondern auch die Übernahme und die Ablieferung des Gutes sowie zeitweilige Aufenthalte im Verlauf der Beförderung, Vorbereitungs- und Abschlußhandlungen (Verpacken der Güter, Be- und Entladen).

Die gefährlichen Güter sind in Klassen unterteilt und regeln die Verpackung, Kennzeichnung, Begleitpapiere u.v.m. (vgl. Abschnitt 8.1.3.3 ff.).

Maßnahmen zur Gefahrenabwehr sind grundsätzlich gegen diejenigen zu richten, die für das ordnungsgemäße Verhalten von Personen und den ordnungsgemäßen Zustand von Sachen verantwortlich sind (vgl. Abschn. 6.2.3.1 und Abschn. 9.2.2.1). Wie dort ausgeführt, werden im konkreten Fall mehrere Personen verantwortlich sein können.

So kommen bei einem Tanklastunfall, der zu Grundwasserverunreinigungen durch Öl führt, z.B. als Verantwortliche in Betracht:

- der Fahrer des Öltankwagens, dessen Ladung ausgelaufen ist, als Verhaltensstörer;
- der Arbeitgeber des Fahrers, dem das Verhalten des Verrichtungsgehilfen (§ 831 BGB) zuzurechnen ist, als Verhaltensstörer;
- der Eigentümer des ausgelaufenen Öls, sofern dieses sich nicht mit dem Grundwasser vermischt hat (§§ 946 ff. BGB) als Zustandsstörer;
- der Eigentümer oder der Mieter des von einer Kontamination betroffenen Grundstücks (Inhaber der tatsächlichen Gewalt) als Zustandsstörer, soweit die Kontamination durch Verunreinigungen des Erdreichs verursacht ist. Eine Zustandsverantwortlichkeit für das Grundwasser selbst besteht nicht, weil dieses außerhalb der privaten Eigentümerherrschaft steht.

Bei anderen Beförderungen, z.B. Stückgut, verteilen sich die Verantwortlichkeiten entsprechend.

Außerdem kann sich der Verdacht auf Ordnungswidrigkeiten oder Straftaten ergeben.

Mit Informationen und Hilfestellungen können nunmehr existierende Beratungsbüros, die zuständigen Ministerien und Landesbehörden (Straßenverkehrsbehörden), die Verkehrsstaffeln der Polizei sowie nahezu alle Dienststellen der Wasserschutzpolizei dienen.

Die behördeninterne Diskussion wird möglicherweise belebt, wenn man das vorstehende Beispiel über die Verantwortlichkeiten bei einem Tanklastunfall etwas verändert und annimmt, daß von unbekannten Tätern aus unbekannten Gründen eine wassergefährdende Flüssigkeit auf einem Grundstück der Kommune abgelassen wurde.

Die Kommune gerät somit in die Rolle des Zustandsstörers. Da können sich Komplikationen ergeben.

Angenommen, im Zuge der von der Umweltverwaltung veranlaßten Maßnahmen fallen größere Mengen kontaminierter Boden und auch eine größere Menge mit Wasser und Bindemittel versetzte Flüssigkeit an. Die Güter müssen zur Behandlung/Entsorgung/Verwertung befördert werden. Erdaushub und Flüssigkeit sind aufgrund einer Überprüfung durch einen Handelschemiker als Gefahrgut nach der GGVS zu betrachten. Damit sind grundsätzlich deren Vorschriften über Verpackung, Kennzeichnung, Beförderungspapier, Unfallmerkblätter, Mitteilungspflichten, Befördern in loser Schüttung, Containern oder Tanks, Bau und Ausrüstung der Fahrzeuge, Beförderungserlaubnis für sogenannte Listengüter u.v.m. zu beachten. Zwar sind nach § 5,5 GGVS auch bestimmte Ausnahmen durch die Innnenminister (-senatoren) der Länder möglich, „soweit ... polizeiliche Aufgaben, Aufgaben der Feuerwehren ... dies erfordern und die öffentliche Sicherheit gebührend berücksichtigt ist", aber dies ist prinzipiell nur statthaft, wenn alternativ Sicherheitsvorkehrungen getroffen werden, die dem hohen Stand von Wissenschaft und Technik (vgl. Abschn. 6.1.3) entsprechen; selbst dann sind aber immer noch mindere Pflichten zu erfüllen.

Abgesehen davon wird die Möglichkeit zur Erteilung einer Ausnahme nicht unendlich über das Stadium der zeitlich dringenden Sofortmaßnahmen hinaus ausgedehnt werden können.

Grundsätzlich stellen sich somit der verantwortlichen Behörde Pflichten, die den sogenannten Absender, Verlader, Beförderer treffen. Allein diese Funktionen zu bestimmen, erweist sich in der Praxis häufig als recht schwierig. Jedenfalls wird die zuständige Behörde der Kommune es nicht leicht haben, ihre Rolle als Absender, Verlader, Beförderer o.ä. zu erfüllen bzw. alle ihre Pflichten **gesetzeskonform** auf einen anderen (Spediteur, Beförderer) abzuwälzen.(13)

In der bisherigen Praxis ist die vorstehende Problematik wahrscheinlich noch nicht als bedeutend aufgefallen. Die Gründe mögen darin liegen, daß entsprechende Kontrollen – etwa durch die Polizei – unterblieben, eventuell auch Ausnahmen unter weniger strengen Maßstäben, als vom Verordnungsgeber vorgesehen, erteilt wurden; vor allem dürfte der Grund darin liegen, daß bisher nichts Gravierendes in solchen „Nun-räumen-wir-aber-auf-Fällen" passiert ist, was Fragen nach haftungs- oder strafrechtlichen Verantwortlichkeiten und somit nach Vorschriftentreue und eventuellen Ausnahmen aufwarf. Irgendwann aber wird ein Unfall passieren, der zu einem (erneuten) Umweltschaden führt und eine Untersuchung darüber erzwingt, welche Behörde/welcher Behördenvertreter Pflichten nach der GGVS (oder einer anderen Gefahrgutvorschrift) hatte und ob bei Beachtung der entsprechenden Gefahrgutvorschriften der Umweltschaden nicht passiert oder zumindest in seinen Auswirkungen gemildert worden wäre.

Nicht einfacher wird es, da auch Abfälle, insbesondere sogenannte Sonderabfälle, gefährliche Güter sein können.

Für Abfälle, die Gefahrgut sind, gelten in der Regel die Vorschriften des Gefahrgut- **und** des Abfallrechts.

9.2.2.3 Abfallentsorger

Das Abfallrecht wurde in den letzten Jahren gründlich überarbeitet, erheblich verändert und noch mehr dem Vorsorge- und Verursacherprinzip angepaßt, als es ohnehin schon war. Zwar wurden wichtige Bestimmungen wie z.B. die Abfallnachweis-Verordnung und die Abfallbeförderungs-Verordnung 1990 aufgehoben, aber die dort enthaltenen Regelungen wurden in fortentwickelter Form in der Abfall- und Reststoffüberwachungs-Verordnung zusammengefaßt.

Insgesamt durchzieht das heutige Abfallrecht ein ziemlich umfassendes Dokumentations- und Nachweissystem, welches die Überwachung des Entstehens, Beförderns und Entsorgens von insbesondere gefährlicheren Abfällen durch die zuständigen Behörden ermöglicht.(14)

Vielfach wird der Begriff Sonderabfälle benutzt, obwohl er gesetzlich nicht und in anderen Fundstellen widersprüchlich definiert bzw. benutzt wird. Gemeint sein sollten Abfälle nach § 2,2 AbfG und Reststoffe nach § 2,3 AbfG, bei denen es sich um Stoffe handelt „aus gewerblichen oder sonstigen wirtschaftlichen Unternehmen oder öffentlichen Einrichtungen, die nach Art, Beschaffenheit oder Menge in besonderem Maße gesundheits-, luft- oder wassergefährdend, explosibel oder brennbar sind oder Erreger übertragbarer Krankheiten enthalten oder hervorbringen können." An diese Stoffe werden besondere Anforderungen gestellt. Näheres, z.B. auch die nicht unproblematische Abfalldefinition an sich (vgl. § 1 AbfG), muß in den einschlägigen Vorschriften und der entsprechenden Literatur nachgelesen werden. Die angesprochenen Stoffe werden, mit sogenannten Abfallschlüsseln (einer Zahlenkombination) versehen, in der Abfallbestimmungs-Verordnung bzw. in der Reststoffbestimmungs-Verordnung aufgezählt.

Die behördliche Auswertung von Begleitscheinen vermittelt einen guten Eindruck über Art und Menge des „Mülltourismus", die regionale und überregionale Verbreitung der Stoffe und die dadurch bedingte potentielle Belastung der Umwelt infolge von Unfällen, aber auch eventueller krimineller Akte. Gerade letztere dürften zunehmen, da die Abkippmöglichkeiten in der ehemaligen DDR (Entsorgung wäre angesichts der heutigen Kenntnis über die damalige dortige Verfahrenspraxis allzu beschönigend – vgl. Abschn. 4.9) nunmehr weitgehend entfallen.(15)

Mit den Auswertungsergebnissen auf Landes- und Bundesebene lassen sich auch präventive/repressive Prioritäten erarbeiten (u.a. in welchen Betrieben fällt was in welchen Mengen an?, was und wieviel verbleibt im Betrieb?, was und wieviel wird befördert?, für was und wieviel existieren Nachweise?, ergeben sich Differenzen?, haben die Nachweise einen Realitätsbezug, erreichen oder erreichten die Stoffe ihr Ziel?). Die Möglichkeiten, die z.B. der Paragraph 11 AbfG den zuständigen Behörden bietet, dürften noch nicht überall erschöpft sein.

Überwachungsmöglichkeiten der Entsorgungen und Verwertungen sowie des Verbleibs von Abfällen und Reststoffen „nach Aktenlage" ergeben sich aus der Übersicht auf der folgenden Seite.

Zur Frage der Verhaltens- und Zustandsstörer sind die Ausführungen in Abschnitt 9.2.2.2 entsprechend zu übertragen.

9.2.2.4 Betreiber einer Anlage, Benutzer von Gewässern, Unternehmer oder Betriebsinhaber

Das Umwelt- und Gefahrgutrecht benennt etliche Aufgaben und Pflichten, die hier nicht im einzelnen aufgezählt werden können – zu den wichtigsten zählen die Komplexe: Einholung von Genehmigungen und Beachtung der darin enthaltenen Auflagen, Selbstüberwachung, Ermöglichung behördlicher Überwachung, Meldepflichten, Bestellung und Unterstützung von Beauftragten.

Die Adressaten sind vielfach Betreiber/Benutzer/Unternehmer/Betriebsinhaber, die aufgrund ihrer gesetzlichen Stellung als Hauptverantwortliche zu betrachten sind. Ihre herausragende Stellung, ihre in der Regel ausgeprägte Einwirkungsmöglichkeit, Leistungsfähigkeit etc. (vgl. Abschn. 9.2.2.1) lassen sie besonders geeignet erscheinen, als Empfänger von Behördenanordnungen zu fungieren. Auch in zivil- und in strafrechtlicher Hinsicht verdienen sie besondere Aufmerksamkeit. Eine „Verantwortungsentlastung" der hier angesprochenen Personenkreise ist „zweifelhaft"(17), was sich u.a. gerade daraus ergibt, daß z.B. die gesetzlichen Aufgaben und Kompetenzen des Umweltschutzbeauftragten keine besonderen strafrechtlichen (oder ordnungswidrigkeitsrechtlichen) Verantwortlichkeiten begründen. Da keine echte Delegation von Aufgaben und Pflichten auf den Beauftragten erfolgt, verbleiben die Verantwortung und Haftung bei den Betreibern/Benutzern/Unternehmern/Betriebsinhabern. (Vgl. folgenden Abschn.) Sollte eine Pflichtendelegation erfolgen, erfordert diese grundsätzlich eine erhöhte Aufsichtspflicht des Delegierenden; sollte die Aufsicht mangelhaft sein, kann daraus eine Verfolgung wegen einer Ordnungswidrigkeit oder einer Straftat erwachsen. (z.B. § 130 OWiG, §§ 13, 14, 25 StGB)

9.2.2.5 Betriebsbeauftragte

Seit langem sind unter bestimmten Voraussetzungen Betriebsbeauftragte für Immissionsschutz (BImSchG, 5. und 6. BImSchV), Gewässerschutz (WHG), Abfall (AbfG, VO über Betriebsbeauftragte für Abfall) und – seit neuerem – Störfallbeauftragte (BImSchG) und Gefahrgutbeauftragte (Gefahrgutbeauftragtenverordnung) vorgeschrieben.

Die Betriebsbeauftragten sind vom Betreiber einer Anlage bzw. Benutzer von Gewässern bzw. (bei Gefahrgut) vom Unternehmer oder Betriebsinhaber schriftlich zu bestellen; die Bestellung ist der zuständigen Behörde anzuzeigen. Der Betriebsbeauftragte muß gewisse formale und qualitative Voraussetzungen erfüllen; an die Fachkunde und Zuverlässigkeit werden recht hohe Anforderungen gestellt.

Darstellung der Fallgruppen und notwendigen Formulare (Übersicht)

Abfall / erforderl. Formularwesen	Abfälle gem. § 2 (2) AbfG, nachweispfl. gem. § 11 (3) AbfG (ausgen. Kleinmengen) § 1 (1) AbfBestV	Reststoffe gem. § 2 (3) AbfG (ausgen. Kleinmengen) § 1 (1) RestBestV	Kleinmengen (selbst abgefahren) § 1 (2) AbfBestV § 1 (2) RestBestV	Altöle gem. § 5a (2) AbfG zur Verwertung § 2 AbfRestÜberwV	Rücknahme-Abfälle gem. § 14 (1) Nr. 3 AbfG § 2 AbfRest-ÜberwV	von der Beförderung u. sonstigen Entsorgung ausgeschlossene Abfälle nach § 3 (3) AbfG, (wenn nicht Abfälle nach § 2 (2) AbfG)	von der Beförderung aber nicht der sonstigen Entsorgung ausgeschl. Abfälle nach § 3 (3) AbfG (wenn nicht Abfälle nach § 2 (2) AbfG)
Entsorgungsnachweis/ Verwertungsnachweis Anlage 3 AbfRestÜberwV	ja	ja, wenn nachweispflichtig gem. § 11 (2) AbfG	nein	nein	nein	ja, wenn nachweispflichtig gem. § 11 (2) AbfG	ja, wenn nachweispflichtig gem. § 11 (2) AbfG
Vereinfachter Entsorgungsnachweis Anlage 5 AbfRestÜberwV	nein	nein	ja, wenn Beförderung genehmigungspflichtig	nein	nein	ja, wenn nicht nachweispflichtig gem. § 11 (2) AbfG und die Beförderung genehmigungspfl.	ja, wenn nicht nachweispflichtig gem. § 11 (2) AbfG und die Beförderung genehmigungspfl.
Beförderungsgenehmigung Anlage 1 und 2 AbfRestÜberwV	ja)*	nein	ja)*	ja)*	ja)*	ja)*	ja)*
Begleitschein Anlage 6 AbfRestÜberwV	ja	ja, wenn nachweispflichtig gem. § 11 (2) AbfG	nein	ja	ja, wenn nachweispflichtig gem. § 11 (2) AbfG	ja, wenn nachweispflichtig gem. § 11 (2) AbfG	ja, wenn nachweispflichtig gem. § 11 (2) AbfG
Übernahmeschein Anlage 7 AbfRestÜberwV	ja, bei Sammelentsorgung	ja, bei Sammelentsorgung	ja	nein	nein	ja, wenn nachweispflichtig gem. § 11 (2) und Sammelentsorgung	ja, wenn nachweispflichtig gem. § 11 (2) und Sammelentsorgung
sonstige Nachweise	nein	nein	nein	nein	ja	auf Anforderung Einzelnachweise möglich	auf Anforderung Einzelnachweise möglich

*) entfällt gem. § 12 (1) Nr. 1-3 AbfG für die

- in § 3 Abs. 2 gen. Körperschaften sowie für die von diesen beauftragten Dritten
- Einsammlung oder Beförderung von Erdaushub, Straßenaufbruch und Bauschutt, soweit diese nicht durch Schadstoffe verunreinigt sind sowie für Autowracks u. Altreifen
- für die Einsammlung oder Beförderung geringfügiger Abfallmengen im Rahmen wirtschaftlicher Unternehmen, soweit die zuständige Behörde auf Anfrage oder von Amts wegen diese von der Genehmigungspflicht freigestellt hat

Quelle: Gefährliche Ladung (16)

Die Betriebsbeauftragten haben im wesentlichen Aufgaben, die letztlich bezwecken, dem Schutz der Umwelt bzw. der Sicherheit zu dienen und sogar diesbezügliche Verbesserungen zu bewirken; sie haben keine besondere als Ordnungswidrigkeiten oder Straftaten zu ahndende Verantwortung, abgesehen vom Gefahrgutbeauftragten.

Zu den Aufgaben gehören betriebsinterne Überwachungspflichten auf Einhaltung von Vorschriften, Auflagen etc., Beratungspflichten gegenüber Vorgesetzten und Mitarbeitern besonders im Hinblick auf Systemverbesserungen, sie haben in bestimmtem Rahmen Mitwirkungsrechte bei Investitionsentscheidungen, Vortragsrecht bei entscheidender Stelle sowie interne Berichtspflichten (Gefahrgutbeauftragter auf Anforderung der Behörde auch extern).

Der Betriebsbeauftragte ist von denjenigen, die ihn bestellt haben, ideell und praktisch zur Förderung der Aufgabenerfüllung zu unterstützen. Wegen der Erfüllung der ihm übertragenen Aufgaben darf er nicht benachteiligt werden. Der Kündigungsschutz ist nicht absolut, aber immerhin gegenüber früher verbessert worden.

Gegenüber der Verwaltungsbehörde hat der Beauftragte keine anderen Rechte oder Pflichten als andere, auch hat er keine Hoheitsgewalt gegenüber Vorgesetzten oder sonstigen Betriebsangehörigen.

Der Beauftragte ist zwar Adressat wichtiger Aufgaben und Pflichten, die sind aber im wesentlichen nach innen gerichtet. Seine Eigenschaft als Betriebsbeauftragter prädestiniert ihn nicht als Adressaten von eventuellen Anordnungen seitens der Umweltverwaltung, es sei denn, ihm sind vom Betreiber o.ä. Entscheidungsbefugnisse übertragen worden. Im übrigen sind auch auf ihn, ganz so wie auf andere, die Prinzipien der Störerauswahl nach pflichtgemäßem Ermessen anzuwenden (vgl. Abschn. 9.2.2.1).

Die Stellung als Umweltschutzbeauftragter begründet nach überwiegender Ansicht der Kommentatoren auch keine Verantwortlichkeit nach § 14 Strafgesetzbuch oder § 9 Ordnungswidrigkeitengesetz (Handeln für einen anderen). Möglich ist jedoch, daß der Umweltschutzbeauftragte aufgrund gleichzeitiger anderer Funktionen im Betrieb eine Stellung einnimmt, die ihn aus diesem Grunde in den Kreis solcher potentieller Täter treten läßt.

9.2.3 Polizei

9.2.3.1 Polizeiaufgaben

Aufgrund von Landesgesetzen ist auch die Polizei in die Aufgaben der Sicherheitsbehörden eingebunden, „die öffentliche Sicherheit und Ordnung durch Abwehr von Gefahren und durch Unterbindung und Beseitigung von Störungen aufrechtzuerhalten."(18)

Die Regelungen sind nicht in allen Ländern einheitlich.

Neben originären Aufgaben der Gefahrenabwehr hat die Polizei grundsätzlich bei Schadensereignissen unaufschiebbare Maßnahmen zu treffen, man spricht hier von einer Eilzuständigkeit der Polizei bei der Gefahrenabwehr, bis die originär zuständigen Behörden die weitere Erledigung der Aufgaben übernehmen.

Im Bereich des Umweltschutzes sind die Umweltbehörden, nicht die Polizei, die originär zuständigen Behörden. Einschränkungen von Grundrechten, wonach in den Umweltgesetzen der „zuständigen Behörde" beispielsweise das Betreten von Grundstücken und Betriebsräumen sowie die Einsicht in Aufzeichnungen gestattet sind, ermächtigen also nicht die Polizei. (Vgl. Abschn. 7.2.3 ff.)

Ein weiterer Aufgabenkomplex der Polizei ist die Strafverfolgung, was auch die Bekämpfung der Umweltkriminalität umfaßt.(19)

So mancher Mitarbeiter der Umweltverwaltung wird sich schon gefragt haben, was eigentlich die Polizei bei Schadensereignissen zu tun hat – sie taucht auf und ist fragend, suchend, neugierig, mißtrauisch, kontrollierend, beobachtend, messend, sich einmischend, vielfach geradezu störend dabei.(20)

Abgesehen davon, daß sich selbstverständlich manches aus der Persönlichkeitsstruktur des einzelnen Beamten erklärt, wobei natürlich auch der jeweilige Partner/Gegenspieler (?) einen erheblichen Einfluß auf die Stimmungslage ausübt, ist als Ursprung und Hauptgrund für das Verhalten der Polizei eine gesetzliche Bestimmung zu nennen: „Die Behörden und Beamten des Polizeidienstes haben Straftaten zu erforschen und alle keinen Aufschub gestattenden Anordnungen zu treffen, um die Verdunkelung der Sache zu verhüten." (§ 163,1 Strafprozeßordnung - StPO)

Ausgangspunkt für Ermittlungen ist ein Verdacht. Die Verdachtsgewinnung tangiert interessante Aspekte in rechtlicher und kooperativer Hinsicht. (vgl. Abschn. 9.2.3.3)

Die Polizei unterliegt bei der Strafverfolgung dem Legalitätsprinzip. Beim Verdacht einer Straftat muß sie tätig werden; sie hat eine Erforschungspflicht; einen Ermessensspielraum über das „Ob", wie er der Verwaltung nach dem Opportunitätsprinzip vertraut ist, hat sie nicht. Würde die Polizei gegen das Legalitätsprinzip verstoßen, also ihrer Verfolgungspflicht nicht genügen, würde sie sich selbst strafbar machen und sich möglicherweise einer Verfolgung wegen Strafvereitelung (§§ 258, 258a StGB) aussetzen.

Die Polizei wird im Rahmen ihres Mandats häufig tätig, ohne Aufträge der Staatsanwaltschaft abzuwarten; im übrigen hat sie dem Ersuchen oder Auftrag der Staatsanwaltschaft zu genügen.

Ordnungswidrigkeiten zu verfolgen, ist auch Aufgabe der Polizei (§ 53 OWiG). Grundsätzlich hat sie hier die gleichen Rechte und Pflichten wie bei der Strafverfolgung. Allerdings unterliegt sie hier nicht dem Zwang des Legalitätsprinzips, sondern muß nach pflichtgemäßem Ermessen entscheiden, ob eine Ordnungswidrigkeit zu verfolgen ist oder nicht (Opportunitätsprinzip).

Die Ahndung von Ordnungswidrigkeiten obliegt in der Regel, soweit es um Umweltsachen geht, der zuständigen Umweltbehörde. Die Polizei hat den Ordnungswidrigkeitenvorgang unverzüglich der Verwaltungsbehörde zu übersenden.

Grundsätzlich gehört somit zum Rollenbild der Polizei
- unaufschiebbare Maßnahmen zur Abwehr von Gefahren zu treffen (subsidiär),
- die für die Gefahrenabwehr zuständigen Behörden zu informieren,
- Umweltstraftaten und andere Straftaten sowie ggf. Ordnungswidrigkeiten zu erkennen,
- die Staatsanwaltschaft beim Verdacht von Straftaten zu informieren und in ihrem Auftrag bzw. in enger Abstimmung mit ihr Ermittlungen zu führen,

- Ordnungswidrigkeitenvorgänge alsbald der originär zuständigen Behörde zu übergeben.

Die Polizei hat also guten Grund, bei Schadensereignissen vor Ort zu sein. Je nach Sachlage und örtlicher Organisation, die in den verschiedenen Ländern höchst unterschiedlich sein kann, wird Schutzpolizei, Kriminalpolizei oder Wasserschutzpolizei erscheinen. Oftmals wird zunächst ein Streifendienst der Schutz- oder Wasserschutzpolizei die Lage beurteilen und ggf. dann einen spezialisierten Dienst („Umweltpolizei“) informieren, der alsbald den Fall übernimmt („Umweltpolizei“ - das kann eine Einheit der Schutz-, Wasserschutz- oder Kriminalpolizei sein).

9.2.3.2 Umweltkriminalität: Herausforderung und Reibungsfaktor

In die Reihe der die Umwelt bedrohenden Faktoren gehört auch die Umweltkriminalität. Diese zu bekämpfen ist hauptsächlich, aber nicht völlig allein, Aufgabe der Polizei. Zwischen Polizei und Umweltverwaltung bestehen im Rahmen der Bekämpfung der Umweltkriminalität verschiedene Beziehungen, leider nicht nur angenehme.

Dabei stehen Umweltverwaltung und Polizei beim Schutz der Umwelt eigentlich gemeinsam in einer Art gestaffelter Verteidigungsstellung, was seinerzeit Bundesjustizminister Engelhard folgendermaßen, freilich nicht als erster, auf den Punkt brachte: Auch im Umweltrecht gelte der Grundsatz, daß das Strafrecht nur die letzte Auffanglinie zur Verhinderung und Bekämpfung gesellschaftlicher Fehlentwicklung sei.(21) Er bezog sich dabei auf einen Beschluß des Deutschen Juristentag (DJT) 1988, wo erneut bekräftigt wurde: „Das Umweltstrafrecht kann nicht strafen, was nach Umweltverwaltungsrecht erlaubt ist.“(22)

Zwar gehört zu den Aufgaben der Polizei, wie schon verschiedentlich dargelegt, die Gefahrenabwehr, aber, wie sich aus § 163 StPO und § 53 OWiG ergibt, auch die Verfolgung von Straftaten und Ordnungswidrigkeiten. Wie sich aufgrund der Befragungen des Kriminologischen Seminars der Universität Bonn ergab, tendiert die auf dem Umweltsektor tätige Polizei sehr stark dahin, ihre Tätigkeit repressiv, d.h. hauptsächlich strafverfolgend auszulegen.(23) Dagegen weist das Bild bei der unteren Wasserbehörde mehr Schattierungen auf: „Technisch Ausgebildete bevorzugen eine eher präventive Ausrichtung, juristisch/administrativ Ausgebildete hingegen eine eher repressive Ausrichtung.“(24) „Gegenseitige behördliche Animositäten“(25) können da nicht verwundern; dies um so weniger, als „starke Minderheiten aller Behörden sich selbst eine nur mangelhafte Kenntnis des anderen Rechtsbereichs (zuschreiben) und sich ... von rechtlichen Problemen ihres professionellen Alltags überfordert (fühlen).“(26)

9.2.3.2.1 Verwaltungsakzessorietät

Hinzuweisen ist auf eine besondere Problematik:
Die wesentliche Belastung der Umwelt geschieht nicht durch Verstoß gegen ausdrückliche Verbote, sondern zugelassen aufgrund von Rechtsvorschriften, Genehmigungen und Erlaubnissen (Emissionen aus Anlagen etc., Immissionen in die Umweltmedien) und im Rahmen sogenannter verwaltungsrechtlicher Pflichten (vollziehbare Anordnungen oder Auflagen). Gewässerverunreinigungen, die grundsätzlich verboten sind,

werden durch eine Befugnis (Erlaubnis) gerechtfertigt (vgl. § 324 WHG); damit bestimmt sich eine Strafbarkeit in Abhängigkeit von einem Verwaltungsakt.(27)

Rauch aus Schornsteinen, Rammarbeiten, Verunreinigen von Gewässern, Verbrennen von Abfällen u.v.a. sind somit meist nicht ohne weiteres als strafbare Handlungen deutbar. Vielmehr ist in jedem Fall zu prüfen, ob es sich um einen zulässigen, genehmigten, erlaubten, also hinnehmbaren, Tatbestand handelt oder nicht.

Abgesehen von einem Tatbestand (§ 330 a StGB – Schwere Gefährdung durch Freisetzen von Giften) ist das Umweltstrafrecht mehr oder minder abhängig vom Umweltverwaltungsrecht bzw. von verwaltungsbehördlichen Entscheidungen; man verwendet hierfür den Begriff Verwaltungsakzessorietät. Besteht eine Abhängigkeit vom Verwaltungsrecht, wird von der Verwaltungs**rechts**akzessorietät, besteht die Abhängigkeit von Einzelanordnungen der Behörden, wird von Verwaltungs**akt**akzessorietät gesprochen.(28)

Es können sich zahlreiche komplizierte Fragestellungen ergeben, die den strafrechtlichen Ermittler bewegen und Untersuchungen bei der Umweltverwaltung erforderlich machen. Das ist beispielsweise der Fall, wenn eine genehmigungspflichtige Anlage ohne Genehmigung, aber mit Duldung der zuständigen Behörde betrieben wird oder wenn eine Erlaubnis zwar erteilt wurde, diese aber auf einem fehlerhaften Verwaltungsakt beruhte, jedoch nicht nichtig ist.(29)

Hat ein Behördenamtsträger eine Entscheidung z.B. über die Befugnis, ein Gewässer zu verunreinigen, sogar materiell verwaltungsrechtswidrig getroffen, so stellt sich der Verdacht, daß der Amtsträger eine strafrechtlich unbefugte Gewässerverunreinigung nach § 324 StGB bewirkte; die näheren Umstände der Tat sind (Legalitätsprinzip!) zu klären, insbesondere auch solche, die Rückschlüsse auf Vorsatz oder Fahrlässigkeit erlauben.(30) Somit sind dann die Beziehungen zwischen der Umweltverwaltung und der Polizei unangenehm.(31)

Bei allen strafrechtlichen Ermittlungen können sich auch strafprozessuale Maßnahmen als notwendig erweisen, die über die ohnehin schon unangenehmen Vernehmungen hinaus auch Durchsuchungen, Sicherstellungen und Beschlagnahmen bedeuten können – Konfliktpotential häuft sich also an.

Wie die bereits zitierten Untersuchungen ausweisen, sind die Beziehungen zwischen verschiedenen Verwaltungsbehörden nicht konfliktfrei, zwischen Verwaltungsbehörden und der Polizei als Strafverfolgungsbehörde sind sie geradezu konfliktgeladen. (Dabei sollte vielleicht „aus gegebener Veranlassung" klargestellt werden, daß die Verwaltungsakzessorietät wohl eine Abhängigkeit des Umweltstraf**rechts** vom Umweltverwaltungs**recht** bedeutet, aber nicht die Abhängigkeit anderer Behörden von der Verwaltung).(32)

Bis heute hat sich zumindest in NW, aber höchstwahrscheinlich auch in anderen Bundesländern, offenbar wenig an dem verändert, was der Umweltermittler Kitschenberger schon vor einem Jahrzehnt als Ursachen für Konflikte nannte: „Verwaltungsstellen: vorrangig Umweltschutz (nicht immer Beweissicherung), Polizei: Legalitätsprinzip, vorrangig Strafverfolgung"(33); ähnlich und ergänzend erklären später auch andere Experten den Konfliktbereich:

unterschiedliche Aufgaben und Ziele, Kompetenzstreitigkeiten, unterschiedliche Handlungskonzepte sowie Unsicherheit, Mißtrauen und Unverständnis für die jeweils andere Behörde.(34)

Der DJT 1988 konstatierte zutreffend, vielleicht schon einen Hauch beschönigend: „Die Zusammenarbeit zwischen Verwaltungs- und Strafverfolgungsbehörden ist bisher vielfach unzureichend ..."(35) Das hat sich auch in der 1991 abgeschlossenen Untersuchung über die Verhältnisse in NW bestätigt.

Weil das Verhältnis zwischen vor allem den Verwaltungsbehörden und der Polizei offenbar schlecht ist, kann es desto leichter verbessert werden.

Konflikte, der Allgemeinplatz sei gestattet, bedürfen der Lösung, und die liegt in der Kooperation. Dazu ist die Ausgangslage, wie es scheint, gar nicht schlecht, denn das Kooperationsprinzip wird weitgehend akzeptiert, und der Polizei wird bei der Bekämpfung der Umweltkriminalität „eine durchaus bedeutsame Rolle" zugewiesen.(36)

Die hohen Erwartungen in die Polizei einerseits und die kritische Bewertung ihrer bisherigen Leistungen geben Veranlassung, das bisherige Leistungs- und Erscheinungsbild der Polizei genauer zu betrachten und die Schwierigkeiten ohne Beschönigung aufzuzeigen, um einerseits Verständnis zu wecken und andererseits dazu beizutragen, Verhältnisse sowie Beziehungen zu verbessern.

9.2.3.2.2 Kompetenzdefizite

Kriminelle Delikte haben häufig ihren Ursprung in von der Technik geprägten Anlagen, und die Auswirkungen krimineller Handlungen können alle Umweltbereiche berühren. Ermittlungen auf dem Umweltsektor erfordern daher dementsprechende Kenntnisse und Fähigkeiten. Leider scheint es aber bei den Ermittlern diesbezügliche Kompetenzdefizite zu geben, die so stark sind, daß sie sogar Außenstehenden auffallen: „In bezug auf die Feststellung etwaiger Verwaltungsrechtshintergründe" unterstellen Heine/Meinberg in einem Gutachten für den Deutschen Juristentag 1988 den „meisten Polizeieinheiten ... beschränkte Fachkompetenz zur selbständigen Beurteilung der Zusammenhänge ..."(37) Vom Gutachten beeindruckt, sicher aber auch aus eigener Erfahrung der einzelnen Teilnehmer, dabei wohl auch die Umweltverwaltung mit einbeziehend, beschloß der DJT: „Kenntnis und Verständnis bezüglich der Sachverhalte und der Rechtsvorschriften, die in den verschiedenen Bereichen von Bedeutung sind, müssen verbessert werden. Ausbildung und Fortbildung sind auf diesen Gebieten auszubauen." (38) Was bisher geleistet wurde, ist also nach Meinung des DJT in jeder bedeutsamen Hinsicht unzureichend. Die Polizei bekam damit ein schlechtes Zeugnis ausgestellt von einer Institution, der man schwerlich unterstellen kann, inkompetent oder leichtfertig zu urteilen. Dies ist um so ernster zu nehmen, als Wittkämper/Wulff-Nienhüser 1987 in einer wissenschaftlichen Untersuchung „erhebliche Wissensmängel ... vor allem im naturwissenschaftlich-technischen Bereich und vor allem bei Polizei und Justizbehörden" konstatierten und daß es „den Behörden an Einsicht in und Wissen um Umweltbelange" mangele.(39)

Dies wiederum entspricht weitgehend den Ergebnissen der schon mehrfach angesprochenen Erhebung in NW. Danach attestieren sich die Umweltsachbearbeiter bei der

Kriminalpolizei nur schwach ausreichende Kenntnisse des Umweltverwaltungsrechts(40), was angesichts der Verwaltungsakzessorietät recht bedeutsam ist.

Überforderungsgefühle bezüglich der Strafrechtsmaterie hegen dagegen nur rund 10 %. Allerdings geben diejenigen Mitarbeiter der Kriminalpolizei eher eine Überforderung zu, die stark mit Umweltdelikten befaßt sind. Mit weniger und minder komplexen Fällen konfrontierte fühlen sich auch weniger überfordert. Daraus läßt sich ein Schlußsatz ziehen: „Weil die tatsächlich der Strafverfolgung zur Kenntnis kommenden Fälle in der Regel wenig gravierend sind und die Bediensteten unterfordern, kann der Eindruck von Überforderung gar nicht entstehen."(41) Auf die „Schwere" der Umweltdelikte wird weiter unten eingegangen.

In technischen Fragen fühlen sich die Umweltsachbearbeiter aber stark überfordet. Das gilt sogar für mehr als 60 % der befragten Beamten des Kriminaltechnischen Untersuchungsdienstes (KTU). „Erstaunlich" finden letzteres die Kommentatoren.(42) „Keineswegs erstaunlich", möchte man dagegenhalten. Die KTU haben sicherlich hervorragende Fähigkeiten auf vielen Sachgebieten. Bisher ist jedoch noch nicht durchgedrungen, daß auch nur eine KTU sich besonders bemüht hätte, den besonderen Anforderungen auf dem Umweltsektor zu genügen. Entsprechende Fachkenntnisse, das notwendige Hintergrundwissen und eine angemessene apparative Ausstattung dürften eher bescheiden sein. Dies kann aber nicht verwundern. Höchstwahrscheinlich sind die KTU in den Ländern von den Ermittlern auch gar nicht ernsthaft gefordert worden, abgesehen vielleicht von einzelnen Aufgaben, wie z.B. der Ölanalyse. Vielmehr scheint es weitverbreitete Praxis der Ermittler zu sein, und dies ist zweifellos vernünftig, von vornherein externe spezialisierte Sachverständige und Analyseinstitute einzuschalten. Als Hinweis nur zwei Fragen: Kann eine KTU bei einer Bodenkontamination mit einem umweltgefährdenden Stoff die notwendigen Proben aus verschiedenen, möglicherweise großen Tiefen ziehen und Analysen durchführen sowie Aussagen über die Verunreinigung des Wassers und Bodens in verschiedenen Schichten des Erdreichs abgeben? (Vgl. II. Teil, Abschn. 4.5) Kann eine KTU verschiedenste Tankanlagen untersuchen und Systemfehler, Materialschwächen oder Manipulationen feststellen? (Vgl. oben Abschn. 9.2.1.1) Vermutlich wird keine KTU in der BRD diese Fragen voll bejahen können. Angesichts der hohen extern zur Verfügung stehenden Kompetenz im Sachverständigen- und Analysewesen scheinen besondere Anstrengungen der KTU auch nicht angebracht. Nicht ganz von der Hand zu weisende Möglichkeiten der Befangenheit externer Kräfte erscheinen nicht so bedeutsam, als daß ein Umdenken notwendig wäre.

Kompetenzdefizite der Polizei auf technischem Gebiet sind zwar nicht vollständig behebbar, dafür haben zu wenige eine entsprechende Vorbildung. Besondere Verhältnisse wie in Hamburg, wo bei der Umweltpolizei auf ausgebildete Seeschiffsingenieure der Wasserschutzpolizei zurückgegriffen werden kann, sind die Ausnahme. Ansonsten gilt: Kompetenzdefizite auf technischem Gebiet müssen in der Tat abgebaut werden, und zwar soweit, daß eine gewisse Kommunikation mit potentiellen Tätern, Zeugen und Sachverständigen möglich ist und Gutachten etc. auf ihre strafrechtliche Relevanz hin überprüft werden können. Die vielfach geforderte bessere Ausbildung der Polizei sollte sich an diesem Ziel orientieren. Höher gesteckte Ziele (etwa: „Wir müssen alles selbst können.") wird man nicht erreichen. Sollte man dies dennoch versuchen, werden unzureichende Ermittlungserfolge, Frustration bei den Mitarbeitern und fortgesetzte Kritik von außerhalb unvermeidbar sein.

Die Kritik an den mangelhaften Rechtskenntnissen, zumindest bezüglich des Umweltverwaltungsrechts durch Selbsteinschätzung der Befragten voll bestätigt, wird man akzeptieren müssen, und für deren Anlaß gibt es auch Gründe. Hauptursachen für die Mängel der Polizei sehe ich in der einseitigen Fixierung der Polizeiausbildung auf Einzelbestimmungen des Straf- und Umweltrechts unter weitgehendem Verzicht auf mindestens ebenso wichtige andere Fachgebiete. Eine Ausbildung müßte natürlich das Strafrecht und das Umweltrecht, Umweltprinzipien und Umweltstandards umfassen, aber auch naturwissenschaftliche Grundkenntnisse, ökologische Zusammenhänge, verwaltungsrechtliche Kenntnisse, Informationen über Aufgaben, Möglichkeiten und Grenzen der Umweltverwaltung, die Zusammenarbeit mit Sachverständigen, Beweissicherung, von der Polizei ausführbare bzw. undurchführbare Probennahmen, Informationsbeschaffung, Kooperationsmöglichkeiten, Möglichkeiten und Grenzen der Analytik sowie Eigensicherung.(43)

Mittlerweile gibt es diesbezüglich erste Ansätze(44) und besonders unter didaktischen Gesichtspunkten aufbereitete Materialien (45), von denen sich aber noch nicht sagen läßt, inwieweit und mit welchem Erfolg diese in die Ausbildungspraxis Eingang gefunden haben.

9.2.3.2.3 Ausrüstungsmängel?

Die Beweisführung ist naturgemäß in einem Strafverfahren von größter Bedeutung. In Umweltstrafverfahren hängt viel von der Probenahme und der Analyse ab. Dazu bedarf es einer qualitativ hochstehenden Ausrüstung.

Für wesentlich halten z.B. Heine/Meinberg, neben den Ausbildungsmängeln, daß „sich funktionelle Ermittlungsprobleme der Strafverfolgungsbehörden hauptsächlich hinsichtlich der technischen Beweisführung ergeben“, wenngleich die Autoren gewisse Fortschritte „durch die weitgehend eingeführten Umweltkoffer“ sehen.(46)

In gleicher Richtung zielte auch 1988 ein Arbeitskreis „Umweltstrafrecht“ beim Bundesjustizministerium, der erklärte, „wünschenswert ist eine weitere Verbesserung der technischen Ausstattung der Polizei“(47); bereits zwei Jahre vorher sah eine deutliche Mehrheit der in einer empirischen Untersuchung Befragten eine Effektivierung des Behördenhandelns (darin eingeschlossen: die Polizei) durch „eine bessere apparative und technische Ausrüstung“.(48)

Gegen solche pauschalen Verbesserungswünsche ist an sich wenig einzuwenden. Es kommt nur darauf an, was konkret gemeint ist. Schließlich sollte die Polizei nicht hilflos dastehen, wenn es darum geht, eine einfache Boden- oder Wasserprobe zu nehmen.(49) Doch solche Proben sind nur selten zu ziehen. Meist ist ja der Anlaß für eine Probenahme, daß etwas mit gefährlichen Stoffen passiert ist. Damit beginnnen die Probleme, die nicht geringer werden, wenn die Stoffe tiefer in den Boden eingedrungen sind, vielleicht schon das Grundwasser kontaminieren, oder auf dem oder im Sediment eines Gewässers lagern. (Vgl. II. Teil, insbesondere Kap. 4) Vergessen wir nicht: Die Qualität der Analyseergebnisse hängt von der Qualität der Probenahme ab.

Es erhebt sich der Verdacht, daß derartige Ausrüstungsforderungen zu optimistisch die Schwierigkeiten bewerten, **qualifizierte** Probenahmen, insbesondere im Tatbereich oberhalb der strafrechtlichen Bagatellebene, durchzuführen, um **gerichtsfeste** Analyseergebnisse zu erzielen (es kann wohl davon ausgegangen werden, daß die Ausrüstungsforderungen auf die Probenahme abzielen; Analysen selbst durchzuführen, wird wohl niemand von den Polizeibeamten erwarten). (Vgl. Abschn. 9.2.1.3) Vermutlich ist man auch ziemlich blauäugig hinsichtlich des Aufwandes, entsprechende Fachkenntnisse auf breiterer Basis bei der Polizei zu vermitteln und ständig präsent zu halten. Hinzu käme, daß umfassende Probenahmen eine adäquate Ausbildung und Ausrüstung zur Eigensicherung erfordern. Insgesamt wäre also bald jeder vernünftige Rahmen an zeitlichem, personellem und materiellem Aufwand gesprengt.

Ermittlungshilfsmittel können durchaus angebracht sein. (vgl. Abschn. 8.1.3.7) Sollen die Hilfsmittel mehr als nur eine Alibifunktion haben, muß auch ihre Anwendung geübt werden. Aber selbst bei so einfachen Hilfsmitteln wie den sogenannten Umweltkoffern hat sich schon in der Praxis ihre Anwendung als unzureichend herausgestellt, weil es „am erforderlichen Know-how" fehlte.(50) Wie soll es da erst mit avancierteren Methoden und Mitteln gehen?

Detaillierte, von polizeilichen Praktikern unter Mitwirkung von Wissenschaftlern ausgearbeitete Richtlinien zur Tatortarbeit, Beweissicherung und Probenahme (u.a. wässrige Proben/Mineralöle, allgemeine Gewässerbelastungen/Pestizide/CKWs/PCBs, Bodenproben, Luftproben) samt Protokollführung und Transport der Proben sind in dem pädagogischen Leitfaden „Fortbildung zum Thema Ökologie/Umweltschutz. Lehrgangsmaterialien für die Polizei" enthalten. Man beachte dort besonders die zahlreichen Hinweise zur Inanspruchnahme von Fachleuten.(51)

Ebenso erhellend sind die in fast allen Ländern existierenden ausgefeilten Anweisungen bzw. Merkblätter über Maßnahmen, die bei Fischsterben, Gift-, Öl- oder Chemieunfällen, Abfallablagerungen oder Altlasten zu ergreifen sind. Zwar mag es vereinzelt Mitarbeiter geben, die die Anweisungen bzw. Merkblätter selbst samt der Vorschriften, auf die diese verweisen (DIN, VDI-Richtlinien, DEV oder die „Richtlinie für das Vorgehen bei physikalischen und chemischen Untersuchungen in Zusammenarbeit mit der Beseitigung von Abfällen – PN 2/78 K – Grundregeln für die Entnahme von Proben aus Abfällen und abgelagerten Stoffen" etc.), genau kennen und die Handhabung der zugewiesenen Mittel gerichtsüberzeugend nach den Regeln der Wissenschaft beherrschen (vom pH-Teststreifen über Gasspürröhrchen und Ölprobenwürfel bis zu Tauchpumpen und Bodensonden), so muß man doch davon ausgehen, daß das Gros der Polizeibediensten im akuten, überraschend auftretenden Fall überfordert sein dürfte. Tatsächlich ist eine Unterstützung durch qualifizierte Mitarbeiter anderer Behörden und/oder durch Sachverständige unumgänglich.

9.2.3.2.4 Welche Organisationsform?

Sind wir nun soweit über das Problemfeld gegangen, drängt sich allmählich die Frage auf, ob denn jeder Polizist eine qualifizierte Umwelt-Ausbildung bekommen und ob in jedem Streifenwagen oder Streifenboot eine einfache oder gar ausgeklügeltere Ausrüstung mitgeführt werden soll. Soll also die Verfolgung der Umweltkriminalität breit angelegt, dann aber notwendigerweise weniger qualifiziert sein, oder sollte der Weg zu einer Spezialisierung beschritten werden?

Der schon oben erwähnte Arbeitskreis „Umweltstrafrecht" zieht „hier eine Spezialisierung bei der Polizei (vermehrte Einrichtung von Spezialeinheiten)" in Betracht.(52)

Heine/Meinberg beklagen „die teilweise nur sehr ‚halbherzige' Einrichtung von spezialisierten Umwelt-Ermittlungsgruppen".(53) Sie befürworten eine dezentrale Bereitstellung einer hinreichenden Zahl von qualifiziert geschulten Spezialisten, die auch anspruchsvollere Ermittlungen selbständig führen können, wodurch aber eine gezielte (Grund-)Ausbildung des allgemeinen Vollzugsdienstes nicht überflüssig würde, da auch dort in jedem Falle noch wesentliche Aufgabenfelder, insbesondere der ‚erste Zugriff' sowie ggf. die Unterstützung der Spezialeinheiten verblieben.

Wittkämper/Wulff-Nienhüser schlagen „Facheinheiten der Polizei zur Bekämpfung der Umweltkriminalität" sowie einen „Beauftragten für Umweltkriminalität, der gegenüber der Öffentlichkeit zu wirken hat, ... Arbeitsgruppen ... und Projektgruppen Umweltkriminalität" vor.(54)

Sehr befürwortet wurde eine polizeiliche Umweltschwerpunktbildung auch von den Befragten in der Bonner Studie, insbesondere von den Strafverfolgungs- sowie den Wasserbehörden. Allerdings reservierten sich Immissionsschutzbehörden bemerkenswert stark, „bösartigerweise könnte man vermuten, ... weil sie davon eine erhöhte Effizienz befürchten, die dann die kooperativen Beziehungen zu den Betreibern stören könnte."(55) Man tut gut daran, solche Überlegungen bei allen Kooperationsbemühungen zu berücksichtigen.

9.2.3.2.5 Mehr als der Anfang ist gemacht

Tatsächlich sind in den (westlichen) Bundesländern schon seit längerem Spezialeinheiten gebildet worden (Ermittlungsgruppen Umweltschutz und ähnlich genannt) oder entsprechende Aufgabenzuweisungen zu bestehenden Ermittlungseinrichtungen (z.B. Wirtschaftskontrolldienst) erfolgt. Außerdem wurde das spezielle Ausbildungsangebot fast überall ausgeweitet (da gibt es natürlich quantitative und qualitative Unterschiede), und auch hinsichtlich der Ausrüstung steht man nicht mehr bei Null, so daß heute eine mehr oder minder befähigte „Umweltpolizei" fast in allen Ländern bestehen dürfte.(56)

Dies ist eine kaum umkehrbare Entwicklung, zumal sie allenthalben begrüßt und sogar eine Verstärkung gefordert wird.(57)

Ein allgemein anerkanntes Beispiel zeitgemäßer „Umweltpolizei" bietet die im gesamten Staatsgebiet Hamburgs zuständige „Polizeidirektion 455"; näheres ergibt sich aus der folgenden Beschreibung der Aufgaben:

1. **PD 4551 Basisdienst**
   - Gewährleisten der Einsatzbereitschaft
   - Betreiben der Meldestelle
   - Bereithalten von Führungs- und Einsatzmitteln
   - Auswertungsangelegenheiten

2. **PD 4552 Ermittlungsgruppe Umweltdelikte**
   - Sachbearbeitung der Umweltstraftaten gem. 18. Strafrechtsänderungsgesetz, 28. Abschnitt §§ 324-330 d. StGB

- Beratung und Unterstützung anderer Behörden und Dienststellen bei festgestellten Verunreinigungen der Umwelt

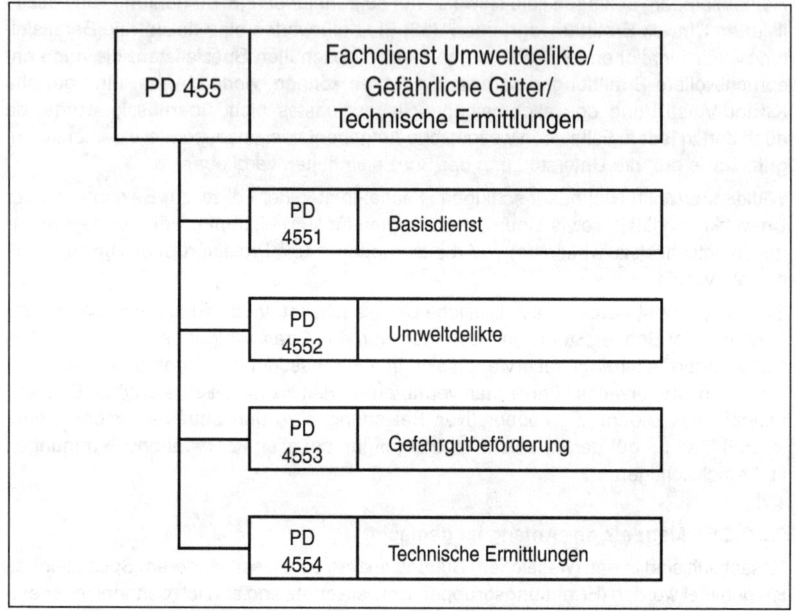

3. PD 4553 Kontrollgruppe Gefahrgutbeförderung

- Beratung, Kontrolle und Überwachung nach den Bestimmungen über die Beförderung gefährlicher Güter auf der Straße und auf den Landeseisenbahnen
- Sachbearbeitung bei Verstößen gegen die entsprechenden Beförderungsvorschriften
- Kontrolle und Überwachung nach dem Sprengstoffrecht im Hinblick auf die Beförderung explosionsgefährlicher Stoffe und die mitzuführenden Urkunden
- Entgegennahme von Anzeigen über abhandengekommene explosionsgefährliche Stoffe sowie über Unfälle bei der Beförderung solcher Stoffe nach dem Sprengstoffrecht
- Überwachung der Einsammlungs-, Beförderungs- und Einführungsgenehmigungen bei Transporten nach den Bestimmungen des Abfallgesetzes

4. PD 4554 Technische Ermittlungen

- Beurteilung der Zulässigkeit von Feuerarbeiten in Tankschiffhäfen bzw. an/auf Tankschiffen
- Durchführung gutachterlicher, technischer Untersuchungen als Voraussetzung für die Zulassung von Schiffen zum Befahren von Tankschiffhäfen

- Fachtechnische Begutachtung von Umschlageinrichtungen an Bord von Tankschiffen/an den landseitigen Anschlußstellen und Veranlassen adäquater Maßnahmen bei festgestellten Mängeln
- Durchführung besonders schwieriger technischer Ermittlungen an/auf Fahrzeugen und im Bereich von Industrieanlagen

5. Die Dienstgruppen der PD 455 beraten im Rahmen der Prävention Dienststellen der eigenen Behörde und anderer Behörden, Institute und Betriebe über Gefahren und Folgen aus der Mißachtung relevanter Strafbestimmungen.

Quelle: Gewerkschaft der Polizei Hamburg (58)

Positiv auswirken könnten sich auch Anpassungen der staatsanwaltschaftlichen Organisationsstruktur; es sind bereits spezielle Dienste bei den Anklagebehörden (Sonderdezernate, Umweltdezernate bzw. Spezialreferate) eingerichtet worden; diese haben sich auch nach Auffassung des DJT bewährt, wogegen Schwerpunktstaatsanwaltschaften abgelehnt wurden (59).

Vollständig unproblematisch ist das Verhältnis von Polizei und Staatsanwaltschaft nicht.

Kritische Anmerkungen wurden diesbezüglich immerhin schon 1982 aus Kreisen der Verfolgungsbehörde heraus veröffentlicht: Einschlägige Kenntnisse und Erfahrungen seien erforderlich, „damit die Staatsanwaltschaft ihrer aus dem Gesetz begründeten Gesamtverantwortung für das Ermittlungsverfahren gerecht werden kann (§§ 160, 161 StPO; Nr. 3 RiStBV) und sie ihrer Leitungsbefugnis nach § 152 GVG sachgerecht nachkommen kann." Empfohlen wurden „persönliche Kontakte" zwischen Polizei und Staatsanwaltschaft, getadelt wurde „die von hoffentlich wenigen Staatsanwälten geübte Praxis, das Ermittlungsersuchen an die Polizei mit der allgemein ausgesprochenen Bitte, ‚die erforderlichen Ermittlungen durchzuführen', zu umschreiben".(60)

Diese Hinweise haben aber die meisten der mit Umweltsachen befaßten Staatsanwälte offensichtlich nicht beeindruckt, denn noch im Gutachten für den Deutschen Juristentag 1988 artikulierte man Erstaunen über das „Ausmaß vollzugspolizeilicher Dominanz" in der praktischen Aufklärungsarbeit und „daß in der Mehrzahl der Verfahren die erste und einzige ‚ermittlungsleitende' Handlung der Staatsanwaltschaft in der Abfassung bzw. Unterschrift der Schlußverfügung besteht."(61)

In der Bonner Studie befürworten, im Gegensatz zum DJT, alle Befragten recht stark die Bildung von Schwerpunkt-Staatsanwaltschaften für Umweltsachen mit jedoch einer wichtigen und bemerkenswerten Ausnahme: Die überwiegende Mehrheit der befragten Staatsanwälte ist dagegen. Als Gründe geben diese u.a. an, es bestünden keine sachlichen oder rechtlichen Notwendigkeiten. Die Verfasser der Studie weisen jedoch auch auf weniger hehre Interpretationsmöglichkeiten für die ablehnende Haltung der Staatsanwälte hin: Die Wohnortnähe zum Arbeitsplatz könnte gefährdet sein, wenn eine Schwerpunkt-Staatsanwaltschaft gegründet werden würde. Ferner vermuten die Verfasser, daß die bestehenden Organisationsstrukturen deshalb als angemessen gerechtfertigt werden könnten, weil sie immer wieder, wie momentan vorherrschend, Umweltstrafverfahren ohne gravierende sachliche und rechtliche Schwierigkeiten hervorbringen würden. Der Grund: Es könne nämlich sein, „daß nur wenig eigene Arbeit zur Verdachtsgewinnung investiert wird bzw. komplexe Verfahren möglichst abgekürzt als Einstellung erledigt werden."(62)

In der Tat könnten Staatsanwälte die polizeiliche Ermittlungsarbeit erheblich fördern; sachkundige und fallbezogene Aufträge sollten selbstverständlich, aber nicht das einzige sein – der persönliche Augenschein vermittelt in der Regel wesentlich mehr als ein Polizeibericht, und vor allem Ermittlungen in Führungskreisen des industriell-gewerblichen Bereichs werden durch die gelegentliche Präsenz der „Herrin des Verfahrens" vor Ort, also in der Höhle des Löwen, taktisch und ermittlungspsychologisch unterstützt.(63)

9.2.3.2.6 Überwiegend Bagatellen

Seit 1973 stellt das Bundeskriminalamt aufgrund der Angaben der Landeskriminalämter jährlich die polizeiliche Kriminalstatistik zusammen. Bei deutlichen quantitativen Zuwächsen in den 80er Jahren blieb die Ermittlung zumindest in Teilbereichen der Umweltkriminalität qualitativ überwiegend im Bagatellbereich stecken.(64)

Wie polizeiintern verlautet, scheint dieser Trend der 80er Jahre auch im neuen Jahrzehnt im wesentlichen ungebrochen. Schon bisher galt: „Zum weitaus größten Teil (werden) ökologisch eher bedeutungslose Kleinverstöße des privaten oder beruflichen Alltags erfaßt."(65)

Hinsichtlich der Sachverhalte ist anzumerken, daß schon seit langem regionale Schwerpunkte ausgemacht werden können (z.B. Ölverunreinigungen in Küstenländern, landwirtschaftliche Verstöße in Bayern und Niedersachsen).(66)

Erstmals seit 1977 ist die Zahl der erfaßten Straftaten gegen die Umwelt im Jahr 1990 um 6,2 % rückläufig gegenüber dem Vorjahr. Die Gründe sind unklar. Doch auch die Statistik für 1990 weist, wie bereits in den Vorjahren, zwei „Massenschwerpunkte" aus; Verstöße gegen § 324 StGB (Verunreinigung eines Gewässers) sind in 10 073 Fällen und gegen § 326 StGB (umweltgefährdende Abfallbeseitigung) in 9 009 Fällen bekanntgeworden. Die Ursachen für die hohen Zahlen können darin liegen, daß viele dieser Delikte relativ leicht optisch wahrgenommen werden können (Gewässerverunreinigungen durch Öl, unzulässige Beseitigung fester Abfälle); außerdem schlagen wohl die relativ leicht nachweisbaren Einleitungen von Abwässern in die Kanalisation als Abfallbeseitigung zu Buche.

Erfaßte Straftaten gegen die Umwelt 1990 und Veränderungen gegenüber 1989:

zurückgegangen sind:

Schwere Umweltgefährdung (§ 330 StGB)	um 31,3 % (von 227 auf 156 Fälle)
Gewässerverunreinigung (§ 324 StGB)	um 14,8 % (von 11 827 auf 10 073 Fälle)
Schwere Gefährdung durch Freisetzen von Giften (§ 330a StGB)	um 9,1 % (von 44 auf 40 Fälle)

Unerlaubtes Betreiben von Anlagen (§ 327 StGB)	um 2,2 % (von 1 590 auf 1 555 Fälle)
Luftverunreinigung (§ 325 StGB)	um 1,9 % (von 466 auf 457 Fälle)
angestiegen sind:	
Gefährdung schutzbedürftiger Gebiete (§ 329 StGB)	um 51,4 % (von 35 auf 54 Fälle)
Unerlaubter Umgang mit Kernbrennstoffen (§ 328 StGB)	um 50,0 % (von 2 auf 3 Fälle)
Umweltgefährdende Abfallbeseitigung (§ 326 StGB)	um 5,3 % (von 8 559 auf 9 009 Fälle)
gleichgeblieben sind:	
Lärmverursachung (§ 325 StGB)	jeweils 66 Fälle in 1989 und 1990

Die Aufklärungsquote von Umweltschutzdelikten ist mit 72,5 % nach wie vor deutlich größer als die der Gesamtkriminalität, wenn auch gegenüber den Vorjahren ein leichter Rückgang zu verzeichnen ist (1989: 74 %, 1988: 76 %).

Quelle: Umweltbundesamt(67)

Bevor man sich durch große prozentuale Veränderungen beeindrucken läßt, beachte man die absoluten Zahlen. Allerdings ist zu bedenken, daß beispielsweise „Bhopal" (2800 Tote) wahrscheinlich nur als 1 Fall verbucht werden würde und somit kriminalstatistisch höchst unergiebig wäre. In der deutschen Statistik verbergen sich glücklicherweise nicht einmal im Ansatz derart schreckliche Ereignisse.

Die Beschäftigung mit den Umweltstraftaten wirft vielleicht die Frage nach **dem** Umweltstraftäter auf. Der ist jedoch recht unscheinbar. Der „durchschnittliche" Umweltstraftäter ist bis auf wenige Ausnahmen männlich, deutsch, verheiratet, unbestraft, hat eine abgeschlosenne Handwerksausbildung und ein geregeltes Einkommen.(68) In einer Befragung von Experten war es nicht möglich, „ein Set von typischen Merkmalen eines Umweltstraftäters herauszufinden."(69)

Vielleicht wird sich dies jedoch ändern, falls es künftig gelingt, mehr qualifizierte Delikte aufzudecken und erfolgreich abzuschließen. Es wird nämlich gerade von den Vertretern der Wasserbehörden und der Kriminalpolizei, also von Menschen, die am ehesten Ein- und Durchblick haben, von einer sehr hohen Dunkelziffer (um die 80 %) bei Umweltstraftaten ausgegangen.(70) Im entsprechenden Kapitel wird in der Bonner Studie auf alarmierende Weise wie folgt kommentiert: „... die Größenordnung der den Umweltbehörden tatsächlich zur Kenntnis gelangenden strafrechtsrelevanten Sachverhalte ist verschwindend gering gegenüber den potentiell relevanten Sachverhalten, die ihnen unbekannt bleiben; von den Vorkommnissen, die ihnen zur Kenntnis gelangen, geben sie einen nur geringen Teil an die Strafverfolgungsbehörden weiter – um die Kooperation mit dem Betreiber nicht zu gefährden oder aus mangelnder Erwartung an die Arbeit der Strafverfolgungsbehörden. Auf diese mehrfach reduzierte und gefilterte Weise dürfte die Zahl der tatsächlich erstatteten Anzeigen sich nur noch im Promillebereich der tatsächlichen Vorkommnisse bewegen."(71) Wie schon erwähnt, untersucht die Studie Verhältnisse in NW, aber nichts deutet darauf hin, daß es in anderen Ländern besser aussieht. Sollte es gelingen, das Dunkelfeld auszuleuchten, werden wahrscheinlich Täter sichtbar, die das Erscheinungsbild des „durchschnittlichen" Umweltstraftäters gravierend verändern: zwar immer noch deutsch, verheiratet und nicht vorbestraft, aber technische oder akademische Ausbildung, hohes Einkommen, stark profitorientiert, hohe kriminelle Planungs- und Durchführungskompetenz.

Grob skizziert, ergibt sich somit folgender Sachverhalt: Das Umweltstrafrecht ist stark abhängig vom Umweltverwaltungsrecht; die Verwaltung weiß kaum etwas vom Strafrecht, die Polizei weiß ebensowenig vom Verwaltungsrecht; es wird unsinnigerweise nach wie vor auf eine verbesserte Ausrüstung der Polizei gesetzt, obwohl sich damit die Ermittlungserfolge kaum qualitativ steigern lassen; notwendig sind spezialisierte Ermittlungseinheiten – die Türen dahin sind geöffnet; zumindest bei von der Statistik ausgewiesenen größeren Fallzahlen handelt es sich überwiegend um verhältnismäßig leicht wahrnehmbare Bagatelldelikte; die Dunkelziffer bei der Umweltkriminaltät ist skandalös hoch.

Bloßgestellt fühlen müssen sich alle, die auf ihre Weise ernsthaft versuchen, die Umweltkriminalität zu bekämpfen: Ermittler, Umweltverwalter, Gesetzgeber, Politiker, Rechts-Kommentatoren; enttäuscht sein muß, nicht zuletzt, die Bevölkerung als potentielles Opfer und Steuerzahler. Diejenigen, deren Aufgabe es war, für eine effektive Bekämpfung der Umweltkriminalität zu sorgen, müssen sich die Verdächtigung gefallen lassen, arge Versager zu sein. Natürlich findet auch hier die Regel durch Ausnahmen ihre Bestätigung. Doch sei der Hinweis gestattet: Nicht alle können zu den Ausnahmen gerechnet werden, das ist definitorisch ausgeschlossen.

9.2.3.3 Kooperation im strafrechtlichen Umweltschutz

Umweltschutz ist ein äußerst komplexes Unternehmen. Ein wichtiger Faktor zum Schutze der Umwelt ist das Recht. Dem Strafrecht wird jedoch vielfach eine zu große Bedeutung beigemessen, was den DJT 1988 zu folgendem Beschluß veranlaßte: „Entgegen verbreiteter Meinung in der Öffentlichkeit dürfen die Erwartungen an den strafrechtlichen Beitrag zum Umweltschutz nicht zu hoch gestellt werden. Nicht jede Umweltbelastung ist kriminell. Der Ausgleich zwischen den widerstreitenden Bedürfnissen und Notwendigkeiten bei der Nutzung der Umweltgüter und die Entscheidung der Konflikte muß im wesentlichen auf den Ebenen der politischen Wertentscheidung, der Normsetzung und der Normausfüllung durch die Verwaltung gefunden werden."(72) Die Umweltverwaltung hat hauptsächlich für den Vollzug des Umweltrechts zu sorgen; sie trägt damit unter allen Behörden die größte Last zum Schutze der Umwelt. Die Strafverfolgung ruht im wesentlichen auf den Schultern der Polizei. Bisher bestand zwischen der Umweltverwaltung und der Polizei ein Verhältnis, das teilweise als konfrontativ, sonst aber überwiegend als ein stummes Nebeneinander bezeichnet werden konnte. Die Möglichkeiten zur Zusammenarbeit sind bei weitem noch nicht ausgeschöpft.

9.2.3.3.1 Strafrecht im Wandel

Umweltstraftatbestände hat es zwar schon seit langem in Strafrechtsnebengesetzen gegeben.(73) Jedoch gab es Veranlassung, „Vollzugsdefizite" zu konstatieren; u.a. war das Entdeckungsrisiko illegaler Umweltbelastung gering, die Umweltverwaltungsbehörden erstatteten praktisch keine Strafanzeigen (abgesehen von regionalen Ausnahmen), die Strafverfolgungsorgane zeigten eine mangelnde Sanktionsbereitschaft und -fähigkeit.(74) Es häuften sich die Forderungen, den strafrechtlichen Umweltschutz zu verbessern.

1980 wurden wesentliche Bestimmungen unter dem 28. Abschnitt als „Straftaten gegen die Umwelt" ins Strafgesetzbuch aufgenommen. Damit sollte deutlich gemacht werden, daß solche Verstöße keine Kavaliersdelikte sind. Vor allem sollte der sozialschädliche Charakter schwerwiegender Umweltverstöße ins Bewußtsein der Allgemeinheit gerückt werden. Die Verletzbarkeit der Umwelt und ihren Schutzbedarf berücksichtigte der Gesetzgeber, indem er etliche Tatbestände als sogenannte abstrakte Gefährdungsdelikte formulierte, womit also die Strafbarkeit von Handlungen deutlich in das Vorfeld konkreter Gefährdungen verlegt wurde.(75)

Doch das Umweltstrafrecht ist im Laufe der Jahre ordentlich ins Gerede gekommen. Die Gewerkschaft der Polizei hob u.a. das Fehlen eines „Organisationsdeliktes" hervor (76), andere Fachleute kritisierten mangelnde Klarheit, die Kriminalisierung langgeübter Praxis, hegten aber auch die Hoffnung, daß mit dem Strafrecht langfristig die Umweltkriminalität einzudämmen sei.(77)

Ausführlich befaßte sich mit diesem gröbsten Instrument staatlichen Umweltschutzes der 57. Deutsche Juristentag 1988 in Mainz; aus dem grundlegenden Gutachten ist hier mehrfach zitiert worden.(78) Die Beschlüsse des DJT (79) wurden alsbald in die Diskussionen um das Umweltstrafrecht aufgenommen.(80)

Die verdichtete Kritik blieb nicht ohne Folgen. Möglichst bald soll ein verbessertes Umweltstrafrecht verabschiedet werden. Der Entwurf „Zweites Gesetz zur Bekämpfung der Umweltkriminalität - 2. UKG" liegt auf dem Tisch. Wie die Bestimmungen schließlich im einzelnen aussehen werden, ist offen.

Nach all den für schier unmöglich gehaltenen politischen Umwälzungen seit 1989 erscheint es wohl etwas verwegen, eine prognostische Aussage zu treffen. Dennoch: Es wird weiterhin ein Umweltstrafrecht im Strafgesetzbuch verankert sein; lege ich die Beschlüsse des DJT 1988, etliche durch diese inspirierte Diskussionsbeiträge, den Entwurf des 2. UKG sowie interne Mitteilungen zugrunde, so läßt sich feststellen, daß das Umweltstrafrecht ausgeweitet, präzisiert und in den Strafrahmen teilweise verschärft werden wird. Neu aufgenommen werden u.a. Bodenschutzbestimmungen in einem eigenen Paragraphen, verbessert werden Bestimmungen zum Schutze der Luft und zum Schutz vor Lärm, es bleibt weiterhin grundsätzlich die Abhängigkeit des Strafrechts vom Verwaltungsrecht und von konkretisierenden Verwaltungsakten bestehen, Sorgfalts- und Aufsichtspflichten werden klarer gefaßt, einige Bagatellklauseln werden erweitert und damit zusammenhängend Ordnungswidrigkeitentatbestände geschaffen, es wird keine ausdrückliche Amtsträgerhaftung aufgenommen, und es wird auch keine gesetzliche Pflicht für Amtsträger geben, strafbare Handlungen ohne eigenes Ermessen anzuzeigen.(81)

Es bleibt also mit großer Wahrscheinlichkeit bei der „Anknüpfung des Strafrechts an das Verwaltungsrecht"(82), das Umweltstrafrecht bleibt Ausdruck einer „flankierenden Maßnahme" der Umweltpolitik und „sollte allerletztes Mittel sein, mit dem man die Umwelt schützt."(83) Die Verfolgung der Umweltkriminalität ist aber keineswegs zu vernachlässigen; „Die letzte Auffanglinie" muß auf effektive Weise dicht sein. Die Mitwirkung der Umweltverwaltung ist dazu unverzichtbar.

Die Folge verbesserter Kooperation wird insgesamt ein weiterer Anstieg der Statistik über Umweltstraftaten sein. Bestrebt sein sollten alle, daß der Anstieg nicht nur im Bagatellbereich erfolgt, sondern auch das Dunkelfeld der qualifizierteren Delikte aufgehellt wird.

In der Einleitung zum 2. UKG heißt es: „Praktische Erfahrungen, empirische Untersuchungen und wissenschaftliche Erörterungen haben in den letzten Jahren in Teilbereichen Mängel und Probleme des 1980 neugestalteten Umweltstrafrechts aufgezeigt. Eine Reform ist daher notwendig. Ziel des Entwurfs ist es, die Voraussetzungen für eine wirksame Bekämpfung umweltschädlicher und umweltgefährlicher Handlungen mit den Mitteln des Straf- und Ordnungswidrigkeitenrechts zu verbessern."

Mit diesen richtungweisenden Worten leiten wir über zu einer Betrachtung darüber, wie die Zusammenarbeit zwischen Umweltverwaltung und Polizei auf dem Gebiet des strafrechtlichen Schutzes der Umwelt gedeihlicher gestaltet werden kann.

9.2.3.3.2 Verdachtsgewinnung

9.2.3.3.2.1 Rechtliche Grundlagen

Die Polizei darf nicht ohne weiteres mit strafrechtlichen Ermittlungen beginnen. Auslösend für die Einleitung eines Ermittlungsverfahrens ist der sogenannte Anfangsverdacht. Hierzu geben die Kommentare zu den §§ 152, 160, 163 StPO Auskunft. Staatsanwaltschaft oder Polizei müssen danach einschreiten, „sofern zureichende tatsächliche Anhaltspunkte für eine verfolgbare Handlung vorliegen."

Der Anfangsverdacht muß in konkreten Tatsachen bestehen, bloße Vermutungen genügen nicht, können aber zu besonderer Achtsamkeit und zu Beobachtungen veranlassen; der Anfangsverdacht bedarf nicht der großen Wahrscheinlichkeit, daß eine Straftat vorliegt.

Sozusagen zum Vorfeld des Anfangsverdachtes gehört das „Herumfragen" durch die Polizei, d.h. informatorische, formlose Befragungen, um ein Bild davon zu bekommen, ob wirklich der Verdacht einer Straftat besteht und wer als Beschuldigter oder Zeuge betrachtet werden muß.

Wird eine Anzeige erstattet, begründet sich daraus eine Erforschungspflicht der Staatsanwaltschaft/Polizei. Dazu gehört auch zu prüfen, ob eine Tat überhaupt strafbar ist. Nicht jede Mitteilung eines Sachverhaltes begründet zwangsläufig den Anfangsverdacht und die Einleitung von polizeilichen Ermittlungen. Jede solche Mitteilung muß von der Polizei bzw. der Staatsanwaltschaft selbständig darauf überprüft werden, ob sie einen Anfangsverdacht begründet.

Rechtlich sehr problematisch ist das „Herumsuchen" durch die Polizei im Vorfeld zu Ermittlungen nach § 161 StPO – Auskünfte von Behörden, Einsicht in und Auswertung von dort befindlichen Unterlagen (Kataster verschiedener Art, Abfall-Nachweisbücher und -Begleitscheine, Aufzeichnungen über Abwassereinleitungen mit personenbezogenen Angaben etc.).(84)

Hier setzt das „Recht auf informationelle Selbstbestimmung"(85) deutliche Grenzen, wonach personenbezogene Daten des einzelnen vor ungerechtfertigten Eingriffen durch den Staat geschützt sind.(86)

Konkret zu beachten sind die Datenschutzbestimmungen.

9.2.3.3.2.2 Polizeiliche Möglichkeiten

Für die Polizei gehören Streifen und gezielte Aufklärungsmaßnahmen zu den selbstverständlichen Maßnahmen der Verdachtsgewinnung. Allerdings wirken sich hier Wahrnehmungsschwierigkeiten aus, die darauf zurückzuführen sind, daß etliche Tatbestände sogenannte Gefährdungsdelikte beschreiben, also gar kein Schaden eingetreten zu sein braucht – scheinbar ist alles in Ordnung, denn „es ist ja nichts passiert". Außerdem zeigte sich nicht erst nach dem Brand bei Basel, daß Verstöße bei Nacht und Nebel und im schützenden Bereich eines Werksgeländes begangen werden, wobei die Folgen meist weit außerhalb auftreten oder auch gar nicht mehr wahrnehmbar sind, womit eine Entdeckung sehr erschwert oder gar unmöglich gemacht wird; davon profitieren die Täter.

Im Zuge eines ständig ausgeweiteten Vorsorgeprinzips und der immer engmaschiger werdenden Umweltgesetzgebung und der damit einhergehenden Schwierigkeit, z.B. abfallähnliche Schadstoffe auf legale und relativ billige Art und Weise „loszuwerden", muß davon ausgegangen werden, daß die entstandene Situation dazu führt, Entledigungswünsche und Profitinteressen auf kriminellem Wege zu befriedigen. Dazu würde sich anbieten, vorhandene, legale Betriebsstrukturen zu nutzen. Diese könnten relativ einfach und angesichts der sowieso bestehenden behördlichen Vollzugsdefizite auf dem Umweltsektor mit hohen Erfolgsaussichten zur Tarnung krimineller Handlungen mißbraucht werden. Verbindungen zwischen produzierenden Betrieben, Beförderungsunternehmen und „Beseitigern", die neben ihrer legalen Tätigkeit illegale Geschäfte betreiben, sollten nicht verwundern. Beachtlich ist ein einfacher Sachverhalt: Grundsätzlich ist die legale Beseitigung der gefährlichsten Stoffe aufwendig und sehr teuer, folglich ist ihre illegale Beseitigung sehr lohnend. Je größer die Mengen, desto größer die Profite. Es wäre lebensfremd davon auszugehen, daß nicht auch kriminelle Elemente die Möglichkeiten des Marktes nutzen möchten bzw. bisher ehrliche und strafunauffällige Personen in der Wirtschaft konvertieren. Dies könnte natürlich am sichersten unter organisierten Formen vonstatten gehen.

In diesem Zusammenhang ist es angebracht, sich vorsorgend mit den insoweit interessanten Kriterien der Organisierten Kriminalität (OK) vertrautzumachen:

Straftaten, die einzeln oder in ihrer Gesamtheit von erheblicher Bedeutung sind, Gewinnstreben, planmäßige Begehung, mindestens drei Beteiligte, arbeitsteilig auf längere oder unbestimmte Dauer angelegt, unter Verwendung gewerblicher oder geschäftsähnlicher Strukturen ... (87) Leicht einzusehen ist, daß diese Kriterien ziemlich einfach bei kriminellen Handlungen im Umweltbereich erfüllt sein können.

Wo viel Geld auf dem Spiel steht, wird selbstverständlich auch nicht vor Bestechungen zurückgeschreckt, um die sichere Durchführung krimineller Aktionen zu gewährleisten. Daß Mitarbeiter in den Verwaltungsbehörden, der Polizei und der Staatsanwaltschaft dafür anfällig sind, hat sich u.a. im Zusammenhang mit der Rauschgiftkriminalität erwiesen.(88) Ob im Einzelfall bei der Umweltkriminaltät von OK gesprochen werden kann, hängt allerdings davon ab, daß auch im Hinblick auf die genannten Kriterien ermittelt wird. Die Entdeckung von Strukturen der OK erfordert, daß Ermittlungsansätze **gesucht** werden.(89) Wird dies von den Ermittlern unterlassen, wird die Umweltkriminalität auch weiterhin zu keiner besonderen Beunruhigung Veranlassung geben.

Bisherige Ermittlungen im Bereich Abfallbeseitigung, -tourismus, -export deuten auf OK-Strukturen hin. Stellen Polizei und Verwaltung sich frühzeitig darauf ein, daß auch auf dem Umweltsektor Formen der OK möglich sind, so kann vielleicht eine kaum beherrschbare Situation wie in der Rauschgiftkriminalität verhindert werden. Man wird sich auch eventuell darauf einstellen müssen, bei schwerwiegenden Verdachtsfällen auf das Ermittlungsinstrumentarium zurückzugreifen, das sich in anderen Bereichen der OK bewährt hat. Zu denken ist beispielsweise an illegale Machenschaften mit strahlendem Materialien oder hochgiftigen Stoffen mit einem hohen Gefährdungsrisiko für Menschen und Umwelt. Ein hohes Gefährdungspotential sowie ein schwindendes Vertrauen der Bevölkerung in die Schutzfunktion des Staates könnten die Anwendung besonderer Ermittlungsinstrumente wie längerfristige Observationen, Rasterfahndung, technische Überwachungsmittel, Vertrauensleute bis möglicherweise hin zu verdeckten Ermittlern notwendig und verhältnismäßig erscheinen lassen.

Kehren wir jedoch zurück zur Erforschung der „normalen“ Umweltkriminalität. Ergiebig sein zur Verdachtsgewinnung können die Auswertung von Veröffentlichungen (insbesondere auch wissenschaftlich-technischer Art) in Presse, Funk und Fernsehen sowie der Besuch von Veranstaltungen, die von Bürgerinitiativen und Umweltschutzorganisationen durchgeführt werden; auch persönliche Kontakte zu diesen und Erläuterungen über die eigenen Aufgaben können nützlich sein.

Veröffentlichungen der Behörden, zugängliche Sitzungsprotokolle von vor allem kommunalen Parlamenten und Ausschüssen können Hinweise auf besondere Vorkommnisse und umweltgefährdende Phänomene oder mengenmäßig und örtlich verdächtige Konzentrationen von Schadstoffen enthalten.(90)

Allerdings muß an dieser Stelle erneut an ein für den Umweltbereich typisches Phänomen erinnert werden: „Die Frage der Strafbarkeit hängt nicht vom Ausmaß des verursachten Schadens, sondern in den meisten Fällen allein davon ab, ob diese Verursachung verwaltungsrechtlich erlaubt war oder nicht.“(91)

In der Tat ist die Verdachtsgewinnung enorm erschwert durch die „Normalität des täglich genehmigten Zerstörungsprozesses“, wie es der DGB ausdrückte.(92)

Man wird sich halt die Mühe machen müssen, Erlaubtes vom Verbotenen zu scheiden.

Ebenfalls bei Verkehrskontrollen lassen sich Erkenntnisse gewinnen (beispielsweise wirft ein Abfalltransport kontaminierten Erdreichs die Frage nach Herkunft, Ursache und Folgen auf – Schadensereignis/Gewässerverunreinigung etc.); z.B. sollten Verkehrsstaffeln angehalten werden, nicht nur auf die Einhaltung der Gefahrgut- und Abfallvorschriften zu kontrollieren, sondern auch einen Schritt weiterzugehen. (Vgl. Abschn. 9.2.2.2 und 9.2.2.3)

Mit der Entwicklung des Umweltbewußtseins, vielleicht verstärkt durch persönliche Betroffenheit, ist auch die Bereitschaft der Bevölkerung gestiegen, Anzeigen zu erstatten. Bisher berührten solche Anzeigen meistens die kleine und mittlere Kriminalität. Künftig ist möglicherweise auch mit Anzeigen oder wenigstens „Tips", eventuell anonym, umweltbewußter Insider des industriell-gewerblichen Bereichs zu rechnen.

Der Öffentlichkeit bzw. Teilöffentlichkeiten sollte deutlich gemacht werden - Stichwort: „Die Umweltpolizei informiert!" -, daß man empfänglich ist für Mitteilungen über umweltgefährdende Zustände, aber auch über Umweltstraftaten. Umweltpolizeiliche Informationen sollten die Sozialschädlichkeit solcher Handlungen betonen, die Verantwortung für die nächsten Generationen hervorheben und Grenzen gewisser Loyalitäten von Arbeitnehmern aufzeigen. Anzustreben sind Mitteilungen über Sachverhalte, die der OK nahekommen.

Solange kein Anfangsverdacht besteht, sind für die Polizei die Möglichkeiten eigener Ermittlungsmaßnahmen stark beschränkt; Kontrollen in Betrieben, auf Grundstücken etc. sind nicht zulässig. Mit Hilfe vcn Untersuchungssets lassen sich jedoch in öffentlich zugänglichen Gewässern oder Abwasserrohren Hinweise auf unzugelassene Einleitungen beispielsweise aus der Landwirtschaft oder aus dem häuslichen Bereich finden. Sonst sind aber von einzelnen Momentanproben seltener Erkenntnisse zu erwarten, weil noch immer für viele größere Einleiter Mischproben unter längerer Zeit vorgeschrieben sind. Diese dürften die Polizei überfordern, außerdem liegen die Entnahmestellen fast immer auf Betriebsgelände. Möglichkeiten, hier kooperativ Hinweise auf Straftaten zu erhalten, werden weiter unten behandelt.

Sollte sich ein Anfangsverdacht ergeben, hat die Polizei bei Gefahr im Verzuge das Recht, Betriebe zu betreten und ggf. Durchsuchungen etc. durchzuführen, sonst ist sie an weitergehende formale Vorschriften gebunden (Durchsuchungsbefehl etc.).

Insbesondere seitens größerer Betriebe muß die Polizei bei Ermittlungen oder im Vorfeld dazu mit einem restriktiven Verhalten rechnen. Dort existieren nämlich, wie bekanntgeworden ist, detaillierte Anweisungen, wie sich der Pförtner beim Erscheinen der Polizei verhalten soll, um Maßnahmen der Polizei abzuweisen oder zu verzögern. Ebenso werden dem vom Pförtner zu informierenden „Beauftragten der Werksleitung" entsprechende genaue Verhaltensregeln gegeben. Aber Empörung darüber ist völlig unangebracht. Die Verhaltensempfehlung ist rechtlich völlig korrekt. Sie verdeutlicht nur die Notwendigkeit, daß sich die Polizei rechtlich und taktisch auf hohem Niveau bewegen können muß.(93)

9.2.3.3.2.3 Behördliche Unterstützung

Hat sich ein Schaden ereignet oder geben überhaupt Umwelteinwirkungen Anlaß für ein Tätigwerden der Umweltverwaltung (Kontamination des Bodens, von Oberflächenwasser oder Wasser unterhalb der Bodenoberfläche, Schäden an Fauna und Flora, Gefährdungen von Leib oder Leben sowie von Sachwerten usw.), kann der Anfangsverdacht auf eine Straftat begründet sein. Dies könnte somit Grund genug sein, der Strafverfolgungsbehörde eine Mitteilung zu machen.

Zu den Aufgaben der zuständigen Behörden gehören auch Überwachungen darauf, ob Genehmigungen und Erlaubnisse eingehalten werden. Nicht selten ist für Betriebe eine Eigenüberwachung vorgeschrieben; in solchem Fall kontrolliert die Behörde in der Regel die Untersuchungsergebnisse. Sonst werden von den Behörden gewöhnlich mehrmals jährlich Proben entnommen und untersucht; dies geschieht auch unter den schwierigen Bedingungen, die vielfach die Gestaltung der Auflagen hervorbringt (zum Beispiel bei Abwassereinleitungen 2-Stunden-Mischprobe, 24-Stunden-Mischprobe, Mittelwertkonzept - vgl. Abschn. 6.2.1 sowie folgenden Auszug aus einer Genehmigung). Dies erfordert routiniertes, speziell ausgerüstetes und geschultes Personal, über das die zuständigen Behörden inzwischen vielerorts verfügen.

Auszug aus einer Genehmigung

Die entsprechenden Formulierungen in Genehmigungen neueren Datums lauten beispielsweise wie folgt:

1.1.5.2. Schadstoffkonzentrationen

1.1.5.2.1. Die Schadstoffkonzentration wird durch folgende Überwachungswerte (ÜW) und Höchstwerte (HW) begrenzt, die an der in den Plänen ausgewiesenen Meßstelle gemessen werden:

1.1.5.2.2. **Abwasserabgaberelevante Parameter**

	Überwachungswerte	**Höchstwerte**
absetzbare Stoffe (AS) in der geschöpften Probe	0,5 ml/l	0,6 m/l
chemischer Sauerstoffbedarf (CSB **sedimentiert**) von der **abgesetzten Probe** in der **2-h-Mischprobe**	320 mg O_2/l	380 mg O_2/l
Cadmium (Cd), gesamt, von der **nicht abgesetzten homogenisierten Probe** in der **2-h-Mischprobe**	<0,0005 mg/l	>0,0005 mg/l

1.1.5.2.3. **Sonstige Parameter**

	Überwachungswerte	**Höchstwerte**
biochemischer Sauerstoffbedarf nach 5 Tagen (BSB_5) von der **nicht abgesetzten homogenisierten** Probe in der **2-h-Mischprobe**	20 mg O_2/l	

1.1.5.2.4. Ein unter der Nummer 1.1.5.2.1. bestimmter Wert ist einzuhalten. Wird der Zahlenwert für den Überwachungswert (ÜW) überschritten, **gilt** der ÜW auch als eingehalten, wenn das **arithmetische Mittel** der Ergebnisse der letzten 5 im Rahmen der **staatlichen Gewässeraufsicht** durchgeführten Untersuchungen den festgelegten Wert nicht überschreitet; Untersuchungen, die länger als 3 Jahre zurückliegen, bleiben dabei unberücksichtigt.

2. **Auflagen, Bedingungen und Hinweise**

...

Vorübergehende **Überschreitungen** der erlaubten Abwassermenge und der festgesetzten Konzentrationswerte sind unverzüglich der Erlaubnisbehörde und dem Landesamt **anzuzeigen.** Nachträgliche Verständigung ist nur in Notfällen zulässig.

Werden Grenzwerte überschritten, um diesen allgemeineren Begriff zu verwenden, ergibt sich ein Anfangsverdacht, der strafrechtlich relevant sein kann. Die Strafverfolgungsbehörde darf und sollte informiert werden. Gleichzeitig und mindestens so wahrscheinlich liegt aber eine Ordnungswidrigkeit nach § 42 WHG vor, die von der zuständigen Behörde zu verfolgen ist. Die Einleitung eines OWi-Verfahrens unterliegt, wie bereits oben erwähnt, dem Opportunitätsprinzip.

Bereits eingeleitete Ordnungswidrigkeitenverfahren sind im übrigen an die Staatsanwaltschaft abzugeben, wenn Anhaltspunkte für eine Straftat bestehen (§ 41 OWiG). Das Opportunitätprinzip gilt nur hinsichtlich der Einleitung eines Bußgeldverfahrens; danach ist die Abgabe an die Staatsanwaltschaft gemäß § 41 OWiG zwingend, wenn ein strafrechtlicher Anfangsverdacht besteht. Ein Faktum, welches wohl noch der Verbreitung bei etlichen Verwaltungsbehörden bedarf. Auf die Rechtsmeinung der Verwaltung kommt es dann nicht mehr an, wenn die Anhaltspunkte für eine Straftat vorliegen; gegebenenfalls ist es Sache der Staatsanwaltschaft, den Vorgang zurückzugeben.

Nicht viel anders verhält es sich im Hinblick auf sonstige Kontrollen von Betrieben und Anlagen. Auch hier hat die Polizei zunächst keine Rechte (und überwiegend auch gar nicht die Fähigkeit), im Gegensatz zur Umweltverwaltung. Nur die Umweltverwaltung kann in der Regel Verstöße gegen Auflagen etc., die einen Anfangsverdacht begründen können, feststellen und mitteilen. Sie kann damit auch zur Entdeckung schwererer Kriminalität beitragen.

Die Feststellung wirklich gravierender Delikte wird, wie vermutet wird und wohl vereinzelte Erfahrungen belegen, im gewerblich-produktiven Bereich wahrscheinlicher (zu möglichen Motiven und ihre eventuelle Eliminierung vgl. Abschn. 5.8). Der oberste Chef der Hamburger „Umweltpolizei" (PD 455), Karl Nehmzow, führt dazu aus, es handele sich hier um einen Bereich, „in dem Täter aus Industrie und Gewerbe aus persönlicher Bereicherungsabsicht oder zur wirtschaftlichen Besserstellung ihres Unternehmens ohne behördliche Genehmigung oder entgegen entsprechenden Auflagen und Bedingungen besonders gemeinschädliche, umweltgefährdende Verhaltensweisen an den Tag legen, indem sie Anlagen errichten oder verändern, Steuerungseinrichtungen manipulieren, um aus einem höheren als erlaubten Materialdurchsatz größere Gewinne zu erwirtschaften, Überwachungseinrichtungen außer Kraft setzen, Schadstoffe ‚kostengünstig' entsorgen pp.

Dem Grunde nach handelt es sich hierbei um eine spezielle, vermittels der Technik oder technischer Einrichtungen begangene Wirtschaftskriminalität zum Nachteil der Allgemeinheit."(94)

Das Recht der zuständigen Behörden, Überwachungsmaßnahmen durchzuführen und dabei sogar in Grundrechte einzugreifen, korrespondiert eng mit der Pflicht, aktiv zu werden. Dies um so mehr, als die Weiterentwicklung der Gesetzgebung allmählich zu einem enormen „Informationspool" bei der Umweltverwaltung führte, wodurch effektive Überwachungen nachhaltig verbessert wurden: Wasserbücher, Abwasserkataster, Abfallkataster, Berichte von Gefahrgutbeauftragten, Abfall-Begleitscheine, Abfall-Nachweise, Emissionserklärungen, Auskünfte, Mitteilungen und Anzeigen von Betreibern, Emissionskataster, Meßberichte von Eigenüberwachungen in Betrieben und Anlagen, Sicherheitsanalysen, Prüfnachweise über gefährliche Stoffe und Zubereitungen u.v.m. Hier zeigt sich ein lebhaft sprudelnder Erkenntnisquell; allerdings muß man sich trauen, von ihm zu schlürfen.

Die Informationen müssen also, ganz im Sinne der Zweckbestimmungen der Umweltgesetze, ausgewertet werden. Der Umweltverwaltung ist damit eine große Verantwortung auferlegt. Dieser zeigen sich leider viele Umweltverwaltungen nicht gewachsen. Als Hauptgrund dafür werden personelle Unterbesetzungen angeführt.(95) Ihre Verantwortung kann die Umweltverwaltung jedoch grundsätzlich nicht delegieren; auch von der Strafverfolgung kann sie ihr nicht abgenommen werden. Allerdings sollte sie die vom Gesetzgeber vorgesehenen Möglichkeit nutzen, Umweltgefährdungen durch die Strafverfolgung aufzufangen. Zwar besteht keine gesetzliche Anzeigepflicht, und es wird sie, wie bereits erwähnt, höchstwahrscheinlich auch nicht geben. Aber es ist zulässig, daß sie die Strafverfolgungsbehörden über Umweltdelikte unterrichtet.(96) In den westlichen Ländern bestehen schon seit Jahren unterschiedlich dringlich formulierte innerdienstliche Richtlinien bzw. ministerielle Erlasse, mit Strafe bedrohte Handlungen oder Unterlassungen anzuzeigen.(97) Die meisten Erlasse erlegen den Behörden der Umweltverwaltung und den Strafverfolgungsbehörden auf, über die Anzeigepflichten hinaus in gewisser Weise zusammenzuarbeiten. Wie dies allgemein in der Praxis geschieht, kann jedoch noch nicht befriedigen.(98)

Seitens der Umweltverwaltungen wird immer wieder vorgebracht, man könne keine Anzeigen erstatten, um das notwendigerweise vertrauensvolle Verhältnis zwischen Verwaltung und Wirtschaft nicht zu belasten.(99) Offen ist, ob vor allem aus diesem Willen zur Kooperation mit der Wirtschaft heraus die Umweltverwaltungen gravierende Vorfälle bei Betreibern den Strafverfolgungsbehörden verschweigen. Ebenso unklar ist, inwieweit Ängste, sich selbst einer Strafverfolgung auszusetzen, eine Rolle spielen.(100)

Zu erinnern ist daran, daß in unserem Staat die Umweltverwaltungsbehörden und die Strafverfolgungsbehörden die gemeinsame Aufgabe haben, zum Wohle der Allgemeinheit Umweltgefährdungen zu verhüten. Letztlich ist es auch die Allgemeinheit, die die Kosten für Gehälter und Ausrüstungen trägt. Es ist die Allgemeinheit, die Arbeitsplätze gewährleistet im Vertrauen auf einen effektiven Schutz vor Umweltrisiken. Von allen Beteiligten sollte darum sorgsam beachtet werden, was der Hamburger Rechnungshof in einem Prüfbericht festhielt: „Nach den Feststellungen des Rechnungshofes können die

Ziele des Gesetzgebers wirkungsvoller erreicht und die staatlichen Mittel hierfür wirtschaftlicher eingesetzt werden, wenn die Aufgabenerfüllung und die Zusammenarbeit der beteiligten Dienststellen verbessert und die Mitteilungspflicht der Umweltbehörde an die Staatsanwaltschaft bei strafrechtlich relevanten Verstößen konkretisiert würden."(101) Die Konkretisierungen dürften allmählich in fast allen Ländern hinreichend sein. Jetzt kommt es darauf an, allen Anforderungen nach bestem Vermögen gerecht werden zu wollen.

Vereinzelt wird wohl von der Polizei bei kritischer Beobachtung der Verwaltungsarbeit nicht immer hinreichend berücksichtigt, daß die personellen Ressourcen der Umweltbehörden vielfach beschränkt sind und ihre Aufgaben immer umfassender werden; berücksichtigt werden sollte auch, daß sie, eben anders als die Strafverfolger, gelegentlich aufgrund gesetzlicher Vorgaben Aspekte der Wirtschaftlichkeit, Arbeitsplatzsicherung u.a. mit in ihre Beurteilungen einzubeziehen haben. Andererseits wird wohl doch gelegentlich eine übertriebene Zurückhaltung von den Umweltbehörden geübt, wenn es darum geht, die Polizei bei deren Aufgabenerledigung zu unterstützen.

Vorbehalte, gar Vorurteile, gibt es auf beiden Seiten, wie oben verschiedentlich angedeutet wurde. Ihre Wirkung ist nicht zu unterschätzen: Sie stören die eigene Berufszufriedenheit und sind hinderlich für eine Zusammenarbeit. Ziel muß es sein, Vorbehalte und Vorurteile abzubauen. Das geht, wie das Leben im Großen und Kleinen lehrt: Man muß sich nur auf die gemeinsame Aufgabe konzentrieren, man muß aufeinander zugehen und miteinander reden.

9.2.3.3.3 Gemeinsam auf dem Weg

Sachvertraut und erfreulich lebensnah dazu gab der DJT 1988 den Verwaltungs- und Strafverfolgungsbehörden einen guten Rat:
„Es ist dringend notwendig, die Zusammenarbeit enger und vertrauensvoller zu gestalten. Hierfür sollten insbesondere die unmittelbare Verbindung der Amtsträger in beiden Bereichen, Erfahrungsaustausch, Dienstbesprechungen, eventuell zeitweilige Abordnungen gefördert werden."(102)

Der DJT griff damit auf, was schon Heine/Meinberg, offenbar mit Einblick in den Behördenalltag, noch konkreter empfohlen hatten: Zu den Meldepflichten der Verwaltung sollten „regelmäßig vertrauensbildende Flankierungen" wie etwa „Dienstbesprechungen auf Sachbearbeiterebene ... auf möglichst ‚niedriger' Ebene in nicht zu großen zeitlichen Abständen vorgesehen sein."(103) Sie gaben damit offenbar eine kluge Empfehlung, denn in der späteren Untersuchung in NW stellte sich heraus, daß gemeinsame Dienstbesprechungen aufgrund des Zusammenarbeitserlasses, von Ausnahmen abgesehen, ziemlich fruchtlos waren; die Themen seien zu abstrakt gewesen und hätten mit der eigenen professionellen Tätigkeit nur wenig zu tun gehabt. Das Ergebnis ist wenig schmeichelhaft: „Die Hoffnung, in einem spezifischen Fall Problemlösungen und Verhaltensanweisungen geboten zu bekommen, ist aber mit Sicherheit in keiner Dienstbesprechung erfüllt worden."(104) Dies muß im Zusammenhang mit am Teilnehmerkreis geübter Kritik gesehen werden: An den Dienstbesprechungen hätten Angehörige des mittleren Dienstes nur zu einer winzigen Minderheit teilgenommen, Angehörige des höheren Dienstes immerhin zu mehr als der Hälfte der Befragten, versammelt hätten sich hierarchisch zu hoch angesiedelte Behördenvertreter, und die SachbearbeiterInnen seien völlig unberücksichtigt gelassen worden.(105) Die Bonner Forschungsgruppe empfiehlt somit, Dienstbesprechungen auch im lokal-kommunalen Rahmen abzuhalten, damit die SachbearbeiterInnen der verschiedenen Behörden teilnehmen und sich gegenseitig kennenlernen können. Thematisch schlagen sie Fragen wie die Modalitäten der Anzeigenübermittlung, den Vollzug der Rechtsvorschriften bei Anzeigenerstattung und die Besprechung aktueller Fälle vor dem Hintergrund ihrer strafrechtlichen Relevanz vor. Sie denken aber u.a. auch an Besuche anderer Behörden, gemeinsame Fortbildungsveranstaltungen – dies möglicherweise in Form rollenverkehrter Planspiele. Empfohlen werden auch gemeinsame Auswertungsforen, an denen die Verwaltungsbehörden und die zuständige Staatsanwaltschaft beteiligt werden.(106)

Heine/Meinberg empfahlen auch, von jeder beteiligten Dienststelle sollte eine „Kontaktperson" als zwischenzeitlicher Ansprechpartner benannt werden.(107) Ähnliche und noch weitergehendere Kooperationsempfehlungen gab das Institut für Politikwissenschaft der Universität Münster der Polizei: u.a. intensivierte Kommunikation bzw. Kooperation der Polizei intern sowie mit Behörden und den Medien, den Umweltverbänden und der gewerblichen Wirtschaft, Beratung der kleinen und mittleren Unternehmen (‚Prävention Umweltkriminalität') sowie Schaffung eines Fachbereichs Organisierte Umweltkriminalität.(108)

Eine angesichts der aufgabenbedingten Verflechtung eigentlich selbstverständliche Kooperation zwischen Polizei und Staatsanwaltschaft wird schon verschiedentlich erfolgreich praktiziert; in Hamburg lobt die Polizei sogar die „äußerst enge und harmonische Zusammenarbeit".(109)

Neben den bereits angesprochenen Möglichkeiten der Zusammenarbeit von Polizei und Staatsanwaltschaft (vgl. Abschnitt 9.2.3.2.5) könnte eine Straffung und Rationalisierung des Ermittlungsaufwandes erreicht werden durch eine Vereinbarung zwischen (den Spezialreferaten) der Staatsanwaltschaft und der Polizei für Sachverhalte, „bei denen mit der Durchführung eines Strafverfahrens ohnehin nicht zu rechnen ist", wenn beispielsweise (wie häufig bei Altlastenfällen) „vermutete Verstöße in rechtsverjährter Zeit liegen", die Tätermittlung offensichtlich ausgeschlossen ist, ein Schadensfall erkennbar trotz Einhaltung der gebotenen Sorgfaltspflicht auf z.B. technisches Versagen und geringe Schuld eines Nachgeordneten zurückzuführen ist oder die Folgen eines fahrlässigen Verstoßes durch eigenes aktives Tun beseitigt worden sind.(110) Wohlbemerkt geht es hier nicht darum, strafbare Handlungen oder Verstöße einfach nicht mehr zu verfolgen. Angestrebt werden könnte vielmehr ein angemessenes Verhältnis zwischen Ermittlungsaufwand/Ermittlungskosten und der zu erwartenden Erledigung des jeweiligen Falles (Einstellung des Verfahrens, Geldbuße u.ä.).

Die größte Bedeutung kommt aber einer ausgeweiteten Kooperation zwischen den Strafverfolgungsbehörden (Polizei und Staatsanwaltschaft) und der Umweltverwaltung zu. Dies gilt vornehmlich für die Bekämpfung der Umweltkriminalität. Daneben sollte aber künftig nicht übersehen werden, daß zahlreiche Einsätze der Umweltverwaltung sowie der Polizei – zumindest zunächst – auch einen gefahrenabwehrenden Charakter haben. Gerade bei Schadensereignissen durch Unfälle hat die Allgemeinheit einen Anspruch auf ein optimiertes Funktionieren aller Akteure. Darum sollten bei allen Maßnahmen, die die Kooperation fördern sollen, die weiter oben aufgeführten Kritiken bzw. Vorschläge derart berücksichtigt werden, daß alle hierachischen Ebenen, insbesondere also die Sachbearbeiter, entsprechend ihrer tatsächlichen Einbindung in Fallbewältigungen berücksichtigt werden.

Zum großen Teil auf Vorschläge in den oben zitierten Veröffentlichungen basierend, aber auch aus eigenen Erfahrungen heraus, können abschließend folgende Anregungen zur Verbesserung der Kooperation zwischen den Behörden und zur Förderung der Effektivität behördlichen Handelns gegeben werden. Natürlich brauchen sie nicht alle schlagartig in die Praxis überführt zu werden; es empfiehlt sich sogar, sich langsam „voranzutesten":

a) Eine problemorientierte Darstellung der Aufgaben der jeweiligen Behörden, ergänzt durch gegenseitige Studienbesuche und den zeitweiligen Austausch von Mitarbeitern (Hospitationen);
b) Erfahrungsaustausch über Verfahren und Ausrüstung zur Dokumentation, Probenahme und Eigensicherung;
c) Austausch über Erfahrungen mit der Arbeit von Sachverständigen;
d) Prüfung, ob in geeigneten Fällen (hauptsächlich aus Kostengründen, insbesondere bei Gemeinlast, weil Verursacher/Täter zahlungsunfähig) die Erteilung abgestimmter/gemeinsamer Aufträge an Sachverständige möglich ist (etwa zur Frage der Kontaminationsausbreitung);
e) gemeinsame Auswertung von Einsätzen, an denen verschiedene Behörden beteiligt waren;
f) gemeinsame Entwicklung/Besuch von Aus- und Fortbildungsveranstaltungen;
g) gemeinsame Auswertung allgemein zugänglicher oder bei den Behörden befindlicher Unterlagen (vgl. 9.2.3.3.2.3) unter verwaltungsrechtlichen und strafrechtlichen Gesichtspunkten;
h) Bildung gemeinsamer Arbeitsgruppen bei auffälligen Umweltbelastungen, die nicht durch natürliche Einflüsse oder legalisiertes Verhalten erklärt werden können, Ziel: Ermittlung und Überprüfung des/der Emittenten;
i) Entwicklung integrierter Einsatzformen: Die originär zuständigen Behörden führen Überwachungen im Rahmen ihrer gesetzlichen Aufgabenzuweisung durch; ergibt sich dabei der Verdacht strafbarer Handlungen, informieren sie die Strafverfolgungsbehörden, die bereits in die örtlichen Verhältnisse und Besonderheiten des Überwachungsobjektes eingewiesen wurden und sich unter Berücksichtigung taktischer Gesichtspunkte schon bereitgehalten haben; hiermit würden sich gesetzliche Überwachungspflichten in Verbindung mit bereits bestehenden (innerbehördlichen) Anzeigepflichten und unverzüglichen Strafermittlungen zu einem wirksamen Umweltschutz verbinden.(111)
   Anlässe zu unverzüglichen Ermittlungstätigkeiten könnten sein: strafrechtlich relevante Verstöße gegen Genehmigungspflichten (Anlagen, wesentliche Veränderungen von Anlagen), Manipulationen an Meß- und Dosiereinrichtungen, Umgehung von Registrier- oder Reinigungs- bzw. Filtereinrichtungen (Bypass), Überschreitungen von Höchstwerten, Einleitungs- und Abfalldelikte usw.
j) Bildung eines gemeinsamen wissenschaftlichen Dienstes: personell und apparativ zur Beratung, Beweissicherung und Analyse. Dies hätte mehrere Vorteile: Investitionen in wissenschaftliche Kompetenz und apparative Qualität würden optimal ausgenutzt werden; Erfahrungen aus verschiedenen Fragestellungen würden sich an

einer Stelle ansammeln; die Kosten wären unter dem Strich niedriger als bei einer Aufsplitterung; nebenbei ergäben sich integrative Effekte.

Diese behördenintern auf Kooperation und extern im wesentlichen auf erhöhte Repression abzielenden Maßnahmen lassen sich möglicherweise konstruktiv so ergänzen, daß sowohl der repressive behördliche Aufwand als auch das Gefahrenpotential von Betrieben, Anlagen etc. reduziert werden können. Gemeint ist der oben zitierte Vorschlag „Prävention Umweltkriminalität" (Kooperation mit der gewerblichen Wirtschaft und Beratung der kleinen und mittleren Unternehmen). Er entspricht Maßnahmen, die mit guten Erfahrungen in Hamburg durchgeführt wurden. Dort beraten schon seit Jahren Beamte der PD 455 Betriebe, die im Gefahrgutgeschäft tätig sind. Aufgrund einer Abmachung zwischen den entsprechenden Wirtschaftsverbänden und der Polizei kontrollieren die Beamten Verpackungen, Kennzeichnungen etc. schon in den Betrieben, die die Überprüfungen also freiwillig geschehen lassen. Festgestellte Mängel werden auf Hinweis der Polizei von den Betrieben abgestellt, Anzeigen werden nicht erstattet. Der Sicherheit ist gedient.(112)

Natürlich läßt sich dieses System nicht völlig auf den Umweltsektor übertragen, aber zumindest in Betrieben ohne Betriebsbeauftragte bzw. zur betriebsinternen Förderung der Autorität vorhandener Beauftragter könnte eine Beratung über Vorschriften, Auflagen und eventuelle rechtliche Konsequenzen, sofern Verstöße festgestellt werden, sinnvoll sein. Die Beratung sollte möglichst gemeinsam von Umweltverwaltung und Strafverfolgungsbehörden durchgeführt werden, was wohl am ehesten zu einem präventiven Effekt führen könnte.

Sollten die vorstehenden Anregungen aufgegriffen bzw. sollte fortgeführt werden, was mancherorts schon begonnnen wurde, so könnten sich durchaus neue Ideen ergeben und weitere Formen der Zusammenarbeit zum Wohle der Umwelt und der Allgemeinheit erschließen. Wahrscheinlich wird man dabei gelegentlich an die Grenzen des Rechts stoßen, die natürlich geachtet werden müssen (Amtsverschwiegenheit, strafprozessuelle Verwertungsverbote usw.). Hier sollen jedoch keine Einschränkungen von Freiheitsrechten bzw. eine Ausweitung polizeilicher Ermächtigungen gefordert werden. Das bestehende Recht bietet weitreichende Möglichkeiten, die erst einmal ausgeschöpft werden sollten.

Eine weit ausgreifende Kooperation aller Akteure im Umweltbereich würde schließlich ganz im Geiste der Mahnung der Wissenschaftler von Menton stehen: „Alles, was uns trennt, ist viel unwichtiger als das, was uns eint, und das ist vor allem die Gefahr, vor der wir stehen."(113)

Quellen zu Teil 1

Kapitel 1

(1) *Gourlay, K. A.*, Mord am Meer - Bestandsaufnahme der globalen Zerstörung, 1. Aufl., München 1988, S. 13 ff.

(2) ausführlich: *Wicke, L.*, Beck-Wirtschaftsberater: Umweltökonomie und Umweltpolitik, München 1991, S. 6 f.

(3) *Bick, H.*, Ökologie. Grundlagen, terrestrische und aquatische Ökosysteme, angewandte Aspekte, Stuttgart, New York 1989, S. 8 ff.

(4) *Prittwitz, V.*, Das Katastrophen-Paradox. Elemente einer Theorie der Umweltpolitik, Opladen 1990, S. 48.

(5) *Der Rat von Sachverständigen für Umweltfragen*, Umweltgutachten 1987, Kurzfassung, Der Bundesminister für Umwelt, Naturschutz und Reaktorsicherheit, (Hrsg.), Bonn 1987, S. 7.

(6) *v. Ditfurth, H.*, Innenansichten eines Artgenossen. Meine Bilanz, 2. Auflage, Düsseldorf 1989, S. 415 f.

(7) *Meyer-Abich, K. M.*, Umweltbewußtsein - Voraussetzungen einer besseren Umweltpolitik,FS II-89-410, Wissenschaftszentrum Berlin, 1989, S. 13 f.

(8) *Der Rat von Sachverständigen für Umweltfragen*, a.a.O.

(9) *Kloepfer, M., Rehbinder, E., Schmidt-Aßmann, E.*, Umweltgesetzbuch. Allgemeiner Teil. Entwurf, o.O., o.J., zu beziehen beim Umweltbundesamt, S. 60 f.

(10) ebd., S. 167.

(11) *Riedel, W., Trommer, G.*, Hrsg., Didaktik der Ökologie, Köln 1981, S. 36.

(12) *Prittwitz, V.*, a.a.O., S. 46; grundlegend zum Naturbegriff: drs., a.a.O., S. 31 ff.

(13) *Beck, U.*, Gegengifte. Die organisierte Unverantwortlichkeit, 1. Auflage, Frankfurt am Main 1988, S. 62 ff.

(14) *zit. n. Eulefeld, G., in: Riedel, W., Trommer, G.*, Hrsg., a.a.O., S. 92.

(15) drs., a.a.O., S. 94 f.

(16) *Schaefer, G.*, Grundsätze zu einer Didaktik der Ökologie, in: Riedel, W., Trommer, G., Hrsg., a.a.O., S. 22.

(17) *Simonis, U. E.*, Ökologie, Politik und Wissenschaft, Drei grundlegende Fragen, FS II-89- 409, Wissenschaftszentrum Berlin, 1989, S. 4.

(18) *Schaefer, G.*, a.a.O., S. 24.

(19) *Häfner, M.*, Das Öko-Testbuch; mitmachen - die Umwelt retten, Niederhausen/Ts. 1986, S. 32.

(20) vgl. die wissenschaftl., aber auch für Laien zu empfehlenden Ausf. in: Bick, H., a.a.O., S. 22 ff.

(21) *Bundesministerium für Umwelt, Naturschutz und Reaktorsicherheit*, Hrsg., Umwelt, Nr. 9/90, Bonn 1990, S. 438.

(22) *Simonis, U. E.*, a.a.O., S. 6 f.

(23) *Schell*, J., Das Schicksal der Erde, 3. Auflage, München 1982, S. 108 ff.

(24) *Der Rat von Sachverständigen für Umweltfragen*, a.a.O., S. 7.

(25) *Töpfer, K.*, Geleitwort, in: Der Rat von Sachverständigen für Umweltfragen, a.a.O., o. Seitenang.

(26) *Fischer Taschenbuch Verlag GmbH* (Hrsg.), World Watch Institute, Zur Lage der Welt 1992. Daten für das Leben unseres Planeten, Frankfurt am Main 1992, S. 234.

Kapitel 2

(1) *v. Ditfurth, H.*, Innenansichten eines Artgenossen. Meine Bilanz, 2. Aufl., Düsseldorf 1989, S. 417 f.

(2) *Deutsche Stiftung für Umweltpolitik* (Hrsg.), UMWELT-WELTWEIT. Bericht des Umweltprogramms der Vereinten Nationen (UNEP) 1972-1982, Berlin 1983, S. 4.

(3) ebd., S. 5.

(4) vgl. ebd., S. 6 ff., S. 9 ff.

(5) *Hauff, V.* (Hrsg.), Unsere gemeinsame Zukunft. Der Brundtland-Bericht der Weltkommission für Umwelt und Entwicklung, Greven 1987, S. 2.

(6) *Deutsche Stiftung für Umweltpolitik (Hrsg.),* a.a.O., S. 1.

(7) *Kaiser, R.,* Global Future. Time to Act/Die Zeit zu Handeln. Zusatzband zu Global 2000, Frankfurt am Main 1981.

(8) ebd., S. XI f.

(9) *Spiegel-Verlag Rudolf Augstein* (Hrsg.), Die globale Revolution. Club of Rome - Bericht 1991, Hamburg 1991; Fischer Taschenbuch Verlag GmbH (Hrsg.), World Watch Institute, Zur Lage der Welt 1992, Frankfurt am Main 1992; umfassende Informationen im wesentlichen zur Situation in Deutschland bietet die Sammlung „Daten zur Umwelt", alle zwei Jahre vom Umweltbundesamt, Berlin, herausgegeben; allerdings werden dort keine politischen Bewertungen vorgenommen oder Vorschläge zur Lösung von Umweltproblemen unterbreitet.

(10) *Der Spiegel,* 20/1992, S. 92.

(11) *Das Parlament,* 31 - 32 1992, S. 19.

(12) *Umwelt,* 12/1992, S. 382.

(13) aus: *Blätter für deutsche und internationale Politik,* 10/1992, S. 1276 ff.

(14) *Simonis, U. E.,* Wendepunkt? Rio-Konferenz ist eine Selbstverpflichtung von Nord und Süd, in: epd-Entwicklungspolitik 15/16/92, S. 26.

(15) *Boldt, K.,* Hoffen auf das Follow-up. UNCED: Keine Weichenstellung für ein ökologisches Umsteuern, in: epd-Entwicklungspolitik 12/92, S. 36; die auf der UNCED beschlossenen Konventionen, die Walderklärung sowie die 40 Kapitel der Agenda 21 samt Einschätzungen der Bundesregierung sind umfassend dargestellt in: Bundesministerium für Umwelt, Naturschutz und Reaktorsicherheit (Hrsg.), Umweltpolitik. Bericht der Bundesregierung über die Konferenz der Vereinten Nationen für Umwelt und Entwicklung im Juni 1992 in Rio de Janeiro, Bonn 1992.

(16) zit. nach: *Simonis, U. E.,* Ökologie, Politik und Wissenschaft, Drei grundlegende Fragen, FS II-89-409, Wissenschaftszentrum Berlin, 1989, S. 20.

(17) *Der Spiegel,* 13/1992, S. 57 und 17/1992, S. 136.

(18) *Hauff, V.* (Hrsg.), a.a.O., S. 2.

(19) *Schell, J.,* Das Schicksal der Erde, 3. Aufl., München 1982, S. 124.

(20) *Asimov, I.,* Die exakten Geheimnisse unserer Welt, Bd. I: Kosmos, Erde, Materie, Technik, München 1985, S. 22.

(21) drs., a.a.O.

(22) *Schell, J.,* a.a.O., S. 122.

(23) *Peter, M.,* „Eine große Zahl alter Freunde". Zur Geschichte der Chemischen Industrie, in: Forum Wissenschaft, Nr. 2/1988, S. 28 ff. m.w.N.

(24) *Karmaus, W.,* Das Zusammenspiel von Wissenschaft, Behörden und Industrie dargestellt am Falle der Risiko-Beurteilung und Risiko-Bewältigung von Dioxinen, P 89-205, Wissenschaftszentrum Berlin, 1989, S.16.

(25) *Deutsche Stiftung für Umweltpolitik* (Hrsg.), a.a.O., S. 647.

(26) *Meyer-Abich, K. M.,* Umweltbewußtein - Voraussetzungen einer besseren Umweltpolitik, FS II 89-410, Wissenschaftszentrum Berlin, 1989, S. 10.

(27) *Schell,J.,* a.a.O., S. 124.

(28) *Simonis, U. E.,* a.a.O., S. 16 f.

(29) ebd., S. 17 f.

(30) *Beck, U.,* Wissenschaft und Sicherheit, in: Der Spiegel 9/1988, S. 201.

(31) drs., Risikogesellschaft. Auf dem Weg in eine andere Moderne, 1. Aufl., Frankfurt am Main 1986, S. 289; dort auch sehr ausführlich: Wissenschaft jenseits von Wahrheit und Aufklärung?, S. 254 ff.

(32) *Peccei, A.*, Die Zukunft in unserer Hand, 2. Aufl., Wien, München, Zürich, New York 1981, S. 25.

(33) *Klumbies, M.*, Der natürliche Schritt, in: Gefährliche Ladung, 7/89, Hamburg 1989, S. 302 ff.

(34) *Bundesministerium für Umwelt, Naturschutz und Reaktorsicherheit,* Umwelt, Nr. 8/89, Bonn 1989, S. 360.

(35) *Prittwitz, V.*, Das Katastrophen-Paradox. Elemente einer Theorie der Umweltpolitik, Opladen 1990, S. 255.

(36) *Gourlay, K. A.*, Mord am Meer - Bestandsaufnahme der globalen Zerstörung, 1. Aufl., München 1988, S. 19 f.

(37) *Spiegel-Verlag Rudolf Augstein* (Hrsg.), Die globale Revolution. Club of Rome - Bericht 1991, Hamburg 1991, S. 109.

(38) *Fischer Taschenbuch Verlag GmbH* (Hrsg.), World Watch Institute, Zur Lage der Welt 1992, Frankfurt am Main 1992, S. 10.

(39) *Peccei, A.*, a.a.O., S. 60 f.

(40) *Brandt, W.*, Der organisierte Wahnsinn - Wettrüsten und Welthunger, Köln 1985, S. 79; ausführlich zur Rolle des Menschen: Schell, J., a.a.O., S. 128 ff.

(41) *Peccei, A.*, a.a.O., S. 11.

(42) *Kunz, G.*, (Hrsg.), Die ökologische Wende, München 1983; Spiegel-Verlag Rudolf Augstein, a.a.O.; Fischer Taschenbuch Verlag GmbH, a.a.O.

Kapitel 3

(1) *Bundesministerium für Umwelt, Naturschutz und Reaktorsicherheit,* Umwelt, Nr. 10/90, Bonn 1990, S. 479 f.

(2) *Prittwitz, V.*, Das Katastrophen-Paradox. Elemente einer Theorie der Umweltpolitik, Opladen 1990, S. 230.

(3) ebd.

(4) ebd., S. 231.

(5) *Wittkämper, G.W.*, Prinzipien und Instrumente internationaler Umweltpolitik, in: Beitäge zur Politikwissenschaft und Verwaltungswissenschaft, Nr. 5 1987, Münster 1987, S. 12 f.

(6) vgl. Blätter für deutsche und internationale Entwicklung, 10/1992, S. 1261 ff.

(7) aus: *Hauff, V.* (Hrsg.), Unsere gemeinsame Zukunft. Der Brundtland-Bericht der Weltkommission für Umwelt und Entwicklung, Greven 1987, S. 103.

(8) *Deutsche Stiftung für Umweltpolitik* (Hrsg.), UMWELT-WELTWEIT. Bericht des Umweltprogramms der Vereinten Nationen (UNEP) 1972-1982, Berlin 1983, S. 339.

(9) *Hauff, V.* (Hrsg.), a.a.O., S. 74.

(10) vgl. drs., a.a.O., S. 232 ff.; *Fischer Taschenbuch Verlag GmbH (Hrsg.), World Watch Institute,* Zur Lage der Welt 1992, Frankfurt am Main 1992, S. 109 ff, 199 ff.; Spiegel-Verlag Rudolf Augstein (Hrsg.), Die globale Revolution. Club of Rome - Bericht 1991, Hamburg 1991, S. 91 ff.; Der Spiegel, 33/1989, S. 132 ff.

(11) *Fischer Taschenbuch Verlag* (Hrsg.), a.a.O., S. 10; vgl. Umweltbundesamt (Hrsg.), Daten zur Umwelt 1990/91, S.70 ff.

(12) drs., a.a.O., S. 12.

(13) *Hauff, V.* (Hrsg.), a.a.O., S. 97.

(14) *Der Spiegel*, 42/1991, S. 238.

(15) *Hauff, V.* (Hrsg.), S. 97, 99.

(16) *Spiegel-Verlag Rudolf Augstein* (Hrsg.), a.a.O., S. 93.

(17) *Hauff, V.* (Hrsg.), S. 105 ff.

(18) Angaben n. *Dagens Nyheter* (Schweden) v. 18.12.92.

(19) *Hauff, V.* (Hrsg.), a.a.O., S. 122.

(20) ebd., S. 124 f.

(21) ebd., S. 147.

(22) ebd., S. 130.

(23) ebd., S. 133 ff.

(24) ebd., S.147.

(25) *Bingemer, H.*, Spurensuche, in: Kursbuch 96, Berlin 1989, S. 64.

(26) vgl. *Hauff, V.*, a.a.O., S. 149 ff.

(27) *Umweltbundesamt* (Hrsg.), Daten zur Umwelt 1988/89, Berlin 1989, S. 101.

(28) vgl. ebd., S. 104.

(29) ebd., S. 101; Angaben zur ehem. DDR vgl. Umweltbundesamt (Hrsg.), Daten zur Umwelt 1990/91, Berlin 1992, S. 93 ff.

(30) *Umweltbundesamt* (Hrsg.), Daten zur Umwelt 1988/89, Berlin 1989, S. 113.

(31) ebd., S. 112.

(32) ebd., S. 120.

(33) ebd., S. 134.

(34) vgl. *Bundesministerium für Umwelt, Naturschutz und Reaktorsicherheit* (Hrsg.), Umwelt, kostenfreie Sonderausgabe, 15 Jahre Washingtoner Artenschutzübereinkommen in der Bundesrepublik Deutschland, Bonn 1991.

(35) vgl. Fallschilderungen in: Bundesministerium für Umwelt, Naturschutz und Reaktorsicherheit (Hrsg.), Umwelt 10/1992, S. 392.

(36) vgl., *Grassl, H.*, Aus der Luft gegriffen, in: Kursbuch 96, Berlin 1989, S. 55 f.

(37) *Oberthür, S.*, Die nationale Zusammenarbeit zum Schutz des Weltklimas, in: Aus Politik und Zeitgeschichte. Beilage zur Wochenzeitung Das Parlament, S. 10.

(38) vgl. ebd. u. ebd. S. 16.

(39) *Graßl, H.*, Der zusätzliche Treibhauseffekt und das Klima, in: Aus Politik und Zeitgeschichte. Beilage zur Wochenzeitung Das Parlament, S. 4, vgl. Umweltbundesamt (Hrsg.), Daten zur Umwelt 1990/91, Berlin 1992, S. 85 ff.

(40) vgl. *Graßl, H.*, a.a.O., S. 3 ff. u. Oberthür, a.a.O., S. 10.

(41) *Umweltbundesamt* (Hrsg.), Jahresbericht 1989, Berlin 1990, S. 103.

(42) ebd.

(43) vgl. *Bundesministerium für Umwelt, Naturschutz und Reaktorsicherheit* (Hrsg.), Umweltpolitik. Beschluß der Bundesregierung zur Reduzierung der CO_2-Emissionen in der Bundesrepublik Deutschland bis zum Jahr 2005, Bonn 1990; vgl. drs., Umwelt 6/92, Beilage: Bericht der Bundesregierung an die Kommission der Europäischen Gemeinschaften über das nationale Programm zur Reduzierung der energiebedingten CO_2-Emissionen und anderer Treibhausgase bis zum Jahre 2005; vgl. drs., Umweltpolitik. Vergleichende Analyse der in den Berichten der Enquète-Kommission „Vorsorge zum Schutz der Erdatmosphäre" und in den Beschlüssen der Bundesregierung ausgewiesenen CO_2-Minderungspotentiale und Maßnahmen, Bonn 1991.

(44) *Oberthür, S.*, a.a.O.., S. 20.

(45) ebd.

(46) BT-Drs. 11/8166, S. 11.

(47) *Fabian, R.*, Ozon – Innenansicht eines Lochs, in: Kursbuch 96, Berlin 1989, S. 35.

(48) *Kahlert, J.*, Herr über Wolken. Schwierigkeiten bei der Begründung eines Forschungsprogramms, in: Kursbuch 96, Berlin 1989, S. 117.

(49) *Umweltbundesamt* (Hrsg.), Daten zur Umwelt 1988/89, Berlin 1989, insbesondere S. 259.

(50) vgl. Gesetz zu dem Montrealer Protokoll vom 17. September 1987 über Stoffe, die zu einem Abbau der Ozonschicht führen, sowie Verordnung zum Verbot von bestimmten die Ozonschicht abbauenden Halogenkohlenwasserstoffen (FCKW-Halon-Verbots-Verordnung), bes. § 1; vgl. Umweltbundesamt (Hrsg.), Daten zur Umwelt 1990/91, Berlin 1992, S. 79 ff., insbes. zur Verwendung v. FCKW u. Halonen S. 83.

(51) *Oberthür, S.*, a.a.O., S. 14 ff.

(52) BT-Drs. 11/8166, 49 f.

(53) vgl. *Bundesministerium für Umwelt, Naturschutz und Reaktorsicherheit* (Hrsg.), Umwelt 5/92, S. 189 ff.

(54) *Kahlert, J.*, a.a.O., S. 120 Kapitel 3.

Kapitel 4

(1) vgl. *Umweltbundesamt* (Hrsg.), Daten zur Umwelt 1990/91, Berlin 1992, S. 154 ff., 165 ff., 184 ff., 340 ff.

(2) vgl. *Spelsberg, G.*, Rauchplage. Hundert Jahre saurer Regen, Aachen 1984.

(3) *Prittwitz, V.*, Das Katastrophen-Paradox. Elemente einer Theorie der Umweltpolitik, Opladen 1990, S. 26 f.

(4) ebd., S. 105 ff.

(5) ebd., S. 108.

(6) ebd., S. 114 f.

(7) ebd., S. 112.

(8) *Beck, U.*, Gegengifte. Die organisierte Unverantwortlichkeit, 1. Auflage, Frankfurt am Main 1988, S. 257 f.

(9) *Meyer-Abich, K. M.*, Umweltbewußtein – Voraussetzungen einer besseren Umweltpolitik, FS II 89-410, Wissenschaftszentrum Berlin, 1989, S. 3.

(10) vgl. *Umweltbundesamt* (Hrsg.), Daten zur Umwelt 1988/89, Berlin 1989, S. 92 f.

(11) ebd.

(12) *Wittkämper, G. W., Wulff-Nienhüser, M.*, Umweltkriminalität – heute und morgen, Wiesbaden 1987, S. 500.

(13) *Der Rat von Sachverständigen für Umweltfragen,* Umweltgutachten 1987, Kurzfassung, Der Bundesminister für Umwelt,Naturschutz und Reaktorsicherheit, (Hrsg.), Bonn 1987, S. 8.

(14) ebd.

(15) *Meyer-Abich, K. M.*, a.a.O., S. 7.

(16) ebd.

(17) ebd., S. 12.

(18) ebd., S. 9.

(19) *Wittkämper, G.W., Wulff-Nienhüser, M.*, a.a.O., S. 235, 237.

(20) ebd., S. 225.

(21) *Meyer-Abich, K. M.*, a.a.O., S. 14.

(22) *Huber, J.*, Unternehmen Umwelt. Weichenstellungen für eine ökologische Marktwirtschaft, Frankfurt am Main 1991, S. 190.

(23) *Bundesministerium des Innern,* Hrsg., Was Sie schon immer über Umweltschutz wissen wollten, Stuttgart u.a. 1981.

(24) *Weidner, H.*, Die Umweltpoltik der konservativ-liberalen Regierung im Zeitraum 1983 bis 1988: Versuch einer politikwissenschaftlichen Bewertung, FS II 89-304 Wissenschaftszentrum Berlin 1988, Zusammenfassung.

(25) ebd., S. 12 f.

(26) *Beck, U.*, a.a.O., S. 72.

(27) *Der Rat von Sachverständigen für Umweltfragen*, a.a.O., S. 5.

(28) *Ryll, A., Zimmermann, K.*, Der rationierte Umweltschutz oder der diskrete Charme des Profitinteresses, IIUG dp 87-12, Wissenschaftszentrum Berlin 1987, S. 24 f.

(29) *Spiegel-Verlag Rudolf Augstein* (Hrsg.), Die globale Revolution. Club of Rome - Bericht 1991, Hamburg 1991, S. 110.

(30) vgl. ebd.

(31) *Wicke, L.*, Beck-Wirtschaftsberater: Umweltökonomie und Umweltpolitik, München 1991, S. 228.

(32) zit. n. *Frankfurter Rundschau* v. 26.5.92.

(33) *Prittwitz, V.*, a.a.O., S. 175.

(34) *Sachs, W.*, Theater auf der Titanic. Über UNCED und darüberhinaus, in: epd-Entwicklungspolitik 8/92, S. 19.

(35) *Beck, U.*, Gegengifte. Die organisierte Unverantwortlichkeit, 1. Auflage, Frankfurt am Main 1988, S. 288.

(36) drs., Risikogesellschaft. Auf dem Weg in eine andere Moderne, 1. Aufl., Frankfurt am Main 1986, S. 288.

(37) *Hauff, V.* (Hrsg.), Unsere gemeinsame Zukunft. Der Brundtland-Bericht der Weltkommission für Umwelt und Entwicklung, Greven 1987, S. 325 f.

(38) vgl. EWG-Vertrag v. 25.3.1957, zuletzt geä. d. Einheitliche Europäische Akte v. 28.2.1986, BGBl. II S. 1104, Art. 130 r.

(39) *Prittwitz, V.*, a.a.O., S. 268 ff.

(40) *Der Bundesminister für Umwelt, Naturschutz und Reaktorsicherheit* (Hrsg.), Umwelt 11/91, S. 490 f.

(41) *Der Bundesminister für Umwelt, Naturschutz und Reaktorsicherheit* (Hrsg.), Umweltpolitik. Umweltbericht 1990 des Bundesministers für Umwelt, Naturschutz und Reaktorsicherheit, Bonn 1990, S. 5.

(42) ebd.

(43) vgl. ebd.

(44) vgl. *Der Bundesminister des Innern*, Umweltbericht '76. Fortsetzung des Umweltprogramms der Bundesregierung vom 14. Juli 1976, Stuttgart, Mainz 1976, S. 26 f.

(46) *Der Bundesminister für Umwelt, Naturschutz und Reaktorsicherheit* (Hrsg.), Leitlinien Umweltvorsorge. Umweltbrief, Bonn 1986.

(47) BT-Drs. 10/6028, Leitlinien der Bundesregierung zur Umweltvorsorge durch Vermeidung und stufenweisen Verminderung von Schadstoffen, S. 12.

(48) *Bundesministerium für Umwelt, Naturschutz und Reaktorsicherheit*, (Hrsg.) ‚Umwelt'90. Umweltpolitik. Ziele und Lösungen, Bonn 1990, S. 15.

(49) ebd., S. 13.

(50) *Bundesministerium für Umwelt, Naturschutz und Reaktorsicherheit*, (Hrsg.), Umweltpolitik. Bericht der Bundesregierung an den Deutschen Bundestag. Vierter Immissionsschutzbericht der Bundesregierung. BT.-Drucksache 11/2714, Bonn 1988, S. 41.

(51) *Gourlay, K. A.*, Mord am Meer - Bestandsaufnahme der globalen Zerstörung, 1. Aufl., München 1988, S. 280 ff.

(52) *Simonis, U. E.*, Ökologie, Politik und Wissenschaft, Drei grundlegende Fragen, FS II-89-409, Wissenschaftszentrum Berlin, 1989, S. 14.

(53) *Benda, E.*, in: Umweltbundesamt (Hrsg.), Texte 25/84, Berlin 1984, S.23 ff.

(54) ebd., S. 23 f.

(55) *Kloepfer, M., Rehbinder, E., Schmidt-Aßmann, E.*, Umweltgesetzbuch. Allgemeiner Teil. Entwurf, o.O., o.J., zu beziehen beim Umweltbundesamt, S. 211.

(56) ebd., S. 211 f.

(57) ebd., S. 212.

(58) vgl. ebd., S. 212 f.

(59) vgl. ebd., S. 215.

(60) Bundestags-Drucksache 10/2833, S. 3.

(61) *Der Bundesminister des Innern* (Hrsg.), Bodenschutzkonzeption der Bundesregierung, Stuttgart u.a. 1985, S. 26 f.

(62) *Der Bundesminister für Umwelt, Naturschutz und Reaktorsicherheit* (Hrsg.), Leitlinien Umweltvorsorge. Umweltbrief, Bonn 1986.

(63) *Der Bundesminister des Innern* (Hrsg.), Bodenschutzkonzeption der Bundesregierung, Stuttgart u.a. 1985, S. 27.

(64) vgl. *Breuer, R.*, Öffentliches und privates Wasserrecht, München 1987, Rn. 330.

(65) *Simonis, U. E.*, a.a.O., S. 8.

(66) *Kloepfer, M., Rehbinder, E., Schmidt-Aßmann, E.*, a.a.O., S. 223.

(67) ebd., S. 224.

(68) ebd., S. 227.

(69) *Der Bundesminister für Umwelt, Naturschutz und Reaktorsicherheit* (Hrsg.) Umweltpolitik. Orientierungshilfen für den ökologischen Aufbau in den neuen Ländern: Wichtige Informationsquellen und Starthilfen des Bundes, Bonn 1991, S. 4.

(70) ebd., S. 11.

(71) *Huber, J.*, S. 259.

(72) *Der Bundesminister für Umwelt, Naturschutz und Reaktorsicherheit* (Hrsg.), Leitlinien Umweltvorsorge. Umweltbrief, Bonn 1986, S. 19.

(73) *Bundesministerium für Umwelt, Naturschutz und Reaktorsicherheit,* (Hrsg.), Umweltpolitik. Bericht der Bundesregierung an den Deutschen Bundestag. Vierter Immissionsschutzbericht der Bundesregierung. BT.-Drucksache 11/2714, Bonn 1988, S. 41.

(74) *Der Bundesminister für Umwelt, Naturschutz und Reaktorsicherheit* (Hrsg.), Umweltpolitik. Umweltbericht 1990 ... Zusammenfassung, S. 5.

(75) *Weidner, H.*, Die Umweltpoltik der konservativ-liberalen Regierung im Zeitraum 1983 bis 1988: Versuch einer politikwissenschaftlichen Bewertung, FS II 89-304 Wissenschaftszentrum Berlin 1988, S. 37.

(76) *Kloepfer, M., Rehbinder, E., Schmidt-Aßmann, E.*, a.a.O., S. 13.

(77) *Hauff, V. (Hrsg.)*, a.a.O., S. 390.

(78) *vgl. Kloepfer, M., Rehbinder, E., Schmidt-Aßmann, E.*, a.a.O., S. 233 ff.

(79) *Bundesministerium für Umwelt, Naturschutz und Reaktorsicherheit,* Hrsg. Umwelt '90. Umweltpolitik. Ziele und Lösungen, Bonn 1990, S. 20.

(80) *Verband der Chemischen Industrie e.V.* (Hrsg.), Umwelt-Leitlinien, 6. Auflage, Frankfurt 1990, S. 20.

(81) ebd., S. 21.

(82) *Der Bundesminister des Innern* (Hrsg.), Bodenschutzkonzeption der Bundesregierung, Stuttgart u.a. 1985, S. 28.

(83) *Bundesministerium für Umwelt,* Naturschutz und Reaktorsicherheit (Hrsg.), Umwelt, Nr. 1/87, Bonn 1987, S. 4.

(84) BT-Drs. 11/4909, S. 13.

(85) ebd., S. 38.

(86) *Schmid, R.,* Unser aller Grundgesetz? Praxis und Kritik, Frankfurt am Main 1971, S. 97 f.
(87) *Sack, H.-J.,* Umweltschutz-Strafrecht, 2. Auflage, Stuttgart u.a. 1980, § 325 StGB, Rn. 20.
(88) BT-Drs. 10/2833, S. 2.
(89) *Vgl. Breuer, R.,* a.a.O., S. 133, Rn. 195.
(90) BVerfGE Bd. 21, S. 83.
(91) *Hauff, V.* (Hrsg.), a.a.O., S. 51 f.
(92) ebd.; zu Strukturen, Bedingungen und Handlungskonzepten Internationaler Umweltpolitik vgl. Prittwitz, V., a.a.O., S. 217 ff.
(93) *Hauff, V.* (Hrsg.), ebd.
(94) *Prittwitz, V.,* a.a.O., S. 116 f.
(95) ebd.
(96) ebd., vgl. Abb. 4.1, S. 118.
(97) ebd., S. 119 f.
(98) *Meyer-Abich, K. M.,* a.a.O., S. 4.
(99) *Prittwitz, V.,* a.a.O., S. 121.
(100) *Spiegel-Verlag Rudolf Augstein* (Hrsg.), a.a.O., S. 126 ff.
(101) *Fischer Taschenbuch* Verlag GmbH (Hrsg.), World Watch Institute, Zur Lage der Welt 1992, Frankfurt am Main 1992, S. 254.
(102) *Spiegel-Verlag Rudolf Augstein* (Hrsg.), a.a.O., S. 128.
(103) ebd. S. 69.
(104) *Der Rat von Sachverständigen für Umweltfragen,* a.a.O., S. 10.
(105) *Umweltbundesamt* (Hrsg.), Jahresbericht 1989, Berlin 1990, S. 27.
(106) *Der Rat von Sachverständigen für Umweltfragen,* a.a.O., S. 9.
(107) *Bundesministerium für Umwelt, Naturschutz und Reaktorsicherheit* (Hrsg.) Umwelt '90. Umweltpolitik. Ziele und Lösungen, Bonn 1990, S. 17.
(108) *Hauff, V.* (Hrsg.), a.a.o, S. 388.
(109) *Umweltbundesamt* (Hrsg.), a.a.O., S. 45.
(110) *Umweltbundesamt* (Hrsg.), Jahresbericht 1990, Berlin 1991, S. 64 f., 111 ebd.
(112) ebd., S. 69.
(113) *Breuer, R.,* a.a.O., S. 521, Rn. 780 ff.
(114) *Kloepfer, M., Rehbinder, E., Schmidt-Aßmann, E.,* a.a.O., S. 654.
(115) *Der Rat von Sachverständigen für Umweltfragen,* a.a.O., S. 10.
(116) *Der Bundesminister für Umwelt, Naturschutz und Reaktorsicherheit* (Hrsg.), Umweltpolitik. Umweltbericht 1990 ... Zusammenfassung, S. 6.
(117) *Bundesministerium für Umwelt, Naturschutz und Reaktorsicherheit,* Umwelt, Nr. 1/1991, Bonn 1991, S. 10.
(118) BT-Drs. 11/4247.
(119) *Deutscher Gewerkschaftsbund,* Antrag 90/III C 3., zum 14. Ordentlichen DGB-Kongreß, Hamburg 1990, Kongreßmaterial.
(120) *Kloepfer, M., Rehbinder, E., Schmidt-Aßmann, E.,* a.a.O., S. 650.
(121) ebd., S. 679.
(122) vgl. *Bundesministerium für Umwelt, Naturschutz und Reaktorsicherheit,* Referat Öffentlichkeitsarbeit, Umweltpolitik. Deutsches Umweltrecht auf der Grundlage des Einigungsvertrages, Bonn 1990.
(123) *Bundesministerium für Umwelt, Naturschutz und Reaktorsicherheit,* Umwelt, Nr. 11/90, Bonn 1990, S. 521.

(124) vgl. *Bundesministerium für Umwelt, Naturschutz und Reaktorsicherheit,* Umwelt, Nr. 1/91, Bonn 1991, S. 5.

(125) *Bundesministerium für Umwelt, Naturschutz und Reaktorsicherheit,* Umwelt, Nr. 10/90, Bonn 1990, S. 475.

(126) *Bundesministerium für Umwelt,* Naturschutz und Reaktorsicherheit, Umwelt, Nr. 10/90, Bonn 1990, S. 475.

(127) *Bundesministerium für Umwelt, Naturschutz und Reaktorsicherheit* (Hrsg.), Umweltpolitik. Orientierungshilfen für den ökologischen Aufbau in den neuen Bundesländern: Wichtige Informationsquellen und Starthilfen des Bundes, Bonn 1991, S. 7.

(128) *Töpfer, K.*, Die Verankerung der Umweltunion im Staatsvertrag und ihre Ausgestaltung, in: Info-Dienst Deutsche Einheit, Presse- und Informationsdienst der Bundesregierung,Bonn 1990, S. 33 ff.

(129) *Hauff, V.* (Hrsg.), a.a.O., S. 11.

(130) *Bundesministerium für Umwelt, Naturschutz und Reaktorsicherheit,* Umwelt 7/90, Bonn 1990, S. 350.

(131) *Huber, J.*, a.a.O., S. 251.

(132) *Kahlert, J.*, Herr über Wolken. Schwierigkeiten bei der Begründung eines Forschungsprogramms, in: Kursbuch 96, Berlin 1989, S. 123

Kapitel 5

(1) *Amery, C.*, Natur als Politik. Die ökologische Chance des Menschen, Reinbek 1978, S. 192 ff.

(2) ebd., S. 189.

(3) zit. nach: *Leipert, Chr., Simonis, U.E.*, Alternativen wirtschaftlicher Entwicklung. Problembereiche, Ziele und Strategien, in: Simonis, E. (Hrsg.), Ökonomie und Ökologie. Auswege aus einem Konflikt, 4., erg. Auflage, Karlsruhe 1986, S. 105.

(4) ausführlich *Wicke, L.*, Beck-Wirtschaftsberater: Umweltökonomie und Umweltpolitik, München 1991, S. 228 ff.

(5) *Umweltbundesamt* (Hrsg.), Jahresbericht 1990, Berlin 1991, S. 47.

(6) vgl. *Müller-Wenk, R.*, Die ökologische Buchhaltung, Frankfurt 1978.

(7) ebd., S. 15.

(8) ebd., S. 24 ff.

(9) ebd., S. 26.

(10) *Huber, J.*, Unternehmen Umwelt. Weichenstellungen für eine ökologische Marktwirtschaft, Farnkfurt am Main 1991, S. 185; vgl. Simonis, U.E., (Hrsg.), Ökonomie und Ökologie. Ausweg aus einem Konflikt, 4., erg. Auflage, Karlsruhe 1986, S. 31 ff. (eine krit. Diskussion der „Buchhaltung").

(11) *Huber, J.*, a.a.O., S. 181.

(12) *Kloepfer, M., Rehbinder, E., Schmidt-Aßmann, E.*, Umweltgesetzbuch. Allgemeiner Teil. Entwurf, o.O., o.J., zu beziehen beim Umweltbundesamt, S. 271 f.

(13) *Umweltbundesamt* (Hrsg.), Jahresbericht 1990, Berlin 1991, S. 53.

(14) *Bundesministerium für Umwelt, Naturschutz und Reaktorsicherheit,* Umwelt 5/92, Bonn 1992, S. 187 f.

(15) *Wicke, L.*, Die ökologischen Milliarden. Das kostet die zerstörte Umwelt – so können wir sie retten, München 1986, S. 123 ff.

(16) *Umweltbundesamt* (Hrsg.), Jahresbericht 1989, Berlin 1990, S. 33.

(17) *Bundesminister des Innern* (Hrsg.), Aktionsprogramm Ökologie-Argumente und Forderungen für eine ökologisch ausgerichtete Umweltvorsorgepolitik, Umweltbrief 29, Bonn 1983.

(18) *Umweltbundesamt* (Hrsg.), Jahresbericht 1990, Berlin 1991, S. 54 f.

(19) drs., ebd., S. 38.

(20) *Umweltbundesamt* (Hrsg.), Daten zur Umwelt 1986/87, Berlin 1986, S. 70 f.

(21) *Jaedicke, W., Kern, K., Wollmann, H.*, „Kommunale Aktionsverwaltung" in Stadterneuerung und Umweltschutz, Köln 1990, S. 78 f.

(22) ausführlich *Wicke, L.*, Beck-Wirtschaftsberater: Umweltökonomie und Umweltpolitik, München 1991, S. 189 ff.

(23) *Der Bundesminister für Umwelt, Naturschutz und Reaktorsicherheit* (Hrsg.), Umweltpolitik. Umweltbericht 1990, Zusammenfassung, S. 5.

(24) *Wittkämper, G. W.*, Prinzipien und Instrumente internationaler Umweltpolitik in: Beitäge zur Politikwissenschaft und Verwaltungswissenschaft, Nr. 5 1987, Münster 1987, S. 12 f.

(25) *Huber, J.*, Unternehmen Umwelt. Weichenstellungen für eine ökologische Marktwirtschaft, Frankfurt am Main 1991, S. 108 f.

(26) *Beck, U.*, Gegengifte. Die organisierte Unverantwortlichkeit, 1. Auflage, Frankfurt am Main 1988, S. 209.

(27) *Huber, J.*, a.a.O., S. 161.

(28) *Verband der Chemischen Industrie e.V.*, Jahresbericht 1985/86, Frankfurt am Main 1986, S. 42.

(29) *Bundesministerium für Umwelt, Naturschutz und Reaktorsicherheit* (Hrsg.), Umwelt '90. Umweltpolitik. Ziele und Lösungen, Bonn 1990, S. 105 f.

(30) *Umweltbundesamt* (Hrsg.), Daten zur Umwelt 1988/89, Berlin 1989, S. 86.

(31) ebd., S. 79.

(32) ebd., S. 89.

(33) *Umweltbundesamt* (Hrsg.), Jahresbericht 1990, Berlin 1991, S. 41.

(34) ebd.

(35) ebd.

(36) *Karp, L.*, Just-in-time – Symbol für einen industriellen Umbruch, in: Die Mitbestimmung, Nr. 6/7 1990, S. 386; vgl. Frankfurter Rundschau (FR), Nr. 208 v. 7.9.1988, Dokumentation, S. 14 und FR, Nr. 164 v. 18.7.1990, Dokumentation, S.14.

(37) ausführlich *Wicke, L.*, a.a.O., S. 164 ff.

(38) *Hauff, V.* (Hrsg.), Unsere gemeinsame Zukunft. Der Brundtland-Bericht der Weltkommission für Umwelt und Entwicklung, Greven 1987, S. 7 f.

(39) ebd., S. 286 ff.

(40) *Wittkämper, G. W.*, a.a.O., S.13.

(41) *Verband der Chemischen Industrie e.V.* (Hrsg.), Umwelt-Leitlinien, 6. Auflage, Frankfurt 1990, S. 3.

Kapitel 6

(1) vgl. *Breuer, R.*, Öffentliches und privates Wasserrecht, 2. Auflage, München 1987, Rn. 347.

(2) *Beck, U.*, Gegengifte. Die organisierte Unverantwortlichkeit, 1. Auflage, Frankfurt am Main 1988, S. 190.

(3) ebd.

(4) ebd., S. 220 ff. m.w.N.

(5) *Kloepfer, M., Rehbinder, E., Schmidt-Aßmann, E.*, Umweltgesetzbuch. Allgemeiner Teil. Entwurf, o.O., o.J., zu beziehen beim Umweltbundesamt, S. 729 f.

(6) vgl. z. Probl. Standards – Strafrecht: *Franzheim, H.*, Die Bewältigung der Verwaltungsrechtsakzessorietät in der Praxis, in: Juristische Rundschau 1988, S. 319 ff.

(7) *Beck, U.*, a.a.O., S. 193.

(8) *Huber, J.*, a.a.O., S. 72.

(9) *Kloepfer, M., Rehbinder, E., Schmidt-Aßmann, E.,* a.a.O., S. 727.

(10) vgl. ebd., S. 725 ff.; bzgl. geltender Ermächtigungen z. Erlaß v. VO vgl. ebd., S. 723, Ziff. 2a.

(11) *Umweltbundesamt* (Hrsg.), Jahresbericht 1989, Berlin 1990, S. 68.

(12) *Kloepfer, M., Rehbinder, E., Schmidt-Aßmann, E.,* a.a.O., S. 189.

(13) vgl. ebd.

(14) ebd., S. 190 f.

(15) vgl. *Breuer, R.,* a.a.O., Rn. 348 m.w.N.

(16) vgl. *Breuer, R.,* a.a.O., Rn. 342/349 m.w.N. sowie Kloepfer, M., Rehbinder, E., Schmidt-Aßmann, E., a.a.O., S. 191.

(17) *Kloepfer, M., Rehbinder, E., Schmidt-Aßmann, E.,* a.a.O., S. 190.

(18) vgl. *Breuer,* a.a.O., Rn. 342.

(19) *Kloepfer, M., Rehbinder, E., Schmidt-Aßmann, E.,* a.a.O., S. 191 f.

(20) *Breuer,* a.a.O., Rn. 342.

(21) *Kloepfer, M., Rehbinder, E., Schmidt-Aßmann, E.,* a.a.O., S. 190.

(22) BVerfG, E 49, 136.

(23) *Kloepfer, M., Rehbinder, E., Schmidt-Aßmann, E.,* a.a.O., S. 193 f.

(24) *Bundesministerium für Umwelt, Naturschutz und Reaktorsicherheit* (Hrsg.), Umwelt, Nr. 4/90, Bonn 1990, S. 180.

(25) *Bundesministerium für Umwelt, Naturschutz und Reaktorsicherheit* (Hrsg.), Umwelt '90. Umweltpolitik. Ziele und Lösungen, Bonn 1990, S. 79.

(26) Ebd.; kritisch *Winter, G.* (Hrsg.), Grenzwerte. Interdisziplinäre Untersuchungen zu einer Rechtsfigur des Umwelt-, Arbeits- und Lebensmittelschutzes, Düsseldorf 1986.

(27) *Barkowski, D., Günther, P., Röchert, R.,* Wo ziehe ich meinen Grenzwert? Ein selektiver Streifzug durch die Welt der Untergrundkontamination, in: Forum Wissenschaft Nr. 2/198, Marburg, S. 18.

(28) vgl. *Kloepfer, M., Rehbinder, E., Schmidt-Aßmann, E.,* a.a.O., S. 752 ff.; z. Verwaltungsvorschrift als antizipiertes Sachverständigengutachten vgl. *Breuer, R.,* a.a.O., Rn. 352 ff.

(29) *Alsen, C., Wassermann, O., Simonis, U.E.,* Umwelttoxikologie. Aufgaben und Anforderungen, FS II 88- 405, WZB, Berlin 1988, S. 9.

(30) ebd., S. 4.

(31) *Karmaus, W.,* Das Zusammenspiel von Wissenschaft, Behörden und Industrie dargestellt am Falle der Risiko-Beurteilung und Risiko-Bewältigung von Dioxinen, P 89- 205, Wissenschaftszentrum Berlin, 1989, S. 16 f.

(32) *Der Rat von Sachverständigen für Umweltfragen,* Umweltgutachten 1987, Kurzfassung, Der Bundesminister für Umwelt, Naturschutz und Reaktorsicherheit (Hrsg.), Bonn 1987, S. 8, Tz. 9.

(33) *Bundesministerium für Umwelt, Naturschutz und Reaktorsicherheit* (Hrsg.), Umwelt '90. Umweltpolitik. Ziele und Lösungen, Bonn 1990, S. 13.

(35) vgl. *Nisipeanu, P.,* Nach § 324 StGB strafbare Gewässerverunreinigung bei Überschreitung der wasserrechtlichen (sonderordnungsrechtlichen) Überwachungswerte oder/und der abwasserabgaberechtlichen Höchstwerte? in: Natur und Recht, 1988, Heft 5, S. 225 m.w.N.

(36) vgl. *Breuer, R.,* a.a.O., Rn. 566, 574 c; vgl. § 4,1 AbwAG a.F.

(37) vgl. 3 u. 4 AbwAG n. F.

(38) Zu Grenz- u. Richtwerten in Nahrungsmitteln vgl. Umweltbundesamt (Hrsg.), Daten zur Umwelt 1988/89, Berlin 1989, S. 515 ff. u. Daten zur Umwelt 1990/91, Berlin 1992, S. 525 ff.

(39) *Bundesministerium des Innern,* Was Sie schon immer über Lärmschutz wissen wollten, 2. verb. Auflage, Stuttgart, Berlin, Köln, Mainz 1988, S. 108; z. Entwicklung der Immissions- und Emissionsgrenzwerte für Lärm s. Umweltbundesamt (Hrsg.), Daten zur Umwelt 1990/91, Berlin 1992, S. 518 f.

(40) Mindestanforderungen an Abwassereinleitungen nach § 7a WHG - Verwaltungsvorschrift, Hinweise, Arbeitsunterlagen -, LAWA (Hrsg.), vgl. Anm. 62.

(41) *Bundesverband Chemie e.V. u. Verband der Chemischen Industrie e.V.,* Fakten zur Chemie-Diskussion. Chemie in Spuren, Nr. 25, Wiesbaden und Frankfurt 1984.

(42) *Schramm, E., Kluge, T.,* Reinheitsgebote. Die Wassergüte im hydrotechnischen Kreislauf, in: Kursbuch 92, Berlin 1988, S. 61.

(43) *Bundesverband Chemie e.V. u. Verband der Chemischen Industrie e.V.,* Fakten zur Chemie-Diskussion, Nr. 34, Wiesbaden und Frankfurt 1984.

(44) *Umweltbundesamt* (Hrsg.), Jahresbericht 1990, Berlin 1991, S. 83 ff.

(45) *Ruck, A.,* Probleme der Festsetzung von Schwellenwerten für Umweltmedien - das Beispiel Boden, in: Forum Wissenschaft Nr. 1/1989, Marburg, S. 60.

(46) *Umweltbundesamt* (Hrsg.), Jahresbericht 1990, Berlin 1991, S. 89 ff.

(47) ebd., S. 94 ff.

(48) *Alsen, C., Wassermann, O., Simonis, U.E.,* a.a.O., S. 37.

(49) ebd., S. 45 f.

(50) *Ruck, A.,* ebd.

(51) vgl. *Umweltbundesamt* (Hrsg.), Daten zur Umwelt 1988/89, Berlin 1989, S. 515 ff.

(52) kritisch *Schramm, E., Kluge, T.,* Reinheitsgebote. Die Wassergüte im hydrotechnischen Kreislauf, in: Kursbuch 92, Berlin 1988.

(53) *Ruck, A.,* a.a.O., S. 62.

(54) ebd.

(55) ebd.

(56) ebd.

(57) *Bundesministerium für Umwelt, Naturschutz und Reaktorsicherheit* (Hrsg.), Umwelt, Nr. 2/91, Bonn 1991, S. 56.

(58) *Bundesverband Chemie e.V. u. Verband der Chemischen Industrie e.V.,* Fakten zur Chemie-Diskussion. Chemie in Spuren, Nr. 25, Wiesbaden und Frankfurt 1984.

(59) *Alsen, C., Wassermann, O., Simonis, U. E.,* a.a.O., S. 46.

(60) *Umweltbundesamt* (Hrsg.), Jahresbericht 1990, Berlin 1991, S. 87.

(61) *Umweltbundesamt* (Hrsg.), a.a.O., S. 101.

(62) vgl. *Breuer, R.,* a.a.O., Rn. 348; die vollst. Vorschriften sind lt. Breuer abgedruckt in: Wüsthoff-Kumpf, Handbuch, C 40 ff.; ferner in: Das neue Wasserrecht für die betriebliche Praxis, Band 2, Teil 07/3.4.

(63) GMBl 1990, Nr. 8, S. 114 (VwV wassergefährdender Stoffe [VwVwS]).

(64) ebd.

(65) *Umweltbundesamt* (Hrsg.), Katalog wassergefährdender Stoffe, LTwS-Nr. 12, Berlin 1991.

(66) Drs., a.a.O., S. 18 ff.

(67) ebd., Anl. 4.

(68) vgl. *Breuer, R.,* a.a.O., Rn. 18; vgl. Bundestags-Drucksache 10/2833, S. 1.

(69) dazu ausführlich *Breuer, R.,* a.a.O., Rn. 368 ff.

(70) vgl. *Breuer, R.,* a.a.O., Rn. 378 ff.

(71) vgl. *Umweltbundesamt* (Hrsg.), Chemikaliengesetz Heft 9. Grundzüge der Bewertung von Neuen Stoffen nach dem ChemG - 1. Fortschreibung 1990 - (Texte 28/90).

(72) ebd., S. 12.

(73) ausführlich *Universum Verlagsanstalt* (Hrsg.), Gefahrstoffe 1990, Wiesbaden 1990; Fachfragen an: Sekretariat der Deutschen Forschungsgemeinschaft, Institut für Toxikologie der Universität Würzburg, Versbacher Straße 9, 8700 Würzburg.

(74) ebd.

Kapitel 7

(1) ausführlich: Große Anfrage von Die Grünen und Antwort der Bundesregierung: Bundestags-Drucksache 11/8410.

(2) *Deutscher Gewerkschaftsbund,* Antrag 90/III C 1, zum 14. Ordentlichen DGB-Kongreß, Hamburg 1990, Kongreßmaterial.

(3) vgl. *Kloepfer, M., Rehbinder, E., Schmidt-Aßmann, E.,* Umweltgesetzbuch. Allgemeiner Teil. Entwurf, o.O., o.J., zu beziehen beim Umweltbundesamt, S. 16 f. m.w.N.

(4) EWG-Vertrag v. 25.3.1957, zuletzt geä. d. Einheitliche Europäische Akte v. 28.2.1986, BGBl. II S. 1104, Art. 130 r/130 t/189.

(5) *Jaedicke, W., Kern, K., Wollmann, H.,* „Kommunale Aktionsverwaltung" in Stadterneuerung und Umweltschutz, Köln 1990, S. 22.

(6) ebd., S. 21 f.

(7) vgl. *Kriminologisches Seminar der Universität Bonn* - Forschungsgruppe Umwelt, Forschungsprojekt: Die behördliche Praxis bei der Entdeckung und Definition von Umweltstrafsachen. Abschlußbericht, Bonn 1991, S. 32.

(8) ebd., S. 33 f.

(9) ebd., S. 74 ff.

(10) ebd., S. 79 ff.

(11) *Huber, J.,* Unternehmen Umwelt. Weichenstellungen für eine ökologische Marktwirtschaft, Frankfurt am Main 1991, S. 76.

(12) ebd., S. 72.

(13) *Prittwitz, V.,* Das Katastrophen-Paradox. Elemente einer Theorie der Umweltpolitik, Opladen 1990, S. 185 ff.

(14) ebd., S. 183.

(15) *Jaedicke, W., Kern, K., Wollmann, H.,* a.a.O., S. 72 f.

(16) vgl. *Kriminologisches Seminar der Universität Bonn* - Forschungsgruppe Umwelt, a.a.O., S. 47 ff.

(17) ebd., S. 109 ff.

(18) ebd., S. 126.

(19) vgl. die jew. Paragraphen „Überwachung" i. d. einschl. Gesetzen.

(20) vgl. *Kloepfer, M., Rehbinder, E., Schmidt-Aßmann, E.,* a.a.O., zu Verfassungsfragen: S. 14 ff, Abgrenzungsfragen: S. 208 ff.

(21) ebd., S. 182.

(22) vgl. *Drews, B., Wacke, G.,* u.a.: Gefahrenabwehr. Allgemeines Polizeirecht (Ordnungsrecht) des Bundes und der Länder, Band 2.

(23) vgl. *Prittwitz, V.,* a.a.O., S. 71 ff.

(24) *Jaedicke, W., Kern, K., Wollmann, H.,* a.a.O., S. 20.

(25) vgl. *Prittwitz, V.,* a.a.O., S. 13 ff.

(26) vgl. *Kloepfer, M., Rehbinder, E., Schmidt-Aßmann, E.,* a.a.O., S. 212.

(27) *Prittwitz, V.,* Gefahrenabwehr - Vorsorge - Strukturelle Ökologisierung. Drei Idealtypen der Umweltpolitik, IIUG 87-9, Berlin 1987, S. 5.

(28) vgl. *Kloepfer, M., Rehbinder, E., Schmidt-Aßmann, E.,* a.a.O., S. 273.

(29) ebd., S. 273 f.

(30) ebd., S. 180 f.

(31) ebd., S. 182.

(32) *Beck, U.*, Gegengifte. Die organisierte Unverantwortlichkeit, 1. Auflage, Frankfurt am Main 1988, S. 134.

(33) ebd., S. 145.

(34) *Menke-Glückert, P.*, Mit dem Risiko leben, in: Koch, E., Vahrenholt, F., Im Ernstfall hilflos? Katastrophenschutz bei Atom- und Chemieunfällen, Köln 1980, S. 331.

(35) *Schlatter, Chr.*, Toxizität als Gefahrensituation, in: Verband der Chemischen Industrie e.V. (Hrsg.), Chemie+Fortschritt, Nr.1/1987, Brände und ihre Vermeidung, S. 68.

(36) *Danzmann, H.-J.*, Wie wird das Risiko bestimmt?, in: Koch, E., Vahrenholt, F., Im Ernstfall hilflos? Katastrophenschutz bei Atom- und Chemieunfällen, Köln 1980, S. 83.

(37) vgl. *Hofseth, P.*, Sicherheit und Gefahren, in: de Witt, S., und Hatzfeldt, H.,(Hrsg.), Zeit zum Umdenken!, Hamburg 1979, S. 97 ff.

(38) undat. *Bericht der Bremer Gesellschaft für Sicherheitsforschung und Entwicklung m.b.H.*

(39) *Umweltbundesamt* (Hrsg.), Daten zur Umwelt 1988/89, Berlin 1989, S. 69.

(40) *Koch, E., Vahrenholt, F.*, Im Ernstfall hilflos? Katastrophenschutz bei Atom- und Chemieunfällen, Köln 1980, S. 21.

(41) zit. n. *Koch, E., Vahrenholt, F.*, a.a.O., S. 17.

(42) *Beck, U.*, a.a.O., S. 120.

(43) ebd., S. 128.

(44) *Jaedicke, W., Kern, K., Wollmann, H.*, a.a.O., S. 109.

(45) *Wittkämper, G.W., Wulff-Nienhüser, M.*, Umweltkriminalität – heute und morgen, Wiesbaden 1987, S. 20.

(46) vgl. Kap. 6, Abschn. 6.2.2, Anm. 16.

(47) *UNESCO-Verbindungsstelle für Umwelterziehung im Umweltbundesamt* (Hrsg.), Berufsfeld- und Qualifikationsanalyse für Umweltfachleute in der Öffentlichen Verwaltung, Berlin 1991.

Kapitel 8

(1) vgl. *Packard, A.*, Die geheimen Verführer.

(2) vgl. *Sozialwerk für Seeleute* (Hrsg.), Böhm, H., Psychologie an Bord, Teil I, o.O., 1976.

(3) *Krieger, G.*, Der dressierte Feuerwehrmann, in: Gefährliche Ladung, Nr. 10 u. 11/1990, Hamburg 1990; vgl. auch drs., Flucht nach vorn, in: Gefährliche Ladung, Nr. 4 u. 5/1990, Hamburg 1990.

(4) Drs., Der dressierte Feuerwehrmann, in: Gefährliche Ladung, Nr. 11/1990, Hamburg 1990, S. 537.

(5) ebd.

(6) vgl. Gefahrgutverordnung-Straße bzw. ADR, jeweils Anh. B. 5.

(7) Einen guten Überblick mit zum Teil ausführlichen Informationen geben folgende Quellen: – „Jahresbericht 1990", S. 26 ff., Hrsg. Umweltbundesamt, Bismarckplatz 1, D-1000 Berlin 33, Tel. 030-8903-0, – „Gefahrstoffe 1990", S. 5 ff., Hrsg. Universum Verlagsanstalt, Rößlerstraße 7, D-6200 Wiesbaden, – „Gefährliche Ladung", Nr. 6/91, S. 250 ff, Hrsg. K.O. Storck Verlag, Stahltwiete 7, D-2000 Hamburg 50, Tel. 040-8532920.

(8) Ausführlich: *Umweltbundesamt* (Hrsg.), Rahmenempfehlungen für Einsatzmaßnahmen nach Unfällen mit wassergefährdenden Stoffen, LTwS-Nr. 16, Berlin 1983, S. 17 ff., identisch mit: Gemeinsames Ministerialblatt Nr. 2, Bonn 1983.

(9) vgl. *Nüßler, H.-D.*, Gefahrgut-Ersteinsatz. Handbuch für Gefahrgut-Transport-Unfälle, Hamburg 1988.

Kapitel 9

(1) vgl. z.B.: *Der Minister für Ernährung, Landwirtschaft und Forsten des Landes Nordrhein-Westfalen* (Hrsg.), Hinweise zur Ermittlung von Altlasten. Erfassung, Erstbewertung, Untersuchung und Beurteilung von Altablagerungen und gefahrenträchtigen Altstandorten, o.O., 1985 (unverkäuflich).

(2) *Umweltbundesamt* (Hrsg.), Beurteilung und Behandlung von Mineralölschadensfällen im Hinblick auf den Grundwasserschutz, LTwS-Nr. 24, Berlin 1990, S. II.

(3) *Umweltbundesamt* (Hrsg.), Beurteilung und Behandlung von Mineralölschadensfällen im Hinblick auf den Grundwasserschutz, Teil 2, Untersuchung von Mineralölunfällen sowie praktische Durchführung von Abwehr- und Sanierungsmaßnahmen, Berlin 1984, S. 2.

(4) vgl. Die Kammer befürchtet Panik. Auszug aus dem Wyhl-Urteil des Verwaltungsgerichts Freiburg, in: Koch, E., Vahrenholt, F., Im Ernstfall hilflos ? Katastrophenschutz bei Atom- und Chemieunfällen, Köln 1980, S. 372 ff.; erhellend auch: Prittwitz, Das Katastrophenparadox, Opladen 1990, Kapitel 1; Traube, K., u.a., Nach dem Supergau. Tschernobyl und die Konsequenzen, Hamburg 1986.

(5) *Umweltbundesamt* (Hrsg.), Rahmenempfehlungen für Einsatzmaßnahmen nach Unfällen mit wassergefährdenden Stoffen, LTwS-Nr. 16, Berlin 1983, S. 17, identisch mit: Gemeinsames Ministerialblatt Nr. 2, Bonn 1983.

(6) vgl. *Breuer, R.,* Öffentliches und privates Wasserrecht, 2. Auflage, München 1987, Rn. 98 f.

(7) *Schlatterer, R.,* Tankrevision + Tankschutz von Heizölverbraucheranlagen. Umweltschutz beim Lagern wassergefährdender Flüssigkeiten, Freiburg i. Br. 1985, S. 226.

(8) GMBl. 1985, S. 641 ff.; ferner: *Umweltbundesamt* (Hrsg.), Richtlinien für Sachverständige, LTwS-Nr. 19, Berlin 1986; auch Klumbies, M., Polizei und Umweltschutz. Grundlagen, Ermittlung, Beweissicherung, Eigensicherung, Hilden 1986, S. 159 ff.

(9) *Breuer, R.,* a.a.O., Rn. 61.

(10) vgl. Kriminologisches Seminar der Universität Bonn - Forschungsgruppe Umwelt, Forschungsprojekt: Die behördliche Praxis bei der Entdeckung und Definition von Umweltstrafsachen. Abschlußbericht, Bonn 1991, S. 73 ff. sowie Kapitel 7, Abschn. 7.2.1 dieses Buches.

(11) Eine halbwegs verläßliche Statistik existiert nicht, da seit 1978 Daten des zweifellos bedeutenden Straßengüternahverkehrs nicht erfaßt werden, vgl. Gefährliche Ladung Nr. 2/92, Hamburg 1992, S. 89 f.

(12) *Umweltbundesamt* (Hrsg.), Daten zur Umwelt 1988/89, Berlin 1989, S. 69.

(13) vgl. *Strecker, H.,* Wer ist nun wer?, in: Gefährliche Ladung, Nr. 1/1992, Hamburg 1992, S. 28 f.

(14) als ausführliche Sachinformation: *Bundesminister für Forschung und Technologie* (Hrsg.), Abfallverwertung in der Bundesrepublik Deutschland. Verfahren, Entwicklungstendenzen und neue Technologien der kommunalen Abfallentsorgung, 2. Auflage, Bonn 1989.

(15) vgl. *Umweltbundesamt* (Hrsg.), Daten zur Umwelt 1990/91, Berlin 1992, Herkunftsbereiche der Abfälle, S. 459 ff.

(16) *Zentgraf, Chr., Hornfeck, O.,* Verordnung ist das halbe Leben, in: Gefährliche Ladung, Nr. 2/1992, Hamburg 1992, S. 85.

(17) vgl. *Heine, G., Meinberg, V.,* Empfehlen sich Änderungen im strafrechtlichen Umweltschutz, insbesondere in Verbindung mit dem Verwaltungsrecht? Gutachten D zum 57. Deutschen Juristentag Mainz 1988, München 1988, S. D 61.

(18) Bayern, Landesstraf- und Verordnungsgesetz, v. 13.12.1982, Art.6.

(19) Einen leicht verständlichen und praxisorientierten Einblick vermittelt Hund, H., Das Ermittlungsverfahren in Umweltstrafsachen. Grundkenntnisse, Fallgruppen und Erfahrungen aus der Sicht der Staatsanwaltschaft, in: Kriminalistik/Kriminalistik Skript, fortlaufend in den Ausgaben 7/90, 8-9/90, 10/90, 11/90, 12/90, 1/91 (Kriminalistik Verlag GmbH, Heidelberg).

(20) vgl. *Wittkämper, G.W., Wulff-Nienhüser, M.*, Umweltkriminalität - heute und morgen, Wiesbaden 1987, S. 174 ff.; Kriminologisches Seminar der Universität Bonn - Forschungsgruppe Umwelt, Forschungsprojekt, a.a.O., S. 219 ff.

(21) *Bundesministerium für Umwelt, Naturschutz und Reaktorsicherheit* (Hrsg.), Umwelt 2/89, S. 61 f.

(22) 57. Deutscher Juristentag Mainz 1988, III. Abteilung Strafrecht, Beschluß 7 a) in: Neue Juristische Wochenschrift (NJW) 1988, Heft 47, S. 3001 ff.

(23) Kriminologisches Seminar der Universität Bonn - *Forschungsgruppe Umwelt*, Forschungsprojekt, a.a.O., S. 89 ff.

(24) ebd., S. 91.

(25) ebd., S. 268.

(26) ebd., S. 269.

(27) Zur „Konkurrenz" Strafrecht und Umweltverwaltung vgl. *Horn, E.*, Umweltschutz durch Strafrecht, in: Natur und Recht, 1988, Heft 2, S. 63 ff.

(28) Ausführlich *Kühl, K.*, Probleme der Verwaltungsakzessorietät des Strafrechts, insbesondere im Umweltstrafrecht. Festschrift für Karl Lackner, Berlin, New York 1987, S. 815 ff. m.w.N.;.

(29) vgl. *Heine, G., Meinberg, V.*, a.a.O., S. D 45 ff.

(30) *Heine, G., Meinberg, V.*, a.a.O., S. D 152 f.

(31) vgl. Kriminologisches Seminar der Universität Bonn - *Forschungsgruppe Umwelt*, Forschungsprojekt, a.a.O., S. 215 ff.; z. Strafbarkeit v. Amtsträgern ebd., S. 193 ff.

(32) vgl. *Franzheim, H.*, Die Bewältigung der Verwaltungsrechtsakzessorietät in der Praxis, in: Juristische Rundschau 1988, S. 319; z. d. Beziehungen zw. Umwelt- und Strafverfolgungsbehörden vgl. Kriminologisches Seminar der Universität Bonn - Forschungsgruppe Umwelt, Forschungsprojekt, a.a.O., S. 213 ff.

(33) *Kitschenberg, J.*, Probleme der Verdachtsgewinnung und Beweisführung bei Umweltdelikten, in: Die Polizei, Nr. 12/1982, S. 375.

(34) *Wittkämper, G. W., Wulff-Nienhüser, M.*, a.a.O., S. 168 ff., bes. S. 179.

(35) 57. Deutscher Juristentag Mainz 1988, III. Abteilung Strafrecht, Beschluß 33 a) in: NJW 1988, Heft 47, S. 3001 ff.

(36) *Wittkämper, G.W., Wulff-Nienhüser, M.*, a.a.O., S. 189.

(37) *Heine, G., Meinberg, V.*, a.a.O., S. D 91.

(38) 57. Deutscher Juristentag Mainz 1988, III. Abteilung Strafrecht, Beschluß 33 b) in: NJW 1988, Heft 47, S. 3001 ff.

(39) *Wittkämper, G.W., Wulff-Nienhüser, M.*, a.a.O., S. 20.

(40) Kriminologisches Seminar der Universität Bonn - *Forschungsgruppe Umwelt*, Forschungsprojekt, a.a.O., S. 68 f.

(41) ebd., S. 72.

(42) ebd., S. 70.

(43) ausführlich zur polizeil. Ausbildung *Klumbies, M.*, Der polizeiliche Unterricht konzentriert sich aufs Banale, in: Deutsche Polizei, Nr. 5/88, Hilden 1988, S. 18 ff.

(44) vgl. *Schulze, G., Lotz, H.* (Hrsg.), Polizei und Umwelt. Teil 1: BKA-Schriftenreihe, Bd. 54, Wiesbaden 1986; auch Klumbies, M., Polizei und Umweltschutz. Grundlagen, Ermittlung, Beweissicherung, Eigensicherung, Hilden 1986.

(45) *UNESCO-Verbindungsstelle für Umwelterziehung im Umweltbundesamt* (Hrsg.), Fortbildung zum Thema Ökologie/Umweltschutz. Lehrgangsmaterialien für die Polizei, Bd. I - IV, Berlin 1990.

(46) *Heine, G., Meinberg, V.*, a.a.O., S. D 88.

(47) *Bundesministerium der Justiz,* Bericht der interministeriellen Arbeitsgruppe „Umwelthaftungs- und Umweltstrafrecht" - Arbeitskreis „Umweltstrafrecht", o.O. 1989, S. 205.

(48) *Wittkämper, G.W.,* Empirische Untersuchung zur Erstellung einer Prognosegrundlage der Umweltkriminalität (Delphi-Umfrage). Zweite Befragungsrunde. Zusammenfassung der Befragungsergebnisse, Münster 1986, S. 17.

(49) vgl. zur Ausrüstung der Polizei *Klumbies, M.,* a.a.O., S. 202 ff., bes. S. 206; drs., David gegen Goliath, in: Deutsche Polizei, Nr. 8/89, Hilden 1989, S. 17 ff.; Abschn. 8.1.3.7 u. 9.2.1.3 dieses Buches.

(50) *Heine, G., Meinberg, V.,* a.a.O., S. D 88.

(51) *UNESCO-Verbindungsstelle für Umwelterziehung im Umweltbundesamt* (Hrsg.), a.a.O., Bd. IV, Baustein 4.

(52) *Bundesministerium der Justiz,* a.a.O., S. 235.

(53) *Heine, G., Meinberg, V.,* a.a.O., S. D 153.

(54) *Wittkämper, G.W., Wulff-Nienhüser, M.,* a.a.O., S. 561.

(55) Kriminologisches Seminar der Universität Bonn - *Forschungsgruppe Umwelt,* Forschungsprojekt, a.a.O., S. 56 f.

(56) Zu Aufgabenzuweisungen und Spezialeinheiten in d. westl. Bu'Ländern vgl. *Heine, G., Meinberg, V.,* a.a.O., S. D 66 ff.

(57) So auch der 57. Deutsche Juristentag Mainz 1988, III. Abteilung Strafrecht, Beschluß 35 in: NJW 1988, Heft 47, S. 3001 ff.

(58) Aus *Nehmzow, K.,* Die Bekämpfung der Umweltkriminalität am Beispiel der Polizei Hamburg, in: Gewerkschaft der Polizei, Landesbezirk Hamburg (Hrsg.), GdP-Symposium. Polizei und Umweltkriminalität, S. 26.

(59) 57. Deutscher Juristentag Mainz 1988, III. Abteilung Strafrecht, Beschluß 36 a),b) in: NJW 1988, Heft 47, S. 3001 ff.

(60) *Walcher, S.,* Probleme der Zusammenarbeit von Staatsanwaltschaft und Polizei bei der Bekämpfung der Umweltkriminalität, in: Die Polizei, Nr. 12/1982, S. 376 ff.

(61) *Heine, G., Meinberg, V.,* a.a.O., S. D 87.

(62) Kriminologisches Seminar der Universität Bonn - Forschungsgruppe Umwelt, Forschungsprojekt, a.a.O., S. 58 f.

(63) vgl. *Klumbies, M.,* Polizei und Umweltschutz. Grundlagen, Ermittlung, Beweissicherung, Eigensicherung, Hilden 1986, S. 148 ff.

(64) vgl. *Rüther, W.,* Ursachen für den Anstieg polizeilich festgestellter Umweltschutzdelikte, Bonn 1986, S. 146 ff.; Heine, G., Meinberg, V., a.a.O., S. D 75 f.

(65) vgl. *Heine, G., Meinberg, V.,* a.a.O., S. D 78 ff. m.w.N.

(66) ebd.

(67) *Umweltbundesamt* (Hrsg.), Presse-Information Nr. 10/1991, Jahresbericht 1990 des Umweltbundesamtes, Statement des Präsidenten des Umweltbundesamtes.

(68) vgl. *Meinberg, V.,* ZStW Bd. 100, 1988, S. 112, 127.

(69) *Wittkämper, G.W., Wulff-Nienhüser, M.,* a.a.O., S. 18.

(70) Kriminologisches Seminar der Universität Bonn - *Forschungsgruppe Umwelt,* Forschungsprojekt, a.a.O., S. 187 ff.

(71) ebd., S. 192.

(72) 57. Deutscher Juristentag Mainz 1988, III. Abteilung Strafrecht, Beschluß 11 in: NJW 1988, Heft 47, S. 3001 ff.

(73) vgl. *Heine, G., Meinberg, V.,* a.a.O., S. D 16 ff.

(74) ebd., S. D 19 f.

(75) Statt vieler: *Hauber, R.*, Umweltstrafrecht und Umweltkriminalität - Eine Einführung in: Verwaltungsrundschau - VR, April 1989, S. 109 ff.

(76) *Gewerkschaft der Polizei,* Antrag zum 14. Ordentlichen DGB-Kongreß, Hamburg 1990, Kongreßmaterial.

(77) *Wittkämper, G.W., Wulff-Nienhüser, M.*, a.a.O., S. 303 ff.

(78) *Heine, G., Meinberg, V.*, a.a.O., S. D 16 ff.

(79) u.a. abgedruckt in: *Neue Juristische Wochenschrift (NJW)* 1988, Heft 47, S. 3001 ff.

(80) vgl. statt vieler: *Tiedemann, K., Kindhäuser, U.*, Umweltstrafrecht - Bewährung oder Reform? in: Neue Zeitschrift für Strafrecht, Heft 8/1988, S. 337 ff.

(81) 57. Deutscher Juristentag Mainz 1988, III. Abteilung Strafrecht, Beschluß 34 a) in: NJW 1988, Heft 47, S. 3001 ff.

(82) vgl. *Kühl, K.*, Probleme der Verwaltungsakzessorietät des Strafrechts, insbesondere im Umweltstrafrecht. Festschrift für Karl Lackner ..., Berlin, New York 1987, S. 816 ff.

(83) *Wittkämper, G.W., Wulff-Nienhüser, M.*, a.a.O., S. 303.

(84) *UNESCO-Verbindungsstelle für Umwelterziehung im Umweltbundesamt* (Hrsg.), a.a.O., hier Bd. IV, S. 20 ff.

(85) *Mitglieder des Bundesverfassungsgerichts* (Hrsg.), Entscheidungen des Bundesverfassungsgerichts, Bd. 65, S. 43.

(86) vgl. ausführlich *UNESCO-Verbindungsstelle für Umwelterziehung im Umweltbundesamt* (Hrsg.), a.a.O., hier Bd. IV, S. 22 ff. m.w.N.

(87) vgl. *Freiberg, K., Thamm, B.G.*, Das Mafia-Syndrom. Organisierte Kriminalität: Geschichte-Verbrechen-Bekämpfung, Hilden/Rhld. 1992, S. 113 ff.

(88) ebd., S. 123 ff.

(89) ebd., S. 215 ff.

(90) vgl. ausführl. *UNESCO-Verbindungsstelle für Umwelterziehung im Umweltbundesamt* (Hrsg.), a.a.O., hier Bd. IV, S. 22 ff. m.w.N.

(91) ebd., S. 25.

(92) *Deutscher Gewerkschaftsbund,* Antrag 90/I. zum 14. Ordentlichen DGB-Kongreß, Hamburg 1990, Kongreßmaterial.

(93) *UNESCO-Verbindungsstelle für Umwelterziehung im Umweltbundesamt* (Hrsg.), a.a.O., Bd. IV, Anhang A 25.

(94) *Nehmzow, K.*, Die Bekämpfung der Umweltkriminalität am Beispiel der Polizei Hamburg, in: Gewerkschaft der Polizei, Landesbezirk Hamburg (Hrsg.), GdP-Symposium. Polizei und Umweltkriminalität, S. 24.

(95) Kriminologisches Seminar der Universität Bonn - *Forschungsgruppe Umwelt,* Forschungsprojekt, a.a.O., S. 61 ff.

(96) Zur Rechtmäßigkeit vgl. ebd., S. 246 ff.

(97) vgl. statt vieler: *Heine, G., Meinberg,* a.a.O., S. D 71 f.; Kriminologisches Seminar der Universität Bonn - Forschungsgruppe Umwelt, Forschungsprojekt, a.a.O., S. 305.

(98) Zusammenfassend ü. Grundlagen, Folgen u. Vorschläge Kriminologisches Seminar der Universität Bonn - *Forschungsgruppe Umwelt,* Forschungsprojekt, a.a.O., S. 274 ff.

(99) *Heine, G., Meinberg,* a.a.O., S. D 156 ff.; *Wittkämper, G.W., Wulff-Nienhüser, M.*, a.a.O.., S. 137 ff.

(100) Kriminologisches Seminar der Universität Bonn - *Forschungsgruppe Umwelt,* Forschungsprojekt, a.a.O., S. 274 f.

(101) *Hamburger Rechnungshof,* Prüfbericht, zit. n. ebd., S. 311.

(102) 57. Deutscher Juristentag Mainz 1988, III. Abteilung Strafrecht, Beschluß 33 a) in: NJW 1988, Heft 47, S. 3001 ff.

(103) *Heine, G., Meinberg, V.,* a.a.O., S. D 157 f.

(104) Kriminologisches Seminar der Universität Bonn - *Forschungsgruppe Umwelt,* Forschungsprojekt, a.a.O., S. 238.

(105) ebd., 237 f.

(106) ebd., S. 285 ff.

(107) *Heine, G., Meinberg, V.,* a.a.O., S. D 102.

(108) *Wittkämper, G.W., Wulff-Nienhüser, M.,* a.a.O., S. 562 ff.

(109) *Nehmzow, K.,* a.a.O., S. 19.

(110) ebd., S. 23 f.

(111) *Klumbies. M.,* David gegen Goliath, in: Deutsche Polizei, Nr. 8/89, Hilden 1989, S. 23.

(112) vgl. *Nehmzow, K.,* Prävention vor Repression, in: Gefährliche Ladung 1/90, Hamburg 1990, S. 35 ff.

(113) *Peccei, A.,* Die Zukunft in unserer Hand, 2. Aufl., Wien, München, Zürich, New York 1981, S. 25.

II. Teil: Entscheidungsgrundlagen in der Untersuchung und Sanierung von Boden- und Grundwasserkontaminationen

1 Wasser

Wasser ist der Ursprung und Zukunft allen Lebens. Ohne Wasser kein Leben. Wasser, bestehend aus zwei Atomen Wasserstoff und einem Atom Sauerstoff (H_2O), war schon von heute längst vergangenen Kulturen als kostbares und schützenswertes Gut erkannt worden. So war es etwa für die Römer selbstverständlich, gutes Trinkwasser aus weit entfernten Gebieten über aufwendig gebaute Systeme in die Städte zu leiten. Es war ehernes Prinzip, daß die Ableitung des gebrauchten Wassers so erfolgte, daß eine Verbindung zu den Entnahmegebieten des Wassers nicht möglich war. In unseren Breiten ging schon im Mittelalter die Einsicht in die Notwendigkeit der Trennung von Entnahme- und Einleitungsgebieten sehr bald verloren. Man ließ noch bestehende Leitungssysteme der Römer verfallen. Das benötigte Wasser wurde oberflächlich oder aus Brunnen geschöpft. Die Vorstellungen von körperlicher Hygiene waren schwach entwickelt. Eine Karaffe mit Wasser und eine sehr kleine Waschschüssel reichten allemal dem Reinigungsbedürfnis der damaligen Zeit. Wirklich fatal aber war erst, daß Abwasser und Exkremente dort belassen wurden, wo sie anfielen – im Burggraben, im Bach des Städtchens oder in der Grube unter dem Balken. Unwissen oder Ignoranz führten dazu, daß in diesen sehr engen Kreisläufen von Trink- und Gebrauchswasser einerseits und verunreinigtem Wasser andererseits auf fatale Weise die Voraussetzung für die Ausbreitung von Seuchen geschaffen wurden. Wasserschutzbestimmungen beschränkten sich auf das Verbot, Exkremente in den Bach des Ortes einzuleiten, wenn am nächsten Tage Bier gebraut werden sollte. Heute besteht, wie wir sehen werden, an Wasserschutzbestimmungen kein Mangel. Sicherlich sind auch hier noch Verbesserungen denkbar. Allein entscheidend ist jedoch, ob und inwieweit diese Bestimmungen eingehalten werden.

Die Nutzungsmöglichkeiten des Wassers zum Trinken, Kochen, Waschen, Reinigen, Tränken, Bewässern, Kühlen und zur Erzeugung von Energie sind uns bewußte Selbstverständlichkeiten. Wir kennen das Wasser als Flüssigkeit, Dampf und Eis. In diesen Aggregatzuständen begegnet uns das Wasser als Oberflächenwasser in Bächen, Flüssen, Seen und dem Meer. Es tritt als Grundwasser aus Quellen zutage, oder es wird aus großen Tiefen an die Oberfläche gepumpt. Hier verdunstet es, steigt auf und bildet Wolken. In Form von Regen, Schnee, Hagel usw. kommt es auf die Erdoberfläche zurück, speist die Bäche und Flüsse, dringt in das Erdreich ein, bildet das Grundwasser, und der Kreislauf ist somit geschlossen.

1.1 Belastungen des Wassers

In seinem Kreislauf erfährt das Wasser verschiedenste Belastungen. Auf dem Weg durch den Boden werden Minerale und auch Schwermetalle ausgewaschen, im Fließgewässer bilden aufgewirbelte Sedimente, Staub, Fauna und Flora eine natürliche Belastung der Gewässer. Auch Schwankungen des Sauerstoffgehaltes des Wassers sind natürlich. Der Gehalt an Sauerstoff, seine Produktion und Zehrung im Wasser hängen unter anderem ab von der Herkunft des Wassers, der Sonneneinstrahlung, den Temperaturen, dem Pflanzen- und Tierbesatz, der Trübung und der Salzfracht. Speziell der Begriff „Salzfracht" vermittelt oftmals in erster Überlegung einen negativen Eindruck, der häufig mit dem Begriff „Verunreinigung" zusammen erwähnt wird. Diesem ist jedoch nicht so, da die im Wasser befindlichen positiv bzw. negativ geladenen Teilchen (Kationen bzw. Anionen) teils als lebenswichtige Bestandteile in der Ernährung von Tier und Mensch als auch zur Wachstumsförderung von Pflanzen zu sehen sind. Zu erwähnen sind Kationen wie Calzium, Magnesium, Eisen, Kalium und Natrium, aber auch die bei zu hoher Konzentration im Wasser sich deutlich negativ auf das Wohlbefinden von Pflanze, Tier und Mensch auswirkenden Kationen wie Kupfer, Nickel, Kobalt, Silber, Zink und Blei. An Anionen ist Fluorid, Chlorid, Jodid, Hydrogencarbonat oder auch Sulfat zu nennen. In aller Munde ist die Diskussion der Konzentration an Nitrat und Nitrit im Wasser.

Gasförmige Bestandteile, wie z.B. freies gelöstes Kohlendioxid (Mineralwasserflasche), gehören ebenso zur Gesamtbeurteilung der Qualität eines Wassers wie auch andere, an dieser Stelle nicht weiter zu nennende, Untersuchungskriterien.

Bemerkenswert ist auch, einen Blick auf die heute sehr ins Bewußtsein der Öffentlichkeit geratenen Schwermetalle zu werfen. Professor German Müller weist in der Zeitschrift „Bild der Wissenschaft" auf folgende Background-Werte von Schwermetallen in tonigen Sedimenten hin. Die Werte sind in Milligramm pro Kilogramm gleich Gramm pro Tonne angegeben:

- Cadmium 0,3
- Quecksilber 0,4
- Kobalt 19
- Blei 20
- Kupfer 45
- Nickel 68
- Chrom 90
- Zink 95.

Nach Prof. Müller reichern sich diese Schwermetalle bevorzugt in den Gewässersedimenten wegen ihrer geringen Löslichkeit der Verbindung an. Jedoch dürfte die Depot-Wirkung nicht überschätzt werden, da physikalische und chemische Veränderung zu einer Mobilisierung der Schwermetalle und deren Wiedereintritt ins Wasser führen könnten. Lebende Organismen sorgten für Austauschprozesse: Sie selbst reicherten die Schwermetalle in ihrem Körper an und könnten, wenn sie selbst Nahrungstiere für Fische seien, ihren Schwermetallanteil in die Nahrungskette einbringen. Mit dem Stichwort „Sedimente" kommen wir vom Wasser zum Begriff des Gewässers.(1)

1.2 Gewässer

Als Gewässer definiert H. J. Sack in seinem Kommentar zum Umweltschutz-Strafrecht: „Alle Teile der Erdoberfläche, die in Folge ihrer natürlichen Beschaffenheit oder künstlichen Vorrichtungen nicht nur vorübergehend mit Wasser bedeckt sind, sowie die Teile des Erdinneren, die Wasser enthalten. Dabei zählt zum Gewässer alles, was mit dem Wasser zusammen ein Ganzes bildet: Bett, Ufer, Schwebstoffe, Geschiebe, Eis."(2)

1.3 Gewässernutzung

In der Nutzung der Gewässer können sich verschiedene Prioritäten ergeben. Die Geschichte ist reich an Beispielen über Streitigkeiten, ob, von wem und in welcher Weise

Gewässer genutzt werden durften. Auch und gerade heute prallen Interessengegensätze aufeinander. Entscheidungen über die Nutzung von Gewässern sind von großer politischer Bedeutung. Interessenkonflikte ergeben sich aus den vielfältigen Möglichkeiten, ein Gewässer zu nutzen:

- Trinkwasser
- Betriebswasser
- Kühlwasser
- Vorfluter für Kühl- und Abwassereinleitung
- Schiffahrt
- Fischerei
- Erholung und Freizeitgestaltung sowie
- landwirtschaftliche Zwecke.

Nach dem Umweltprogramm der Bundesregierung von 1976 kommt der Trinkwasserversorgung die höchste Priorität zu. Vorwiegend existiert die Bestrebung, Grundwasser für die Trinkwasserversorgung heranzuziehen. Im erweiterten Maße muß jedoch auch über Uferfiltration (s. Kapitel 1.4) und Grundwasseranreicherung auf belastetes Oberflächenwasser zurückgegriffen werden. Probleme in diesem Zusammenhang bereitet die Belastung des Grundwassers sowie des Rohwassers für die Trinkwassernutzung mit Schadstoffen, Insbesondere Pflanzenschutzmitteln und Nitrat.
Das Wasserdargebot der Bundesrepublik Deutschland (ohne die neuen Bundesländer) beträgt im langjährigen Mittel 161 Milliarden m^3 jährlich. Von diesem Wasserdargebot werden ca. 52 Milliarden m^3 gewonnen und verwendet. Der größte Teil wird für Kühlwasserzwecke genutzt. Für die Wasserversorgung, also Trinkwassergewinnung, entfallen ca. 5 Milliarden m^3.(3)

1.4 Trinkwasser

Das Trinkwasser wird derzeit zu etwa

62,7 % aus Grundwasser,
11,8 % aus Quellwasser,
9,8 % aus angereichertem Grundwasser,
5,9 % aus Uferfiltrat,
9,3 % aus See- und Talsperrenwasser,
0,5 % aus Flußwasser

gewonnen.

Neben dem Problem der Grundwassergewinnung taucht die Frage nach der Wasserqualität auf. Diese soll in der Regel durch die Trinkwasserverordnung garantiert werden, welche ab dem 1.10.1989 dahingehend verschärft wurde, daß für einzelne Pflanzenschutzmittel Grenzwerte aufgenommen wurden. Hierdurch ergibt sich in vielen Fällen eine Überschreitung der zulässigen Grenzwerte, so daß bisherige Wasserreservoire nicht mehr ohne weitere technische Aufwendungen zugänglich sind. Diese auch anderweitig bedingten Aufwendungen führen teilweise dazu, daß über kilometerlange Rohrleitungsverbundnetze, wie z.B. die Bodenseewasserversorgung, Gemeinden und Städte mit Trinkwasser versorgt werden, weil die eigenen Grundwasserreservoire nur noch unter erhöhten technischen Aufbereitungsmaßnahmen nutzbar sind. Des weiteren ist vielfach in der Anfangsphase der Erkenntnis, daß das erste bisher für die Trinkwassernutzung herangezogene **Grundwasseraquifer** (Grundwasserleiter) aufgrund der Belastungen, z.B. durch einen zu hohen Nitratgehalt, nicht mehr nutzbar ist, ein zweites Grundwasserstockwerk durch einen erhöhten bohrtechnischen Aufwand erschlossen werden. Hierdurch wurde ein Grundwasseraquifer ausgebeutet, dessen Erneuerungsrate wesentlich geringer ist als die des oberflächennahen Aquifers. Unter Erneuerungsrate ist der Zeitraum zu verstehen, in dem von der Geländeoberfläche infiltriertes Regenwasser das Grundwasseraquifer erreicht. Dieser Prozeß kann speziell in Gebieten mit geringem Niederschlag über mehrere Jahre bis Jahrzehnte dauern.

Aus dem vorab Gesagten ist zu ersehen, daß die Trinkwasserversorgung die höchste Priorität besitzt. Es muß jedoch auch zukünftig darauf geachtet werden, daß die Nutzung der Trinkwasserreservoire kontrollierbar bleibt und durch Verbesserung der Gewässergüte der Oberflächengewässer eine verbesserte Nutzung des Uferfiltrates für die Gewinnung von Trinkwasser möglich wird. Das generelle Problem bei der Nutzung von Uferfiltrat besteht darin, daß die im Oberflächengewässer existierenden Inhaltsstoffe in den Grundwasserkörper eindringen (siehe Abbildung). Bei der Trinkwassergewinnung aus Uferfiltrat können, bedingt durch die teils standardisierte Wasseraufbereitung, durchaus im Oberflächengewässer befindliche Schadstoffe nicht einwandfrei durch die nachgeschaltete Aufbereitung herausgefiltert werden. Dies ist speziell dann der Fall, wenn, wie im Fall des Unfalls bei der Firma Sandoz AG im Jahr 1986, der Vorflu-

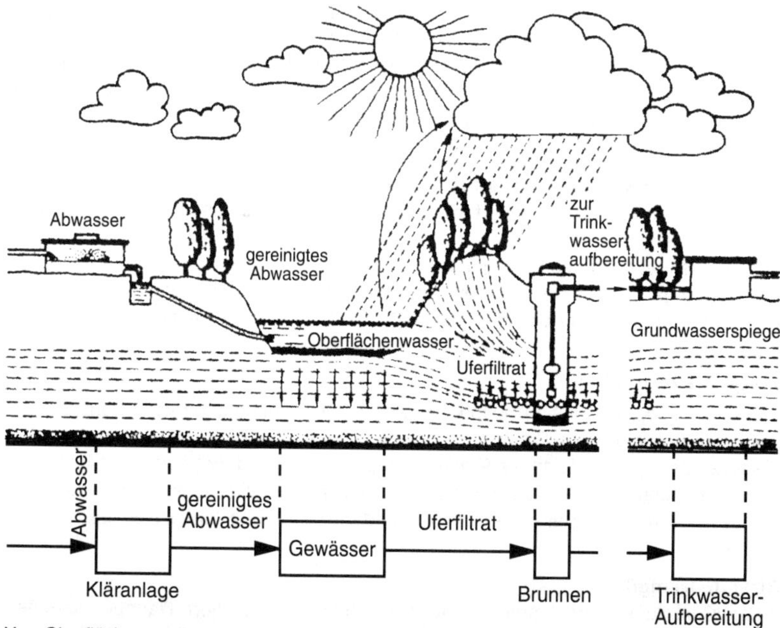

Vom Oberflächengewässer über die Bodenpassage zum Trinkwasser

ter Rhein schlagartig Schadstoffe führt, welche zu einer Problemstellung bei der Aufbereitung von Grundwasser, resultierend aus Uferfiltrat, führen.

1.5 Gewässergüte

Eine Vielzahl von Parametern charakterisieren die Güte eines Gewässers. Dabei ist diese abhängig von den natürlichen Einflüssen sowie von Eingriffen und Einflüssen durch den Menschen. Aus einer großen Anzahl von Meßstationen werden die Angaben zur Überwachung der Fließgewässer, Seen und Küstengewässer gewonnen. Zu den wichtigsten Überwachungsparametern zählen:

- Sauerstoffgehalt (O_2),
- chemischer Sauerstoffbedarf (CSB),
- biochemischer Sauerstoffgehalt in 5 Tagen (BSB_5),
- Gesamt Phosphor (PO_4),
- Nitrat (NO_3),
- Choridbelastung,
- Schwermetallbelastung,
- Verunreinigungen durch organische Halogenverbindungen.

Sauerstoffgehalt (O_2) mg/l

Der Sauerstoffgehalt eines Fließgewässers ist ein Maß für die Selbstreinigungskraft der Gewässer. Er ist abhängig von der Wassertemperatur. So ist das Wasser an Sauerstoff gesättigt (100 %), wenn es z.B. 10 mg/l Sauerstoff enthält (bei einer Wassertemperatur von 14 °C). Ein Teil des Sauerstoffes wird für den Abbau der Verschmutzung gebraucht. Je größer die Verschmutzung, um so kleiner wird der Sauerstoffgehalt im Wasser. Wenn der Sauerstoffgehalt unter 2-3 mg/l sinkt, wird das Fischleben im Gewässer gefährdet. Der Sauerstoffeintrag in ein Gewässer erfolgt durch Diffusion aus der Luft, wobei Wind und Wellenbewegung eine wichtige Rolle spielen, sowie bei Tageslicht durch lebende Pflanzen und Algen.

Biochemischer Sauerstoffbedarf in 5 Tagen (BSB_5) mg/l

Der BSB ist die Menge Sauerstoff in mg/l, die von Mikroorganismen verbraucht wird, um im Wasser vorhandene organische Stoffe oxidativ abzubauen. Üblicherweise beendet man die Messung nach 5 Tagen und mißt bei 20 °C (BSB_5). Die Mikroorganismen bevorzugen gewisse Stoffe und Stoffgruppen (leicht abbaubare Stoffe), so daß nie die Summe der organischen Belastung eines Wassers mit dieser Bestimmungsmethode erfaßt wird.

Phosphate (PO_4) mg/l

Phosphate sind gut lösliche Phosphorverbindungen, ungiftig und haben hohe Düngewirkung (Eutrophierung!). Sie werden zu einem Drittel über häusliche Abwässer in Gewässer eingetragen. Industrielle Abwässer tragen zu 7 % und Einträge durch Bodenabschwemmungen zu ca. 10 % zur Gewässerbelastung bei. Die Gewässerbelastung läßt sich durch Vermeidung am Ursprungsort und durch Fällung (dritte Reinigungsstufe) senken.

Nitrat (NO_3) mg/l

In den Kläranlagen wird Ammonium teilweise in Nitrat aufoxidiert. Daneben kommen aber Nitrate in jedem natürlichen Gewässer vor und in Mengen von über 10 mg/l sogar im Regenwasser. Für Grünpflanzen ist Nitrat als Nährsalz im Gewässer noch stärker wirksam als Ammonium.

Chloride (Cl) mg/l

Als Maß für die Salzbelastung eines Fließgewässers wird der Chloridgehalt Cl angegeben. Sie sind sehr gut wasserlöslich und können weder durch biologische Abwasserreinigung noch durch Fällung herausgeholt werden. Die Chloridbelastung ist abhängig von der Wasserführung. Der Eintrag von Chloriden in die Gewässer erfolgt durch Kali- und Kohlebergbau (Grubenwasser), die Industrie, häusliche Abwässer sowie durch die natürliche Fracht.

Schwermetalle

Schwermetallsalze üben auf Wasserorganismen eine spezifische konzentrationsabhängige Wirkung aus. Sie hemmen die biologische Selbstreinigung. Ihre Konzentrationsverminderung in Gewässern beruht auf chemisch-physikalischen Vorgängen. Da jedoch deren Wirkungsgrad in Gewässern recht unterschiedlich ist, bedürfen schwermetallhaltige Abwässer immer der Behandlung in Reinigungsanlagen, bevor sie in die Gewässer eingeleitet werden. Charakteristische Beispiele für Schwermetalle sind Quecksilber, Cadmium und Blei. Im wesentlichen erfolgt der Eintrag der Schwermetalle durch industrielle Prozesse.

Organische Halogenverbindungen

Die organischen Halogenverbindungen existieren in sehr großer Zahl (ca. 4 500 sind im Handel), wobei eine noch größere Anzahl unbekannter Verbindungen dieser Stoffklassen als Neben- und Abfallprodukte bei der Herstellung dieser Produkte und bei anderen chemischen Umwandlungsprozessen anfallen. Einige der organischen Halogenverbindungen sind krebserregend, wobei die Gefährlichkeit all dieser Stoffe sehr unterschiedlich ist.

Chemischer Sauerstoffbedarf (CSB)

Der chemische Sauerstoffbedarf ist eine Aussage dafür, wieviel Sauerstoff unter festgelegten Untersuchungsbedingungen benötigt wird, um die chemische Oxidation der im Wasser enthaltenen oxidierbaren Stoffe vollziehen zu können. Bei dieser Untersuchung werden auch biologisch schwer oder kaum abbaubare Stoffe erfaßt. Der CSB ist ein Summenparameter, der keine Rückschlüsse auf die Herkunft der oxidierbaren Stoffe zuläßt. Durch anthropogene (durch den Menschen hervorgerufen) Stoffeinträge oder durch Gehalt an biogenen Substanzen können hohe CSB-Werte erzeugt werden.

1.6 Gewässergütekarte

Um die Gewässergüteverhältnisse in der Bundesrepublik Deutschland allgemeinverständlich deutlich zu machen, werden Gewässergüteklassen farblich differenziert dargestellt. Beurteilt werden dazu der Saprobienindex, der chemische Sauerstoffbedarf, der Ammoniumgehalt sowie der Sauerstoffgehalt.

Die Darstellung der Güteklassen ergibt sich aus folgender Übersicht:

Gewässergüte der Fließgewässer

Güteklasse I:
unbelastet bis sehr gering belastet
Gewässerabschnitte mit reinem, stets annähernd sauerstoffgesättigtem und nährstoffarmem Wasser; geringer Bakteriengehalt; mäßig dicht besiedelt, vorwiegend von Algen, Moosen, Strudelwürmern und Insektenlarven; Laichgewässer für Edelfische.

Güteklasse I-II:
gering belastet
Gewässerabschnitte mit geringer anorganischer oder organischer Nährstoffzufuhr ohne nennenswerte Sauerstoffzehrung; dicht und meist in großer Artenvielfalt besiedelt; Edelfischgewässer.

Güteklasse II:
mäßig belastet
Gewässerabschnitte mit mäßiger Verunreinigung und guter Sauerstoffversorgung; sehr große Artenvielfalt und Individuendichte von Algen, Schnecken, Kleinkrebsen, Insektenlarven; Wasserpflanzenbestände decken größere Flächen; ertragreiche Fischgewässer.

Güteklasse II-III:
kritisch belastet
Gewässerabschnitte, deren Belastung mit organischen, sauerstoffzehrenden Stoffen einen kritischen Zustand bewirkt; Fischsterben infolge Sauerstoffmangels möglich; Rückgang der Artenzahl bei Makroorganismen; gewisse Arten neigen zu Massenentwicklung; Algen bilden häufig größere flächenbedeckende Bestände. Meist noch ertragreiche Fischgewässer.

Güteklasse III:
stark verschmutzt
Gewässerabschnitte mit starker organischer, sauerstoffzehrender Verschmutzung und meist niedrigem Sauerstoffgehalt; örtlich Faulschlammablagerungen; flächendeckende Kolonien von fadenförmigen Abwasserbakterien und festsitzenden Wimpertieren übertreffen das Vorkommen von Algen und höheren Pflanzen; nur wenige Arten, gegen Sauerstoffmangel unempfindliche tierische Mikroorganismen wie Schwämme, Egel, Wasserasseln kommen bisweilen massenhaft vor; geringe Fischereierträge; mit periodischem Fischsterben ist zu rechnen.

Güteklasse III-IV:
sehr stark verschmutzt
Gewässerabschnitte mit weitgehend eingeschränkten Lebensbedingungen durch sehr starke Verschmutzung mit organischen, sauerstoffzehrenden Stoffen, oft durch toxische Einflüsse verstärkt; zeitweilig totaler Sauerstoffschwund; Trübung durch Abwasserschwebstoffe; ausgedehnte Faulschlammablagerungen durch rote Zuckmückenlarven oder Schlammröhrenwürmer dicht besiedelt; Rückgang fadenförmiger Abwasserbakterien; Fische nicht auf Dauer und dann nur örtlich begrenzt anzutreffen.

Güteklasse IV:
übermäßig verschmutzt
Gewässerabschnitte mit übermäßiger Verschmutzung durch organische sauerstoffzehrende Abwässer; Fäulnisprozesse herrschen vor; Sauerstoff über lange Zeit in sehr nie-

drigen Konzentrationen vorhanden oder gänzlich fehlend; Besiedlung vorwiegend durch Bakterien, Geißeltierchen und freilebende Wimpertierchen; Fische fehlen; bei starker toxischer Belastung biologische Verödung.

Trophiestufen der Seen

Für die stehenden Gewässer wird die Güteeinstufung aufgrund der Ermittlung des Trophiegrades - d. h. der Nährstoffbelastung und deren Auswirkung auf den Sauerstoffhaushalt - vorläufig wie folgt vorgenommen:

Oligotrophe Seen

Klare, nährstoffarme Seen mit geringer Planktonproduktion, die am Ende der Stagnationsperiode auch in der Tiefe noch mit über 70 % Sauerstoff gesättigt sind.

Mesotrophe Seen

Seen mit geringem Nährstoffangebot, mäßiger Planktonproduktion und Sichttiefen von über 2 m, die im Tiefenwasser am Ende der Stagnationsperiode zu 30 bis 70 % mit Sauerstoff gesättigt sind.

Eutrophe Seen

Nährstoffreiche, im Tiefenwasser am Ende der Stagnationsperiode sauerstoffarme (0 bis 30 % Sättigung), im Oberflächenwasser zeitweise mit Sauerstoff übersättigte Seen mit Sichttiefen meist unter 2 m und hoher Planktonproduktion.

Polytrophe Seen

Seen mit hohem, stets frei verfügbarem Nährstoffangebot; Tiefenwasser schon im Sommer sauerstoffrei mit zeitweiser Schwefelwasserstoffentwicklung; Oberflächenwasser zeitweise stark mit Sauerstoff übersättigt; Sichttiefe sehr gering; Massenentwicklung von Phytoplankton.(4)

Die Gewässergütekarte wird seit 1975 im Rhythmus von fünf Jahren von der Länderarbeitsgemeinschaft Wasser (LAWA) herausgegeben.

1.7 Wasserschutzgebiete

Gemäß Paragraph 19 Wasserhaushaltsgesetz können Wasserschutzgebiete festgesetzt werden. Sie sind grundsätzlich überall dort einzurichten, wo Wasser für die öffentliche Trinkwasserversorgung gewonnen wird. Ein Schutzgebiet wird grundsätzlich in drei Zonen eingeteilt. Deren Abgrenzung wird nach hydrologischen Gegebenheiten in jedem Einzelfall durch Fachgutachten festgelegt.

Zone I - z.B. bei Trinkwassertalsperren, Stauraum mit Uferzone, bei Seen Entnahmebereich,
Zone II - engere Schutzzone,
Zone III - weitere Schutzzone.

In den einzelnen Zonen gelten Gebote bzw. Verbote.

Zuständig für Entscheidungen aufgrund einer existierenden Wasserschutzgebietsverordnung ist die Wasserbehörde. Zone I soll für Unbefugte nicht zugänglich sein. In Zone II darf im wesentlichen nur eine land- und forstwirtschaftliche Nutzung stattfinden, wozu ebenfalls weiterführende Verpflichtungen bzw. Auflagen seitens der zuständigen Behörden erfolgen können. In Zone III sind Wohnsiedlungen generell, Industrie- und Gewerbeansiedlungen mit Einschränkungen möglich. Für die Zone III jedoch sind sowohl für die Ansiedlung von Gewerbe als auch die Errichtung von Wohnsiedlungen und den damit verbundenen beschränkten Lagerkapazitäten an wassergefährdenden Stoffen – in der Regel Heizöl für Heizzwecke – strenge Auflagen zu beachten. Für die Versorgung von Wohn- und Gewerbegebieten in der Schutzzone III müssen Transporte wassergefährdender Stoffe zugelassen werden. Bedingt durch die Tatsache einer sehr dichten Wohn- und Gewerbebebauung existiert somit eine bewußt in Kauf genommene Gefährdung von Trinkwassergewinnungsgebieten, die sich jedoch nicht vermeiden läßt.

1.8 Wassergefährdung

Unsere Gewässer werden durch viele Verursacher belastet: Private Haushalte, Industrie, Kraftwerke, Bergbau, Landwirtschaft und Schiffahrt seien hier besonders genannt. Aber auch Maßnahmen wie die Vertiefung bzw. Ausbaggerung von Fahrwassern, Eindeichungen, Errichtung von Sperrwerken und Schleusen, Verringerung oder gar Zerstörung von Zufluß- und Wattgebieten, üben einen Einfluß auf die Gewässer aus. Die Einleitung in die oberirdischen Gewässer, das Grundwasser, die Küstengewässer und das Meer können direkt oder indirekt erfolgen. In der Fachliteratur wird folglich von Direkt- oder Indirekteinleitern gesprochen.

Ein **Direkteinleiter** klärt seine Abwässer entsprechend Abwasserabgabengesetz und den dazugehörigen Verwaltungsvorschriften selbst und leitet die geklärten Wässer einem oberirdischen Gewässer zu. Ein **Indirekteinleiter** führt seine Abwässer teilgeklärt bzw. ungeklärt, wie z.B. die privaten Haushalte, in eine städtische Kanalisation. Das in der städtischen Kanalisation befindliche Wasser wird einer Kläranlage zugeleitet; dieses Abwasser wird geklärt und anschließend einem Oberflächengewässer zugeleitet. Hieraus ist die Verkettung zu ersehen, daß eine Kläranlage bzw. der Eigentümer (in vielen Fällen die Kommune) als Direkteinleiter im Sinne der gesetzlichen Auflagen des Abwasserabgabengesetzes zur Verantwortung gezogen werden kann. Die Direkteinleitung bewirkt in unterschiedlicher Art und Weise einen Eingriff in den natürlichen Haushalt eines Oberflächengewässers. So darf z.B. keinesfalls davon ausgegangen werden, daß es sich bei Einleitung aus Klärwerken auch tatsächlich um geklärtes, sprich sauberes Wasser, handelt. Es ist vielmehr auf eine vielfach technisch vertretbare Reduzierung der Abwasserinhaltsstoffe hinzuweisen, wobei zu berücksichtigen ist, daß bestimmte Schadstoffe nur in sehr geringer Konzentration zurückgehalten werden. Es sind jedoch nicht nur wasserlösliche oder teillösliche Schadstoffe bei der Einleitung in ein Oberflächengewässer zu berücksichtigen, sondern auch eine erhöhte Einleitung von Sedimenten aus einer Baugrubenhaltung oder auch die Einleitung von Lebensmittelresten, wie z.B. Fette, welche über einen eingebauten Fettabscheider nicht zurückgehalten werden. Des weiteren ist im Hinblick auf die Beeinflussung eines Oberflächengewässers eine punktuell verstärkte Erwärmung zu berücksichtigen, welche durch die Einleitung von großen Mengen an Kühlwasser, bedingt durch Industrie- bzw. Kraftwerkansiedlung, hervorgerufen wird. Durch die Erwärmung des Gewässers wird eine Veränderung von Fauna und Flora im Oberflächengewässer hinter der Einleitungsstelle des Kühlwassers erzeugt. Dieser Vorgang kann sich negativ auf den Sauerstoffgehalt des Wassers auswirken. Allerdings besteht auch die Möglichkeit, daß im Kühlwasser Öle oder Chemikalien enthalten sind, welche im Rahmen der Kühlkreislaufführung über Leckagestellen in den Kühlwasserabstrom gelangen.

Allgemein bekannt ist mittlerweile die Problematik, daß die in Kläranlagen sich ausbildenden Klärschlämme, d.h. die während der Klärung des Abwassers anfallenden anorganischen sowie organischen Feststoffe oder Sedimente, nicht mehr zu landwirtschaftlichen Zwecken genutzt werden können. Dies ist bedingt durch die Tatsache einer Belastung mit giftigen, schwer abbaubaren organischen Stoffen und durch anorganische Bestandteile, wie z.B. Schwermetalle. Hierdurch ist es nicht mehr möglich, wie in früheren Zeiten häufig praktiziert, die Klärschlämme aufgrund des hohen natürlichen organischen Anteils der Landwirtschaft zuzuführen und die Schlämme auf die Felder auszubringen und unterzupflügen. Der damit verbundene Düngeeffekt wird durch die schwer abbaubaren anorganischen wie auch organischen oder teils auch als giftig zu betrachtenden Anteile kompensiert. Ferner kommt es zu einer Bodenverunreinigung, welche im schlimmsten Fall die Nutzung der landwirtschaftlichen Flächen unterbindet.

Anorganische Feststoffe oder Sedimente stellen chemische Verbindungen dar, in welchen mit wenigen Ausnahmen keine Kohlenstoffverbindungen auftreten. Demgegenüber bestehen organische Verbindungen im Grundaufbau aus Kohlenstoff und Wasserstoff sowie daraus sich ableitenden aliphatischen und zyklischen Verbindungen.

Die Belastung der Fließgewässer zeichnet sich auch dadurch ab, daß im Baggergut der Häfen, Talsperren oder Schiffahrtsstraßen befindliche Gewässersedimente häufig so stark mit gefährlichen Schadstoffen aus Abwassereinleitungen belastet sind, daß auch diese Aufbringung der aus dem Fließgewässer gewonnenen Sedimente nicht mehr als Düngestoff auf landwirtschaftlichen Flächen genutzt werden kann, sondern eine Verbringung auf Sonderdeponien erfolgen muß.

Dabei dürfen aber auch nicht die leicht abbaubaren Stoffe vernachlässigt werden. Es handelt sich hier überwiegend um aus häuslichen Abwässern stammende Fäkalien und Essensreste. Jedoch auch die gelegentlich vorkommende Einleitung von Fettrückständen, etwa aus Betrieben, die Margarine und Pflanzenöl produzieren, ist hier zu nennen. Die weit verbreitete Meinung, es handelt sich hierbei schließlich um ein „Fischfutter", weil die Reste aus der Lebensmittelgewinnung bzw. Lebensmittelverwertung und -verarbeitung stammen, geht an einer wichtigen Tatsache vorbei. Im Wasser lebende Mikrooranismen können diese Stoffe als Nahrung verwerten. Allerdings verbrauchen sie dabei den im Wasser vorhandenen Sauerstoff (siehe auch Kap. 1.5 BSB). Je mehr abbaubare Stoffe in ein Gewässer eingeleitet werden, um so mehr Sauerstoff wird verbraucht. Wird die Belastung zu groß, kann der Sauerstoffgehalt soweit herabgesetzt werden, daß sowohl höhere als auch niedere Lebewesen wegen Sauerstoffmangels absterben. Dies führt zu einer sogenannten **Eutrophierung** der Gewässer. Die überschüssigen nicht verarbeiteten Nährstoffe beschleunigen das Wachstum von Wasserpflanzen. Diese Beschleunigung wird auch durch eine Erhöhung des Nitrat- und Phosphatgehaltes von Fließgewässern beeinträchtigt, speziell dann, wenn durch eine Überdüngung von landwirtschaftlichen Flächen durch Aufbringung von Gülle nicht nur der Grundwasserkörper nachhaltig geschädigt wird, sondern auch durch Oberflächenabspülungen vermehrt Nitrate und Phosphate in ein Fließgewässer gelangen. Durch das vermehrte Absterben von Pflanzen wird bei dem sich anschließenden Verfaulen zusätzlich Restsauerstoff verbraucht. Auf diese Weise kommt es zu einem Erliegen des

Abbaus organischer Verunreinigungen durch aerobe Bakterien, welche nur unter Anwesenheit von gelöstem Sauerstoff aktiv sein können. Die anaeroben Bakterien, welche nur über den Sauerstoff, eingebunden in chemische Verbindungen, aktiv sind, verursachen Fäulnis und belästigende Gerüche, welches wiederum deutlich zeigt, daß das Gewässer allmählich umkippt. Die Reaktion ist, daß kein Sauerstoff mehr im Gewässer, sondern ein erhöhter Prozentsatz an Methangas, Schwefelwasserstoff etc. existiert. Dieses Faulgas führt dazu, daß ein Gewässer als „tot" zu bezeichnen ist. Das Absterben der bisher im Wasser befindlichen Pflanzen führt dazu, daß sich auf dem Boden des Gewässers ein Faulschlamm ausbildet, über welchen durch anaerobe bakteriologische Abbauprozesse weitere giftige Stoffe, neben Schwefelwasserstoff auch Ammoniak, entstehen.

2 Boden

Der gesunde Boden ist Ursprung und Lebensraum für eine ungeheuere Vielfalt von Lebewesen. Wir selbst leben auf dem Boden, und wir leben vom Boden. Er ist

- Lebensraum und Lebensgrundlage für Menschen, Tiere und Pflanzen
- Grundlage der Land- und Forstwirtschaft
- Speicher und Filter für den Wasser- und Stoffhaushalt
- Speicher und Transportmedium für emittierte Stoffe
- Lagerstätte für Bodenschätze und Energiequellen
- Prägendes Element der Natur und der Landschaft
- Quelle für den Übergang von Schadstoffen in die Nahrungskette

Die vorangegangenen Anmerkungen geben nur einen groben Einblick in das komplizierte Gefüge des Bodens wieder, wobei nachfolgend, um den Überblick nicht zu verlieren, nur speziell auf die Zusammenhänge im Boden unter Berücksichtigung der Einwirkung **anthropogener** Einflüsse, d.h. durch den Menschen verursachte Veränderungen, näher eingegangen werden soll. Was befindet sich unter den Füßen, wenn wir uns nicht gerade in betonierten, gemauerten und asphaltierten Bereichen aufhalten?

Es geht im nachfolgenden nicht darum, vom Urknall bis zum heutigen Zeitpunkt den Überblick über die Entwicklung und den Aufbau unseres Bodens darzustellen, sondern, wie eingangs schon dargestellt, für das allgemeine Verständnis bestimmte Grundzusammenhänge aufzuführen.

Das, was sich unter den Füßen befindet, ist eine Entwicklung aus Jahrmillionen. In der Geologie werden entsprechende, teils über mehrere Millionen Jahre dauernde Zeiträume, unter Berücksichtigung verschiedener Parameter, wie z.B. entscheidende Entwicklungsstadien der Erde (die Kontinentenverschiebung etc.), mit bestimmten zeitbezogenen Begriffen versehen. So finden sich Begriffe wie Quartär, Tertiär, Trias, Perm etc. als Beschreibung der zeitzugeordneten Entwicklung der Erde. Hierbei wird dann im jeweiligen, größtenteils Jahrmillionen dauernden Zeitabschnitt eine weitere, jedoch zeitlich geringer dimensionierte in sich abgestufte zusätzliche Zeitunterteilung durchgeführt, wie z.B. im Quartär die Zeitbegriffe Holozän und Pleistozän. Es handelt sich, wie aus den beiden nachstehenden Abbildungen zu ersehen, um eine Art Schneckengerüst bzw. Zeituhr, woraus ebenfalls zu ersehen ist, daß sich der Mensch im Bereich des Quartärs befindet.

Geologische Uhr der Erde

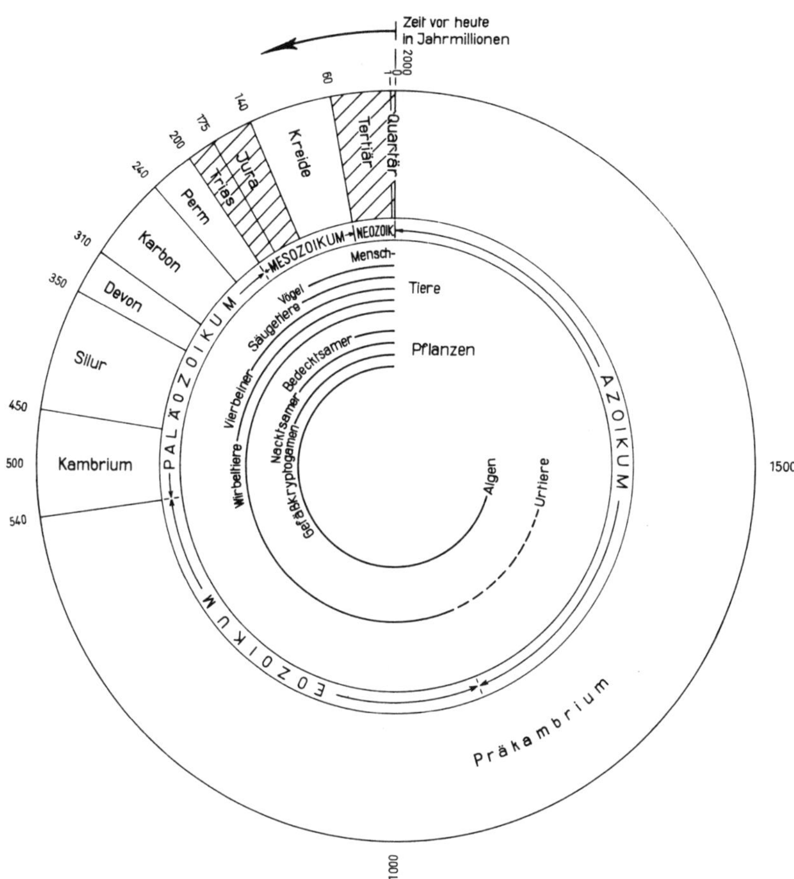

Die Zahlen am äußeren Kreis bedeuten:

0 = Erdgegenwart (heute)

1 = vor 1 Million Jahren begann das Quartär

60 = vor 60 Millionen Jahren begann das Tertiär usw.

Neozoikum, Mesozoikum usw. sind Bezeichnungen für Tierzeitalter der Erde.

Mit diesen Zeitbegriffen ist vielfach schon ein erster Ansatz zur Art der Untersuchung zur Feststellung von anthropogenen Bodenbeeinflussungen gegeben. Jedes Erdzeitalter hat bestimmte charakteristische Bodenzusammensetzungen aufzuweisen. Dies bedeutet z.B., daß sowohl das Quartär als auch das Tertiär, oftmals ein gut von Grundwasser durchströmbares Lockergestein darstellt, während z.B. im Trias eine Festgesteins-

Geologische Uhr des Quartärs

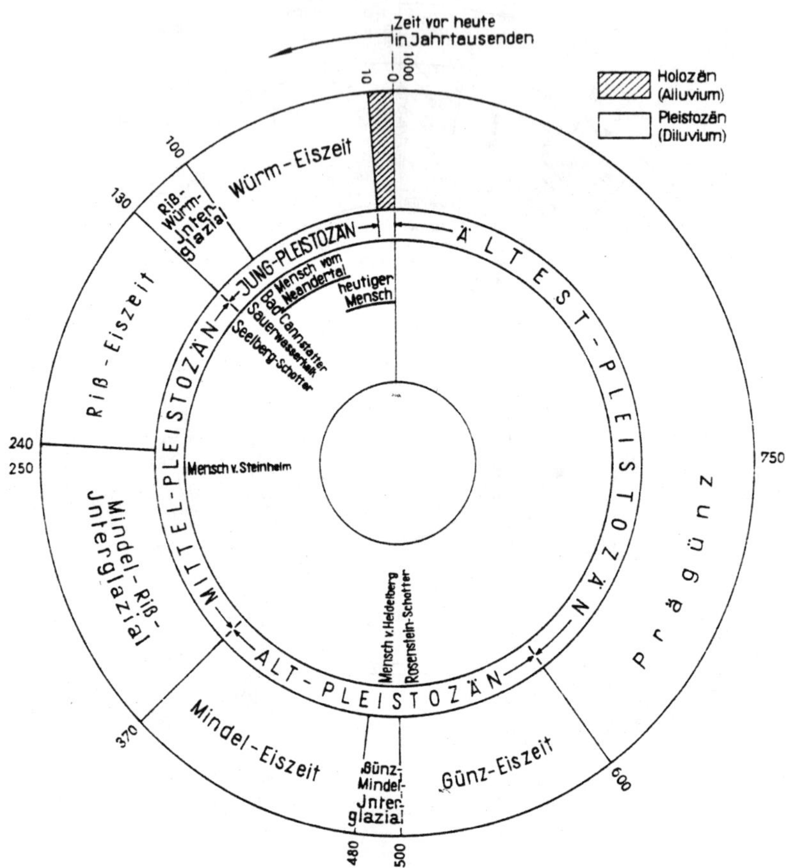

Quelle (S. 267 u. S. 268): Erläuterung zur geologischen Karte von Stuttgart und Umgebung 1:50.000.(1)

formation unterschiedlicher mineralischer Zusammensetzung und Kornstruktur anzutreffen ist.

Im letzten Satz befinden sich vier verschiedene Fachausdrücke:

- Lockergestein,
- Festgestein,
- mineralische Zusammensetzung,
- Korngefüge,

welche u.U. die Frage nach der Begriffserläuterung aufwerfen. Der Begriff „mineralische Zusammensetzung" soll hier nicht weiter erläutert werden, jedoch sind die drei anderen Begriffe für das zukünftige Verständnis wichtig.

In bezug auf die Unterscheidung der Begriffe „Lockergestein und Festgestein" erahnt man schon den gravierenden Unterschied, welcher darin besteht, daß der Begriff **Lockergestein** ein Korngefüge charakterisiert, welches im Verhältnis zum mechanischen Aufwand der Zerstörung eines Festgesteins, nur sehr geringe Kräfte erforderlich macht, um den Kornverbund zu zerstören. D.h. die einzelnen sich berührenden, teils durch Hohlräume getrennten einzelnen Körner des Bodens, lassen sich z.B. mit der Hand voneinander trennen. Demgegenüber ist beim **Festgestein** eine derart leichte Trennung nicht gegeben, da z.B. bei einem Sandstein zwar auch einzelne Körner mit dem Auge feststellbar sind, diese jedoch aufgrund von Druck, Temperatur und Einwirkung chemischer Prozesse derart miteinander verbunden sind, daß sich dieses Korngefüge nur mittels erhöhter mechanischer Einwirkung trennen läßt. Der weitere Unterschied zwischen diesen beiden Begriffen liegt darin, daß ein Lockergestein eine unendliche Zahl an Strömungskanälen für Luft und Wasser aufweist, da mit Ausnahme von Ton und Schluff, die einzelnen Hohlräume zwischen den einzelnen Körner derart groß sind, daß ein annähernd gleichmäßiges, d.h. homogenes Durchströmen des Lockergesteins möglich ist. Demgegenüber ist im Festgestein aufgrund der äußerst dichten Kornlagerung, in Verbindung mit weiteren physikalischen und chemischen Einflüssen, ein homogenes Durchströmen von Luft oder Wasser oftmals nicht gegeben. Als Beispiel sei nur genannt der Unterschied zwischen Sand und Sandstein. Während Sandstein als Brückenmauerwerk genutzt werden kann und Flüssigkeiten nur vermindert oder aber überhaupt nicht eindringen können, so ist Sand nur dahingehend als flüssigkeitsundurchlässiges bzw. statisch haltbares Gefüge zu gestalten, indem Zement beigemengt wird, welcher u.a. einen Verschluß der zwischen den einzelnen Sandkörnern befindlichen Hohlräumen bewirkt.

Während der Begriff „Festgestein" an dieser Stelle augenblicklich nicht weiter erläutert werden soll, so kann u.U. beim Lesen des vorgenannten ein weiteres Fragezeichen aufgetaucht sein, und zwar im Hinblick auf die Begriffe „Schluff" und „Ton". Verbleibt man im Erdzeitalter Quartär und findet ein Lockergestein vor, so ist es von vielfach entscheidender Aussage, resultierend aus Untersuchungen, wie sich das Korngefüge zusammensetzt. Hier wird deutlich, daß ein Korngefüge die Lagerung der einzelnen Körner zueinander als Begriff umfaßt. Ist nun ein Korngefüge relativ gleichförmig, so wird vielfach von einer homogenen Kornzusammensetzung oder Kornstruktur gesprochen. Demgegenüber kann bei Auftreten unterschiedlicher **Kornfraktionen**, d.h. sehr differenter Korndurchmesser, von einer heterogenen Zusammensetzung gesprochen werden (siehe Abbildung). So ist je nach Anteil der einzelnen Arten von einem feinsandigen Schluff, einem schluffigen Feinsand, einem tonigen Schluff, einem schluffigen Ton, einem Mittel- bis Feinsand, einem Grobkies mit Feinkiesanteilen die Rede, um nur einige Differenzierungen zu nennen. Es ist gerade auch für die Beurteilung des Schadenausmaßes und der Einwirktiefe ausgelaufener Flüssigkeiten in den Untergrund wichtig, welches Korngefüge bzw. Kornstruktur vorliegt. Diese Aussage ergibt sich unter Berücksichtigung der Tatsache, daß eine feinkörnige Bodenstruktur einen größeren Fließwiderstand gegenüber Flüssigkeiten aufweist als z.B. aneinandergelagerte

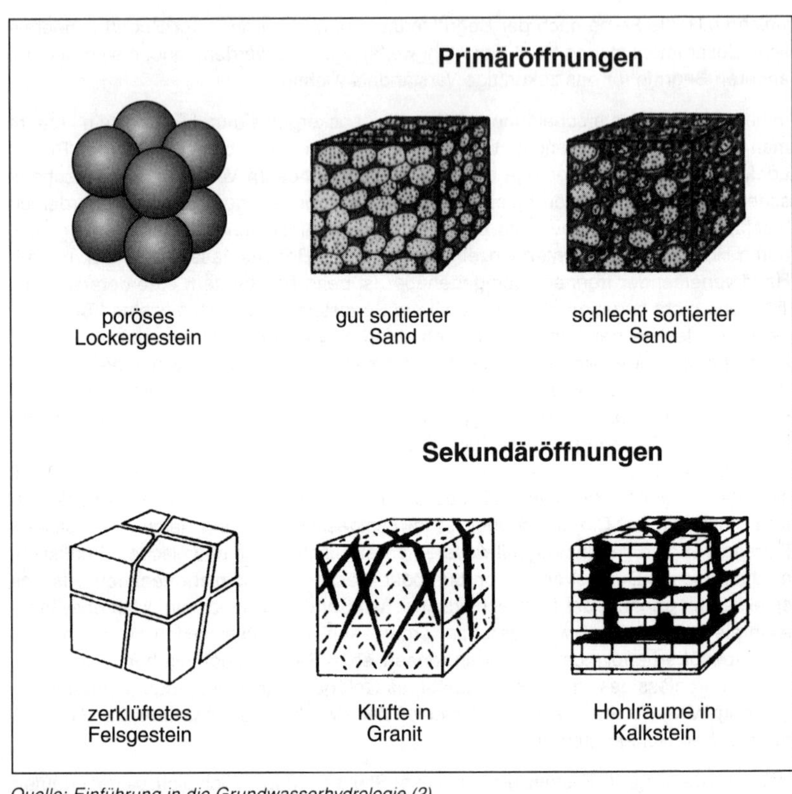

Quelle: Einführung in die Grundwasserhydrologie (2)

Kiesel mit einem Durchmesser von 30 mm. Da „Schluff" und „Ton" ein Korngemenge sowohl kleinster Korndurchmesser als auch geringster Porendurchmesser darstellen, werden die Fließwiderstände gegenüber Flüssigkeiten deutlich erhöht. Deswegen ist bei Auftreten dieser Bodenarten vielfach auch bei Eindringen wassergefährdender Flüssigkeiten von einem Aufstau der Flüssigkeit oberhalb der stauenden Tonschicht zu sprechen.

Um die Bodenstruktur charakterisieren zu können, wird der Boden im Rahmen von **Siebdiagrammen** hinsichtlich der Korngröße bestimmt. Das bedeutet, wie in der nachfolgenden Abbildung zu sehen, daß die Prozentzahl der in einer Bodenprobe anzutreffenden unterschiedlichen Korngrößen, welche durch einen Siebprozeß ermittelt werden, festgehalten wird und eine begriffliche Zuordnung hierdurch in sogenannte Körnungsklassen möglich ist. In Hinblick auf die Charakterisierung der einzelnen **Körnungsklassen** wird Bezug genommen auf die DIN 4022. Wie aus dem Siebdiagramm zu ersehen, ist der Prozentsatz an Bodenkörnern geringsten Durchmessers unter dem Begriff „Ton" zusammengefaßt. Unter Betrachtung der sogenannten Siebkurve, ist entsprechend des jeweiligen Korndurchmessers und der dazugehörigen Begriffsbezeich-

Korngrößenklassen und Durchlässigkeiten der Lockergesteine

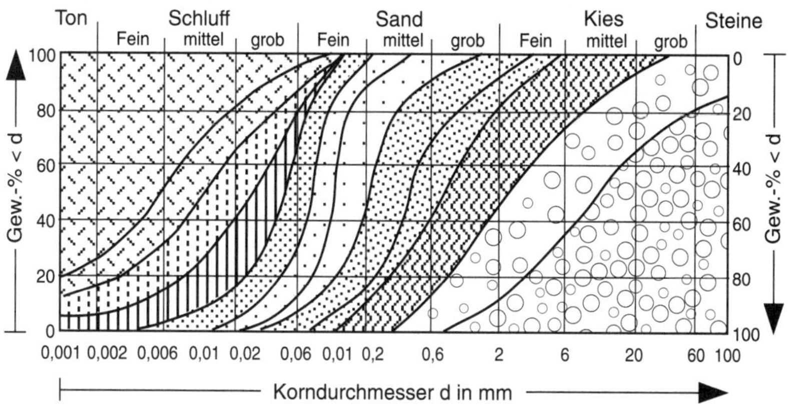

Größenordnung des Durchlässigkeitskoeffizienten (k) in mm·s

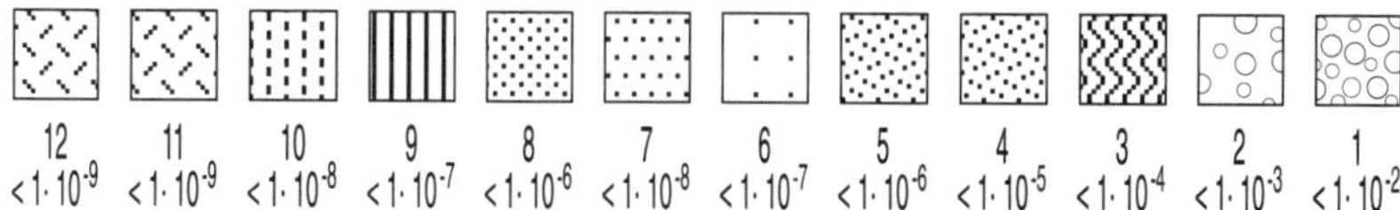

Quelle: Mitteilungen zur Ingenieurgeologie und Hydrogeologie, Heft 4 (3)

nung die Prozentzahl der mit entsprechendem Durchmesser zu findenden Bodenkörnung angegeben. Bei einem sehr steilen Anstieg der Siebkurve liegt von der entsprechenden Korngröße der größte Anteil bzw. der größte Prozentsatz in einem betrachteten Bodenausschnitt vor.

Diese Quantifizierung ist in einem Festgesteinskörper mit körniger Struktur ebenfalls möglich, nur ist mit einer einfachen Siebung das Korngefüge nicht zu trennen. Hierzu sind sowohl mechanische als auch chemische Aufschlüsse, d.h. Zerstörungsprozesse, notwendig, um die einzelne Kornstruktur mittels anschließender Siebung zu erfassen.

Nunmehr ist bekannt, wie der Boden sich unter Betrachtung des Korngerüstes aufbaut. Was jedoch bisher fehlt, ist der Zusammenhang zwischen Korngefüge und eingedrungenen Flüssigkeiten, welcher bei Versickern von Niederschlagswasser in den Untergrund als normaler Prozeß zu bezeichnen ist. Bei Eindringen von z.B. Heizöl ist dieser Vorgang jedoch als sogenannter wassergefährdender Prozeß zu betrachten. Es wurde eingangs erwähnt, daß Kenntnisse aus dem Bodenaufbau entscheidend sind für die Vorgehensweise zur Untersuchung und Sanierung eines mit Schadstoffen belasteten Untergrundes. Abgehoben werden soll nun nicht auf weitere Bodenkenndaten wie Scherfähigkeit etc., sondern es soll ein Bezug zur Fähigkeit bzw. zum Unvermögen des Bodenkörpers dargestellt werden, wassergefährdende Flüssigkeiten zurückzuhalten.

In diesem Zusammenhang ist der Begriff „**Residualsättigung**" zu nennen. Wie schon bekannt, speichert der Boden Wasser, je nach Korngefüge mehr oder weniger. Dies bedeutet, daß sich jedes Bodenkorn je nach physikalischer und chemischer Zusammensetzung des Bodens mit einer Flüssigkeitshülle umgeben kann (siehe Abbildung). Unter natürlichen Verhältnissen wird dieser Vorgang durch Niederschlagswasser, welches von der Oberfläche her in den Untergrund eindringt, bewirkt, indem die Oberfläche des einzelnen Bodenkorns benetzt wird. Ist diese Hülle aufgebaut, so wird auch der zwischen den einzelnen Bodenkörner befindliche Hohlraum - **Porenvolumen** - mit Flüssigkeit erfüllt. Dies bedeutet z.B., daß ein wassergesättigter Schluff ein höheres Wasservolumen speichert als ein kiesiger Bodenkörper, bedingt allein durch die größere Korngesamtoberfläche. So weist ein „Ton" ein Wasserrückhaltevermögen (Wasserspeicherung) von 48 Volumenprozent gegenüber Kies mit 1 Volumenprozent auf. So hat z.B. Sand eine Oberfläche von 0,1 m^2/g, während Ton 600-800 m^2/g besitzt.

Erscheinungsformen des unterirdischen Wassers

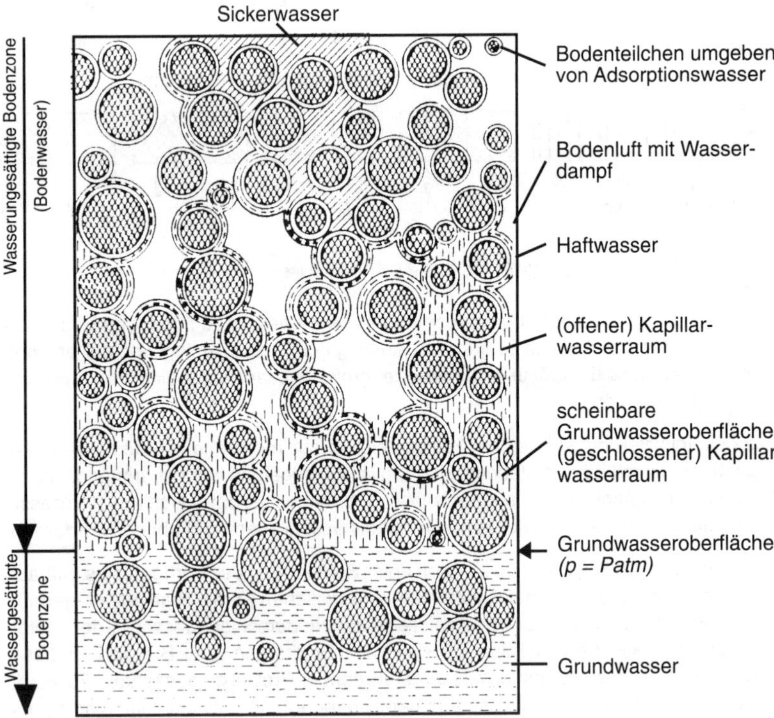

Quelle: Hydrologie: Einführung in die allgemeine und angewandte Hydrogeologie (4)

Was passiert nun, wenn andere Flüssigkeiten in den Boden eindringen und aufgrund der Schwerkraft am einzelnen Bodenkorn vorbeifließen? Bei diesem Prozeß wird, je nach chemischen und physikalischen Eigenschaften, von der wasserdifferenten Flüssigkeit die Wasserhülle am Bodenkorn sowie das Wasser im Porenvolumen verdrängt und eine Speicherung der wassergefährdenden Flüssigkeit vorgenommen. Die Fähigkeit der Flüssigkeitsanlagerung ist jedoch abhängig von unterschiedlichen Faktoren. Stellt man sich nunmehr einen Würfel mit einer Kantenlänge von 1 m (= $1m^3$) vor, welcher mit einer homogenen Kornansammlung gefüllt ist und schüttet dort solange eine wassergefährdende Flüssigkeit, z.B. Heizöl, hinein, bis an der unteren Fläche dieses Würfels der erste Tropfen Heizöl wieder austritt, so stellt die in diesem Würfel gespeicherte Flüssigkeit die sogenannte **Residualsättigung** dar, welche in l/m^3 Boden angegeben wird. Dies bedeutet, daß z.B. ein feinsandiger Schluff gegenüber der infiltrierten Flüssigkeit eine Wegsamkeit aufweist und somit aufgrund der Korngefügestruktur eine hohe Flüssigkeitsspeicherung besitzt.

Schluff speichert Heizöl bis zu 40 l/m^3 Boden, während Kies nur eine Residualsättigung von 8 l/m^3 Boden besitzt.

Stoffe, deren Dichte um den Faktor 2 größer und deren Viskosität geringer als Wasser ist, täuschen u.U. die Annahme vor, daß eine wesentlich schwächere Residualsättigung gegeben sei. Diese Annahme ist von Fall zu Fall richtig oder falsch. So zeigen halogenierte Kohlenwasserstoffe Residualsättigungen ähnlich derer von Heizöl. Verbindliche Aussagen zu Speichervolumen bzw. -fähigkeit eines Bodens können nur durch experimentell ermittelte Ergebnisse erbracht werden. Diese Versuche lassen sich in vereinfachter Form schnell durchführen, sofern das verwendete Bodenmaterial annähernd repräsentativ zur jeweiligen interessanten Bodentiefe ist.

2.1 Vereinfachte Information

Welche ersten und vereinfachten Hilfsmittel liegen vor, um zur Frage des Bodenaufbaues, speziell u.U. auch zur Frage, ob unterhalb einer Lockergesteinformation ein Festgestein anzutreffen ist, eine Beantwortung zu erzielen? Hierzu bedient man sich in der Regel im ersten Schritt geologischer oder ingenieurgeologischer Karten, ferner sonstiger regional gespeicherter geologischer Informationen, wie sie z.B. bei Wasserwerken vorliegen. Diese Informationen sind speziell dann als optimal zu bezeichnen, wenn zu dem betrachteten Untersuchungsbereich in der Nähe befindliche Bodenaufschlüsse existieren, wie z.B. Baugruben, Kiesgruben, Steinbrüche, Schichtenverzeichnisse aus der Setzung von Brunnen etc. So kann im Hinblick auf die Beurteilung und Vorgehensweise zur Untersuchung möglicher Bodenbelastungen eine sich darauf gründende Empfehlung zur Vorgehensweise abgestimmt werden.

Im Unterschied zu den Regionalinformationen, welche bei den geologischen Landesämtern, Wasserwirtschaftsämtern und Wasserwerken vorliegen können, gibt eine geologische Karte oder auch ingenieurgeologische Karte vielfach einen sehr groben Überblick über die vorherrschende Bodenformation. Diese Karten dienen jedoch insofern sehr positiv zur Erstinformation, als darauf aufbauend gezielt nach weiteren regionalen Informationen gesucht werden kann.

Im Zusammenhang mit den Regionalinformationen tauchen vielfach auch Ausdrücke wie Tektonik, Stratigraphie, Schichtverbiegung, Schichtverwerfung etc., d.h. also rein geologische Bezeichnungen auf, wozu nachfolgend einerseits über Abbildungen, andererseits durch Erläuterungen einige immer wieder auftauchende Begriffe beleuchtet werden sollen. Die **Stratigraphie** beinhaltet, ausgehend von den einzelnen Zeitabschnitten der geologischen Uhr der Erde, die Informationen zur Schichtenfolge, welche speziell bezeichneten Bodenschichten z.B. im Zeitraum des Tertiär oder Jura etc. auftreten. So ist im Raum Stuttgart das Erdzeitalter Jura dadurch charakterisiert, daß unter Betrachtung von Schichtabfolgen unterhalb des Lias-beta die Schichten des Lias-alpha auftreten (siehe nebenstehende Abbildung). Der Begriff **Tektonik** stellt eine Aussage zur Schichtlagerung dar. Das heißt, daß durch Einwirkung von Temperaturen und Druck die vorab erwähnten Schichtfolgen durch das Auftreten von Verwerfungen, Schichtverbiegungen, Schichtscherungen etc. gestört sind. Hierzu sei auf die nachfolgenden Abbildungen hingewiesen, aus welchen optisch zu ersehen ist, wodurch z.B. Veränderungen an bestimmten Schnittstellen innerhalb des Untergrundes aufgetreten sind, so daß in unterschiedlichen Tiefen eine bestimmte erwartete Schichtfolge nicht anzutreffen ist.

Schwarzer Jura (Lias) α

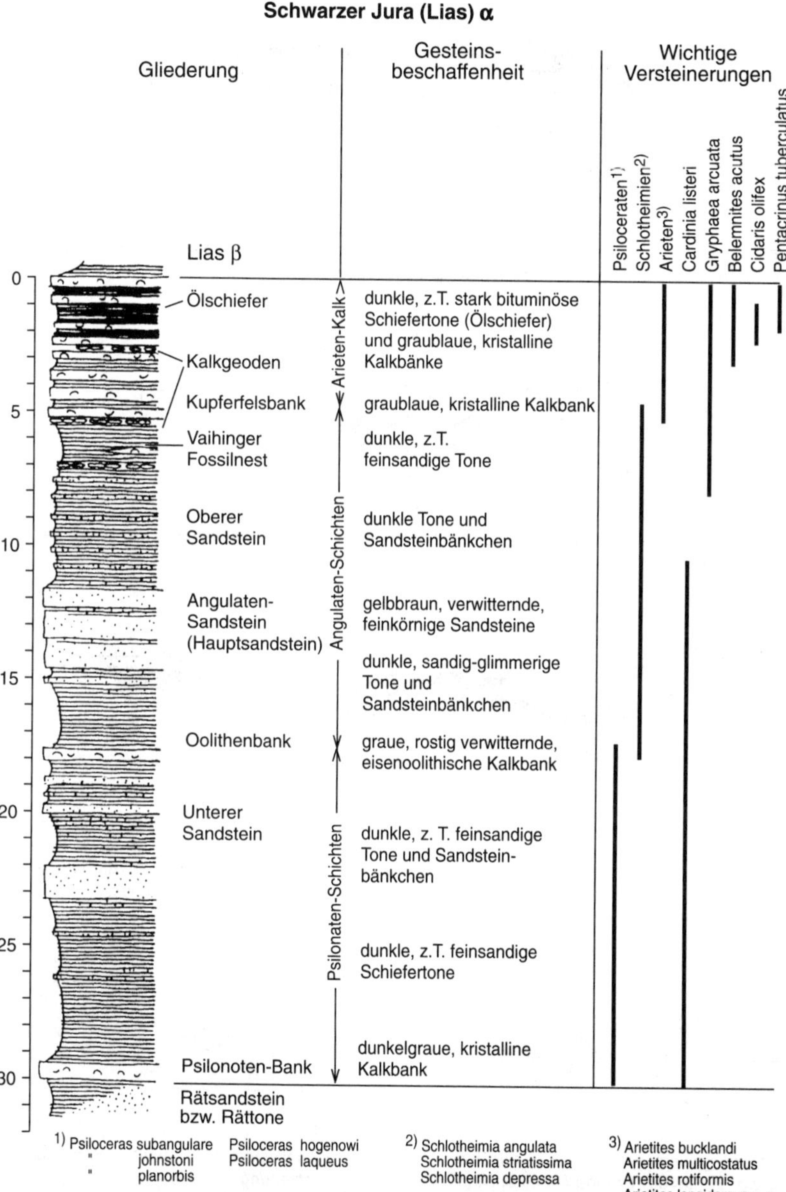

1) Psiloceras subangulare, " johnstoni, " planorbis, Psiloceras hogenowi, Psiloceras laqueus

2) Schlotheimia angulata, Schlotheimia striatissima, Schlotheimia depressa

3) Arietites bucklandi, Arietites multicostatus, Arietites rotiformis, Arietites longidomus u. a.

Quelle: Erläuterungen zur geologischen Karte von Stuttgart und Umgebung 1:50.000 (5)

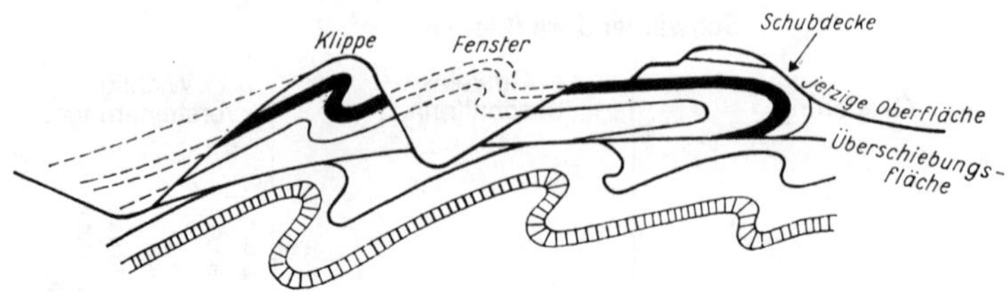

Überschiebung von älteren Gesteinen über jüngere. Die Decke ist durch Erosion zerschnitten, so daß sich Klippen und geologische Fenster gebildet haben.

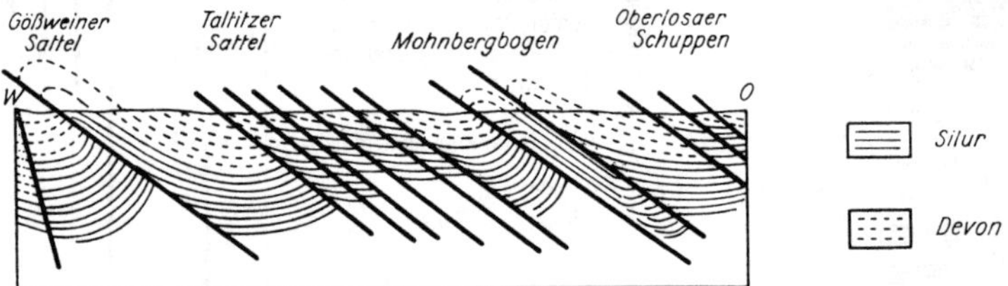

Schematischer Schnitt durch den Schuppenbau des Vogtlandes bei Plauen (nach W. Jäger aus K. Pietzsch, 1951)

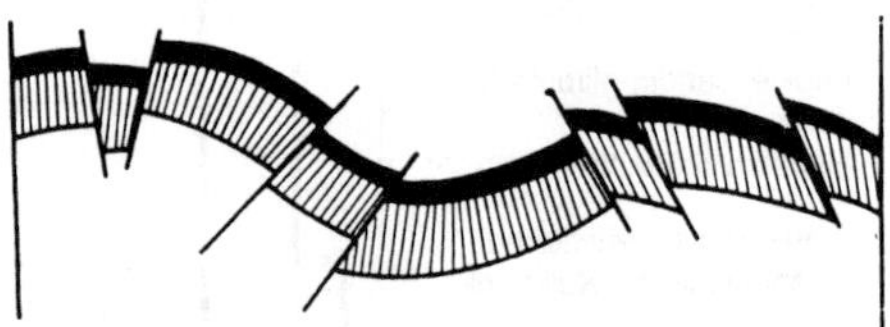

Verkürzung eines Krustenteiles durch Bruchfaltung infolge von Pressung

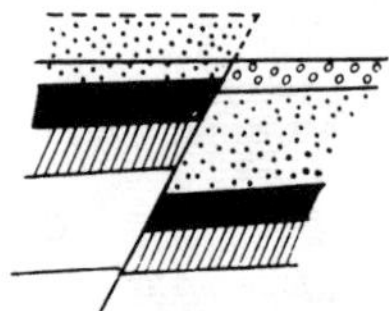

Profil einer Schollenaufschiebung. Die linke Scholle ist über die rechte gepreßt worden.

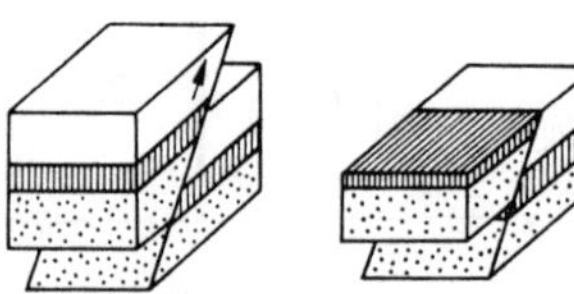

Blockdiagramm einer Schollenaufschiebung. Die an der Erdoberfläche entstandene Bruchstufe wird durch Abtragung beseitigt.

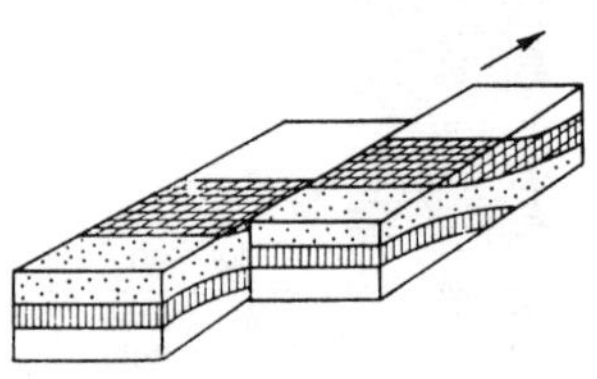

Blockdiagramm einer Horizontalverschiebung

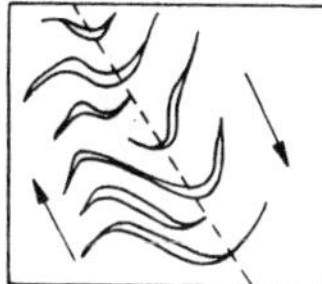

En-échelon-Spalten bei Scherspannung ohne Blocktrennung. Die Pfeile geben die Richtung der Spannungen an.

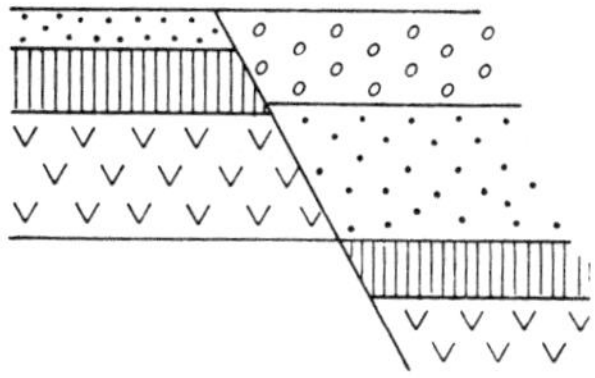

Profil einer Verwerfung (Abschiebung). Die rechte Scholle ist nach unten abgeglitten.

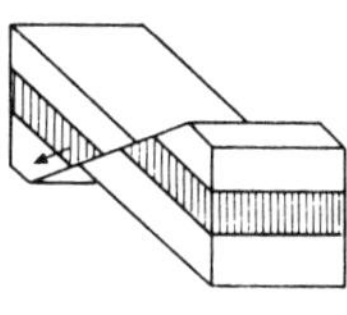

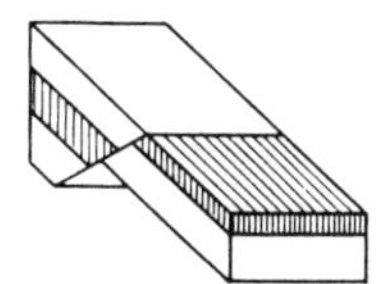

Blockdiagramm einer Verwerfung (Abschiebung). Die an der Erdoberfläche entstandene Bruchstufe wird durch Abtragung beseitigt.

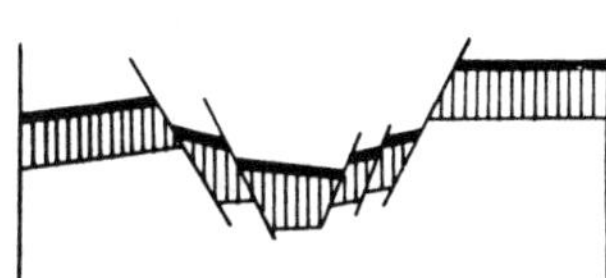

Verlängerung eines Krustenstückes durch Dehnung, wodurch ein gestaffelter Grabenbruch entstand

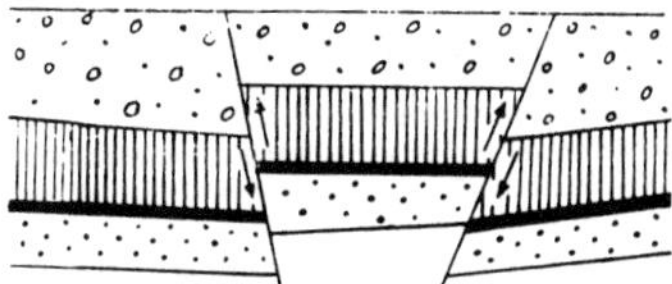

Profil eines durch Aufpressung entstandenen Horstes

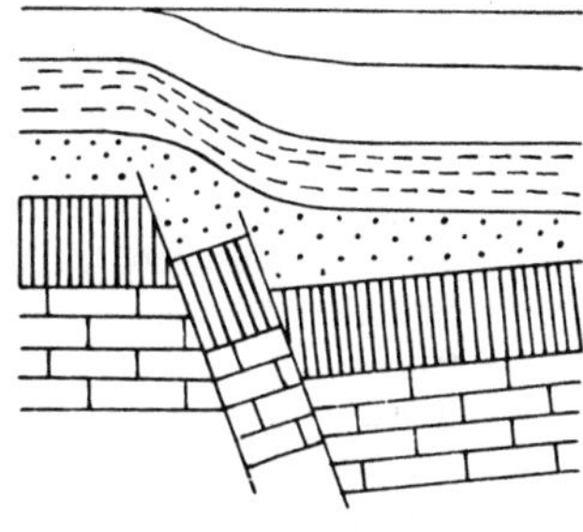

Flexur über Verwerfungen

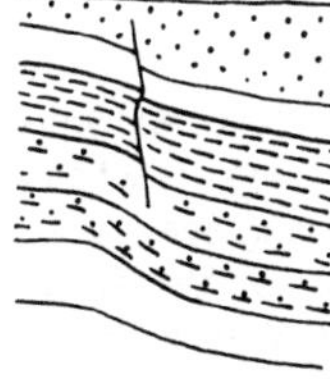

Flexur, die im Deckgebirge in eine Verwerfung übergeht.

Geologisches Landesamt in Baden-Württemberg, Freiburg im Breisgau 1959, Druck und Vertrieb Landesvermessungsamt Baden-Württemberg, Stuttgart.

Quelle: Die Entwicklungsgeschichte der Erde, Band I und II. Verlag Werner Dausien, Hanau Main 1971 (gedruckt in der DDR)(6)

2.2 Wasser im Boden

Wenn vom Wasser im Boden gesprochen wird, sind unterschiedlichste Denkweisen hinsichtlich der Existenz von Wasser im Boden, d.h. im Untergrund zu berücksichtigen. So wird vom Gesetzgeber im Rahmen des Wasserhaushaltsgesetzes und natürlich auch im Bereich der Landeswassergesetze, jeglicher Tropfen, welcher unterhalb der Geländeoberkante angetroffen wird, als Grundwasser bezeichnet. Der Geologe oder Hydrogeologe unterscheidet zwischen einem zusammenhängenden Grundwasserkörper und z.B. auftretendem Schichtwasser. Der absolute Laie, welcher sich mit diesem Thema noch nie befaßt hat, geht teilweise davon aus, daß im Untergrund riesige Höhlen gefüllt mit Wasser existieren, die jedoch nur eine mögliche Erscheinungsform von Grundwasser im Untergrund darstellen.

Wo befindet sich nun der einzelne Wassertropfen im Untergrund? Wo hat er Möglichkeiten sich abzulagern? Wie gelangt das Wasser in den Boden? Hierzu sei zuerst auf die Abbildung auf Seite 302 - Erscheinungsformen des unterirdischen Wassers - hingewiesen. Es ist in dieser Abbildung ein Lockergestein dargestellt, und es zeichnet sich im vorliegenden Fall ab, daß über Niederschlagswasser, welches im Boden versickert, das Wasser entlang der Bodenkörner aufgrund der Schwerkraft zu größerer Tiefe hin versickert. Hierbei zeigt sich, daß das Wasser sich zuerst an den Bodenkörnern in Form von Haftwasser anlagert, d.h. die Bodenkörner werden von einem Wasserfilm umschlossen. Wenn dieser Wasserfilm ausgebildet ist, wird je nach Größe der gegebenen Poren der Porenraum mit Wasser geschlossen. Sind die Poren jedoch zu groß, so überwiegen an dieser Stelle nicht Haftkräfte, um das Wasser in den Poren zu halten. Vielmehr wirkt hier die Schwerkraft, welche dazu führt, daß das Wasser bzw. der Wassertropfen zur größeren Tiefe hin absinkt. Bedingt durch in unterschiedlichen Tiefen existierende grundwasserstauende Horizonte, dies kann eine Festgesteinformation sein oder aber ein Lockergestein mit der Charakteristik sehr geringer Korngröße und damit verbundenem äußerst kleinen Porenvolumen, findet ein Aufstau der in den Boden eindringenden Wassertropfen statt, so daß sich ein zusammenhängender wassergesättigter Porenraum bildet, welcher auch als **wassergesättigte Zone** angesprochen wird. Dementsprechend gibt es den Begriff der **wasserungesättigten Bodenzone**. Diese wird dargestellt durch den Sickerbereich, d.h. den Bodenabschnitt, welcher sich oberhalb des zusammenhängenden wassergesättigten Bodenabschnittes befindet. Unter Betrachtung der Abbildung auf Seite 302 ist auch der Begriff **Kapillarsaum** zu finden.

Wie oben schon angeführt, existieren im Boden unterschiedliche Kräfte, welche für die Ausbildung des Kapillarsaumes verantwortlich sind. Der Kapillarsaum stellt den Übergangsbereich zwischen ungesättigter und gesättigter Zone dar. Er hat seine Ursache in den Anziehungskräften zwischen Wasser und Gesteinen. Dieser Vorgang des Ansteigens von Wasser über eine bestimmte Steighöhe ist vergleichbar mit den Verhältnissen, die auftreten, wenn eine sehr dünne Glasröhre in ein Gefäß mit Wasser gestellt wird und beobachtet werden kann, wie das Wasser in der Kapillarröhre um einige cm gegenüber dem sonstig befindlichen Wasserspiegel ansteigt. Somit sind unterschiedliche Steighöhen entsprechend der Korngröße festzuhalten, die z.B. bei Grobsand bei 125 mm liegt, während sie bei Ton bei fast 1 m liegen kann. Zu bemerken sei an dieser Stelle schon, daß im Hinblick auf nachfolgend noch erwähnte Erscheinungen der Grundwasserfließrichtung das Wasser auch im Kapillarsaum fließt.

Die bisher vorgestellte Art des Korngerüstes ist nicht überall anzutreffen, d.h. Grundwasser existiert nicht nur im Lockergestein, sondern auch im Festgestein. Die Abbildung auf Seite 300 stellt unterschiedliche Gesteinsarten dar. Hierzu sei besonders auf die dargestellten Informationen zum Festgestein hingewiesen, da das Verhalten von Grundwasser im Festgestein anders ist als im Lockergestein. So spricht man von **zerklüftetem** oder **verkarstetem Festgestein**. Diese Hohlraumausbildungen im Festgestein werden als sog. **Sekundaröffnungen** bezeichnet, d.h. die Hohlräume sind entstanden, nachdem das Gestein seine Form schon erhalten hatte. Die Klüfte, meist sehr schmal und dünn, sind als Rinnsal zu betrachtende teils zusammenhängende Öffnungen im Festgestein. Ein verkarstetes Festgestein ist z.B. ein Kalkstein, in welchem durch Einwirkung des Grundwassers langsam Inhaltsstoffe herausgelöst werden und teilweise, wie in der Schwäbischen Alb, sehr große und ausgedehnte Hohlräume im Festgestein ausgebildet und teils höhlenartig sind. Zu beachten ist noch, daß es eine Mischstruktur gibt, ein sog. **halbverfestigtes Festgestein**, in welchem Wasser sowohl in Poren als auch in Klüften existiert und fließt.

Wie oben schon erwähnt, existiert ein Wasserkreislauf (siehe Abbildung). Das Niederschlagswasser dringt in den Boden ein, gelangt in Form des Sickerwassers bis zum existierenden Grundwasserspiegel, führt hier zu einer Anreichung des Grundwasserspiegels, und über den Grundwasserkörper, welcher auch als **Aquifer** bezeichnet wird, fließt das Grundwasser durch den Bodenkörper Oberflächengewässern oder aber in Küstennähe dem Meer zu. Es findet somit eine ständige Erneuerung statt, wobei zu beachten ist, daß je nach Aufnahmefähigkeit des Bodens speziell bei sehr starken kurzzei-

Schema der Verteilung von Niederschlägen und Bodenwasser

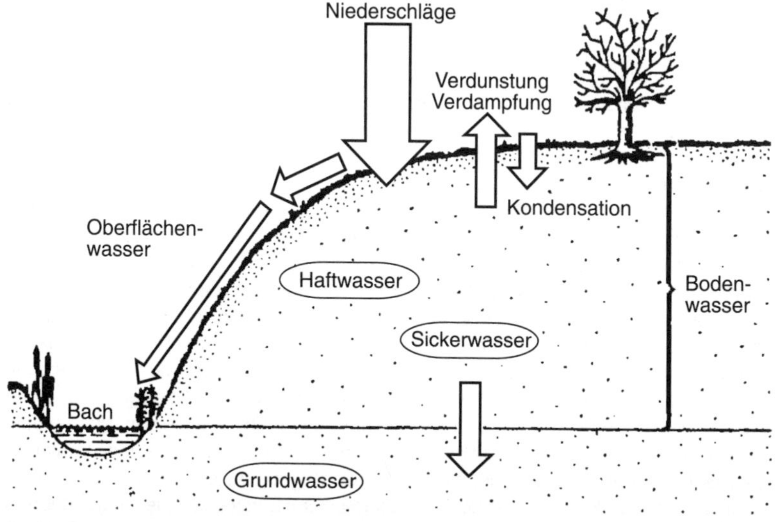

Quelle: Save our Soils (7)

tig auftretenden Niederschlägen der Boden nicht das gesamte Niederschlagswasser aufnimmt, und es somit aufgrund der begrenzten Infiltrationsrate von Niederschlagswasser in den Boden zu einem oberirdischen Abfluß kommt.

Durch Nachsickern von Wasser erhöht sich der Grundwasserspiegel; hierdurch bildet sich ein Gefälle zu einem Oberflächengewässer aus, da der **hydrostatische Druck** des Grundwasserspiegels größer ist als der des Oberflächengewässers. Vereinfacht ausgedrückt heißt das, daß die Spiegelhöhe des Grundwasserkörpers höher liegt als die Spiegelhöhe des Oberflächengewässers. Gemäß dem Bestreben von Flüssigkeiten, in allen Bereichen einen gleichmäßigen Wasserspiegel aufzuweisen, findet ein Fließen des Wassers im Grundwasserkörper zum Oberflächengewässer hin statt. Hierdurch entsteht ein Gefälle in eine bestimmte Richtung. Dieses Gefälle ist wiederum abhängig von der **Permeabilität** (Durchlässigkeit) des Bodens, welche eine Aussage über den Widerstand in einem von Wasser durchflossenen Gestein oder Porenkörper zuläßt. Hierzu lassen sich drei Begriffe aufführen:

- **Isolinien,**
- **Strömungslinien,**
- **k_f-Wert.**

Die Richtung, in die die Grundwasseroberfläche abfällt, ist für jede Untersuchung und Sanierung des Grundwasserkörpers von unbedingter Wichtigkeit. Dies bedeutet, wird an einer Stelle der Grundwasserkörper zugänglich gemacht, z.B. durch Errichtung einer Grundwassermeßstelle, so kann in dieser **Grundwassermeßstelle (Pegel)** der Grundwasserspiegel gemessen werden. Hierbei ergibt sich der sog. **Flurabstand**, d.h. die Distanz zwischen Geländeoberkante und Grundwasserspiegeloberfläche. Unabdingbar ist, wie im nachfolgenden noch zu sehen, den Wasserstand in jedem Pegel in Abhängigkeit von einer Bezugsebene umzurechnen. Hierbei kann eine fiktive feste Höhe im Gelände vorgesehen werden oder aber, wie in den meisten Fällen, als Bezugsebene Normalnull (N.N.), d.h. allgemein die Meereshöhe, herangezogen werden, so daß z.B. eine Meßstelle 365 m über Normalnull liegt, der Flurabstand 2,50 m ist und dementsprechend der Wasserspiegel auf einer Höhe von 362,5 m N.N. anzutreffen ist. Um nun die Grundwasserfließrichtung zu ermitteln, bedient man sich eines **hydrogeologischen Dreiecks.** Hierzu ist in einem Gelände an drei Positionen, ähnlich der folgenden Abbildung, eine Grundwassermeßstelle erforderlich. Die Wasserstände werden in diesen drei Meßstellen ermittelt und auf einen festen Bezugspunkt bezogen, z.B. auf Meeresspiegelniveau. Die Abstände zwischen den Grundwassermeßstellen liegen fest, so daß nunmehr durch Division der Höhendifferenz von zwei Grundwassermeßstellen mit der Entfernung zwischen diesen beiden Meßstellen, pro m die entsprechende Differenzhöhe ermittelbar ist. So ergibt es sich, daß auf den Dreieckschenkeln, welche in der Position der Grundwasserstelle mit der niedrigsten Wasserspiegelhöhe enden, jeweils auf der entsprechenden Schenkelachse eine Position gleicher Höhe festzustellen ist. Werden diese Positionen verbunden, ergibt sich die sog. **Isolinie**, die Linie, die Grundwasserstände gleicher Höhe angibt. 90 Grad, d.h. im rechten Winkel zu dieser Isolinie angesetzt, befindet sich die **Strömungslinie**, d.h. das Wassermolekül fließt im rechten Winkel, rein theoretisch gesehen, zur nächsten Isolinie mit geringerem Höhenwert. Die Darstellung der Strömungslinien sowie der Isolinien ist eine grundsätzliche Voraussetzung für die Beurteilung hydrogeologischer Verhältnisse und Basis einer jeden Beurteilung zur Ausbreitung wassergefährdender Stoffe im Untergrund.

Dieses Grundwassergefälle wird dadurch erzeugt, daß das einzelne Wassermolekül nicht ungehindert in Richtung auf ein Oberflächengewässer, ähnlich wie in einer Rohrleitung, abfließen kann, sondern durch die Bodenstruktur ein Widerstand aufgebaut wird, welcher nur eine bestimmte **Durchlässigkeit oder Permeabilität** aufweist. Die

Festlegung der Grundwasserfließrichtung

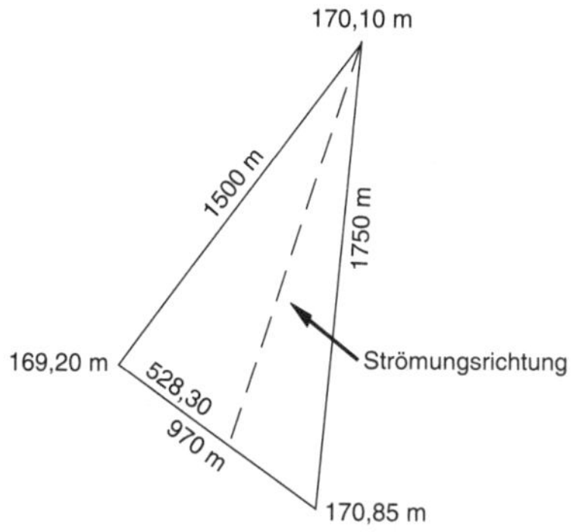

170,10 m
1500 m
1750 m
169,20 m
528,30
970 m
Strömungsrichtung
170,85 m

1) Δ h = 170,85 - 169,2 = 1,65 m

2) $\frac{970,0 \text{ m}}{1,65 \text{ m}}$ = 5,87m/0,01 m

3) 170,10 m - 169,20 m = Δh_1 = 0,90 m

4) 90 x 5,87 m = 528,30 m

1. Ermittlung der Höhendifferenz zwischen maximal und minimal gemessener Grundwasserspiegelhöhe
2. Ermittlung der Distanz zwischen den beiden Meßpunkten bezogen auf die Höhendifferenz von 1 cm
3. Ermittlung der Höhendifferenz zwischen tiefstem und mittlerem Grundwasserspiegelniveau
4. Multiplikation von Δh_1 mit der Abstandslänge pro cm (2.)
5. Eintragung der ermittelten Länge auf dem Dreieckschenkel zur Fixierung des zweiten Endpunktes der Isolinie.
   Senkrecht zu dieser Isolinie läßt sich die Strömungsrichtung eintragen.

Durchlässigkeit eines Gesteins wird angegeben mit dem **Durchlässigkeitsbeiwert** oder **Durchlässigkeitskoeffizient** k_f. Dieser Wert ist eine Größe, von welcher die Mehrzahl sämtlicher Berechnungen abhängig ist. Dies bedeutet, daß über den Durchlässigkeitsbeiwert die Fließgeschwindigkeit des Grundwassers im Untergrund dargestellt werden kann. Das heißt, daß mit dem Durchlässigkeitsbeiwert Beeinflussungen des Grundwasseraquifers im Rahmen von Pumpmaßnahmen teilweise berechnet werden. Der Durchlässigkeitsbeiwert k_f stellt somit eine der wichtigsten Kenngrößen dar.

Es zeigt sich nunmehr, wie aus der Abbildung auf Seite 301 zu ersehen, daß sowohl einzelne Gesteinsarten als auch Lockergesteinsformationen, bestimmte Bandbreiten an k_f-Werten zugeordnet werden können. Dies bedeutet, daß aufgrund von Kenntnissen des Bodenaufbaus „über den Daumen“ eine Aussage zur Durchlässigkeit des Bodens gegeben werden kann. In diesem Zusammenhang ist auch eine Aussage zum Wasserandrang im Grundwasseraquifer grob möglich, da bei einem k_f-Wert von 10^{-3} m/s durchweg bei einer konstanten Mächtigkeit des Grundwasseraquifers ein größerer Wasserandrang aufgrund des geringeren Fließwiderstandes herrscht als bei einem k_f-Wert von 10^{-5} m/s. Der Begriff **Aquifermächtigkeit** stellt die Gesamthöhe des mit Wasser erfüllten Bodenkörpers dar.

Die Aquifermächtigkeit wird durch die Existenz eines **Grundwasserstauers** oder auch sog. **Grundwasserhemmers** begrenzt (s. Abb.). Diese Schichten sind sehr schlecht durchlässig gegenüber Wasser und grenzen somit die einzelnen übereinanderliegenden Aquifere voneinander ab. Deswegen kann es vielfach auftreten, daß von einem ersten oder einem zweiten Aquifer gesprochen wird. Diese durch einen Grundwasserstauer, sei es im Festgestein z.B. ein Tonstein oder im Lockergestein ein Ton bis Schluff, hervorgerufene Trennung der Aquifere kann auch dazu führen, daß bei der Wasserspiegelkontrolle der beiden Aquifere unterschiedliche Grundwasserspiegelhöhen zu erkennen sind. So gibt es in der Hydrogeologie den Ausdruck **gespanntes** und **ungespanntes Grundwasser**. Während das ungespannte Grundwasser durch keinerlei den Flurabstand beeinflussende Deckschicht zur Geländeoberfläche hin getrennt ist, so ist gespanntes Grundwasser z.B. unter einem Grundwasserstauer bzw. -hemmer anzutreffen. Wie aus der Abbildung auf Seite 313 zu ersehen, tritt Niederschlagswasser, gekennzeichnet durch die Pfeile, auf annähernd demselben Höhenniveau in verschiedene Grundwasserleiter ein. Dieses Höhenniveau ist gekennzeichnet durch die gestrichelte Linie. Wird nun z.B. das dritte Grundwasseraquifer angebohrt, so ist, wie im Fall der kommunizierenden Röhren, ein Ausgleich der Wasserspiegelhöhe gegeben, so daß sich artesisch gespanntes Grundwasser zeigt. Somit weist die Grundwasserspiegelhöhe des dritten Aquifers einen geringeren Flurabstand gegenüber der ehemaligen Infiltrationsfläche auf als das erste Aquifer mit freier Grundwasseroberfläche.

Es sind jedoch auch gegenläufige Verhältnisse gegeben, so daß im tieferen Aquifer ein größerer Flurabstand gegenüber dem im 1. Aquifer vorliegt. Durch die Verbindung von Aquiferen mit unterschiedlichen Druckpotentialen können sich somit Strömungskurzschlüsse zwischen den beiden Aquiferen aufbauen. Dies bedeutet, daß bei einem gespannten Grundwasseraquifer und erfolgter Durchteufung des Sperrhorizontes Wasser aus dem tieferen Aquifer in das flachere überführt wird. Somit kommt es in diesem Bereich zu einer Vermischung, welche immer dann als nachteilig zu betrachten ist, wenn die beiden Aquifere unterschiedliche Wasserinhaltstoffe aufweisen und speziell ein bestimmtes Aquifer z.B. für eine Trinkwassernutzung herangezogen wird. Eine ähnlich gelagerte Situation nur mit umgekehrter Fließrichtung, d.h. vom flacheren zum tieferen Aquifer, tritt dann auf, wenn der Flurabstand zwischen Geländeoberkante und dem Wasserspiegel des zweiten Aquifers größer ist als zum flacheren Aquifer. Hierdurch ergibt sich, je nachdem wie groß die Grundwasserspiegeldifferenzen sind, ein Abströmen von Wasser aus dem oberen, d.h. flacheren zum tieferen Aquifer. Dies führt ebenfalls, wie schon dargestellt, zu einer Vermischung von Grundwasser ausgehend von der Stelle der Sperrschichtdurchteufung. Wesentlich ist somit bei der Erschließung mehrerer Aquifere, klare Erkenntnisse über den Bodenaufbau zu erhalten. Mit anderen Worten: Es gilt hier auf die Stratigraphie und auf die Wasserinhaltsstoffe deutlichst abzuheben, bevor die Entscheidung zur Erschließung eines ausgesuchten Grundwasseraquifers endgültig wird.

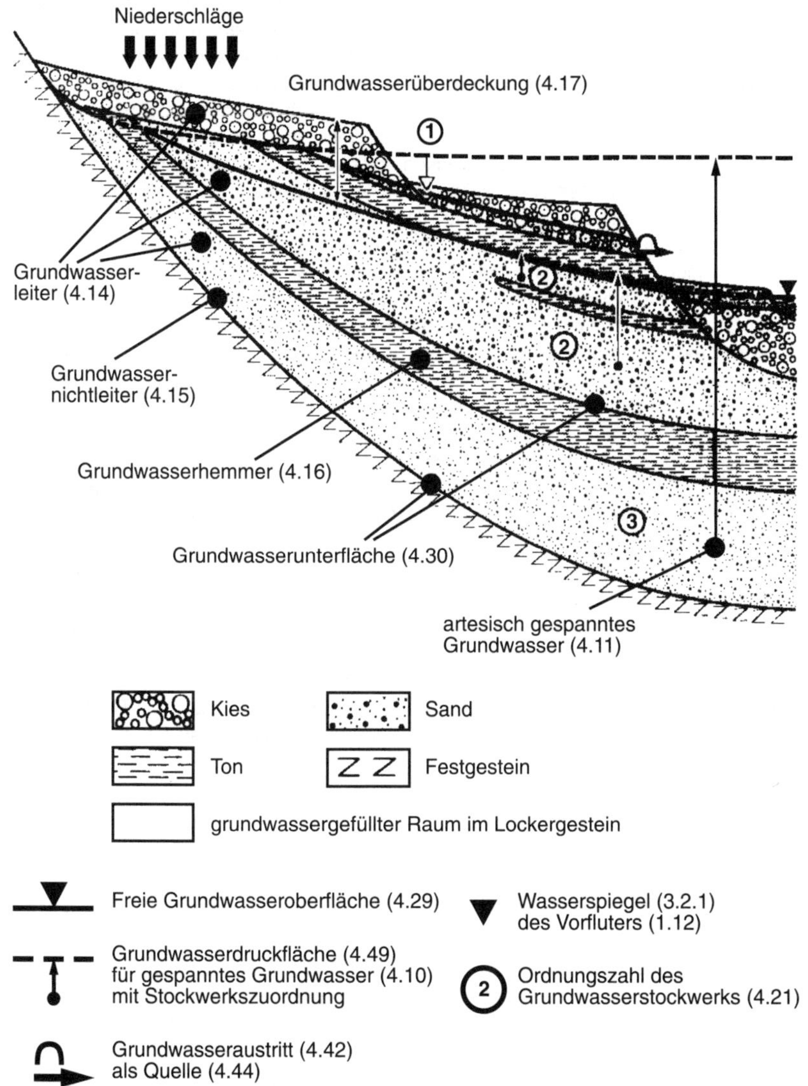

Quelle: entnommen aus Bild 7 DIN 4049 Teil 1, S. 49 Ausgabe 9.79 mit Hinweis auf die aktuelle DIN 4049 Teil 5 Ausgabe 12.92 (8)

2.3 Fließrichtung und Fließgeschwindigkeit

Bisher wurde davon ausgegangen, daß der Grundwasserkörper eine Fließrichtung auf ein Oberflächengewässer hin besitzt. Es ist jedoch durchaus möglich, speziell bei starken Niederschlägen und einer erhöhten Abführung der Niederschläge über die Oberfläche direkt in das Oberflächengewässer, daß der Wasserspiegel im Fluß oder Bach derart schnell ansteigt, daß in diesem Fall eine Einspeisung von Oberflächenwasser in das Grundwasseraquifer erfolgt. Dies bedingt sich durch die umgekehrte Situation, daß der Wasserspiegel des Oberflächengewässers höher liegt als das Niveau des Grundwasserspiegels, und durch diesen Druckunterschied (bzw. durch die theoretisch zu sehenden unterschiedlichen Wassersäulen) findet eine Umkehr der Fließrichtung in der Nähe zum Oberflächengewässer statt. Hierdurch kommt es zu einem Aufstau des Grundwasseraquifers und einer ortsabhängigen teilweise sehr schnell zu registrierenden Verringerung des Flurabstandes. Das Wasser, welches über das Oberflächengewässer in den Grundwasserkörper eindringt, wird als **Uferfiltrat** bezeichnet. Voraussetzung für die Uferfiltration ist somit ein **hydraulisches Potentialgefälle** vom oberirdischen Gewässer zur Grundwasseroberfläche. Diese Situation der verstärkten Uferfiltration findet sich auch immer dann, wenn Fließgewässer aufgestaut werden und hierdurch anthropogen beeinflußte Veränderungen nicht nur der Grundwasserspiegelhöhe, sondern daraus resultierend auch der Grundwasserfließrichtung stattfinden. Deswegen ist bei Betrachtung des Grundwasserkörpers in der Nähe zu Stauabschnitten in einem Fließgewässer eine veränderte Fließsituation gegeben, da in der Regel auf Höhe der Wehranlage der Flurabstand des Grundwasserkörpers höhenmäßig dadurch beeinflußt wird, daß vor der Stauanlage ein höheres Potentialniveau, bedingt durch den Spiegel des Oberflächengewässers, gegenüber der Situation unterhalb der Staustufe vorherrscht.

Die beiden nachfolgenden Abbildungen zeigen eine weitere und vielfach anzutreffende anthropogene Veränderung natürlicher Fließverhältnisse im Aquifer. Durch Entnahme von Grundwasser wird dem Aquifer mehr Wasser entzogen als nachfließen kann, so daß ein **Absenktrichter** entsteht, über welchen das Grundwasser dem Brunnen zufließt. Hierdurch wird die Fließrichtung des Grundwassers geändert.

Plan der Grundwassergleichen (4.50)

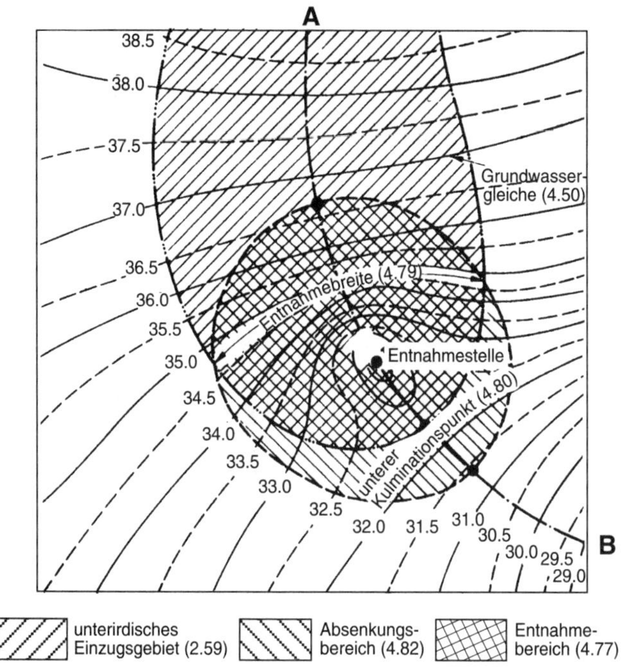

Grundwasserlängsschnitt (4.32) A - B

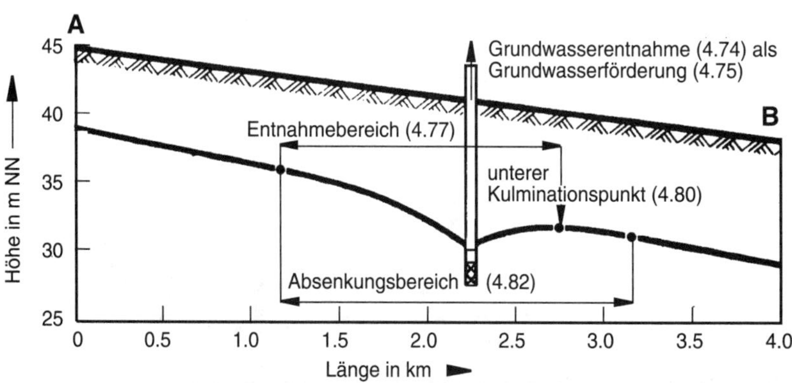

Quelle: entnommen aus Bild 8 DIN 4049 Teil 1, Seite 50, Ausgabe 9.79 mit Hinweis auf die aktuelle DIN 4049 Teil 5, Ausgabe 12.92 (9)

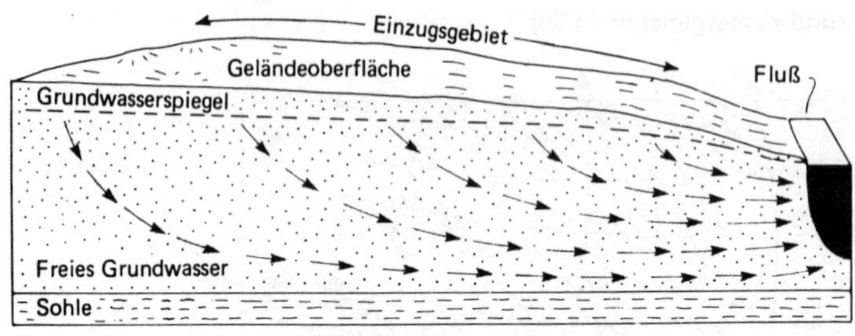

1) Zustrom (Q_Z) = Abfluß (Q_A)

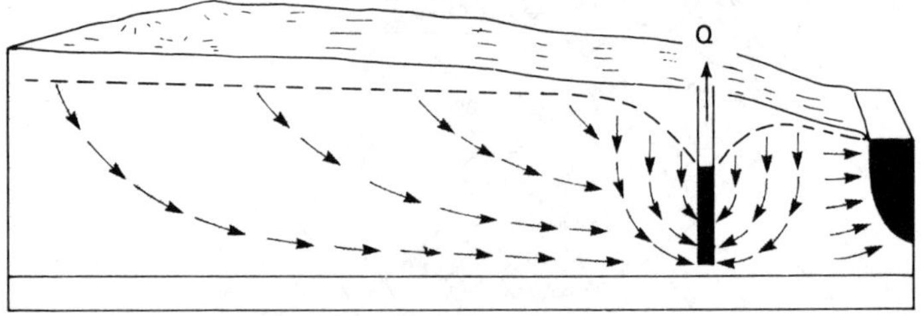

2) Entnahme (Q) = Speicherverringerung (ΔS)

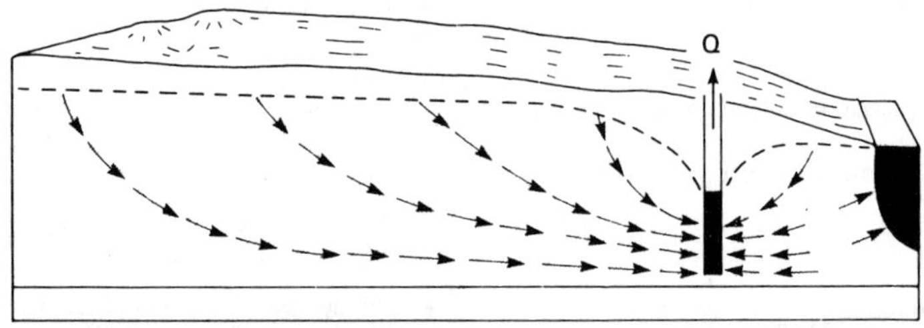

3) Entnahme (Q) = Speicherverringerung (ΔS) + Abflußverringerung (ΔQ_A)

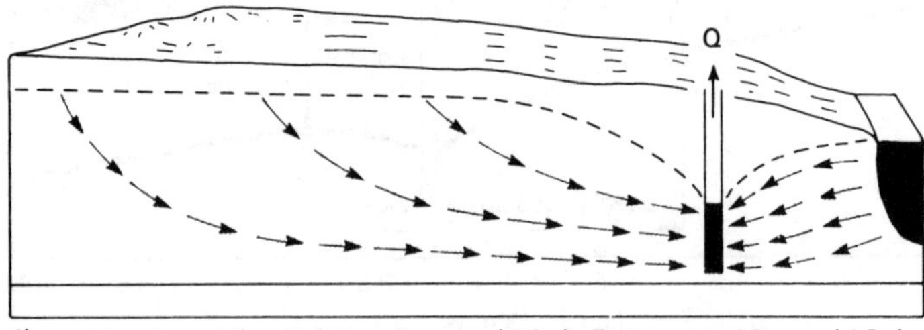

4) Entnahme (Q) = Abflußverringerung (ΔQ_A) + Zustromvergrößerung (ΔQ_Z)

Quelle: Einführung in die Grundwasserhydrologie (10)

Die Fließgeschwindigkeit gibt eine Information über die Bewegung eines Wassertropfens im Untergrund, d.h. im gesättigten Bodenabschnitt, an. Somit ist es möglich, mit dem Wassertropfen ebenfalls wandernde Schadstoffe in ihrer Ausbreitung zu bestimmen. Es sollte jedoch auf die richtige Wortwahl geachtet werden, da die Begriffe wie **Filtergeschwindigkeit**, Abstandsgeschwindigkeit, Porengeschwindigkeit, Bahngeschwindigkeit u.ä. unterschiedliche Aussagen in der Berechnung des Grundwasserfließverhaltens darstellen. Eine Darstellung sämtlicher Zusammenhänge zwischen o.a. Geschwindigkeitsbegriffen würde an dieser Stelle nicht nur zu weit, sondern auch u. U. zur allgemeinen Verwirrung führen, so daß schwerpunktmäßig nur der Begriff „Filtergeschwindigkeit" näher erläutert werden soll. Anzumerken ist, daß für die Beurteilung des Grundwasseraquifers in erster Näherung die Filtergeschwindigkeit V_f für Berechnungen und Aussage der Aquifersituation herangezogen wird. Die Formel setzt sich wie folgt zusammen:

$$V_f = \frac{Q}{A}$$

$$Q = k_f \cdot A \cdot \frac{h}{l} \quad \text{Darcy-Gesetz}$$

$$V_f = k_f \cdot \frac{h}{l} \; [m/s]$$

$\frac{h}{l}$ = J = Gefälle (dimensionslos)

k_f = Durchlässigkeitsbeiwert [m/s]

h = Differenzhöhe in m

l = betrachtete Fließlänge in m

A = durchströmte Fläche in m^2

Q = Wassermenge in m^3/s

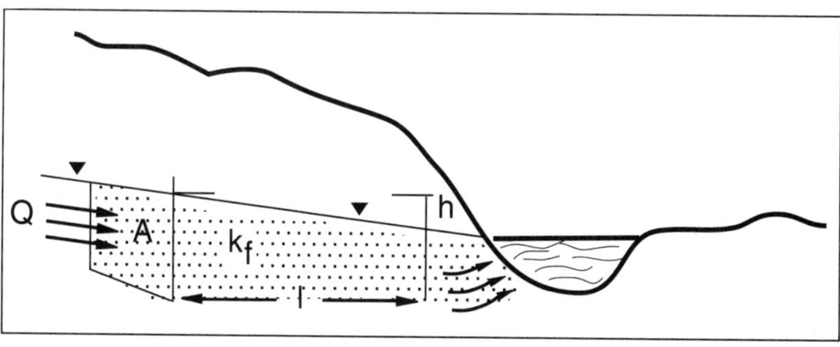

$$V_f = \frac{Q}{A} = k_f \times \frac{h}{l}$$

$Q = m^3/s$

$A = m^2$

Schematische Darstellung zur Filtergeschwindigkeit

Vielfach wird nicht von einem Grundwasser gesprochen, sondern von einem **Schichtwasser**. Schichtwasser ist eine rein geologische Bezeichnung, welche unter Betrachtung existierender Gesetze keine getrennte Aussagekraft in bezug auf die Bezeichnung „Grundwasser" hat. Speziell unter Betrachtung erforderlicher Sanierungen oder Verschleppung von Schadstoffen sind vielfach periodisch auftretende Schichtwasserhorizonte von Wichtigkeit. Diese werden verstärkt dadurch erzeugt, daß relativ nahe zur Geländeoberfläche ein Grundwasserstauer existiert und auf diesem teils geneigten Grundwasserstauer speziell nach Niederschlägen geringmächtig (M = z.B. 1 m) Grundwasser anzutreffen ist. Dieses Grundwasser besitzt andere Abhängigkeiten in bezug auf die Fließrichtung als die wassergesättigte Zone. Während der als zusammenhängende wassergesättigte Zone zu bezeichnende Grundwasserkörper der Orientierung in Richtung auf ein Oberflächengewässer folgt, so ist die Fließrichtung eines Schichtwassers eindeutig abhängig von der Neigung des Grundwasserstauers. Dies kann dazu führen, daß die Fließrichtung des Schichtwassers gänzlich eine andere ist als die des eigentlichen Grundwasseraquifers. Insofern sind gerade zur Fixierung kritischer Schichtwassersituationen klare Aussagen zum Bodenaufbau unabdingbar.

3 Erste Voraussetzung zur Feststellung von Belastungen im Boden

Die Untersuchung der Belastung im Boden, d.h. in der ungesättigten und gesättigten Zone, ist eine der wesentlichen Voraussetzungen für die Wiederherstellung ökologisch akzeptabler Verhältnisse im Untergrund. Es zeigt sich jedoch leider in mannigfaltiger Art und Weise, daß durch angeordnete oder ausgesuchte Untersuchungsvarianten Beweise zerstört bzw. erst gar nicht vorgelegt werden können, da durch Auswahl falscher Untersuchungsmethoden, durch welche Gründe auch immer bedingt, vielfach die Beurteilung der ökologischen Belastungssituation eine Glaubensfrage wird. Einer der entscheidenden Faktoren zur Minimierung des Untersuchungsaufwandes zum falschen Zeitpunkt sind die mit den Untersuchungen verbundenen Kosten. Während die finanziellen Aufwendungen zur Beurteilung des zu untersuchenden Standortes anhand von Plänen und Informationen überschaubar sind, so ist für die Ermittlung des Schadens im Boden oder allein die Überprüfung zu u.U. gegebenen Belastungssituation oftmals kostenträchtiger. Hierbei wird im Rahmen der normalen Reaktion zur Kostenminimierung darauf gedrängt, mit den geringsten Aufwendungen „optimale" Aussagen zu erzielen. An dieser Stelle ist entscheidend, den richtigen Weg zur weiteren Untersuchung sowohl technisch als auch finanziell zu finden.

Was bleibt an Beurteilungskriterien übrig, wenn durch falsche Auswahl der Untersuchungsmethode, durch falsche Auswahl der Gerätschaften oder aber durch zu drastische Minimierung des Untersuchungsaufwandes keine klare Übersicht über den Belastungszustand gegeben ist? Warum dieser Hinweis? Für die Beurteilung einer Schadenssituation und der daraus resultierenden Sanierungsmaßnahmen darf nur eine digitale Denkweise existieren. Dies heißt, auf eine Frage eine Antwort mit ja oder nein zu geben. Es hilft sehr wenig zur Beseitigung ökologischer Belastungen, wenn eine Antwort gegeben wird: „mit an Sicherheit grenzender Wahrscheinlichkeit" oder „es ist zu vermuten, daß ..." oder „man glaubt, daß ... ". Hieraus ergeben sich zum Teil fatale

Reaktionen bzw. Aktionen im Hinblick auf die Sanierung. Speziell unter Berücksichtigung der Tatsache, daß heutzutage wesentlich mehr Varianten der Sanierungsmöglichkeit gegeben sind als noch vor zehn Jahren, ist die Schaffung einer guten Ausgangsbasis anhand verwertbarer Untersuchungsergebnisse die Voraussetzung für eine u.U. sehr kostengünstige Sanierung. Ferner stellt sich die Erkenntnis ein, daß der angenommene ökologische Schaden begrenzt bleibt, der Schaden Dritter nicht vorliegt und somit möglicherweise nur beobachtende zukünftige Tätigkeiten erforderlich sind. Es geht also zur Fixierung eines Schadens im Untergrund um die quantitativ und qualitativ abgestimmte Vorgehensweise. Diese bezieht sich immer auf die bisher vorliegenden Verdachtsmomente oder auf feststehende Situationen. Eine wesentliche Voraussetzung für die richtige Auswahl von Untersuchungsmethoden ist die Kenntnis von Verhaltensweisen von Stoffen im Untergrund im Zusammenspiel mit den im Untergrund vorliegenden naturgegebenen Bedingungen, wie z.B. sperrende Horizonte, Schichtwasser, Kluftgestein etc.

3.1 Verhalten besonderer Stoffe im Boden, Grundwasser und Wasser

Das Eindringen wassergefährdender Stoffe in den Untergrund, in das Grundwasser oder aber auch in das Oberflächengewässer führt speziell bei Überschreitung bestimmter Konzentrationen zur Belastung des Bodens, des Grundwassers und zur Veränderung von Fauna und Flora in einem Oberflächengewässer. Während die Belastungen in einem Fließgewässer nach Eintritt eines unfallartigen Ereignisses gegenüber ständig meßbaren Verunreinigungen in relativ kurzer Zeit nicht mehr existieren, so sind einmal in den Untergrund eingetretene wassergefährdende Stoffe über längere Zeiträume nachweisbar und können zur Beeinträchtigung nicht nur der Bodenflora und Bodenfauna, sondern auch über die Nahrungskette zu einer Gesundheitsgefährdung des Menschen führen.

Wie schon oben angeklungen, ist das Eindringen wassergefährdender Substanzen einerseits durch Unfälle, andererseits aber auch durch Kriegseinwirkungen und den teils sorglosen Umgang mit Stoffen und der Ableitung in den Untergrund bedingt. Dies bedeutet, daß vielfach auch durch Unwissen über das Verhalten von Stoffen im Boden und durch ein daraus resultierendes unbewußtes Handeln Altablagerungen und Altlasten im Untergrund entstanden sind, welche zum Teil aus der Zeit unserer Urgroßväter stammen.

Altablagerungen sind verlassene und stillgelegte Ablagerungsplätze mit kommunalen und gewerblichen Abfällen, Aufhaldungen, Aus- und Verfüllungen mit Bauschutt und Produktionsrückständen sowie wilde Ablagerungen jeglicher Art.

Betriebsgelände, auf denen chemische Stoffe oder Abfälle angefallen sind und unsachgemäß gelagert, transportiert oder beseitigt wurden (z.B. alte Gaswerke, chemische Fabriken, Abwasserreinigungsanlagen, Güterbahnhöfe), und problematisch kontaminierte Betriebsflächen werden als Altstandorte bezeichnet. Zusammen mit den Altablagerungen faßt man sie unter dem Begriff „kontaminierte Standorte“ oder „Altlasten“ zusammen. Die Erfassung von Altablagerungen begann in den einzelnen Ländern bereits Ende der sechziger Jahre. Es hat sich mittlerweile aufgrund von Recherchen der einzelnen Bundesländern eine umfangreiche Sammlung an bisher zu registrierenden kontaminierten Standorten ergeben.

Bis 1990 erfaßte Altlastenverdachtsflächen in den neuen Bundesländern

	Brandenburg	Mecklenburg-Vorpommern	Sachsen-Anhalt	Sachsen	Thüringen	Berlin (Ost)
Altablagerungen	1350	1759	3331	2148	2124	10
Altstandorte	1731	2470	4126	3094	3939	101
Rüstungsaltlasten	142	110	96	271	38	0
großflächige Bodenkontaminationen	138	142	230	219	308	0
Gesamt	3361	4481	7783	5732	6409	111

Quelle: Bundesminister für Umwelt, Naturschutz und Reaktorsicherheit (1)

Während bis 1982 und 1983 eine konkrete Verfolgung der Problematik kontaminierter Standorte nur dann bewußt wurde, wenn durch Unfälle bzw. Bautätigkeiten Altablagerungen oder Altlasten gefunden und registriert wurden, so ist in den nachfolgenden Jahren eine gezielte Registrierung von sogenannten Verdachtsflächen vorgenommen worden.

Speziell auch die Berücksichtigung intensiverer Betrachtungen zur Qualität des Grundwasserkörpers sowie der Oberflächengewässer erbrachte, wie z.B. im Raum Stuttgart durch Kontrolle der Notwasserbrunnen, beängstigende gesundheitsgefährdende Situationen, deren Ursache nur durch ein umfangreiches Kontroll- und Registriersystem nach und nach erarbeitet werden kann.

Erfassung von Altablagerungen und Altstandorten in den alten Bundesländern zum Stichtag 1.1.1989

Bundesland	Gesamtzahl der Verdachtsflächen (Altablagerungen und Altstandorte)	Altablagerungen	Altstandorte	Kriegsfolgelasten (in Gesamtzahl enthalten)
Baden-Württemberg	6500	6500	keine Angaben	keine Angaben
Bayern	555	482	73	keine Angaben
Berlin	1925	332	1593	ca. 25%
Bremen	243	74	169	5-10%
Hamburg	1840	1550	290	ca. 70
Hessen	5184	5123	61	2[1)]
Niedersachsen	6200	6200	keine Angaben	67
Nordrhein-Westfalen	12448	8639	3809	117 Kriegsschäden[2)]
Rheinland-Pfalz	7528	7528	keine Angaben	30
Saarland	3596	1728	1868	1
Schleswig-Holstein	2358	2358	keine Angaben	[3)]
Gesamt	43377	40514	7863	

[1)] 8 weitere Verdachtsflächen werden überprüft

[2)] nicht in Gesamtzahl enthalten

[3)] in 8 regionalen Schwerpunktbereichen des Landes und 7 küstennahen Seegebieten werden Kriegsfolgelasten vermutet

Quelle: Deutscher Bundestag (2)

Resultierend aus den Erkenntnissen vorliegender Belastungen und damit gegebener Gesundheitsgefährdung für Mensch und Tier wurde es notwendig, Erkenntnisse über das Verhalten von Substanzen im Untergrund zu erforschen. Vor der intensiveren Recherche möglicher Verdachtsstandorte fanden dominant unfallartige Ereignisse und die damit verbundene Infiltration wassergefährdender Stoffe in den Untergrund Beachtung. Mineralölprodukte wie Heizöl EL, Schweröl, Dieselöl, Benzin, für den Heiz- und Antriebsbedarf transportiert und umgeschlagen bzw. hergestellt, waren vorrangig der Problemstoff, so daß Informationen über das Verhalten von Mineralölen im Untergrund schon hinlänglich bekannt waren. Eine gänzlich geänderte Situation zeigte sich z.B. bei der Stoffgruppe der halogenierten Kohlenwasserstoffe, deren Verhalten eigentlich erst dann intensiver erforscht wurde, nachdem die Problematik nachhaltiger ökologischer Schädigung erkannt war. Die Erforschung des Verhaltens im Untergrund kann niemals umfassend sein, da einfach an jedem Standort unterschiedliche Voraussetzungen naturgegeben vorliegen. Diese sind bedingt durch den Bodenaufbau, die Bodeninhaltsstoffe, die Grundwasserfließverhältnisse etc. Es sind jedoch einige grundsätzliche Verhaltensinformationen zu berücksichtigen, speziell unter Betrachtung der Untersuchung und Sanierung kontaminierter Standorte, welche eine Grundlage für die Erforschung vorgegebener Belastungen und in Verbindung mit den Kenntnissen des Bodenaufbaues eine endgültige Strategie zur Vorgehensweise der Untersuchung und Sanierung sowie zur Beurteilung der ökologischen Schädigung erlauben.

Während z.B. schon 1969 vom Arbeitskreis Wasser und Mineralöle (Vorläufer des BMI-Beirates) eine Informationsschrift (Beurteilung und Behandlung von Mineralölunfällen auf dem Lande im Hinblick auf den Gewässerschutz LTWS Nr.24) herausgegeben wurde und hierauf basierend dem/der mit der Lösung des ökologischen Problems beauftragten Fachmann/-frau Anhaltspunkte zur Vorgehensweise wie auch zum Verhalten von Mineralölen im Untergrund lieferte, so ist z.B. bei der Stoffgruppe halogenierter Kohlenwasserstoffe erst 1975 mit ersten Modellversuchen zum Verhalten im Untergrund begonnen worden. Dies geschah jedoch unter den Aspekten einer massiven Grundwasserkontamination, einzig bedingt durch die Tatsache, daß die Laboranalytik noch nicht so weit entwickelt war, als daß halogenierte Kohlenwasserstoffe in den heute zu messenden geringen Konzentrationen nachweisbar waren. Diese Situation änderte sich erst Ende der 70er Jahre sowohl durch verstärkte Untersuchungskampagnen als aber auch durch die verbesserte Analytik mittels des Einsatzes von Gaschromatographen. So war z.B. für die Fachwelt 1984 erst die Veröffentlichung der Bundesanstalt für Gewässerkunde in Koblenz (Leichtflüchtige Kohlenwasserstoffe in porösen und klüftigen Medien) zugänglich.

Es sind oben zwei vielfältig diskutierte Stoffgruppen dargestellt worden, jedoch ist jedem Leser bekannt, daß es mittlerweile mannigfaltige chemische Stoffgruppen mit unterschiedlichem Verhalten im Untergrund, im Grundwasser als auch im bzw. auf dem Oberflächengewässer gibt.

Die Fachwelt zeigt vielfach Erkenntnisse hinsichtlich der Fähigkeit zur Zerstörung von Schadstoffen bis hin zu den mineralischen Bestandteilen, zum Abbau von Schadstoffen über die Bodenbiologie etc. auf. Hierbei sind theoretische wie auch in der Praxis ermittelte Vorgaben anzutreffen, die den Abbau bzw. die Zerstörung entsprechender Schadstoffgruppen ermöglichen. Diese, auch durch die Problematik der Abfallentsorgung während einer Sanierung entstandenen Untersuchungen zum Verhalten von Schadstoffen im Untergrund, verdeutlichen häufig nur einen ersten Ansatz gegebener Möglichkeiten. Die Mannigfaltigkeit der Schadstoffe, ferner die angetroffenen Bodenverhältnisse sind hierfür die Gründe. In vielen Fällen kann, unter Berücksichtigung erster Ansätze, das Verhalten einer entsprechenden Schadstoffgruppe erst durch Auffindung der Belastungen im Untergrund näher betrachtet werden. Dies setzt jedoch, unter Kenntnis erster theoretischer oder zumindest im Pilotversuch ermittelter Daten, eine zielorientierte Vorgehensweise der Untersuchung und Sanierung voraus.

Gerade bedingt durch die verfeinerte Analytik und durch die weiteren Erkenntnisse aus der toxikologischen Forschung und den damit gegebenen Problemen der Gefährdung von Mensch und Tier, stellt sich auch bei dem Auslaufen von z.B. Sonnenblumenöl und der damit verbundenen Infiltration in den Untergrund die Frage, inwieweit ein Nahrungsmittel zu einer ökologischen Belastung führen kann. Ähnlich wie beim Alkoholkonsum ist die anzutreffende Konzentration entscheidend für eine Gefährdung. Das Auslaufen einer Salzsäure oder einer Natronlauge erzeugt wiederum gänzlich andere Schädigungen im Untergrund, im Grundwasser oder auch im Oberflächengewässer.

Somit sind für die Betrachtung des Verhaltens eines Schadstoffes im Untergrund seine physikalischen und chemischen Eigenschaften in Verbindung mit den Bodenverhältnissen des Untergrundes, den Fließ- und chemischen Verhältnissen eines Grundwasserkörpers oder eines Oberflächengewässers, entscheidend für die ökologische Schädigung wie auch für die Bemühungen zur Beseitigung. Das Verhalten infiltrierter Stoffe kann von unterschiedlicher Seite betrachtet werden. Im nachfolgenden sollen Aspekte bzw. Informationen im Hinblick auf die Untersuchung und damit verbundene mögliche Sanierung beleuchtet werden. Durch Darstellung der Charakteristik einiger weit verbreiteter Schadstoffgruppen soll das unterschiedliche Verhalten im Untergrund, ferner im Grundwasser und im Oberflächengewässer dargestellt werden, um hierüber Grundinformationen auch in bezug auf die Infiltration von exotischen Schadstoffen zumindest im Ansatz zu verdeutlichen.

3.2 Mineralöle

Mineralöle sind auch heutzutage die in größten Mengen gelagerte und transportierte Stoffgruppe. Die Umweltstatistiken weisen aus, daß bei den ausgelaufenen Mengen insbesondere leichtes Heizöl und Dieselkraftstoff am häufigsten beteiligt waren. Rohöl und seine Folgeprodukte gehören zu den wassergefährdenden Stoffen im Sinne des Wasserhaushaltsgesetzes. Die nachfolgenden Grafiken geben Auskunft über Unfälle mit wassergefährdenden Stoffen, die Folgen, die Anzahl, die Stoffarten und ausgelaufene Mengen in Kubikmetern.

Es gibt zahlreiche Möglichkeiten für das Freiwerden von Öl: (3)
- Verkehrsunfälle auf dem Wasser, der Straße, der Schiene
- Unfälle beim Umschlag
- Bruch oder Leckwerden von Ölfernleitungen
- Leckwerden, Überfüllen von Lagerbehältern
- Falsche Bedienung von Transport- und Lagereinrichtungen
- Falsche Ablagerung von Ölabfällen und wilde Deponie
- Tropfverluste beim Umgang in der Produktion etc.

Unfälle mit wassergefährdenden Stoffen in der Bundesrepublik Deutschland 1982 bis 1989

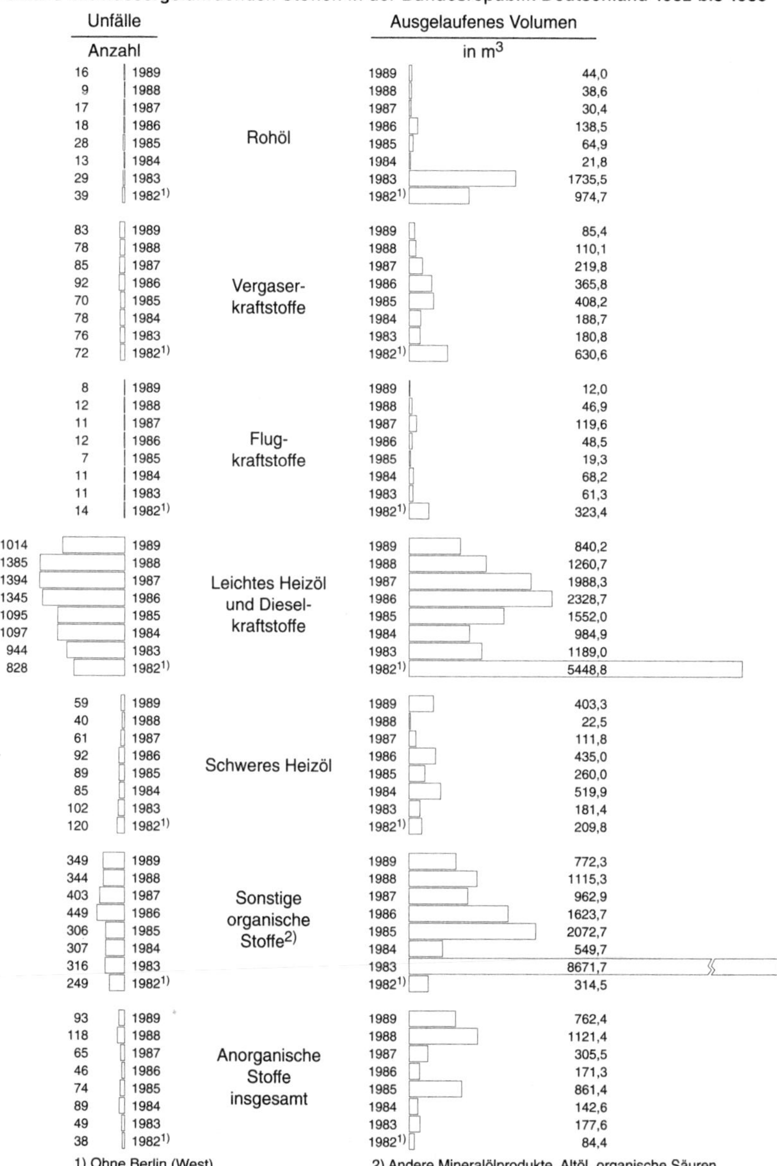

1) Ohne Berlin (West)

2) Andere Mineralölprodukte, Altöl, organische Säuren, Benzol und sonstige organische Stoffe

Quelle: Statistisches Bundesamt/Umweltbundesamt (4)

Im Boden oder auf dem Wasser breitet sich das Öl nach bestimmten Gesetzmäßigkeiten aus.

Unterschieden wird zwischen der aktiven Ausbreitung, z.B. unter dem Einfluß der Schwerkraft, und der passiven Wanderung.

Die Vorgänge der Ausbreitung und der Wanderung des Öls werden mit dem Begriff Migration zusammengefaßt.

Diese Vorgänge sind jedoch nicht zu verstehen, ohne sich mit einigen Eigenschaften des Öls vertraut zu machen. Dazu gehört, die einzelnen Ölarten zu unterscheiden. Alle Mineralölprodukte sind aus Rohöl gewonnen.

Rohöl wird u.a. in Venezuela, Libyen, Mittelost, aber auch in Holstein und im Emsland sowie in der Nord- und Ostsee gefördert. Die Verarbeitungsprodukte sind: Benzine, Schmieröle, leichte und schwere Heizöle, Motorenöle, Trafoöle, Schneidöle, Bohröle u.a.m.

„Verbrauchte" Öle werden als Altöle bezeichnet.

Zu unterscheiden ist zwischen physikalischen und chemischen Eigenschaften des Öles:

3.2.1 Physikalische Eigenschaften

- Dichte
- Siedebereich
- Viskosität
- Stockpunkt
- Flammpunkt
- Zündzeitpunkt

Die Kenngrößen eines Öles werden nach definierten Methoden ermittelt. Sie variieren nicht nur zwischen den einzelnen Ölarten, sondern auch innerhalb gleicher Produktklassen verschiedener Herkunft.

Die **Dichte** eines Öles wird in Beziehung zur Dichte des Wassers gleich 1 g/cm^3 gesetzt. Die Dichte variiert u.a. mit der Temperatur der Flüssigkeit. Die Dichte fast aller Öle liegt unter 1 g/cm^3, d.h. alle Öle schwimmen auf dem Wasser.

Die Öle haben einen engeren oder weiteren Temperaturbereich, in dem sie sieden. Der **Siedebereich** wird in °C angegeben. Die Siedetemperatur bietet uns einen Anhaltspunkt zum Verhalten des Öles unter Normalbedingungen. Flüssiggase, welche einen sehr niedrigen Siedebereich haben, sind unter Normalbedingungen gasförmig, Benzine verdunsten an der freien Atmosphäre relativ schnell, Heizöl sehr langsam, Spindel-, Maschinen- und Zylinderöl nur minimal oder gar nicht. Diese Verhaltensweisen sind zum Teil durchaus beabsichtigt. Ein Schmieröl mit einer niedrigen Siedetemperatur könnte eben nicht seinem Zweck dienen und die Schmierfähigkeit verlieren.

Die **Viskosität** bezeichnet die Fließfähigkeit des Öles und wird in mm^2/s angegeben. Je höher die Viskosität, um so zäher fließt das Öl. Die Viskosität ist temperaturabhängig. Je höher die Temperatur des Öles, um so geringer ist seine Viskosität, also um so flüssiger ist das Öl. Je höher der Siedebereich, um so zäher das Öl.

Die Fließfähigkeit hängt auch ab von dem Gehalt an sogenannten Hart- und Weichparaffinen (bei Ölen im höheren Siedebereich) sowie an lösenden Verbindungen. Die Paraffine sind nur in der Wärme flüssig. Sind leichtflüchtige Bestandteile verdunstet und kristallisieren die Paraffine, so kann es zu einem Erstarren des Produktes kommen. Die Temperatur, bei der ein Mineralölprodukt im Laboratoriumsversuch bei langsamer Abkühlung seine Fließfähigkeit verliert, wird als **Stockpunkt** bezeichnet. Öle mit hoher Viskosität breiten sich auf der Bodenoberfläche langsamer aus und dringen geringer in das Erdreich ein als Öle mit geringerer Viskosität.

Der **Flammpunkt** ist die Temperatur in °C, bei der eine Flüssigkeit so viele Gase entwickelt, daß diese beim Heranführen einer Flamme oder eines Funkens aufflammen.

Der **Zündzeitpunkt** ist die Temperatur in °C, bei der die über der Flüssigkeit befindlichen Gase durch indirekte Erwärmung zur Selbstentzündung geführt werden.

3.2.2 Chemische Eigenschaften

Die in den verschiedensten Teilen der Erde gefundenen Rohöle unterscheiden sich meist erheblich voneinander, was auf die Unterschiedlichkeit ihres Ausgangsmaterials und ihrer Entstehungsgeschichte zurückzuführen ist. Zwar sind sämtliche Rohöle Gemische praktisch der gleichen chemischen Verbindungen, doch deren Mengenanteil ist in den verschiedenen Rohöltypen, Provenienzen genannt, außerordentlich unterschiedlich.

3.2.3 Zusammensetzung des Rohöls:

95 - 99 %	Kohlenwasserstoff	(82-88 % Kohlenwasserstoff und 10-14 % Wasserstoff)
0,2 - 3 %	Schwefel	(maximal 7 %)
0,1 - 0,5 %	Stickstoff	(maximal 2 %)
0 - 1,5 %	Sauerstoff	

Stickstoff und Sauerstoff finden sich in chemisch gebundener Form. Außerdem gibt es Spuren an Mineralbestandteilen. Die verschiedenen molekularen Strukturen der Kohlenwasserstoffe - Aliphaten (kettenförmige Moleküle mit Verzweigungen), Naphthene (ringförmige Moleküle ohne Doppelbindung), Aromaten (ringförmige Moleküle mit Doppelbindungen) - sowie Verbindungen mit Schwefel, Stickstoff und Sauerstoff bieten Möglichkeiten, Ölprodukte zu unterscheiden bzw. zu identifizieren. Hier spielen auch an chemische Verbindungen gebundene Mineralstoffe wie Vanadium und Nickel eine Rolle.

Die Verbindungen mit Schwefel, Sauerstoff und Stickstoff sind in den Fertigprodukten der Mineralölverarbeitung zumeist unerwünscht, so daß man sich im Verarbeitungsgang bemüht, sie nicht in die Fertigprodukte gelangen zu lassen. Allerdings gibt es doch beachtliche Unterschiede. So dürfen z.B. im Heizöl nur 0,3 % Schwefel enthalten sein. Solche Beschränkungen gibt es aber nicht für die Kraftstoffe für Seeschiffe. Hier sind die Schwefelgehalte im Laufe der Jahre auf bis zu 4,5 % gestiegen. Für die Maschinen an Bord ist das nicht freundlich und für die Umwelt wohl auch nicht.

3.2.4 Wasserlöslichkeit der Mineralölprodukte

Ein in Wasser gelöster Stoff kann unter den normalen Bedingungen der Umwelt, ohne daß ein erheblicher Aufwand betrieben wird, nicht wieder aus dem Wasser entfernt werden. Der Stoff wirkt auf das Wasser, auf Fauna und Flora.

Die Wasserlöslichkeit von Stoffen ist im Katalog Wassergefährdender Stoffe in den Tabellen 1 bis 4 aufgeführt (siehe Seite 109 ff.) (5) „Für Gemische lassen sich keine Löslichkeiten angeben, da die beim Experiment an solchen Gemischen erhaltenen Löslichkeitswerte stets vom Mengenverhältnis der zusammengegebenen Komponenten (also Wasser und Prüfprodukt) abhängen. Um aber für die Abschätzung des Umfanges einer möglichen Wassergefährdung einen Anhalt zu haben, bedient man sich des Begriffes der **Sättigungskonzentration** ...

Die ermittelten Werte stellen stets Maximalwerte dar. Die in der Tabelle aufgeführten Zahlen stellen an mehreren gleichartigen Produkten bei 20 °C gemessene Mittelwerte dar. Die Schwankungsbreite der Sättigungskonzentration ergibt sich aus der unterschiedlichen Zusammensetzung der Produkte, die der Geruchsschwellenkonzentration aus der unterschiedlichen Geruchsempfindlichkeit der Testpersonen.

Absolut gesehen zeigen die Aromaten die höchsten und die Paraffine die niedrigsten Löslichkeiten. Zur Ergänzung soll noch bemerkt werden, daß die Löslichkeit temperaturabhängig ist ...

Für den Vorgang der Kontamination eines Gewässers durch lösliche Mineralölinhaltsstoffe ist neben der Löslichkeit und dem Verteilungskoeffizienten auch die **Lösegeschwindigkeit** von großer Bedeutung. Diese Übergangsgeschwindigkeit eines Moleküls aus dem Mineralöl in das Wasser ist in komplizierter Weise von der Temperatur, der Viskosität des Öles, der Molekülgröße, den Konzentrationen usw. abhängig ...“(6)

Sättigungs- und Geruchsschwellenkonzentrationen

Art des Mineralölproduktes	Sättigungskonzentration in Wasser (mg/l)			Geruchsschwellenkonzentration (mg/l)		
Benzol			1700	1	bis	10
Autobenzin	50	bis	500	0,001		0,01
Dieselkraftstoff Heizöl EL	10		50	0,001		0,01
Kerosin Petroleum	0,1		5	0,01		0,1

3.2.5 Ausbreitung von Öl im Boden und im Grundwasser

Bei der Versickerung von Öl ist grundsätzlich zwischen der Ausbreitung des Öls als Phase und der Ausbreitung der im Wasser gelösten Stoffe zu unterscheiden. Während die gelösten Stoffe mit dem Sicker- und Grundwasser wandern, bildet das Öl als Phase im Lockergestein und auch in den Klüften oder verkarsteten Horizonten des Festgesteins einen weitgehend zusammenhängenden Ölkörper.

In den nachfolgenden Abbildungen bedeuten die gestrichelte Linie die sichtbare Obergrenze des Kapillarsaumes, die ausgezogene Linie die Grundwasseroberfläche und die Pfeile die Grundwasserfließrichtung. Alle Abbildungen sind als Prinzipskizzen aufzufassen und daher rein schematischer Art.

3.2.6 Ausbreitung als ölige Phase im Sickerbereich

Dringt Öl in den Untergrund ein, wird es im wesentlichen unter der Wirkung der Schwerkraft versickern. Es kommt zur Bildung eines Ölkörpers, dessen Form und Größe sowohl von der Art und der Struktur des Untergrundes als auch von der Menge und Beschaffenheit des Öles abhängig ist.

In einem gleichartigen Untergrund bildet sich ein Ölkörper von regelmäßiger Gestalt. Dies bedeutet, daß ähnlich dem Verhalten des Eindringens von Niederschlagswasser in den Untergrund die Oberfläche der einzelnen Bodenkörner benetzt wird, teilweise anhaftendes Sickerwasser verdrängt wird und somit sich ein Ölkörper im Untergrund ausbildet, der bei weiterem Nachfließen von Öl bis zum Grundwasser vordringen kann.

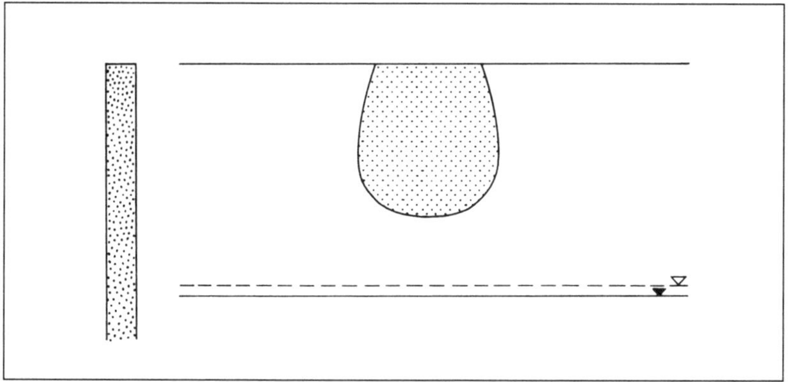

Ausbreitung von Öl im Sickerbereich bei gleichartigem Untergrund (7)

Liegt jedoch kein gleichartiger Untergrund vor, wie es in der Natur die Regel ist, so wird der Ölkörper eine mehr oder weniger unregelmäßige Gestalt annehmen. Grundsätzlich bewirkt eine weniger durchlässige Schicht eine Verbreiterung des Sickerquerschnitts (d.h. der „Durchleitzone"), während beim Übergang in eine stärker durchlässige Schicht der Sickerquerschnitt im wesentlichen erhalten bleibt.

Ist die Infiltrationsrate im Vergleich zu der Durchlässigkeit einer Schicht groß, so findet eine entsprechende seitliche Ausbreitung an der Grenzfläche von der stärker zur weniger durchlässigen Schicht statt.

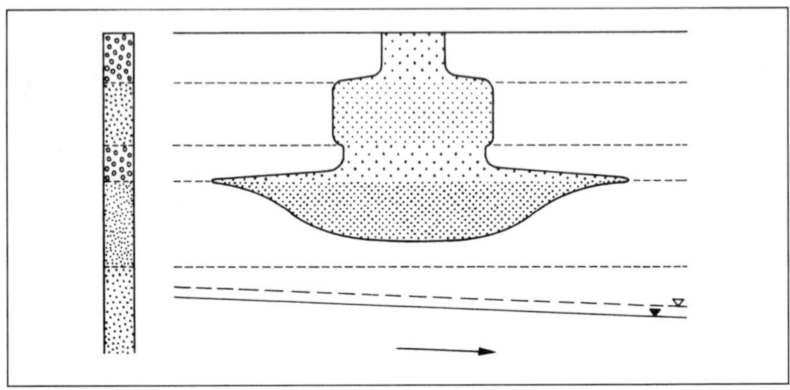

Ausbreitung von Öl im geschichteten Untergrund (8)

Feinkörnige Zwischenlagen von geringer Durchlässigkeit, die Sickerwasser in stärkerem Maße kapillar festzuhalten vermögen, wie z.B. schluffig-tonige Sande oder Schluffe, können das Eindringen des Öles in den tieferen Untergrund erheblich hemmen oder sogar völlig unterbinden.

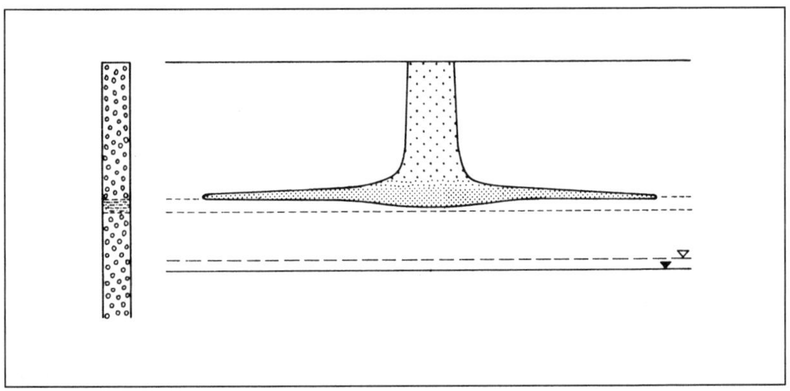

Ausbreitung von Öl auf einer wenig durchlässigen Schicht (9)

3.2.7 Ausbreitung als ölige Phase im Grundwasserbereich

Übersteigt die infiltrierte Ölmenge das Ölrückhaltevermögen des Sickerbereichs, so dringt das Öl bis zum Grundwasser vor. Es kann bei ausreichendem Druck unterhalb der Versickerungsstelle in das Grundwasser eindringen, breitet sich dann aber im Kapillarsaum horizontal aus. Die Ausbreitung des Öles erfolgt vorzugsweise in Richtung des Grundwassergefälles.

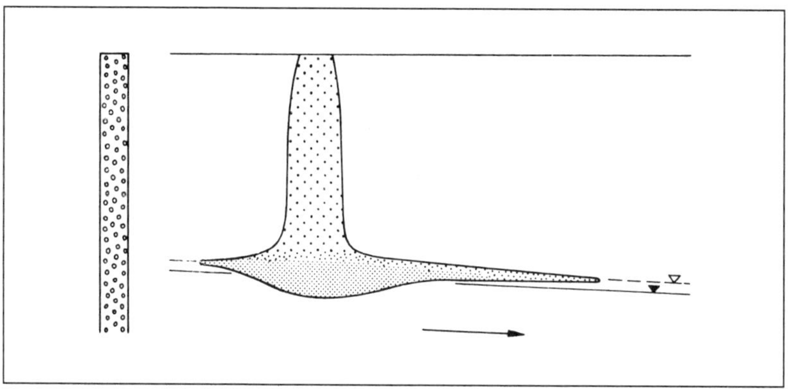

Ausbreitung von Öl im Bereich der Grundwasseroberfläche bei gleichartigem Untergrund (Vertikalschnitt) (10)

Bei der horizontalen Ausbreitung des Öles im Bereich des Kapillarsaumes ist bei wechselnder Durchlässigkeit (bzw. Kapillarität) mit einer Hemmung oder Ablenkung der Ölausbreitung zu rechnen. Öl kann z.B., aus einer durchlässigen Schicht kommend, nicht ohne entsprechenden Druck in eine weniger durchlässige Schicht (mit höherem Kapillarsaum) übertreten. Das Öl wird daher im durchlässigen Bereich verbleiben.

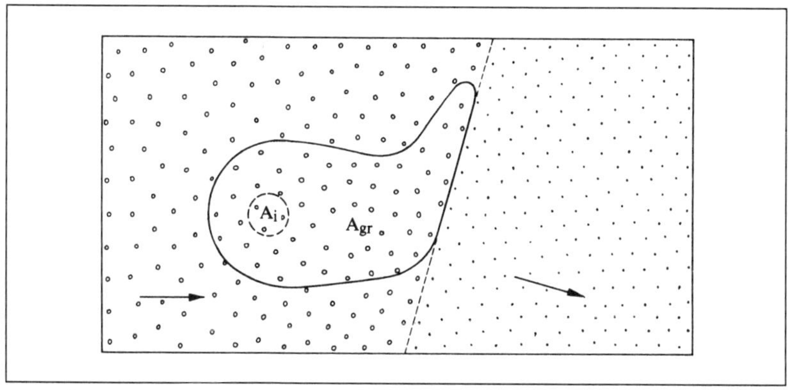

A_i = *Ölinfiltrationsfläche*
A_{gr} = *Ausbreitungsfläche des Öles im Grundwasserbereich*
Horizontale Ausbreitung von Öl im Kapillarsaum beim Wechsel der Durchlässigkeit (11)

Umgekehrt wird das Öl, das aus einer weniger durchlässigen Schicht kommt, in die durchlässigere Schicht übertreten. Dort folgt es der Grundwasserfließrichtung.

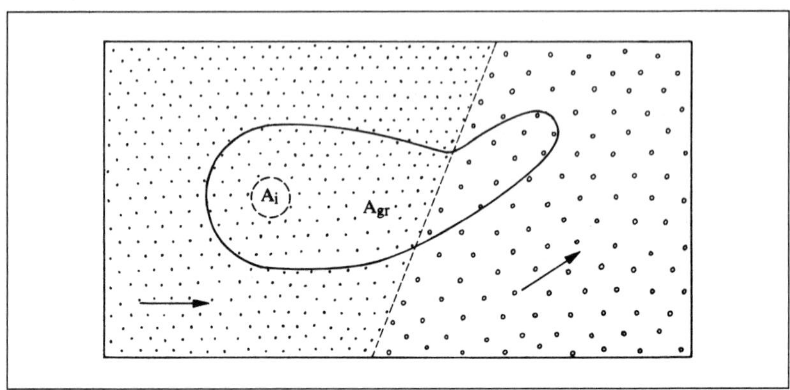

Horizontale Ausbreitung von Öl im Kapillarsaum beim Wechsel der Durchlässigkeit (12)

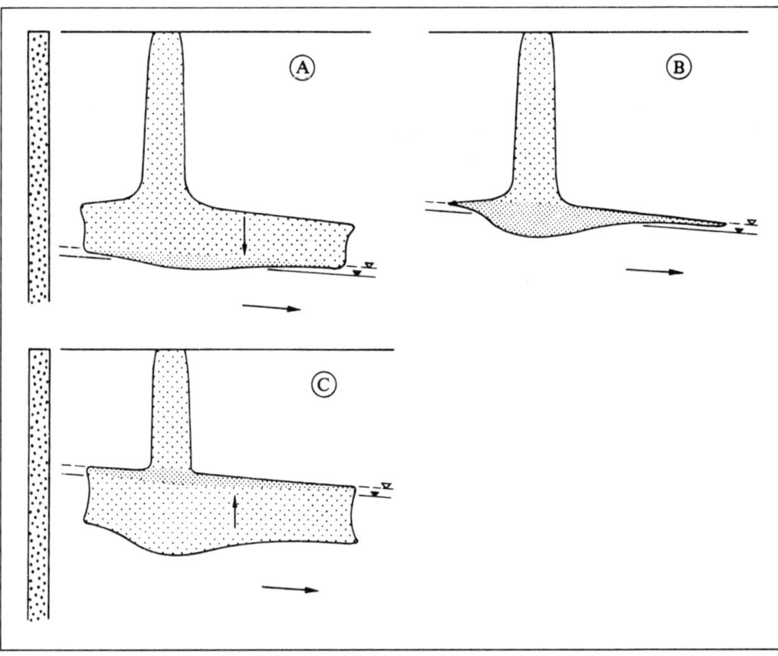

Verhalten von Öl im Schwankungsbereich der Grundwasseroberfläche (13)

Während nach Abschluß der Versickerung im Sickerbereich nur noch Restölgehalte vorliegen, kommt es im Kapillarsaum zu einer Anreicherung freier Ölmengen, deren weitere Ausbreitung durch die Wirkung der Kapillarkräfte behindert wird (Abb. B).

Diese im Kapillarsaum vorliegenden freien Ölmengen können bei steigender Grundwasseroberfläche (Abb. C) gehoben werden oder bei fallender dieser nach unten folgen (Abb. A).

Die freien Ölmengen im Kapillarsaum können noch nach Monaten und Jahren vorliegen. Diesem Umstand ist es zuzuschreiben, daß bei der Sanierung selbst längere Zeit zurückliegender Ölschadensfälle noch größere Ölmengen zurückgewonnen werden können.

3.2.8 Ausbreitung in gelöster Form im Sicker- und im Grundwasserbereich

Dringt Mineralöl als Phase in den Untergrund ein und kommt es dort mit Wasser in Berührung, so gehen Bestandteile in Lösung und wandern mit dem Wasser. Dieser Vorgang tritt ein, wenn sich Öl als Phase im Sickerbereich befindet und mit Sickerwasser Kontakt bekommt oder wenn sich Öl als Phase im Grundwasserbereich befindet und ständig mit dem strömenden Grundwasser Kontakt hat.

Liegt der Ölkörper (Öl als Phase) oberhalb der Grundwasseroberfläche, so kann nur Sickerwasser Bestandteile des Öles lösen und diese bis zur Grundwasseroberfläche oder bis zu einer undurchlässigen Sohle führen. Dort beginnt die horizontale Ausbreitung in Richtung des Grundwasserstromes oder in der Neigung einer undurchlässigen Schicht.

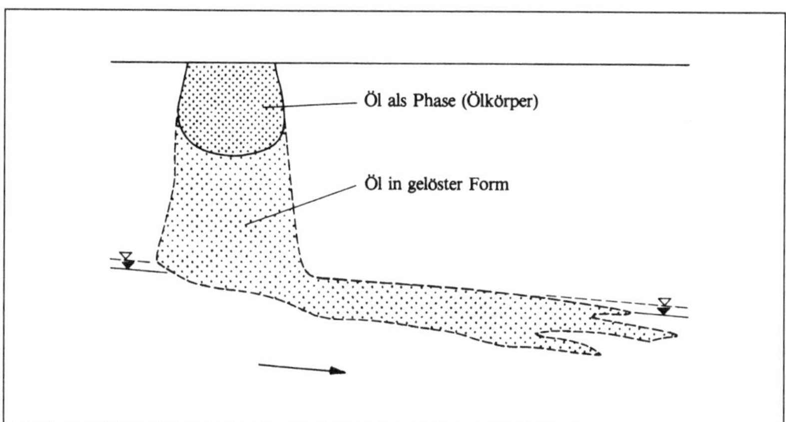

Ausbreitung gelöster Stoffe (Vertikalschnitt) (14)

Reicht der Ölkörper bis in den Bereich des Grundwassers, werden Bestandteile des Öles auch vom Grundwasserstrom gelöst und mitgeführt. Die Menge gelösten Öles, die den Ölkörper verläßt, wird von der Ölsättigung beeinflußt. Die gelöste Ölmenge kann relativ groß werden, wenn die Sättigungsverhältnisse des Untergrundes eine maximale Berührungsfläche schaffen. Auch die Fließgeschwindigkeit des Wassers spielt eine Rolle.

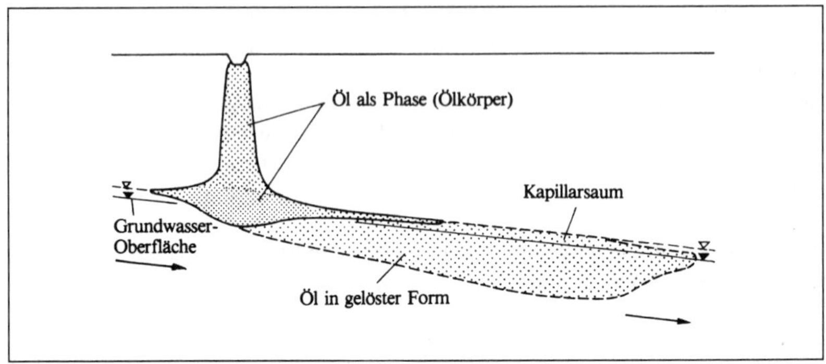

Ausbreitung gelöster Stoffe (Vertikalschnitt) (15)

Je länger das Wasser Kontakt mit dem Öl hat, um so höher sind die Konzentrationen der herausgelösten Bestandteile.

Es ist zu unterscheiden, ob die Quelle der gelösten Stoffe - der Ölkörper - nur für einen relativ kurzen oder aber für einen sehr langen Zeitraum existiert. Im ersten Fall kann einmalig eine begrenzte Menge der gelösten Stoffe mit dem Wasser wandern. Im zweiten Fall hingegen werden gelöste Bestandteile über längere Zeit in abnehmenden Konzentrationen nachgeliefert.

3.2.9 Ausbreitung als gasförmige Phase

Die niedrig siedenden leichtflüchtigen Vergaserkraftstoffe verdunsten auch im Untergrund relativ rasch. Der Ölkörper im Versickerungsbereich wird sich daher mit einer Hülle von Kohlenwasserstoffdämpfen umgeben; ebenso wird sich über der auf dem Grundwasser liegenden Öllinse eine gasförmige Kohlenwasserstoffdecke bilden. Der Bereich des belüfteten Porenraumes, in dem die Kohlenwasserstoffe nur als gasförmige Phase vorliegen, wird kurz als „Gasphasenzone“ bezeichnet.

Die unterirdische Verdunstung hängt weitgehend von der Durchlässigkeit des Untergrundes sowie der Bodenzone, von der Lage des Ölkörpers in bezug auf die Geländeoberfläche und vom Temperaturgefälle ab. Ein Teil der Gasmoleküle diffundiert in die Wasserphase (Haft-, Sickerwasser) und kann so auf gelöstem Wege mit dem Sickerwasser in das Grundwasser gelangen. Ein anderer Teil tritt in die Atmosphäre aus; die Austrittsrate ist abhängig von der Durchlässigkeit des Bodens und des Untergrundes, der Ausdehnung und Mächtigkeit der verunreinigten Zone sowie den Temperatur- und den Luftdruckschwankungen.

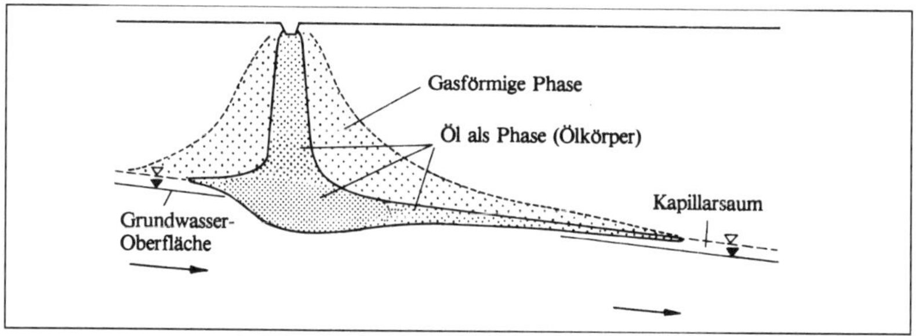

Ausbreitung gasförmiger Kohlenwasserstoffe (16)

3.2.10 Ausbreitung der öligen Phase im klüftigen Grundwasserleiter

Während eingedrungenes Mineralöl in einem Lockergestein eine mehr oder minder homogene Verteilung aufweist, so ist das Verhalten von aufschwimmenden Flüssigkeiten in den Hohlräumen eines Festgesteins, d.h. in den Klüften bzw. in den verkarsteten Hohlbereichen, ein gänzlich anderes. Der Hohlraumgehalt der Festgesteine ist geringer als der der Lockergesteine, so daß das Ölaufnahmevermögen viel kleiner ist. Die Ölverteilung im klüftigen Festgestein ist in Abhängigkeit von Anzahl, Lage und Dicke der Klüfte sehr unregelmäßig. Es entsteht hierdurch in der Regel ein zerrissener Ölkörper, welcher bei Kontrolle der Schichtdicke aufschwimmender Ölphase, je nach Kontrollposition, unterschiedliche Mächtigkeiten aufweist.

Das Verhalten von Mineralöl im klüftigen Medium (Karst)

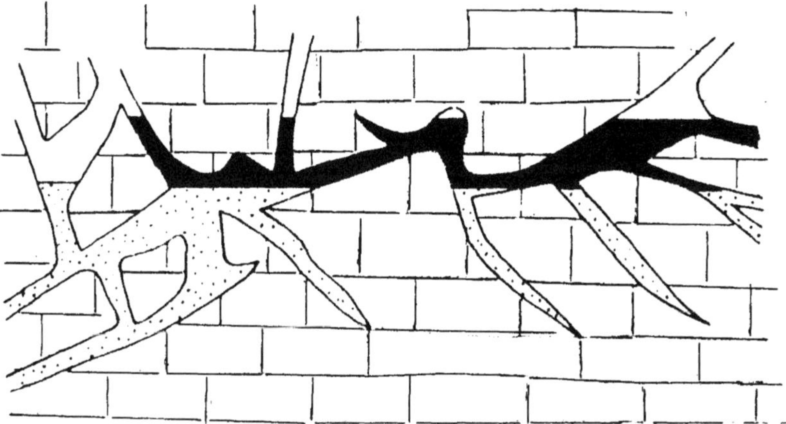

Quelle: Vorreyer; BMU(17)

Die Ausbreitung des Öls als Phase im klüftigen Medium ist größer als bei gleicher Ölmenge in einem Lockergestein. Hier ist vielfach zu beachten, daß auf dem Grundwasser schwimmendes Öl gestaut und ein sogenannter Tauchwandeffekt bewirkt wird. Dabei wird rein mechanisch aufschwimmendes Öl zurückgehalten. Dies führt bei Sanierungsmaßnahmen, d.h. hydraulischer Beeinflussung des Grundwasserkörpers und der damit verbundenen Absenkung des Grundwasserspiegels, nicht zu dem Effekt wie im Lockergestein (Öl fließt zur Entnahmestelle), sondern, wie aus der Abbildung zu ersehen, im verkarsteten oder zerklüfteten Festgestein aufschwimmendes Öl wird am Weiterfließen gehindert. Es ist somit vielfach festzustellen, daß im Festgestein eingedrungenes Öl oder anderweitige aufschwimmende Flüssigkeit vielfach nicht mehr zurückgefördert werden kann. Entsprechend der Tatsache, daß in einem geklüfteten oder verkarsteten Festgesteinskörper zwar die allgemeine Grundwasserfließrichtung bekannt ist, jedoch das Wasser in Form von Kanälen durchaus über Strecken quer zur eigentlichen Grundwasserfließrichtung fließt, werden aufschwimmende Verunreinigungen zunächst in gänzlich andere Richtungen abtransportiert. Hierdurch ist vielfach der Aufwand zur Auffindung der in das Festgestein eingedrungener Substanzen um ein wesentliches höher als im Lockergestein.

3.2.11 Veränderungen der Mineralöle im Untergrund

Relativ geringe Veränderungen erfahren Mineralölprodukte, die als größere, zusammenhängende Ölphasenkörper im Untergrund verbleiben. Durch Verdunstung flüchtiger Bestandteile und durch Herauslösen niedermolekularer Verbindungen durch das Grundwasser können die Mineralölprodukte im Laufe der Zeit dickflüssiger werden.

Die meisten Mineralölprodukte haben eine meßbare Löslichkeit im Wasser und unterliegen im Grundwasser in Gegenwart von Sauerstoff in der gelösten Form einer Veränderung. Einige ungesättigte und aromatische Verbindungen werden in relativ kurzer Zeit zu sauerstoffhaltigen Verbindungen (Alkohole, Ketone, Phenole, Karbonsäuren u.a.) oxidiert.

Viele Arten von Mikroorganismen (Bakterien und Pilze) besitzen die Fähigkeit, Kohlenwasserstoffe abzubauen, d.h. zum Energiegewinn und zum Aufbau der kohlenstoffhaltigen Körpersubstanz teilweise oder vollständig zu nutzen. Die Befähigung zur Kohlenwasserstoffverwertung kann von den entsprechenden Mikroben, die in keinem Untergrund und keinem Gewässer fehlen, durch Anpassung erworben werden, wenn die entsprechenden Substanzen angeboten werden.

Die Geschwindigkeit des teilweisen oder vollständigen Abbaues der Kohlenwasserstoffe ist unter aeroben Bedingungen von den gleichen Faktoren abhängig, die auch bei anderen energieliefernden Substraten limitierend wirken, wie das Vorhandensein von Mineralsalzen und Spurenelementen sowie von der Temperatur und vom pH-Wert.

Der mikrobielle Abbau von Kohlenwasserstoffen bei Fehlen von gelöstem Sauerstoff – der sogenannte anaerobe Abbau – zeigte bisher keine nennenswerte positive Auswirkung auf den Abbau von Mineralölen. Der prozentuale Anteil des anaeroben Zersetzungsprozesses am mikrobiellen Abbau liegt nur etwa bei 10 %.

Eine grundsätzliche Voraussetzung für die Mikrobentätigkeit ist, wie für jegliches Leben, die Gegenwart von Wasser. Im Öl als Phase kann somit keine Vermehrung von Mikroorganismen stattfinden. Bakterien können sich jedoch direkt an Öltropfen anlagern, die sich im Wasser befinden.

Lösen sich Kohlenwasserstoffe im Grundwasser oder im Porenwasser, so ist die Geschwindigkeit ihres Abbaus und die Art der gebildeten Stoffwechselprodukte von der

Art des Kohlenwasserstoffs und insbesondere dem Sauerstoffgehalt abhängig, während die anderen limitierenden Faktoren in der Regel geringere Bedeutung haben, da sie im Milieu Grundwasser und im Untergrund in genügender Menge vorliegen. Es steht außer Frage, daß durch einen mikrobiellen Angriff auf Kohlenwasserstoffe Sauerstoff verbraucht wird und hierdurch reduzierende Bedingungen entstehen können, wobei unter Umständen Ammoniak, Schwefelwasserstoff und zweiwertige Eisen- und Manganverbindungen auftreten.

3.2.12 Öl auf Wasseroberflächen

Wir wissen bereits, daß die Dichte der meisten Öle geringer ist als die von Wasser. Also schwimmen Öle auf dem Wasser. Auch hat ein jeder schon Öl auf dem Wasser gesehen. Jedoch Vorsicht: Die spezifisch leichten und mittleren Mineralöle unterscheiden sich in Farbe und Durchsichtigkeit wenig von reinem Wasser. Wenn solche Produkte auf Wasseroberflächen schwimmen, sind sie optisch vom Wasser kaum zu trennen. Erst wenn sich das Öl bis zu einer Schichtdicke von etwa 0,3 bis 3μm ausgebreitet und damit eine Fläche von 300 bis 3000 m^2/l Öl eingenommen hat, treten die buntschillernden, irisierenden Ölfilme auf, die sofort als ungewöhnliche Erscheinung ins Auge fallen. Vorsicht ist geboten, denn Eisenoxidhydratfilme aus reduzierten Wässern (z.B. faulende Blätter auf der Wasseroberfläche) können ähnliche Erscheinungen hervorrufen. Die Eisenoxidhydratfilme finden sich häufig auf Oberflächen von Gräben oder Tümpeln.

Größere Ölschichtdicken werden vom ungeübten Auge in der Regel nicht wahrgenommen. Die Oberfläche eines bewegten Gewässers ist jedoch bei Ölbedeckung wegen der geringeren Oberflächenspannung wesentlich ruhiger und macht einen glatteren Eindruck.(18)

3.2.13 Herkunft des Öls auf Wasseroberflächen

Öl gelangt aus den verschiedensten Quellen auf die Oberflächen der Meere, der Flüsse, von Seen, Bächen und Gräben, offen oder verdeckt von Anliegern oder Wasserfahrzeugen.

Um offene Formen handelt es sich, wenn Öl oberhalb der Gewässeroberfläche ins Wasser gelangt: aus Rohren, über die Böschung, von Deck von Wasserfahrzeugen. Es handelt sich hier um relativ einfach wahrzunehmende Vorgänge.

Problematischer sind die verdeckten Formen: unterhalb der Gewässeroberfläche aus der Kanalisation oder aus „wilden" Rohrleitungen von Land oder Wasserfahrzeugen eingeleitet, aus der Böschung im Bereich des Kapillarsaumes oder der Grundwasseroberkante als Uferfiltrat durchgesickert sowie mit Dispergatoren „behandelt", wodurch das Öl auf der Oberfläche nur schwer optisch wahrnehmbar ist (wird mit einem Spülmittel getränktes Sägemehl auf die Gewässeroberfläche gestreut, so verschwindet das Öl scheinbar durch die Zerstörung der Oberflächenspannung des Wassers - es ist **im** Wasser verteilt).

Die Verschmutzung der Küstenmeere erfolgt zum großen Teil aus dem Binnenbereich heraus. Über Flüsse, direkte Abwassereinleitungen im Küstenbereich und von Bohr- und Förderplattformen gelangen erhebliche Mengen von Schadstoffen in die Nordsee, ebenso durch Eintrag aus der Atmosphäre, durch die Einbringung von Abfällen in die Hohe See sowie durch Rückstände aus der Schiffahrt.(19)

3.2.14 Verhalten von Öl auf Wasseroberflächen

Vom Öl sind primäre und sekundäre Verhaltensweisen bekannt. Zu den primären Verhaltensweisen zählen: Verdunstung, Ausbreitung, Verdriftung durch Wind und Fließen des Gewässers.

Unter den sekundären Verhaltensweisen versteht man die Bildung von Wasser-in-Öl-Emulsionen, die Alterung und das Absinken.

Für die Verdunstung spielen neben den Eigenarten des Öles selbst die Temperaturen von Luft und Wasser eine besondere Rolle. Hier ist insbesondere an die mögliche Entstehung von brand- oder explosionsgefährlichen Gasen zu denken. Außerdem kann der Verdunstungseffekt bei der Untersuchung von Proben und Referenzproben dazu führen, daß unterschiedliche Ergebnisse analysiert werden. Sind leichter flüchtige Stoffe aus dem Öl auf die Wasseroberfläche entwichen, so können sie selbstverständlich auch bei einer späteren Analyse nicht mitanalysiert werden.

Die Ausbreitung des Öles erfolgt in drei Phasen: 1. Linse, 2. Filme, 3. Selbstemulgierung (Öl-in-Wasser-Emulsion) oder Auflösen – nach der Selbstemulgierung oder der Auflösung erfolgt in der Regel ein biologischer Abbau. Die Ausbreitung ist abhängig von der Ölmenge, der Ölart, der Wasseroberfläche und den Strömungs- und Witterungsbedingungen.

Gelangt eine gewisse Menge Öl plötzlich in ein Gewässer, so bildet es dort einen Ölkörper. Die Eintauchtiefe dieses Ölkörpers hängt ab von der Dichte des Öles. Hat das Öl eine Dichte von 0,88 und ist der Ölkörper anfangs 10 cm dick, so tauchen 8,8 cm in das Wasser ein und 1,2 cm ragen über die Wasseroberfläche hinaus. Der Unterschied zwischen Wasseroberfläche und Oberkante Ölkörper wird als **Spiegeldifferenz** bezeichnet. Infolge der Schwerkraft breitet sich das Öl bis zu einer Spiegeldifferenz von ca. 0,2 mm aus. Bei der weiteren Ausbreitung werden Grenzflächenkräfte wirksam. Die freie Wasseroberfläche zieht sozusagen die Öllinse in die Länge und Breite in dem Bestreben, sich ganz mit einem Ölfilm zu bedecken. Das Öl kann sich bis zu einer Dicke von nur rund 1 μm ausbreiten. Die Ölfilme fallen durch ihre buntschillernden Reflexe auch optisch besonders auf. Ölfilme sind sehr instabil und zerfallen bald – sie stellen in ökologischer Hinsicht keine oder nur eine geringe Gefahr für das Gewässer dar.

Die Verdriftung des Öles erfolgt mit der Geschwindigkeit des fließenden Gewässers. Öl auf der Wasseroberfläche wird mit etwa 3 % der Windgeschwindigkeit verdriftet. Die Winddrift kann jedoch dazu führen, daß die dünnen Ölfilme sich zu dickeren Schichten am Ufer, in Hafenbecken, bei Schleusen oder an Ölsperren aufstauen.

„Auf stark bewegten Gewässern, so auf rauher See und auf Gebirgsflüssen mit entsprechendem Gefälle, in Gezeitenflüssen und in Brandungszonen kann aus einem Rohöl (nicht dagegen aus raffinierten Folgeprodukten) unter Wasseraufnahme eine sogenannte Wasser-in-Öl-Emulsion (W/O-Emulsion) entstehen. Darunter wird die Neigung des Rohöles verstanden, Wasser in Form von mikroskopisch kleinen Tröpfchen aufzunehmen und sehr beständig festzuhalten. Ein bekanntes Beispiel ist die Butter, die eine Emulsion von etwa 10 % Wasser in 90 % Fett darstellt. Hier dagegen sind etwa 75 %

Wasser von 25 % Rohöl gebunden. Die Neigung zur Bildung von W/O-Emulsion ist bei den Rohölen der verschiedenen Förderländer unterschiedlich stark ausgeprägt. Sie bedeutet in der Praxis, daß sich das ursprüngliche Ölvolumen vervielfachen kann, wobei eine hochviskose Masse entsteht, welche sich auf der Wasseroberfläche nicht mehr ausbreitet. Ist die W/O-Emulsion einmal entstanden, muß mit einer langen Lebenszeit, mit unangenehmen Verölungen des Meeresgrundes, unter Umständen der Wattengebiete, von Ufern und Stränden gerechnet werden.

Glücklicherweise besitzen die auf Binnenwasserstraßen beförderten Raffinate diese unangenehmen Eigenschaften nicht: Sie bilden keine W/O-Emulsion und breiten sich in mehr oder weniger kurzer Zeit weitgehend aus, soweit, daß die Ölverschmutzung schließlich unsichtbar wird.

Unter der Alterung des Öles versteht man unter Licht, Luft und Wärme ablaufende, im übrigen sehr komplexe Vorgänge physikalisch-chemischer Art. Die Alterung ist ein ausgesprochener Langzeitvorgang und setzt an verhältnismäßig dicken Ölschichten an und führt zu hochviskosen Massen, die in der Regel langlebige Bestandteile der Gewässer werden und biochemisch nur langsam angegriffen werden. Ähnlich wie die W/O-Emulsionen nehmen sie Feststoffe wie Staub, Sand, je nach Gewässertyp auch Laub, in Seewasser u.a. anorganische Salze auf und sinken mit diesen dann größtenteils im Laufe der Zeit ab."

(Diese Ausführungen erfolgten nach einem Referat von Dr. H. Hellmann, 1982, der sich mit diesen Vorgängen als Mitarbeiter der Bundesanstalt für Gewässerkunde in Koblenz besonders beschäftigt hatte.)

Der biologische Abbau von ausgelaufenem Öl ist eine der wirkungsvollsten Ölschadensbekämpfungsmaßnahmen auf See. Er ist abhängig von
- der Ölzusammensetzung
- der Oberfläche des Öles im Wasser
- den angreifenden Bakterien
- der Verfügbarkeit von Nährstoffen
- der Wassertemperatur
- dem W/O-Verhältnis

Jede Aktivität, die die Oberfläche des Öles vergrößert (Ausbreitung, Dispersion etc.) steigert den biologischen Abbau. In Abhängigkeit von den Faktoren kann die Bakterieneinwirkung sehr wirksam (mehrere Tage), relativ langsam (mehrere Wochen) oder fast wirkungslos sein.(20)

Zur Verdeutlichung seien hier zwei von Dr. Hellmann gegebene Beispiele aufgeführt:

„Geringe Ölmenge – Binnengewässer

1 Kubikmeter Öl bedeckt bei völliger Ausbreitung und einer Endschichtstärke vor dem völligen Zusammenbruch (das sind 0,1 Mikrometer) eine Fläche von 10 Mio. m^2, was einer Ölfahne von 330 m Breite und 30 km Länge entspricht. Diese Ölfahne würde z.B. von Koblenz bis Andernach reichen und sich über den gesamten Rhein erstrecken.

In einem staugeregelten Fluß würden bereits 100 l Öl den Eindruck einer beträchtlichen Wasserverschmutzung erwecken. Im Gegensatz zum freien Fließgewässer Rhein kann dort jedoch unter günstigen Umständen durch Absperrmaßnahmen und den Einsatz von Ölbindemitteln ein Großteil des Öles aus dem Wasser entfernt werden."

„Großer Ölausbruch - Nordsee

Auf hoher See, zuweilen auch in Küstengebieten, geht es um ganz andere Dimensionen. Bei dem Ölausbruch der vor der norwegischen Küste arbeitenden Bohrinsel im Jahre 1977 traten täglich mehrere tausend Tonnen Öl aus. Durch die günstigen Strömungs- und Windverhältnisse bildeten sich lange Fahnen und dünne Ölfilme aus, d. h. die Naturvorgänge arbeiteten hier in Richtung einer völligen Ölausbreitung. Zur Bildung von dicken Ölschichten oder W/O-Emulsionen kam es glücklicherweise nicht. Hierdurch war eine Woche nach dem Verschließen des Bohrloches das Öl optisch verschwunden. Die Hydrobiologen und -chemiker fanden statt dessen eine sehr hohe Dichte an ölabbauenden Bakterien in der Nähe der Bohrinsel und in Richtung der Ölverdriftung."

3.3 Verhalten von im Wasser absinkenden Stoffen

Stoffe, deren Dichte größer ist als 1, d.h. diese sind schwerer als Wasser, haben die aus Sicht der Untersuchungs- und Sanierungstechnik unangenehme Eigenschaft, einen vorhandenen Wasserkörper, sei es nun das Oberflächengewässer oder der Grundwasserkörper, zu durchdringen und sich entweder auf dem Flußbett oder aber im Untergrund auf der Oberfläche einer wassersperrenden Schicht abzulagern. Grundsätzlich muß im Hinblick auf die nachfolgenden Ausführungen beachtet werden, daß sich die Flüssigkeit, schwerer als Wasser, nicht gänzlich in Wasser löst, sondern eine nur gering mit Wasser mischbare Flüssigkeit darstellt. Es zeichnet sich somit im Hinblick auf Untersuchungs- und Sanierungsmaßnahmen und auch unter Betrachtung einer ersten Beurteilung fast immer ein Schadenausmaß ab, das kaum optische Beurteilungskriterien, z.B. im Fall einer Oberflächengewässerkontamination, hinterläßt. So ist als weiteres Beispiel anzufügen, daß bei angestellten Untersuchungen ab April 1982 in Baden-Württemberg annähernd 100 Grundwasserschadenfälle mit halogenierten Kohlenwasserstoffen festgestellt wurden, welche erst aufgrund einer rein analytischen Betrachtung augenfällig wurden. So wird klar, daß bei aufschwimmenden Flüssigkeiten natürlich wesentlich eher allein durch den optischen Eindruck, z.B. in einem Schachtbrunnen, eine Beeinflussung negativer Art auf den Grundwasserkörper festgestellt werden kann.

3.3.1 Verhalten von Flüssigkeiten schwerer als Wasser im Untergrund

Substanzen, welche leichter sind als Wasser, haben, wie aus dem vorausgegangenen Kapitel zu ersehen, zumindest den Vorteil, entweder bei Auftreten auf einem Oberflächengewässer an der Oberfläche zu verbleiben oder bei Eindringen in den Untergrund in relativer Nähe zum durchschnittlich festgestellten Grundwasserspiegel am Bodenkorn anzuhaften bzw. im zugehörigen Porenraum befindlich zu sein.

Dieser Vorteil wird bedauerlicherweise bei Eindringen von Substanzen schwerer als Wasser nicht geboten. Hierzu ist speziell das Fließverhalten angesprochener Substanzen sowohl von der Oberflächenspannung des einzelnen Flüssigkeitstropfens als auch von der Viskosität abhängig. So wird z.B. davon gesprochen, daß halogenierte Kohlenwasserstoffe wie Tetrachlor- oder Trichlorethen „flüssiger" als Wasser sind. Dies bedeutet nichts anderes, als daß sie ein verbessertes Fließverhalten haben, welches dazu führt, daß Porenräume mikroskopisch kleinen Durchmessers, in welche ein Wassertropfen nicht mehr hineinpaßt, von einem halogenierten Kohlenwasserstoff durchaus noch passiert werden können. Somit ergibt sich speziell im Untergrund auch das Problem, daß bei Existenz eines Grundwasserstauers dieser zwar gegenüber dem darüber befindlichen Grundwasserstockwerk als dicht zu bezeichnen ist, jedoch bei Eindringen von Flüssigkeiten mit einer geringeren Viskosität als Wasser durchaus durchdrungen werden kann. Bei Stoffen, die ein besseres Fließverhalten als Wasser haben und eine erhöhte Dichte (z.B. bei **CKW** zwischen 1,3 und 1,6 kg/l) aufweisen, ist bei Auftreten erhöhter Substanzmengen im Untergrund eine als zielgerichtet zu betrachtende, in der Regel eindeutig vertikal orientierte Fließsituation festzustellen. Durch unterschiedliche Bodenformationen, bedingt durch die auftretenden Fließwiderstände, werden die Stoffe in ihrem Fließverhalten zwar gehindert und somit ein zeitlicher Verzug bewirkt, ein Abströmen zu größeren Tiefen hin aber nur dann verhindert, wenn sperrende Schichten auftreten, deren Porenvolumen kleiner sind als der geringste sich ausbildende Flüssigkeitstropfen. Die Flüssigkeit, schwerer als Wasser, verdrängt durch die Schwerkraft, durch Oberflächenspannung und Viskosität im gesättigten Bodenkörper das Wasser aus den Poren und bahnt sich den Weg zu größeren Tiefen.

In Anlehnung an die bisher bekannten Ausbreitungsformationen sowohl im gesättigten als auch im ungesättigten Bodenbereich zeigen sich vielfach bei Stoffen schwerer als Wasser eindeutig differente Ausbreitungen, welche aus der nachfolgenden Abbildung zu ersehen sind. Grundsätzlich ist ähnlich der Verteilung von Stoffen leichter als Wasser sowohl im ungesättigten Bodenbereich als auch im gesättigten Bodenbereich, und das ist der Unterschied zu den Stoffen leichter als Wasser, die Eindringtiefe von der nachgeführten Flüssigkeitsmenge abhängig. Untersuchungen der Bundesanstalt für Gewässerkunde in Koblenz haben schon bis 1984 in Modellversuchen das Fließverhalten von halogenierten Kohlenwasserstoffen bei einer Infiltration größerer Flüssigkeitsmengen in den Untergrund nachgewiesen. In einem grobsandigen Feinkies ist das Fließverhalten derart schnell, daß an Rettungsmaßnahmen zum Aufhalten der Flüssigkeit allein in der ungesättigten Bodenzone nicht zu denken ist, es sei denn, daß durch vorliegende Informationen Kenntnis darüber besteht, daß zumindest wassersperrende Horizonte geländeoberflächennah existieren und somit, bedingt durch den erhöhten Fließwiderstand, nur eine allmähliche **Migration**, d.h. ein sehr langsames Infiltrieren in den wassersperrenden Horizont stattfindet.

Doch der Nachteile nicht genug. Wie allgemein bekannt, hat jede Flüssigkeit gegenüber Wasser ein entsprechendes Löslichkeitsverhalten. Dies bedingt, daß bei Durchdringen eines Wasserkörpers im Untergrund, bei einer angenommenen Aquifermächtigkeit von 20 m und Durchdringen des gesamten Wasserkörpers durch die Flüssigkeit, auf dieser gesamten Länge der an dieser Stelle als Infiltrationskörper bezeichnete Aquiferabschnitt über die gesamte Mächtigkeit Schadstoffe in den Grundwasserkörper abgibt. Dies bedeutet im Gegensatz zu Substanzen, welche aufschwimmen, daß nicht nur grundwasseroberflächennah eine Maximalbelastung existiert, sondern durchweg, je nach Bodenaufbau und der entsprechenden Aufkonzentrierung, durchaus auch am tiefsten Punkt des gesamten Grundwasseraquifers die maximale Löslichkeitsbelastung im Grundwasser zu finden ist. Hieraus ist zu ersehen, daß für die Sanierung eines Grundwasserkörpers größtenteils wesentlich erhöhte Aufwendungen gegenüber der

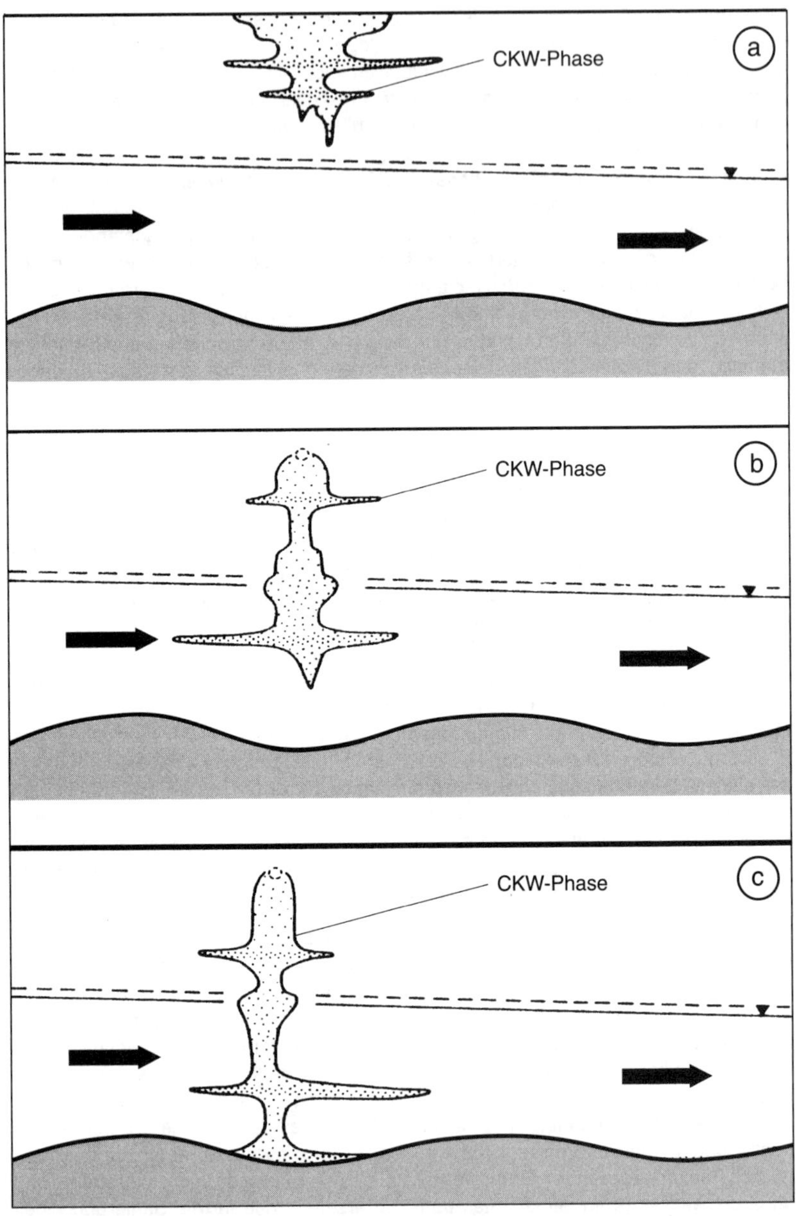

Quelle: Ministerium für Ernährung, Landwirtschaft, Umwelt und Forsten Baden-Württemberg (21)

Kontamination des Grundwassers mit einer aufschwimmenden Phase betrieben werden müssen.

Sammelt sich nun Flüssigkeit schwerer als Wasser auf der Oberfläche eines Grundwasserstauers, so bilden sich linsenartige Verteilungen in den in der Regel auf der Oberfläche eines Grundwasserstauers befindlichen muldenartigen Ausbildungen. Des weiteren ist bei einer Neigung des Grundwasserstauers die Möglichkeit gegeben, daß sich die eingedrungene Substanz entgegen der Grundwasserfließrichtung fortbewegt. Dies bedeutet, daß bei Eintreten schwerwiegender Infiltrationen, das Auffinden von derartiger Belastungsnestern an der Oberfläche eines Grundwasserstauers, und das kann durchaus in Tiefen von 150 m ab Geländeoberkante sein, zu einem „Fischen im Trüben" wird. Dies bedeutet wiederum, daß bei grundwassersanierungstechnischen Maßnahmen eine ständige Anlösung von auf dem Grundwasserstauer befindlicher Substanz durch das Vorbeistreichen des Grundwassers stattfindet und hierdurch „ewige Sanierungszeiten" die Folge sein können.

3.3.2 Verhalten von Flüssigkeiten (Dichte >1) bei Eindringen in ein Oberflächengewässer

Das Eindringen von Flüssigkeiten schwerer als Wasser in ein Oberflächengewässer führt zwangsläufig dazu, daß der Flüssigkeitstropfen, sofern nicht im Fluß- oder Bachbett eine sehr hohe Turbulenz herrscht, d.h. eine sehr starke Verwirbelung innerhalb des gesamten Flußbettes existiert, direkt zum Bach- oder Flußbett sinkt und dort ebenfalls in muldenartige Ausdehnungen hineinfließt und somit eine ständige Anlösung durch Vorbeistreichen des Oberflächengewässers eintritt. Zu beachten ist bei diesen Situationen jedoch, daß bei Veränderung der Fließgeschwindigkeit des Oberflächengewässers, und dies tritt bei Fließgewässern durchaus häufig ein, in den Mulden auf dem Flußbett befindliche Schadstoffe mit der Strömung mitgerissen werden. Somit ist über eine nicht näher zu definierende Fließdistanz eine Verteilung der eingedrungenen Schadstoffe innerhalb des Flußbettes festzustellen.

Nun geht der vorgenannte Fall davon aus, daß das Flußbett als Wasserstauer dient, und der Porenquerschnitt dieses Wasserstauers derart gering ist, daß die eingedrungenen Flüssigkeiten keine Möglichkeiten weiterer Migration bzw. direkten Eindringens finden. Liegt jedoch ein Vorfluter vor, der in direkter Beziehung zum Grundwasserkörper steht (d.h. das Flußbett zeigt eine gewisse Durchlässigkeit), so ist es durchaus gegeben, daß die auf dem Flußbett sich vorerst ablagernden Flüssigkeiten zu größeren Tiefen hin (d.h. unterhalb des Flußbettes) in den Grundwasserkörper eindringen. Somit ist nicht nur eine Oberflächengewässerverunreinigung, sondern nach und nach eine Kontamination des Grundwasserkörpers zu verzeichnen. Diese Situation ist besonders bei der Nutzung von Oberflächenwasser als Uferfiltrat der Fall.

Bei schnell fließenden bzw. in ihrem Fließvolumen mächtigen Gewässern (Rhein, Mosel etc.) ist eine Rückgewinnung unmöglich. Bei sehr kleinen Gewässern (Bachläufe) kann auch bei Gestellung von Pumpen diese Überlegung, auch bedingt durch die Geländegegebenheiten, durch fehlende technische Aufbereitungseinrichtungen etc. kaum realisiert werden. Vielfach bleibt in bezug auf die Kontamination des Fließgewässers nichts anderes übrig, als unterstromige Wasserentnehmer (Fischzüchter etc.) zu warnen.

3.4 Verhalten von mit Wasser mischbaren Flüssigkeiten bzw. Feststoffen

Der Begriff „mit Wasser mischbar" signalisiert, daß der entsprechende Feststoff oder aber die Flüssigkeit durch Kontaktieren mit Wasser in Lösung geht. Dies bedeutet, daß die vormals existierende feste (Feststoff) oder aber flüssige Phase, oft weder durch eine Dichtemessung noch durch eine optische Betrachtung (Farbzusätze ausgeklammert) zu separieren ist. Es kommt somit zur Verdünnung z.B. einer Säure oder aber zur Auflösung von Feststoffkristallen, wie dies bei Alkalidichromat (Holzschutzmittel) der Fall ist. Wird Alkalidichromat in pulvriger Konsistenz mit Wasser vermischt, so lösen sich die Kristalle in Wasser auf, wobei die daraus resultierende Wassergefährdung dadurch bedingt ist, daß in der wässerigen Lösung freie Chrom IV-Ionen existieren, welche zur Gesundheitsgefährdung führen.

3.4.1 Verhalten von mit Wasser mischbaren Substanzen im Untergrund

Treten Flüssigkeiten in den Untergrund ein, die zu 100 % mit Wasser mischbar sind, so ergibt sich der dargestellte Effekt. Dies bedeutet, daß nach Erreichen des Grundwasserspiegels durch den ersten Tropfen infiltrierter Flüssigkeit eine sofortige Mischung erfolgt und somit ein verdünntes Konzentrat mit dem Grundwasserstrom abgeführt wird. Findet eine Verunreinigung des Grundwassers nur dadurch statt, daß durch kleine Vertropfungen (z.B. während eines Umfüllprozesses) nach und nach immer wieder wassermischbare Substanz dem Untergrund zugeführt wird, so ist im Bereich der Infiltrationsstelle nur grundwasseroberflächennah die Verunreinigung festzustellen. Demgegenüber ist zu größeren Aquifertiefen die Kontamination noch nicht meßbar. Diese ist erst, gem. der Abbildung, in einiger Entfernung zur Infiltrationsstelle auch in größeren

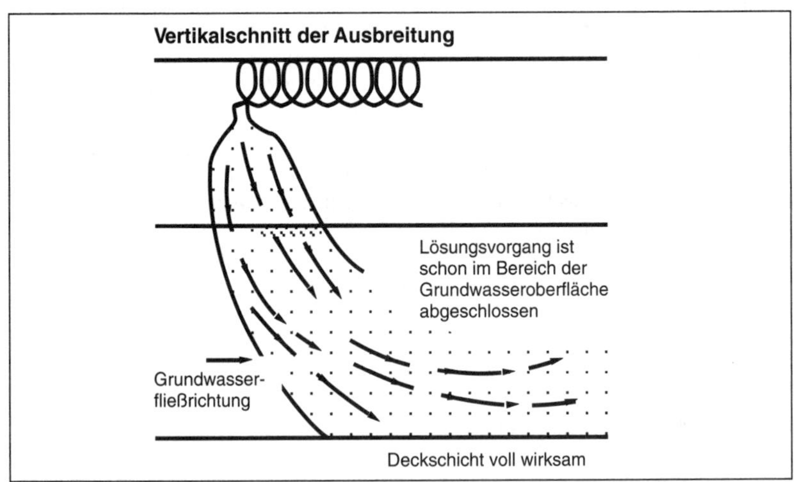

Aquifertiefen meßbar. Ist jedoch ein massiver Flüssigkeitseintrag gegeben, so findet aufgrund der sich oberhalb des Grundwasserspiegels aufbauenden Flüssigkeitssäule und des damit verbundenen unterschiedlichen Druckpotentials, ein tieferes Eindringen

der infiltrierten Flüssigkeit in den Grundwasserkörper statt. Grundsätzlich ist zu beachten, daß auch bei einem hängenden Kontaminationskörper (Verunreinigung nur in der ungesättigten Bodenzone) eine durchaus intensive Grundwassergefährdung eintreten kann. Diese bedingt sich durch die gute Löslichkeit mit dem Sickerwasser, hervorgerufen durch eine undichte Kanalisation oder aber in der Hauptsache durch Niederschläge. Hierdurch wird der hängende Verunreinigungskörper im ungesättigten Bodenabschnitt verdünnt, jedoch der Grundwasserkörper mit zunehmender Zeit aufkonzentriert, speziell dann, wenn nur eine sehr geringe Fließgeschwindigkeit des Grundwassers existiert.

Welche Vorgänge laufen nun ab, wenn mit Wasser mischbare Salze an der Oberfläche verschüttet vorliegen und durch Niederschlagswasser angelöst werden? Im Grunde läuft ein Prozeß ab, der große Ähnlichkeit mit dem Fall des hängenden Verunreinigungskörpers aufweist. Die Salze werden durch das Niederschlagswasser angelöst, können somit in den Untergrund infiltrieren, und nach Erreichen der Grundwasserspiegeloberfläche ist sodann eine Kontamination des Aquifers ebenfalls die Folge.

3.4.2 Verhalten wassermischbarer Substanzen im Oberflächengewässer

Beispiele des Eindringens sowohl von wassermischbaren Flüssigkeiten als auch von Feststoffen in ein Oberflächengewässer sind mannigfaltig beschreibbar. Der im Jahre 1984 eingetretene Sandoz-Fall kann hier stellvertretend für andere genannt werden. Hierbei traten durch Brandursache und in Verbindung mit enormen Mengen an Löschwasser, die teils in pulvriger Form gelagerten Pflanzenschutzmittel über das Löschwasser in gelöster Form in den Rhein und führten in diesem Vorfluter zu einem erheblichen Absterben von Fauna und Flora. Dies signalisiert, daß bei Eintreten wassermischbarer Substanzen, ob als Flüssigkeit oder als Salze, eine sofortige nachteilige Wirkung immer dann festzustellen ist, wenn die eingetretene Substanz als wassergefährdend oder stark wassergefährdend deklariert ist. Mit zunehmender Fließlänge im Vorfluter findet eine allmähliche Verdünnung statt, wobei speziell bei einem kurzzeitigen Infiltrieren eine Art „Konzentrationspfropf" mit dem Fließgewässer abwandert und nur allmählich in Abhängigkeit von Fließgeschwindigkeit und Gewässerturbulenz eine Verdünnung eintritt. Hierdurch wird das Gefährdungspotential nach und nach gemindert. Zu beachten ist, daß bei Eintreten von wassermischbaren Substanzen z.B. am rechten Flußufer über eine unterschiedliche Fließlänge in der Nähe zum linken Ufer des Vorfluters die infiltrierte Substanz auch nicht in verdünnter Form feststellbar ist. Erst nach erheblichen Fließdistanzen ist der gesamte Querschnitt des Vorfluters von der Verunreinigung betroffen. Es entsteht daher in einem Fließgewässer eine Belastungsfahne, welche in Abhängigkeit von einer unruhigen Wasserführung, bedingt z.B. durch Überfallwehre, erst zur Breite des gesamten Vorfluters hin verteilt wird.

Ein optisches Verfolgen derartiger Schadstoffahnen ist nur dadurch gegeben, daß durch Fauna und/oder Flora ein Umkippen des Gewässers angezeigt wird oder aber, wie im Fall Sandoz, für einen ersten Teil der Fließstrecke im Rhein durch das mit dem Löschwasser angelöste Färbemittel Besazol, der Vorfluter rot gefärbt war. Diese Beobachtungen werden mit wachsender Fließstrecke jedoch immer seltener bzw. schwieriger bedingt durch Verdünnungseffekte.

4 Beurteilung von Kontaminationen im Untergrund und Fließgewässer

Die Überschrift assoziiert den Gedanken an die endlos erscheinende Diskussion zur Schaffung von Grenzwerten. Diese soll jedoch an dieser Stelle nicht näher vertieft werden. Es erscheint in diesem Zusammenhang angebracht, andere, jedoch als wichtig zu sehende Aspekte, nachfolgend zu beleuchten. Sicherlich kann es praktikabel und vor allen Dingen einfach und zu guter Letzt „diskussionsabwürgend" sein, in bezug auf die Beantwortung der Frage, inwieweit saniert werden muß oder nicht, wenn Grenzwertangaben vorliegen. Jedoch zeigen die auf dem Markt befindlichen Grenzwertlisten nur eine begrenzte Anzahl an Schadstoffen oder Schadstoffkomponenten, zu welchen eine schnelle Antwort zur o.a. Fragestellung gegeben werden kann. Nur was stellt man an, wenn es um die Beseitigung eines Schadens mit Acrylnitril, mit Alkalidichromat, mit Borsäure geht? An dieser Stelle ist der erste entscheidende Hinweis zu setzen: Die Beschäftigung mit den Stoffeigenschaften wird seitens der mit dem Schaden betrauten Personen größtenteils nicht intensiviert durchgeführt, so daß Entscheidungen hinsichtlich Untersuchung und Sanierung wie auch zur Festlegung eines zu erreichenden Sanierungsziels getroffen werden, welche entscheidende Stoffkriterien nicht berücksichtigen.

Beispiel Acrylnitril: Man entscheidet sich zu einer groß angelegten Bodenaustauschmaßnahme, obwohl durch einen einzigen Blick, z.B. in die Merkblätter „Gefährliche Arbeitsstoffe", deutlich hervorgeht, daß Acrylnitril gegenüber halogenierten Kohlenwasserstoffen einen wesentlich höheren Dampfdruck besitzt und somit eine Bodenentgasung zweckmäßiger und billiger ist. Die Erfahrung zeigt im Rahmen von praktizierten Fallstudienseminaren, daß viel zu oft zuerst an die Untersuchungs- oder Sanierungsmethode gedacht wird. Auf teilweise nicht auffällige, aber im speziellen Fall entscheidende Stoffkriterien muß allerdings gesondert hingewiesen werden. Deshalb ist für eine klare Entscheidung und Beurteilung einer vorliegenden Kontamination die Stoffkenntnis grundsätzliche Voraussetzung.

Was läßt sich nun an zusätzlichen Informationen über den zu betrachtenden Stoff finden? Hierzu sei auf den Teil I Kap. 6.4.1 verwiesen (Wassergefährdungszahl und Wassergefährdungsklasse). Allein die Feststellung der Säugetier- und Bakterientoxizität gibt Anhaltspunkte zur Eingrenzung des vorliegenden Gefahrenpotentials. Sicherlich mitentscheidend ist die Informationsquelle, aus der die rettenden Aussagen entnommen werden können. Hierzu sollte der Verwendungszweck der einzelnen Informationsquelle zumindest annähernd bekannt sein. Ein Hinweis zu Dateninformationsquellen ist in der nachfolgenden Übersicht abgedruckt. Als Beispiel sei angefügt, daß z.B. im Datensammelwerk „Hommel" Aussagen zur Wasserlöslichkeit wesentlich vereinfachter dargestellt werden als z.B. in den Merkblättern „Gefährliche Arbeitsstoffe". Es zeigt sich somit als zweiter Aspekt, daß neben der Auseinandersetzung mit den Stoffdaten ein Grundwissen über die Informationsquellen vorliegen sollte. So ist das Sammelwerk „Hommel" weitaus umfassender auf Informationen zur Brandeindämmung und Personensicherung konzentriert. Andere Datenwerke liefern wiederum zusätzliche Informationen zur ökologischen Problematik.

Vielfach zeigt sich Uneinigkeit im Hinblick auf die Beurteilung einer Bodenkontamination bei Vorlage von Konzentrationsdaten als Grammangabe, bezogen auf kg Boden.

Man kann sicherlich argumentieren, daß entsprechend der Klärschlammverordnung oder der B-Werte der Holländischen Grenzwertliste die Chrom-Belastung im Boden als nicht weiter verfolgungswürdig erachtet werden kann. Hinsichtlich dieses Schwermetalles stellt sich schon allein die Frage, ob dieses Chrom-Gesamt nun dominant aus dem schwer löslichen Chrom III oder aber aus dem gut wasserlöslichen Chrom VI gebildet wird. Es zeigt sich hiermit einerseits die schon oben aufgeführte Forderung nach einer

Informationsmöglichkeiten über chemische Stoffe

INFUCHS-Datenbanken (Umweltbundesamt)

Transportunfall-Informations- und Hilfssystem der chemischen Industrie (TUIS)

Fachinformationszentrum Chemie, Berlin (FIZ Chemie)

Environmental Chemicals Data and Information Network (ECDIN), Gemeinsame Forschungsstelle der Europäischen Gemeinschaft, Ispra/Varese, Italien.

Registry of Toxic Effects of Chemical Substances (RTECS) des National Institute of Occupational Safety an Health (NIOSH), Teildatenbank des Chemical Information System (CIS), USA

Datensammlungen in Handbüchern, z.B.:

Hommel:	Handbuch der gefährlichen Güter
Kühn/Birett:	Merkblätter Gefährliche Arbeitsstoffe; Gefahrengutschlüssel
Roth:	Wassergefährdende Stoffe
Umweltbundesamt:	Handbuch Stoffdaten zur Störfallverordnung
Bundesanstalt für Arbeitsschutz:	Arbeitsstoffe III-Stoffdaten
Perkow:	Wirksubstanzen der Pflanzenschutz- und Schädlingsbekämpfungsmittel
Sax:	Dangerous Properties of Industrial Materials
Römpp:	Chemie-Lexikon
Verschüren:	Handbook of Environmental Data on Organic Chemicals
Ullmann:	Encyclopedia of Industrial Chemistry
Dembeck:	Gefahren beim Umgang mit Chemikalien
	Merck Index
	Handbook of Chemistry an Physics

Information zu dem Stoff, sofern er als infiltriertes Medium bekannt ist. Andererseits ergibt sich die Fragestellung, inwieweit die am Bodenkorn fixierte Verunreinigung oder Belastung in die wässerige Phase überführbar ist und hierdurch dominant die Aussage zur ökologischen Gefährdung geprägt wird.

Häufig wird versucht, allein über die Belastung am Bodenkorn, d. h. bei Konzentrationsbestimmungen in Milligramm, Mikrogramm etc. bezogen auf das Gramm oder Kilogramm Bodenmasse (mg/kg, μg/kg etc.) speziell bei Vorliegen von Grenzwerten, eine definitive Weisung zum Ja oder Nein bzw. zur Art und Weise einer weiterführenden Untersuchung oder letztendlichen Sanierung abzugeben. Dies mag auf für allseits bekannte und im Fließ- und Kontaminationsverhalten bekannte Stoffe wie Vergaserkraftstoffe, einige Schwermetalle usw. möglich sein. Es werden sich jedoch auch für diese Stoffe Grenzbereiche zeigen, bei denen die reine Feststellung zur Belastung in mg/kg Boden nicht ausreicht, um eine Angabe zur möglicherweise vorliegenden Grundwasserkontamination zu machen. Hierzu ist in der Regel, im Hinblick auf eine verbesserte Aussage zur gegebenen Mobilisierbarkeit von Schadstoffen am Bodenkorn, der **Eluatversuch** zweckmäßig. Dieser zeichnet eine Versuchsvorgabe auf (gem. Deutscher Einheitsverfahren Kap. S4, DIN 38414), nach welcher 100 g Bodenmasse mit einem Liter Wasser über 24 Stunden intensiv gerührt werden. Nach 24 Stunden werden dann sowohl die im Eluat befindliche Schadstoffmenge als auch die Schadstoffkomponenten festgestellt. Es ergeht in der Regel eine Angabe in μg/l Wasser oder mg/l Wasser. Zu beachten ist, daß gem. der DIN-Vorschrift zum Eluatversuch festgehalten ist, daß die in einem Liter Wasser gelöste Schadstoffmenge auf 100 g Bodenmasse bezogen ist. Um hieraus wiederum eine Verhältnisbetrachtung (bezogen auf das kg Boden) zu erhalten, ist das Konzentrationsergebnis mit dem Faktor 10 zu multiplizieren. Dies bedeutet somit, daß aus einem Kilogramm Boden eine Masse X gelöst werden kann. Durch diese Methode ist eine befriedigende Beurteilung zur ökologischen Situation dahingehend gegeben, als daß die Aussage getroffen werden kann, wieviel einer Schadstoffmenge X aus einem kg Boden bei Kontaktierung mit Wasser zu größerer Bodentiefe verschleppt werden kann. Bewußt ist die Aussage einer befriedigenden Beurteilungsweise gewählt worden, da der Eluatversuch nur eine von vielen Möglichkeiten der labormäßigen bzw. auch im Pilotversuch stattfindenden Kontaktierung mit Wasser darstellt. Als weitere Möglichkeiten zur verbesserten Beurteilung der Mobilisierbarkeit von Schadstoffen am Bodenkorn kann natürlich auch eine bestimmte Bodenmasse Beregnungsversuchen ausgesetzt werden. Auf diese Weise können Lysimeterversuche praktiziert werden. Da diese Versuchsreihen jedoch in der Regel einen längeren Zeitraum in Anspruch nehmen, hat man sich vielerorts auf die Praktizierbarkeit des S4-Eluatversuchs geeinigt. Dies zeigt sich z.B. in den Richtlinien einiger Bundesländer zur Bestimmung der Deponierbarkeit von kontaminierten Bodenmassen und Industrieschlämmen. Je nach Landesvorgabe kann auf die Bestimmung der Belastung am Bodenkorn u.U. verzichtet werden, wenn die Eluatuntersuchungen vorliegen.

Bei der Beurteilung der Mobilisierbarkeit von Schadstoffen sollte darauf geachtet werden, welche Konzentrationsangaben bzw. welche Versuchsanordnung genutzt wurde, um das Gefährdungspotential von im Boden befindlichen Schadstoffen näher beschreiben zu können.

Zusammenfassend kann man sagen: Nicht nur die Notwendigkeit zu einer, sofern gegeben, umfassenden Stoffinformation ist notwendig, sondern es ist gerade zur Beurteilung der ökologischen Situation bzw. des Gefährdungspotentials unumgänglich, unterschiedliche Analysen und Beurteilungsmethoden heranzuziehen. So gibt es neben der als standardisiert zu betrachtenden Untersuchung der Schadstoffe in der Originalsubstanz und dem Eluatversuch weitere Betrachtungen z.B. über den Leuchtbakterientest. Aus diesem geht hervor, inwieweit bestimmte Bakterien unterschiedlichen Schadstoffbelastungen im Wasser standhalten oder aber absterben. Es würde an dieser Stelle zu weit führen, sich mit allen analytischen Möglichkeiten auseinander zu setzen. Eines ist jedoch klar: Zur Beurteilung des Gefährdungspotentials ist ein bestimmter analytischer Aufwand unverzichtbar; dieser Maßnahmenkatalog ist mit finanziellen Aufwendungen verbunden. Speziell an dieser Schnittstelle wird der sinnvoll genutzte analytische Aufwand entscheidend für die weitere Schrittgestaltung zusätzlicher Untersuchung bzw. zur Festlegung der Sanierung. Hindernisse auf dem Weg einer weiteren gezielten Untersuchung bzw. Sanierung sind vielfach die analytischen Kosten, welche oft ein Vielfaches z.B. der Gutachterkosten ausmachen. An dieser Schnittstelle wird vielfach aus Kostengründen gespart. Daraus resultiert, daß teilweise auf Vermutungen basierende Sanierungsmaßnahmen eingeleitet werden, die dann zu einer Eskalation der Kosten führen, während durch vorangegangene gezielte Untersuchung und Beurteilung des Gefährdungspotentials der Sanierungsaufwand u.U. sogar geringer gehalten werden kann. Festzuhalten ist: Je größer das Erfahrungspotential in bezug auf den Umgang mit Untersuchungsmethoden und mit unterschiedlichen Schadstoffen ist, um so gezielter und kostengünstiger kann der gesamte Untersuchungsaufwand gestaltet werden. Ein auf Erfahrung gründender Untersuchungsvorschlag kann auf den ersten Blick kostenintensiver sein, jedoch ist hierbei zu beachten, ob über diese Methode repräsentative Aussagen genutzt werden, welche es erlauben, einen weiteren folgerichtigen Rückschluß zu tätigen. Es ist von geringem Nutzen, mit nicht aussagekräftigen Untersuchungsmethoden den Schaden zu ergründen, um im ersten Schritt die Kosten gering zu halten und gleichzeitig die Problematik einer nicht aussagefähigen Ergebnisdarstellung zu erhalten. Dies bedeutet, je größer die Erfahrung desto vorausschauender können die Untersuchungsschritte gewählt werden.

4.1 Möglichkeiten zur Ermittlung vorliegender oder vermuteter Belastungen im Untergrund

Das Verhalten von Schadstoffen im Untergrund bewirkt unterschiedliche Zustandsformen - gasförmig, fest, flüssig -, welche über einfache Bodenuntersuchungstechniken - und diese sollten näher betrachtet werden - feststellbar sind. Dies setzt voraus, daß bei Kenntnis der Stoffe im Untergrund zuerst eine Stoffrecherche erfolgen sollte, um sich Klarheit darüber zu verschaffen, in welcher Zustandsform der Stoff im Boden vorliegen kann. Unter Berücksichtigung der Kenntnis, daß resultierend aus bestimmten Nutzungsvarianten (d.h. Anwendung von wassergefährdenden Stoffen) eine nicht näher zu definierende Schadstoffpalette im Untergrund angetroffen werden kann, sind die Entscheidungen zur Vorgehensweise der Untersuchung speziell unter Betrachtung der Eigensicherheit anders zu setzen. Optimal ist immer die Situation, wenn der Infiltrationsbereich, d.h. der Abschnitt eines Geländes, über den Stoffe in den Untergrund gelangt sein können, bekannt ist. Es läßt sich hinsichtlich der Vorgehensweisen zur Ermittlung eines Schadenszentrums und dessen Ausdehnung im Untergrund **keine** Standardlösung anbieten. Grundsätzlich sollten die einzelnen Maßnahmen so gestaltet werden, daß keine Schadstoffverschleppung oder Schadstoffausbreitung zu größerer Tiefe etc. praktiziert wird. Wiederum gänzlich anders ist die Situation, wenn anzunehmen ist, daß im Untergrund Schadstoffe vorliegen können, oder aber, daß über den Grundwasserkörper aus einer nicht explizit zu nennenden Infiltrationsstelle Belastungen feststellbar sind.

Die Art der Vorgehensweise ist jedoch wiederum von einigen Faktoren abhängig, welche die Trefferquote, d.h. die Gewinnung repräsentativer Aussagen exponentiell beeinflussen. Drei Faktoren sollen an dieser Stelle u.a. genannt werden.

1. Informationen zu örtlichen Gegebenheiten, so daß die ausgewählte Untersuchungsart realisierbar ist
2. Handelt es sich um einen Unfall, d.h. ein sehr kurzfristig zurückliegendes Ereignis, oder liegt eine Altlast vor, z.B. mit einer kaum überschaubaren Vergangenheit?
3. Art und Menge des oder der Schadstoffe im Untergrund bzw. im Gewässer?

4.2 Die örtlichen Gegebenheiten

Unabhängig davon, ob ein Unfall oder eine Altlast vorliegt, muß es von grundliegendem Interesse sein, Einblick in alte oder den momentanen Ist-Zustand kennzeichnende Lagepläne zu erhalten. Gerade im Hinblick auf die Altlastproblematik zeigt sich vielfach, daß durch geänderte Maschinenstandortpläne (Layoutplan) Verdachtsmomente der Infiltration an gänzlich anderer Gebäude- oder Geländestelle hinzukommen können. Ebenso in die Betrachtung, und dies ist neuerdings verstärkt der Fall, wird auch der Kanalisationsverlauf auf dem Betriebsgelände, in Straßenabschnitten etc. herangezogen, da über eine undichte Kanalisation Schadstoffverschleppungen in andere Geländebereiche hervorgerufen werden. Durch die Undichtigkeit in dem Leitungsstrang kann die Infiltrationsstelle zum Teil sehr weit entfernt von der eigentlichen Verwendungsstelle vorgefunden werden.

Je nach der Produktionsart und der in Industrie- und Gewerbegebieten unterschiedlich zur Anwendung gekommenen wassergefährdenden Stoffe können unterschiedliche Schadstoffgruppen in den Untergrund gelangen. Diese Feststellung trifft natürlich ebenfalls für Altablagerungsstandorte oder Deponien zu. Die Fragestellung nach den geologischen und hydrogeologischen Verhältnissen speziell unter Berücksichtigung von Fließgewässern und der damit verbundenen Grundwasserbeeinflussung durch den Vorfluter fallen ebenso unter den Begriff „örtliche Gegebenheiten" wie das Wissen um ein Trinkwassereinzugsgebiet oder u.U. um schon vorliegende grundwasseroberstromige Schadstoffkontaminationen. Diese Recherchen lassen sich in einem vertretbaren Rahmen in bezug auf die Untersuchung einer Altlast generell berücksichtigen. Im Falle eines unfallartigen Ereignisses und der damit verbundenen (in der Regel) schnellen Entscheidung zur Durchführung von Maßnahmen kann von außerordentlichem Glück gesprochen werden, wenn diese Informationen in Kürze greifbar sind. Vielfach scheitert es an den Finanzen und an der nicht zur Lösung derartiger Problemstellungen zur Verfügung stehenden Arbeitszeit, um im Vorfeld, d.h. präventiv, den Zugriff auf o.a. Informationsmaterial schnellstmöglich zu erhalten. Es wurde im Kapitel 4.1 angeführt, daß die Gewinnung repräsentativer Aussagen, zu denen die Informationen zur örtlichen Gegebenheit zählen, exponentiell den Fortschritt in der Schadenbearbeitung beeinflußt. Ein Beispiel: Unter Feststellung der Gefährdung einer Trinkwassergewinnung, und zwar in der Schutzzone II, welche in nicht verständlicher Weise in direkter Nähe zu einem Industriegebiet positioniert ist, ist durch Auffindung von Heizöl die sofortige Durchführung von Untersuchungs- und auch Sanierungsmaßnahmen veranlaßt worden. Aufgrund fehlender Informationen zu den örtlichen geologischen und hydrogeologischen Gegebenheiten wurden Bodenaustauschmaßnahmen aufgrund angenommener Fließrichtung des Grundwassers zu einem nahegelegenen Vorfluter durchgeführt. Diese stellte für die Verminderung des Heizölzuflusses zur Trinkwasserschutzzone keinen positiven Effekt dar, da das auf dem Grundwasser anstehende Heizöl über einen alten Flußmäander eine gänzlich andere Fließrichtung besaß. Dies Beispiel allein zeigt, daß hier erstens eine unnütze und erhebliche Kostenausgabe vorgenommen wurde. Zweitens wurden für die Behebung der Grundwasserbelastung keinerlei Fortschritte, auch in bezug auf den zeitlichen Faktor, erzielt.

Es sollte heutzutage als selbstverständlich gelten, daß nach Information über Lagepläne etc. eine Vorortbegehung angeschlossen wird. Hierbei sollen die z.B. für eine Bodenluftuntersuchung vorgesehenen Positionen, welche u.U. rasterförmig über einen bestimmten Geländeabschnitt verteilt sind, den realen Gegebenheiten angepaßt werden. Auch in diesem Zusammenhang ist hinsichtlich der Effektivität der Untersuchungspositionen eine deutliche Auswirkung zu ersehen. Wenn über eine Bodenuntersuchung versucht wird, den Belastungsgrad, d.h. die Konzentration am Bodenkorn, im Untergrund festzustellen, ist es generell von Interesse und natürlich von Wichtigkeit, den Infiltrationsweg anhand der Bodenansprache und der damit verbundenen Analytik, resultierend aus Bodenproben, verfolgen zu können. Indem eine repräsentative Bodenansprache und Analytik vorausgesetzt wird, sollten klare Aussagen zur ökologischen Bedenklichkeit und zu Sanierungsmöglichkeiten gegeben sein. Ist die Verfolgung dieses Infiltrationsweges nicht gegeben, z.B. dadurch bedingt, daß neu errichtete Gebäude, Maschinen eine direkte punktuelle Zugänglichkeit nicht erlauben, so kann vielfach nur durch sehr aufwendige Umfelduntersuchungen eine zu allen Seiten hin vertretbare Aussage zur Belastungssituation getroffen werden. Sicherlich ist es möglich, aufgrund von Erfahrungen in der Untersuchung von Kontaminationsbereichen und unter Berücksichtigung der u.U. bekannten Verhaltensweise der Schadstoffe im Untergrund weiterführende Stellungnahmen zur ökologischen Situation im Untergrund abgeben zu können. Bedingt durch unterschiedliche örtliche Gegebenheiten ist eine endgültige vertretbare Aussage zur gegebenen Situation erst über verschiedene Zwischenschritte der Untersuchung möglich. Dies bedeutet in der Regel einen größeren finanziellen und zeitlichen Rahmen, so daß auch an dieser Stelle zu sehen ist: Je mehr Information zur örtlichen Gegebenheit vor Beginn der Maßnahmen vorliegen, um so geringer kann der finanzielle und auch zeitliche Aufwand sein!

Spezielle Problemlösungen müssen immer dann gefunden werden, wenn aufgrund erhöhter Sicherheitsanforderungen, wie personelle Eigensicherheit, explosionsgeschützte Gebäudeabschnitte etc. die Durchführbarkeit von Maßnahmen (z.B. die Ermittlung zur Explosion neigender Schadstoffe im Untergrund) beeinflußt wird. Obwohl u.U. die örtlichen Gegebenheiten eine vereinfachte Vorgehensweise der Untersuchung zulassen, werden durch die aufzufindenden Schadstoffe untersuchungsbegrenzende bzw. -verändernde Kriterien gestellt. In Erinnerung an das Kapitel 4.1 zeigt sich somit die Erfordernis einer gedanklichen Kombination zwischen den örtlichen Gegebenheiten, den ausgelaufenen oder im Boden befindlichen Schadstoffen sowie handlungsbedingter Erfordernisse oder Einschränkungen, wenn es sich um einen Unfall bzw. um eine Altlast handelt.

4.3 Unfall oder Altlast

Die Vorgehensweise bei der Untersuchung begründet sich durch die Aufgabenstellung vor Ort, inwieweit ein Unfall oder eine Altlast vorliegt. Die Altlast gibt die Möglichkeit, nach u.U. zeitlich ausgedehnten Recherchen, entsprechende Vorgehensweisen zur

Untersuchung des Untergrundes festzulegen. Der Unfall und die daraus resultierenden Rettungsmaßnahmen lassen diesen Zeitraum nicht zu. Es ist somit bei einem unfallartigen Ereignis die Entscheidung nicht am Schreibtisch, sondern vor Ort zu treffen. Hierzu ist die Kenntnis der örtlichen Gegebenheit sehr hilfreich. Entscheidend sind die momentanen Möglichkeiten der Untersuchung, da, wie nachfolgend noch näher dargestellt, bestimmte Untersuchungsmethoden einer entsprechenden zeitlichen Vorbereitung bedürfen. Des weiteren bedingt die Untersuchung eines unfallartigen Ereignisses ein noch sensibleres Vortasten und Erkunden des Untergrundes, um das Verschleppen flüssiger wassergefährdender Stoffe, eingedrungen in den Untergrund, zu größeren Tiefen hin zu unterbinden. Dies gilt natürlich nur dann, sofern nicht bereits durch präventive Bemühungen ein Paket an zumindest geologischer und hydrogeologischer Information vorliegt. Daß der Schadstoff selbst Grenzen der Tätigkeit erzeugen kann, versteht sich aus den vorhergehenden Kapiteln. Doch der Schadstoff allein kann speziell im Hinblick auf die Bearbeitung eines unfallartigen Ereignisses und der Abwendung weiterer Schäden im Untergrund, Fließgewässer oder Grundwasser nicht der einzige handlungsbegrenzende Faktor sein. Es ist wiederholt anzutreffen, daß für die Beseitigung bzw. für die Aufnahme ausgetretener wassergefährdender Flüssigkeiten weder Gerätschaften noch Lagerkapazitäten existieren. Hieraus wird ersichtlich, daß nicht allein die Kenntnis topographischer, geologischer oder hydrogeologischer Informationen von Wichtigkeit ist. Vielmehr sollte einerseits das Zusammenspiel zwischen mehreren mit dem Thema „Schadenbeseitigung aus Unfällen“ befaßten Arbeitsgruppen bestehen und auch geübt werden. Andererseits besteht auch die Notwendigkeit, möglichst Kenntnisse über die technischen Möglichkeiten bis hin zur Auflistung dieser Varianten in einem Öl- und Giftalarmplan zusammenzufassen. Was nutzt eine gut ausgebildete Feuerwehr mit zugehörigen Gerätschaften zur Entfernung einer aufschwimmenden Substanz auf einem Fließgewässer, wenn für die Aufnahme von mehreren 10 000 l Flüssigkeit keine Lagerkapazitäten existieren? In diesem Zusammenhang sei nicht nur die Möglichkeit zur Lagerung in Hoch- bzw. Flachbodentanks, sondern auch die kurzzeitige Gestellung von Eisenbahnkesselwagen, welche angemietet werden können, erwähnt.

4.4 Einfache Untersuchungsmethoden

Welche, wohlgemerkt, einfachen und für den absolut größten Teil der durchzuführenden Untersuchungstätigkeiten relevanten technischen Möglichkeiten bieten sich an?

4.4.1 Ermittlung gasförmiger Schadstoffverteilungen im Untergrund

Hinsichtlich der vereinfachten Untersuchungsmethoden ergeben sich zwei Strategien, welche von den im Boden befindlichen wassergefährdenden Stoffen abhängig sind. Die erste Strategie besteht darin, die Tatsache auszunutzen, daß ein im Boden befindlicher Schadstoff einen hohen **Dampfdruck** besitzt und somit die im Porenvolumen befindliche Bodenluft durch sein eigenes Gas ersetzt. Dies bedeutet, daß der im Boden befindliche Schadstoff bestrebt ist, ein Phasengleichgewicht zu erzielen. Wird eine Flüssigkeit in eine Flasche gefüllt, wobei ein bestimmtes Volumen oberhalb der Flüssigkeit frei bleibt, so bildet sich unter Verschließen der Flasche ein Gasvolumen über der Flüssigkeit mit einem bestimmten Partialdruck. Wird nunmehr die Flasche geöffnet und entweicht das Gas, so ist die Flüssigkeit bestrebt, den alten Gasdruck im Volumen über der Flüssigkeit wieder herzustellen. Dies gelingt jedoch nur dann, wenn die Flasche wiederum verschlossen wird. Als Beispiel sei die Mineralwasserflasche erwähnt. Ähnliche Verhältnisse herrschen im Untergrund vor. Bei Eindringen einer Flüssigkeit, unter Berücksichtigung der Tatsache, daß der Dampfdruck hoch ist (dies ist z.B. bei den chlorierten Kohlenwasserstoffen gegeben), bildet sich im Untergrund ein **Gasflüssigkeitsgleichgewicht** aus, so daß das Porenvolumen nicht von Bodenluft allein, sondern von einem Bodenluft-Schadstoffgasgemisch erfüllt ist. Die Konzentration des Schadstoffgases in der Bodenluft nimmt, je nach Aufbau des Bodens (Durchlässigkeitsbeiwert und adsorbierende Eigenschaften), von der Infiltrationsquelle her kontinuierlich, aber nicht gleichmäßig ab, da ähnlich der geöffneten Flasche stetig Gas in weiter entferntere Bodenporen eindringt. Die Möglichkeit der daraus resultierenden **Bodenluftuntersuchung** eröffnet den Vorteil, daß nicht zwingend in dem direkten Infiltrationsbereich eine Untersuchung durchgeführt werden muß, um die Aussage treffen zu können, inwieweit eine zu verfolgende Bodenverunreinigung vorliegt. Sehr vereinfacht gesprochen, umgibt (ähnlich der folgenden Abbildung) eine Gaswolke den Infiltrationskörper, welche vergleichbar mit den Emissionsmessungen durch die Anwendung entsprechender Verfahren lokalisierbar wird. Die schon erwähnte Bodenluftuntersuchung repräsentiert die Entnahme von Bodenluft bzw. von Bodenluftgasgemisch (nachfolgend mit Bodenluft bezeichnet), ferner die Überführung der Bodenluft in ein Probengefäß und die anschließende gaschromatographischen Analyse. Des weiteren kann die aus dem Untergrund abgezogene Bodenluft mittels **Gasspürröhrchen** direkt vor Ort halbquantitativ bestimmt werden. Bevor auf die Vor- und Nachteile der Bodenluftuntersuchung näher eingegangen wird, sei kurz auf die Verfahrensmöglichkeiten zur Entnahme der Bodenluft hingewiesen. Es existieren drei unterschiedliche Vorgehensweisen zur Gewinnung der

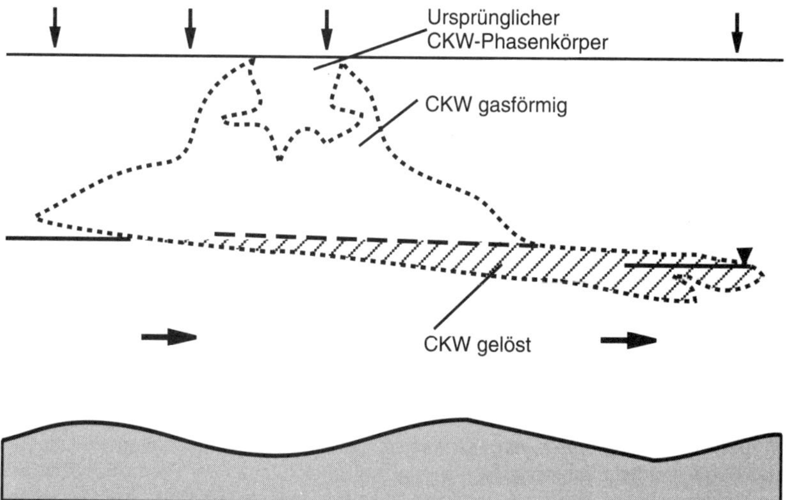

Quelle: Ministerium für Ernährung, Landwirtschaft, Umwelt und Forsten Baden-Württemberg (1)

Bodenluft, während zur Messung der Konzentration in der abgezogenen Bodenluft unterschiedlichste Möglichkeiten gegeben sind.

Erste Möglichkeit:

Es wird durch Anwendung einer Schlitzsonde (s. Kapitel 4.4.3) der Boden aus einer entsprechenden Tiefe zutage gefördert, so daß in der Regel ein stehendes Loch bis zur vorgesehenen Tiefe, mit einem Durchmesser von 25 – 30 mm, entsteht. In diesen Hohlraum wird nunmehr eine Hohlstange eingeführt und in der Regel durch zusätzliches Nachdrücken in den noch nicht mit der Schlitzsonde erfaßten Bodenbereich versenkt. Anschließend wird über diese Hohlstange ein bestimmtes Volumen mittels Vakuumpumpe abgesaugt. Nach Erreichen dieses Volumens kann auf unterschiedliche Weise eine Bodenluftprobe sichergestellt werden.

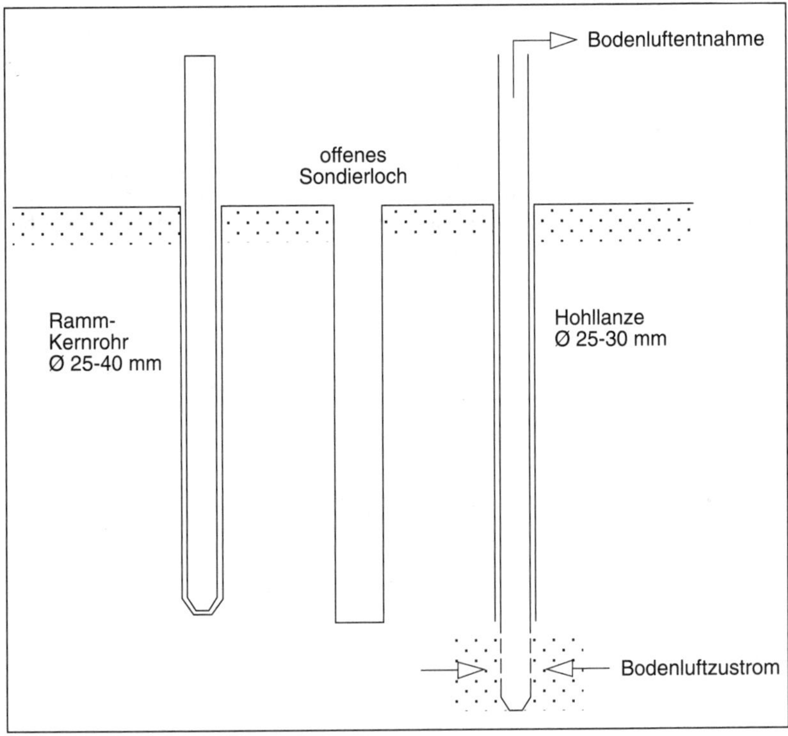

Zu beachten ist bei dieser Vorgehensweise, daß durch die vorangegangene Öffnung des Bodens mittels Schlitzsonde – speziell im Bereich laufender Produktion bzw. bei der Anwendung von Flüssigkeiten, deren Gase schwerer als Luft sind – das Gas in diesen geschaffenen Hohlraum eindringen kann. Desweiteren ist durch die Abteufung bis zu einer Tiefe von 2 m ab Geländeoberkante ein Gaskurzschlußsystem durch die Schlitzsondierung gegeben, wenn eine mit CKW-belastete Packlage bis zu einer Tiefe von 50 cm ab Geländeoberkante somit zu einer Tiefe von 2 m ab Geländeoberkante ausgasen kann. Deshalb ist bei diesem System darauf zu achten, daß durch Entnahme einer ausreichend großen Bodenluftmenge, ferner unter Kontrolle bestimmter Bodengaskennwerte, der Nachweis erbracht wird, daß aus der angestrebten Untersuchungstiefe die zugehörige Bodenluft abgezogen wurde.

Zweite Möglichkeit:

Unter Ausklammerung der vorangehenden Schlitzsondierung wird eine Hohlstange direkt auf die entsprechende Bodentiefe abgerammt und durch Einsatz einer Vakuumpumpe ein entsprechendes Volumen an Bodenluft abgezogen und der analytischen Bestimmung zugeführt. Hierbei ist der Vorteil zu sehen, daß derartige vorangeschilderte Gaskurzschlüsse nicht gegeben sind, weil die Bodenpressung gegenüber der Außenwand der Hohlstange so groß ist, daß eine ausreichende Abdichtung stattfindet und die Entnahme der Bodenluft gezielter aus der angestrebten Bodentiefe abgezogen werden kann.

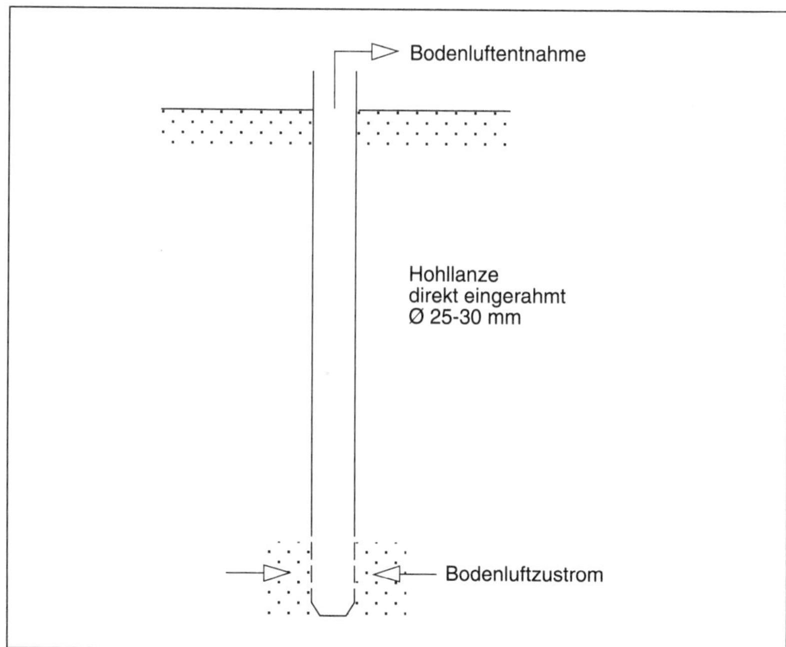

Dritte Möglichkeit:

Als weitere Variante zur Gewinnung von Bodenluft bietet sich im Gegensatz zu den zwei vorgenannten Möglichkeiten an, über die Setzung eines Rammpegels bis zu einer bestimmten Tiefe X Bodenluft abziehen zu können. Hierzu ist in der Regel die Vorsondierung mittels Kernsonde erforderlich, so daß dann in die zu erreichende Endtiefe ein spezielles Filterrohr gerammt wird. Anschließend wird oberhalb dieses, in der Regel 1 m langen Schlitzrohres, eine Verlängerung mit weiteren Rohren angebracht, welche jedoch nicht geschlitzt sind. Der Zwischenraum zwischem dem Bodenmaterial und der aufgehenden Rohrleitung wird mit Ton verschlossen. Im Anschluß hieran wird über den geschlitzten Rohrteil Bodenluft aus dem Gebirge abgezogen. Über verschiedene nachfolgend aufgeführte Analysenmethoden kann die Belastung durch leichtflüchtige Substanzen in der Bodenluft fixiert werden. Diese Entnahmemethode stellt die aufwendigste Technik dar, hat jedoch unter Berücksichtigung der Untersuchungsstrategie den Vorteil, über längere Zeit wiederholt nutzbar zu sein. Die beiden vorgenannten Varianten geben im Gegensatz dazu zwar auch die Möglichkeit, die Entnahmelanze im Boden zu belassen, jedoch ist aufgrund der geringen Durchmesser (bis max. 30 mm Außendurchmesser der Hohlstange) über längere Zeit eine sinnvolle Nutzung nicht gegeben. Als Grund hierfür ist anzuführen, daß wegen der schwächer ausgebildeten Schlitz- und Filterstruktur die bei erstmaliger Nutzung gegebenen Strömungswege zwischen Gebirge und Hohlstange nicht mehr existieren und somit u.U. keine Bodenluft mehr abziehbar ist. Bedingt durch die brunnentechnisch ausgebildete Schlitzstruktur des Filterrohres dieser in der dritten Variante beschriebenen Methode, kann über einen längeren Zeitraum (durchaus über einige Monate) Bodenluft aus der gewählten Bodentiefe gezogen werden.

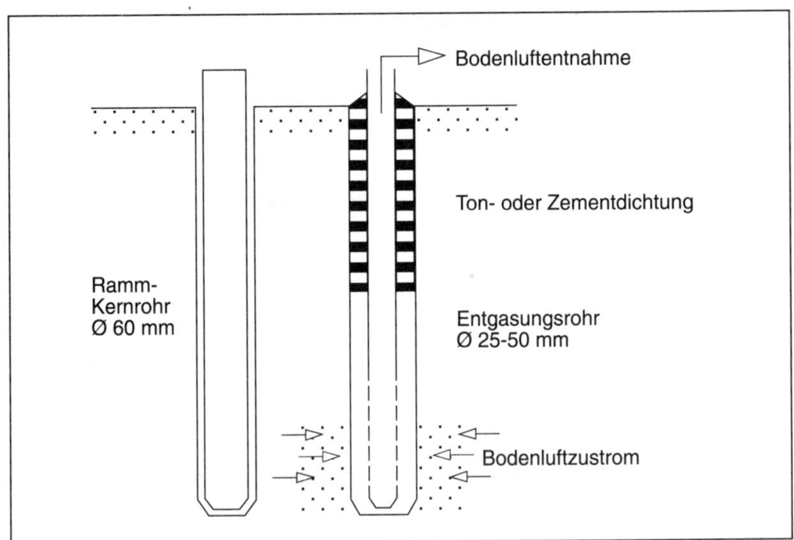

Gewinnung von Bodenluft

Gewöhnlich wird die Bodenluftuntersuchung nur herangezogen, um ein Belastungsfeld einzugrenzen und darauf aufbauend entsprechende Entnahmepositionen auszubauen, über welche dann kontinuierlich Bodenluft zum Zweck der Reinigung des ungesättigten Bodenbereiches abgepumpt wird. Hier ist zu ersehen, daß vor Durchführung einer Bodenluftuntersuchung die Zielsetzung der angestrebten Maßnahme klar fixiert sein sollte. Es hat in diesem Zusammenhang auch keinen Sinn, eine Bodenluftuntersuchungs-Maßnahme einzusetzen, wenn von vornherein bekannt ist, daß es sich um schwerflüchtige Substanzen im Untergrund handelt. In diesen Fällen versagt die Bodenluftmethode gänzlich und würde bei Anwendung nur zu einer nicht vertretbaren finanziellen Kostensteigerung führen.

Messung und Überwachung der Bodenluftentnahme

In diesem Zusammenhang muß sichergestellt werden, daß die zutage geförderte Luft tatsächlich Bodenluft ist. Aus diesem Grunde sind unterschiedlichste Entnahmesysteme auf dem Markt, wobei zur Bestimmung z.B. die Temperatur der abgezogenen Bodenluft gemessen wird. Ein anderes System bezieht sich auf die Messung des CO_2-Gehaltes abgezogener Bodenluft, da dieser Wert in bezug auf eine vorangegangene Eichung gegenüber atmosphärischer Luft in der Regel deutlich different ist. Durch bakteriologische Tätigkeit liegt dieser Wert teilweise gravierend über dem allgemeinen CO_2-Wert atmosphärischer Luft.

Die Aussage zur belasteten Bodenluft, d.h. festgestellter Konzentrationen an leichtflüchtigen Schadstoffen in der Bodenluft, läßt sich auf unterschiedliche Art machen. Hierbei gibt es generell drei Möglichkeiten:

1. Möglichkeit der Konzentrationsbeurteilung

Mittels sogenannter **Gasspürröhrchen** kann die in der Bodenluft befindliche Schadstoffmenge anhand bestimmter in einem Glasröhrchen befindlicher Reagenzien optisch sichtbar gemacht werden. Dabei wird durch eine Skalierung auf dem Glasröhrchen annähernd eine Konzentration dargestellt, so daß eine Erstaussage direkt nach Entnahme der Bodenluft möglich ist. Hierbei ist jedoch zu beachten, daß es sich um sogenannte halbquantitative Bestimmungen handelt. Diese beruhen darauf, daß z.B. bei der Bestimmung von Tetrachlorethen und gleichzeitiger Existenz von Trichlorethen in der Bodenluft, unter Benutzung eines Gasspürröhrchens für Tetrachlorethen, der Stoff Trichlorethen gewisse Nebenreaktionen erzeugt. Diese führen zu einer Angabenänderung der Konzentration an Tetrachlorethen durch verstärkte farbliche Veränderung des in dem Glasröhrchen befindlichen Reagenz. Über diese Methode ermittelte Konzentrationen sind somit nicht absolut und repräsentativ anzusehen.

2. Möglichkeit

Die abgezogenen Bodenluft wird über ein **Adsorbens** geführt. Dieses kann z.B. Silikagel oder Aktivkohle sein. Beide Adsorbentien haben die Eigenschaft, die in der Bodenluft befindlichen leichtflüchtigen Schadstoffe an der Oberfläche des Adsorbens zu binden. Auf diese Weise ist die Möglichkeit geschaffen, im Labor durch entsprechende Analysenschritte die auf dem Adsorbens befindlichen Schadstoffe abzulösen und entsprechend sowohl qualitativ als auch quantitativ mittels Gaschromatographie zu bestimmen.

3. Möglichkeit

Die abgezogene Bodenluft wird einem Septum-Fläschchen zugeführt, d.h. die Bodenluft befindet sich in einem vom Volumen her fest vorgegebenen Gefäß, wodurch die Möglichkeit besteht, im Labor entweder vor Ort oder stationär die Bodenluft aus dem

Septum-Flächen zu entnehmen und ebenfalls mittels Gaschromatographie sowohl qualitativ als auch quantitativ zu bestimmen.

Anwendungsmöglichkeit der Bodenluftuntersuchung

Unter Berücksichtigung unterschiedlicher Gaskonzentrationen lassen sich in der Regel Verunreinigungsherde eingrenzen, die anschließend mittels Sondierung bzw. Aufschlußbohrung näher untersucht werden können. Zu bemerken ist, daß bestimmte konstante Verhältnisse zwischen Bodenluftkonzentration und Konzentration am Bodenkorn nur in den seltensten Fällen vorliegen. Die Bodenluftuntersuchung ergibt somit vorrangig nur die Möglichkeit zur Auffindung von Verunreinigungsschwerpunkten, weiterhin ist jedoch auch das Ausgasungsumfeld mitbestimmbar. Der Vorteil der Bodenluftuntersuchung liegt in der wesentlich schnelleren Erfassung von Verunreinigungsherden, erzeugt durch gut flüchtige Substanzen. Grundsätzliche Voraussetzung ist jedoch, daß die Stoffe in einer analytisch erfaßbaren Gaskonzentration im Untergrund vorliegen. Es empfiehlt sich, um einerseits den Schadenherd aufzufinden und andererseits das davon ausgehende Kontaminationsfeld (gasförmig) möglichst optimal, d.h. in kürzester Zeit und mit geringstem finanziellen Aufwand zu ermitteln, eine Analyse direkt vor Ort durchzuführen. Dadurch wird die Festlegung weiterer Bodenluftuntersuchungspositionen sofort möglich.

Zu beachten ist, daß die Aussagefähigkeit einer Bodenluftuntersuchung stark abhängig ist von unterschiedlichen Parametern, wie z.B. Bodenfeuchte, Bodentemperatur, Bodenzusammensetzung etc. Speziell der Bodenaufbau kann durchaus dazu führen, daß aufgrund der dichten Lagerung des Korngefüges, d.h. bei Anwesenheit von Schluff oder Ton, kein ergiebiges Bodenluftvolumen im Porenraum vorliegt und nur eine als nicht aussagekräftig zu erachtende geringfügige Bodenluftmenge abgezogen werden kann. Ferner entstehen vielfach Fälle, in welchen eine Bodenluftgewinnung nicht möglich ist.

Die Verfolgung von Belastungen in der Bodenluft kann zur größeren Tiefe hin vorgenommen werden, wobei hier zu beachten ist, daß über das vorangestellte manuelle Entnahmesystem, d.h. erste und zweite Möglichkeit der Entnahme, Tiefen der Bodenluftgewinnung bis ca. 6 m ab Geländeoberkante möglich sind. Durch die dritte Möglichkeit (regelrechte Bodenentgasungs-Pegelsetzung) können demgegenüber beliebige Tiefen entsprechend dem vorgesehenen Sondier- bzw. Bohrverfahren erreicht werden.

4.4.2 Bodenschürfe

Zur Erkennung einer Bodenverunreinigung ist auch heutzutage vielfach nach erfolgter Bodenluftuntersuchung oder auch unter Ausschluß dieser Maßnahme, speziell dann, wenn nicht leichtflüchtige wassergefährdende Stoffe im Untergrund vorliegen, eine Beurteilung erforderlich, welche Konzentrationen effektiv am Bodenkorn vorliegen.

Wird eine Bodenverunreinigung, ausgehend von einem Unfall oder aber bedingt durch eine Altlast, im Untergrund vermutet und liegt desweiteren der Verdacht vor, daß noch oberflächennahe Kontaminationen existieren können, so kann in einem ersten Schritt durch Einrichtung von Bodenschürfen die Belastung am Bodenkorn festgestellt werden. Hierüber läßt sich eine oberflächennahe flächenmäßig bezogene Eingrenzung realisieren. Die durch Einsatz eines Spatens oder aber maschinell mittels eines Baggers oder einer Raupe realisierten Schürfe ergeben nur die Möglichkeit der Entnahme **gestörter Bodenproben**. Dies bedeutet, daß das ehemals vorliegende Bodengefüge durch den Schurf zerstört worden ist. Rückschlüsse auf das Korngefüge lassen sich über das aus dem Bodenschurf gewonnene Bodengut nur dann tätigen, wenn eine eindeutig homogene Bodenformation angetroffen wird. Eine erste Aussage zum oberflächennahen Aufbau der Bodenschichten ist durch die gegebene optische Betrachtung der Schurfrandzone gegeben.

Es sei angefügt, daß über die DIN 4021 weitere Informationen zum Thema Bodenschurf nachlesbar sind.

4.4.3 Manuell betriebene Bodensondierung

Der Begriff Bodensondierungen oder Sondierbohrungen, gemeint ist hierbei eine Vorgehensweise nach DIN 4021 Blatt 1 Punkt 4 (Verfahren mit Kleingeräten und Gewinnung geringer Probemengen), suggeriert möglicherweise bei dem nicht mit der Materie Vertrauten eine billige und schnelle Aktion, welche ähnlich ablaufen würde wie das Setzen eines Korkenziehers in den Korken. Daß jedoch bei diesen Aktionen zur Gewinnung einer Bodenprobe teils auch Zugkräfte von 16 t auftreten, ist meist nur dem mit der Untersuchungsweise vertrauten Personenkreis bekannt.

Eine Verwendung des Verfahrens der Bodensondierung ist nur im Lockergestein möglich.

Die Bodensondierung dient dazu, Informationen zu größerer Tiefe sowohl hinsichtlich des Bodenaufbaus als auch der Schadstoffverteilung zu erhalten. Dies bedeutet, daß mit Hilfe eines leichten bis schweren Rammgerätes Schlitzstangen bzw. Kernsonden in den Boden geschlagen werden. Diese werden nach einer bestimmten Eindringtiefe mechanisch oder hydraulisch gezogen, um aus dem dann geförderten Bodengut, welches in dem Schlitz der Sondierstange in der Regel haftet, Proben entnehmen zu können. Hierbei ist zu beachten, daß aufgrund der gewinnbaren geringen Probenmengen nur eine beschränkte qualitative wie auch quantitative Materialansprache möglich ist. Zur Ausführung kommen einerseits Schlitzstangen mit einem minimalen Durchmesser von ca. 25 mm, andererseits Kernsonden, die einen Mindestdurchmesser von 36 mm aufweisen sollten. Der Durchmesser kann sich bis zu 80 mm steigern, dies ist jedoch abhängig vom Bodenaufbau und von der Art der Vortriebs- und Zugmaschine. Während für die Schlitzsondierung (Durchmesser 25-32 mm) oft nur eine Person benötigt wird, sind bei den Kernsondierungen aufgrund des Geräteaufbaus zwei Personen notwendig. Die Vorgehensweise der Sondierung darf nicht darüber hinwegtäuschen, daß teilweise die Zutageförderung der Schlitzstange, z.B. aus einer Tiefe von 4 m ab Geländeoberkante, durchaus dazu führt, daß auf hydraulische Zugeinrichtungen zurückgegriffen werden muß. Dies bedeutet auf jeden Fall eine Tätigkeit von zwei Personen.

Grundsätzlich bleibt festzuhalten, daß nur eine bedingte qualitative und quantitative Beurteilung der Bodenansprache sowie der Fragestellung der Belastung durch wassergefährdende Stoffe am Bodenkorn möglich ist. So ist gut vorstellbar, daß mit einer Schlitzstange mit einem Durchmesser bis max. 30 mm eine Aussage zum Bodenaufbau bei einem mittelkiesigen bis grobkiesigen Boden nicht zu realisieren ist. Dies läßt sich schon wesentlich eher mit einer Kernsonde mit einem Durchmesser von 60 mm erreichen.

Die Erfahrung hat gezeigt, daß Schlitzsondierungen (bis ø 25 mm) nur noch dann anwendbar sind, wenn es um eine grobe oberflächennahe Eingrenzung (Tiefe bis ca 2 m) eines Verunreinigungsherdes geht. Dabei ist zu beachten, daß mit der Tiefe fortschreitende unterschiedliche Kontaminationsschwerpunkte nicht auftreten dürfen, da die Gefahr einer Stoffverschleppung gegeben ist. Dies bedeutet, daß aufgrund des geringen Durchmessers einer Schlitzstange bei Durchteufen eines z.B. stark verölten Bodenhorizontes darunter befindliches noch nicht intensiv kontaminiertes Bodenmaterial in die Schlitzstange verpreßt werden kann. Bei Ziehen der Schitzstange wird jedoch das schwach verunreinigte Bodenmaterial durch den stark kontaminierten Bodenabschnitt gezogen. Bedingt durch den geringen inneren Durchmesser der Schlitzstange kann auf diese Weise eine zusätzliche Kontamination des in der Schlitzstange befindlichen Bodengutes eintreten. Hierdurch wird bei der Beurteilung der Geländesituation eine wesentlich tiefer liegende Bodenbelastung suggeriert.

Als Beispiel sei der Vergleich einer 36 mm Schlitzstange und einer 40 mm Kernsonde erwähnt:

Die Tiefe innerhalb der Schlitzstange beträgt 19 mm, die der Kernsonde jedoch 29 mm. Es ist somit aufgrund der geringen Tiefe der Schlitzstange nicht möglich, die oberflächlichen Bodenkontaminationen am Bodengut in der Arbeitsstange zu separieren und nur das unbeeinflußte aus der jeweiligen Tiefe entnommene Bodenmaterial „herauszuschälen".

Eine genauere Beschreibung eines Konzentrationsverlaufs mit wachsender Tiefe ist mittels Kernsondierung möglich, da durch die gezielte, vor allen Dingen aber geübte Entnahme von Bodenproben aus der Kernsonde Verschleppungen von Kontaminationsherden oberhalb des Entnahmepunktes vermieden werden können. Zur Variante der Kernsondierung sind auf dem Markt ebenfalls erhältliche Kernsonden zu erwähnen, in welche ein **Kunststoffliner**, d.h. ein Kunststoffrohr eingesetzt werden kann, so daß die o.a. Verschleppungeffekte gänzlich ausfallen.

Die Tiefenerkundung wird vielfach bis zu 10 m ab Geländeoberkante vorgenommen. Zu beachten ist hierbei, daß diese Aussage sich einzig auf die Anwendung einer Kernsondierung bezieht, da mit einer Schlitzstange bis zur oben erwähnten Tiefe keine annähernd repräsentative Aussage zur entsprechenden Bodenformation in der zu untersuchenden Bodentiefe am Bodenkorn zu erzielen ist. Dies gilt im übrigen auch im Hinblick auf die Abklärung der Belastung eines Bodens.

Wichtig zu beachten ist immer bei Durchführung einer Schlitz- oder Kernsondierung, daß nach Ziehen des Gestänges inklusive Schlitz- oder Kernsonde, ein offenes Sondierloch zurückbleibt. Wird nunmehr z.B. versucht, den Bodenmeter zwischen 4 und 5 m ab Geländeoberkante zu gewinnen, nachdem vorher der Tiefenmeter zwischen 3 und 4 m ab Geländeoberkante zutage gefördert worden ist, so tritt es vielfach ein, daß das Sondierloch zumindest teilweise zusammenfällt und somit sogenannter Sondiernachfall erkannt werden sollte. Dies zeigt schon, daß für die Durchführung derartiger Sondierungen erfahrenem und qualifiziertem Personal der Vorzug gegeben werden sollte. Dies entspricht jedoch in vielen Fällen nicht der Realität. Somit sei an dieser

Stelle schon darauf hingewiesen, daß die Frage nach der Durchführung der Probenahme im Hinblick auf die Vertretbarkeit und Repräsentativität eines Untersuchungsergebnisses (s. hierzu Kap. 4.5 „Probenahme und Beweissicherung") von entscheidender Bedeutung ist.

Vielfach wird in Verfügungen, Auftragsanfragen etc. postuliert, daß bei Antreffen von Schicht- oder Grundwasser eine Wasserprobe gezogen werden sollte. Hierbei wird vorausgesetzt, daß die Sondierlochwandung stabil verbleibt und somit über einen Schöpfheber eine Wasserprobe aus dem sogenannten „offenen Sondierloch" gezogen wird. Diese Untersuchungsart darf nur als eine erste Erkundungsmaßnahme gesehen werden, deren Ergebnis nicht repräsentativ ist. Worauf beruht diese Aussage?

Wie schon erwähnt, ist es generell möglich, daß aus der Sondierlochwandung, und zwar aus einem kontaminierten Bodenabschnitt, Kornmaterial durch Herabfallen in das bisher noch als unbelastet zu betrachtende Schicht- bzw. Grundwasser gerät. Ist nun z.B. ein Mittelkies oder ein Feinsand mit Mineralölen behaftet, so findet eine teilweise Ablösung der am Bodenkorn haftenden Ölphase in die wässerige Phase statt, d.h. das Grundwasser in diesem Sondierloch erscheint als kontaminiert. Es ist müßig darüber nachzudenken, welche Folgereaktion finanzieller Art daraus erwachsen, wenn diese Art der Wasserprobe zur Beurteilung eines Standortes herangezogen wird. Um eine repräsentative Wasserprobe zu gewinnen, ist es somit erforderlich, erstens den Nachfall von Bohrgut bis hin in den Grundwasserkörper zu vermeiden und zweitens durch entsprechenden Ausbau einer Grundwassermeßstelle dafür Sorge zu tragen, daß durch die Entnahme von Grundwasser über einen längeren Zeitraum gewährleistet ist, das im Umfeld zur Bohrung bzw. Grundwassermeßstelle existierende Grundwasser zu gewinnen. Hierdurch ist dann eine präsentierbare Beurteilung zur Grundwassersituation möglich.

4.4.4 Aufschlußbohrungen bis hin zur Grundwassermeßstelle

Wie aus dem vorangegangenen Kapitel leicht zu erkennen ist, sind durch die speziell manuelle Tätigkeit und aufgrund des eingesetzten Materials in bezug auf die Erreichbarkeit von Aussagen (wie z.B. eine Tiefenbelastung >10 m ab Geländeoberkante oder die Verteilung in sehr groben bis annähernd steinigem Bodenmaterial) Grenzen gesetzt. Diese Grenzen lassen sich überwinden, indem eine maschinell praktizierte Aufschlußbohrung vorgesehen wird. Hierunter ist die Aufstellung eines Bohrgerätes, vielfach montiert auf einem LKW oder Unimog, zu verstehen. Es sind jedoch auch heutzutage Geräte auf dem Markt, welche auf kleinen Lafetten transportfähig sind oder modulartig, entsprechend den Erfordernissen vor Ort, zusammengebaut werden. Grundlegender Vorteil des Einsatzes derartiger Geräte soll sein, repräsentative Aussagen zu größerer Tiefe hin zu gewinnen und neben der Gewinnung von Bodenproben auch die Errichtung von Grundwassermeßstellen zur Entnahme von Grundwasser in unterschiedlichen Tiefen zu ermöglichen. Art und Auswahl der zu verwendenden Geräte und des eigentlichen Bohrverfahrens sind wiederum abhängig von der Zielsetzung, welche Beweise zu sichern sind.

Zusätzlich ist zu klären, ob anstatt der Sicherung von Aussagen zur Bodenbelastung in größerer Tiefe nur die Überprüfung des Grundwasserkörpers und der damit zusammenhängenden Belastung im Vordergrund steht. Wie aus der folgenden Abbildung ersichtlich, gibt es eine Vielfältigkeit an unterschiedlichen Bohrverfahren, welche grob dahingehend unterschieden werden müssen, inwieweit eine repräsentative Bodenprobe gewonnen werden kann. Dies bedeutet z.B., daß bei einer **Greiferbohrung** im Bohrloch selbst das angetroffene Bohrgut hinsichtlich des Korngefüges zerstört wird und bei Existenz leichtflüchtiger Schadstoffe, welche zur Ausgasung neigen, eine aussagekräftige Beprobung nicht möglich ist. Demgegenüber bietet z.B. das **Schlauchkernverfahren** die Möglichkeit, repräsentative und annähernd ungestörte Bodenproben zu gewinnen. Zu diesem Verfahren sollen einige weitere Erläuterungen angefügt werden, da es sich sowohl im Lockergestein als auch im Festgestein einsetzen läßt und die optimale Voraussetzung für die Beurteilung vorliegender Belastungen bzw. auch zum Bodenaufbau darstellt. Das Verfahren der Schlauchkernbohrung funktioniert derart, daß in ein in einem Hohlzylinder befindliches Kunststoffrohr mit einem Durchmesser von 101 mm das in der jeweiligen Untersuchungstiefe vorliegende Bodenmaterial annähernd ungestört überführt wird. Das im Kunststoffrohr befindliche Bodengut wird zutage gefördert, wodurch dann, nach Aufschneiden dieses Kunststoffliners, sowohl eine optimierte Bodenansprache als auch Bodenbeprobung möglich ist.

Speziell bei der Kernung im Festgestein kann natürlich auch auf das Kunststoffrohr verzichtet werden, da das Korngerüst bei Herausnahme des Kerns durch den Hohlzylinder zum überwiegenden Teil nicht zerfällt.

Ein weiterer Vorteil besteht darin, daß das darüberliegende Erdreich gegen Nachfall durch Einbau einer Schutzverrohrung gehindert wird. Das heißt, bei einer Entnahme aus einer Tiefe von 12 m ab Geländeoberkante ist die bisher existierende Bohrstrecke bis 11 m ab Geländeoberkante durch eine Schutzverrohrung abgestützt und ein Nachfall unmöglich. Diese Vorgehensweise unterbindet bei Auffindung belasteter Bodenschichten eine Schadstoffverschleppung zu größerer Tiefe hin. Ferner wird bei stark durchtränkten, teils stauenden Bodenschichten das sogenannte Ausbluten der aufgestauten Flüssigkeit zu einer größeren Tiefe über das bisher bestehende Bohrloch vermieden. Schlauchkernbohrungen eignen sich besonders zu Stoff- und Bodenaufschlüssen auch unterhalb des Grundwasserspiegels.

Bei Existenz einer verrohrten Bohrführung (Vermeidung von Bodennachfall) ist es durchaus möglich, bei Erreichen des Grundwasserspiegels eine Grundwassererstbeprobung durchzuführen, um z.B. zu beurteilen, inwieweit die Setzung einer Grundwassermeßstelle anzuraten ist.

In der Regel werden diese Aufschlußbohrungen mit der Setzung einer Grundwassermeßstelle kombiniert. Diese wird auch **Pegel** genannt. Hierzu wird in das Bohrloch eine auf verschiedene Art geschlitzte Kunststoff- bzw. Stahlröhre eingeführt, über welche Grundwasser in das eingebrachte Rohr einströmen kann. Innerhalb des Pegelrohres stellt sich auf diese Weise ein gleicher Wasserstand zu dem umliegenden Grundwasserspiegel ein. Durch Entnahme von Wasser aus diesem Pegelrohr findet automatisch eine Zuströmung zu dem Pegel statt, sobald aus dem Pegelrohr mehr Wasser abgezogen wird, als aufgrund des Fließwiderstandes des Gebirges und des Fließwiderstandes durch Auswahl des entsprechenden Schlitzes im Pegelrohr der Grundwassermeßstelle zufließen kann. Hierzu sei auf die Abbildung auf S. 364 verwiesen.

Die Setzung einer Grundwassermeßstelle ist in vielen Fällen das letzte Glied der Untersuchungskette. Es kann jedoch durchaus die Problemstellung existieren, daß bei Auf-

Bohrverfahren in Böden

<table>
<tr><td>Spalte</td><td>1</td><td>2</td><td>3</td><td>4</td><td>5</td><td>6</td></tr>
<tr><td></td><td colspan="4">Bohrverfahren</td><td colspan="2">Gerät</td></tr>
<tr><td>Zeile</td><td>Lösen des Bodens[2]</td><td>Spülhilfe</td><td>Fördern der Probe</td><td>Benennung</td><td>Bohrwerkzeug</td><td>üblicher Bohraußendurchmesser[1]</td></tr>
<tr><td></td><td colspan="6">1 Bohrverfahren mit durchgehender Gewinnung gekernter Bodenproben</td></tr>
<tr><td rowspan="2">1</td><td rowspan="5">drehend</td><td rowspan="2">nein</td><td rowspan="2">mit Bohrwerkzeug</td><td rowspan="2">Rotations-Trockenkernbohrung</td><td>Einfachkernrohr</td><td>65 bis 200</td></tr>
<tr><td>Hohlbohrschnecke</td><td>65 bis 300</td></tr>
<tr><td rowspan="2">2</td><td rowspan="2">ja</td><td rowspan="2">mit Bohrwerkzeug</td><td rowspan="2">Rotationskernbohrung</td><td>Einfachkernrohr</td><td rowspan="2">65 bis 200</td></tr>
<tr><td>Doppelkernrohr</td></tr>
<tr><td>3</td><td>ja</td><td>mit Bohrwerkzeug</td><td>Rotationskernbohrung</td><td>Doppelkernrohr mit Vorschneidkrone oder Vorsatz</td><td>100 bis 200</td></tr>
<tr><td>4</td><td rowspan="2">rammend</td><td>nein</td><td>mit Bohrwerkzeug</td><td>Rammkernbohrung</td><td>Rammkernrohr mit Schnittkante innen, auch mit Hülse oder Schlauch (auch Hohlbohrschnecke)</td><td>80 bis 200</td></tr>
<tr><td>5</td><td>nein</td><td>mit Bohrwerkzeug</td><td>Rammkernbohrung</td><td>Rammkernrohr mit Schnittkante außen</td><td>150 bis 300</td></tr>
<tr><td>6</td><td>rammend, drehend</td><td>ja</td><td>mit Bohrwerkzeug</td><td>Rammrotations-Kernbohrung</td><td>Einfach- oder Doppelkernrohr</td><td>100 bis 200</td></tr>
<tr><td>7</td><td>drückend</td><td>nein</td><td>mit Bohrwerkzeug</td><td>Druckkernbohrung</td><td>Kernrohr mit Schnittkante innen (auch Hohlbohrschnecke)</td><td>50 bis 150</td></tr>
<tr><td></td><td colspan="6">2 Bohrverfahren mit durchgehender Gewinnung nicht gekernter Bodenproben</td></tr>
<tr><td>8</td><td>drehend</td><td>nein</td><td>mit Bohrwerkzeug</td><td>Drehbohrung</td><td>Gestänge mit Schappe, Schnecke</td><td>100 bis 2000</td></tr>
<tr><td>9</td><td>schlagend</td><td>nein</td><td>mit Bohrwerkzeug</td><td>Schlagbohrung</td><td>Seil mit Schlagschappe</td><td>150 bis 500</td></tr>
<tr><td>10</td><td>greifend</td><td>nein</td><td>mit Bohrwerkzeug</td><td>Greiferbohrung</td><td>Seil mit Bohrlochgreifer</td><td>400 bis 2500</td></tr>
<tr><td></td><td colspan="6">3 Bohrverfahren mit Gewinnung unvollständiger Bodenproben</td></tr>
<tr><td>11</td><td rowspan="2">drehend</td><td>ja</td><td>mit direkter Spülung</td><td>Spülbohrung (Rotarybohrung)</td><td>Gestänge mit Rollenmeißel, Düsenmeißel, Stufenmeißel u.a.</td><td>100 bis 500</td></tr>
<tr><td>12</td><td>ja</td><td>mit Umkehrspülung</td><td>Rotations-Spülbohrung</td><td>wie oben, jedoch mit Hohlmeißel</td><td>60 bis 1000</td></tr>
<tr><td>13</td><td rowspan="2">schlagend</td><td>nein</td><td>mit Bohrwerkzeug</td><td>Schlagbohrung</td><td>Seil mit Ventilbohrer</td><td>100 bis 1000</td></tr>
<tr><td>14</td><td>nein</td><td>mit Bohrwerkzeug/ Hilfsspülung</td><td>Meißelbohrung (Bohrhindernisbeseitigung)</td><td>Seil oder Gestänge mit Meißel</td><td>100 bis 1000</td></tr>
<tr><td colspan="7">1) Diese Angaben sind Richtwerte.
2) Beim „Rammen“ wird das Bohrwerkzeug mit einer besonderen Schlagvorrichtung eingetrieben. Beim „Schlagen“ wird das Bohrwerkzeug selbst durch wiederholtes Anheben und Fallenlassen zum Eintreiben benutzt.</td></tr>
</table>

Anwendung der Bohrverfahren

Anwendung \ Bohrverfahren			Drehboren						Schlagbohren							sonstige Verfahren	
			mit Spülung					Trockendrehbohren	Freifallbohren			Hammerbohren	Rammkernbohren	Schlauchkernbohren	Drehschlagbohren	Einspülen	Einrammen
			direkte Spülstromrichtung (Druckspülbohren)	inverse Spülstromrichtung					Seilfreifall	Gestängefreifall							
				Saugen	Strahlsaugen	Luftheben	Counterflush			ohne Spülung	mit Spülung direkte oder inverse Stromrichtung						
			1	2	3	4	5	6	7	8	9	10	11	12	13	14	15
Lockergestein	Aufschluß-bohrungen	a	+ ○	+ 100	+ 250	+		+ ○ 30 /	+ /		●		+ /	+ 60 /	+ /		
Lockergestein	Meßstellen-bohrungen	b	+	+ 100	+ 250	+		+ ○ 30 /	+ /		●		● /	● 60 /	● /	+ 20	+ 20
Lockergestein	Versuchsbrunnen-bohrungen	c	+	+ 100	+ 250	+		+ ○ 30 /	+ /		●				+ /	● 20	● 20
Lockergestein	Brunnen-bohrungen	d	●	+ 100	+ 250	+		+ 30 /	+ /		●				+ /	● 20	● 20
Festgestein	Aufschluß-bohrungen	e	+ ⊙ L	+ 100	+ 250	+	● ⊙	●	+		●	+			+		
Festgestein	Meßstellen-bohrungen	f	+ L	+ 100	+ 250	+		●	+		●	+			+		
Festgestein	Versuchsbrunnen-bohrungen	g	+ L	+ 100	+ 250	+		●	+	+	●	+			+		
Festgestein	Brunnen-bohrungen	h	+	+ 100	+ 250	+		●	+	+	●	+			+		

+	zweckmäßig
●	wird seltener oder in Sonderfällen angewendet
30	für Bohrungen bis 30 m Tiefe
L	Druckluft als Spülmedium bevorzugt
⊙	Kernen möglich
○	Kernen nur in bindigen Schichten möglich
/	Hilfsverrohrung in der Regel erforderlich

Quelle: Bohrverfahren für Locker- und Festgesteine (DVGW-Regelwerk W 115) (2) findung einer Grundwasserbelastung, z.B. in einem Notwasserbrunnen, es vorrangig erforderlich ist, durch Setzung von Grundwassermeßstellen und Entnahme von Grundwasser mit nachgeschalteter Analytik der Verunreinigungsquelle entgegen der Grundwasserfließrichtung auf die Spur zu kommen. Diese Aufwendungen sind in der Regel sehr kostenintensiv, speziell dann, wenn der Flurabstand sehr groß ist.

Zu erwähnen ist im Zusammenhang mit der Positionierung von Grundwassermeßstellen immer die Berücksichtigung des gewählten Ausbaumaterials. Das heißt, es muß geklärt werden, ob ein Kunststoffrohr oder ein Stahlrohr eingesetzt wird. Hierzu ist es wiederum sehr wichtig, z.B. bei einer Untersuchung auf Schwermetalle, nicht unbedingt verzinkte Stahlschlitzrohre einzusetzen, da sich hierdurch eine Veränderung z.B. des Zinkgehaltes im Grundwasser ergeben kann. Des weiteren kann es zu „bösen Überraschungen" führen, wenn bei Vorliegen einer Infiltration durch Benzol und unter Verwendung von PVC-Pegelrohren und bei Existenz von Benzol als Phase auf dem Grundwasserspiegel nach kürzester Zeit kein zugängliches Pegelrohr mehr existiert, da Benzol viele Kunststoffe auf- bzw. anlöst.

Es sind weitaus mehr wichtige Parameter bei der Setzung einer Grundwassermeßstelle, bei der Auswahl einer entsprechenden Positionierung im Gelände oder gar im Gebäude zu beachten. Dies würde jedoch den Rahmen dieser Darstellung sprengen. Als Information sei jedoch angefügt, daß mittlerweile in den einzelnen Bundesländern, teils über die Wasserwirtschaftsämter, über die Ämter für Wasser- und Abfallwirtschaft, aber auch durch die entsprechenden Ministerialblätter, Vorgaben für die Setzung einer Grundwassermeßstelle und Richtlinien für die Ausführung einer Aufschlußbohrung existieren. Diese werden auf Anfrage seitens der zuständigen Ämter bereitgestellt oder den ausführenden Ingenieurbüros bzw. Fachfirmen als Richtlinie vorgegeben. Es empfiehlt sich, diese Informationen immer einer kritischen Prüfung zu unterziehen, da in den Vorgaben nicht sämtliche Problemstellungen erfaßt sind.

Die Überwachung und Kontrolle von Bodensondierungen, Aufschlußbohrungen wie auch die Errichtung von Grundwassermeßstellen bedarf einer sorgfältigen ingenieurgeologischen Betreuung. Die Ergebnisse aus einer Bodenansprache und die Untersuchung von Sonderproben für bodenphysikalische Untersuchungen, wie z.B. Durchlässigkeitsuntersuchungen, Kornverteilungsanalysen, werden in der Regel nach DIN 4022 und DIN 4023 dargestellt. Grundsätzlich ist bei den vor Ort durchgeführten Bodenansprachen zur Bestimmung der Kornverteilung immer eine subjektive Beurteilung zu berücksichtigen. In Zweifelsfällen ist es unumgänglich, sich ein klareres Bild über den Bodenaufbau durch entsprechende zusätzliche physikalisch-technische Untersuchungsmaßnahmen zu schaffen, um die subjektiven Einflüsse weitestgehend auszuschließen.

4.5 Probenahme und Beweissicherung

Was sind nun subjektive Einflüsse? Überspitzt dargestellt handelt es sich z.B. um die Probenahme aus einem gekernten Tonhorizont, obwohl 20 cm oberhalb und innerhalb der 1 m langen Kernsonde eine ölverunreinigte feinsandige Bodenschicht anzutreffen ist. Die anschließende Analyse auf aliphatische Kohlenwasserstoffe zeichnet nunmehr aus, daß in dem gekernten Bodenmeter keine Extrembelastung vorliegt. Es liegen an dieser Stelle bereits zwei unangenehme Einflüsse vor. Erstens kann es sich hier um eine Manipulation handeln, um eine vorliegende Kontamination zu verschleiern, in-

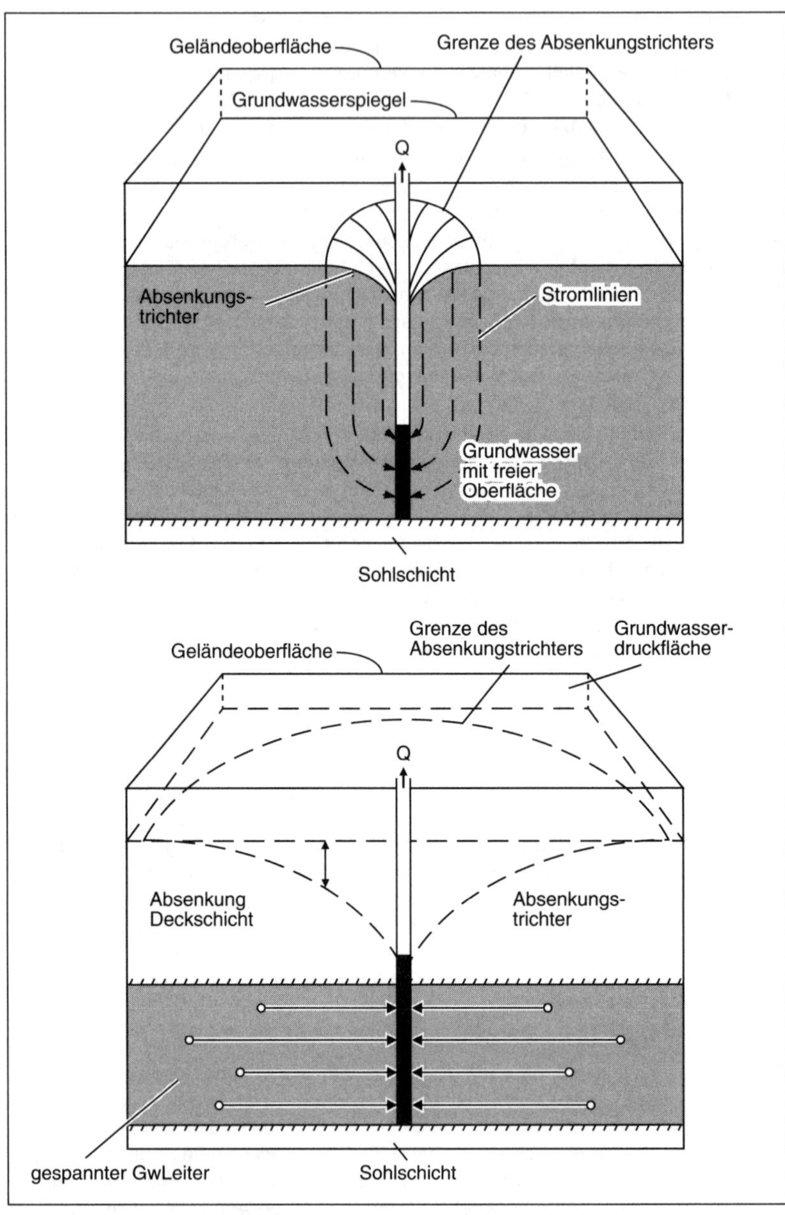

Quelle: Einführung in die Grundwasserhydrologie (3)

dem aus dem Ton nur eine Probe genommen wird. Gegenüber aliphatischen Kohlenwasserstoffen, speziell erst bei kurzfristiger Belastung, d.h. bedingt durch einen Unfall neueren Datums, zeigt Ton eine gewisse Resistenz. Der zweite negative Einfluß liegt darin, daß durch die Beprobung des Tonhorizontes die darüber befindlichen 20 cm Feinsand, welche ölkontaminiert sind, nicht erfaßt werden. Die Probe wird jedoch als Metermischprobe ausgegeben. Ein anderes, wohlgemerkt überspitztes Beispiel ist die Entnahme einer Wasserprobe aus einem Feuerwehr-C-Schlauch, aus welchem „munter" das Wasser spritzt. In diesen sehr verwirbelt austretenden Wasserstrahl wird eine Flasche gehalten, um anschließend im Labor eine Untersuchung auf leichtflüchtige halogenierte Kohlenwasserstoffe durchzuführen. Auch an dieser Stelle ist zu ersehen, daß allein durch die Verwirbelung am Austritt des C-Schlauches ein Großteil der leichtflüchtigen halogenierten Kohlenwasserstoffe schon in die Atmosphäre entweichen und somit die Wasserprobe einen wesentlich geringeren Gehalt an halogenierten Kohlenwasserstoffen aufweist.

Dieser subjektive Einfluß ist in der Fachwelt allgemein bekannt, und es wird versucht, durch Schaffung von Regelwerken und durch landesinterne Vorgaben eine Standardisierung der Beprobung durchzuführen. Dies läßt sich sehr gut im Rahmen einer Wasserbeprobung, z.B. bei einem Pumpversuch, durch entsprechende Vorgaben hinsichtlich der Art und Weise der Entnahme einer Wasserprobe regeln. Dieser Vorgang wird in jedem Fall diffiziler, und das zeigt auch die spärliche Fachliteratur zu Vorgaben geeigneter Bodenprobenentnahme. Demgegenüber ist für die optimierte Wasserentnahme eine Vielzahl an Literatur und an Regelwerken zu finden. Trotz dieses Bewußtseins wird auch heutzutage in den meisten Fällen bei Vorlage nicht erklärbarer oder in eindeutigem Zusammenhang stehender Untersuchungsergebnisse erst die Frage nach einem Fehler in der Analytik, d.h. im Bereich des beauftragten Untersuchungslabors, gesucht, als daß eine Fragestellung zur u.U. mangelhaften Probenahme gestellt wird. Worauf diese Darstellung hinausläuft, ist eindeutig. Es ist grundsätzlich zu empfehlen, die Frage nach qualifiziertem Personal zur Probenahme vor der Beauftragung zu stellen. Qualifiziertes Personal kostet verständlicherweise in bezug auf den Stundensatz mehr als unqualifiziertes. Allerdings garantiert der Einsatz eines geologischen Facharbeiters bei der Durchführung der Bodensondierung **incl.** der Bodenansprache und Probenahme ein hohes Maß an Aussagekraft. Leider ist die Tendenz weitverbreitet, nicht qualifiziertes Hilfspersonal bei derartigen Tätigkeiten einzusetzen. Dies ist bedingt durch den allgemeinen Kostendruck und den damit zusammenhängenden Verpflichtungen zur kostengünstigsten Durchführung mit allerdings dann nicht als repräsentativ zu erachtenden Untersuchungsergebnissen. Es ist für einen Gerichtssachverständigen ein Leichtes, bei der Nachfrage zur Vorgehensweise der Probenahme dem Kläger oder Beklagten nachzuweisen, daß aufgrund der nicht qualifizierten Durchführung und unter Berücksichtigung der Vorgabe, daß der Streitfall durch unterschiedliche Untersuchungsergebnisse hervorgerufen wurde, das ganze Verfahren bzw. die Mühen der einen oder anderen Partei zunichte zu machen. Die Untersuchungsergebnisse bzw. die Art und Weise der Probenahme können bei Auftreten von Zweifeln an der sachgerechten Bearbeitung nicht anerkannt werden. Es sind auch heute Ausschreibungen festzustellen, in welchen gefordert wird, daß aus dem offenen Sondierloch, ohne Verrohrung oder Setzung eines Pegelrohres oder Rammfilters, eine Wasserprobe bei Antreffen eines Schicht- oder zusammenhängenden Grundwasserbereiches zu nehmen ist. Die Frage der Repräsentativität dieser Untersuchung ist mit einem großen Fragezeichen zu versehen. Welchen Nutzen hat z.B. eine Behörde bei Aufgabe dieser Untersuchungsart, um einem in Verdacht stehenden Handlungsstörer die Grundwassergefährdung nachzuweisen? Deutlich ausgesprochen kann es dazu führen, daß in dem zwangsläufig anstehenden Gerichtsverfahren, bedingt durch einen Widerspruch des zur Untersuchung Aufgeforderten, die bisherigen Untersuchungsaufwendungen für nicht verwertbar erachtet werden und somit die bisherige (als kostengünstig angesehene) Untersuchung wiederholt werden muß. Ähnliche Verhältnisse zeigen sich bei der Auswahl des Materials für eine Grundwassermeßstelle oder bei der Festlegung zum Wie der Bodengewinnung. Zu dieser Situation ist festzuhalten, daß ein nicht näher bezifferter, jedoch nicht als gering zu bezeichnender Prozentsatz der Auftragsvergabe einzig unter dem Aspekt der Kosteneinsparung, verbunden mit dem bewußten Risiko einer totalen Qualitätsminimierung, vergeben wird. Was nutzt eine Schlitzsondierung in einem Festgestein, wenn diese schon bedingt durch den Bodenaufbau von vornherein nicht durchführbar ist? Oder wie nützlich ist der Ausbau einer Grundwassermeßstelle bis zu einer Tiefe von 30 m ab Geländeoberkante mit einem Durchmesser von 50 mm? Während im Rahmen des Kapitels 4.4.4 „Aufschlußbohrung und Grundwassermeßstelle" schon darauf hingewiesen wurde, daß über ein aufwendigeres Bohrverfahren die wesentlich qualifiziertere, wenn nicht sogar in vielen Fällen die repräsentativere Untersuchungsart angewendet werden muß, so sollen im nachfolgenden noch einige Bemerkungen zum Ausbau einer Grundwassermeßstelle mit der Möglichkeit zur Gewinnung qualitativ wie auch quantitativ verwertbaren Probenmaterials angefügt werden. Sicherlich kann auch zu großen Tiefen ein Pegelausbau mit einem Durchmesser von 50 mm (DN 50) vorgesehen werden. Es stellt sich hier nur die Frage, inwieweit die auch für diesen Durchmesser heutzutage auf dem Markt befindlichen Unterwasserpumpen nach erfolgter Grundwasserentnahme wieder zur Geländeoberkante hin gezogen werden können. Gerade bei derart dünnen Ausbaudurchmessern baut sich die Gefahr auf, daß das Pegelrohr nicht absolut im Lot vorzufinden ist, so daß bei Ziehen einer Unterwasserpumpe in derart kleinen Durchmessern ein Verkeilen der Pumpe möglich ist. Somit muß nicht nur die Grundwassermeßstelle, sondern auch die Unterwasserpumpe als verloren betrachtet werden. Aus diesem Grunde geht man allgemein, und das ist auch in vielen Regelwerken der Länder verankert, zu größeren Durchmessern über, welche in der Regel bei einem Minimaldurchmesser von DN 125 liegen. Hierdurch ist auch die verbesserte Möglichkeit gegeben, innerhalb des Grundwasseraquifers auf bestimmte Horizonte bezogene Grundwasserentnahmen durchzuführen, da es für einen derartigen Durchmesser von DN 125 entsprechende **Scheibenpacker** oder aufblasbare Packer (Gummiblase) gibt, welche einen gewünschten Abschnitt gegen die darunter bzw. darüber befindliche Wassersäule innerhalb der Pegelröhre abschotten.

Der Kostenunterschied zwischen zwei im Durchmesser differenten Pegelröhren liegt nicht so sehr in den Aufwendungen der Bohrung als vielmehr im Materialpreis. Dieser ist jedoch im Verhältnis zu den Kosten der reinen Bohrung als verschwindend gering zu betrachten.

Es würde an dieser Stelle zu weit führen, auf sämtliche Regelwerke näher einzugehen. Zu empfehlen ist in diesem Zusammenhang die Literaturzusammenstellung, aus welcher auch hervorgeht, daß nicht allein die Probenahme entscheidend ist, sondern auch der Probentransport und die Probenvorbehandlung vor Ort. So kann z.B. eine Bodenprobe, welche zur Untersuchung auf leichtflüchtige halogenierte Kohlenwasserstoffe vorgesehen ist, nicht während der Sommermonate im Fahrzeug ungekühlt transportiert werden, da durch die Aufwärmung des Probenahmegefäßes und des darin befindlichen Inhaltes trotz optimaler Abdichtung des Probengefäßes eine Ausgasung stattfindet. Desgleichen ist beim Transport von Wasserproben sicherlich zu unterscheiden, inwieweit die Wasserprobe in einem Polyethylen- oder in einem Glasgefäß transportiert wird. Zusätzlich ist aber auch zu beachten, daß neben einer ausreichenden Kühlung teilweise vor Ort die Wasserproben konserviert bzw. stabilisiert werden müssen. Als Beispiel sei bei der Analyse von Cyanid (leicht freisetzbar) erwähnt, daß Cyanide allein durch Kontakt mit dem Kohlendioxid der Luft sich teilweise zersetzen und bei einer nicht durchgeführten Stabilisierung vor Ort auf längeren Transportwegen oder bei zeitlich größeren Standzeiten der Probe eine Verringerung der Cyanidkonzentration einsetzt und die Analysenergebnisse somit ein nicht reales Schadenbild aufzeigen.

5 Sofortmaßnahmen

Der Begriff „Sofortmaßnahmen" umschreibt sehr deutlich, welche Anforderungen an Personen gestellt werden, die zu einem Unfall mit wassergefährdenden Stoffen hinzugerufen werden. Ohne zusätzlichen deutlichen Hinweis läßt sich die Anforderung an sofortige, der vorgefundenen Situation angepaßte Entscheidungen erkennen. Somit setzt die Einleitung von Sofort- oder Rettungsmaßnahmen im günstigsten Fall die örtliche Kenntnis, d.h. die Information über Topographie, Geologie, Hydrogeologie, Hydrologie, Kanalisation, zuständige Ämter etc. voraus. Zudem ist, wie in den vorangegangenen Kapiteln deutlich gemacht, das Stoffverhalten im Boden bzw. im Wasser von entscheidender Wichtigkeit.

Um im Rahmen einer Rettungsmaßnahme sowohl aus ökologischer als auch aus ökonomischer Sicht ein befriedigendes Ergebnis der Schadenbehebung zu erzielen, sollte die Voraussetzung gegeben sein, die Wirksamkeit eingeleiteter Maßnahmen bzw. Möglichkeiten entsprechender Rettungsmaßnahmen zu erkennen. Der Personenkreis, welcher sich mit der Einleitung von Sofortmaßnahmen befassen muß, ist eng eingegrenzt. Hierzu zählen einerseits Polizei und Feuerwehr, die jedoch in erster Linie zur Rettung des menschlichen Lebens vor Ort sind, andererseits sind hier Vertreter zuständiger Behörden und Sachverständige zu nennen. Wird nun das oben Gesagte zum Kenntnisstand nochmals herangezogen, so zeigt sich eindeutig, daß für eine optimierte Beseitigung eines unfallartigen Schadens Erfahrung und Wissen die besten Voraussetzungen sind. Leider läßt sich diese Situation nicht in allen Fällen der Schadenbeseitigung im Rahmen von Rettungsmaßnahmen feststellen. Es krankt in der Bundesrepublik Deutschland an einer mangelnden Bereitschaft zur verbesserten Ausbildung von Personen, die im Rahmen der Rufbereitschaft den ökologischen Schaden abwenden sollen. Die Anklage richtet sich gegen eine mangelnde Unterstützung in bezug auf die weiterführende Ausbildung derjenigen Personen, die z.B. im Rahmen der Rufbereitschaft zu Unfällen gerufen werden. Diese aus vielen Seminaren gesammelte Erfahrung zeigt vielfach eine eigene und verständliche Unsicherheit, bedingt durch fehlende Erfahrung, Ausbildung und Möglichkeiten, sich z.B. zum Punkt der Erweiterung der örtlichen Kenntnis zusätzlich zu informieren. Somit ist gerade die Unsicherheit hinsichtlich der richtigen Entscheidung, welche auch vielfach dadurch gestärkt wird, daß im nachhinein viele „Schlaue" es besser gemacht hätten, Ursache dafür, daß zur Beseitigung von unfallartigen Ereignissen und zur Eindämmung des Schadens Hektik „angesagt" ist. Vielfach ist die eingeleitete Maßnahme als Eigentor zu sehen, da durch überhastete Tätigkeiten, aus welchen Gründen auch immer verursacht, Beweise zur Ursache des Unfalles vernichtet werden. Als Beispiel sei angefügt, daß das voreilige Wegreißen eines Domschachtes auf einem unterirdisch gelagerten Heizölbehälter die Beweislage sehr unsicher erscheinen läßt, um im nachhinein abzuklären, inwieweit die Bodenverunreinigung bzw. die Beschädigung der Tankbehälterisolierung einzig durch die Tanküberfüllung oder aber durch langjährige Vertropfungen innerhalb des Domschachtes maßgeblich hervorgerufen wurde. Die Hektik oder übereilte Reaktionen, welche vielfach auch durch öffentlichen Druck noch verstärkt werden, führten 1976 zu einer fatalen Folgereaktion, in deren Ablauf eine aus Holz gefertigte Ölsperre in einem kleinen Bachlauf in Brand gesetzt wurde. Somit konnte die auf dem Oberflächengewässer schwimmende Dieselölphase ungehindert weiter abfließen. Diese Reaktion wurde dadurch hervorgerufen, daß durch fehlende örtliche Kenntnis bzw. auch fehlende Übersicht zur Maßnahmenwirksamkeit bzw. Maßnahmenmöglichkeit eine sich immer stärker aufstauende Ölschicht vor einer hölzernen Sperre in dem kleinen Fließgewässer die Gesamtsituation äußerst ungünstig erscheinen ließ. Man nahm an, daß nach nicht absehbarer Zeit die Sperre unwirksam werden würde. Die fatale Idee war, dem Heizöl Benzin beizumischen und hierdurch den Flammpunkt zu erniedrigen, so daß die aufschwimmende Phase in Brand gesetzt wurde. Folgereaktion war das Abbrennen der Holzsperre. Dieses Beispiel zeigt auf, daß vielfach durch den Versuch, krampfhaft zu retten, was noch zu retten ist, eine Schadenvergrößerung erzeugt wird und im nachhinein die Frage gestellt wird, wer für die Schadenvergrößerung zur Rechenschaft zu ziehen ist bzw. wer die Schadenvergrößerung bezahlen soll.

Welche Möglichkeiten sind zu sehen, um den sich aufbauenden Adrenalinspiegel zu senken, wenn die Information über einen Unfall mit der Bitte um Einleitung von Sofortmaßnahmen eine zuständige Person erreicht? Hierzu kann auf das eingangs Gesagte zurückgegriffen werden:

5.1 Örtliche Kenntnis

Es ist sehr schwierig, unter Berücksichtigung personeller Unterbesetzung in dem zur Verfügung stehenden Zeitrahmen neben den anstehenden Problemen eine gewisse ortsbezogene Weiterbildung zu betreiben. Diese ist jedoch Grundvoraussetzung für eine gezielte Durchführung von Sofortmaßnahmen. So ist z.B. die Einrichtung von Ölsperren in einem Fließgewässer nur dann optimal, wenn die entsprechenden beruhigten Fließzonen vor einem Stauwehr und die Zufahrtsmöglichkeiten bekannt sind. Ferner muß die Information vorliegen, bei welchen Stellen Planunterlagen angefragt werden können. Vielfach ist es ratsam, diese Unterlagen im eigenen Amt oder im eigenen Büro abzuspeichern, da gerade bei Sofortmaßnahmen der Zugriff auf andere Informationsquellen im Rahmen der nur gering zur Verfügung stehenden Zeit optimal gestaltet sein sollte. Desweiteren sind Informationen zur Hydrogeologie, zum Verhalten der Fließgewässer bei Niederschlag oder Trockenheit oder zur Stratigraphie des Bodens wünschenswert. Wo können Stoffinformationen abgefragt werden? Wie ist die Zusammenarbeit mit den anderen Ämter, welche Rufbereitschaft existiert? Liegt ein örtlicher Öl- und Giftalarmplan vor? Das Ziel der verbesserten örtlichen Kenntnis führt zwangsläufig zu ruhigeren und gezielteren Aktionen bzw. Reaktionen, die vor Ort festzustellenden Gegebenheiten zu meistern (siehe hierzu auch Literaturverzeichnis).

5.2 Kenntnisse zum Stoffverhalten in Boden und Wasser

Die Information zu den Eigenschaften eines Stoffes, sei er nun fest oder flüssig oder auch gasförmig (Gasdichte größer 1), kann nicht vorausgesetzt werden. Hierzu muß der Zugriff auf entsprechende Datenbanken, Loseblattsammlungen, hauseigene, in der Regel EDV-abgespeicherte, Stoffinformationen erfolgen. Heutzutage ist über die zuständige Feuerwehr für den größten Teil der transportierten Chemikalien ein Stoffdatenblatt vorhanden, dessen Informationen abgerufen werden können. Zusätzliche Informationen liefern die Sicherheitsdatenblätter bzw. die bei einem Stofftransport mittels Tankkraftwagen beiliegenden Unfallmerkblätter. Eine Aussage über den Stoff läßt sich auch über die Kemmler- und UN-Nummer an einem Fahrzeug oder Kesselwagen ermitteln. Werden Stoffinformationen z.B. über das Transportunfall-Informations- und Hilfssystem der chemischen Industrie (TUIS), über UMPLIS Informations- und Dokumentationssystem „Umwelt“ des Umweltbundesamtes Berlin oder über den allgemein bekannten Hommel „Handbuch der gefährlichen Güter“ abgefragt, so ist mitentscheidend zu wissen, welche Informationen aus den einzelnen Auskunftssystemen hilfreich für die Beurteilung der Schadensituation bzw. für die Einleitung von Sofortmaßnahmen sein können. So ist eine Aussage im Hommel, daß der ausgelaufene Stoff nicht im Wasser löslich ist, je nach Informationsanforderung unter anderen Aspekten zu sehen, wenn z.B. unter Betrachtung der Stoffaussage aus den Merkblättern „gefährliche Arbeitsstoffe“ hervorgeht, daß eine gewisse Löslichkeit gegeben ist. Es zeigt sich hieraus, daß die einzelnen Stoffinformationssysteme, bedingt durch entsprechende Zielsetzungen, teils unterschiedliche, jedoch vielfach entscheidende Hinweise geben. Es läßt sich somit die Notwendigkeit aufzeigen, sich persönlich über die Leistungsfähigkeit von Stoffinformationssystemen sachkundig zu machen.

Die Erfahrung hat gezeigt, daß vielfach bei einer Einleitung von Rettungsmaßnahmen der augenblicklich existierende optische Eindruck und die sofortige Ableitung von Maßnahmen dominierend waren, ohne daß eine ausreichende Stoffinformation eingeholt worden ist. Hierdurch kann nicht nur ein Fehlverhalten zur Einleitung entscheidender, die Ökologie schützender Maßnahmen abgeleitet werden, sondern die Gesamtproblematik kann sich durch mangelnde Eigensicherung potenzieren.

5.3 Maßnahmenwirksamkeit und -möglichkeiten

Werden örtliche Kenntnis und ausreichendes Wissen zum den Schaden verursachenden Stoff vorausgesetzt, so sind für die Einleitung von Schutzmaßnahmen Kenntnisse über die Wirksamkeit einer eingeleiteten Maßnahme, ferner das Bewußtsein zu Verfügung stehender Möglichkeiten das Endglied in der Kette der Einzelinformationen. Zur Verdeutlichung sei darauf hingewiesen, daß es wenig nutzt, bei einer aufschwimmenden Ölphase auf einem Fließgewässer einen Ölbinder einzusetzen, welcher für ein

Fließgewässer nicht geeignet ist. Ganz zu schweigen davon, daß bei einer massiv auftretenden Ölphase oder allgemein aufschwimmender Flüssigphase auf dem Gewässer die Einbringung von Ölbindern unzweckmäßig ist. Die Möglichkeiten der Einzelmaßnahmen sind im Endeffekt begrenzt durch den technischen Maschinenpark bzw. das Angebot an entsprechenden Einrichtungen und an unterstützenden Firmen, welche sich auf die Beseitigung unfallartiger Ereignisse spezialisiert haben. Allein bei der Fragestellung hinsichtlich der Aufnahme von größeren Volumina, z.B. 20 000 - 30 000 l einer Flüssigkeit, und der erforderlichen Zwischenlagerung treten erste Probleme auf. Nicht in jedem Fall ist die Möglichkeit gegeben, daß ausreichend dimensionierte Flachbodentanks zur Verfügung stehen oder gar eine Tankspedition sämtliche Tanklastzüge opfert. Dieses Beispiel zeigt die Notwendigkeit der bereits oben angefügten Verknüpfung der einzelnen Informationen. Die Maßnahmenmöglichkeit ist entscheidend abhängig von den örtlichen Kenntnissen, d.h. es sollten auch Informationen über die technischen Einrichtungen, z.B. im Rahmen eines Öl- und Giftalarmplans, welcher in den meisten Städten, Gemeinden und Kommunen existiert, aufgenommen werden bzw. aufgestellt werden. Während die Maßnahmenmöglichkeit somit mit den örtlichen Gegebenheiten und den technischen Ausrüstungen verknüpft ist, so wird die Maßnahmenwirksamkeit vom Zusammenspiel zwischen Stoffdateninformation, örtlicher Kenntnis über den Aufbau des Untergrundes, Verhalten des Fließgewässers, der Tiedezeiten in Meeresnähe, dem Fließverhalten des Grundwassers und der Verwendung der technischen Einrichtungen bzw. unterschiedlichen Untersuchungs- und Sanierungstechniken abhängig gemacht.

5.3.1 Durchführbarkeit von Maßnahmen

Es lassen sich in bezug auf die Einrichtung von Rettungs- bzw. Sofortmaßnahmen Hilfsprogramme heranziehen, um das Ausmaß des aufgetretenen Schadens einzugrenzen.

Nochmals soll an dieser Stelle gesagt sein, daß jedes Hilfsprogramm auf die vor Ort anzutreffenden Gegebenheiten abgestimmt werden muß. Dies bedingt leider keine Standardvorgehensweise in der Reihenfolge der Einzelschritte.

Hierzu sind drei nicht gänzlich voneinander zu trennende Tätigkeitsfelder zu berücksichtigen:
- der ungesättigte Bodenabschnitt
- das Fließgewässer
- der gesättigte Bodenabschnitt

5.3.2 Sofortmaßnahmen bei anstehender Gefahr der Bodenverunreinigung

Die Gefahr des Eindringens von Flüssigkeiten in den ungesättigten Bodenbereich führt zur Problemstellung der Eindämmung des Schadenausmaßes und zur Verhinderung einer Kontamination des Grundwasserkörpers oder eines Fließgewässers. Es stehen somit Möglichkeiten wie
- Verhütung einer flächenmäßigen Ausbreitung
- Verschließen von Infiltrationsstellen
- umgehender Bodenaustausch
- Ausbringen von Bindemitteln

- Bodenentgasung

als standardisierte Verfahrensvarianten zur Debatte.

Verhütung einer flächenmäßigen Ausbreitung

Die Verhütung einer flächenmäßigen Ausbreitung kann dadurch geschehen, daß die auf einem befestigten Bodenabschnitt ausgelaufenen Flüssigkeiten durch das Aufschütten kleiner Erdwälle soweit eingedämmt werden, daß eine flächenmäßige Ausdehnung nicht gegeben ist und eine Infiltration sowohl in Bereichen unbefestigter Bodenabschnitte als auch in die Kanalisation unterbunden wird. Die Verhütung einer flächenmäßigen Ausbreitung kann jedoch auch durch Präventivmaßnahmen, wie festinstallierte Bodensperren, welche auf dem befestigten Boden z.B. im Bereich einer Hallenausfahrt aufgesetzt werden, verwirklicht werden. Anhand dieser Beispiele zeigt sich bereits die Variationsbreite verschiedener Möglichkeiten zur Eindämmung einer flächenmäßigen Ausbreitung. Es wird hierdurch wiederum deutlich, daß die örtlichen Gegebenheiten für die Einrichtung der entscheidenden Maßnahme Grundvoraussetzung sind und die Eigenschaften des ausgelaufenen Stoffes mitbestimmend sind. Hierzu sei allein an die Fähigkeit von Benzol erinnert, eine große Bandbreite an Kunststoffen aufzulösen und somit die vorher erreichte Abdichtung bzw. Eindämmung der Ausbreitung zu blockieren.

Verschließen von Infiltrationsstellen

Das Verschließen von Infiltrationsstellen kann ebenso auf einfache oder aber durch Präventivmaßnahmen technisch verbesserte Art und Weise durchgeführt werden. Unter Infiltrationsstellen in bezug auf Sofortmaßnahmen sind in der Regel Bodeneinläufe, d.h. Kanalzugänglichkeiten zu sehen, über welche Flüssigkeit über große Distanzen in andere topographisch gesehene Geländeabschnitte verbracht werden können. Diese können, je nach Brisanz des Stoffes, zu Verpuffungen innerhalb des Kanalnetzes führen.

Hieran angeschlossen sind natürlich die Überlegungen der Funktionsstörung einer Kläranlage bzw. einer ökologischen Schädigung eines Fließgewässers. Maßnahmen zur Verhinderung des Ablaufens von Flüssigkeiten in Kanalanschlüsse sind einerseits einfach, wie das Einfüllen von teils bindigem Erdreich in den Kanalschacht. Oder aber sie sind technisch versierter, wie die Installation von Sperrblasen, welche unter Berücksichtigung einer präventiven Vorbereitung z.B. in Industriestandorten nur auf Knopfdruck initiiert werden können und womit das Ablaufen der Flüssigkeit verhindert wird. Eine weitere Möglichkeit ist die Bereitstellung von industriell gefertigten Dichtplatten, welche gegen den in der Regel existierenden befahrbaren Schachtrost verschraubt werden. Problem ist in dieser Situation wiederum, daß eine Abdichtung in der Regel nur mit Kunststoffen möglich ist und somit gerade bei der Überlegung zur Einrichtung von präventiven Vorrichtungen die verwendeten Kunststoffe auf die möglicherweise austretenden Flüssigkeiten abgestimmt werden sollten.

Oft liegt der Gedanke nahe, daß bei Eintreten der Flüssigkeit in die Kanalisation der Infiltrationsweg bis zur Kläranlage bzw. zum Fließgewässer nachvollziehbar ist. Fälschlicherweise wird davon ausgegangen, eine dichte Kanalisation vorzufinden. Dies ist jedoch, wie allgemein bekannt, vielerorts nicht der Fall, so daß bei Eindringen der Flüssigkeit in einen Kanalisationsverlauf Substanzen durch Rißbildung bzw. undichte

Muffenverbindungen über den gesamten Fließweg auch in das umliegende Erdreich einsickern können. Somit ist die Schädigung des umliegenden Erdreichs möglich und die Untersuchung des Kanalverlaufs hinsichtlich der Dichtheit und des umliegenden Erdreichs oftmals zwangsläufig.

Umgehender Bodenaustausch

Die Problemstellung zur Eindämmung des eingetretenen Schadens wird immer dann um ein Vielfaches größer, wenn die Flüssigkeiten z.B. bei Leckwerden eines Tankkraftwagens, eines Kesselwagens in den unbefestigten Bodenabschnitt infiltrieren und somit der Schwerkraft folgend zu einer Verunreinigung des Grundwasserkörpers führen können. In diesem Zusammenhang wird häufig der umgehende Bodenaustausch diskutiert. Mit diesem Bodenaustausch ist vielfach der Gedanke einer sofortigen Deponierung verbunden. Grundsätzlich zeigt sich heutzutage das Problem, daß aus derartigen Auskofferungsmaßnahmen das vielfach ebenso große Problem erwächst, auf welchem Wege eine Entsorgung des ausgehobenen und verunreinigten Bodenmaterials erfolgen soll. Speziell die Maßnahme eines umgehenden Bodenaustausches kann immer dann als erforderliche und angepaßte Rettungsmaßnahme vertreten werden, wenn die Voraussetzung der örtlichen Kenntnis und der Information des Stoffverhaltens vorliegen. Hierzu sei auf das Kapitel 3 (Verhalten von Stoffen im Untergrund) hingewiesen. Die Möglichkeit der Ermittlung, inwieweit der Grundwasserkörper schon geschädigt ist oder ob es sich um einen sogenannten hängenden Verunreinigungskörper handelt, d.h. daß das Grundwasser noch nicht geschädigt ist, aber die Verunreinigung bis zu einer bisher unbekannten Tiefe x im ungesättigten Bodenabschnitt vorliegt, kann immer dann exakter bestimmt werden, wenn eine Information über die ausgelaufene Flüssigkeitsmenge vorliegt. Hierzu sind wiederum zusätzlich Informationen über die Infiltrationsfläche erforderlich. Zur Fragestellung der Infiltrationsfläche wie auch der Infiltrationstiefe oder auch unter Berücksichtigung der Tatsache einer schon stattgefundenen Grundwasserkontamination durch z.B. aufschwimmende Ölphasen, werden in der LTWS Veröffentlichung Nr. 24 des BMI-Beirates einige Berechnungsformeln angeführt. Über diese wird direkt vor Ort, unter Berücksichtigung der Kenntnis entsprechender Formelanteile, wie sie nachfolgend aufgeführt sind, die Entscheidung zur Durchführung einer Bodenauskofferung erleichtert.

$$S = \frac{V_i \cdot 1000}{A_i \cdot U_{öl}}$$

$$A_{gr} = \frac{(V_i - V_s) \cdot 1000}{D_{öl}}$$

$$V_s = \frac{A_i \cdot T \cdot U_{öl}}{1000}$$

Es bedeuten:

S	maximale Eindringtiefe (m)
V_i	infiltrierte Ölmenge (m^3)
A_i	oberflächliche Infiltrationsfläche (m^2)
$U_{öl}$	Ölrückhaltevermögen im Sickerbereich (l/m^3)
A_{gr}	maximale Ausbreitungsfläche des Öles als Phase auf dem Grundwasser (m^2)
V_s	Ölmenge im Sickerbereich (m^3)
T	Flurabstand der Grundwasseroberfläche (m)
$D_{öl}$	Ölschichtdicke (mm)

Auf diese Weise kann unter Berücksichtigung der örtlichen Situation, d.h. des Bodenaufbaus, hydrogeologischer Gegebenheiten etc. in Verbindung mit dem ausgelaufenen Stoff und den weiterführenden Auskünften zur ausgelaufenen Menge, die Eindringtiefe der Flüssigkeit in den ungesättigten Bodenabschnitt bestimmt werden, so daß sich durchaus ein Bodenaustausch rechtfertigen läßt. Es ist immer sinnvoller, die Vermeidung einer Grundwasserkontamination zu erzielen, als sich nur das Problem der anschließenden Bodenentsorgung vorzustellen. Es muß jedoch auch beachtet werden, welches Ausmaß eine Bodenauskofferung nach sich ziehen kann, wenn die anfallenden Bodenmassen ein derartiges Volumenausmaß annehmen, daß eine geordnete Zwischenlagerung nicht mehr möglich ist. Es ist wiederum zu erkennen, daß eine klare Aussage zur Bodenauskofferung nicht gegeben werden kann, da sich, bedingt durch die vorgegebenen Parameter vor Ort, unterschiedliche Variationsmöglichkeiten anbieten. Speziell bei der Durchführung von Bodenaustauschmaßnahmen kann es leider zu „verteufelten" Folgereaktionen kommen, wenn im nachhinein diese Maßnahme der Bodenauskofferung als unzweckmäßig angesehen wird. Der Vorwurf einer Fehlentscheidung steht sehr leicht im Raum, deswegen muß die Bodenaustauschmaßnahme auf soliden Fakten und Überlegungen beruhen.

Ausbringen von Bindemitteln

Sind nur kleinere Flüssigkeitsmengen ausgelaufen, deren Fließverhalten momentan abschätzbar ist, d.h. daß ein Abströmen in Richtung auf ein Fließgewässer, auf einen Kanalschacht oder aber das Versickern in einen unbefestigten Bodenbereich nicht unmittelbar gegeben ist, so kann die Aufnahme der Flüssigkeit auch mit sogenannten **Öl- oder Chemikalienbindern** erfolgen. Diese auf dem Markt mannigfaltig angebotenen Produkte, welche aus synthetisch hergestellten organischen Materialien, wie z.B. PU-Schaum, aus natürlichen organischen Bestandteilen, wie z.B. Kiefernborke, oder aber aus mineralischen Kornzusammensetzungen, wie z.B. Tonminerale, bestehen, werden in ihrer Eigenschaft zur Fähigkeit der Aufnahme von Flüssigkeiten an der Richtlinie für Ölbinder gemessen.

Nach der Ölbinderrichtlinie werden nach ihrem Grundmaterial unterschieden: Ölbinder aus Torf, Kiefernborke, Holzmehl, expandiertem Gesteinsglas, Glimmer, Kunststoff, Kautschuk, Leder, Holzkohle und Zellulose. Ihre äußere und innere Oberfläche sowie ihre Bindekraft ermöglicht ihnen, Öle aufzunehmen und festzuhalten. Vielfach wird das Grundmaterial so aufbereitet, daß es gleichzeitig ölanziehend (oleophil) und wasserabweisend (hydrophob) wird.

Da Heizöl EL bei Unfällen am häufigsten auftritt, ist die Bewertung der Ölbinder diesem Stoff entsprechend durchgeführt worden. Es hat sich gezeigt, daß mit einem weitgehend ähnlichen Verhalten der meisten Mineralöle gerechnet werden kann.

Entsprechend den unterschiedlichen Einsatzmöglichkeiten werden drei Typen von Ölbindern unterschieden:

Typ I Ölbinder mit besonderer Eignung für den Einsatz auf Gewässern.

Typ II Ölbinder für den allgemeinen Einsatz auf dem Land und kleineren Gewässern.

Typ III Ölbinder für besondere Bedarfsfälle, insbesondere in Gewerbe und Industrie. Diese Ölbinder müssen nicht wasserabweisend sein.

Die Ölbinder dürfen

a) keine gesundheitsschädigenden Stoffe enthalten,
b) die physikalische, chemische und biologische Beschaffenheit des Wassers und des Bodens nicht nachteilig verändern,
c) unter den üblichen Lagerbedingungen nicht zur Zersetzung oder Selbstentzündung neigen,
d) keine Klumpen und Fremdkörper enthalten.

Die Ölbinder und das Gemisch aus Ölbinder und Öl sollen aus dem Wasser wieder entfernt werden können. Dazu wird die Schwimmfähigkeit besonders geprüft.

Da das Ölbinder-Öl-Gemisch bei der Bergung, Zwischenlagerung, beim Transport und ggf. bei der Deponie Drücken ausgesetzt ist, muß der Ölbinder eine bestimmte Ölhaltefähigkeit nachweisen. Außerdem werden besondere Anforderungen gestellt an die Lagerfähigkeit. Von besonderer Wichtigkeit sind die Vorschriften hinsichtlich der Verpackung: Die drei Ölbindertypen müssen anhand ihrer Verpackung deutlich zu unterscheiden sein. Gefordert wird eine Grundfarbe des Verpackungsmaterials oder ein entsprechender Farbquerbalken an den Sackenden.

Ölbinder	Grundfarbe oder Farbquerbalken
Typ I	Blau
Typ II	Rot
Typ III	Schwarz

Erfüllt ein Ölbinder die Festsetzung für Typ I und Typ II, so kann er entsprechend zweifarbig gekennzeichnet sein.

Auf den Säcken muß neben der farblichen Kennzeichnung enthalten sein: Name des Ölbinders, Grundmaterial, Lagerfähigkeit, Gewicht und Inhalt der Säcke, Ölbinderbedarf, Feinkornanteil, arbeitsmedizinische Bedingungen, besondere Hinweise des Herstellers, Lieferfirma mit vollständiger Anschrift. Die Reihenfolge der Angaben ist beliebig.

Ein Überblick über die Ermittlung der einzelnen Prüfangaben kann der LTWS-Zeitschrift Nr. 17 des Umweltbundesamtes – Richtlinie für Ölbinder; Anforderungen und Prüfmethoden – entnommen werden. Hieraus ist zu ersehen, daß ein Prüfzeugnis auf sechs Jahre befristet ist und die Überprüfung durch das staatliche Materialprüfungsamt Nordrhein-Westfalen in Dortmund sowie die arbeitsmedizinische Unbedenklichkeit durch das Hygieneinstitut des Ruhrgebiets in Gelsenkirchen durchgeführt wird.

Besonderer Hinweis: Beim Einsatz von Ölbindern ist bei Aufwirbelung des trockenen Ölbinders aus brennbarem Grundmaterial mit der Bildung explosionsfähiger Staub-/Luftgemische zu rechnen. Zündquellen sind daher im Einsatzbereich zu vermeiden.

Da bei Mineralölunfällen auch explosionsfähige Gas- bzw. Dampf-/Luftgemische entstehen können, ist auf Zündgefahren infolge elektrostatischer Aufladungen (z. B. beim Ausschütten aus aufladbaren Kunststoffsäcken) zu achten.

Bei Ölunfällen kommt es entschieden darauf an, daß die geeigneten Ölbinder eingesetzt werden. Der Einsatz eines ungeeigneten Ölbinders, der möglicherweise giftige Eigenschaften hat oder das Öl absinken ließe, könnte eine Straftat darstellen.

Die geprüften Ölbinder sind vom Umweltbundesamt in der LTWS-Nr. 15 Ausgabe 1991 veröffentlicht worden. In den Tabellen wird u. a. der Name des Ölbinders sowie auch der Typ angegeben

Die in der Zeitschrift LTWS Nr. 15 aufgeführten Adressen bzw. Lieferinformationen beinhalten auch die Möglichkeit der Fragestellung, inwieweit die angegebenen Ölbinder auch für andere Substanzen wie Säuren und Laugen einsetzbar sind. Speziell im Hinblick auf die Verwendung von Säuren und Laugen ist darauf zu achten, daß in Verbindung mit der Verwendung von organischem Bindemittel durch Kontakt mit z.B. Salpetersäure nitrose Gase entstehen können, die zu einer erheblichen gesundheitlichen Gefährdung führen. Somit ist jederzeit anzuraten, sich durch den Anbieter eine entsprechende Verwendungsliste zeigen zu lassen, über welche beurteilt werden kann, inwieweit das Bindemittel für den entsprechenden Aufsaugzweck geeignet ist.

Eine ungenügende Kenntnis über die Einsatzmöglichkeit von Öl- bzw. Chemikalienbindern führt zwangsläufig zu sehr unangenehmen Reaktionen. Diese können nicht nur darin bestehen, daß bei Einsatz eines Ölbinders, welcher nur für befestigte Böden eingesetzt werden darf, die Wirksamkeit bei Einsatz auf einem Fließgewässer oder auf einem stehenden ruhenden Gewässer verloren geht. Die Effektivität des Einsatzes unter Verwendung eines Bindemittels (s. hierzu auch Kapitel 5.3.3) wird dann unbedeutend und eine Schadenvergrößerung bewirkt.

5.3.3 Maßnahmen zur Dekontamination eines Oberflächengewässers

Bei Maßnahmen zur Dekontaminierung von Oberflächengewässern ergeben sich andersgelagerte Fragestellungen zur Art und Weise der Vorgehensweise, um in einem mit einer wassergefährdenden Flüssigkeit bzw. Feststoff verunreinigten fließenden oder stehenden Gewässer sowie einem Tiedegewässer die aufgetretene Verunreinigung einzudämmen, wenn nicht gar zu beheben. Während bei Gerinnen (Kanal), einem talwärts fließenden Gewässer oder einem stehenden Gewässer (See) Windverhältnisse eine mit zu beachtende Rolle spielen, so ist beim Tiedegewässer zusätzlich zu beachten, daß bei Ebbe zwar die Fließrichtung eindeutig ist, jedoch bei Flut die Strömung „bergwärts" gerichtet ist.

Am einfachsten gestalten sich die Maßnahmen bei einem stehenden Gewässer, kritischer bei einem talwärts fließenden Gewässer und am problematischsten bei einem Tiedegewässer mit wechselnden Fließrichtungen. Grundlegend zu unterscheiden ist, welche wassergefährdende Flüssigkeit bzw. welcher Feststoff in ein Oberflächengewässer eingedrungen ist. In der Regel wird in bezug auf die Möglichkeit einer Schadeneindämmung nur von aufschwimmenden Flüssigkeiten bzw. an der Gewässeroberfläche verbleibenden Feststoffen gesprochen. Substanzen, die sich im Wasser gut lösen oder schwerer sind als Wasser, sind in der Regel nicht zurückzugewinnen, es sei denn, daß der Boden eines Rückhaltebeckens eine klardefinierte Neigung hat und somit an der tiefsten Stelle über dem Boden sich ansammelnde Flüssigkeiten abgezogen werden können. Vielfach ist aufgrund der niemals an jeder Stelle des Fließgewässers bekannten Strömungsverhältnisse und durch die Ausbildung eines Flußbettes eine unlösbare Situation gegeben, so daß Stoffe, sofern sie nicht aufschwimmen, nicht zurückgehalten werden können. Die Aufgabe von technischen Einrichtungen bzw. Maßnahmen, jene Substanzen, die in ein Oberflächengewässer eingedrungen sind, zurückzuhalten, beziehen sich in der Regel auf Flüssigkeiten oder Feststoffe, welche an der Wasseroberfläche verbleiben. Zum Eindämmen und zur Verhinderung einer weiteren Ausbreitung kommen unterschiedliche technische Möglichkeiten zum Einsatz:

- Bindemittel
- Einfach sperrende Materialien
- Ölschlängel und Ölsperren
- Skimmersysteme

Der Einsatz o.a. Materialien ist immer abhängig von den Witterungsverhältnissen. Dies soll besagen, daß durch Windströmungen, die entgegen der Fließrichtung eines Vorfluters gerichtet sind, die aufschwimmenden Substanzen durchaus in eine andere Richtung verdrängt werden können. Dies kann speziell bei stehenden Gewässern, wie z.B. Staustufen, Staubecken oder Stauseen, durchaus von Nutzen sein, da die Fließgeschwindigkeit des Wassers gegenüber der Windströmung gleich 0 zu setzen ist. Somit werden aufschwimmende Stoffe in einem bestimmten Bereich des Staugewässers verdrängt. Hierdurch kann durch Anwendung o.a. Materialien oder technischer Möglichkeiten eine Eingrenzung der Schadenssituation herbeigeführt werden, indem bei Nachlassen der Windströmung die in einem bestimmten Bereich des stehenden Gewässers verdrängten Substanzen an der sich sonst folgerichtig zu erwartenden Ausbreitung gehindert werden.

In bezug auf die Bindemittel ist darauf zu achten, daß aufsaugende Materialien des Typs I – Ölbinder mit besonderer Eignung für den Einsatz auf Gewässern – benutzt werden. Ansonsten bietet der Markt eine zahlreiche Palette an sogenannten Ölsperren, welche als starre Schlängel, Schürzen, Netzschläuche, Preßluftsperren etc. vorzufinden sind. Allen diesen Mittel ist gemeinsam, daß ihre Wirksamkeit sehr von der Strömungsgeschwindigkeit des Gewässers abhängt. Desweiteren ist die Wirksamkeit einer Ölsperre abhängig von der Art und Weise ihres Einsatzes, ob sie etwa quer zur Strömung oder diagonal ausgebracht wird. Desweiteren ist entscheidend, das Fließverhalten einer aufschwimmenden Flüssigkeit (Viskosität des Stoffes etc.) zu berücksichtigen. Bestes Beispiel hierzu sind ausgelaufene Rohöle, welche bei hohen Außentemperaturen (Verunreinigung während des Golfkrieges) oder aber in Kanada (Ölunfall der Exxon Valdez) äußerst unterschiedliche und im Fall niedriger Außentemperaturen katastrophale Eigenschaften in bezug auf die Bemühung einer Reinigung des Gewässers aufweisen. Während **Ölschlängel** in der Regel Netzschläuche sind, welche mit einem flüssigkeitsaufsaugenden Bindemittel gefüllt sind und somit nur an der direkten Wasseroberfläche einen sperrenden Effekt aufweisen, jedoch das Unterwandern einer stärker aufschwimmenden Flüssigkeitsphase nicht verhindern können, so ist bei eingesetzten **Ölsperren** eine Tauchwand mit integriert, so daß auch eine unterschiedliche Tiefe ab Wasserspiegeloberfläche sperrend gestaltet wird. Hierbei ist die Wirksamkeit einer derartigen Tauchwand jedoch abhängig von den Wassergeschwindigkeiten. Bei Geschwindigkeiten zwischen 0,1 und 0,3 m/s werden z.B. bei aufschwimmendem Heizöl schon einzelne Ölteilchen von der Unterseite des Ölteppichs abgelöst und unterlaufen die Sperre. Ist die Ölsperre so starr, daß sie den Wellen nicht ausreichend folgen kann, so überströmen die Wellenberge und damit auch das Öl die Tauchwand. Gleiches gilt für die Wellentäler. Hieraus ist schon zu ersehen, daß die Ölsperrsysteme nur unter bestimmten Einsatzbedingungen wirksam und bei strömenden Gewässern nur bedingt als Objektschutz für herantreibende aufschwimmende Flüssigkeiten bzw. Feststoffe verwendbar sind. In diesem Zusammenhang ist zu erwähnen, daß aufschwimmende körnige Feststoffe ein ähnliches Fließverhalten aufweisen wie aufschwimmende Flüssigkeiten. Ganz entscheidend ist die Wirksamkeit von Ölsperren in Hafenbecken, welche der Tiedenströmung unterworfen sind. Wenn in diesen Bereichen Ölschlängel fest installiert werden und der Wasserbewegung von Ebbe und Flut nicht folgen, so ist die Ausbreitung der aufschwimmenden Substanzen unausweichlich. Eine Wirkung von Ölsperren kann nur erzielt werden, wenn Ölsperren in kleinem Anströmwinkel ausgebracht werden. Dieser sich somit aufbauende Leitplankeneffekt dient dazu, vom Ufer aus eingesetzte mechanische bzw. maschinell betriebene Auffang- oder Sammelgeräte, in der Regel mit **Skimmer** benannt, punktuell und gezielt einzusetzen, um aufschwimmende Substanzen abzuziehen. Speziell bei diesen Skimmersystemen ist darauf zu achten, daß bei in Fließgewässern auftretendem Treibgut ihre Funktionsweise stark beeinträchtigt werden kann. In diesem Zusammenhang sollte darauf geachtet werden: Bei Einsatz von Skimmersystemen unter gleichzeitiger Verwendung von Bindemitteln wird die Wirksamkeit eines Skimmers eingeschränkt, da die aufschwimmenden Granulate des Bindemittels die teilweise sehr sensiblen Fließverhältnisse innerhalb eines Skimmers bzw. im Umfeld stören.

Um eine gezielte Eindämmung ausgetretener Flüssigkeiten oder Feststoffe auf einem Fließ- oder stehenden Gewässer zu erreichen, ist wiederum die örtliche Kenntnis zum Verhalten des Fließgewässers bei unterschiedlichen Witterungsverhältnissen etc. von außerordentlicher Wichtigkeit. Hier hat sich vielfach gezeigt, daß die an einer bestimmten Stelle eingebrachten sperrenden Maßnahmen nur unzureichend wirksam sind und somit an anderer Stelle des Gewässers eine zusätzliche Sicherungsmaßnahme durchgeführt werden muß. Diese kann jedoch nur dann sinnvoll geschehen, wenn Informationen wie oben gesagt vorliegen.

5.3.4 Erste Maßnahmen zur Vermeidung einer großflächigen Grundwasserkontamination direkt nach einem Unfall

Sind die ungünstigen Verhältnisse eingetreten, daß aufgrund überschlägiger Schätzungen eine Grundwasserkontamination vorliegt, so ist die Möglichkeit der Eindämmung, d.h. die Verhinderung einer Ausbreitung aufschwimmender, sich im Wasser lösender bzw. den Wasserkörper durchdringender Flüssigkeit, begrenzt. Liegt z.B. die Information vor, daß der **Flurabstand**, d.h. der Abstand zwischen Geländeoberkante und Grundwasserspiegel sehr gering ist, so kann durchaus die Installation eines Schlitzgrabens die Wirksamkeit der grundwasserhydraulischen Maßnahme (siehe folgende Abbildung) erzeugen. Andernfalls ist bei größeren Flurabständen die Errichtung eines Schlitzgrabens denkbar ungünstig. Dies ist bedingt durch aufwendige bautechnische Maßnahmen, so daß hier die Errichtung eines Brunnens von Nöten ist. In beiden Fällen ist eine gezielte Positionierung erforderlich, um aufschwimmende oder gelöste Stoffe zu erfassen. Problematisch und damit zeitverzögernd wird es, wenn aufgrund nicht vorliegender Informationen zur Grundwasserfließrichtung die Position der auf bzw. im Wasser befindlichen Substanzen erst durch Errichtung von Grundwassermeßstellen bzw. Suchschürfen ermittelt werden muß und die in Kap. 5.3.2 aufgeführten überschlägigen Berechnungen nicht weiterhelfen. Beide Maßnahmen, die Errichtung eines Schlitzgrabens oder aber die Installation eines Brunnens, haben zur Wirkung, daß über die Entnahme von Grundwasser ein **Absenktrichter** erzeugt wird, über den eine grundwasserhydraulische Beeinflussung auf das Grundwasseraquifer stattfindet. Dies bedeutet, daß die Grundwasserspiegelfläche, geneigt in Richtung auf den Schlitzgraben bzw. auf den Brunnen hin, vorliegt und somit Substanzen, die eine Dichte kleiner 1 gegenüber Wasser haben, auf dieser geneigten Wasseroberfläche dem Schlitzgraben bzw. dem Brunnen zufließen. An dieser Stelle können die Flüssigkeiten von der Oberfläche abgeschöpft werden. Des weiteren sind Substanzen, die gut löslich im Wasser vorliegen, ebenfalls durch das Anlegen eines Absenktrichters aus dem Grundwasseraquifer zurückzugewinnen, indem das mit der wassergefährdenden Substanz belastete Grundwasser abgezogen wird. Hierzu sei auf die nachfolgende Abbildung verwiesen, aus der die Fließsituationen in grundsätzlicher Art zu ersehen sind. Problematischer wird es bei Substanzen, wie z.B. halogenierten Kohlenwasserstoffen, welche den Grundwasserkörper speziell bei Auftreten großer Volumina dieser wassergefährdenden Substanz sehr schnell durchdringen und auf dem sogenannten Grundwasserhemmer oder -stauer in der senkrechten Fortbewegung gehemmt werden. In diesem Fall kann nicht mehr von Rettungs- bzw. Sofortmaßnahmen gesprochen werden, da zur Auffindung der auf dem Grundwasserstauer befindlichen Flüssigkeitsphase weitreichende Grundwasseraquiferuntersuchungen durch Errichtung von Grundwassermeßstellen erforderlich sind, um das Gesamtausmaß des Schadens festzustellen und einzudämmen. Es ist zwar sinnvoll, an der Stelle der Infiltration ebenfalls einen Brunnen abzuteufen, jedoch läßt sich hierdurch die Ausbreitung der Flüssigkeitsphase direkt über dem Grundwasserstauer, speziell dann, wenn der Grundwasserstauer einen sehr hohen Flurabstand gegenüber der Geländeoberkante aufweist, nicht mit hoher Wirksamkeit verhindern.

Auch die Errichtung eines Brunnens bzw. eines Schlitzgrabens beinhaltet immer die folgende Überlegung: Welche weiterführenden technischen Einrichtungen existieren, um die im Wasser gelösten Substanzen bzw. die aufschwimmenden oder über dem Grundwasserstauer befindlichen wassergefährdenden Flüssigkeiten aus dem Grundwasserkörper zu entfernen? Durch mechanische, chemische oder biologische Verfahren ist das abgepumpte Grundwasser von der wassergefährdenden Substanz zu trennen, so daß danach eine Ableitung des abgepumpten gereinigten Grundwassers in ein Oberflächengewässer oder aber direkt in den Grundwasserkörper und im finanziell ungünstigsten Fall in die Kanalisation möglich wird. Insbesondere nach einem Unfall ist die Kenntnis von Bau- bzw. Brunnenbauunternehmen, welche einerseits durch Schnel-

Schlitzgraben

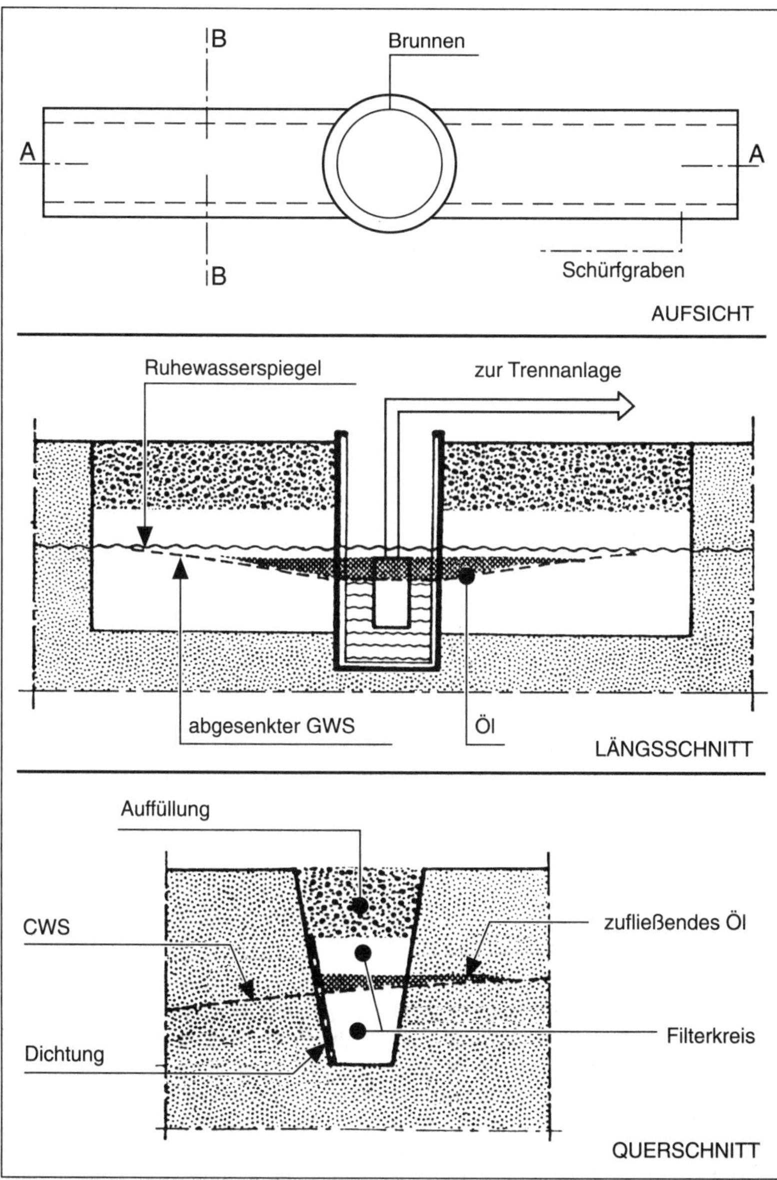

Quelle: Ölwehr-Handbuch (1)

Einfluß auf eine Schadstoffahne

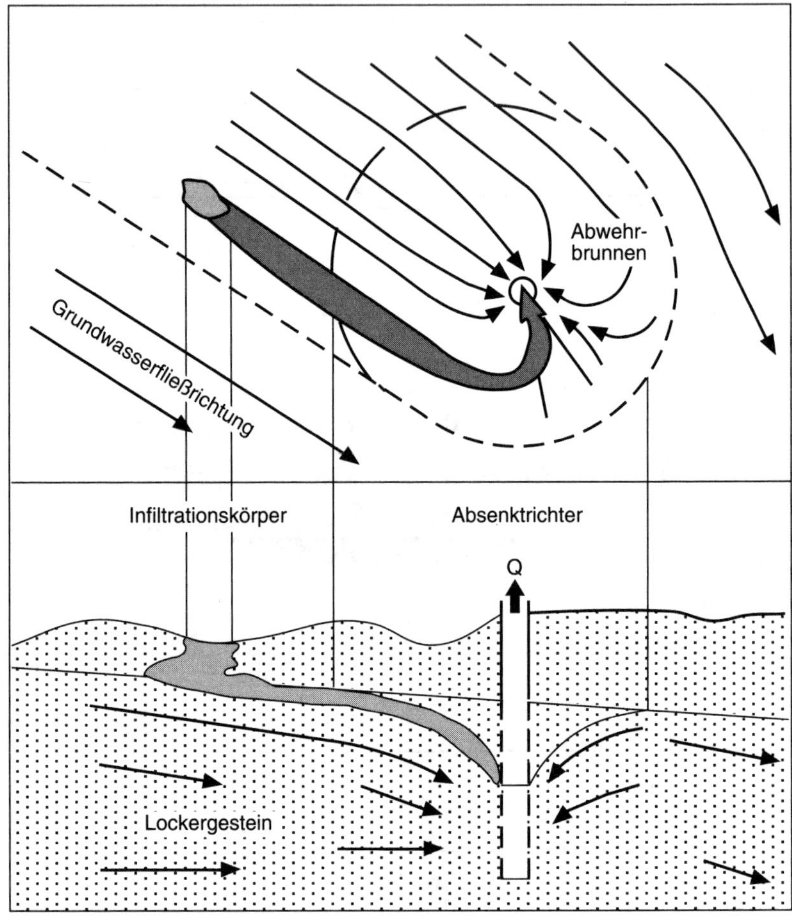

ligkeit, andererseits auch durch gewisse Perfektion in der Lage sind, im Rahmen von Rettungsmaßnahmen derartig oben beschriebene Einrichtungen schnell zu plazieren, wünschenswert. Entsprechende technische Gerätschaften wie Pumpen, Skimmer, Abscheider, Auffangbehälter etc. sind ebenfalls zur Verfügung zu stellen, so daß umgehend eine Entnahme von Grundwasser zusammen mit der wassergefährdenden Substanz möglich wird. Es zeichnet sich vielfach ab, daß ein Zusammenspiel zwischen mehreren Fachfirmen, d.h. einer Bau-, Brunnenbau- bzw. speziellen Sanierungsfirma, für die Einleitung von Sofortmaßnahmen erforderlich ist. Hieraus ist zu ersehen, daß wiederum die Informationen zu Maßnahmenmöglichkeiten in Verbindung mit deren

Wirksamkeit zu empfehlen sind, um speziell bei grundwasserhydraulischen Maßnahmen einen zufriedenstellenden Wirkungsgrad der Dekontamination des Grundwasseraquifers zu erzielen. Bei Tatbestand der Bearbeitung einer Altlast sind o. a. Bemerkungen zwar generell ebenfalls adäquat, jedoch sind die Zeitfrequenzen der Maßnahmen durch größeren Bearbeitungsspielraum nicht dominierend.

Es läßt sich hier nicht jeder Einzelfall möglicher Sofort- bzw. Rettungsmaßnahmen aufführen. Als Hinweis sei hier aufgeführt, daß im Literaturverzeichnis (S. 362 ff.) weiteres Informationsmaterial zu finden ist, welches sich mit den Sofort- und Rettungsmaßnahmen und den erforderlichen Gerätschaften und Voraussetzungen zur Schaffung eines guten Wirkungsgrades eingesetzter Maßnahmen befaßt.

6 Sanierung

Die Untersuchung von Altlasten sowie die Einleitung von Rettungsmaßnahmen bei einem unfallartigen Ereignis enden zum größten Teil in einer Sanierung und nur in den wenigsten Fällen in der Feststellung, daß ein ökologischer Schaden nur in geringem Ausmaß vorliegt und auf eine Beseitigung der Verunreinigung im ungesättigten bzw. gesättigten Bodenbereich verzichtet werden kann. Der Begriff „Sanierung" umfaßt mittlerweile einen derart umfangreichen Themenkatalog, daß es an dieser Stelle zu weit führen würde, alle technische Möglichkeiten zur Sanierung in Verbindung mit den vor Ort anzutreffenden Gegebenheiten zu schildern. Der Anbietermarkt ist voll von Informationen zu unterschiedlichen Sanierungstechniken, die sich auch darin widerspiegeln, daß in Form von Seminaren, Tagungen und auch in der Literatur mannigfaltige Vorgehensweisen aufgezählt werden können.

Die Installation eines geeigneten Sanierungsverfahrens bzw. der noch wesentlich wichtigere vorausgehende Vorschlag zur Vorgehensweise der Sanierung in Anbetracht technischer Möglichkeiten wie auch der örtlichen Gegebenheiten wird durch ein existierendes Erfahrungspotential des Beraters oder des zu entscheidenden Personenkreises wesentlich erleichtert. Nicht nur allein die Auswahl des Sanierungsweges in bezug auf die Beseitigung der ökologischen Problemstellung, sondern auch die finanziellen Aspekte müssen bei der Durchführung einer Sanierung mitbetrachtet werden. Durch die Ermittlung von brauchbaren Basisdaten stellt der Weg der Sanierung oftmals den kürzesten Abschnitt der gesamten Bearbeitung des ökologischen Schadens dar. Hiermit soll gesagt sein, daß sowohl die Kosten als auch der zeitliche Rahmen der Untersuchung des öfteren wesentlich größer sind als die abschließende Sanierungsphase. Dieser Aussage kommt um so mehr Gewichtigkeit zu, wenn durch die vorangegangene Untersuchungsphase eine Sanierung, d.h. Beseitigung der im Boden oder im Wasser befindlichen Verunreinigungen, nicht erforderlich ist, da eine weitere ökologische Schädigung ausgeschlossen werden kann. Langzeitbetrachtungen bestehen hier nur in Form von in der Frequenz unterschiedlichen Beprobungs- oder Kontrollmaßnahmen.

Unter der Annahme, daß die vor Ort ermittelbaren Daten zum Bodenaufbau, zur Grundwassersituation etc. hinreichend bekannt sind, lassen sich in dem Bewußtsein verschiedener Sanierungsmöglichkeiten sowohl im Falle einer Altlast als auch bei einem Unfall bestimmte Sanierungstechniken, die nachfolgend kurz erörtert werden, einsetzen.

Nicht nur die Kenntnis der Sanierungstechnik allein hilft, die richtige Entscheidung zur Sanierungsbearbeitung zu fällen. Es ist gleichwohl von Interesse zu wissen, wer welche Technik in zufriedenstellendem Maße anbietet. So tritt vielfach die Situation ein, daß über eine Firma eine Sanierungstechnik angeboten wird, die Erfahrungen im Umgang mit dieser Technik jedoch gänzlich fehlen und somit die gesamte Sanierung ein Experimentierfeld für den Anbieter wird. Diese Situation ergibt sich des öfteren schon dadurch, daß entsprechende ausgesuchte Techniken billig angeboten werden, im nachhinein jedoch der gesamte Umfang der eingesetzten Methode seitens des Anbieters nicht überschaubar wird. Hierdurch werden ungewollte und speziell unter Berücksichtigung eiliger Sanierung nicht eingeplante Verzögerungen erzeugt, welche sich u.U. negativ in der Bearbeitung auswirken. Es sollte immer geprüft werden, inwieweit ein Spezialist auf diesem Gebiet entsprechende Sanierungstechnik zwar teurer anbietet, aber hinsichtlich des Know how und der Praktikabilität seiner Methode dem Billiganbieter um einige Schritte voraus ist. Dies kann bedeuten, daß durch Auswahl eines Spezialisten im nachhinein z.B. die angefallenen Sanierungskosten geringer sind.

Im Rahmen der Bearbeitung einer Altlast stehen im Gegensatz zur Durchführung von Sanierungsmaßnahmen, resultierend aus einem Unfall, Wochen oder gar Monate zur Verfügung, die geeignete Sanierungstechnik in Verbindung mit den Problemstellungen vor Ort zu kombinieren. Grundsätzlich ist zwischen der Problemstellung einer Sanierung im ungesättigten und im gesättigten Bodenbereich zu unterscheiden. Es zeigt sich häufig, daß eine Kombination von beiden Problembereichen nötig ist, so daß des öfteren eine Abgleichung von Maßnahmen dahingehend erfolgen muß, inwieweit zunächst mit einer grundwasserhydraulischen Maßnahme begonnen wird, bevor eine Beseitigung im Abschnitt des ungesättigten Bodenbereiches gestattet wird. Allein durch die Benennung dieser Vorgehensweise wird deutlich, daß die Abhängigkeit gegenüber den präsentierten Untersuchungsergebnissen überaus gravierend ist. Es kann durchaus eine Vereinfachung grundwasserhydraulischer Maßnahmen eintreten, wenn vorher im ungesättigten Bodenabschnitt eine Sanierung stattgefunden hat. Sowohl unter Betrachtung der ökologischen Problematik als auch der Gefährdung Dritter muß jedoch u. U. die grundwasserhydraulische Maßnahme vorgezogen werden, so daß eine Kostensteigerung ggf. in Kauf genommen werden muß.

Es soll im nachfolgenden nun nicht aufgrund der Vielzahl von Variationsmöglichkeiten, unter Berücksichtigung der örtlichen Gegebenheiten, darauf abgezielt werden, darzustellen, ob nun mit dem Bagger oder mit der Schaufel eine Bodenbeseitigung erfolgen soll. Vielmehr wird ein kurzer Überblick über unterschiedliche Sanierungstechniken gegeben, verbunden mit der Bitte an den Interessierten, in der entsprechenden Fachliteratur weitere Informationen über das spezielle zur Frage anstehende Sanierungsverfahren nachzulesen bzw. durch Kontaktaufnahme mit einem Sanierungsunternehmen eine praktische Einführung in die entsprechende Technik zu erhalten.

Im Hinblick auf die Fragestellung hinsichtlich der Art und Weise der Sanierung – ob nun bezogen auf den ungesättigten oder gesättigten Bodenbereich – tauchen immer wieder die Begriffe On-Site, Off-Site und In-Situ auf. Diese Begriffe kennzeichnen den Anwendungsort einer Sanierung.

On-Site-Verfahren

Dieses Verfahren wird dadurch gekennzeichnet, daß z.B. bei der Auswahl eines Bodenwaschverfahren das Erdreich direkt am Schadenort gewaschen wird und je nach Restkonzentrationen am Bodenkorn direkt wieder vor Ort eingelagert wird. Demgegenüber steht das sogenannte Off-Site-Verfahren.

Off-Site-Verfahren

Dieses Verfahren wird nicht am Schadenort durchgeführt. Dies bedeutet z.B. die Verbringung von Bodenmaterial nach einer Bodenauskofferung zu einer stationären Bodenwaschanlage, zu einer thermischen Verbrennung etc. Das Material wird somit nicht direkt vor Ort behandelt.

In-Situ-Verfahren

Das sogenannte In-Situ-Verfahren kennzeichnet die Behandlung des ungesättigten oder gesättigten Bodenbereiches dadurch, daß z. B. die Behandlung des ungesättigten Bodenabschnittes mit Mikroorganismen **nicht** dadurch geschieht, daß der Boden ausgekoffert wird, anschließend mit Mikroorganismen versetzt wird und entweder vor Ort oder in einer stationären Anlage zwischengelagert wird. Es werden vielmehr Nährstoffe bzw. adaptierte Bakterien in den Untergrund direkt eingespeist und somit eine Dekontamination im mehr oder minder ungestörten Bodenabschnitt realisiert. Diese Maßnahme ist ebenso möglich für den gesättigten Abschnitt, d.h. für eine Grundwasserbehandlung. Hierbei ist der Begriff des In-Situ-Verfahrens dahingehend anzuwenden, daß im Grundwasserkörper selbst wiederum eine Dekontamination stattfindet bzw. eine Schadstoffumwandlung oder Zersetzung erzielt wird. Im Gegensatz zum ungesättigten Bodenbereich ist jedoch durchaus eine Grundwasserförderung zutage, d.h. zur Geländeoberfläche hin, möglich, welche jedoch zur Steigerung des In-Situ-Effektes vielfach dem Untergrund nach zusätzlicher Behandlung wieder zugeführt wird. Die nachfolgend aufgeführten Methoden fassen somit Maßnahmen unterschiedlicher Verfahrensvarianten zusammen. Es ist allein anhand der Darstellung der Verfahrensmöglichkeit teilweise von vornherein erkennbar, daß eine In-Situ-Maßnahme ausscheidet, wie z.B. bei der thermischen Bodenreinigung.

6.1 Ungesättigter Bodenbereich

An Lösungen zur Beseitigung eines Schaden im ungesättigten Bodenbereich bieten sich an:

- Deponie
- Thermische Behandlung
- Bodenwaschverfahren
- Chemische Behandlung
- Bodenentgasung
- Biologische Behandlung
- Einkapselung

6.1.1 Deponie

Die Deponierung ist die ursprünglichste Art der Problembeseitigung, speziell auch im Hinblick auf die Durchführung von Rettungsmaßnahmen in Verbindung mit sofortiger

Sanierung, indem der belastete Boden einem Deponiestandort zugeführt worden ist. Die allgemein bekannte Problematik der Kapazitätsverringerung besonders auch der Sonderdeponien führt jedoch dazu, daß eine Verbringung kontaminierten Bodens auf Deponiestandorte immer schwieriger wird und vielfach sogenannte Zwischenlösungen, wie Bereitstellung oder die zu genehmigende Zwischenlagerung, solange akzeptiert werden müssen, bis eine endgültige Verbringung zu einem Deponiestandort oder aber zu einem anderen nachfolgend aufgeführten Verfahrensstandort erfolgen kann. Zu beachten ist immer, daß die Deponierung oft nur eine Problemverlagerung ist, wenn der Deponiestandort an sich schon Fragen zur Sickerwasserbehandlung, Dichtheit der Basissohle etc. aufwirft.

6.1.2 Thermische Behandlung

Hierbei ist die Zersetzung von Schadstoffen innerhalb der vorliegenden Bodenmasse durch Hitzeeinwirkung direkter oder indirekter Art gegeben. Unter der direkten Beeinflussung ist die Beaufschlagung des Bodenmaterials mit der offenen Flamme zu verstehen, während bei der indirekten Technik durch Aufheizen des Bodenmaterials mittels Luft oder über die Ofenwandung, d.h. durch reine Wärmeabstrahlung, einerseits die Stoffe vom Bodenkorn gelöst werden können und andererseits eine Zersetzung bis hin zu den mineralischen Grundanteilen erfolgt. Problematik ist bei der thermischen Behandlung, daß der behandelte Boden biologisch tot ist und die Abluftprobleme speziell im Hinblick auf die Genehmigung eines Standortes dominierend sind.

6.1.3 Bodenwaschverfahren

Bei dieser Verfahrensart wird in der Regel mittels Wasser und Hochdruck die am Bodenkorn anhaftende Schadstoffhülle abgesprengt und somit eine Separierung von Schadstoff und Bodenkorn realisiert. Eine Variante dieser Methode besteht darin, daß mit Wasser und Überführung der kontaminierten Bodenmasse über Schwingsiebe, welche mit entsprechender angepaßter Frequenz betrieben werden, ebenfalls die Schadstoffhülle vom Bodenkorn gelöst wird. Die Bodenwaschverfahren haben sich für die Beseitung einer Palette an Schadstoffen als geeignet erwiesen, jedoch ist darauf zu achten, daß dieses Verfahren nicht für jede Korngröße geeignet ist. Grenzen der einzelnen Kornbehandlung treten immer dann auf, wenn der Anteil von Schluff zu groß ist. Dieses Verfahren wird On-Site bzw. Off-Site angeboten. Eine In-situ Behandlung durch Einspülen von Hochdruckwasserlanzen und das Verpressen der Bodenporen im ungesättigten Bodenabschnitt mit Wasser ist nur in den seltensten Fällen möglich, da die gesamte Erfassung des Bodens zum Zweck der Schadstoffspülung zu zeit- und kostenaufwendig ist. Des weiteren ist Voraussetzung, daß das Grundwasser bereits kontaminiert ist.

Eine weitere Art der In-situ-Spülung ist in Verbindung mit der Bohrtechnik zu finden. Hierbei wird eine verrohrte Bohrung in den Schadenkern abgeteuft und innerhalb der nachgeführten Verrohrung das Bodenmaterial durch mechanische Einwirkung und Einpressen von Wasser aufgelockert. Gleichzeitig werden die anhaftenden Schadstoffe weitestgehend abgespült. Weiterhin ist die Verbringung des innerhalb der Verrohrung befindlichen Bodenmaterials zur Oberfläche des Geländes möglich. Eine anschließende Bodenwäsche erlaubt bei Vorliegen akzeptabler Restbelastungen den nachfolgenden Wiedereinbau der Bodenpartikel. Hierbei ist zu beachten, daß es sich um ein körniges und verdichtbares Bodenkorngerüst handeln muß. Somit scheiden feinsandige bis schluffige Böden für eine derartige Wiedereinlagerung aus.

6.1.4 Chemische Behandlung

Der kontaminierte Boden wird durch Einbringung bzw. Vermischung mit abgestimmten Chemikalien auf verschiedene Art und Weise gereinigt. Dies kann einerseits eine Reduzierung bzw. eine Oxidation der am Bodenkorn befindlichen Schadstoffe bedeuten, woraus der Vorteil erwächst, daß die einer Reduktion bzw. Oxidation unterworfenen Schadstoffe nach Abschluß der Reaktion zu einem geringeren in der Regel vernachlässigbaren Gefährdungspotential überführt werden. Eine Mineralisierung vorliegender Schadstoffe ist durchaus ebenfalls gegeben. Eine In-situ-Behandlung ist mancherorts möglich, jedoch sind die einschlägigen Gesetze wie Wasserhaushaltsgesetz (WHG) etc. bei der Einleitung von Chemikalien zu beachten.

6.1.5 Bodenentgasung

Dieses physikalische Aufbereitungsverfahren, das in der Regel als in-situ eingesetzte Sanierungstechnik zu bezeichnen ist, basiert darauf, daß leichtflüchtige im Untergrund befindliche Schadstoffe durch Auflegen eines Vakuums auf den ungesättigten Bodenbereich nach und nach ausgegast werden, so daß nach einer unbestimmten Zeit X die am Bodenkorn anhaftende Schadstoffhülle durch Überführung der Flüssigphase in die Gasphase abgebaut wird. Dieses Verfahren wird in unterschiedlichen Variationen im ungesättigten Bodenbereich zum Abbau leichtflüchtiger Substanzen wie z.B. halogenierter Kohlenwasserstoff eingesetzt.

6.1.6 Biologische Behandlung

Das Feld der biologischen Aufbereitung kontaminierter Böden zeigt mannigfaltige Ansätze. Es liegt eine Vielzahl von großtechnischen Versuchen, welche schon 1980 durch den Autor in der Bundesrepublik Deutschland begonnen wurden, vor. Durch Labor- bzw. Pilotversuche wurde festgestellt, daß eine größere Anzahl Schadstoffe bis hin zu den mineralischen Bestandteilen biologisch abbaubar ist. Die Euphorie, z.B. polychlorierte Biphenyle oder gar halogenierte Kohlenwasserstoffe abbauen zu können, wird jedoch des öfteren dadurch gedämpft, daß bei Anwendung der biologischen Behandlung im großtechnischen Maßstab eine Vielzahl von Parametern eine entscheidende Rolle spielen, womit sich die biologische Behandlung als nicht realisierbar erweist. Generell ist ein Vortest vor der Entscheidung zur Durchführung einer biologischen Behandlung anzuraten, aus welchem erste Ansätze zur Möglichkeit bzw. Praktikabilität einer biologischen Behandlung hervorgehen. Etabliert hat sich dieses Verfahren im Hinblick auf den Abbau von Kohlenwasserstoffen wie Vergaserkraftstoffe bzw. Heizöl oder Dieselöl, jedoch zeigen sich schon dann Behandlungsprobleme, wenn Schwermetalle im Boden vorliegen, die teilweise die bakteriologische Tätigkeit hemmen.

6.1.7 Einkapselung

Dieser Begriff ist in zweierlei Hinsicht zu sehen.

1. Der Schadstoff wird direkt am Bodenkorn langfristig fixiert.

2. Es findet eine regionale Abschottung eines Deponiekörpers oder Altlaststandortes speziell dann statt, wenn die vorliegenden Schadstoffmassen auf andere Art und Weise nicht zu beseitigen bzw. zu vernichten sind.

Bei der Einkapselung des Schadstoffes am Bodenkorn läuft in der Regel durch Verwendung von Chemikalien ein physikalischer Prozeß ab, der dazu führt, daß die am Bodenkorn befindliche Schadstoffhülle weder durch den Einfluß von Niederschlagswasser abgelöst wird noch sich auf selbstständige Art und Weise vom Bodenkorn trennt. Dies bedeutet den Aufbau einer zusätzlichen Schutzhülle, die sowohl die Schadstoffhülle als auch das Bodenkorn umgibt.

Die Einkapselung eines regional großflächigen Kontaminationsabschnittes wird vielfach dahingehend praktiziert, daß durch ein Abspunden mittels Stahlbohlen oder durch Errichtung von Schlitzwänden, welche mit einer aus Kunststoff bestehenden Sperrwand bzw. mit mineralischen Dichtmaterialien gefüllt werden, die in dem regionalen Abschnitt befindlichen Schadstoffe an einer Verdriftung über den Grundwasserkörper gehindert werden. Dies beinhaltet in der Regel die Verpflichtung, daß derartige Spundwände oder Schlitzwände bis auf einen durch Bohrungen und Untersuchungen abgesicherten Grundwasserhemmer geführt werden müssen.

Aus der o.a. Darstellung läßt sich ersehen, daß entsprechend dem vor Ort gegebenen Problem durchaus die Anwendung unterschiedlicher Verfahren in Kombination betrachtet werden muß. Dies sei nur daran verdeutlicht, daß z.B. durch ein Bodenwaschverfahren eine Verringerung der am Bodenkorn befindlichen Schadstoffkonzentrationen realisiert werden kann, so daß dann die Möglichkeit besteht, mit dem geringfügig belasteten Bodenmaterial z.B. eine Bauschuttdeponie zu beschicken. Es zeichnet sich weiterhin ständig bei der Auffindung eines Sanierungsweges die Aufgabe ab, die einzelnen Sanierungstechniken bzw. -möglichkeiten gegeneinander abzuwägen.

6.2 Gesättigter Bodenbereich

Der gesättigte Bodenbereich, sprich das Grundwasseraquifer, weist, wie aus vorangegangenen Kapiteln ersichtlich, Probleme dahingehend auf, daß die im Grundwasser befindlichen Schadstoffe durch erzwungene Wasserführung im Untergrund zu einer bestimmten bzw. zu mehreren Positionen innerhalb des kontaminierten Grundwasseraquifers hingeführt werden müssen. Derartige Maßnahmen können auf unterschiedliche technische Art und Weise realisiert werden. So ist es einerseits durch Aufbau eines Absenktrichters möglich, die Schadstoffe samt Grundwasser zu einer bestimmten Stelle im Grundwasseraquifer zu zwingen. Diese als klassische hydraulische Grundwassermaßnahme bezeichnete Methode wird jedoch teilweise durch neue Techniken dahingehend ersetzt, als daß zwar auch eine Schadstoffheranführung zu einer bestimmten Stelle im Grundwasseraquifer stattfindet, jedoch eine wie bei der klassischen Methode Zutage-Förderung von Grundwasser vermieden wird.

Ähnlich wie zur Auffindung einer entsprechenden Methode bzw. Technik zur Dekontamination des Bodens, ist es speziell unter Betrachtung der klassischen grundwasserhydraulichen Maßnahme erforderlich, entsprechende Aufbereitungsverfahren zur Trennung von Schadstoff nachzuschalten.

Die Reinigung eines kontaminierten Grundwasserkörpers kann wie folgt geschehen:

6.2.1 Einrichtung eines Absenktrichters

Durch den Aufbau eines Absenktrichters wird das Grundwasser samt Schadstoff einem Abwehrbrunnen oder Sanierungsbrunnen zugeführt. Das im Brunnen durch Einsatz verschiedener Pumpentechniken zutage geförderte Wasser kann auf unterschiedliche Art und Weise entsorgt werden.

1. Möglichkeit:

Aufgrund sehr geringer Konzentration und unter Berücksichtigung der örtlich akzeptierten Einleitwerte wird das abgepumpte Grundwasser einem Oberflächengewässer zugeführt. Diese Variante bietet sich immer dann an, wenn wie schon gesagt einerseits die Einleitgrenzwerte akzeptabel sind und des weiteren ein Fließgewässer in der Nähe existiert bzw. eine Trennkanalisation vorliegt. Hierdurch ist die Möglichkeit gegeben, gegenüber der Einleitung in eine Mischkanalisation Einleitgebühren zu sparen. Damit jedoch die Fließgewässer nicht zusätzlich mit Schadstoffen belastet werden sollen, werden heutzutage zur Einhaltung von vorgegebenen Grenzwerten durch bestimmte Aufbereitungsschritte zur Abtrennung der Schadstoffe diese aus dem Wasser abgetrennt.

2. Möglichkeit:

Das abgepumpte Grundwasser wird in die städtische Kanalisation gepumpt. Hierbei ist ebenfalls wie zur Einleitung in ein Oberflächengewässer zu berücksichtigen, daß durchaus entsprechend den örtlichen Einleitgenehmigungen eine Aufbereitung abgepumpten Grundwassers erforderlich ist. Die Einleitung von Grundwasser in die Kanalisation birgt sowohl einen Vorteil, welcher jedoch zukünftig minimiert werden wird, als auch einen deutlichen Nachteil. Der Vorteil liegt darin, daß die Einleitgrenzwerte gegenüber der Verbringung in ein Oberflächengewässer oder wie noch nachfolgend aufgeführt in den Grundwasserkörper vielfach höhere Einleitgrenzwerte zulassen. Zukünftig ist jedoch unter Berücksichtigung der allgemeinen Gewässerverschmutzung wie auch der teils wachsenden Belastung der Kläranlagen mit einer Verringerung der Grenzwerte bei der Einleitung in die öffentliche Kanalisation zu rechnen. Der wesentliche Nachteil liegt in den teils enormen Einleitgebühren. Unter der Vorstellung einer stündlichen Förderrate von 50 m^3 und einer Einleitgebühr von DM 2,30/m^3 kann sich jeder selbst die jährlichen Kosten einer Grundwasserhaltung ausrechnen. Aus diesem Grunde wird, sofern gegeben, die erste oder aber die nachfolgend aufgeführte dritte Möglichkeit als vorteilhafter gesehen.

3. Möglichkeit:

Die Rückführung abgepumpten und zwangsläufig aufbereiteten Grundwassers in den Grundwasserkörper stellt eine interessante Variante dar, da eine Ausbeutung des Grundwasseraquifers zu einem dominanten Prozentsatz vermieden wird. Hierdurch ist es ebenfalls gegeben, je nach Einleitposition eine erhöhte Austauschrate im Grundwasserkörper zu erzielen und eine Verkürzung der gesamten Sanierungszeit zu erreichen. Vielfach wird neben dem Bestreben, den Grundwasserkörper nicht unnütz auszubeuten, die Möglichkeit einer Infiltration gereinigten Grundwassers auch dahingehend genutzt, daß durch Aufbau eines Wasserwalls im Untergrund eine Veränderung der allgemeinen Grundwasserfließrichtung erzeugt wird. Somit wird zusätzlich die Verschleppung von Schadstoffen z.B. hin zu einer Trinkwasserfassungsanlage unterbunden.

6.2.2 Aufbereitungsmöglichkeit

Die Aufbereitung abgepumpten Grundwassers besteht vielfach in der adsorptiven Maßnahme, das bedeutet, daß Wasser über Aktivkohle oder anderweitig adsorbierende Harze wie z.B. Ionenaustauscher zur Problematik der Schwermetallentsorgung geleitet wird. Es ist jedoch auch die Möglichkeit gegeben, speziell bei der Existenz leichtflüchtiger Substanzen, welche im Wasser gelöst sind, über sogenannte Stripverfahren oder im speziellen Stripkolonnen die im Wasser gelösten Substanzen auszugasen und somit eine Reinigung des Wassers zu erzielen. Des weiteren lassen sich natürlich Methoden aus der Abwassertechnik wie die chemische Aufbereitung, die Flockungsmethode etc. einsetzen, um bestimmte als „Exoten" zu betrachtende Schadstoffe aus dem abgepumpten Wasser herauszulösen. Des weiteren, und dies ist als sehr positiv zu erachten, wird vermehrt durch patentierte und verbesserte Verfahren die oxidative Aufbereitungstechnik zur Zersetzung von Schadstoffen bis hin zu den mineralischen Bestandteilen praktiziert. Diese Methode hat im Vergleich zu den vorgenannten Verfahren den Vorteil, daß keinerlei Abfall anfällt, welcher ansonsten durch Regeneriertätigkeiten z.B. zur Aufbereitung der Aktivkohle in einem adsorptiv arbeitenden Aufbereitungsprozeß entsteht.

Es zeigt sich sehr oft, daß eine Kombination aus verschiedenen Verfahren zu einem akzeptablen Ziel bzw. Grenzwerte führt, so daß auch bei der grundwasserhydraulischen klassischen Aufbereitung bzw. Sanierung durch einen Vortest oder resultierend aus teils doch sehr umfangreich vorliegenden Erfahrungsdaten eine Beurteilung der gesamten Aufbereitungssituation vorab berücksichtigt werden sollte.

6.2.3 Sanierungstechnische Varianten

Neben der als klassisch zu betrachtenden Grundwasseraufbereitung durch Aufbau eines Absenktrichters sind jedoch auch sogenannte In-Situ-Verfahren maßgeblich an der Reinigung von Grundwasseraquiferen beteiligt. Unter diesen Begriff fallen folgende Möglichkeiten:

- Die biologische Sanierung des Grundwasserkörpers durch Injektion von adaptierten Bakterien bzw. Nährstoffkonzentraten zur Stützung der im Aquifer schon vorliegenden Mikroorganismen
- Einleitung von oxidativ wirkenden Mitteln wie reiner Sauerstoff, Wasserstoffperoxid oder Ozon, welche einerseits zum Zweck der Unterstützung aerober unter Sauerstoffzufuhr bakteriologischer Tätigkeit eingesetzt werden und des weiteren dazu dienen, z.B. langkettig vorliegende Schadstoffe in kurzkettige zu spalten, so daß daraus resultierend ein besserer bakteriologischer Angriff möglich wird.
- In-Situ-Stripping bzw. Ausgasung von Schadstoffen direkt im Grundwasseraquifer. Hierzu wird über verschiedene Ent- bzw. Begasungstechniken bei Existenz leichtflüchtiger Substanzen auf eine Förderung von Grundwasser zur Geländeoberfläche hin verzichtet, so daß einzig die von der Flüssig- in die Gasform überführten leichtflüchtigen Substanzen zur Geländeoberfläche hin abgesaugt werden und dort durch entsprechende Verfahren adsorptiv gebunden werden.

Während das klassische Verfahren der grundwasserhydraulischen Beeinflussung in Relation zu den sogenannten In-Situ-Maßnahmen aufgrund vorliegender langjähriger Erfahrungen rechnerisch doch befriedigend zu kontrollieren und auszulegen ist, so zeigen sich bei den In-Situ-Verfahren des öfteren erhöhte Kontrollaufwendungen, welche sich sowohl durch die Setzung zusätzlicher Grundwassermeßstellen als auch erweiterter Analytik ergeben. Die Entscheidung zum jeweiligen grundwasserhydraulischen Verfahren kann an dieser Stelle nicht in standardisierter Form getroffen werden, sondern ist jeweils abhängig von den örtlichen Gegebenheiten wie auch von den finanziellen Bedingungen. So zeichnet sich je nach In-Situ-Verfahren oftmals eine erhöhte Investitionssumme ab, welche sich jedoch im Verhältnis zu der klassischen Aufbereitung durch langfristig niedrigere Betriebskosten kompensieren läßt.

Allein anhand der kleinen Übersicht unterschiedlicher Verfahren zeichnet sich schon ab, daß die Auswahl nicht nur von gewissen Labor- bzw. Pilotuntersuchungen abhängig ist, sondern auch maßgeblich von den in der Phase der Schadenerkundung und Untersuchung ermittelten Daten beeinflußt wird. Es wird deutlich, daß gerade die Daten der Untersuchungsphase die Variationsbreite bestimmter Aufbereitungsverfahren einengen oder erweitern können. Sehr interessant ist im Hinblick auf das Vorhergesagte die Feststellung, daß für die Auswahl des Aufbereitungsverfahren bzw. für die Sanierungstechnik die Stoffparameter einen der entscheidenden Faktoren darstellen.

Daß ein gutes Erfahrungspotential in der Untersuchung und Sanierung von Schäden die Basis für eine ökologisch optimierte wie auch finanziell vertretbare Sanierung schafft, dürfte einleuchtend sein.

Quellen zu Teil II

Kapitel 1

(1) *Müller, G.*, Flüssen - von Menschen vergiftet, in: Bild der Wissenschaft 5/1983, S. 97.

(2) *Sack, H. J.;* Umweltschutz - Strafrecht, 2. Auflage, Kohlhammer Stuttg. 1980.

(3) Daten zur Umwelt 1990-91, *Umweltbundesamt Berlin.*

(4) Daten zur Umwelt 1984; *Umweltbundesamt Berlin.*

Kapitel 2

(1) *Geologisches Landesamt in Baden Württemberg,* Erläuterungen zur geologischen Karte von Stuttgart und Umgebung 1:50.000, Freiburg im Breisgau 1959, Druck und Vertrieb Landesvermesssungsamt Baden Württemberg, Stuttgart.

(2) *Heath, R. C.,* Einführung in die Grundwasserhydrologie, Oldenburg Verlag, München-Wien 1988.

(3) Mitteilungen zur Ingenieurgeologie und Hydrogeologie, Heft 4, herausgegeben vom *Lehrstuhl für Ing.- und Hydrogeologie der RWTH Aachen,* Aachen, Mai 1990.

(4) *Hölting, B.,* Einführung in die allgemeine und angewandte Hydrogeologie, 2. Auflage, Enke Verlag, Stuttgart 1984.

(5) Erläuterungen zur geologischen Karte von Stuttgart und Umgebung 1:50.000, a.a.O.

(6) Die Entwicklungsgeschichte der Erde, Band I und II, *Verlag Werner Dausin,* Hanau Main 1971 (gedruckt in der DDR).

(7) Save Our Soils; Informationsmappen, *Bund für Umwelt und Naturschutz Deutschland e.V.,* Stuttgart o.J.

(8) DIN 4049 Teil 1, S. 49

(9) DIN 4049 Teil 1, S. 50

(10) *Heath, R. C.*, a.a.O.

Kapitel 3

(1) *Bundesminister für Umwelt, Naturschutz und Reaktorsicherheit/Umweltbundesamt,* Daten zur Umwelt 1990/91.

(2) *Deutscher Bundestag/Umweltbundesamt,* Daten zur Umwelt 1990/91.

(3) *Bundesministerium des Innern*/Sofortmaßnahmen bei Mineralölunfällen, Bonn 1975, S. 2.

(4) *Statistisches Bundesamt/zitiert aus: Umweltbundesamt,* Daten zur Umwelt 1990/91.

(5) *Umweltbundesamt Berlin;* Katalog wassergefährdender Stoffe, Januar 1991, LTwS Nr. 12.

(6) Beurteilung und Behandlung von Mineralölunfällen auf dem Lande im Hinblick auf den Gewässerschutz, Berlin 1960 (Nachdruck o.J.), S. 16 ff.

(7) ebd. S. 22.

(8) ebd. S. 23.

(9) ebd. S. 24

(10) ebd. S. 24.

(11) ebd. S. 26.

(12) ebd. S. 26.

(13) ebd. S. 28.

(14) ebd. S. 29

(15) ebd. S. 29.

(16) ebd. S. 32

(17) *Vorreyer,* BMU Bonn.

(18) *Umweltbundesamt,* Analytik - LTwS-Nr. 9 -, Berlin 1979, S. 13.

(19) *Umweltbundesamt,* Daten zur Umwelt, Berlin 1984, S. 198.

(20) *Leo, R., Lilie R. H.*, Ölwehr-Handbuch, Bekämpfung von Ölunfällen im Inland und auf See, K. O. Storck Verlag, Hamburg 1992.

(21) *Ministerium für Ernährung, Landwirtschaft, Umwelt und Forsten Baden-Württemberg,* Leitfaden für die Beurteilung und Behandlung von Grundwasserverunreinigungen durch leichtflüchtige Chlorkohlenwasserstoffe, Heft 13, September 1985; Bezugsquelle: Landesanstalt für Umweltschutz Baden-Württemberg, Griesbachstr. 3, 7500 Karlsruhe 21.

Kapitel 4

(1) *Ministerium für Ernährung, Landwirtschaft Umwelt und Forsten Baden-Württemberg,* a.a.O.

(2) DVGW-Regelwerk W115

(3) *Heath; R. C.;* a.a.O.

Kapitel 5

(1) *Leo, R., Lilie, R. H.,* Ölwehr-Handbuch, a.a.O.

Kleine Literaturübersicht

Die Übersicht stellt Bücher wie auch Loseblattsammlungen dar, aus welchen Informationen zum allgemeinen Verständnis bzw. zur Weiterbildung entnommen werden können. Weiterhin dürfen einige Literaturstellen als Grundwerk einer jeden Bibliothek in der Behörde oder im Ingenieurbüro angesehen werden. Diese sind mit einem „G" gekennzeichnet. In fast allen Literaturstellen finden sich interessante Hinweise zu weiteren Informationsmöglichkeiten, die an dieser Stelle jedoch nicht mit aufgenommen worden sind. Die Auswahl sollte der interessierte Leser selbst treffen.

Beachtet werden sollten auf jeden Fall bundeslandbezogene Informationsschriften zur Untersuchung und Sanierung von Altlasten und Altablagerungen. Einige dieser Schriften sind in der Literaturübersicht erwähnt.

1. Altlastenhandbuch Teil 1 und 2, Heft 18 und 19, Wasserwirtschaftsverwaltung, Ministerium für Ernährung, Landwirtschaft, Umwelt und Forsten Baden-Württemberg.
2. Altlastleitfaden für die Behandlung von Altablagerungen und kontaminierten Standorten in Bayern, München Juli 1991, Bayerisches Staatsministerium für Landesentwicklung und Umweltfragen.
3. Länder Arbeitsgemeinschaft Abfall, LAGA, Informationsschrift zu Ablagerungen und Altlasten, Heft 37, Abfallwirtschaft in Forschung und Praxis, Erich Schmidt Verlag „G".
   Weiterführende technische Informationen zu Bohrtechniken etc. sowie Angaben zur Basisliteratur wie DIN-Normen etc.
4. Materialien zur Ermittlung und Sanierung von Altlasten, Band II, Landesamt für Wasser und Abfall Nordrhein-Westfalen, Düsseldorf.
5. Ministerium für Umweltraumordnung und Landwirtschaft des Landes Nordrhein-Westfalen, Grundwasseruntersuchungen im Festgestein bei Altablagerungen und Altstandorten, Düsseldorf 1991.
6. WaBoLu-Hefte, Leitfaden für die Aussonderung grundwassergefährdender Problemstandorte bei Altablagerungen, Heft 5/1986, Institut für Wasser-, Boden- und Lufthygiene des Bundesgesundheitsamtes Berlin.
7. Anforderungen an Ölbinder, Stand 28.02.1990, Umweltbundesamt, September 1990, LTWS Nr. 17.
8. Beirat Lagerung und Transport wassergefährdender Stoffe, Sofortmaßnahmen bei Mineralölunfällen; Bundesministerium des Inneren, Dez. 1975.
9. Beurteilung und Behandlung von Mineralölschadensfällen im Hinblick auf den Grundwasserschutz, Teil 4, Beschreibung von Mineralölunfällen, Umweltbundesamt Feb. 1981, LTWS-Nr. 13.
10. Die Entwicklungsgeschichte der Erde, Band I und II, Verlag Werner Dausien, Hanau Main 1971 (gedruckt in der DDR).
11. DIN-Normen, Deutsches Institut für Normung e.V., Berlin z.B. DIN 4022, 4049 etc.
12. Dokumentation Wasser, Literaturstellensammlung, Umweltbundesamt Berlin, Erich Schmidt Verlag.
13. DVGW Regelwerke, Arbeitsblätter W111 und W115, Deutscher Verein des Gas- und Wasserfaches, 6236 Eschborn.
14. DVWK Regeln zur Wasserwirtschaft Nr. 203/82, Deutscher Verband für Wasserwirtschaft und Kulturbau e.V., Bonn.
15. Leitfaden für die Beurteilung und Behandlung von Grundwasserverunreinigung durch leichtflüchtige Chlorkohlenwasserstoffe.
    Ministerium für Ernährung, Landwirtschaft, Umwelt und Forsten Baden-Württemberg, Heft 13 September 1985, Bezugsquelle: Landesanstalt für Umweltschutz Baden-Württemberg, Griesbachstraße 3, 7500 Karlsruhe 21.
16. Leitfaden Umgang mit leichtflüchtigen chlorierten und aromatischen Kohlenwasserstoffen, Heft 15, Ministerium für Ernährung, Landwirtschaft, Umwelt und Forsten Baden-Württemberg.

17. Sofortmaßnahmen bei Mineralölunfällen (geprüfte Ölbinder), Umweltbundesamt April 1992, LTWS Nr. 15.
18. Umweltbundesamt, Beurteilung und Behandlung von Mineralölschadensfällen im Hinblick auf den Grundwasserschutz, LTWS Nr. 24, Juni 1990 „G".
19. Umweltrecht, Kurzfassung von Gesetzestexten, Beck-Texte dtv-Verlag „G".
20. Barkowski, Günther, Hinz, Röchert, Altlasten, Handbuch zur Ermittlung und Abwehr von Gefahren, Alternative Konzepte, Heft 56, Verlag C.F.Müller „G".
21. CONCAWE:
Revised inland oil spill clean-up manual, Ausgabe 7/81. The oil companies' european organisation for environmental and health protection. „G". CONCAWE Babyloon-Kantoren A, Koningin Julianaplein 30-9, 2595 AA Den Haag, The Netherlands.
22. Diesel/Lühr, Lagerung und Transport wassergefährdender Stoffe, Erich Schmidt Verlag, Loseblattsammlung, Gesetzestexte und Technische Regelwerke „G".
23. Gwinner, Manfred, Einführung in die Geologie, Wissenschaftl. Buchgesellschaft, Darmstadt, 1979.
24. Ralph C. Heath, Einführung in die Grundwasserhydrologie, Oldenbourg Verlag, München-Wien 1988.
25. Hein, Hubert/Schwedt, Georg, Richt- und Grenzwerte Luft-Wasser-Boden-Abfall, Vogel Verlag Würzburg „G".
26. Herth, Arndts, Theorie und Praxis der Grundwasserabsenkung, Verlag Ernst & Sohn.
27. Hölting, Bernward, Hydrogeologie: Einführung in die allgemeine und angewandte Hydrogeologie, 2. Auflage, Enke-Verlag, Stuttgart 1984.
28. Langguth, H. R./Voigt, R., Hydrogeologische Methoden, Springer Verlag, Heidelberg, München.
29. Leo, Reiner/Lilie, R. H., Ölwehr-Handbuch, Bekämpfung von Ölunfällen im Inland und auf See „G", K. O. Storck Verlag, 2000 Hamburg 50, 3. Auflage 1992.
30. Rosenkranz, Einsele, Harreß, Bodenschutz, Erich Schmidt Verlag.
31. Ruppe/Lindemann, Altlasten, Heft 35, Abfallwirtschaft in Forschung und Praxis, Erich Schmidt Verlag.
32. Schwille, Friedrich, Leichtflüchtige Chlorkohlenwasserstoffe in porösen und klüftigen Medien, Modellversuche, Heft 46, Bundesanstalt für Gewässerkunde in Koblenz.

Anhang

Umweltschutzlexikon

* Einem größeren Teil des Lexikons liegt eine ursprünglich von Dr. Michael Krutz, Iserlohn, öbv „Sachverständiger für die Beurteilung von Unfällen mit wassergefährdenden Stoffen", verfaßte wissenschaftliche Arbeit zugrunde, die von mir popularisiert wurde. Martin Klumbies

A

Abbau Zerlegung chemischer Verbindungen durch biologische (z.B. durch Mikroorganismen), chemische (z.B. langsame Hydrolyse) oder durch physikalische (z.B. Licht, Wärme) Einflüsse. Mineralisierung organischer Stoffe.

Abbau, abiotisch Durch chemische Reaktionen bewirkter Abbau.

Abbau, mikrobiell Durch Mikroorganismen bewirkter Abbau.

Abbaubarkeit Die biologisch-chemisch oder physikalisch bedingte Zersetzbarkeit chemischer Verbindungen.

ABC-Löschpulver Fein gemahlenes Pulver verschiedener Zusammensetzung, meist auf Ammoniumphosphat-Basis. Löschwirkung: Bei Brandklassen B, C Ersticken durch Beimischen einer Pulverwolke im Flammenbereich dampfbildender und gasförmiger Brennstoffe. Bei Brandklasse A Ersticken im Flammenbereich fester glutbildender Brennstoffe (mit Ausnahme brennbarer Leichtmetalle) und Abdecken im Glutbereich.

Abfall Bewegliche Sachen, deren sich der Besitzer entledigen will, oder deren geordnete Beseitigung zur Wahrung des Wohls der Allgemeinheit, insbesondere des Schutzes der Umwelt, geboten ist (§ 1 AbfG).

Abfallbörse Selbsthilfeeinrichtung der chemischen Industrie zur Wiederverwertung von Abfällen aus Produktion und anfallenden Zwischenprodukten durch Einsatz in Fremdbetrieben.

Abfallbilanz Summe der zwischen Rohstoffeinsatz und Produktausgang verbliebenen Stoffe.

Abfallstrom Gesamtheit der aus einem bestimmten Verfahren anfallenden Abfälle. Wird auch auf gasförmige Emission oder feste Abfälle angewendet.

abiotisch (gr.), unbelebt

Abgasentschwefelung Verfahren zur Reduzierung des Schwefeldioxidanteils im Rauchgas.

Absatzbecken Sammelbecken zur mechanischen Entfernung ungelöster Schwebstoffe aus Abwässern.

Absorption Entfernung gasförmiger Komponenten aus Gasströmen mit Hilfe von Waschflüssigkeiten.

AbwAG Abwasserabgabengesetz zum Erheben einer Abgabe beim Einleiten von Abwässern in öffentliche Gewässer.

Abwasserlast Schmutzfracht eines fließenden Gewässers.

Abwasserreinigung Verfahren:

1. mechanisch
2. chemisch-physikalisch
3. biologisch
   - 3.1 Verrieselung
   - 3.2 Verregnung
   - 3.3 Abwasserteiche
   - 3.4 Stauseen
   - 3.5 Abwasserfischteiche
   - 3.6 Tropfkörper
   - 3.7 Tauchtropfkörper
   - 3.8 Belebtschlammverfahren
4. Kombinierte Verfahren.

Acaricid Mittel gegen Spinnmilben.

acceptable daily intake → ADI-Wert.

ACMRR Advisory Committee on Marine Resources Research (FAO).

ACOH Advisory Committee for Operational Hydrology (WMO).

ACS American Chemical Society.

Adaptation Anpassung von Organismen, Organen oder Populationen an Umweltfaktoren (z.B. für Mikroorganismen die Möglichkeit, einen bisher nicht verwertbaren Stoff abzubauen).

Adhäsion Anziehung zwischen Molekülen verschiedener Stoffe (z.B. Austauscherharz und organische Verbindungen).

ADI Acceptable Daily Intake = zulässige tägliche Aufnahme.
Die aufgrund von chronischen Tierversuchen (2 Jahre) festgesetzte für den Menschen zulässige tägliche Aufnahme eines

Fremdstoffes. Wird aus der unwirksamen Substanzmenge (→ No effect-level) durch Umrechnung mit Sicherheitsfaktor 100 ermittelt und in mg Wirksubstanz pro kg Körpergewicht ausgedrückt.

ADNR Verordnung über die Beförderung gefährlicher Güter auf dem Rhein. Wurde zum 1. Januar 1972 von den Anliegerstaaten Schweiz, Frankreich, Bundesrepublik Deutschland, Niederlande und Belgien in Kraft gesetzt.

ADR Accord Européen relatif au transport international des marchandises dangereuses par route.
Europäisches Übereinkommen über die internationale Beförderung gefährlicher Güter auf der Straße vom 18.8.1969.

Adsorption Anreicherung eines Stoffes an der Oberfläche eines Festkörpers, wie z.B. Aktivkohle, bedingt durch Molekularkräfte.

Adulfizid Mittel gegen erwachsene, geschlechtsreife Insekten oder Milben.

Aerober Abbau Abbau von Stoffen durch Mikroorganismen unter Sauerstoffverbrauch.

Aerosol Luft mit sichtbaren Schwebeteilchen aus fein verteilten Flüssigkeiten (Nebel), fein verteilten festen Körpern (Rauch) oder Ionen. Die Schwebeteilchen haben Durchmesser von etwa 10^{-6} cm und darunter.

Aggregatzustand Bei 20 °C und 1013 mbar: fest, flüssig, gasförmig und Zwischenzustände (z.B. pastös).

AGRIS Agrar-Informationssystem der → FAO.

AIM Arbeitsgemeinschaft Information, Meeresforschung und Meerestechnik.

Akarizid → Acaricid.

Akkomodation Anpassung an wechselnde Umweltbedingungen.

Akkumulation Anhäufung, Anreicherung, Ansammlung.

Aktivität
(a) Größe, die die Zahl der je Sekunde zerfallenden Atomkerne eines radioaktiven Stoffes angibt
(b) optische Aktivität:
Ein Medium wird dann als optisch aktiv bezeichnet, wenn die Schwingungsebene des linear polarisierten Lichts beim Durchtritt durch dieses Medium gedreht wird. Das optisch aktive Medium kann z.B. aus gelösten chiralen Molekülen bestehen. Wird die Schwingungsebene - vom Beobachter aus gesehen - nach rechts gedreht, so erhält die optisch aktive Substanz das Symbol (+), bei Drehung nach links das Symbol (-).

akut Schnell eintretend; Gegensatz: → chronisch.

akute Toxizität Schadwirkung tritt bereits nach einmaliger Verabreichung der toxischen Substanz auf.

Algentoxizität Giftwirkung auf Algen, z.B. Wanderungshemmung, Hemmung der Zellvermehrung. Angabe der Konzentration (mg/l) bei Wirkungseintritt.

Algicid Mittel gegen Algen.

alkalisch → Alkalität

Alkalität Stärke einer wäßrigen Lösung, in der die Wasserstoffionen-Konzentration geringer ist als 10^{-7} g H^+-Ionen/l Lösung (Laugen).

Alkylverbindungen Organische Verbindungen, deren Kohlenstoffatome durch gerade oder verzweigte Ketten und nicht durch Ringe verbunden sind (Gegensatz: Aryl- oder Ringverbindungen).

Allergene Substanzen (z.B. bestimmte Haushaltschemikalien, Hausstaub, pflanzliche Produkte) die nach wiederholter Berührung mit der Körperfläche oder nach Aufnahme in den Organismus allergische Reaktionen hervorrufen können.

Allergie Individuelle Überempfindlichkeit, die auf einer Antigen-Antikörper-Reaktion beruht und nicht dosisabhängig ist. Allergische Erkrankungen können nach Sensibilisierung z.B. der Haut oder der Atemwege je nach persönlicher Disposition unterschiedlich schnell und stark durch Stoffe verschiedener Art ausgelöst werden.

Alphastrahler Radionuklide, die Alphateilchen (Heliumatomkerne) aussenden.

Alveolen Drüsen, Lungenbläschen.

Amphoterie Eigenschaft von Verbindungen, die sich je nach den vorliegenden Bedingungen sauer oder basisch verhalten können.

anaerob Lebensweise pflanzlicher oder tierischer Organismen ohne Sauerstoff.

Anaerober Abbau Abbau von Stoffen durch Mikroorganismen ohne Sauerstoffverbrauch.

Anaerobier Organismen, die ohne freien Sauerstoff leben. Sie gewinnen Energie durch unvollständige Verbrennung der organischen Stoffe (Gärung).

Analyse Zerlegung eines Stoffes in seine

Bestandteile, um Art (qualitative A.) und Menge (quantitative A.) der vorhandenen Grundstoffe o. Verbindungen zu erkennen.

Anhydrid Verbindung, die durch Wasserentzug aus einer organischen oder anorganischen Säure entsteht.

Anion Elektronegativ geladenes Ion (z. B. Cl^-).

Anionenharz Ionenaustauscherharz mit negativer Ladung, das aus dem Wasser Anionen aufnimmt und andere Anionen dafür abgibt.

anorganische Stoffe Verbindungen der unbelebten Materie.

Anreicherung in der Nahrungskette → Bioakkumulation

ANS Arbeitskreis für die Nutzbarmachung von Siedlungsabfällen e.V.

ANSI American National Standards Institute.

Antagonismus Gegenläufige Wirkung zweier Substanzen oder Organismen.

Antagonisten Stoffpaare, die einander entgegengesetzte Wirkungen ausüben (Antimetabolisten, kompetitive Hemmung).

anthropogen Vom Menschen bzw. durch sein Einwirken verursacht.

anthropozentrisch Den Menschen in den Mittelpunkt stellend.

Antibiose Hemmung oder Abtötung eines Organismus durch Stoffwechselprodukte (z.B. Antibiotika) eines anderen. Gegensatz: Symbiose.

Antidot Spezifisch wirksames Gegengift. Das Antidot tritt mit dem Gift unmittelbar oder mittelbar in eine chemische Reaktion, deren Produkte weniger toxisch sind als das ursprüngliche Gift. Wirkung z.B. durch Schwerlöslichkeit der Reaktionsprodukte (Schwermetallsulfide u. a.) oder Komplexbildung zu wasserlöslichen und nierengängigen Reaktionsprodukten (Chelate).

Applikation
(a) Verabreichung eines Arzneimittels,
(b) Anwendung eines Pflanzenschutzmittels.

aqua lat. Wasser

Aquadem → Deionat

aqua dest. Durch Destillation gereinigtes Wasser (aqua destillata).

aqua pur Reines Wasser.

aqua purificata Gereinigtes Wasser.

Äquivalentdosis Produkt aus Energiedosis und Bewertungsfaktor. Die Äquivalentdosis ist das Maß für die Wirkung einer ionisierenden Strahlung auf den Menschen.

Äquivalenz Gleichwertigkeit. Chemische Prozesse laufen stets unter gleichbleibenden Gewichtsverhältnissen der jeweiligen Reaktionsteilnehmer ab.
Atome oder Atomgruppen gleicher Gewichtsmengen verbinden sich miteinander oder können sich gegenseitig ersetzen. Als Umrechnungsgröße wird das Äquivalentgewicht herangezogen:

$$\text{Äquivalentgewicht} = \frac{\text{Atom- bzw. Molekulargew.}}{\text{Wertigkeit}}$$

Arboricid Herbizid zur Bekämpfung von Gehölzen.

Arylverbindungen Organische Verbindungen, die einen oder mehrere Atomringe enthalten.

Assimilation Aufbaustoffwechsel. Umwandlung anorganischer Stoffe in organische Verbindungen, z.B. Aufnahme des CO_2 durch die grüne Pflanze.

Atemfilter
Kennzeichnung nach DIN 3181:
A (braun): organische Dämpfe, Lösungsmittel
B (grau): saure Gase (z.B. Halogene und Halogenwasserstoff, auch nitrose Gase), schädliche Stoffe in Brandgasen (außer Kohlenoxid)
CO (schwarzer Kennring): Kohlenoxid
E (gelb): schwefelige Säure
G (blau): Blausäure
K (grün): Ammoniak
Zusatz P2, P3: Partikelfilter Flüssigkeiten (frühere Bezeichnung: St (zb) bzw. St (2c)).
Filtergeräte dürfen nur verwendet werden, wenn die Konzentration der schädlichen Gase und Dämpfe in der Luft 1 Vol-% nicht übersteigt und der Sauerstoffgehalt der Luft mehr als 17 Vol-% beträgt. Kohlenoxid-Filtergeräte dürfen nur bei einem Sauerstoffgehalt von mehr als 17 Vol-% verwendet werden und nur dann, wenn der gesamte Fremdgasgehalt der Luft 1 Vol-% nicht übersteigt.

Atemschutzgerät
(a) umluftabhängiges Gerät (leichtes Atemschutzgerät): Filtergeräte, Gasmasken.
(b) umluftunabhängiges Gerät (schweres Atemschutzgerät): Preßluftgeräte oder Sauerstoffkreislaufgeräte.

Atom Kleinstes, chemisch nicht weiter zerlegbares Teilchen eines Elements.

Atomgewicht → Relative Atommasse.

ATP Adenosintriphosphat.

Attractant Lockstoff, chemisches Mittel zum Anlocken von Schädlingen, z.B. in Fallen.

ATV Abwassertechnische Vereinigung.

Ätzend Ein Stoff gilt als ätzend, wenn er im Tierversuch nach 2 h dauernder Berührung mit der Haut in einer Menge von 0,5 ml oder 0,5 g innerhalb von 7 Tagen das Gewebe zerstört (Nekrose).

auflaufen In der Landwirtschaft: Keimen der Nutzpflanzen, z.B. bei Getreide, wenn die jungen Pflanzen mit ihren ersten Blättern sichtbar sind.

Aufwandmenge Die zur Bekämpfung von Schädlingen oder Pflanzenkrankheiten notwendige Menge eines Mittels in der erforderlichen Konzentration, z.B. pro Raumeinheit (Gewächshaus), Fläche, Bodenmenge etc.

Austauschkapazität Aufnahmevermögen eines Ionenaustauschers für Ionen. Quotient aus der Stoffmenge der am Ionenaustausch beteiligten funktionellen Gruppen und dem Volumen bzw. der Masse des Ionenaustauschers. Die Einheit für die Kapazität ist mol/l bzw. mol/kg.

Austauschzyklus Aus einer Beladung und einer Regeneration bestehender Austauschvorgang an einem Ionenaustauscher.

AWTID Ausschuß für wissenschaftlich-technische Information und Dokumentation der Kommission der Europäischen Gemeinschaften.

B

Background-level Die von Natur aus vorhandene Belastung mit Schadstoffen („Hintergrundkonzentration").

Bakterien Spaltpilze, meist einzellige chlorophyllfreie mikroskopisch kleine, fast immer pflanzliche Lebewesen ohne ausgeprägten Zellkern, mit unscharf begrenztem Chromatingerüst. Durchmesser in der Größenordnung von 10^{-6} m.

Bakterienfilter Filter, dessen Porengröße so gering ist, daß es zum Abtrennen von Bakterien aus Flüssigkeiten oder Gasen geeignet ist.

BAM Bundesanstalt für Materialprüfung, Berlin.

Bandräumer Schlammräumer für Absetzbecken zum Abschieben des Schlammes am Beckenboden.

Base Lauge.

basisch →alkalisch.

Batteriewasser Reinstwasser mit einer Leitfähigkeit $< 10\ \mu S/cm$.

BAT-Wert Biologischer Arbeitsstoff-Toleranz-Wert; die beim Menschen höchstzulässige Konzentration eines Arbeitsstoffs in der Atemluft am Arbeitsplatz, die nach dem gegenwärtigen Stand der wissenschaftlichen Kenntnis die Gesundheit der Beschäftigten auch dann nicht beeinträchtigt, wenn sie durch Einflüsse des Arbeitsplatzes regelhaft erzielt wird.

BBA Biologische Bundesanstalt für Land- und Forstwirtschaft, Berlin und Braunschweig, hat laut Pflanzenschutzgesetz auf dem Gebiet des Pflanzen- u. Vorratsschutzes folgende Aufgaben:

1. Unterrichtung und Beratung der Bundesregierung,
2. Forschung und Auswertung von bedeutsamen Meldungen und Unterlagen,
3. Prüfung und Zulassung von Pflanzenbehandlungsmitteln,
4. Prüfung von Verfahren,
5. Entwicklung von Verfahren des Pflanzen- und Vorratsschutzes,
6. Prüfung von Pflanzen auf ihre Widerstandsfähigkeit gegen Schadorganismen und Krankheiten,
7. Prüfung der Eignung von Geräten.

BC-Löschpulver Fein gemahlenes Pulver auf Natrium- oder Kaliumbicarbonat-Basis.
Bei Brandklassen B und C Ersticken durch Beimischen einer Pulverwolke im Flammenbereich dampfbildender oder gasförmiger Brennstoffe sowie bei trockenen elektrischen Anlagen.

Becquerel [Bq] Einheit der Aktivität einer bestimmten Menge eines Radionuclids.
1 Bq entspricht einem Zerfall pro Sekunde oder ca. 27 pC (picocurie).

Beizmittel Präparat, das bei Getreide-, Gemüse- und Rübensamen zum vorbeugenden Schutz (Beizung) gegen Schadpilze eingesetzt wird.

Beladung Austauschvorgang an einem Ionenaustauscherharz während seiner Arbeitsphase zwischen zwei Regenerationen.

Belastungswert Schadeinheit im AbwAG.

Belebtschlamm Der beim biologischen Abbau von Abwässern entstehende Schlamm (nach DIN 4045), überwiegend aus aeroben Mikroorganismen (→ Bakterien und → Protozoen) bestehend.

Belebungsbecken Becken, in dem Abwasser und Belebtschlamm gemischt wird und die Mikroorganismen durch Belüftung mit Sauerstoff versorgt werden.

Belüftung Mechanische Zufuhr von Luft zur chemischen und biochemischen Zersetzung von Abfällen oder Abwasser durch die Einwirkung von Sauerstoff.

Benetzung Eigenschaften von Lösungen, Grenzflächenspannungen zwischen verschiedenen Phasen aufzuheben oder herabzusetzen.

Benthal Bodenzone eines Gewässers.

Benzpyren Aromatischer Kohlenwasserstoff mit kondensierten Benzolkernen. Das 3,4-Benzpyren findet sich im Steinkohlenteer, entsteht bei → Pyrolyse verschiedener cellulosehaltiger Materialien sowie im Kompost von Siedlungsabfällen, im Ruß und in Abgasen von Verbrennungskraftmaschinen. Seine cancerogene Eigenschaft ist eindeutige erwiesen.

Betastrahlung Teilchenstrahlung, die aus beim radioaktiven Zerfall von Atomkernen ausgesandten Elektronen besteht.

Beweissicherung Lückenlose Dokumentation eines Ist-Zustandes zwecks Verwendung in einem Beweisverfahren, evtl. zu einem Zeitpunkt, in dem sich der Ist-Zustand bereits verändert hat.

BfG Bundesanstalt für Gewässerkunde, Koblenz.

BGA Bundesgesundheitsamt, Berlin.

BHC Benzene Hexa Chloride = Hexachlorcyclohexan.

BImSchG Bundesimmissionsschutzgesetz Gesetz zum Schutz vor schädlichen Umwelteinwirkungen durch Luftverunreinigungen, Geräusche, Erschütterungen und ähnliche Vorgänge, die nach Art, Ausmaß oder Dauer geeignet sind, Gefahren, erhebliche Nachteile oder erhebliche Belästigungen für die Allgemeinheit oder die Nachbarschaft herbeizuführen.

binär Auf zwei Werte (0,1) zurückführbar.

Bioakkumulation Anreicherung von Stoffen in lebenden Organismen, ohne daß diese zum normalen Stoffwechsel gehört.
Bei der großen biologischen Variabilität kann es sowohl von Art zu Art, als auch in Abhängigkeit von Geschlecht, Gesundheitszustand und individuellen Merkmalen beträchtliche Unterschiede in der Aufnahme und Ausscheidungsgeschwindigkeit von Stoffen geben.

Biochemie Wissenschaft, die mit Hilfe chemischer und physikalischer Methoden die den Lebensäußerungen zugrundeliegenden chemischen Vorgänge erforscht. Grenzwissenschaft zwischen Biologie, Chemie und Medizin.

Biofilter Filter mit aeroben Mikroorganismen zur Unterdrückung der Geruchsbelästigung.

Biofloc-Verfahren Biologisch-chemisches Verfahren zur Abwasserreinigung, bei dem Belebtschlamm in die Nachstufe eingeleitet wird und als Adsorptions- und Flockungsmittel wirkt.

Biogas → Faulgas.

Biologie Wissenschaft vom Leben, die mit verschiedenen Hilfsmitteln und Methoden aus Zoologie, Botanik, Chemie, Physik und Mathematik die Lebenserscheinungen in allen ihren Formen und deren Gesetzmäßigkeit erforscht. Auf die Ergebnisse der B. bauen Land- und Forstwirtschaft, Tier- und Pflanzenzucht, Fischerei, Gartenbau, Pflanzenschutz, Schädlingsbekämpfung, Naturschutz, Medizin und Tiermedizin auf.

Biologischer Abbau Molekularer Abbau organischer Substanz durch komplexes Einwirken lebender Organismen.

Biologische Abbaubarkeit Eigenschaft einer organischen Substanz, durch Mikroorganismen zersetzt zu werden.

biologisch abbaubare Materialien Substanzen, die durch die Enzyme von Mikroorganismen abgebaut (mineralisiert) werden können.

biologisch-dynamische Wirtschaftsweise Landbaumethode auf geisteswissenschaftlicher Grundlage, 1924 von dem Antroposophen Rudolf Steiner begründet. Man rechnet mit dem Einfluß kosmischer Kräfte auf Boden, Pflanze, Tier und Mensch. Mit kompostiertem Stallmist oder Kompost unter Zusatz von Kräuterpräparaten in homöopathischen Dosen sowie mit organischen Handelsdüngern und langsam wirkenden Mineralstoffen ernährt man die Mikroorganismen des Bodens. Pflanzenschutz erfolgt ohne synthetisch hergestellte Pflanzenschutzmittel, vor allem mit Ackerschachtelhalm- und Kieselpräparaten, deren Wirkung durch Beachtung kosmischer Konstellation verbessert wird. Diese finden auch bei der Unkrautbekämpfung Berücksichtigung.

Biologischer Rasen Festsitzende schleimige

Bakterienkultur auf Tropfkörperanlagen.

Biologische Schädlingsbekämpfung Natürliche und im weiteren Sinne auf biochemischer Basis beruhende Methoden der Schädlingsbekämpfung. Gründet sich auf Gegenspieler der Schädlinge und versucht, diese gezielt zu fördern.

Biomagnifikation Niedere Organismen werden von höheren Lebewesen gefressen (Nahrungskette). Hierbei werden Stoffe selektiv angereichert.

Biomasse Gesamtmasse aller in einem bestimmten Raum enthaltenen Lebewesen.

Bionik (aus Biologie u. Technik gebildet), Forschungsgebiet der Anwendung biologischer Prinzipien zur Lösung technischer Probleme.

Biotechnik Technische Nutzbarmachung von biologischen Vorgängen und Organismen. Im Pflanzenschutz z.B. Einsatz von in Massenzucht gewonnenen Schlupfwespen zur Paratisierung schädlicher Schmetterlingsraupen.

Biotest Biologisches Testverfahren, mit dem giftige Stoffe im Trinkwasser festgestellt werden können.

Biotop Lebensraum oder Standort von Tieren und Pflanzen, z.B. Trockenhang, Seeufer, Almwiese; beherbergt eine bestimmte Lebensgemeinschaft oder Biozönose.

Biozide Substanzen, die Organismen abtöten (Pestizide).

Biozönose Lebensgemeinschaft von Pflanzen und Tieren, die in gegenseitiger Abhängigkeit und Beeinflussung in einem Biotop stehen (→ Ökosystem).

Blähschlamm Schlecht absetzbarer Belebtschlamm mit geringem Feststoffgehalt

Blattherbizide Herbizide, die auf die grünen, oberirdischen Teile der Pflanzen wirken, wobei diese den Wirkstoff aufnehmen. Man unterteilt die B. in Kontaktherbizide und translocated herbicidedes. Es gibt heute jedoch Wirkstoffe, die sowohl eine Kontaktwirkung besitzen, als auch in der Pflanze transportiert werden.

BLEVE Boiling Liquid Expanding Vapour Explosion, Explosion eines Tanks mit brennbarem Druckgas, ausgelöst durch äußeren Brand.

Blue Book Carriage of Dangerous Goods in Ships, Report of the Standing Advisory Committee 1970.

BMFT Bundesminister für Forschung und Technologie.

BMI Bundesminister des Innern.

BMJFG Bundesminister für Jugend, Familie und Gesundheit.

BMV Bundesminister für Verkehr.

BOD Biochemical oxygen demand, → BSB.

Bodenbakterien Arten- und formenreiche Bakterien-Gruppe im Boden, besonders in der lockeren Ackerkrume; durch Bau- und Betriebsstoffwechsel an Stoffumsetzungen im Boden beteiligt; zum Teil frei (Azotobakter, Clostridium) oder in Gemeinschaft mit höheren Pflanzen lebend; heterotrophe Arten sind wesentlich am Abbau organischen Materials im Boden beteiligt, autotrophe Arten führen lebenswichtige Umsetzungen anorganischer Stoffe, z.B. Bindung von Luftstickstoff, durch.

Bodenherbizide Herbizide, die vornehmlich über den Boden durch die Wurzeln in die Pflanze gelangen und dort wirken.

Bodenorganismen Fauna und Flora des Bodens, die Gesamtheit der im Boden vorkommenden Lebewesen, wie z.B. Würmer, Insekten und ihre Larven, Asseln, Milben, Tausendfüßler, Schnecken sowie eine Vielzahl von Bodenbakterien und -pilzen.

Botanik Lehre vom Pflanzenreich.

Botulismus Meldepflichtige Vergiftungskrankheit bei Mensch und Tier, verursacht durch die von Bakterien (Clostridium botulinum) gebildeten Toxine.

Brandklasse Die Brandklassen für brennbare Stoffe sind nach DIN 14406 wie folgt festgelegt:

A) Feste Stoffe:
Holz, Stroh, Faserstoffe, Kohle, Papier, Braunkohlenstaub, Ruß, Korkmehl, Textilfasern, Reifen usw.
Löschmittel;
Strahlrohr, Naßlöscher, Schaumlöscher, Netzmittellöscher.

B) Flüssigkeiten oder flüssig werdende Stoffe:
Benzin, Benzol, Heizöl, Ether, Alkohol, Öle, Lacke, Farben, Teer usw.
Löschmittel:
Schaumlöscher, Trockenlöscher, CO_2-Löscher (Schnee)

C) Gase unter Druck:
Wasserstoff, Propan, Acetylen, Stadtgas, Erdgas usw.
Löschmittel:
Trockenlöscher, CO_2-Löscher (Gas)

D) Leichtmetalle
Magnesium-Legierungen, Aluminiumstaub usw.
Löschmittel:
Sand, Salz, Graugußspäne, Sonderlöscher.

Brechungsindex Der Brechungsindex eines Stoffes [n_D] ist das Verhältnis der Vakuumlichtgeschwindigkeit zur Lichtgeschwindigkeit in diesem Stoff. Er ist ein dimensionaler Zahlenwert > 1 und ist abhängig von der Wellenlänge des Lichtes. Er wird gewöhnlich bei 20 °C im Vergleich zur Luft angegeben und auf die Lichtwellenlänge 589.3 nm (Natrium-D-Linie) bezogen (DIN 54491).

Brennpunkt Temperatur, bei der ein Stoff ohne Fremdentzündung weiterbrennt. Liegt ca. 10 °C höher als der → Flammpunkt.

BSB Biochemischer Sauerstoffbedarf (engl. BOD), meist innerhalb von 5 Tagen ermittelt (BSB_5). Andere Angaben zur Sauerstoffzehrung: chemischer Sauerstoffbedarf CSB (COD), Gesamt (= theoretischer) Sauerstoffbedarf (TOD).

BSBT-30 Biologische Abbaubarkeit, biochemischer Sauerstoffbedarf in Prozent der Theorie nach 30 Tagen. Der biochemische Sauerstoffbedarf ist ein quantitatives Maß für die Geschwindigkeit des aeroben mikrobiellen Abbaus chemischer Substanzen. Der theoretische Sauerstoffbedarf entspricht der vollständigen Mineralisierung einer Verbindung.

BStatG Gesetz über die Statistik für Bundeszwecke (Bundesstatistikgesetz) vom 14. März 1980.

C

Calciumcarbonat Calciumcarbonat $CaCO_3$ und Calciumhydrogencarbonat („Calciumbicarbonat") sind als härtebildende Salze verantwortlich für die Carbonathärte des Wassers.

Calciumbicarbonat → Calciumcarbonat.

Cancerogen Krebserzeugend, carcinogen.

Cancerogene Stoffe Onkogene (krebserzeugende) Stoffe, Carcinogene.

Cancerogenität Fähigkeit, Krebs zu bilden oder zu verursachen.

Carcinogen → cancerogen.

Carcinogenese Krebsbildung.

Carcinom Krebsgeschwulst.

Carbamate Derivate der Carbaminsäure, z.B. die fungizid wirkenden Thiocarbamate Maneb = Mangan-ethylen-1,2-bis-dithiocarbamat und Zineb = Zink-ethylen-bis-dithiocarbamat. Daneben gibt es auch insektizid und herbizid wirkende Carbamate, z.B. Carbaryl = N-Methyl-1-naphthyl-carbamat, Propoxur = 2-Iso-propoxyphenyl-N-methylcarbamat und Aldicarb = 2-Methylthio-propionaldehyd-O-(methylcabamoyl-oxim).

Carbonathärte Die Menge der Härtebilder, die als Hydrogen-carbonate oder Carbonate (HCO_3^-, $CO_3^=$) vorhanden sind.

CAS
(a) Chemical Abstracts Service.
Chemical Abstracts (CA) ist eine wöchentlich erscheinende Zeitschrift, die Referate über Veröffentlichungen aus den Gebieten der Chemie und der chemischen Technik enthält. Zur Herstellung der Chemical Abstracts werden mehr als 13000 Zeitschriften, Patente aus 26 Ländern, neue Bücher sowie Konferenz- und Forschungsberichte überwacht und daraus diejenigen Dokumente ausgewählt, die sich auf die Chemie und die chemische Technik beziehen.
(b) Commission for Atmospheric Sciences (→ WMO).

CAS REGISTRY NUMBER Jede Verbindung, die aus der Primärliteratur in ein Register der Chemical Abstracts übernommen wird, erhält bei ihrem ersten Auftreten eine individuelle Nummer (Registry-Number). Außerdem geht in das Registry-System für jede Verbindung eine in Maschinensprache gehaltene eindeutige Beschreibung ihrer strukturellen und stereochemischen Merkmale ein, so daß sich sofort feststellen läßt, ob eine Substanz bereits registriert wurde. Da jede Registry-Number immer nur eine Verbindung bezeichnet (sofern sie in bezug auf ihre Atome, Bindungen und Stereochemie vollkommen definiert ist), können diese Numbern im internationalen wissenschaftlichen Gebrauch zur eindeutigen Kennzeichnung von Verbindungen dienen. Das Registry-System enthält derzeit ca. vier Millionen Verbindungen.

CBS Commission for Basic Systems (→ WMO).

CCPR Codex Committee on Pesticide Residues, Komitee des Codex Alimentarius Mondialis zur weltweiten Festlegung von Toleranzen für Pflanzenschutzmittel-Rückstände auf oder in Erntegütern, errechnet aus den medizinisch duldbaren Höchstmengen und der → good agricultural practice.

CEFIC Conseil Européen des Fédérations de l'Industrie Chimique (europäischer Chemieverband).

CFR 49 Vorschriften für den Transport gefährlicher Güter in der Seeschiffahrt, Code of Federal Regulations Title 49 (Shipping), USA.

Chargenbetrieb Diskontinuierlicher Verfahrensbetrieb, z.B. in der Farben- und Lackherstellung. Die Farbtöne sind nur innerhalb derselben Charge garantiert gleich.

ChemG → Chemikaliengesetz.

Chemikalie Unter diesen Begriff fallen Elemente, Verbindungen und Mischungen.

Chemikaliengesetz Gesetz zum Schutz vor gefährlichen Stoffen.

Chemische Abwasserbehandlung Dritte weitergehende Reinigungsstufe durch Fällung speziell für Schwermetalle, Phosphate usw.

Chemische Eigenschaften Summe aller Merkmale eines Stoffs, die seine chemische Beschaffenheit ausdrücken.

Chemischer Nachweis Identifizierung eines chemischen Elementes oder einer chemischen Verbindung in einem reinen Stoff oder einem Gemenge.

Chemischer Pflanzenschutz Schutz von Kulturpflanzen durch Bekämpfung von Schädlingen und Krankheiten mit Chemikalien synthetischer oder natürlicher Herkunft.

Chemischer Sauerstoffbedarf CSB, eine Maßzahl zur Bestimmung des Verschmutzungsgrades von Gewässern. Der CSB gibt an, wieviel Sauerstoff zur vollständigen Oxidation der organischen Stoffe im Wasser durch Chemikalien benötigt wird.

Chemische Sense Chemische Hacke, Anwendung von Herbiziden.

Chemische Unkrautbekämpfung Einsatz von Herbiziden.

Chemosterilant Chemisches Mittel, das die Fortpflanzungsfähigkeit bestimmter pflanzenschädigender Insekten, Milben, Nagetiere usw. herabsetzt oder unterbindet.

Chemosterilisation Verfahren, bei dem die Fortpflanzungsfähigkeit bei Insekten mit chemischen Mitteln (→ Chemosterilant) eingeschränkt oder unterbunden wird. Auch energiereiche Strahlung zur Chemosterilisation.

Chicken Oedema Hühnerkrankheit, zuerst 1957 entdeckt. Diese Tierkrankheit tritt auf, wenn Futtermittel verfüttert werden, die Penta- und Hexachlornaphthalin (Halowax 1014) oder verschiedene PCB-Mischungen enthalten.

Chiralität Chiral (händig) ist jedes Molekül, das mit seinem Spiegelbild nicht zur Deckung gebracht werden kann. Achirale Moleküle weisen dagegen Spiegelsymmetrie auf. Chiralität ist die hinreichende und notwendige Bedingung für das Vorhandensein von Enantiomeren. Häufigste Ursache der Chiralität ist das asymmetrische Kohlenstoffatom, das vier verschiedene Liganden besitzt.

Chlorakne Hauterkrankung, die durch Vergiftung mit Polychlornaphthalinen und anderen Organochlorverbindungen hervorgerufen wird.

Chlorkohlenwasserstoffe Chlorhaltige organische Verbindungen; Verwendung als Lösungsmittel, Kühl- und Isoliermittel, Weichmacher (→ PCB), auch als Pflanzenschutz- und Schädlingsbekämpfungsmittel-Wirkstoffe.

Chlorierung Einführung von Chlor in eine chemische Verbindung.

Chlorung Zusatz von Chlor zum Wasser zur Entkeimung.

Cholinesterasehemmung Hemmung des Enzyms Cholinesterase durch Phosphorsäureester. Die Hemmung wird als 50 %-Wert meist auf Parathion-Äquivalente bezogen.

Chromatogramm Auf einem Papierstreifen aufgezeichneter Kurvenverlauf, der mittels eines (Gas-) → Chromatographen gewonnen wurde; erlaubt Rückschlüsse auf die Zusammensetzung eines Stoffgemisches.

Chromatograph Gerät zur Auftrennung von Stoffgemischen zu ihrer Identifizierung in der Gasphase (GC, Gaschromatograph) oder als Flüssigkeit (HPLC, Hochdruckflüssigchromatograph).

Chromatographie Analytische Methode zur Trennung von Stoffgemischen. Die verschiedenen Varianten (Adsorptions-Ch., Verteilungs-Ch., Papier-Ch., Dünnschicht-Ch., Gas-Ch., Flüssigkeits-Ch.) beruhen auf dem Prinzip der unterschiedlichen Verteilung der Bestandteile (Komponenten) eines Gemisches (z.B. farbige Naturstoffe, Aminosäuren, Kohlenwasserstoffe) in den verschiedenen Phasen.

chronisch Langsam verlaufend, lange andauernd, langwierig.

chronische Toxizität Die schädliche Wirkung eines chronisch wirkenden Schadstoffs tritt erst nach langandauernder Verabreichung auf. Chronische Tierversuche dauern 1 - 3 Jahre.

CHy Commission for Hydrology (→ WMO).

CID Zentralstelle für nukleare Information und Dokumentation der EG.

cis→ cis/trans-Isomerie

cis/trans-Isomerie Bei bestimmten Molekülformen können zwei Substituenten (Seitengruppen) auf der gleichen Seite (cis) oder auf gegenüberliegenden Seiten (trans) angebracht sein. Die beiden cis/trans-Isomeren haben zwar die gleiche Summenformel, unterscheiden sich aber geringfügig in ihren Eigenschaften.

CKW → Chlorkohlenwasserstoff, ein Chlor enthaltender → Halogenkohlenwasserstoff.

Clophen Handelsbezeichnung der Bayer AG für Polychlorbiphenyle.

Club of Rome 1968 in Rom gegründete internationale Vereinigung von ca. 70 Wissenschaftlern aller Wissenschaftsrichtungen, die versuchten, mit Hilfe eines „Weltmodells" (MIT-Modell, MIT = Massachusetts Institute of Technology) die Wechselwirkungen von Erdbevölkerung, Rohstoffreserven, Umweltverschmutzung, Industrialisierung, Landwirtschaft usw. transparent zu machen, um so ein Instrumentarium für anstehende politische Entscheidungen vorzubereiten. Das Endziel ist die Definition einer „quality of life" (Lebensqualität).

Cluster Aus vielen Teilen oder Molekülen zusammengesetztes System.

Cocancerogenität Eigenschaft eines Stoffs, nur in Verbindung mit weiteren Substanzen cancerogen zu wirken, (→ Cancerogenität).

Codex Alimentarius Mondialis Gemeinsame WHO/FAO-Kommission; einzelne Komitees erarbeiten internationale Standards zum Schutz der Konsumenten → CCPR.

CO_2-Löschmittel In verflüssigtem Zustand in Druckgasflaschen oder tiefgekühlt gespeichert. Verdunstungskälte verwandelt einen Teil in Kohlendioxidschnee (Trockeneis). Durch entsprechende Düse auch Anwendung von Kohlendioxidgas allein möglich. Löschwirkung: Bei Brandklasse B (mit Schneerohr) und C (mit Gasdüse) sowie bei Gegenwart elektrischer Spannung Ersticken durch Beimischen einer Kohlendioxid-Gaswolke im Verbrennungsbereich dampfbildender oder gasförmiger Brennstoffe, Kohlendioxid wirkt in umschlossenen Räumen und bei höherer Konzentration als Atemgift. Kohlendioxidschnee kann durch Kälte magnetische Datenträger von Rechenanlagen zerstören.

Cost/benefit-Analyse Kosten-Nutzen-Analyse, volkswirtschaftliche bzw. technische Untersuchung, bei der die aufzuwendenden Kosten mit dem zu erwartenden Nutzen verglichen werden.

CSB → Chemischer Sauerstoffbedarf.

CSB-Fracht Menge der mit einem Abwasser zufließenden oxidierbaren Belastungsstoffe pro Zeiteinheit (z.B. Tagesfracht).

CSV Chemischer Sauerstoff-Verbrauch, Bezeichnung für die als Sauerstoffäquivalente ausgedrückten Oxidationsmittelmengen, die bei einem durch eine spezielle Arbeitsvorschrift charakterisierten Vorgang verbraucht wird. Die Angabe eines CSV-Wertes erfordert daher grundsätzlich auch die Angabe der angewandten Arbeitsweise.

Curie Einheit der Aktivität. Die Aktivität von 1 Curie (Ci) liegt vor, wenn $3{,}7 \cdot 10^8$ Atomkerne je Sekunde zerfallen.

D

DABAWAS Datenbank wassergefährdender Stoffe, in das Informationssystem INFUCHS des Umweltbundesamtes integriert.

Dampfdichteverhältnis Bezogen auf Luft = 1 gibt es die Dichte des betreffenden Stoffes in dampf- oder gasförmigem Zustand. Werte über 1 bedeuten, daß die Gase oder Dämpfe schwerer als Luft sind und sich am Boden ausbreiten, während Werte unter 1 für Gase oder Dämpfe gelten, die leichter als Luft sind, also aufsteigen.

Dampfdruck Der Dampfdruck ist derjenige Druck, unter dem eine Flüssigkeit oder ein fester Stoff sich im Gleichgewicht mit dem eigenen Dampf befindet. Er wird auch als Sättigungsdampfdruck bezeichnet. Der Dampfdruck hängt von der Temperatur der zugehörigen festen oder flüssigen Phase ab. Üblicherweise wird der Dampfdruck auf 20 °C bezogen. Die Einheit ist 1 mbar (= 100 N/m^2).

Dano-Biostabilisator Maschinelle Einrichtung zur Kompostierung von Müll in einer Drehtrommel.

Daphnien Wasserflöhe, Kleinkrebse.

Daphnientest Biotest/empfindlicher Toxizitätstest zur Erfassung von Schadwirkungen auf Daphnien als Teil einer ökotoxikologischen Bewertung.

Datenschutz Schutz der Daten von Rechtsträgern und ihrer Privatsphäre (Individual-Datenschutz) sowie von rechtlichen Institutionen und ihrer verfassungsrechtlichen Position (Datenschutz im weiteren Sinne). Der Datenschutz ist vornehmlich ein rechtliches Problem.

Dauerzufluß Parameter zur Bemessung von Pumpwerken, setzt sich aus häuslichem und industriellem Abwasser sowie aus Grund- und Sickerwasser zusammen.

DDE Dichlor-diphenyl-ethan, ein Abbauprodukt des DDT.

DDT Dichlor-diphenyl-trichlorethan, bekanntes Schädlingsbekämpfungsmittel, sehr aktives Kontakt-Insektizid, außergewöhnlich persistent, sein Einsatz führte u. a. zu einer drastischen Reduzierung der Malaria. DDT reichert sich über die Nahrungskette auch im menschlichen Körper an. DDT findet sich inzwischen auf der ganzen Erde, selbst im Eis der Antarktis. In der BRD aufgrund des DDT-Gesetzes verboten (Herstellung, Einfuhr, Ausfuhr, Erwerb, Anwendung, Inverkehrbringen). Für etliche Lebensmittel sind Rückstandshöchstmengen für DDT in der Pflanzenschutzmittel-Höchstmengenverordnung festgelegt.

Deionat Von Ionen befreite Lösung. Vorzugsweise im Bereich der Wasseraufbereitung eingeführter Begriff für Wasser, das durch Ionenaustausch von gelösten Elektrolyten praktisch vollständig befreit ist (deionisiertes, demineralisiertes Wasser). Gebräuchliche Abkürzungen: DI, DIW (deionisiert), VE, VEW (vollentsalzt), E-Wasser (entsalzt). Siehe auch → aqua dest.

Dekontamination Beseitigung toxischer, mikrobieller oder radioaktiver Verunreinigungen.

Demi → Deionat.

DEM-Wasser → Deionat.

Derivat Abkömmling; chem. Verbindung, die aus einer anderen entstanden ist; in Aufbau oder Eigenschaften noch mit dem Ursprung verwandt.

dermal Aufnahme durch die Haut.

Dermatose Hauterkrankung.

Dermatitis Hautentzündung.

Descriptor Descriptoren sind normale logische Begriffe der Umgangssprache, d. h. keine codierten Definitionen.

Desorption Rückgängigmachen der Adsorption; Ablösung von Gasen, Flüssigkeiten oder Feststoffen von Oberflächen.

Destruenten Organismen, die tote organische Substanzen und Ausscheidungsprodukte mineralisieren.

Destwasser → aqua dest.

Detonation Während bei Explosionen sich die Reaktion vornehmlich durch Wärmeleitungs- und Diffusionsvorgänge fortpflanzt und durch die gleichzeitig entstehenden Gemischströmungen Flammengeschwindigkeiten unter 100 m/s auftreten, wird bei Detonationen die Reaktion durch die Stoßwellen ausgelöst, die Flammengeschwindigkeiten von einigen km/s bewirken.

DEV Deutsche Einheitsverfahren zur Wasser-Abwasser-Schlammuntersuchung, allgemein verbindliche Richtlinien, die von der Fachgruppe Wasserchemie der Gesellschaft Deutscher Chemiker herausgegeben und laufend ergänzt werden. Bezug durch den Verlag Chemie, Weinheim/Bergstraße.

Dezibel dB, Maßeinheit für die Größe der Druckschwankungen bei Lärmmessungen.

Dezibel A db (A), Meßgröße für den Schallpegel, bewertet nach der Lautstärke. Da die Meßskala logarithmisch aufgebaut ist, entspricht eine Zunahme von 10 db (A) ungefähr einer Verdoppelung des Schallpegels gegenüber dem Ausgangswert.

DGD Deutsche Gesellschaft für Dokumentation.

°dh Veraltetes Maß für die Gesamthärte des Wassers. Bedeutung:

bis 4 °dH	sehr weich
4 bis 8 °dH	weich
8 bis 12 °dH	mittelhart
12 bis 18 °dH	ziemlich hart
18 bis 30 °dH	hart
30 °dH und mehr	sehr hart

Neue SI-Einheit für die Konzentration härtebildender Salze im Wasser: Stoffmengenkonzentration bzw. Molarität, Einheit mol/m^3.

DI → Deionat.

Dialyse Trennung gelöster Teilchen durch Membranen.

DIC Dissolved Inorganic Carbon, anorganisch gebundener Kohlenstoffgehalt der nach Filtration in einem Abwasser gelösten Belastungsstoffe.

Dichte Die Dichte δ eines Stoffes ist der Quotient aus der Masse m einer Stoffportion und dem zugehörigen Volumen V:

$$\delta = \frac{m}{V} \text{ [g/cm}^3\text{]}$$

Bezugstemperatur ist 20 °C, für Mineralölprodukte aber 15 °C (DIN 51757).

Diffusion Gegenseitige Durchdringung von Materie (Gase, Flüssigkeiten).

digital Darstellungsweise einer Größe oder ihres Verlaufes durch eine endliche Zahl vereinbarter Stufen (Gegensatz zu analog).

digitale Daten Daten, die nur aus Zeichen bestehen.

DIMDI Deutsches Institut für medizinische Dokumentation und Information, Köln.

Dioxin → TCDD.

Dispergiermittel Dispersionsmittel, grenzflächenaktive Verbindung, die feingemahlene, aber unlösliche Substanzen (z.B. Pflanzenschutz-Wirkstoffe) im Wasser zur feinen Verteilung bringt und sie für eine bestimmte Zeit in Schwebe hält.

Dispersionstendenz Gibt an, in welche Gebiete außerhalb des unmittelbaren Anwendungsbereichs der Stoff hingelangen kann.

Dissimilation Stufenweiser oxidativer Abbau energiereicher organischer Verbindungen zur Gewinnung von Energie zum Aufbau neuer organischer Verbindungen.

Dissoziation Aufspaltung chemischer Verbindungen in Wasser in ihre Ionen.

dissoziieren → Dissoziation.

Dithiocarbamate → Carbamate.

Diuretikum Harntreibendes Mittel.

DIW → Deionat.

DK Dezimalklassifikation.

DKI Deutsches Kunststoff-Institut.

D-Löschpulver Fein gemahlenes Pulver verschiedener Zusammensetzung.
Das Löschmittel wird durch Treibmittel als Pulverbrause ausgestoßen. D-Löschpulver muß fast drucklos vorsichtig in größerer Schicht auf brennende Metalle aufgebracht werden.

DNA
- a) Deutsches Institut für Normung DIN (früher Deutscher Normenausschuß).
- b) Desoxyribonucleic acid, Desoxyribonukleinsäure (DNS).

DOC Dissolved Organic Carbon, organisch gebundener Kohlenstoffgehalt der nach Filtration in einem Abwasser gelösten Belastungsstoffe.

Dosis Bemessene Menge, z.B. Aufwandmenge oder Menge der absorbierten ionisierenden Strahlung.

Dosierung Bemessen einer Menge.

Dosis letalis LD, tödliche Menge.

Dosiswerte

Toxische Dosis (dosis toxica, dos. tox.) = Dosis, die meist zu erheblichen Nebenwirkungen führt (bei Arzneimitteln).

Letale Dosis (LD) = die Dosis, die meist tödlichen Ausgang zur Folge hat.

Dosis tolerata (dos. tol.) = Dosis, bei der 75 % der Versuchstiere überleben.

Fatal dose (FD) = Dosis, bei der 25 % der Versuchstiere überleben.

Minimale letale Dosis (LD_{05}) = Dosis, bei der 5 % der Versuchstiere sterben.

Mittlere letale Dosis (LD_{50}) = Dosis, bei der 50 % der Versuchstiere sterben.

Absolute letale Dosis (LD_{100}) = Dosis, bei der 100 % der Versuchstiere sterben.

DOT US Department of Transport.

DTA-Wert Duldbare Tägliche Aufnahmemenge zur Bewertung eventueller Pflanzenschutzmittelrückstände in Lebensmitteln. Dieser Wert wird, solange keine staatlich autorisierte Stelle die Festlegung übernimmt, von der Senatskommission für Pflanzenschutz-, Pflanzenbehandlungs- und Vorratsschutzmittel der DFG aufgestellt. Voraussetzung für eine derartige zahlenmäßige toxikologische Bewertung eines Pflanzenschutzmittels für den Konsumenten sind Ergebnisse nach Art und Umfang ausreichender Tierversuche von mindestens 90 Tagen Dauer, wozu weiterhin auch Resultate aus speziellen Untersuchungen treten können.

Dünnsäure Auf einen Gehalt von 20 % gebrachte verbrauchte Schwefelsäure.

DVGW Deutscher Verein des Gas- und Wasserfachs, Eschborn.

DVWL Deutscher Verband für Wasserwirtschaft und Landeskultur e.V., Bonn.

DVWW Deutscher Verein der Wasserwirtschaft.

E

EAB Europäisches Arzneibuch.

EC Effektive Konzentration.

ECD Electron capture detector,

ElektronenEinfang-Detektor. Spezifisches Nachweisinstrument für die Gaschromatographie von Halogenverbindungen im Wasser und Abwasser.

ECDIN Environmental Chemicals Data and Information Network, Projekt der Kommission der Europäischen Gemeinschaften, realisiert in der Gemeinsamen Forschungsstelle (Euratom), Ispra (Italien).

Ecdyson Häutungshormon der Insektenlarven, → Juvenilhormon.

ECE Economic Commission for Europe (Wirtschaftskommission für Europa, Unterorg. d. UN).

ED Effektive Dosis.

Effektive Äquivalentdosis Wird hochgerechnet aus den radiochemischen Dosisäquivalenten einzelner Körperorgane und Gewebearten unter Berücksichtigung gewebsspezifischer Gewichtungsfaktoren.

EG Europäische Gemeinschaft.

EG-Richtlinien Die Europäische Gemeinschaft erarbeitet z.B. Empfehlungen für den Umgang mit gefährlichen chemischen Stoffen. Das Ergebnis wird in den Richtlinien des Rates der Europäischen Gemeinschaften zur Angleichung der Rechts- und Verwaltungsvorschriften für die Einstufung, Verpackung und Kennzeichnung gefährlicher Stoffe veröffentlicht. Die Mitgliedsländer sind verpflichtet, diese Vorschriften in die nationale Gesetzgebung zu übernehmen. In der BRD geschieht dies durch die Verordnung über gefährliche Arbeitsstoffe.

EGW Einwohnergleichwert, Meßwert für die Belastung kommunaler oder industrieller Abwässer mit biologisch abbaubaren Substanzen. Als Vergleichswert gilt der mittlere → BSB_5-Wert von 60 g/Einwohner und Tag. Der EGW ist ein wichtiger Parameter bei der Auslegung biologischer Abwasserbehandlungsanlagen.

Einheiten (s. folgende Seite).

Ektotoxine Von lebenden Bakterien abgegebene Giftstoffe.

EL
a) Einsatzleitung.
b) extra-leicht (→ Heizöl EL).

Elektron Negativ elektrisch geladenes Elementarteilchen, Zeichen e^-.

Element Substanz, die nicht durch gewöhnliche chemische Reaktion zerlegt oder chemisch aufgebaut werden kann. Chemische Verbindungen bestehen aus zwei oder mehreren von insgesamt etwa 100 Elementen.

Eliminierung Als Eliminierungsprozesse gelten in erste Linie aerobe, aber auch anaerobe biochemische Vorgänge, ferner chemische Vorgänge wie Oxidation, Reduktion, Komplexbildung und physikalische Vorgänge wie Adsorption und stripping, sofern eine irreversible Konzentrationsverminderung stattfindet. Die wichtigsten Eliminierungsmethoden (Verfahren zur Wasseraufbereitung) sind:
Aktivkohlefiltration (Af)
Aktivkohlepulver (Ak)
Bodenpassage (B)
Kalkfällung (Ca)
Chlorung (Cl_2)
Chlordioxid (ClO_2)
Desinfektion (De)
Enthärtung (Eh)
Flockung (Fl)
Flockung mit Aluminiumsalzen (Fl-Al)
Flockung mit Eisensalzen (Fl-Fe)
Hochlorung (H-Cl_2)
Ionenaustausch (IO)
Abkochen (K)
Kiesfiltration (Kf)
Kaliumpermanganat ($KMnO_4$)
Kunststoffe (Kn)
Langsamsandfiltration (L)
Neutralisation (N)
Belüftung (O_2)
Ozonung (O_3)
Schnellfiltration (S)
Sedimentation (Se)
Uferfiltration (U)
UV-Strahlen (UV)
Vor/Grobfiltration (V)

Eluat Durch → Eluieren herausgelöster Stoff in Lösung.

eluieren Einen sorbierten Stoff mit Hilfe eines geeigneten Lösungsmittels vom Sorbens ab- oder herauslösen.

Embryotoxizität Wird hervorgerufen durch hohe Dosen → teratogener Substanzen.

Emissionen Die von Anlagen, Kraftfahrzeugen oder Produkten an die Umwelt abgegebenen Verunreinigungen (Gase, Stäube, Flüssigkeiten), Lärm, Strahlen, Wärme; vorwiegend im Zusammenhang mit Luftverschmutzung gebraucht.

Emissionskataster Listenmäßige Darstellung sämtlicher in einem Belastungsgebiet auftretenden Emissionen, z.B. aus Kraftwer-

Einheiten

Größe	SI-Einheiten	Zusätzlich zugelassene Einheit	Beziehung zwischen Einheiten
Länge	m (Meter)	—	—
Fläche	m^2 (Quadratmeter)	—	—
Volumen	m^3 (Kubikmeter)	l [3] (Liter)	1 l = $10^{-3}m^3$
Zeit	s (Sekunde)	min (Minute)	1 min = 60 s
		h (Stunde)	1 h = 3600 s
		d (Tag)	1 d = 86.400 s
Masse	kg (Kilogramm)	g (Gramm)	1 g = 10^{-3} kg
		t (Tonne)	1 t = 10^3 kg
Dichte	kg/m3	k	1 kg/l = 10^3 kg/m^3
Temperatur	K (Kelvin)	°C (Grad Celsius)	0 °C ≙ 273,15 K
Temperaturdifferenz	K (Kelvin)	°C (Grad Celsius)	1 °C = 1 K
Kraft	N (Newton)	—	1 N = 1 kg · m/s
Druck	Pa (Pascal)	bar (Bar)	1 Pa = 1 N/m^2
			1 bar = 10^5 Pa
Mechanische Spannung	N/m^2	N/mm^2	1 N/mm^2 = 1 MPa
Arbeit }	kWh (Kilowattstunde)	1 kWh = 3,6 MJ	
Energie }	J (Joule)		1 J = 1 N · m = 1 W · s
Wärmemenge }		eV (Elektronvolt)	1 eV = 0,1602 · 10^{-18} J
Leistung	W (Watt)	—	1 W = 1 J/s = 1 N · m/s
Kinematische Viskosität	m^2/s	mm^2/s	1 mm^2/s = 10^{-6} m^2/s
Dynamische Viskosität	Pa · s	mPa · s	1 mPa · s = 10^{-3} Pa · s

Maßeinheit der Konzentration (allgemein)	Maßeinheit der Konzentration für wäßrige Proben	Vergleich
1 %	10 Gramm pro Liter	ein Zuckerwürfel (2,7 g) in einer Tasse Kaffee
1 ‰	1 Gramm pro Liter	ein Zuckerwürfel in 2,7 Liter
1 ppm (10^{-6})	1 Milligramm pro Liter oder 1 Gramm pro m^3	ein Zuckerwürfel in 2700 Liter (Milchtankwagen)
1 ppb (10^{-9})	1 Mikrogramm pro Liter oder 1 Milligramm pro m^3	ein Zuckerwürfel in 2,7 Millionen Liter (Tankschiff)
1 ppt (10^{-12})	1 Nanogramm pro Liter oder 1 Mikrogramm pro m^3	ein Zuckerwürfel in 2,7 Millionen Liter (Lechstausee)

Dezimale Vielfache und Teile einer Einheit können durch Vorsetzen der nachfolgenden Vorsätze bzw. Vorsatzzeichen vor den Namen bzw. das Zeichen der Einheit gebildet werden:

Faktor		Vorsatz	Vorsatzzeichen
1.000.000.000.000.000.000 = 10^{18}	Trillionenfach	Exa	E
1.000.000.000.000.000 = 10^{15}	Billiardenfach	Peta	P
1.000.000.000.000 = 10^{12}	Billionenfach	Tera	T
1.000.000.000 = 10^9	Milliardenfach	Giga	G
1.000.000 = 10^6	Millionenfach	Mega	M
1.000 = 10^3	Tausendfach	Kilo	k
100 = 10^2	Hundertfach	Hekto	h
10 = 10^{50}	Zehnfach	Deka	da
0,1 = 10^{-1}	Zehntel	Dezi	d
0,01 = 10^{-2}	Hundertstel	Zenti	c
0,001 = 10^{-3}	Tausendstel	Milli	m
0,000.001 = 10^{-6}	Millionstel	Mikro	μ
0,000.000.001 = 10^{-9}	Milliardstel	Nano	n
0,000.000.000.001 = 10^{-12}	Billionstel	Piko	p
0,000.000.000.000.001 = 10^{-15}	Billiardstel	Femto	f
0,000.000.000.000.000.001 = 10^{-18}	Trillionstel	Atto	a

ken, Verkehr, Industrie, Gewerbe und Haushaltungen.

Emittent Verursacher von Emissionen.

Emphysem Aufblähung der Gewebe, übermäßige Erweiterung der Lungenbläschen.

Emulgator Organische oberflächenaktive Substanz, die die gleichmäßige Verteilung ölgelöster Wirkstoffe mit Wasser ermöglicht (Emulsionsbildung).

Emulsion Zwei nicht mischbare Flüssigkeiten, deren eine in kleinsten Tröpfchen in der anderen verteilt ist.

Emulsionskonzentrat Formulierung einer oder mehrerer Wirkstoffe in Öl, dem ein Emulgator beigegeben ist, der eine stabile Emulsion bei der Herstellung der Spritzbrühe gewährleistet.

Endogene Atmung Sauerstoffverbrauch der Bakterien ohne Nahrungszufuhr; dabei werden nur Reservestoffe und schließlich Zellsubstanz verbraucht.

Endotherm Sind chemische Prozesse, die nur unter Zuführung von Wärme ablaufen.

Energiedosis Absorbierte Strahlungsenergie je Masseneinheit.

Entblasen Austausch aller im Wasser vorhandener Kationen gegen H^+-Ionen.

Entcarbonisierung Entfernung der im Wasser gelösten Calcium-Magnesium-Kationen mittels Ionenaustauscherharz gegen Wasserstoff-Ionen (Teilentsalzung).

Enthärtung Austausch der härtebildenden Calcium- und Magnesium-Kationen mittels Ionenaustauscherharz gegen Natrium-Ionen.

Entsalzung Austausch aller im Wasser gelösten Salze mittels Ionenaustauscherharz gegen Wasserstoff- und Hydroxyl-Ionen (Vollentsalzung).

Enzym Ferment, von lebenden Zellen abgesonderter Eiweißstoff, der viele biochemische Vorgänge des Auf- oder Abbaus in Pflanzen, Tieren und Menschen ermöglicht oder beschleunigt.

Enzymhemmung Hemmung der Aktivitäten von Pepsin, Cholinesterase usw., kann als Nachweismethode im Biotest dienen.

Entomologie Lehre von den Insekten.

Entsäuern Austausch von im Wasser vorhandenen Anionen, die als freie Säuren vorliegen, gegen OH^--Ionen.

EPA Environmental Protection Agency, US-Behörde für Umweltschutz.

ERP European Recovery Program/Europäisches Wiederaufbauprogramm.

Erscheinungsbild Kurzbeschreibung der hervorstechenden Eigenschaften einer Substanz (Aussehen).

ERTS Earth Resources Technology Satellite, Amerikanischer Erkundungssatellit mit Aufgaben in Forst-, Land- und Wasserwirtschaft und zur Warnung vor ausgedehnter Luft- und Wasserverschmutzung.

ESA European Space Agency, Frascati (Italien).

Escherichia coli Gramnegative, im Dickdarm von Menschen und Tieren vorkommende Bakterien, die Kohlehydrate der Nahrung unter Säure- und Gasbildung zersetzen. Dienen zum Nachweis fäkaler Verunreinigungen im Trinkwasser.

EURADIS Europäisches Agrardokumentations- und Informationssystem.

EURATOM European Atomic Energy Committee, Europäische Atombehörde.

EURONET Europäisches Informations- und Dokumentationsnetz für Wissenschaft und Technik.

Eutektikum Gemenge von zwei oder mehr Stoffen, die miteinander eine homogene Schmelze oder Lösung bilden, im festen Zustand jedoch unmischbar sind.

Eutrophierung Anreicherung von Pflanzennährstoffen im Oberflächenwasser, führt zur starken Vermehrung von Algen. Das kurzlebige abgestorbene Plankton wird durch Bakterien aerob abgebaut, wodurch ein Defizit an gelöstem Sauerstoff in dem Gewässer entsteht und im Extremfall der Abbau in einen anaeroben, d. h. Fäulnisprozeß umgewandelt wird.

Evolution Entwicklung der Formen-Mannigfaltigkeit aller tierischen und pflanzlichen Lebewesen.

E-Wasser → Deionat.

Ex-Gerät → Explosimeter.

Ex-Messung Messung der Konzentration explosionsgefährlicher Dämpfe in Luft.

Exmeter → Explosimeter.

Exotherm Sind chemische Prozesse, bei denen Wärme abgegeben wird.

Explosimeter Gerät zur Messung des Gehalts explosiver Dämpfe in Luft, angegeben als Bruchteil (in %) der unteren Explosionsgrenze.

Explosion Das plötzliche Verpuffen eines brennbaren Stoffes, d. h. eine Verbrennung, die sich mit großer Geschwindigkeit fortpflanzt und in deren Verlauf große Gasmengen gebildet werden, deren Volumen ein Vielfaches des ursprünglichen Volumens ausmacht. Hierbei entsteht eine erhebliche Drucksteigerung.

Explosionsbereich → Explosionsgrenzen.

Explosionsdruck Höchstwert des Druckes, der in einem geschlossenen Behälter während der Verbrennung eines explosiblen Gas/Luft- oder Dampf/Luft-Gemisches auftritt.

Explosionsgrenzen Brennbare Gase oder Dämpfe im Gemisch mit Luft sind nur innerhalb eines gewissen Konzentrationsbereiches explosionsfähig. Die untere bzw. obere Explosionsgrenze von brennbaren Gasen oder Dämpfen ist die Konzentration, bei der das betreffende Gas/Luft- oder Dampf/Luft-Gemisch gerade nicht mehr explosibel ist. (Diese Konzentrationen werden in der älteren Literatur auch als Zündgrenzen bezeichnet.).
Die Explosionsgrenzen in Vol-% sind bei Temperaturen bis 100 °C weitgehend unabhängig von der Gemischtemperatur. Dagegen muß bei den Explosionsgrenzen in g/m^3 der Temperatureinfluß beachtet werden; bis 100 °C sind die Werte in g/m^3 mit guter Näherung umgekehrt proportional zur absoluten Temperatur.
Umrechnung von Vol-% in g/m^3 (bei 20 °C):
(a) Vol-% x 12 · DDV → g/m^3
(DDV = Dampfdichteverhältnis)
(b) Vol-% x 0,42 M → g/m^3
(M = relative Molmasse)
(c) Vol-% x 10* f → g/m^3
(f = Umrechnungsfaktor ml/m^3 → mg/m^3).

Explosionsklasse Brennbare Gase und Dämpfe sind gemäß VDE-Vorschrift 165 nach ihrer Zünddurchschlagsfähigkeit durch Spalte in folgende Explosionsklassen eingeteilt:
Explosionsklasse 1:
Spaltweite > 0,6 mm
Explosionsklasse 2:
Spaltweite 0,4 - 0,6 mm
Explosionsklasse 3a, b, c ...:
(ausgenommen n)
Spaltweite < 0,4 mm
Bei der Explosionsklasse 3 kennzeichnen die Buchstaben a, b, c ... die jeweiligen Gase oder Dämpfe (Wasserstoff: 3a; Schwefelkohlenstoff: 3b; Acetylen: 3c); der Buchstabe n wird lediglich für Betriebsmittel verwendet, die die Anforderungen aller Gase und Dämpfe der Explosionsklasse 3 erfüllen.

F

Fall-out Radioaktiver Niederschlag aus kleinsten Teilchen in der Atmosphäre, die bei Kernwaffenversuchen oder aus AKW-Unfällen entstanden sind.

FAO Food and Agriculture Organization, Ernährungs- und Landwirtschaftsorganisation der Vereinten Nationen (UN), gegr. 1945 in Quebec, Sitz Rom. Aufgaben: Technische Hilfsdienste für Entwicklungsgebiete, Verbesserung der landwirtschaftlichen Erzeugung und Verteilung. Organe: Welternährungsrat, Konferenz der Mitgliedsstaaten der UN.

Faulgas Bio- oder Sumpfgas, durch bakterielle Zersetzung organischer Substanzen wie Faulschlamm bei der Abwasserbehandlung entstandenes Gas, das aus $^2/_3$ Methan und $^1/_3$ Kohlendioxid besteht. Ca. 25-29 MJ/m^3 Heizwert.

Faulschlamm Feinkörniges, graues bis schwarzes Sediment in Gewässern, entsteht unter anaeroben Bedingungen aus Pflanzen und Tieren.

Fauna Tierwelt.

FBD Fachnormenausschuß Bibliotheks- und Dokumentationswesen des → DNA.

FCKW Fluorchlorkohlenwasserstoffe; Stoffgruppe vollhalogenierter Kohlenwasserstoffe, die Chlor u. Fluor in unterschiedlichen Verhältnissen enthalten (Bezeichnung als R 11, R 12, R 113, R 22); Verwendung als Kältemittel, Reinigungsmittel, Treibgas in Aerosolen, Blähmittel zur Kunststoffverschäumung. FCKW werden auf der Erdoberfläche und in niedrigen Luftschichten nicht zersetzt, gelangen nach Jahren in die Stratosphäre (10 bis 50 km Höhe), wo sie stark am Abbau der Ozonschicht beteiligt sind. Produktion und Verbrauch werden durch das Montrealer Protokoll (in Kraft seit 1.1.1989) - nach Meinung vieler Wissenschaftler unzureichend - eingeschränkt. Die deutsche Industrie will die Produktion 1995 „freiwillig" einstellen.

FDA Food and Drug Administration, Nahrungs- und Arzneimittel-Überwachungsbehörde der USA.

Feinstaub Unter Feinstaub wird der alveolengängige Staub verstanden. Dieser umfaßt ein Staubkollektiv, das ein Abscheidesystem passiert, das in seiner Wirkung der theoretischen Trennfunktion eines Sedimentationsabscheiders entspricht, der Teilchen mit einem aerodynamischen Durchmesser von 5 μm zu 50 % abscheidet (Johannesburger Konvention 1959).

Ferrobion-Verfahren Abwasserreinigung nach dem Belebtschlammverfahren unter Zusatz von Eisensulfat.

Fettalkoholsulfate Schwefelsäuremonoester von Fettalkoholen, deren Natriumsalze bessere Reinigungseigenschaften als Seifen besitzen.

FH Fachsektion Hydrologie der Deutschen Geologischen Gesellschaft.

Fibrogener Staub Staub, der mit Bindegewebsbildung einhergehende Staublungenerkrankungen (z.B. Silikose und Asbestose) verursachen kann. Voraussetzung für die Entstehung dieser Erkrankungen ist die Deposition des Staubes im Alveolarbereich und seine spezifische Schädlichkeit. Zur Beurteilung fibrogener Stäube ist deshalb die Feinstaubkonzentration heranzuziehen.

Fibrose Vermehrung des Bindegewebes.

FID
(a) Fédération Internationale de Documentation (Internationaler Verband für Information und Dokumentation).
(b) Flammenionisationsdetektor, dient zum Nachweis von organischen Komponenten sowie von Gesamt-Kohlenwasserstoffen in der Gaschromatographie.

Fischsterben Verenden von Fischen, ausgelöst durch einen mikrobiellen oder parasitären Befall oder durch eine Schädigung des Gewässers, z.B. durch unkontrolliertes, unfallbedingtes vorsätzliches oder fahrlässiges Einleiten fischtoxischer Substanzen (Abwasser, Schwermetallsalze, Phenole, Pflanzenschutzmittel, Ammoniak usw.), oder durch Sauerstoffmangel, ausgelöst durch überhöhte organische Belastung und übermäßige Erwärmung (Sommerhitze, niedriger Wasserstand).

Fischtest Biologisches Testverfahren zum Nachweis der Giftigkeit im Wasser gelöster Stoffe. Wichtige und offiziell eingeführte Methoden sind:
Keilfleckbarbe, Durchflußtest (GB)
Guppy, statischer Test (DDR)
Forelle, Goldfisch, statischer Test (I)
Goldorfe, statischer Test (BRD).

Fischtoxizität Giftigkeit für Fische.
Klassifizierung der Toxizitätsgrenzen z.B. in der überarbeiteten Version des Systems von DAUGHERTY (1951) und LIEBMANN (1960):

hochgiftig	$<$ 1 mg/l
stark giftig	1-10 mg/l
mäßig giftig	10-100 mg/l
schwach giftig	0,1 -1 g/l
kaum giftig	$>$ 1 g/l

Flammpunkt Der Flammpunkt einer brennbaren Flüssigkeit ist die niedrigste Temperatur (bezogen auf einen Druck von 1 bar), bei der sich in einem geschlossenen oder offenen Tiegel aus der zu prüfenden Flüssigkeit unter festgelegten Bedingungen Dämpfe in solcher Menge entwickeln, daß sich im Tiegel ein durch Fremdzündung entflammbares Dampf/Luft-Gemisch bildet. Der Flammpunkt ist somit neben anderen Größen ein Kriterium für die Entflammbarkeit der Dämpfe brennbarer Flüssigkeiten durch Fremdzündung und gibt damit u.a. einen Anhalt für die Feuer- und Explosionsgefährlichkeit. Bei Flammpunkten $<$ 165 °C werden geschlossene Tiegel (cc = closed cup) verwendet, bei Flammpunkten $>$ 165 °C offene Tiegel (oc = open cup).

Flockungsmittel Elektrolyte oder organische Substanzen, die Feststoffteilchen in Trüben zum besseren Zusammenballen (Flocken, Koagulieren) bringen und so die Sinkgeschwindigkeit erhöhen.

Flora Pflanzenwelt.

Flowable Suspensionskonzentrat eines Pflanzenbehandlungsmittels.

fmS Fein/Mittelsand.

FNI Fachnormenausschuß Informationsverarbeitung des → DNA.

fog Englische Bezeichnung für dichten Nebel ohne starke Beimengung von Ruß und Staub.

Formel → Summenformel.

Formulierung Zubereitung einer Wirksubstanz mit mehr oder weniger großen Mengen von Trägerstoffen wie z.B. Emulgatoren, Dispergiermittel, Haftmittel, Netzmittel.

FPD Flammenphotometrischer Detektor, dient zum Nachweis von Schwefel- oder Phosphorverbindungen in der Gaschromatographie.

Fraßgift Wirkstoff, der über den Verdauungstrakt wirkt (z.B. Rattengift).
Gegensatz: Kontaktgift.

Frequenzspektrum Durch Frequenzanalyse ermittelte Intensitätsverteilung (Schalldruckpegel, Lautstärke) als Funktion der Frequenz.

Frischschlamm Schlamm, der noch nicht in Gärung oder Fäulnis übergegangen ist.

Fungizid Pilzbekämpfungsmittel.

Fungus Pilz.

Funktionelle Gruppe
(a) organische Verbindungen:
der Teil des Moleküls, der sich durch analytische Methoden ermitteln läßt und das chemische Verhalten der Verbindung weitgehend bestimmt (mehrere fG. pro Molekül möglich).
(b) Ionenaustauscher:
Aus Festion und Gegenion zusammengesetzter Bestandteil oder elektrisch ungeladene Ankergruppe.

Fusarium Pilzgattung, die Fäulnis verursacht.

G

GAA Gewerbeaufsichtsamt.

Gammastrahlung Sehr kurzwellige elektromagnetische Strahlung, die beim radioaktiven Zerfall von Atomkernen ausgesandt wird.

Gammasubmersion Strahlenexosition durch Gammastrahlung von radioaktiven Gasen in der Atmosphäre.

Ganzkörperdosis Mittelwert der Äquivalentdosis über Kopf, Rumpf, Oberarme und Oberschenkel als Folge einer Bestrahlung des ganzen Körpers.

Gärung Abbau organischer Stoffe ohne Beteiligung von freiem Sauerstoff, z.B. Umwandlung von Zucker mit Hilfe von Hefebakterien zu Alkohol.

Gaschromatographie (GC) Analytisches Verfahren zur Auftrennung von flüchtigen Stoffgemischen. Als Trennmedium werden gepackte Säulen oder Glaskapillaren verwendet.

GC → Gaschromatographie.

Gebietsniederschlag Mittlere Niederschlagshöhe, bezogen auf die Flächengröße eines Einzugsgebietes.

Gebietsverdunstung Gesamte Wasserabgabe eines Gebietes an die Atmosphäre.

Gefährlich Ist ein Stoff oder eine Zubereitung, wenn er eine oder mehrere der nachfolgenden Eigenschaften hat:
(a) sehr giftig
(b) giftig
(c) mindergiftig (gesundheitsschädlich)
(d) ätzend
(e) reizend
(f) explosionsgefährlich
(g) brandfördernd
(h) hochentzündlich
(i) entzündlich
(k) krebserzeugend
(l) fruchtschädigend
(m) erbgutverändernd oder
(n) auf sonstige Weise für den Menschen gefährlich.

Gefährlicher Arbeitsstoff ist ein gefährlicher Stoff, aus dem oder mit dessen Hilfe Gegenstände erzeugt oder Leistungen erbracht werden; gleichgestellt sind Erzeugnisse, die gefährliche Stoffe oder gefährliche Zubereitungen enthalten.

Gefahrendiamant System zur Sofortbeurteilung der Gefahren nach Unfällen mit gefährlichen Gütern, geht auf den → NFPA-Standard 704 M zurück.
in: Hommel, Handbuch der gefährlichen Güter.

Gefahrenindex Die Menge Wasser in m^3, die nötig ist, um 1 m^3 radioaktiven Abfall so weit zu verdünnen, daß die Konzentration an radioaktiven Substanzen unter der durch die Strahlenschutzgesetze erlaubten liegt.

Gefahrerhöhende Umstände Bei einem Chemikalienunfall evtl. vorherrschende besondere meteorologische Bedingungen, die zu einer Erhöhung der ohnehin bestehenden Gefahr führen. Beispiel: Staubaufwirbelung durch starken Wind, Wasserstoffentwicklung aus Alkalimetallen durch Regenwasser, sommerliche Temperaturen bei brennbaren Flüssigkeiten. (a) Flammpunkt von 21 bis 35 °C: An warmen Tagen und bei Erwärmung der Flüssigkeit bilden sich explosible Gemische. (b) Flammpunkt von 35 bis 55 °C: An besonders heißen Tagen und bei starker Erwärmung der Flüssigkeit bilden sich explosible Gemische. (c) Flammpunkt über 55 °C: Bei starker Erhitzung bilden sich explosible Gemische.

GefahrgutVSee → GGVSee.

GefahrgutVStr → GGVS.

Gefahrstoffverordnung Bundesverordnung aufgrund des ChemikalienG; ersetzt die Verordnung über gef. Arbeitsstoffe und Giftgesetze. Enthält u.a. umfassende Vorschriften über das Inverkehrbringen, den Umgang mit und die Einstufung, Kennzeichnung und Verpackung von gefährlichen Stoffen und ihrer Zubereitungen.

Gefrierpunkt → Schmelztemperatur.

Gegenion Austauschbarer Bestandteil einer funktionellen Gruppe am Ionenaustauscher. Das Gegenion trägt eine dem Festion entgegengesetzte elektrische Ladung und ist im Unterschied zum Festion mit dem Grundgerüst des Harzes nicht verbunden.

Gelböl Dinitrokresol in Mineralöl, Mittel zur Bekämpfung von Obstbaumschädlingen.

geogen Natürlichen, geologischen Ursprungs.

Geogenie Lehre von der Entstehung der Erde.

Geruch Nach der Theorie von DRAVNIEK (1964) sind die Geruchsrezeptoren jeweils von einer Membran umgeben, die ein bestimmtes Potential besitzen. Jedes im Schleim des Riech-Epithels gelöste Molekül verändert, sobald es an die Membran der Rezeptoren gelangt, als Dipol das Membranpotential und reizt dadurch die Rezeptoren. Die Reizleitung erfolgt durch Ladungsänderung. Unangenehmer und mit Reizwirkungen verbundener Geruch kann ein wichtiges Warnkriterium sein.

Geruchsmaskierung Anwendung von Duftstoffen (meist als Aerosol), die vom Menschen als angenehm empfunden werden und die unangenehme Gerüche überlagern.

Geruchschwellenkonzentration
(a) in Luft
Kleinste Konzentration von Gasen und Dämpfen in Luft, die noch mit der Nase wahrnehmbar ist. Geruchschwellen sind für viele Arbeitsstoffe bestimmt worden, in der Regel mit weit differierenden Ergebnissen. Sie spiegeln die Schwierigkeiten wider, denen man in der Praxis bei der qualitativen, noch mehr bei der quantitativen Bewertung von Gerüchen begegnet: Gewöhnung (Ausmaß von Geschwindigkeit), Interferenz mit anderen Stoffen, subjektive Einstellung zum Geruch usw. Eine Warnwirkung, die beim erstmaligen und einmaligen Kontakt stark ausgeprägt ist, kann bei Wiederholung, bei Unterwanderung durch langsam ansteigende Konzentrationen oder bei stark schwankendem Konzentrationsverlauf völlig verlorengehen.
(b) in Wasser
Die Geruchschwellenkonzentration ist die Konzentration, die der Stoff im Wasser haben muß, damit er durch seinen Geruch gerade wahrnehmbar wird. Je kleiner die Geruchschwellenkonzentration ist, desto penetranter ist der Geruch des betreffenden Stoffes. Mineralölprodukte haben teilweise Geruchschwellenkonzentrationen unter 1 mg/l, d. h. ein Teil des Mineralölproduktes kann 1 Million Teilen Wasser einen so starken Geruch verleihen, daß es ungenießbar wird. Chlorphenol hat sogar eine Geruchschwellenkonzentration von 0,001 mg/l. Es ist damit noch tausendmal geruchsintensiver als Dieselöl. Die Geruchschwellenkonzentration ist temperaturabhängig; bei weniger geruchsintensiven Stoffen wird gelegentlich 60 °C als Bezugstemperatur gewählt.
Die Geruchschwelle [z.B. eines Abwassers] ist hingegen derjenige Verdünnungsfaktor, bei dem der Geruch gerade verschwindet. Die Geruchschwelle für ein völlig geruchfreies Wasser ist 1 (dimensionslos).

Geruchserkennung Niedrigste Konzentration (in Luft), bei der eine Substanz aufgrund ihres Geruchs nicht nur wahrgenommen, sondern auch eindeutig identifiziert werden kann.

GESAMP IMO/FAO/UNESCO/WMO/WHO/IAEA/UN/UNEP Joint Group of Experts on the Scientific Aspects of Marine Pollution.

Gesamt-Salzgehalt Summe aus Carbonathärte, Nicht-Carbonathärte und Nichthärtebildnern (z.B. Kohlensäure, Natrium- und Calciumsalze).

Gesamtstaub Anteil des Staubes, der eingeatmet werden kann. Er wird durch Probenahmegeräte bei einer Ansauggeschwindigkeit von 1,25 m/s ± 10 % erfaßt. Die in der MAK-Liste bei Stäuben genannten Werte sind stets als Gesamtstaubkonzentration aufzufassen, wenn keine besonderen Anmerkungen gemacht sind.

Gesamttrockenrückstand Feststoffgehalt einer Wasserprobe nach Filtration und Trocknung bei 105 °C, abgekürzt TS (Trockensubstanz).

Geschmack Nach Stooff (1917) wird unterschieden zwischen einer Empfindungsschwelle als der untersten Grenze einer Geschmacksempfindung, bei der gerade noch ein undefinierter Salzgeschmack empfunden wird, und einer Wahrnehmungsschwelle, bei der der Geschmack gerade eindeutig charakterisiert werden kann. Eine dritte Stufe ist die Grenze der Genießbarkeit, bei der der Salzgehalt für Trinkwasser untragbar wird.

Geschmackschwellenwert Kleinste Konzentration eines Stoffes in Wasser, der noch geschmacklich wahrnehmbar ist [mg/l].

Gesundheitsgefährdung
(a) Einatmen:
Gefahr der Reizung, Verätzung oder Vergiftung der Nasen- und Rachenschleimhäute und der Atmungsorgane sowie der Augen. Gefahr einer Vergiftung, wenn der eingeatmete Stoff über die Lunge in das Blut gelangt.
(b) Hautkontakt:
Gefahr der Hautreizung oder Verätzung. Vergiftungsgefahr bei Stoffen, die durch die Haut resorbiert werden.
(c) Verschlucken:
Die Giftwirkung kann sich auf alle Organe auswirken.

Gewässergüteklassen Einteilungsschema für die Bewertung der Sauberkeit eines Gewässers nach der Art der darin vorkommenden Lebewesen (→ Saprobiensystem).

Gewässergütestandard Einteilung eines Gewässers je nach Verschmutzungsgrad nach biologischen Gesichtspunkten. Üblich ist die Klassifizierung in vier Gütestufen:
1 nicht oder kaum verschmutzt,
2 mäßig verschmutzt,
3 stark verunreinigt,
4 sehr stark verunreinigt.

GewO Gewerbeordnung, Gesetz vom 21. Juni 1869, vom Norddeutschen Bund erlassen, diente zur Regelung der Betätigung von Gewerbe und Industrie. Wesentliche Teile wurden in das BImSchG übernommen.

GFA Gesellschaft zur Förderung der Abwassertechnik e.V., St. Augustin.

GFK Glasfaserverstärkte Kunststoffe.

GGVBinSch Verordnung zur Einführung des → ADNR und über dessen Ausdehnung auf die übrigen Bundeswasserstraßen (Gefahrgutverordnung Binnenschiffahrt).

GGVE Verordnung über die Beförderung gefährlicher Güter mit der Eisenbahn.

GGVS Verordnung über die innerstaatliche und grenzüberschreitende Beförderung gefährlicher Güter auf der Straße.
Numerierung der Gefahrklassen:
1a Explosive Stoffe und Gegenstände
1b Mit explosiven Stoffen geladene Gegenstände
1c Zündwaren, Feuerwerkskörper und ähnliche Güter
2 Verdichtete, verflüssigte oder unter Druck gelöste Gase
3 Entzündbare flüssige Stoffe
4.1 Entzündbare feste Stoffe
4.2 Selbstentzündliche Stoffe
4.3 Stoffe, die in Berührung mit Wasser entzündliche Gase entwickeln
5.1 Entzündend (oxydierend) wirkende Stoffe
5.2 Organische Peroxide
6.1 Giftige Stoffe
6.2 Ekelerregende oder ansteckungsgefährliche Stoffe
7 Radioaktive Stoffe
8 Ätzende Stoffe
9 Sonstige gefährliche Stoffe und Gegenstände.

GGVSee Verordnung über die Beförderung gefährlicher Güter mit Seeschiffen.

GIFAP Groupement International des Associations Nationales de Fabricants de Pesticides, internationale Vereinigung der nationalen Verbände der Pflanzenschutzmittel-Hersteller, Sitz in Brüssel.

Gift Substanz, die von einer bestimmten Dosis an einzelne oder alle Funktionen eines Organismus stört, schädigt oder abtötet. Alle Stoffe sind von einer bestimmten Menge an giftig, vgl. heilende oder giftige Wirkung von Arzneimitteln. Gifte gelangen von außen in den Körper oder werden im Organismus selbst erzeugt (Stoffwechsel-Gifte, Toxine). Nach dem Angriffspunkt teilt man Gifte ein in Nerven-, Blut-, Herz-, Kapillar-Gifte usw.

Giftwirkung auf Wasserorganismen Bei direkter Giftwirkung wird der Zellstoffwechsel, besonders bei tierischem und pflanzlichem Plankton, Bakterien, aber auch bei Fischen, gestört und so der Tod herbeigeführt. Bei Fischen können auch Wirkungen anderer Art (Nervenschädigung u.a.) auftreten.

GLC Gas/liquid chromatography, Gas-Verteilungs-Chromatographie oder Gas/flüssig-Chromatographie.

Gleichgewicht In der Biologie: der als Ergebnis der Populationsdynamik aller an einem ökologischen System beteiligten Arten sich einpendelnde mittlere Zustand in Artenzusammensetzung und Individuenzahl je Art. Ökologische Gleichgewichte sind dynamisch. Bei Veränderung können Arten verdrängt werden, andere dagegen verbesserte Lebensbedingungen vorfinden (führt langfristig zur Evolution).

Glühverlust Gewichtsdifferenz zwischen Trockenrückstand und Glührückstand eines Wassers als Maß für den Gehalt an organischer Substanz.

gmS Grob/Mittelsand.

GOK Geländeoberkante.

Goldorfe Für den Fischtest als Bioindikator eingesetzte Fischart, goldfarbene Zuchtform des „Aland".

good agricultural practice Gute landwirtschaftliche Praxis, eine am Standard fortschrittlicher Landwirte gemessene Form der Bodennutzung, die ein ökonomisch ausgewogenes Verhältnis zwischen qualitativ hochwertigem Ertrag, den Schutz der menschlichen Gesundheit unter ökologischen Gesichtspunkten umfaßt. Bei der Anwendung von Pflanzenschutzmitteln gehört hierzu, daß Bekämpfungszeitpunkt und Aufwandmenge auf das Ziel abgestimmt sind, hochwertiges und für den Lebensmittelverbraucher gesundes Erntegut zu produzieren. Die Bekämpfungsmaßnahmen, die hierfür erforderlich sind, können nach Häufigkeit, Dosierung und Terminen regional sehr unterschiedlich sein, müssen aber in jedem Fall so gehandhabt werden, daß sich etwa verbleibende Rückstände im Rahmen der zulässigen Höchstmengen bewegen.

Graminizid Herbizid zur Bekämpfung von Gräsern.

Granulat Durch Bindemittel zu grob- oder feinkörnigem, lockerem und gut dosierbarem Material geformter oder auf feste Trägerstoffe aufgedüster Wirkstoff.

Graugußspäne Als Löschmittel zum Abdecken brennbarer Leichtmetalle und gleichzeitigem Abkühlen (Brandklasse D).

GRAS-Liste Zusammenstellung von Chemikalien, die von der → FDA als unschädlich angesehen werden.

Gray Einheit für die absorbierte Dosis einer ionisierenden Strahlung, entspricht 1 Joule Energie pro kg absorbierenden Materials: 1 Gy = 1 J/kg.

Grenzflächenaktive Stoffe Wasch- und Reinigungsmittel, die die Oberflächenspannung herabsetzen und flüssige oder feste Stoffe emulgieren oder dispergieren können (Tenside).

Grenzflächenaktivität Die biologischen Vorgänge in der Zelle sind von bestimmten osmotischen Bedingungen abhängig. Diese Bedingungen werden gestört durch Stoffe mit außergewöhnlicher Grenzflächenspannung (z.B. Detergentien machen die Zellwand durchlässig für Stoffe, die normal nicht in die Zelle gelangen würden).

Grenzflächenspannung Die an der Grenzfläche zweier Phasen (z.B. zwischen Flüssigkeiten und Gasen, oder zwischen zwei verschiedenen, nicht mischbaren Flüssigkeiten) auftretende Spannung, die danach strebt, die Oberfläche zur verkleinern (→ Oberflächenspannung). Die Grenzflächenenergie ist die mechanische Arbeit, die erforderlich ist, um isotherm die Grenzfläche zu vergrößern.
Maßeinheit für die Grenzflächenspannung: 1 N/m.

Grenzwert Individuell gewählte Größe, die nicht überschritten werden darf.

GSC Gas-Adsorptions-Chromatographie, engl. Gas-Solid-Chromatography.

Gülle Flüssigkeit aus Intensivtierhaltung (z.B. Rindergülle).

Gütebestimmung Bestimmung der Wassergüte durch das → Saprobiensystem.

GW Grundwasser.

GWH Grundwasserhorizont.

H

Halbwertzeit Zeitspanne, in der die Hälfte einer bestimmten Menge eines radioaktiven Elementes zerfallen ist. Der Begriff wird sinngemäß auch auf andere Vorgänge übertragen, beispielsweise auf den Abbau von Pflanzenschutz- und Schädlingsbekämpfungsmitteln.

Haloforme Verbindungen des chloroformähnlichen Typs CHX_3, worin X ein → Halogen bedeutet.

Halogene "Salzbildner", Elemente Fluor, Chlor, Brom, Jod.

Halogenkohlenwasserstoff Verbindung, die außer Kohlenstoff und Wasserstoff nur eines oder mehrere → Halogene enthält. Ist der Wasserstoff völlig durch Halogene ersetzt, spricht man auch von Halogenkohlenstoffen.

Halone Unter Druck verflüssigte erstickend wirkende Gase, schwerer als Luft. Elektrisch nicht leitend. Löschmittel für Brandklassen B und C. Hauptlöschwirkung durch Beimischen einer nicht brennbaren Halon-

Dampfwolke im Flammenbereich dampfbildender oder gasförmiger Brennstoffe sowie bei elektrischen Anlagen (Abstände nach VDE 0132). Anwendungsverbote s. 1991.

Halonlöscher → Halone.

Halophyten auf Salzboden wachsende Pflanzen.

Hämolyse Auflösung roter Blutkörperchen.

Harnstoffderivate Herbizide, z.B. Diuron als Vorauflauf-Wurzelherbizid, Linuron als selektives Herbizid für Spezialanwendungen im Gemüseanbau.

Härte Eigenschaft des Wassers, die durch den Gehalt an Calcium- und Magnesiumsalzen bestimmt wird. Einem deutschen Härtegrad (1 °dH) entsprechen 10 mg/l CaO oder 7,19 mg/l MgO. Man unterscheidet zwischen bleibender (durch Kochen nicht ausfällbarer) und vorübergehender Härte als Differenz zwischen Gesamthärte und bleibender Härte.

Härtesalze Abfallsalze aus der Wärmebehandlung von Metallen können Bariumverbindungen, Nitrate, Nitrite oder Cyanide enthalten.

„harte" Verbindungen Schwer abbaubare Verbindungen (→ Persistenz).

Hautresorption Bei Stoffen, die die Haut leicht durchdringen, kann die Hautresorption gefährlicher sein als das Einatmen. So können z.B. durch Anilin, Nitrobenzol, Ethylenglykoldinitrat, Phenole, bestimmte Pflanzenschutzmittel u.a. lebensgefährliche Vergiftungen, häufig ohne Warnsymptome, entstehen. Solche Stoffe sind in der MAK-Liste durch ein „H" gekennzeichnet. Beim Umgang mit diesen Stoffen ist größte Sauberkeit von Haut, Haaren und Kleidung erforderlich.

Hazchem-System In Großbritannien übliches Kennzeichnungssystem für gefährliche Stoffe (hazardous chemicals). Dieses System unterscheidet sich vom → Kemler-System dadurch, daß es Hinweise für die Behandlung des gekennzeichneten Gefahrgutes bei einem Unfall gibt.
Maximal 3 Zeichen geben verschlüsselte Hinweise auf einzusetzendes Löschmittel bei Brand (Wasser, Schaum, Pulver), Schutzkleidung und Atemschutz, Explosionsgefahr, Sichern der Umgebung und Unschädlichmachen (Auffangen in Behälter, Wegspülen mit Wasser usw.).
Beispiel: „3 W E" bedeutet:
3 Löschen mit Schaum
W Explosionsgefahr, Atemschutz und Schutzkleidung erforderlich; Flüssigkeit auffangen, nicht wegspülen
E nähere Umgebung räumen.

HCB Hexachlorbenzol, farblose, in Wasser praktisch nicht lösliche Kristalle, hohe Persistenz, vielfältige Verwendung in der Chemie. Reichert sich im tierischen und menschlichen Organismus an (Fettgewebe, Blut, Muttermilch), kann zu Stoffwechselstörungen und Organschäden führen.

HCH Hexachlorcyclohexan, ist ein Insektizid aus der Gruppe der chlorierten Kohlenwasserstoffe; bei der Produktion des Pflanzenschutzmittels Lindan entsteht zunächst ein Gemisch ähnlich strukturierter Verbindungen (sog. HCH-Isomeren); wirksam ist der Bestandteil Gamma-HCH (kumulativ wirkendes Gift, das zu Leber- und Nierenschäden führt und das Zentralnervensystem beeinträchtigt). HCH ist nachgewiesen in fast allen, insbesondere in fetthaltigen, Nahrungsmitteln, es besitzt eine relativ hohe Fischgiftigkeit. Verboten in der BRD sind Alpha- und Beta-HC. Bezüglich Anwendung(sverbote) s. Pflanzenschutzanwendungs-Verordnung, Futtermittelverordnung.

Heizöl EL „Extra leichtes" Heizöl, zur Heizung von Wohngebäuden.

Heizwert (Verbrennungsenthalpie), diejenige Energie, die bei der vollständigen Verbrennung von 1 kg des Stoffs frei wird. Bei gasförmigen Brennstoffen gibt man den Heizwert bezogen auf 1 m^3 Gas unter Normalbedingungen (0 °C, 1013 mbar) an. Bei Brennstoffen mit hohem Wassergehalt unterscheidet man zwischen dem oberen und dem unteren Heizwert. Der obere gibt die Verbrennungswärme an, die bei der Verbrennung in der Kalorimeterbombe (Krökerbombe) frei wird. Bei dem für die Technik wichtigen unteren (kleineren) Heizwert wird dagegen nur die praktisch tatsächlich erzielbare Wärmemenge angegeben. Die Kondensationswärme des Wasserdampfs wird abgezogen, falls man die Heizwertbestimmung in der Krökerbombe ausgeführt hat.

Hemmstoff Wachstumshemmende Substanz, → Antagonist der Wuchsstoffe, z. T. mit diesen chemisch verwandt.

Herbizid Mittel gegen Unkräuter. Man unterscheidet Arborizide, Blattherbizide, Bodenherbizide, Graminizide, Wurzelherbizide.

Heterotrophie Eigenschaft von Organismen, die zu ihrer Ernährung auf organische Stoffe angewiesen sind, die nicht von ihnen selbst produziert werden. Beispiele: Mensch, Tier, blattgrünfreie Pflanzen.

HWK → Halogenkohlenwasserstoff

Höchstmenge In mg//kg oder ppm angegebene, gesetzlich zugelassene Menge von Pflanzenschutzmitteln, Schwermetallen u. a., die in oder auf pflanzlichen und tierischen Nahrungsmitteln höchstens vorkommen dürfen.

HPLC High-Pressure-Liquid-Chromatography, Hochdruck-Flüssigkeits-Chromatographie. Trennungsmethode für Flüssigkeiten oder in Flüssigkeiten gelöste Stoffe.

Humanökologie Struktur- und Funktionslehre von der Gattung Mensch in ihrer Wechselbeziehung zur Umwelt.

Huminstoffe (Huminsäuren), Verbindungen, die aus schwer zersetzlichen Ligninen, Fetten oder Wachsen unter Mitwirkung von Mikroorganismen im Boden entstehen.

Hydrobiologie Wissenschaft vom Leben im Wasser. Teildisziplinen: Limnologie (Binnengewässer), Ozeanologie (Meereskunde).

Hydrolyse Durch Wasser ausgelöste Spaltung chemischer Verbindungen.

hydrophob Das Wasser meidend; z.B. werden Ölbinder so präpariert, daß sie h. sind.

Hydroxid Chemische Verbindung, die durch eine basische OH-Gruppe gekennzeichnet ist (z.B. Calciumhydroxid $CA(OH)_2$).

Hygroskopisch Eigenschaft von Stoffen, die an feuchter Luft zerfließen; meist bei sehr gut wasserlöslichen Salzen beobachtbar.

Hypertrophierung Übernährung durch übermäßige Zufuhr von Nährstoffen, beispielsweise Phosphate im Gewässer.

Hyphe Pilzfaden, unverzweigter Teil des Mycels.

Hypolimnium Tiefenschicht eines stehenden Gewässers, die von der Oberflächeneinwirkung nicht mehr betroffen ist.

I

IAEA International Atomic Energy Agency (Internationale Atomenergie-Behörde), Sitz: Wien.

IAEA Safety Series Empfehlungen für den sicheren Transport von radioaktivem Material.

IATA-RAR International Air Transport Association - Vorschriften über die Beförderung bedingt zugelassener Güter mit Luftfahrzeugen (Restricted Articles Regulations).

IAWPR International Association on Water Pollution Research.

IAWR Internationale Arbeitsgemeinschaft der Wasserwerke im Rheineinzugsgebiet.

IBC Intermediate Bulk Container; übergroßes Versandstück für Schüttgut.

ICAO International Civil Aviation Organization.

ICSU International Council of Scientific Unions (Internationaler Rat wissenschaftlicher Vereinigungen).

IDC Internationale Dokumentationsgesellschaft für Chemie.

Identifizierungsdaten Daten, die ein Objekt eindeutig kennzeichnen.

ILO International Labour Organization (Internationale Arbeitsorganisation).

IMCO Inter-Gouvernmental Maritime Consultative Organization, frühere Bezeichnung der → IMO.

IMDG-Code Internationales Verzeichnis für die Beförderung gefährlicher Güter mit Seeschiffen, erarbeitet von der → IMO.

Immission Auf Menschen, Tiere, Pflanzen oder Sachen einwirkende Luftverunreinigungen, Geräusche, Erschütterungen, Licht, Wärme, Strahlen und ähnliche Umwelteinwirkungen in Bodennähe.

Immissionsmessung Mit stationären oder beweglichen Einrichtungen durchgeführte dauernde oder kurzfristige Erfassung von → Immissionen.

Immissionswert Meßtechnische Normen für Höchstwerte von → Immissionen, die in behördlichen Vorschriften (z.B. in der → TA-Luft) festgelegt sind.

IMO International Maritime Organization, seit 22. Mai 1982 gültige Bezeichnung der früheren → IMCO.

Indikation Heilanzeige, d.h. Umstände, die bei einem bestimmten Krankheits- oder Schädlingsbefall eine Heil-Behandlung (bei Mensch und Tier) bzw. eine Bekämpfungsmaßnahme (bei Pflanzen) erfordern.

Inert-Atmosphäre → Inertgas.

Inertgas Gas, das mit anderen Stoffen, mit denen es zu einem bestimmten Zweck zusammengebracht wird (z.B. als Schutzgas), nicht reagiert.

Inertmaterial Abfälle, die reaktionsunfähig sind und bei denen keine Austauschvorgänge mit der Umgebung stattfinden.

inerter Staub Staub (oder Rauch), der nach heutigen Kenntnissen weder toxisch noch fibrogen wirkt und keine spezifischen Krankheitserscheinungen hervorruft.

INFUCHS Informationssystem für Umweltchemikalien und Störfälle, → INFUCHS-Teildatenbank des Umweltbundesamtes.

Ingestion Aufnahme (z.B. von Schadstoffen) mit der Nahrung.

Inhalation Einatmen von Gasen und Dämpfen.

Inhalationsgift Über die Atemwege in den Organismus gelangendes Gift.

Inhaltsstoff Chemisch definierter Bestandteil von Pflanzen- u. Nahrungsmitteln (auch von Wasser).

Inhibitor Stoff, der eine Reaktion hemmt oder verzögert.

Inkorporation Aufnahme (z.B. von Schadstoffen) in den Körper.

Insektizid Mittel gegen Insekten, im Pflanzen-, Vorrats-, Materialschutz und Hygienebereich.

integrierter Pflanzenschutz Verfahren, bei dem unter Berücksichtigung spezifischer Umweltbelange und Populationsschwankungen der Schaderreger geeignete und aufeinander abgestimmte Maßnahmen ergriffen werden.

integrierte Schädlingsbekämpfung Teilgebiet des → integrierten Pflanzenschutzes.

Inversion Meteorologischer Begriff. Luftschicht mit nach oben zunehmender Temperatur. Inversionen verhindern den Austausch zwischen den darunter- und darüberliegenden Luftschichten (austauscharme Wetterlage).

in Vivo Am lebenden Objekt.

Ion Elektrisch geladenes Atom oder Atomgruppe. Es entsteht durch den Übergang von negativ geladenen Elektronen (e^-) von einem Atom zu einem anderen.

Ionenaustauscherharz Makromolekulares Kunstharz auf Polystyrolbasis oder Harz vernetzter Polyacrylate, das funktionelle Gruppen mit negativer oder positiver Ladung besitzt. Diese Gruppen sind in der Lage, durch einen Austauschvorgang positive oder negative Ionen aus dem Wasser aufzunehmen.

Ionenschlupf Restmenge an Kationen und Anionen im Ablauf einer Entsalzungsanlage.

ionisierende Strahlen Elektromagnetische oder Teilchenstrahlen, die die Bildung von Ionen bewirken können (Alpha-, Beta-, Gammastrahlen).

IR Infrarot, → IR-Spektroskopie.

IR-Spektroskopie Infrarot-Spektroskopie, analytisches Verfahren zur Stoffidentifikation, beruht auf dem typischen Absorptionsverhalten von Molekülen gegenüber infrarotem Licht.

ISO International Organization for Standardisation (Internationale Organisation für Normung).

Isomere Bezeichnung für Stoffe, die in ihrer Summenformel gleich, in ihrer Strukturformel aber unterschiedich sind.

I-WERT Immissionswert, der in der → TA-Luft fixierte Höchstwert für Immissionen.

J

Joule Pysikalische Einheit für Energie (1 J = 1 N · cm), benannt nach dem britischen Physiker James Prescott Joule.

Juvenilhormon Insektenhormon, das die Ausbildung der Larvenmerkmale reguliert, z.B. → Ecdyson. Überhöhte Gaben führen zu schnell aufeinander folgenden Häutungen, Entwicklungsstörungen. z.B. „können sich Insekten mißbilden oder zu Tode häuten". Nachteil der Verwendung als Schädlingsbekämpfungsmittel: mangelnde Artspezifität.

Juveniles Wasser Wasser, das aus der Tiefe der Erde erstmals an die Erdoberfläche dringt.

K Kelvin, Temperatur-Einheit; 0° C = 273,15 K.

Kältemittel Stoffe, die über die Veränderung des Aggregatzustands von gasförmig in flüssig den Wärmetransport innerhalb der Wärmepumpe ermöglichen (→ Kühlmittel).

Kaltreiniger Mittel zur Entölung z.B. von Werkstoffteilen; zur Ölbekämpfung an Gewässern nicht anzuwenden.

Kalziumbikarbonat → Calciumcarbonat.

Kalziumkarbonat → Calciumcarbonat.

Kanzerogen → cancerogen.

Karbonathärte → Carbonathärte.

Kapazität Die Kapazität eines Ionenaustauschers gibt an, welche Menge an Ionen 1 Liter des Austauschers aus einer Lösung aufnehmen kann.

Karenzzeit Wartezeit.

Karzinogen → cancerogen.

Karzinogenese → Carcinogenese.

Karzinogenität → Cancerogenität.

Karzinom → Carcinom.
Katalysator Stoff, der die Geschwindigkeit einer chemischen Reaktion beeinflußt, an der Reaktion aber bilanzmäßig nicht teilnimmt.
Katalyse Beeinflussung der Geschwindigkeit einer chemischen Reaktion durch einen → Katalysator.
Kation Positiv geladenes Ion.
Kationenharz Ionenaustauscherharz mit positiver Ladung, das aus dem Wasser Kationen aufnimmt und wiederum Kationen in das Wasser abgibt.
Kavernenspeicherung Speicherung von Erdöl und Erdgas in ausgelaugten unterirdischen Salzstöcken.
Kavotation Hohlraumbildung mit Gasbläschen durch plötzlichen Druckabfall in einer turbulenten Flüssigkeit.
Keimdrüsendosis Mittelwert der Äquivalentdosis über die Keimdrüsen.
Keimzahl Bestimmungsmethode zur Erfassung der Menge an Keimen je ml eines infizierten Materials durch Auszählung der Keimkolonien nach Impfung eines Nährbodens.
Kemler-System Kennzeichnungssystem für gefährliche Güter (benannt nach dem Franzosen Kemler) in der oberen Hälfte der orangen Warntafeln.
KfW Kuratorium für Wasserwirtschaft.
$KMnO_4$-Verbrauch Meßgröße für den Gehalt des Wassers an Inhaltsstoffen, ausgedrückt in mg/l, die durch $KMnO_4$ oxidierbar sind.
Koagulation Flockung von Teilchen zur Ablagerung von Verunreinigungen, durch Chemikalien eingeleitet.
Kochsalz In speziellen Fällen als Löschmittel verwendbar. Erreicht zwar nicht die Wirkung der Sonderlöschpulver, ist aber leicht verfügbar. Auch bei Kaminbränden verwendbar.
Kohäsion Anziehungskraft zwischen Molekülen eines Stoffes (z.B. Anziehungskraft zwischen Wassermolekülen).
Kohlendioxid-Löschmittel → CO_2-Löschmittel.
Kohlensäureschnee → CO_2-Löschmittel.
Kohlenwasserstoff Verbindung, die im Molekül nur Kohlenstoff und Wasserstoff enthält.
Kokken Bakterien, die nicht sporenbildend sind, mit annähernd kugelförmigem Zellaufbau.
Kolititer Kleinste Wassermenge (in ml), in der noch Escherichia coli nachweisbar sind. Methode zum Nachweis von Wasserverunreinigungen durch Fäkalien.
Kollaps Kreislaufkollaps, Schock und dessen Phasen.
Kolloid Stoffzustand, in dem Teilchen einen Durchmesser von 10^{-5} bis 10^{-7} mm haben.
Kompatibilität Verträglichkeit von Daten, Programmen und Einrichtungen an verschiedenen Einsatzstellen.
Kompost Dünger aus Siedlungsabfällen, durch vorwiegend aeroben Abbau (Verrottung der organischen Stoffe) entstanden.
Kompostwerk Anlage zur Kompostierung von Hausmüll allein oder zusammen mit Klärschlamm. Der Abfall wird zerkleinert, gesiebt und nach Abscheidung von Eisenteilen in Mieten oder Spezialmaschinen zur Durchmischung und Belüftung zu Kompost aufgearbeitet. Nicht kompostierbare Bestandteile werden deponiert oder verbrannt.
Konfiguration Räumliche Anordnung der Atome oder Atomgruppen um eine Doppelbindung oder um ein Chiralitätszentrum (z.B. ein asymmetrisches Kohlenstoffatom). Die absolute Konfiguration einer Verbindung gibt die tatsächliche Anordnung der Liganden am Chiralitätszentrum wieder.
Kontaktgift Wirkt im Gegensatz zum Fraßgift durch Berührung.
Kontamination Verunreinigung, z.B. der Natur oder Nahrungsmittel mit schädlichen Fremdstoffen.
Konzentration Anteil einer Komponente im Gemisch (Gehaltsangabe); z.B. Gew.-%, Vol.-%, g/l, mg/kg. (→ Einheiten.)
Korpulenzfaktor Maßzahl des Verhältnisses von Länge und Gewicht eines Fisches.
Kritisches Organ Dasjenige Organ des menschlichen oder tierischen Körpers, das durch eine bestimmte Stoffart und -menge schädlich beeinflußt wird, oder an dessen Versagen der Organismus bei tödlicher Vergiftung stirbt.
Kühlmittel Stoffe, die den Kältetransport außerhalb des Wärmepumpenkreislaufs übernehmen. Dabei braucht sich der Aggregatzustand des Kühlmittels nicht ändern. (→ Kältemittel.)
KWK Kuratorium für Wasserwirtschaft und Kulturbauwesen.

L

LA Landesanstalt.

Labowa Laborwasser.

Lacke Filmbildende Anstrichmittel, bestehend aus Bindemittel, Lösungsmittel, Pigment, Füllstoff und Lackhilfsmittel. Je nach Bindemittelbasis unterscheidet man Alkydharz-, Chlorkautschuk-, Epoxidharz-, Acrylatharz-, Öl-, Nitro-, Polyester-, Polyurethanlack sowie Kombinationslacke. Als Lösungsmittel kommen in Frage: Etheralkohole, Aliphaten, Alkohole, Aromaten, chlorierte Kohlenwasserstoffe, Ester, Hystoaromaten, Ketone, Terpenkohlenwasserstoffe, Wasser usw. und deren Mischungen.

LAGA Länderarbeitsgemeinschaft Abfall.

Lagune Seichter, meist künstlich angelegter Teich, in dem Abwässer natürlichen Abbauvorgängen ausgesetzt werden.

Langlebigkeit Langlebigkeit (Persistenz) ist die Fähigkeit eines Stoffes, über einen langen Zeitraum hinweg unverändert im Gewässer bestehen zu bleiben. Stoffe können in Gewässern durch chemische und biologische Prozesse verändert werden. Von Langlebigkeit kann nur gesprochen werden, wenn die konkrete Verbindung nicht verändert wird.

Larvizid Mittel gegen Larven von Insekten (Raupen, Maden) oder Milben.

Latenzzeit Zeit zwischen der Giftzufuhr und dem Ausbruch der Erkrankungserscheinungen, ist im allgemeinen symptomfrei und liegt in der Größenordnung von Stunden bis Jahren.

LAWA Länderarbeitsgemeinschaft Wasser.

LAWA-Liste Früherer Katalog wassergefährdender Flüssigkeiten, enthielt 88 Stoffe, die eingeteilt wurden in 3 Gruppen:

S (schwer): Flüssigkeiten, die in der Regel bereits in geringen Mengen wassergefährdend sind

M (mittel): . . . nur in größeren Mengen

L (leicht): . . . nur in sehr großen Mengen

Seit 1980 abgelöst durch den Katalog wassergefährdender Stoffe.

LC lethal concentration, tödliche Konzentration eines Stoffes, z.B. in Wasser.

LC-50

(a) Berechnete Konzentration einer Substanz in Luft, die in weniger als 24 h 50 % einer Gruppe von Versuchstieren beim Einatmen tötet.

(b) (bei Fischen und anderen Wasserorganismen) letale Konzentration in mg/l in Wasser, bei der 50 % der Versuchstiere nach einer bestimmten Zeit (meist 48 h) sterben.

LD lethal dose, tödliche Dosis, LD_{100} ist die absolut tödliche Dosis, LD_{50} die Dosis letalis media (mittlere tödliche Dosis), bei der 50 % der Versuchstiere getötet werden.

LD-50 Diejenige Dosis bei oraler Applikation des Produkts, die von 50 % der Versuchstiere nach einer Beobachtungszeit von in der Regel 2 Wochen nicht überlebt wird. Es werden männliche und weibliche Versuchstiere mit einem Gewicht von 200 g - 300 g eingesetzt. Die Auswertung erfolgt graphisch, ggf. mit Hilfe der probit-Analyse. Zur besseren Standardisierung der Empfindlichkeit gegen toxische Einwirkungen verwendet man im allgemeinen Inzuchtstämme. In Deutschland wird hauptsächlich die Wistarratte eingesetzt.
Der klassische LD-50-Test ist allerdings umstritten, da die Zahl der hierzu erforderlichen Tierversuche offenbar in keinem vertretbaren Verhältnis zur Aussagekraft und Übertragbarkeit der Ergebnisse steht.

Lebensmittelgesetz Gesetz über den Verkehr mit Lebensmitteln, Tabakerzeugnissen, kosmetischen Mitteln und sonstigen Bedarfsgegenständen; grenzt gegen Arznei- und Futtermittel ab und umfaßt bestimmte Gegenstände, die geeignet sind, aufgrund ihres Verwendungszwecks mit dem menschlichen Körper in Berührung zu kommen. Das Gesetz dient dem Schutz der Verbraucher vor gesundheitlichen Schäden und Täuschung.

Lebensmittelrecht Rechtsnormen, die sich auf den Verkehr mit Lebensmitteln und Bedarfsgegenständen beziehen.

Leichtflüssigkeitsabscheider Sammel- und Auffangvorrichtung für Benzin und andere, nicht mit Wasser mischbare Flüssigkeiten in Entwässerungsleitungen (Benzinabscheider).

Letale Dosis Letaldosis → LD.

Letalität Tödlichkeit, Verhältnis der Zahl der Todesfälle zur Zahl der Erkrankungen.

Ligroin Lackbenzin, Schwerbenzin, Testbenzin, Terpentinölersatz, Kp 150 - 180 °C (Abgrenzung nicht einheitlich; bisweilen wird für Ligroin auch 90 - 120 °C angegeben).

Limnologie Teildisziplin der Gewässerkunde, die sich mit den Binnengewässern, insbesondere mit den Seen befaßt.

Lindan Synthetisches Insektenbekämpfungsmittel. Wesentlicher Bestandteil: gamma-Hexachlorcyclohexan, → HCH.

Lipoidlöslichkeit Löslichkeit in Fetten, fettähnlichen Substanzen und in den gebräuchlichen Lösemitteln.

lipophil Fettfreundlich; Stoffe, die sich vorzugsweise in Fettgewebe anreichern.

Lithosphäre die Erdkruste; dieser Gesteinsmantel reicht bis in ca. 120 km Tiefe.

LM Lösemittel.

Lockstoff Pheromon, z.B. zum Anlocken von Insekten. Sexuallockstoff, der arteigen bei Insekten der Anlockung des Geschlechtspartners dient und noch in sehr großer Verdünnung über weite Entfernung wirkt. (→ Attractants).

Löschmittel Stoffe, die bei richtiger Anwendung des richtigen Löschverfahrens geeignet sind, den Verbrennungsvorgang zu unterbrechen. Diese Unterbrechung erfolgt durch Abkühlen oder Ersticken.
Arten der Löschmittel:
1. Wasser: Vollstrahl, Sprühstrahl, Netzwasser (Wasser mit Netzmittelzusatz)
2. Schaum
3. Löschpulver: BC, ABC, D-Löschpulver
4. Kohlendioxid (CO_2)
5. Halone (ausgenommen Tetra)
6. Sonstige Löschmittel.

Löschpulver → BC-Löschpulver, ABC-Löschpulver, D-Löschpulver.

Löschsand Haupt-Löschwirkung: Ersticken durch Abdecken dampfbildender Brennstoffe (z.B. Benzinlachen), oder Ersticken durch Abdecken brennbarer Leichtmetalle (z.B. Elektron) und gleichzeitiges Abkühlen. Feiner Sand nimmt Wärme schneller auf als grober.

Löschwasser (Vollstrahl):
Gezielter Löschstrahl mit Punktwirkung, Löschziel: glühende, feste Brennstoffe, (Ausnahme: brennbare Leichtmetalle) und nicht ihre Flammen! Reichweite und Auftreffwucht abhängig von Druck am Strahlrohr und Größe Strahlrohrmundstück (mittlere Wurfweite bei 5 bar am Strahlrohr bei 22-mm-Mundstück = rd. 30 m, bei 16 mm = rd. 25 m, bei 12 mm = rd. 20 m, bei 9 mm = rd. 15 m).
Haupt-Löschwirkung:
Abkühlen durch Verdampfen. Wirkungsgrad um so besser, je mehr Löschstrahl beim Auftreffen versprüht.
Sonderfall:
Löschen von unter Druck austretenden gasförmigen Brennstoffen möglich durch Schlagwirkung eines harten Vollstrahls quer zur Austrittsrichtung oder zwei überkreuzte harteVollstrahlen, in der Regel in Austrittsrichtung, etwas schräg, die sich gegenseitig versprühen:
Nebenwirkung:
Wasserschaden, wie Zerstörung und Beschädigung von Bauteilen, Einrichtungsgegenständen und Lagergut - Gewichtszunahme von Lagergut, Baustoffen und Bauteilen durch Wasseraufnahme, dadurch Auswirkungen auf tragende Bauteile. Unfallgefahr durch Eisbildung.
Nicht verwenden bei dampfbildenden Brennstoffen (Öl, Fett, Wachs, Bitumen – Gefahr von Dampfexplosionen beim Eindringen in die Flüssigkeit, Überkochen der Flüssigkeit), gasförmigen Brennstoffen (mit Ausnahme des Sonderfalls), brennbaren Leichtmetallen, fein verteilten festen glutbildenden Brennstoffen (Gefahr der Staubexplosion), Carbid, ungelöschtem Kalk. Bei Gegenwart elektrischer Spannung ist die VDE 0132 zu beachten.
→ Sprühwasser,
→ Netzwasser.

Löslichkeit Die Löslichkeit einer Flüssigkeit (oder eines festen Stoffs) in einer anderen ist gegeben durch die Masse der Substanz, die enthalten ist in einer bestimmten Menge Lösung mit Bodensatz. Wenn ein Gleichgewicht zwischen Lösung und Bodensatz besteht, ist die Lösung gesättigt. Die Löslichkeit kann angegeben werden in g/l, in g/kg oder in g Substanz/100 g Lösung (= Gewichts-%). Sie ist temperaturabhängig. Die Löslichkeit von Gasen in Flüssigkeiten ist abhängig von Temperatur und Druck. Standardbedingungen sind 20 °C und 1013 mbar.

Lösungsgehalt Abdampfrückstand des von Schwebstoffen befreiten Wassers.

LS Lösemittel.

Lsgm Lösemittel.

LTwS Beirat für **L**agerung und **T**ransport **w**assergefährdender **S**toffe, ehemals beim Bundesminister des Innern, seit Mitte 1986 beim Bundesminister für Umwelt, Naturschutz und Reaktorsicherheit.

Luftreinhaltung Maßnahmen zur weitgehenden Erhaltung der natürlichen Beschaffen-

heit der Luft:
1. Technische Prozesse, die wenig oder keine Schadstoffe ausstoßen;
2. Reinigungsverfahren in der Abluft (Trockenausscheidung, Waschverfahren oder Nachbrennen).

Luftverunreinigung Veränderung der natürlichen Zusammensetzung der Luft, insbesondere durch Rauch, Ruß, Staub, Gase, Aerosole, Dämpfe oder Geruchsstoffe.

Lysimeter Anlage zur Bestimmung der Verdunstung, bestehend aus einem in den Boden eingebauten Becken mit einer Wägeeinrichtung zur Messung der Veränderungen des Wasserhaushaltes durch Gewichtsveränderung des Beckens.

M

MAK Maximale Arbeitsplatz-Konzentration; die höchstzulässige Konzentration eines Arbeitsstoffes als Gas, Dampf oder Schwebstoff in der Luft am Arbeitsplatz, die nach dem gegenwärtigen Stand der Kenntnis auch bei wiederholter u. langfristiger, in der Regel achtstündiger Einwirkung, jedoch bei Einhaltung einer durchschnittlichen Wochenarbeitszeit bis zu 40 Stunden im allgemeinen die Gesundheit der Beschäftigten nicht beeinträchtigt und diese nicht unangemessen belästigt.

makromolekular Große Moleküle, Großmoleküle.

makroporös Große Öffnung.

makroporöse Ionenaustauscher Ionenaustauscher aus organischen Grundstoffen, in denen aufgrund ihrer großen inneren Oberfläche und der weiten Porenkanäle neben der Bindung von Ionen auch die Sorption großer organischer Moleküle stattfindet.

MARPOL International Convention for the Prevention of Pollution from Ships („**Mar**ine **Pol**lution"). Marpol 73 : Internationale Konferenz zur Verhinderung der Meeresverschmutzung durch Tanker. IMO-Regulations for the Prevention of Pollution by Oil. No. 9 + 10:
12 Seemeilen-Zone: Kein Ablassen (von Öl u. dgl.) aus Tankern, aus anderen Schiffen höchstens 15 ppm,
50 Seemeilen-Zone: Kein Ablassen aus Tankern, aus anderen Schiffen höchstens 100 ppm,
Hochsee: 60 l Öl pro Seemeile; andere Schiffe: höchstens 100 ppm.

Maßeinheiten (siehe Einheiten).

Materialschädlinge Zumeist tierische Schädlinge (Insekten, Nagetiere), die sich von Materialien (z.B. Holz, Wolle, Seide) ernähren oder sie durch Fraß beschädigen.

Matrix Hochmolekularer, organischer Bestandteil eines Ionenaustauschers mit dreidimensionalem Aufbau. Das Grundgerüst besitzt eine durch die Herstellung bedingte Porosität und ist Träger der funktionalen Gruppen.

Mekromiktischer See Stehendes Gewässer ohne Zirkulation.

MELF Minister für Ernährung, Landwirtschaft und Forsten.

Melioration Bodenverbesserung durch Regulierung der Wasserverhältnisse.

MEPC Marine Environment Protection Committee, von der IMO 1973 als Nachfolger des Sub-Committee on Marine Pollution eingerichtet.

Metabolismus Stoffwechsel, Umwandlung von Stoffen.

Metabolit Stoffwechselprodukt, Auf- und Abbaustufe von Stoffen, die durch Stoffwechselreaktionen (→ Metabolismus) entstehen. Durch die Umsetzung von Stoffen im Gewässer können sich schädliche Abbauprodukte (Metaboliten) bilden, die oft toxischer sind als die Ausgangsprodukte.

MIK Die VDI-Kommission „Reinhaltung der Luft" hat unter dem Namen MIK-Werte (Maximale Immissions-Konzentrationen) Grenzwerte für verschiedene wichtige Luftverunreinigungen vorgeschlagen, die als diejenigen Konzentrationen in bodennahen Schichten der freien Atmosphäre definiert sind, die nach den derzeitigen Erfahrungen im allgemeinen für Mensch, Tier und Pflanze als unbedenklich gelten können. Sie sind als Richtwerte aufzufassen.

mikrobiell Von → Mikroorganismen bewirkter Vorgang, z.B. mikrobielle Alkoholbildung, Gärung.

Mikrobieller Abbau Abbau organischer Substanzen durch Mikroorganismen, z.B. im Abwasser.

Mikroorganismen Mikroskopisch kleine Lebewesen, besonders Bakterien, Pilze, Algen, Urtierchen und Bodenbakterien. Viele Pflanzenkrankheiten werden durch Mikroorganismen verursacht.

Millirem Einheit der Äquivalentdosis.
1 Millitrem (mrem) = 0,001 rem.

mineralisieren Zersetzen organischer Substanzen zu anorganischen Stoffen.

Mineralisierung Vollständiger Abbau eines Moleküls in anorganische Endprodukte.

MIR-Wert Als maximale Immissions-Rate (MIR) werden diejenigen Raten aller festen, flüssigen und gasförmigen Luftverunreinigungen bezeichnet, unterhalb derer nach dem heutigen Wissensstand Mensch, Tier, Pflanze und Sachgüter geschützt sind. Angaben über Immissions-Raten erfolgen entweder flächenbezogen (Masse pro Flächen- und Zeiteinheit) oder objektbezogen (aufgenommene Masse pro Objektsubstanz und Zeiteinheit).

Mischbarkeit mit Wasser Fähigkeit eines Stoffes zur Lösung oder Vermischung mit Wasser. Praktische Größenklassen sind:

Unwesentlich:	$<$1 g/l
Geringfügig:	1-10 g/l
Mäßig:	10-100 g/l
Teilweise:	$>$100 g/l
Vollständig:	alle Mischungsverhältnisse möglich.

Mischbett Mischung von Kationen- und Anionen-Austauschern nach vorheriger Regeneration. Zum Zwecke der Regeneration muß das Mischbett wieder getrennt werden.

MIT-Modell Weltmodell des Club of Rome. Mit Hilfe des MIT-Modells (Massachusetts Institute of Technology) ist versucht worden, die Wechselwirkungen von Erdbevölkerung, Rohstoffreserven, Umweltverschmutzung, Industrialisierung, Landwirtschaft usw. transparent zu machen.

Molekulargewicht → relative Molmasse.

Molvolumen Gase folgen dem von Avogadro gefundenen Gesetz, wonach gleiche Volumina idealer Gase bei gleichem Druck und gleicher Temperatur gleich viele Moleküle enthalten. Demnach nimmt ein Mol eines idealen Gases, d.h. die der relativen Molmasse numerisch entsprechende Gramm-Menge der Substanz bei 0 °C den gleichen Raum, und zwar 22,4 Liter ein. Das Molvolumen idealer oder näherungsweise als ideal zu betrachtender Gase beträgt 22,4 l. Bei Erwärmung auf Raumtemperatur tritt eine Volumenzunahme ein, so daß in diesen Fällen mit einem Molvolumen von 24 l zu rechnen ist.

Monocotyle Einkeimblättrige Pflanzen (z.B. Gräser, Getreide).

Monokultur Bodenbewirtschaftung, bei der eine Pflanze räumlich und zeitlich vorherrscht.

mutagen Veränderung von Erbanlagen bewirkend.

Mutagene Substanzen Chemikalien, ionisierende oder UV-Strahlen, die eine Mutation auslösen.

Mutagenität Die Fähigkeit, eine dauernde vererbliche Veränderung in der Wesensart eines Nachkömmlings hervorzurufen, die sich von der der Eltern unterscheidet. Mutagene Wirkungen sind bekannt für ionisierende Strahlen, Nitrite (salpetrige Säure), Stickstofflost, Formaldehyd, bestimmte Hydrazide, alkylierende Substanzen und Coffein (in hohen Dosen). Untersuchungsobjekte: Bakterien, Hefen, Drosophila.

Mutant Individuum mit neuen, durch Mutation entstandenen Merkmalen.

Mutation Spontan auftretende richtungslose Änderung des Erbgutes; vor allem Genom-, Chromosomen- und Gen-Mutationen.

m-Wert Maß für die Alkalität eines Wassers. Die Summe der starken und schwachen Alkalien wird als positiver m-Wert ausgedrückt. Bei Vorhandensein starker Säuren ergibt sich ein negativer Wert.

Mycel Vegetationskörper eines Pilzes mit allen Hyphen.

Mycologie, Mykologie Lehre von den Pilzen.

Myzel → Mycel.

N

Nachauflaufverfahren (engl.: post-emergence treatment), Anwendung von speziellen Herbiziden nach dem Auflaufen der Nutzpflanze.

Nachklärbecken Becken, in dem durch langsame Fließgeschwindigkeit die absetzbaren Stoffe sedimentieren können.

Nachweisgrenze Zahlenwert, der auf der Standardabweichung der Blindwerte basiert. Dazu läßt man das Bestimmungsverfahren viele Male blind ablaufen, daß heißt, mit allen Reagentien ohne das zu bestimmende Element, und berechnet aus den Meßwerten die Standardabweichung der Blindwerte. Dann ist der Meßwert X an der Nachweisgrenze gegeben durch $X = 3\sigma_{Bl} + X_{Bl}$ (σ_{Bl} Standardabweichung der Blindwerte, X_{Bl} Mittelwert der Blindwerte). Man wählt den Faktor 3, d. h. eine Irrtumswahrscheinlichkeit von nur 0,14 %, um bei etwaigen Abweichungen der Meßwerte von der Normalverteilung grundsätzlich mit einem Wert in allen praktisch wichtigen Fällen auszukommen.

Nahrungskette Kette der voneinander lebenden Organismen, wobei die kleinen Lebewesen von den größeren gefressen werden, z.B. Wasserfloh - Weißfisch - Raubfisch - Seeadler. Von Bedeutung, weil sich Schadstoffe in der Nahrungskette (z.B. persistente Pflanzenschutzmittel) anreichern können.

Naturhaushalt Das komplexe Wirkungsgefüge von Produzenten, Konsumenten und Reduzenten.

Negativprognose Voraussage eines Zeitpunktes, bis zu dem eine Pflanzenkrankheit nicht auftreten wird. Erst wenn bestimmte Summen stündlicher Temperaturwerte bei hohen Luftfeuchten einen gewissen Schwellenwert erreicht haben, beginnt die Entwicklung der infizierenden Pilzsporen. Durch die N. können u.U. vorbeugende Spritzmaßnahmen eingeschränkt werden.

Nekrose Örtlicher Gewebstod, Absterben von Geweben, Organen oder Organteilen, während die umgebenden Zellen bzw. Organteile weiterleben. Eine bei Verätzungen mit starken Säuren, Laugen oder Oxidationsmitteln auftretende Schädigung.

NEL siehe „No effect level".

Nematizid Mittel gegen Fadenwürmer (Nematoden).

Neoplasmen Neubildung, Geschwulst; gewöhnlich versteht man unter N. eine bösartige Neubildung.

Nephritis Nierenentzündung, mit sehr unterschiedlichen Ursachen, kann auch durch eine große Zahl chemischer Stoffe verursacht werden.

Netzfähigkeit → Benetzung.

Netzmittel Stoffe, die die Oberflächenspannung von Flüssigkeiten soweit verringern, daß diese ins Innere fester Stoffe eindringen oder sich auf Oberflächen (z.B. Blätter) besser verteilen können (Verbesserung der Benetzbarkeit). Anwendung z.B. beim Imprägnieren, Tränken mit Flamm- und Bakterienschutzmitteln und Zugabe zu Pflanzenschutzmitteln, Farbpulvern. N.-Lösungen dringen auch zwischen Schmutzschichten und lösen den Schmutz (Wasch- und Reinigungsmittel).

Netzwasser Durch Beimischen von Netzmitteln zum Löschwasser wird die Oberflächenspannung des Wassers verringert („entspanntes Wasser"). Dadurch Möglichkeit des Eindringens in wasserabweisende, feste Brennstoffe (z.B. Braunkohle, Baumwolle).
Nicht zu verwenden in Gegenwart elektrischer Spannung.

Neurasthenie Eine körperliche Verfassung, die durch Müdigkeit, Kopfschmerzen, ungewöhnliche Empfindsamkeit etc. gekennzeichnet ist.

Neutralisation pH-Einstellung mit Säure oder Lauge auf den Wert pH 7.

Neutron Elementarteilchen des Atoms ohne Ladung.

Newton

1. Britischer Physiker.
2. Pysikalische Einheit für die Kraft. 1 N = 1 kg · m/S².

NFPA National Fire Protection Association, USA.

Nichtcarbonathärte Die Menge an Härtebildnern, die nicht als Bicarbonate oder Carbonate vorliegen, sondern als Sulfate, Chloride usw.

Niedere Wasserorganismen Wassermoose, Krebstiere, Rot-, Grün-, Blau- und Kieselalgen, Bakterien, Geisseltiere, Wimpertiere, Amöben, Insekten, Rädertierchen, Suctorien, Egel, Würmer, bestimmte Blütenpflanzen.

Niers-Verfahren Spezielles Abwasser-Reinigungsverfahren, bei dem im Belüftungsbecken Eisenspäne zugesetzt werden.

Nitrifikation Oxidation von Ammoniumstickstoff durch autotrophe Bakterien (Nitrosomas) zu Nitrit und durch Nitrobactor zu Nitrat.

Niveauschaltung Vorrichtung zur Begrenzung eines Flüssigkeitspegels.

Nocordia Bakterienart, die in der Lage ist, Phenole abzubauen.

NOEC-Wert no observed effect concentration; höchste geprüfte Konzentration einer Prüfsubstanz, bei der in einem längerfristigen Test weder letale Wirkungen auf die Versuchsorganismen noch eine Verminderung der Fortpflanzungsrate bzw. eine andere nachteilige Veränderung bei biologisch relevanten Parametern (im Vergleich zu einer Kontrollgruppe) auftritt.

No effect level Menge einer Substanz, die bei täglicher Aufnahme weder funktionelle Störungen noch strukturelle Veränderungen

am Versuchstier verursacht; bei oraler Aufnahme wird diese Menge in mg/kg Körpergewicht/Tag ausgedrückt.
(→ ADI-Wert).

Noxe Gesundheitsschäden auslösender Faktor.

Nuklearmedizin Anwendung radioaktiver Stoffe in der Medizin.

O

Oberflächenbelüfter Sammelbegriff für Geräte, die beim Belebungsverfahren Sauerstoff durch Turbulenz an der Oberfläche und durch Versprühen von Abwasser in der Luft eintragen.

Oberflächenspannung Stoffeigenschaft, die die Ausbreitung eines Stoffes auf einer Flüssigkeitsoberfläche (z.B. Wasser) beeinflußt.
→ Grenzflächenspannung.

OC-Wert Oxigenation capacity, Sauerstoffmenge, die durch ein Belüftungssystem bei Verwendung von Luft eingetragen wird.

OECD Organization for Economic-Cooperation and Development, Organisation für wirtschaftliche Zusammenarbeit.

OKG → GOK.

Ökologie Wissenschaft von den Beziehungen der Lebewesen zu ihrer Umwelt, betrachtet vor allem die verschiedenen Biotope und Biozönosen und analysiert die Lebensfunktionen am natürlichen Standort.

ökologisches Gleichgewicht Zustand der Beziehungen der belebten und unbelebten Umwelt zueinander. Es unterliegt einer Dynamik mit unbestimmtem Ausgang.

Ökologische Nische Spezifische Umweltbedingungen, in die eine Art innerhalb eines Ökosystems eingepaßt ist und eine „ökologische Planstelle" einnimmt. Beim Freiwerden einer ö. N. wird diese in der Regel von anderen Organismen besetzt.

ökologische Reserve Im biologischen Gleichgewicht vorhandene Variationsbreite, die ein Puffer- oder Ausgleichsvermögen darstellt.

ökologische Zelle Kleinflächiges ökologisches Reservoir mit relativ unberührter Flora und Fauna innerhalb von Kulturlandschaften, z.B. Feldrain, Brachflächen, Hecken.

Ökosystem Funktionseinheit unterschiedlicher Größenordnung, in der die Organismen und ihre Gemeinschaften in wechselseitiger naturgesetzlicher Beziehung zu allen Fakten der unbelebten Umwelt stehen.

Ökotop Raum, in dem gleichartige Umweltbedingungen wie Temperatur, Feuchte, Nährstoffangebot für Lebewesen vorliegen.

Ölbinder Bindemittel zum Aufnehmen von Öl.

oleophil Ölfreundlich/ölanziehend; Eigenschaft von Ölbindern.

oligodynamisch Eigenschaft einiger Metallionen, keimtötend zu wirken, wenn sie in kleinen Dosen im Wasser gelöst sind.

Oligosaprobien Mikroorganismen, die in wenig verunreinigtem Wasser leben.

oligotroph Nährstoffarm.

Ölschlängel (auch: Ölschlengel), als Ölsperre wirkende, relativ kurze, gelenkig verbundene starre Schwimmkörper.

Ölschürzen Als Ölsperre wirkende, senkrecht im Wasser stehende Sperrwände, die von Schwimmkörpern und Gewichten aufrecht gehalten werden.

Ölsperren → Ölschlängel, → Ölschürzen, Schläuche.

Onkologie Lehre von den Geschwulsten.

Oral → Per os. Aufnahme durch den Mund z.B. bei Giftigkeitsprüfungen (Magengiftwirkung).

Organdosis Mittelwert der Äquivalentdosis über ein Organ.

organisch-biologische Landbaumethode Hat vieles gemeinsam mit der biologisch-dynamischen Methode, beruht auf naturwissenschaftlicher Grundlage. Düngung erfolgt mit kompostiertem Stallmist, Urgesteinsmehl, Patentkali, Thomasmehl sowie mit organischen Handelsgütern wie Horn- und Knochenmehl, Guano. Pflanzenschutzmaßnahmen nur in Ausnahmefällen, mit Insektiziden auf pflanzlicher Basis.

organische Stoffe Verbindungen der belebten Materie.

Organoleptische Eigenschaften Alle Stoffeigenschaften, die mit dem Auge, dem Geruchs- und Geschmacksinn zu erkennen sind.

Ortsdosisleistung Äquivalentdosis an einem bestimmten Ort während einer bestimmten Zeitdauer, geteilt durch die Zeitdauer.

Oscillatorie Blaualgenart.

ÖSK Öfunfallausschuß See/Küste.

Osmose Hindurchwandern von Wasser oder anderen Lösungsmitteln durch Wände (Häute oder Membranen), die halbdurchlässig (semipermeabel), d.h. durchlässig für das Lösungsmittel u. undurchlässig für den gelösten Stoff sind.

Oricid Eiabtötendes Mittel; Anwendung z.B. als Winterspritzmittel bis zum Schwellen der Knospen; Gelbspritzmittel, Teeröle, Karbolineum.

O/W-Emulsion Öl in Wasser-Emulsion, bei Ölausbreitung auf Gewässern nach längerer Zeit durch Einmischen von Öltropfen ins Wasser entstehendes Gemisch. Die Bildung einer O/W-Emulsion kann durch Selbstemulgierung oder unter dem Einfluß von Wind- und Wellenbewegungen stattfinden. S. auch W/O-Emulsion.

P

PAH Polycyclische aromatische Kohlenwasserstoffe, bei unvollständiger Verbrennung entstehende ubiquitäre Stoffklasse; einige Substanzen der PAH sind krebserzeugend, z.B. Benzpyren.

Parameter Charakterisierende Angaben/Werte (z.B. Temperatur, CSB, pH-Wert für Wasser).

Parasit Organismus, der an oder in einem anderen Organismus lebt und seine Nahrung ohne gleichwertige Gegenleistung von seinem Wirt bezieht.

parasitär Schmarotzerhaft, wie ein → Parasit lebend.

parasitisch → parasitär.

Parasitismus z.B. Schlupfwespenlarven in Schmetterlingsraupe, die als „Wirt" geschädigt wird.

Parasitose durch →Parasiten erzeugte Krankheit.

Parästhesie Mißempfindung in Form von Kribbeln, Taub- oder Pelzigsein der Haut.

Pasteurisierung Haltbarmachen von Nahrungsmitteln durch Erhitzen. Auch angewendet zur Keimabtötung im Faulschlamm.

pathogen Krankheitserregend.

Partikelfilter → Atemfilter.

PCB Polychlorierte Biphenyle, Substanzgruppe chlorierter Kohlenwasserstoffe, wegen ihrer chemischen und physikalischen Eigenschaften nicht brennbar, hohe Siedetemperatur, hohe Viskosität, thermische Stabilität, chemische Resistenz, weit verbreitet als Isolier-, Kühlmittel- oder Hydraulikflüssigkeit.

Pepton Stickstoffhaltige Eiweißverbindung.

Per Kurzbezeichnung für Perchlorethylen = Tetrachlorethen.

percutan Aufnahme einer Substanz durch die Haut.

Permeat Reinstwasser einer Umkehrosmose-Anlage.

permissible level Duldbare Menge von Substanz-Rückständen in und auf Nahrungsmitteln, ausgedrückt in mg/kg, errechnet nach folgender Formel:

ADI-Wert x $\frac{70}{0,4}$ · Dabei ergibt sich die Zahl 70 aus dem durchschnittlichen Körpergewicht des Menschen und die Zahl 0,4 aus der durchschnittlichen Verzehrmenge pflanzlicher Lebensmittel - beide in kg angegeben. Unter der „duldbaren Menge" versteht man diejenige Konzentration eines Pflanzenschutzmittel-Rückstandes in oder auf frischen Lebensmitteln zum Zeitpunkt des Verzehrs, die bei täglicher und lebenslanger Aufnahme kein gesundheitliches Risiko beim Konsumenten erwarten läßt.

permitted level Geduldete Menge von Substanz-Rückständen. Häufig sind beim praxisüblichen landwirtschaftlichen Anbau (→ good agricultural practice) weniger Pflanzenschutzmittel notwendig, als es der → permissible level zuließe. Der Gesetzgeber erklärt dann die tatsächlich anfallenden niedrigen Rückstände zur geduldeten Höchstmenge (permitted level) und baut damit zusätzlich zum → ADI-Wert eine weitere Sicherheit ein.

per os Aufnahme durch den Mund.

Persistenz Beständigkeit eines Stoffes gegenüber den natürlichen Zersetzungsagentien. Persistente Schädlingsbekämpfungsmittel sind Mittel mit sehr langer, über Monate oder Jahre anhaltender Dauerwirkung.

Pestizid Mittel zur Bekämpfung tierischer und pflanzlicher Schaderreger im Pflanzenschutz, Vorrats- und Materialschutz, öffentlicher Hygiene und Tierhygiene. Man unterscheidet Mittel gegen

Insekten	Insectizid
— Larven	Larvizid
— eiabtötend	Ovizid
— Blattläuse	Aphizid
Pilze	Fungizid
Spinnmilben	Akarizid
Nematoden	Nematizid
Schnecken	Molluskizid
Nagetiere	Todentizid
Unkräuter	Herbizid

Bakterien Bacterizid

Pest management Integration aller Maßnahmen, die ein Agro-Ökosystem mit etablierten, vorteilhaften biologischen Ausgleichsfaktoren beeinflussen, wie Kulturmaßnahmen, Einführung neuer Kulturpflanzen, Wechsel von Pflanzen-Varietäten, Anwendung von Düngung sowie chemische und biologische Pflanzenschutzmaßnahmen und unter Berücksichtigung ihres Einflusses auf die Populationsdynamik von Schädlingen und Nützlingen.

Petroletherextrahierbare Stoffe Stoffe, die im Wasser oder Schlamm mit Petrolether extrahierbar sind und als Maß für den Fettgehalt eines Abwassers oder Schlammes gelten.

Pflanzenbehandlungsmittel Pflanzenschutzmittel und Wachstumsregler, zu denen auch die Zusatzstoffe gehören.

Pflanzenhormone Die Pflanzenentwicklung fördernde oder hemmende organische Wirkstoffe, die in den Pflanzen selbst entstehen, z.B. Heteroauxin.

Pflanzenhygiene Vorbeugende Maßnahmen zur Gesunderhaltung der Nutzpflanzen (Sortenwahl, standortgerechter Anbau, Fruchtfolge, Bodenbearbeitung, Düngung, Bewässerung usw.).

Pflanzenpathologie Erforschung der Krankheiten unter Ausschluß aller tierischen Schaderreger.

Pflanzenschutz Schutz der Kulturpflanzen vor Pflanzenkrankheiten, Schädlingen und Standortkonkurrenten sowie Schutz pflanzlicher Vorräte vor Verderbnis.

Pflanzenschutzdienst Die nach Landesrecht für die Durchführung des Pflanzenschutzgesetzes zuständigen Behörden oder Stellen. Sie haben in den Ländern insbesondere folgende Aufgaben:

1. Überwachung der Pflanzenbestände sowie der Vorräte von Pflanzen und Pflanzenerzeugnissen auf das Auftreten von Schadorganismen und Krankheiten.
2. Überwachung des Versands von Pflanzen und Pflanzenerzeugnissen im Rahmen des Pflanzenschutzes und des Vorratsschutzes sowie die Ausstellung von Pflanzengesundheitszeugnissen.
3. Beratung und Aufklärung auf dem Gebiete des Pflanzenschutzes und des Vorratsschutzes sowie die Durchführung des Warndienstes auf diesen Gebieten.
4. Berichterstattung über das Auftreten und die Verbreitung von Schadorganismen und Krankheiten.
5. Prüfung von Pflanzenbehandlungsmitteln sowie von Geräten und Verfahren des Pflanzenschutzes und des Vorratsschutzes.
6. Überwachung des Verkehrs mit Pflanzenbehandlungsmitteln.
7. Durchführung der hierfür erforderlichen Untersuchungen und Versuche.

Pflanzenschutzgesetz Bundesgesetz mit Vorschriften für die Zulassung von Pflanzenbehandlungsmitteln; sein Zweck ist, Pflanzen vor Schadorganismen und Krankheiten und Pflanzenerzeugnisse vor Schadorganismen zu schützen und Schäden abzuwenden, die durch Anwendung von → Pflanzenschutzmitteln oder anderen Maßnahmen des Pflanzenschutzes, insbesondere für die Gesundheit von Mensch und Tier, entstehen können.

Pflanzenschutzmittel Stoffe und Zubereitungen, die dazu bestimmt sind, Pflanzen vor Schadorganismen oder Krankheiten zu schützen oder das Keimen von Pflanzen zu verhindern.

Pflanzenschutzmittelverzeichnis Von der Biologischen Bundesanstalt für Land- und Forstwirtschaft in Braunschweig zusammengestelltes Verzeichnis aller in der Bundesrepublik Deutschland zugelassenen Pflanzenbehandlungsmittel und anerkannter Pflanzenschutzgeräte.

Phase Innerhalb einer Zone gleichen Aggregatzustands abgrenzbarer Bereich übereinstimmender physikalischer Merkmale (auch in Mehrstoffgemischen) wie z.B. Dichte, Löslichkeit, Brechungsindex usw. Beispiel: Ölphase auf Wasser (gleiche Aggregatzustände, verschiedene Dichte); Dampfphase über heißem Wasser (gleicher Stoff, verschiedene Aggregatzustände).

Pheromone Noch in höchster Verdünnung wirksame Stoffe, die im Tierreich zur Regelung sozialer Beziehungen innerhalb der Artgenossen dienen, z.B. Duftstoffe, Lock- oder Schreckstoffe.

Phosphat-Stripping Verfahren zur Entfernung von Phosphatverbindungen aus Abwasser durch Zusatz von Bakterien, die Phosphate und organische Stoffe assimilieren.

Phosphorsäureester Organische Phosphorverbindungen, meist Insektizide und Acaricide.

Phosphorylasen Enzyme, durch hochmolekulare organische Stoffe zersetzt.

Photolyse Durch energiereiches (kurzwelliges) Licht stimulierte (Zersetzungs-) Reaktion.

Photometrie Analytisches Verfahren zur Bestimmung der Konzentration eines gelösten Stoffes.

Photosynthese Kohlendioxid-Assimilation mit Hilfe von Lichtenergie; ein an vorwiegend grüne Pflanzen gebundener, komplizierter biochem. Prozeß, bei dem Licht in chem. Energie umgewandelt wird - Endprodukt Glukose/Kohlenhydrat; Sauerstoff wird freigesetzt. Die durch P. gewonnene org. Substanz ist für nahezu alle Lebewesen Hauptnahrungsbestandteil und heute Voraussetzung für die Existenz des Lebens.

pH-Verschiebung Der pH-Wert hat in der Biologie entscheidende Bedeutung. Die Zellmembranen sind polar aufgebaut, d.h. es gibt Zonen mit positiver und solche mit negativer Ladung nach außen, und dementsprechend werden die gelösten Stoffe aufgenommen (positiv bzw. negativ geladene Ionen oder neutrale Verbindungen). Durch pH-Verschiebung (= Änderung des pH nach der sauren oder alkalischen Seite) wird die Stoffaufnahme erschwert und schließlich ganz unmöglich. Durch einseitige Aufnahme nur positiv oder negativer Ionen wird der pH-Wert auch in der Zelle verändert, und der Zellstoffwechsel bricht zusammen, denn die den Stoffwechsel steuernden Enzyme sind pH-abhängig und können bei pH-Änderungen über bestimmte Grenzen hinaus nicht mehr reagieren. Auf diese Weise kann dann der Zelltod eintreten.

pH 4,8 ist die tödliche Grenze für Fische im sauren Bereich,

pH 9,2 Grenze des Tragbaren im alkalischen.

pH-Wert (lat. - potentia Hydrogenii) ist der negative dekadische Logarithmus der Wasserstoff-Ionen-Konzentration einer Lösung. Der pH-Wert wird in Zahlen von 1-14 ausgedrückt. Bei einem pH-Wert von 7 reagiert die Lösung neutral und enthält 10^{-7} g/l Wasserstoffionen. Saure Lösungen haben einen pH-Wert <7, alkalische Lösungen einen pH-Wert > 7.

physikalische Eigenschaften Summe aller Eigenschaften eines Stoffs, die physikalisch von Bedeutung sind, z.B. Schmelz- und Siedetemperatur, Dichte etc.

Phytohormone Wirkstoffe, die von Pflanzen selbst produziert werden und in sehr niedrigen Konzentrationen in die Stoffwechsel- und Wachstumsprozesse eingreifen (z.B. Auxine, Gibberelline, Cytokinine, Abscisinsäure).

Phytomedizin Wissenschaft von den kranken und beschädigten Pflanzen und der Fertigkeit, sie gesund zu erhalten oder zu heilen. Ihr Aufgabenbereich geht weit über die traditionelle Pflanzenpathologie hinaus.

Phytomedizinische Gesellschaft e.V. Wissenschaftliche Vereinigung mit dem Zweck der Förderung von Forschung, Lehre und Beratung auf dem Gesamtgebiet der Phytomedizin. Berufsständische Vertretung der Pflanzenärzte.

Phytopathologie Lehre von den Pflanzenkrankheiten. Als selbständige Wissenschaft Mitte des 19. Jahrhunderts von J. Kühn begründet.

Pneumonie Lungenentzündung.

Polarisierbarkeit Die Polarisierbarkeit ist ein Indiz für das Abbauverhalten. Polare Stoffe sind leichter chemisch angreifbar als unpolare. Da es oft keine Enzymsysteme für polare Substituenten (z.B. Chlor) gibt, sind polare Stoffe im allgemeinen schwerer mikrobiell abbaubar.

Polymerisation Stoffe können bei Einwirkung von Licht, Luft oder Wärme eine Reaktion in sich selbst erzeugen und dabei größere Moleküle gleicher Zusammensetzung bilden (polymerisieren). Hierbei wird Wärme freigesetzt. Hat die Polymerisation begonnen, so setzt sie sich selbständig ohne weitere Energiezufuhr von außen fort, und der Stoff erhitzt sich je nach der Geschwindigkeit des Prozesses bis zum kritischen Punkt. Eine Behälterexplosion kann die Folge sein. Die Polymerisation kann durch Stabilisatorzusatz verhindert werden. Der Transport ist nur im stabilisierten Zustand erlaubt. Stabilisatoren können ihre Wirkung bei Erwärmung in der Nähe eines Brandherdes oder durch brennendes Gut verlieren.

Polyphosphate Anorganische Salze, die u.a. auch zur Behandlung von Wasser eingesetzt werden, sind in der Lage, die Härtebildner des Wassers komplex zu binden.

Polysaprobien Mikroorganismen, die eine

starke organische Belastung eines natürlichen Gewässers anzeigen und in stark verunreinigtem, fäulnisfähigem Wasser leben.

polytroph Nahrungsreich.

Population Gesamtheit aller Individuen einer bestimmten Art in einem bestimmten Raum.

post-emergence treatment → Nachauflaufverfahren.

Potamologie Lehre von den Flüssen.

Power Ein Schalter mit dieser Bezeichnung schaltet ein Gerät ein (On) oder aus (Off).

ppb part per billion, 1 ppb = 1 milliardstel Teil (engl.: Billion = Milliarde), z.B. 1 Mikrogramm pro Kilogramm (μg/kg).

ppm

1. Für Konzentrationen in festen oder flüssigen Medien:
   part per million, 1 ppm = 1 millionstel Teil (von Volumen, Gewicht, Fläche usw.), z.B. 1 Milligramm pro Kilogramm (mg/kg).
2. Für Konzentrationen in Luft:
   1ppm = 1 cm^3 Stoff pro m^3 Luft
   1 mg/m^3 = 1 mg Stoff pro m^3 Luft
   Umrechnung bei 20 °C und 1013 mbar:

$$c_{[ppm]} = \frac{\text{Molvolumen [l]}}{\text{molare Masse [g]}} \cdot c_{[mg/m^3]}$$

$$c_{[mg/m^3]} = \frac{\text{molare Masse [g]}}{\text{Molvolumen [l]}} \cdot c_{[ppm]}$$

Molvolumen = 24 l bei 20 °C und 1013 mbar.

1ppm (in Luft) bedeutet 1 cm^3 Gas (od. Dampf) in 1 Million cm^3 Luft oder in 1000 Liter Luft oder in 1 m^3 Luft. 10000 ppm = 1 Vol-%. Dichte der Luft (trocken, 20 °C, 760 torr) zur Umrechnung: 0,001205 g/ml.

ppt part per trillion, (engl. trillion = dt. Billion), 1 ppt = 1 billionstel Teil (von Volumen, Gewicht, Fläche usw.), z.B. 1 Nanogramm pro Kilogramm (ng/kg).

Prädatoren Räuber, im Pflanzenschutz eher nützliche Insekten, z.B. Schlupfwespen, die schädliche Raupen befallen.

pre emergence treatment → Vorauflaufverfahren.

Produktionshöhe Die Produktionshöhe einer Chemikalie gehört zu den grundlegenden Größen für die Beurteilung der durch sie verursachten potentiellen Umweltbelastung, wobei zusätzlich besondere ökotoxische Eigenschaften zu berücksichtigen sind.

Prognose Vorhersage, dient z.B. im Pflanzenschutz der Voraussage über Entwicklung, Stärke der Massenvermehrung von Schädlingen oder Krankheitserregern.

Proton Positiv geladenes Elementarteilchen des Atoms.

Protozoen Einzeller.

Psychische Wirkung Wirkung auf das Nervensystem.

PTB Physikalisch-Technische Bundesanstalt, Braunschweig.

puffern Den pH-Wert einer Lösung konstant halten.

Pulverharz Ionenaustauscher von besonders kleiner Teilchengröße für spezielle Anwendungsgebiete.

Pulverlöschmittel → Löschpulver.

p-Wert Maß für die im Wasser gelösten starken Alkalien, (positiver p-Wert). Bei Vorhandensein von Säuren ergibt sich ein negativer Wert.

Pyrethrine Insektizide Pyrethrum-Wirkstoffe, reine Kontaktgifte, wirken als Nervengift. Sie dringen auf demselben Weg in den Organismus der Insekten ein wie synthetische Insektizide.

Pyrethroide Synthetische Ester der Chrysanthemum-Säure → Pyrethrum oder ihrer Derivate.

Pyrethrum Ein aus Blüten von Chrysanthemum cinerariaefolium gewonnener, gegen Insekten wirksamer, für Warmblüter wenig giftiger Pflanzenschutzwirkstoff.

Pyrolyse Thermische Zerstörung von Molekülbindungen unter Sauerstoffmangel. Verfahren zur Energie- und Rohstoffrückgewinnung aus Hausmüll und Sonderabfällen (z.B. Altreifen).

Q

qualitativ Auf die Güte bezogen.

quantitativ Auf die Menge bezogen.

Quantitative Bestimmung Bezeichnung für eine Analyse, die die Feststellung der Mengenanteile der bekannten Bestandteile einer Substanz mit chemischen, physikalisch-chemischen oder rein physikalischen Methoden zum Ziel hat.

Quellschüttung Abflußmenge einer Quelle pro Zeiteinheit in l/sec.

R

Rad Einheit der Energiedosis 1 rad = 100 erg/g.

Radioaktiver Abfall Radioaktive Spaltprodukte, entstehen vor allem bei der Energiegewinnung durch Kernspaltung.

radioaktive Stoffe Stoffe, die ohne äußere Einwirkung dauernd Strahlung aussenden.

Radioaktivität Eigenschaft mancher chemischer Elemente oder Nuclide, ohne äußere Einwirkung dauernd Strahlung auszusenden.

Radiojod Radioaktive Jodisotope.

Radiolarien Strahlentierchen, im Meer lebende Kleinlebewesen.

Radionuclide Instabile Nuclide, die dauernd Strahlung aussenden.

RAL Ausschuß für Lieferbedingungen und Gütesicherung beim → DNA (früher Reichsausschuß für Lieferbedingungen).

Raumfilter Durch Rammen niedergebrachtes Filterrohr zur Untersuchung des Grundwasserbereichs.

Rasante Eutrophierung „Umkippen" eines Gewässers. Schnelle Umwandlung des Stoffhaushalts eines Gewässers, bringt jedes höhere Leben zum Erlöschen.

RBW-Faktor Relative biologische Wirksamkeit verschiedener Strahlen auf Organismen.

Rechengut Durch Rechen in Kanälen, Wasserläufen oder Kläranlagen zurückgehaltene Stoffe.

Recycling Die in der chemischen Industrie teilweise übliche Rückführung der bei der Produktion anfallenden End-, Zwischen- und Nebenprodukte in die gleiche oder eine andere Produktion. Auch die Wiederverwertung von Ersatzstoffen, die z.B. aus der Abluft zurückgewonnen und wieder in den Prozeß eingesetzt werden, gehört dazu.

Reduzenten Bakterien und Pilze des Bodens, die abgestorbene Organismen mineralisieren, d.h. in einfache anorganische Verbindungen zerlegen. Diese werden dann im Nahrungskreislauf der Natur als Nährstoffe der Pflanzen, der Produzenten, genutzt.

Referenzproben Vergleichsproben aus unbelasteten Umweltbereichen (Boden, Wasser).

refraktäre Verbindungen → Persistenz.

Regeneration Maßnahme, um einen Ionenaustauscher mit Hilfe von Regeneriermittel in einen für die Neubeladung geeigneten Zustand zu bringen.

Reizstoff Chemikalie, die in Tierversuchen nach 2 Stunden andauernder Berührung mit der Haut in einer Menge von 0,5 ml oder 0,5 g innerhalb von 3 Tagen Entzündungen hervorruft.

relative Atommasse Relatives, auf das Standardatom 12-C bezogenes Maß für die Massen der Atome. Die relative Atommasse ist eine dimensionslose Verhältniszahl.

Relative Molmasse Die relative Molmasse (das „Molekulargewicht") ist die Summe der relativen Atommassen aller Atome in einem Molekül. Sie ist auf den 12. Teil der Atommasse des Kohlenstoffisotops C-12 bezogen. Die Dimension ist 1 g/mol (= 1 dalton).

Rem Einheit der Äquivalentdosis.

Repellent Chemisches Abschreckmittel.

Resistenz Widerstandsfähigkeit eines Lebewesens gegen schädliche Umwelteinflüsse. Als Folge wiederholter Anwendung eines Wirkstoffes kann Resistenz auch durch Pflanzenschutzmittel ausgelöst werden, so daß die Selektion widerstandsfähiger Organismen begünstigt wird.

Resorption → Hautresorption

Retention Rückhalte- und Speichervermögen in künstlichen Gerinnen und natürlichen Gewässern.

RF-Wert In der → Chromatographie Bezeichnung für eine die Wanderungsgeschwindigkeit einer Substanz charakterisierende Größe; definiert als Quotient der Wanderungsstrecke von Substanz und Front (= die vordere Linie der mobilen Phase). In der Gaschromatographie: Retentionszeit, Retentionsvolumen, bezogen auf einen mitlaufenden inneren Standard. Die Angabe des RF-Werts allein ist sinnlos; mindestens muß noch die stationäre und die mobile Phase mit angegeben werden.

RID Règlement International concernant le Transport des Marchandises Dangereuses par Chemins de fer, Annexe I. Internationale Ordnung für die Beförderung gefährlicher Güter mit der Eisenbahn. Anlage I zum Internationalen Übereinkommen über den Eisenbahnfrachtverkehr (CIM) vom 9.9.1977.

Ringelmann-Skala Eine fünfteilige Grauskala, die zur optischen Bewertung von Rauchfahnen dient.

Ringindex Von Chemical Abstracts verwandte Verschlüsselung für die Ermittlung des systematischen Namens einer cyclischen Struktur. Vorgehensweise:

- Anzahl der Ringe
- Anzahl der Atome pro Ring, beginnend mit dem kleinsten Ring

- Elemente im Ring (ohne H)

Beispiel:

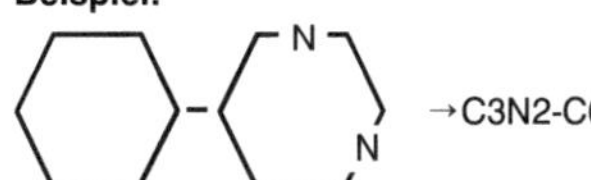

RM 001 Die RM 001 (Richtlinie Maritim) regelt Prüfung und Zulassung sämtlicher Verpackungen für gefährliche Güter im internationalen Seeversand; sie ist Bestandteil der Gefahrgutverordnung See.
Eine nach RM 001 zugelassene Verpackung muß gemäß UN-Empfehlung gekennzeichnet sein.
Beispiel:

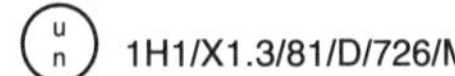

Rodentizide Biozide Wirkstoffe zur Abtötung von Nagetieren; hemmen die Blutgerinnung und lösen Krämpfe aus.

Röntgen Einheit der Ionendosis
1 Röntgen (R)
= 258 μC/kg
= 1000000 Mikroröntgen (μR).

ROS Resistente organische Substanz, die in Abfällen enthaltene mikrobiell schwer abbaubare organische Substanz.

Rotte Aerobe Zersetzung fester organischer Stoffe, z.B. in Müll.

Rotteplatte Einrichtung mit künstlicher Be- und Entlüftung zur Verkürzung des Rottevorgangs.

Ruderalvegetation Pflanzen, die auf stickstoffreichen Schuttplätzen gedeihen.

Rücklaufschlamm Der aus dem Nachklärbecken abgezogene, in das Belebtschlammbecken zurückgeführte Belebtschlamm.

Rückstände Rest- oder Abbauprodukte von Pflanzenschutzmitteln auf Nahrungsmitteln. Im Pflanzenschutz gilt die Höchstmengenverordnung.

S

Saatbeizmittel Mittel zur Behandlung von Saatgut (Getreide-, Rüben- und Gemüsesamen usw.) zum Schutze gegen pilzliche Erkrankungen.

Saatgutbehandlung Vorbeugende Behandlung vor allem von Getreide-, Rüben- und Gemüsesamen zum Schutz gegen pilzliche u. tierische Schaderreger. Gegen Pilze werden verschiedene Zubereitungen verwendet: (pulverförmige) Trockenbeizmittel sowie Feucht- o. Schlämmbeizen. Zum Schutz gegen Drahtwurmbefall (Getreide) wird das Saatgut mit Insektizid-Zubereitungen eingepudert. Diese Saatgutpuder können jedoch auch mit → Fungizid-Trockenbeizmitteln kombiniert werden → Beizmittel.

Salmonellen Stäbchenförmige Bakterien, die bei Menschen und Tieren Blutvergiftung und Darmerkrankungen hervorrufen. Sind immer in Abwässern und Klärschlamm enthalten.

Salz Die Verbindung eines sauren Anions und eines Metall-Kations zur Bildung eines Moleküls.

Salzbelastung Anreicherung von Oberflächengewässern mit Salz aus Industrieabwässern.

Sammler Entwässerungskanal für ein größeres Gebiet. Einteilung nach DIN 4045 in Neben-, Haupt- und Endsammler.

Sandfang Einrichtung zum Entfernen von Sand durch Sedimentation infolge Verringerung der Durchflußgeschwindigkeit.

Saprobien Organismen, die in verunreinigtem, fäulnisfähigem Abwasser leben.

Saprobiensystem Klassifizierung der Gewässer nach biologischen Gesichtspunkten, Einteilung in vier Güteklassen nach Art der darin vorkommenden Mikroorganismen.

Sapromat Gerät zur automatischen → BSB_5-Bestimmung, bei dem der erforderliche Sauerstoff elektrolytisch erzeugt wird. Die Einschaltdauer des Sauerstofferzeugers dient dabei als Maß des Sauerstoffverbrauches.

Sapropel Faulschlamm.

saprophil Bezeichnung für Organismen, die von faulenden Stoffen leben.

Saprophyt m (gr.), lebt auf totem Substrat, dessen Abtötung er weder bewirkt noch ermöglicht hat.

Saprophyten Bezeichnung für Pflanzen, die von verwesenden Stoffen leben.

Sättigungskonzentration in Luft Aus dem Dampfdruck läßt sich die Menge des Dampfes berechnen, die beim Sättigungszustand in einem bestimmten Luftvolumen vorhanden ist. Näherungsformel zur Berechnung der S. [in g/m^3] aus der relativen Molmasse M und dem Dampfdruck p [in mbar] bei 20 °C; $S = 0{,}041 \cdot M \cdot p$.

Schädlichkeitsgrenze Bezeichnet die Konzentration eines toxischen Stoffes, bei der nach ca. einstündiger Einwirkungsdauer (meist auf Fische) keine Schädigungen in Form von Symptomen eingetreten sind.

Schadorganismen Im Sinne des Pflanzenschutzgesetzes: tier. u. pflanz. → Schädlinge, insbesondere Unkräuter, → parasitische höhere Pflanzen sowie Moose, Algen, Flechten u. Pilze, schädl. → Mikroorganismen einschl. schädl. Bakterien u. Viren in allen Entwicklungsstadien.

Schädlinge Pflanzen u. Tiere, die dem Menschen u. seinen Nutztieren, Kulturpflanzen, Vorräten, Materialien u. seiner Gesundheit Schaden zufügen können.

Schädlingsbekämpfungsmittel Mittel zur Bekämpfung von → Schädlingen.

Schalldruck Dem Atmosphärendruck überlagerter Verdichtungs(wechsel)druck der Luft bei Ausbreitung von Schallwellen, Maßeinheit Pascal (Pa).

Schallpegel Schalleinwirkungen werden als Schallpegel gemessen, Maßeinheit Dezibel (dB). Die Frequenzbewertungskurven (meist A oder D) werden berücksichtigt und bei der Meßwertangabe ausgedrückt, z.B. dB(A).

Scheibenskimmer Ölsammelgerät, das mit einer rotierenden, adhäsionsbeschichteten Scheibe ausgestattet ist. Das mit der Scheibe aus dem Wasser hochgezogene Öl wird abgestreift und eingesammelt → Skimmer.

Schlängel (auch: Schlengel) → Ölschlängel.

Schmelztemperatur = Schmelzpunkt, bezeichnet die Temperatur, in °C, bei der ein Stoff unter Normalbedingung (1 at = 760 Torr) vom festen in den flüssigen Aggregatzustand übergeht. Abkürzung Fp., engl. mp.

Schürze → Ölschürze.

Schutzkleidung Von einer Reihe der gefährlichen Güter können schwere Schädigungen der Haut verursacht werden. In diesen Fällen muß sobald wie möglich entsprechende Schutzkleidung getragen werden. Man unterscheidet hier zwischen Teil- und voller Schutzkleidung. Als volle Schutzkleidung wird eine vollständige Bekleidung des gesamten Körpers verstanden. In den meisten Fällen wird die übliche Schutzkleidung der Feuerwehr genügen. Eine Reihe von Stoffen greift die normale Schutzkleidung jedoch an und zersetzt sie.

Schwebstoffe Organische und anorganische Feststoffe, die im Wasser schweben.

Schwefeldioxid Schwefeldioxid: SO_2 Farbloses, bei höheren Konzentrationen stechend riechendes, zum Husten reizendes Gas. Es entsteht bei der Verbrennung schwefelhaltiger Brennstoffe, wie z.B. Erdöl und Kohle. Es ist einer der Hauptfaktoren und daher eine Leitsubstanz der Luftverunreinigung.

schwer abbaubare Verbindungen s. Persistenz.

Schwerkraftabscheider Vorrichtung zum Trennen zweier ineinander nicht oder kaum mischbarer Flüssigkeiten aufgrund ihrer unterschiedlichen Dichte: „Benzinabscheider" für Flüssigkeiten mit Dichte < 1 g/cm³; „Schwerflüssigkeitabscheider" für Flüssigkeiten mit Dichte > 1 g/cm³.

Schwermetalle Metallische Elemente hoher Dichte (> 5 g/cm³); überwiegend giftig.

SCOPE Special Committee on Problems of the Environment (→ ICSU).

SE Schadeinheit, Bemessungseinheit zur Ermittlung der Schädlichkeit eines Abwassers nach dem Abwasserabgabengesetz.

Sedimentierung Das Absetzen von Festkörpern aufgrund der Schwerkraft.

Selbstreinigungskraft Natürlicher Abbau von Belastungsstoffen in Gewässern.

Selektiv (lat.), Auswählend, im Pflanzenschutz: Mittel mit spezifischer Wirkung gegen Schaderreger o. eine -Gruppe. Unter s. Wirkung z.B. auf Unkräuter versteht man die pflanzenvernichtende o. wachstumshemmende Wirkung, die nur auf bestimmte Unkrautpflanzen beschränkt ist u. von der vor allem die Kulturpflanzen ausgenommen sind; Ggs.: → Totalherbizid.

Selektivität Eigenschaft eines Ionenaustauschers, bestimmte Ionen bevorzugt auszutauschen.

semipermeabel Halbdurchlässig, läßt nur bestimmte Teile eines Stoffes oder Stoffgemisches passieren, durchlässig für Lösungsmittel.

Sensibilisierung Empfindlichmachen des Körpers oder bestimmter Gewebe gegen fremdartige Stoffe, so daß bei späterer Wiederberührung mit dem sensibilisierenden Stoff Überempfindlichkeitserscheinungen entstehen.

Sequenzmycosen Mz. (lat.-gr.), Aufeinanderfolge sich gegenseitig begünstigender pilzlicher Erkrankungen.

Seston Ungelöste Stoffe im Wasser, die durch Sieben, Zentrifugieren oder Sedimentieren entfernt werden können.

SI Système International d'Unités - Internationales Einheitssystem; Ergebnis von Beschlüssen der Generalkonferenz für Maße und Gewichte; s. Einheiten.

Siebbandpresse Maschine zur Entwässerung von Klärschlamm.

Siedepunkt → s. Siedetemperatur. Als Siedepunkt gilt die Temperatur, bei der der Dampfdruck des betreffenden Stoffes 760 Torr beträgt.

Siedetemperatur = Siedepunkt. Bezeichnet die Temperatur in °C, bei der eine Flüssigkeit bei normalem Luftdruck (1 at = 760 Torr) vom flüssigen in den gasförmigen Aggregatzustand übergeht. Physikalisch bedeutet dies, daß bei der Siedetemperatur der Dampfdruck der Flüssigkeit gleich dem äußeren Luftdruck ist.
Beurteilungshilfe:
$<$ 100 °C niedrigsiedend
100 — 150 °C mittelsiedend
$>$ 150 °C hochsiedend
abk. kp., engl. bp.

SKE Bezugsgröße für Energieberechnungen; 1 Tonne SKE entspricht dem Energiegehalt einer Tonne Steinkohle = 29 GJ.

Skimmer Gerät zum Entfernen ausgelaufenen Öls von der Wasseroberfläche (Abschöpf-, Abstreif- oder Absauggerät).

SMGS Abkommen über den internationalen Eisenbahnverkehr zwischen den RGW-Ländern.

Smog Bezeichnung für die sichtbare Verunreinigung der Atmosphäre über städtischen und industriellen Ballungsräumen; entsteht überwiegend bei austauscharmen Wetterlagen (Inversion) unterhalb der Sperrschicht. Die staubförmigen Luftverunreinigungen können als Kondensationskeime wirken und führen zur Nebelbildung. Wenn die Luftverunreinigungen bestimmte Grenzen überschreiten, wird von der Behörde Smog-Alarm ausgelöst.

SOG Gesetz über öffentliche Sicherheit und Ordnung.

SOLAS Safety of Life at Sea
Internationale Konferenz 1960 der → IMCO zum Schutz des menschlichen Lebens auf See.

Sonderabfallbehandlungsanlage Eine Anlage, in der Abfälle, die nicht gemeinsam mit Hausmüll beseitigt werden können, einer speziellen Behandlung bzw. Vorbehandlung zugeführt werden, z.B. Neutralisation, Entgiftung, Entwässerung, Emulsionstrennung, Destillation etc.

Sonderabfalldeponie Eine Spezialdeponie, in der Abfälle, die nicht gemeinsam mit Hausmüll abgelagert werden können, ordnungsgemäß deponiert werden. Solche Deponien sind in der Regel gegen das Grundwasser, u.U. auch gegen das Oberflächen- und Regenwasser abgedichtet und verfügen über Sickerwasserdrainagen, Sickerwasserauffang- und -behandlungsbecken.

Sonderabfallverbrennungsanlage Eine Spezialverbrennungsanlage für feste, flüssige und schlammförmige Abfälle, die nicht gemeinsam mit Hausmüll beseitigt und auch nicht auf Sonderabfalldeponien abgelagert werden können. Derartige Verbrennungsanlagen verfügen über geeignete Einrichtungen zur Rauchgasbehandlung, da in der Regel beim Verbrennungsvorgang hohe Schadgaskonzentrationen entstehen.

Sondermüll Industrieabfälle, die nicht mit Haus- oder Gewerbemüll beseitigt werden können.

Species Vergleichbare Daten über die Toxizität gegenüber Menschen sind gewöhnlich selten. Aus naheliegenden Gründen weicht man daher auf andere Species (hauptsächlich Ratten) aus und bezieht sich auf die Rattentoxizität (oral) als Vergleichsgröße.

spezifisches Gewicht s. Dichte.

Spiegeldifferenz Höhenunterschied zwischen der Öloberfläche und dem ölfreien Wasserspiegel, nimmt bei Ausbreitung eines Ölteppichs langsam ab.

Spurenwirksamkeit
Schwermetalle
Pflanzenschutzmittel
Krebsfördernde Stoffe
Hormone - Wachstumshemmer
Antibiotika, Toxine
Viren
Geruchs- und Geschmacksbeeinträchtigung.

Staub Im Pflanzenschutz feinteiliges Trägermaterial (z.B. Talkum, Tonmehl), vermischt mit Wirkstoffteilchen v. → Insektiziden, → Akariziden, → Fungiziden. Ausbringung mit speziellen Stäubegeräten.

Staubfilter s. Atemfilter

StAWA Staatliches Amt für Wasser- und Abfallwirtschaft.

stichfest Schlämme mit einem Wassergehalt ≦ 70 %.

Stickoxide Stickoxide: NO_x
Farblose (NO) oder braunrote (NO_2) gasförmige Verbrennungsprodukte des Stickstoffs; diese bestehen im wesentlichen aus Stickstoffmonoxid NO (ca. 90 %) und Stickstoffdioxid NO_2 (ca. 10 %). Sie werden gebildet bei allen Verbrennungsprozessen, bei denen Sauerstoff und Stickstoff zugegen sind.

Stickstofftrophierung Anreicherung von stickstoffhaltigen Nährsalzen.

Stockpunkt Der Stockpunkt ist die Temperatur, bei der eine Flüssigkeit (Öl) eine so hohe Viskosität erreicht, daß sie unter der Einwirkung der Schwerkraft nicht mehr fließt, (DIN 51583 und DIN 53662).

Stoffwechsel s. auch Metabolismus
Die biologischen Abbauvorgänge gliedern sich in zwei Teile: den Baustoffwechsel und den energieliefernden Betriebsstoffwechsel. Als **Baustoffwechsel** bezeichnet man den Umsatz von Nährstoffen in Zellbestandteile. Wichtigster Nährstoff für die heterotrophen Bakterien sind organische Substanzen. Der **Betriebsstoffwechsel** ist bei den aeroben Bakterien mit Sauerstoffverbrauch und Kohlendioxidabgabe verbunden und entspricht der Atmung höherer Organismen. Fehlt der Sauerstoff, so kommt es zur anaeroben oder intramolekularen Atmung, bei der die Zelle durch Umlagerungen innerhalb der Moleküle Energie gewinnt.

StörfallVO Zwölfte Verordnung zur Durchführung des Bundes-Immissionsschutzgesetzes.

strippen → Stripping.

Stripping Ausblasen eines in Wasser gelösten leichtflüchtigen Stoffs zur Anreicherung und Analyse (Extraktion in die Dampfphase).

subakute Toxizität Die Vergiftungen verlaufen nicht akut, sind aber trotzdem gefährlich.

subchronisch → chronisch.

Submers Bezeichnung für unter Wasser befindliche Pflanzen, die nicht bis zur Wasseroberfläche wachsen.

Summenformel Die Summenformel ist eine Kombination von Elementsymbolen und Indices, die die qualitative und quantitative chemische Zusammensetzung reiner Stoffe angibt.

suspendieren (lat.), Chemie: Aufschwemmung feinstverteilter fester Stoffe in einer Flüssigkeit, → Flowable.

Suspension (lat.) Aufschwemmung feinster ungelöster Stoffe in Flüssigkeiten.

Suspensionskonzentrat s. (engl. → Flowable), eine flüssige bis pastenförmige Formulierung v. festen Wirkstoffen in Wasser o. Öl.

Symptome Akute/chronische Krankheitsbilder bei Menschen, Fischen, Säugetieren usw.

Symbiose w (gr.) Biol.: Zusammenleben ungleicher Lebewesen zu gegenseitigem Nutzen, Ggs.: → Parasitismus.

Synergismus Gegenseitige Beeinflussung von Wirkstoffen im Sinne einer gesteigerten oder neuartigen, meist nicht vorhergesehenen Wirkung.

Synonyme Neben dem Hauptnamen alle weiteren Bezeichnungen, die einem Stoff zugeordnet sind. Es sind Trivialnamen, ältere wissenschaftliche Namen, technische und Handelsnamen und die entsprechenden englischen, französischen und sonstigen fremdsprachigen Bezeichnungen.

systemisches Herbizid → translocated herbicides.

systemische Wirkung Innertherapeut. Wirkung v. → Pflanzenschutzmitteln, die v. der Pflanze über die Blätter o. die Wurzeln in das Gefäßleitungssystem aufgenommen und im Saftstrom weitergeleitet werden.

T

TA Abfall Technische Anleitung zur Lagerung, chemisch/physikalischen und biologischen Behandlung und Verbrennung von besonders überwachungsbedürftigen Abfällen; sie enthält Anforderungen an die Verwertung und sonstige Entsorgung nach dem Stand der Technik.

TA Lärm Technische Anleitung zum Schutz gegen Lärm; bei der Erteilung von Genehmigungen und nachträglichen Anordnungen nach dem BImSchG sind Lärmschutzmaßnahmen nach dem Stand der Technik vorzusehen; die TA enthält diverse Immissionsrichtwerte; wo die TA nicht „greift", kann die VDI-Richtlinie 2058 Blatt 1 zur Beurteilung schädlicher Umwelteinwirkungen herangezogen werden.

TA Luft Technische Anleitung zur Reinhaltung der Luft; bindet zuständige Behörden bei der Genehmigung und Überwachung von Anlagen nach dem BImSchG; enthält u.a.

Immissionswerte für luftverunreinigende Stoffe, Verfahren zur Beurteilung von Immissionen, Emissionsgrenzwerte, besondere Regelungen für krebserzeugende Stoffe, Regelungen für Altanlagen.

TC Total Carbon = Gesamtkohlenstoffgehalt an Belastungsstoffen im Abwasser.

TCDD 2,3,7,8-Tetrachlor-dibenzopara-dioxin, allg. als „Dioxin" bezeichnete Substanz v. hoher Giftigkeit, TCDD hat eine akute orale → LD 50 für die männliche Ratte v. 0,022 mg/kg Körpergewicht, kann bei höheren Dosierungen Hauterkrankungen (Chlorakne) und Leberschädigungen auslösen. TCDD kann als unerwünschtes Nebenprodukt in kleinen Mengen bei der Herstellung von 2,4,5-Trichlorphenol (Ausgangsstoff für versch. chem. Endprodukte - z.B. → 2,4,5-T) mitgebildet werden. Die Hersteller von 2,4,5-T-Präparaten garantieren Dioxin-Gehalte v. nicht mehr als 0,1 mg/kg 2,4,5-T, so daß durch das hochtoxische Dioxin keine Gefährdungsmöglichkeiten bestehen.

Technische Richtkonzentrationen (→ TRK)

Tenside Grenzflächenaktive Substanzen in Wasch- und Reinigungsmitteln.

teratogen Gr. Mißbildungen verursachend.

Teratogenese - Mißbildungsentstehung.

Teratogene Wirkung Das Erbgut wird geschädigt, und bei Geburten treten Mißbildungen auf.

Teratologie - Lehre von Mißbildungen.

Teratogenität Fähigkeit, Mißbildungen hervorzurufen (nicht am Erbgut). Neben der Dosis ist der Zeitpunkt der Aufnahme von entscheidender Bedeutung. Aufnahme in der „sensiblen Phase" (Maus und Ratte 6.-15. Tag, Mensch 4.-10. Woche der Schwangerschaft) ruft vermehrt Mißbildungen hervor.

terrestrische Strahlung Strahlung der natürlichen radioaktiven Stoffe, die überall auf der Erde vorhanden sind.

TIC Total Inorganic Carbon = Gesamtgehalt an anorganischen Belastungsstoffen im Abwasser.

TLm Konzentration einer Substanz, die innerhalb einer festgelegten Zeit (meist 96 h) für 50 % der Testorganismen tödlich ist, in mg/l (= ppm). Gleichbedeutend mit LC_{50}.

TLV Threshold limit values, US Occupational Standards, mit den deutschen MAK-Werten vergleichbare Grenzwerte aus dem angloamerikanischen Sprachraum.

TOC Total Organic Carbon = Gesamtgehalt an organischen Belastungsstoffen im Abwasser.

TOD Total Oxigen Demand = Sauerstoffbedarf bei der Verbrennung von Abwasser.

Toleranz w (lat.), 1) Die Fähigkeit eines → Organismus, bestimmte → Noxen ohne merkbare Schädigung zu ertragen; 2) in Nahrungs- o. Futtermitteln gesetzl. geduldete → Höchstmenge (→ permitted level) z.B. von. (→ Pflanzenschutzmittel-)Restmengen.

Torr Im technischen Maßsystem früher kg/cm^2; auf Empfehlung gem. ISO/R 31/Part. III-1960 bzw. gem. DIN 1301 nunmehr kp/cm^2. (1 at = 1 kp/cm^2; 1 atm = 1,033 kp/cm^3 = 760 mm HG = 760 Torr).

Totalherbizid s. (lat), Mittel zur Beseitigung jeden Pflanzenwuchses, z.B. auf Wegen, Geleisen; Ggs.: selektives→ Herbizid.

Toxicologie w (gr.), Lehre von den Giften und Gegengiften.

Toxikologie → Toxicologie

Toximeter Gerät zur Messung giftiger Dämpfe in der Umgebungsluft.

Toxin s (gr.), Bz. für giftige Naturstoffe z.T. mit unbekannter chem. Struktur u. spezif. Wirksamkeit. Die meisten T. werden v. → Bakterien und Pilzen gebildet.

toxisch (gr.), Giftig, → Gift.

Toxizität Giftigkeit einer Substanz:

- akute T., die Giftigkeit bei einer einmaligen Aufnahme eines Wirkstoffes oder Produktes, wird durch die → LD-50 oder die LC-50 charakterisiert.
- subchronische T., die Giftigkeit bei wiederholter Aufnahme einer in bezug auf die Lebensdauer des aufnehmenden Organismus relativ kurzen Zeit,
- chronische T., die Giftigkeit bei wiederholter Aufnahme während längerer Zeit.

Die Toxizität ist eine Funktion der Konzentration bzw. der Menge des Stoffes, der der Organismus ausgesetzt ist. Neben der Dosis sind für die toxische Wirkung eines Stoffes auch die Art und Weise, wie der Stoff in den Körper gelangt, und der Zustand, in dem sich der Organismus befindet, von Bedeutung.

Toxoid s (gr.), Ein unschädl. gemachtes → Toxin.

Tracheitis Entzündung der Luftröhre, die auch durch Einatmen schleimhautreizender und ätzender Gase und Dämpfe entstehen kann.

translocated herbicides (engl.), → Herbizide, die v. den grünen Teilen der Pflanzen, vornehmlich den Blättern, aufgenommen u. in die Pflanze transportiert werden, ohne zunächst lokale Schäden zu verursachen. Bez. im dtsch. Sprachgebrauch: systemische Herbizide, zu ihnen gehören als größte Gruppe die → Wuchsstoffe.

TRbF Technische Regeln für brennbare Flüssigkeiten.

Tremor Zittern; rasch aufeinanderfolgende, rhythmische Zuckungen von Muskelgruppen.

Tri

1. Kurzname für Trichlorethen = Trichlorethylen.
2. Nicht zu verwechseln mit Tri-6 (γ-Hexachlorcyclohexan = Lindan).

Tritium Radioaktives Isotop des Wasserstoffs, das Betastrahlung sehr niedriger Energie aussendet.

TRK-Wert Technische Richtkonzentration; diejenige Konzentration eines Arbeitsstoffes in der Luft, die als Anhalt für die zu treffenden Schutzmaßnahmen und die meßtechnische Überwachung am Arbeitsplatz heranzuziehen ist. TRK werden für krebserzeugende und erbgutändernde Stoffe benannt, für die keine MAK-Werte aufgestellt werden können.

Tropfkörper Zur Reinigung von Abwässern verwendete Haufen von Schlacken oder anderen losen Stoffen, auf denen Mikroorganismen den biologischen Abbau vornehmen.

Trübung Wassertrübung oder -färbung durch wassergefährdende Stoffe. Nach Einheitsverfahren: keine, fast klar, schwach opalisierend, opalisierend, schwach, stark, undurchsichtig.

TS Abk. für Trockensubstanz eines Wassers, die nach Filtration und Trocknen bei 105 °C ermittelt wird.

TTC-Verfahren Verfahren zur Ermittlung der biochemischen Aktivität eines Belebtschlammes durch Bestimmung der Enzymaktivität mittels Triphenyltetrazoliumchlorid, das nur durch intakte Enzyme der lebenden Organismen reduziert wird.

TUIS Transportunfall-Informations- und Hilfssystem der chemischen Industrie.

TVO → Trinkwasserverordnung.

U

ubiquitär (lat.), überall verbreitet.

UEG Untere Explosionsgrenze (→ Explosionsgrenzen).

Uferfiltration Versickern von Flußwasser im Uferbereich, wodurch Schmutz- und Schadstoffe herausgefiltert werden; außerdem bauen Bakterien im Boden eine Reihe organischer Verbindungen ab.

Ultraschall Nicht mehr hörbarer Schall über 16 kHz. Anwendung u.a. zur zerstörungsfreien Werkstoffprüfung, zur Schallgeschwindigkeitsmessung, zum Entgasen von Flüssigkeiten.

Ultrafilter Membrane mit einer Porenweite von 10^{-6} cm.

ULV-Verfahren Versprühen von Pflanzenschutzmittel-Konzentraten mittels besonders konstruierter Geräte. Dadurch Feinstverteilung mit Wirkstoffeinsparung je Flächeneinheit.

UMPLIS Informations- und Dokumentationssystem des Umweltbundesamtes, Berlin.

Umwelt Die auf einen → Organismus o. eine → Population einwirkende, unbelebte u. belebte Umgebung, auf die er/sie sich im Rahmen seiner/ihrer ererbten Eigenschaften in Bau, Funktion u. Verhalten anpaßt.

Umweltschutz Alle Maßnahmen zur Sicherung u. Erhaltung der unbelebten und belebten Natur. Die hierzu notwendige Umweltplanung in bezug auf die erforderliche Umweltqualität orientiert sich an den Bedürfnissen der Menschen.

UNEP United Nations Environment Programme.

UNESCO United Nations Educational, Scientific and Cultural Organization.

UNISIST Weltweites Informations-Verbund-System für Wissenschaft und Technik.

Unkrautbekämpfung Mechan. o. chem. Bekämpfung der Acker- u. Wiesenunkräuter sowie der Ungräser, → Herbizide, → selektive Wirkung.

UN-Nummer Jedem gefährlichen Stoff ist eine 4ziffrige, von den United Nations festgelegte Nummer zugeordnet. Sie befindet sich u.a. auf der unteren Hälfte der orangefarbenen Warntafel und sagt aus, um welchen Stoff es sich handelt.

Untertagedeponie Ablagerung von Sonderabfällen unter Tage, z.B. in Kalisalzbergwerken.

U-Pumpe Unterwasserpumpe.

Urämie Vergiftung des Körpers durch im Blut zurückgebliebene harnpflichtige Stoffe.

UStatG Gesetz der Umweltstatistiken.

UVP Umweltverträglichkeitsprüfung. Prüfung durch staatliche Institutionen, ob von öffentlichen Maßnahmen (Bauplanungen, Gesetzesvorlagen) und privaten Maßnahmen (Produktionsanlagen, neue Produkte) schädliche Umwelteinwirkungen zu erwarten sind.

UVV Unfallverhütungsvorschriften der Träger der gesetzlichen Unfallversicherungen.

UW Untere Wasserbehörde

V

Val → Äquivalenz

VbF Verordnung über die Errichtung und den Betrieb von Anlagen zur Lagerung und Beförderung brennbarer Flüssigkeiten (VbF) vom 18. Februar 1960.
Brennbare Flüssigkeiten im Sinne dieser Verordnung sind alle Stoffe, die einen Flammpunkt haben, bei 35 °C weder fest noch salbenförmig sind und bei 50 °C einen Dampfdruck von < 3 bar haben.
Sie werden wie folgt eingestuft:
Klasse A)
Flüssigkeiten mit Flammpunkt < 100 °C, nicht oder nur teilweise wasserlöslich:
AI
Flüssigkeiten mit Flammpunkt < 21 °C,
AII
Flüssigkeiten mit Flammpunkt 21-55 °C,
AIII
Flüssigkeiten mit Flammpunkt 55-100 °C.
Klasse B)
Flüssigkeiten mit Flammpunkt < 21 °C, die sich insgesamt oder deren brennbare flüssige Bestandteile sich vollständig in Wasser lösen.

VBG Verzeichnis der Unfallverhütungsvorschriften der gewerblichen Berufsgenossenschaften.

VCI Verband der chemischen Industrie.

VDI Verein Deutscher Ingenieure.

VE → Deionat.

Verbindung Molekülaufbau aus verschiedenen oder gleichen Atomarten.

Verdunstungszahl Relativer Zahlenwert, der die Verdunstungs(Verdampfungs)geschwindigkeit der betreffenden Flüssigkeit im Verhältnis zu Ether angibt. Die Verdampfungsgeschwindigkeit einer bestimmten Menge Diethylether wird dabei = 1 gesetzt.
Zur Bestimmung träufelt man 0,5 ml der zu testenden Flüssigkeit auf ein Filterpapier und mißt die Zeit bis zum restlosen Verdampfen der Flüssigkeit. Dieser Wert wird durch die Zeit dividiert, die unter den gleichen Bedingungen für den Vergleichsstoff Ether benötigt wird.
Einteilung:

VZ < 10	leichtflüchtig
VZ 10-35	mittelflüchtig
VZ> 35	schwerflüchtig.

Verklappung Versenken fester und flüssiger Abfälle von Schiffen aus im Meer.

Verseifungsgeschwindigkeit Die Verseifungsgeschwindigkeit ist der nach bestimmten Zeiten durch Titration bestimmte Fortgang der alkalischen Verseifung unter den in DIN 53404 festgelegten Bedingungen (20 °C und pH 7).

Verseifungszahl Unter Verseifungszahl wird die Anzahl mg Kaliumhydroxid verstanden, die zur Bindung der freien und der als Ester oder Anhydrid gebundenen Säure in 1 g Substanz verbraucht wird (DIN 53401).

VEW → Deionat.

Virologie w (lat.-gr.), Lehre v. den Viren, → Virus.

Virus s (lat.), Mz: Viren, kompliziert gebaute unbelebte chem. Verbindungen, die zur Vermehrung lebende Zellen brauchen, in die sie z.B. durch eine Verletzung eindringen können. Erstes Virus (Tabakmosaikvirus) 1886 entdeckt. V. sind Erreger vieler Infektionskrankheiten bei Mensch, Tier, Pflanze, Bakterium: → Virosen. Direkte Bekämpfung v. Pflanzenvirosen bisher nur durch Wärmebehandlung, z.B. bei Veredlungsreisern, sonst indirekte Beh. durch Ausschalten der Überträger (Vektoren), vor allem blattsaugende Insekten (Blattläuse, Zikaden), aber auch bodenbewohnende Nematoden (→ Nematizide) u. durch Resistenzzüchtung.

Virose w (lat.), Eine durch eine Virusart hervorgerufene Krankheit. → Virus.

Viskosität (absolut) Maß für die Zähigkeit einer Flüssigkeit; temperaturabhängig.
(a) cgs-Einheiten

$$1 \text{ poise} = 1 \frac{\text{g}}{\text{cm} \cdot \text{s}}$$

1 centipoise (cp)
= 0,01 poise

(b)SI-Einheiten:
1 Pa · s = 1000 m[illi]Pa[scal]
· s[ec] = cp
1 mPa · s = 0,0001 poise = 0,01 cp.

Viskosität (kinematisch) Maß für das Fließverhalten einer Flüssigkeit; temperaturabhängig.
cgs-Einheiten:

$$1 \text{ stoke} = 1 \frac{cm^2}{s} = 1 \text{ poise} \cdot \frac{cm^3}{g}$$

1 centistoke = 0,01 stoke
Zusammenhang zwischen absoluter Viskosität V_a und kinematischer Viskosität V_k (δ = Dichte): $V_a = Vt \cdot \delta$.

Vorauflaufverfahren (engl.: pre emergence treatment), Anwendung v. → Herbiziden in der Zeit zwischen Aussaat und dem → Auflaufen der Nutzpflanzen, wodurch der Unkrautbewuchs ohne Schaden für die Nutzpflanzen unterdrückt wird.

Vorfluter Gewässer, das das abzuleitende Wasser aufnimmt.

Vorratschädlinge Tier. Organismen, die an gelagerten Lebensmitteln, anderen Materialien, wie Wolle, Fellen, Holz, Verluste verursachen, → Vorratschutz.

Vorratschutz Schutz geernteter Pflanzenerzeugnisse vor → Schadorganismen. Weltweit gehen beispielsweise jährl. ca. 25 % der Getreideernte durch → Vorratschädlinge verloren.

Vortex-Skimmer Ölabsauggerät mit Flügelschraube, die an der Absaugstelle einen Wirbeltrichter in der Wasseroberfläche erzeugt.

VUP Abk. für „Verursacherprinzip".

W

Wachstumsregler Wachstumsregulatoren, Stoffe, die dazu bestimmt sind, die Lebensvorgänge v. Pflanzen zu beeinflussen, ohne ihrer Ernährung zu dienen u. ohne sie zum Absterben zu bringen, → Pflanzenbehandlungsmittel.

Wärmebelastung Thermische Belastung der Gewässer durch Abwärme.

Wärmelastplan Überregionaler Plan, der die Wärmebelastung eines Gewässers zur Erhaltung des biologischen Gleichgewichts regeln soll.

Wärmepumpe Die Wärmepumpe arbeitet im Prinzip wie ein Kühlschrank. Die Leistung der Kältemaschine ist selbstverständlich ganz erheblich größer als die des Kühlschrankes. Wärme wird im Innenraum des Kühlschrankes entzogen und über den Kondensator (das Rohrgitter hinter dem Kühlschrank) an die Umgebung abgegeben.
Bei der Wärmepumpe für Raumheizzwecke spielt die Umgebung (Luft oder Wasser) die Rolle des Kühlschrankinnenraumes. Außenluft oder Flüssigkeit wird über die Wärmetauscherflächen geführt und abgekühlt.
Dem Außenmedium, das durchaus auch Erdreich sein kann, wird Wärme entzogen. Diese Wärme wird in der Wärmepumpe auf höhere Temperatur gebracht und über den Kondensator, die „warme Seite" der Wärmepumpe, an den zu beheizenden Raum, wiederum über einen Wärmetauscher, abgegeben. Das Außenmedium ist die „Wärmequelle", deren Wärmeinhalt zusätzlich zu der hineingesteckten Energie dem Betreiber (Verbraucher) zur Verfügung steht.

Wäsche Entfernung von Verunreinigungen aus einem Gasstrom durch Versprühen einer Flüssigkeit.

Wasserdampfflüchtige Phenole Alle zur Gruppe der phenolartigen Verbindungen gehörenden Stoffe, die bei der Wasserdampfdestillation mit dem Wasserdampf ins Destillat übergehen. Zurück bleiben die schwerer flüchtigen Gemisch-Bestandteile.

Wassergefährdende Stoffe Wassergefährdende Stoffe sind feste, flüssige oder gasförmige Stoffe, insbesondere
- Säuren, Laugen
- Alkalimetalle, Siliciumlegierungen mit über 30 % Silicium, metallorganische Verbindungen, Halogene, Säurehalogenide, Metallcarbonyle und Beizsalze,
- Mineral- und Teeröle, sowie deren Produkte,
- flüssige, sowie wasserlösliche Kohlenwasserstoffe, Alkohole, Aldehyde, Ketone, Ester, halogen-, stickstoff- und schwefelhaltige organische Verbindungen,
- Gifte,

die geeignet sind, nachhaltig die physikalische, chemische oder biologische Beschaffenheit des Wassers zu verändern.

Wassergefährdungsklasse Die Ermittlung der → Wassergefährdungszahl eines Stoffes führt zur Einstufung in eine Wassergefährdungsklasse. Es bedeuten:

WGK 0: im allgemeinen nicht wassergefährdend
WGK 1: schwach wassergefährdend
WFK 2: wassergefährdend
WGK 3: stark wassergefährdend.

Wassergefährdungszahl Die WGZ wird ermittelt von der Kommission „Bewertung wassergefährdender Stoffe" aus
a) humantoxikologisch relevanten Eigenschaften (akute Säugetiertoxizität)
b) hydrobiologisch relevanten Eigenschaften (Toxizität gegenüber Bakterien)
c) nutzungsrelevanten Eigenschaften, Fischtoxizität
d) sonstigen umweltrelevanten Eigenschaften (Zustandsform, Löslichkeit, biochemische Abbaubarkeit/Persistenz).

Cancerogenität, Mutagenität und Teratogenität werden gesondert bewertet.

Wasserlöslichkeit Die Wasserlöslichkeit wird angegeben in (mg/l) und als Sättigungskonzentration gemessen. Problematisch ist die Messung bei schwerlöslichen Stoffen.
Die Wasserlöslichkeit gibt Informationen über
- Transport und Verteilung im Boden und Wasser
- Auswaschbarkeit einer Substanz aus der Atmosphäre
- Hydrolysereaktionen.

Wasserschadstoff Wasserschadstoffe sind Substanzen, die bereits in geringen Konzentrationen
- auf Warmblüter oder Wasserorganismen toxisch wirken oder
- die Selbstreinigung stören bzw. ihr nicht zugänglich sind oder
- die Nutzung des Wassers beeinträchtigen.

Wasser-Vollstrahl → Löschwasser.

WGK → Wassergefährdungsklasse.

WGZ → Wassergefährdungszahl.

WHG Gesetz zur Ordnung des Wasserhaushalts (Wasserhaushaltsgesetz).

WHO w (engl.: World Health Organization), Weltgesundheitsorganisation, 1948 gegründet als selbständige Organisation der Vereinten Nationen (UN) mit Sitz in Genf und über die ganze Welt verteilten Regional-Büros.

Wirkstoff (engl.: active ingredient, a. i.), die wirksame Substanz eines chem. Präparates; im → Pflanzenschutzmittel eingebettet in unterschiedl. Aufbereitungen (→ Formulierungen) wie Staub, → Emulsion, → Granulat, → Spritzpulver, → Suspensionskonzentrat.

Wirkungsmechanismus Struktur-Aktivitäts-Beziehung, soweit bekannt (biologische Aktivität).

WLD Wärmeleitfähigkeits-Detektor. Dient zur Erd- und Rauchgas-Analyse.

WMO World Meteorological Organization.

W/O-Emulsion Wasser in Öl-Emulsion, bei Ölausbreitung auf Gewässern durch Wasseraufnahme im Ölkörper entstehendes Gemisch. Zwar wird die weitere Ölausbreitung dadurch verlangsamt, doch lassen sich W/O-Emulsionen (s. auch O/W-Emulsion) mit gängigen Bindemitteln nur schwer abbinden.

WSA Wasser- und Schiffahrtsamt.

WSP Wasserschutzpolizei.

Wuchsstoffe Synthetisierte Wirkstoffe, die in höheren Konzentrationen in die Wachstumsprozesse übersteigernd eingreifen und dabei als Unkrautbekämpfungsmittel (Wuchsstoffherbizid) die Pflanzen zum Absterben bringen.

Wurzelherbizid Über die Wurzeln wirkendes Unkrautmittel (→ Herbizid, → Bodenherbizid).

X

X-Disease In den USA 1941 zum ersten Male aufgetretene Erkrankung bei Rindern, die durch Vergiftung mit hochchlorierten Naphthalinen verursacht worden ist. Die Symptome sind völlige Schwäche, heftiger Tränenfluß, Nachtblindheit, Diarrhoe, Poliurie, Speichelfluß und rasche Abnahme des Vitamin-A-Spiegels im Blutplasma. Weitere Anzeichen sind chronischer Husten, geringer Appetit und zahlreiche rote Punkte in der Backenschleimhaut.

Xenobiotika Substanzen, die in biologischen Systemen kreislauffremd und nicht biologisch abbaubar sind, z.B. radioaktive Substanzen.

Xylene engl. Name für Xylol (= Dimethylbenzol).

Z

ZEBS Zentrale Erfassungs- und Bewertungsstelle für Umweltchemikalien des Bundesgesundheitsamtes in Berlin. Erfaßt z.B. Schwermetallgehalte in Lebensmitteln.

Zementation Verfestigung von Abfällen durch Einbetonieren etc., aber auch durch chem. Umsetzung mit Stoffen, die Verfestigung bewirken.

Zerfließen Flüssigwerden; Fähigkeit, Wasser aus der Luft aufzunehmen. Meist bei sehr gut wasserlöslichen Salzen beobachtete Eigenschaft.

Zersetzung Chemische Trennung einer Substanz in zwei oder mehrere Substanzen (unter dem Einfluß von Hitze spricht man von thermischer Zersetzung), die voneinander und von der Ausgangssubstanz sehr verschieden sein können.

Zersetzungsgeschwindigkeit Stoffe mit hoher Zersetzungsgeschwindigkeit können durch Reinigungsmaßnahmen oder durch natürliche Vorgänge schon weitgehend abgebaut sein, bevor sie das Gewässer erreichen. Unzersetzliche oder schwer zersetzliche Stoffe verursachen selten akute Schäden, können aber die Nutzung beeinträchtigen; sie belasten das Gewässer lange Zeit.

Zersetzungstemperatur Dieser Wert gibt an, bei welcher Temperatur eine merkliche Zersetzung des Stoffes beginnt. Er wird nur dann angeführt, wenn die Zersetzung Gefahren mit sich bringt, z.B. wenn Gase in Freiheit gesetzt werden oder wenn dabei Wärme entsteht.

Ziliaten Wimperntierchen = Klasse der Protozoen.

Zoologie w (gr.), Lehre vom Tierreich.

Zubereitung Zubereitungen sind Gemenge, Gemische und Lösungen, die aus zwei oder mehreren Stoffen bestehen.

Zündbereich Der Konzentrationsbereich der zünd- bzw. explosionsfähigen Gemische von der unteren bis zur oberen Zündgruppe wird als Zündbereich bezeichnet.

Zündfähiges Gemisch Brennbare Gase oder Dämpfe im Gemisch mit Luft sind nur innerhalb eines bestimmten Konzentrationsbereiches zünd- bzw. explosionsfähig. Nach erfolgter Zündung durch eine fremde Zündquelle pflanzt sich die Verbrennung in einem zündfähigen Gemisch selbständig fort, ohne daß hierzu ein weiterer Luftzutritt erforderlich ist.
Die untere bzw. obere Zündgrenze (→ Explosionsgrenze) ist die Konzentration einer Substanz in der Luft, bei deren Unterschreitung bzw. Überschreitung eine Zündung nicht mehr zu einer fortschreitenden Verbrennung führt.
Die Gas-Luft- bzw. Dampf-Luft-Gemische mit geringeren Werten als der unteren Zündgrenze sind zu mager, die Gemische mit höheren Werten als der oberen Zündgrenze sind zu fett, um zu brennen.
Die Konzentration der zündfähigen Gemische wird in Volumenprozent des Gemisches mit der umgebenden Luft ausgedrückt.
Eine zünd- bzw. explosionsfähige Konzentration wird als „Zündfähiges Gemisch" bezeichnet.

Zündgruppe Gemäß VDE-Vorschrift 165 sind Gase und Dämpfe nach ihren Zündtemperaturen (DIN 51794) in fünf Zündgruppen eingeordnet:
G1: Zündtemperatur 450 °C
G2: Zündtemperatur 300—450 °C
G3: Zündtemperatur 200—300 °C
G4: Zündtemperatur 135—200 °C
G5: Zündtemperatur 100—135 °C
Die Zündgruppe eines Lösungsmittels ist ebenso wie seine Explosionsklasse entscheidend für die Art und Ausführung elektrischer Anlagen in explosionsgefährdeten Räumen.

Zündtemperatur Niedrigste Temperatur, bei der in einem Prüfgerät eine Entzündung des brennbaren Stoffes im Gemisch mit Luft festgestellt wird. Die Zündtemperatur gibt ein Maß für die Neigung der Stoffe, sich an heißen Körpern zu entzünden, und ermöglicht die Einordnung der Stoffe nach sicherheitstechnischen Gesichtspunkten.

Zusätzliche Reinigungsstufe Eine sekundäre Behandlungsstufe i.R.d. Abfallbehandlung, die die Konzentration einer Substanz in einem Abfallstrom weiter verringert, der schon eine primäre Behandlungsstufe durchlaufen hat.

Zusatzstoffe Im → Pflanzenschutz als Haft- und Netzmittel den → Pflanzenschutzmitteln zugesetzt, um ihre Eigenschaften o. ihre Wirkungsweise zu verändern. Ihre Zulassung wird im → Pflanzenschutzgesetz geregelt.

Zytostatika Zellteilung hemmende Mittel.